"十二五"普通高等教育本科国家级规划教材

面向21世纪课程教材

高等学校劳动与社会保障专业主干课程教材

社会保险

Social Insurance

（第四版）

邓大松　主编

中国劳动社会保障出版社

图书在版编目(CIP)数据

社会保险/邓大松主编. -- 4版. -- 北京：中国劳动社会保障出版社，2023
高等学校劳动与社会保障专业主干课程教材
ISBN 978-7-5167-6025-3

Ⅰ.①社… Ⅱ.①邓… Ⅲ.①社会保险-高等学校-教材 Ⅳ.①F840.61

中国国家版本馆CIP数据核字(2023)第204133号

中国劳动社会保障出版社出版发行

(北京市惠新东街1号　邮政编码：100029)

*

北京瑞禾彩色印刷有限公司印刷装订　　新华书店经销
787毫米×1092毫米　16开本　37.5印张　639千字
2023年12月第4版　　2024年8月第2次印刷
定价：129.00元

营销中心电话：400-606-6496
出版社网址：http://www.class.com.cn

版权专有　　侵权必究

如有印装差错，请与本社联系调换：(010) 81211666
我社将与版权执法机关配合，大力打击盗印、销售和使用盗版图书活动，敬请广大读者协助举报，经查实将给予举报者奖励。
举报电话：(010) 64954652

总前言

第四版的《社会保险》《社会保障理论》《社会保障国际比较》《社会保险基金管理》《劳动经济学》和《人力资源开发与管理》是在"面向21世纪课程教材""高等学校劳动与社会保障专业主干课程教材"和教育部普通高等教育"十一五"国家级规划教材的基础上(《人力资源开发与管理》除外),再次修订出版的一套供劳动与社会保障专业选用的主干课程教材。

"面向21世纪课程教材""高等学校劳动与社会保障专业主干课程教材"是教育部立项项目"劳动与社会保障专业课程结构、主干课程及其主要教学内容研究"的开创性成果,它的出版不仅填补了当时我国高等学校劳动与社会保障专业主干课程体系建设的空白,而且对这一专业的健康发展、学科建设以及专业人才培养起到了重要作用。2012年,《社会保险(第三版)》还被列为教育部普通高等教育"十二五"国家级规划教材。经过对原教材结构体系的调整和内容的修订与充实,再版后供各高校选用至今。

"面向21世纪课程教材""高等学校劳动与社会保障专业主干课程教材"第三版自2013年陆续出版至今,中国的社会经济发展取得了一系列成就,也是就业和社会保障制度改革力度大、发展迅速的时期。以习近平同志为核心的党中央协调推进"四个全面"战略布局,坚持以人民为中心的发展思想,高度重视民生建设,做出一系列重大决策部署,采取一系列政策措施,推动我国就业和社会保障工作取得重大进展,发生了一系列历史性变化。坚持实施就业优先战略和更加积极的就业政策,就业规模持续扩大;就业结构更加优化,就业形式更加多元;创业带动就业效应进一步发挥;高校毕业生等重点群体就业保持平稳,公共就业服务不断加强。以增强公平性、适应流动性、保证可持续性为重点,社会保障制度建设取得突破,世界上规模最大的多层次社会保障体系逐步健全,越来越多的群众享有基本保障;社会保障水平稳步提高,促进经济社会发展成果共享;基金规模不断扩大,安全水平进一步提高;经办管理服务体系基本形成,服务更加方便、快捷、高效。我国就业和社会保障事业的社会化发展,不仅有效保障和改善了民生,使人民群众从国家的发展进步中享受到更多的物质文明成果,同时也对改革发展稳定大局发挥了积极作用。

与此同时,国内外劳动与社会保障理论与实践涌现出许多新成果、新问题,为了吸纳这些最新理论和实践成果,有必要根据新的发展形势及时对本套主干课程系列教材进行调整、补充和完善。根据劳动与社会保障学科建设和专业教学需要,经公共管理类专业专业教学指导委员会劳动与社会保障专业教学指导委员会分会研究决定,在原6本教材的基础上增加两本，分别是《社会保险精算》和《社会保障法》。

这一版教材的修订编写，继续贯彻"面向21世纪课程教材""高等学校劳动与社会保障专业主干课程教材"第一版、第二版、第三版的指导精神，把质量放在第一位，坚持先进性、科学性和适用性的基本原则。首先，要求教材广泛吸纳最新的优秀学术成果，注重学术规范，正确处理好继承与发展的关系，突出教材内容的创新价值。其次，要求教材中涉及的重要观点和分析得出的结论要有科学依据，教材内容和章节安排应符合教学规律和有利于教书育人。最后，要求教材既蕴涵丰富的基础理论知识，又嵌入必要的基本技能与人文因素内容，将理论、知识、能力和素质融为一体。

与"面向21世纪课程教材""高等学校劳动与社会保障专业主干课程教材"第三版相比，这一版教材在保留原有的结构和框架的基础上，吸收了一线教师的意见，对原有的内容进行了精简和压缩，力求言简意赅，简单即是美；同时又吸收了该领域最新的理论动态、实践动态和研究成果，并将党的二十大精神引入教材，使教材内容与时俱进，更加新颖、合理和完善；此外，按照编写体例要求，使教材形式更加生动活泼，增强可读性、启发性和引导性，给予了学习者必要的启迪。

总之，"面向21世纪课程教材""高等学校劳动与社会保障专业主干课程教材"的出版，得到教育部高教司有关领导、劳动与社会保障领域专家学者、广大一线教师以及中国劳动社会保障出版社的大力支持和厚爱，在此，我们表示衷心感谢！同时，因修订时间仓促，加之我们编写水平有限，本套教材中的疏漏和不足之处在所难免，欢迎广大读者批评指正！

教育部21世纪劳动与社会保障专业主干课程教材编写组
2022年12月

第四版前言

《社会保险（第四版）》是面向21世纪高等学校劳动与社会保障专业主干课程教材，是在教育部普通高等教育"十二五"国家级规划教材《社会保险（第三版）》的基础上编写而成。如今距离《社会保险（第三版）》出版已经过去了八年。这段时间内无论是世界还是中国，社会经济形势都发生了巨大的改变，社会保险事业也随之遇到了新的挑战，发生了新的变化。基于社会保险事业的发展现状以及高等学校主干课程教材的编写目标，第四版教材对第三版教材作出了以下修订：增加了"长期护理保险"相关的章节和内容；核心概念"社会救济"统一改为"社会救助"；原第十五章第三节"生育保险"的内容并入现第十五章的第二节"医疗保险"中；为更好地体现党中央有关健全中国特色社会保险体系的精神，第十七章中补充了党的十九大、十九届五中全会、二十大中有关社会保险制度建设的重要论述，并增加了"健全多层次社会保险体系"的内容；同时根据国内外社会保险制度的最新发展状况和改革动向更新了书中的内容、数据以及"深度阅读"和"补充阅读"。修改后的教材继承了第三版教材的编写逻辑、编写风格与语言特点，并在第三版教材的基础上更好地融合了中国特色社会保险制度，突出教材的科学性、先进性与适用性。

考虑到教材编写的质量要求和编写风格的连续性，在第四版编写人员的安排上，除对个别章节的编写人员略作调整外，基本上保留了第三版的原班人马。具体分工如下：绪论由武汉大学邓大松教授编写；第一章由武汉大学邓大松教授、薛惠元副教授编写；第二章、第六章由深圳大学谢圣远教授编写；第三章由武汉大学邓大松教授、孟颖颖教授编写；第四章由武汉大学刘伟兵副教授编写；第五章、第七章由北京化工大学刘昌平教授编写；第八章由武汉大学杨红燕教授编写；第九章、第十章由辽宁大学罗元文教授编写；第十一章由武汉大学王增文教授编写；第十二章由武汉大学殷俊教授编写；第十三章、第十四章由武汉大学向运华教授编写；第十五章由武汉大学孟颖颖教授编写；第十六章由武汉大学薛惠元副教授编写；第十七章由武汉大学张郧博士编写。

特别需要提到的是，教材在修改和定稿过程中得到了管理定、万诗雨、刘彦云、李安祺等研究生的热心帮助，中国劳动社会保障出版社的相关负责人和编辑人员对教材修订给予了大力支持，在此，一并表示感谢！

教材在修订过程中，尽管编写组成员尽了最大努力，但由于水平所限，教材中疏漏之处在所难免，恳切希望广大同行批评与赐教！

编 者

2023 年 1 月

第三版前言

《社会保险》(第三版)作为教育部普通高等教育"十二五"国家级规划教材,是在"面向21世纪高等学校劳动与社会保障专业主干课程教材"、教育部普通高等教育"十一五"国家级规划教材的基础上编写而成的。根据国家精品课程教材和"十二五"国家级规划教材的编写要求以及近年来社会经济形势发展变化出现的新情况,第三版教材对第二版教材做出了以下修订:增加了"社会保险与补充保险和经济保障之间的关系""缴费确定型养老保险精算模型和待遇确定型养老保险精算模型"等章节和内容;强调了社会保险的事权与财权统一的问题,重新认识社会保险公平与效率问题,围绕国家"十二五"社会保障发展规划,提出了政府介入社会保险并实现递进战略的原则及任务;更加强调城乡统筹改革基础上的社会公平问题,对新形势下的险种整合、政府的角色定位、市场化改革等内容均有了一些新的阐述;补充了全球失业率的最新状况、西方发达国家改革失业保险的最新措施。同时根据社会保险制度的最新发展状况和动向更新了数据,在每一章的后面增加了"补充阅读""深度阅读"等内容;另外,本着精练的原则,对原有的篇幅进行了精简和压缩。经调整和修改后的教材,继承了第二版教材的篇章结构、编写特点和编写风格,此外,更加突出了教材的科学性、先进性和启发性。

考虑到教材编写的质量要求和编写风格的连续性,在第三版编写人员的安排上,除对个别章节的编写人员略作调整外,基本上保留了第二版的原班人马。具体分工如下:绪论、第一章、第三章由武汉大学邓大松教授编写;第二章、第六章由深圳大学谢圣远教授编写;第四章由武汉大学刘伟兵副教授编写;第五章、第七章由武汉大学刘昌平教授编写;第八章由武汉大学杨红燕副教授编写;第九章、第十章由辽宁大学罗元文教授编写;第十一章由武汉大学殷俊教授编写;第十二章、第十三章由武汉大学向运华教授编写;第十四章、第十五章、第十六章由暨南大学林毓铭教授编写。

特别需要提到的是,教材在修订和定稿过程中得到了孟颖颖、薛惠元、吴振华、黄玉君等博士的热心帮助,中国劳动社会保障出版社的相关负责人和编辑人员对教材修订给予了大力支持,在此,一并表示感谢!

教材在修订过程中,尽管编写组成员尽了最大努力,但由于水平所限,教材中疏漏之处在所难免,恳切希望广大同行批评与赐教!

编　者

2014年7月

第二版前言

《社会保险》(第二版)作为教育部普通高等学校"十一五"国家规划教材,是在高等教育面向 21 世纪课程教材的基础上编写而成的。根据国家精品课程教材和国家规划教材编写的要求和近些年来社会经济形势发展变化出现的新情况,第二版教材对第一版教材的篇章结构做了较大调整:删减了"社会保险给付""发达国家的社会保险""发展中国家的社会保险""苏联、东欧国家的社会保险"和"中国社会主义社会保险的本质特征"等章节,同时增加了"社会保险精算""养老保险""医疗保险与生育保险""失业保险"和"工伤保险"等章节的内容。经调整和修订后的教材,除保留原有教材的编写特点和风格外,更加突出了教材的科学性、先进性和适用性。

考虑到教材编写的质量要求和编写风格的可接续性,在第二版编写人员的安排上,除对个别的原有编写人员做了调整外,基本上保留了第一版的原班编写人员。具体分工是:绪论、第一章、第三章由武汉大学邓大松教授编写;第二章、第六章由深圳大学谢圣远教授编写;第四章由中国人民大学王晓军教授和武汉大学胡炳志教授编写;第五章、第七章由武汉大学刘昌平副教授编写;第八章由武汉大学杨红燕讲师编写;第九章、第十章由辽宁大学罗元文教授编写;第十一章由武汉大学殷俊教授编写;第十二章、第十三章由武汉大学向运华副教授编写;第十四章、第十五章、第十六章由暨南大学林毓铭教授编写。

特别需要提到的是,教材在修订和定稿过程中得到了徐宁、孟颖颖、李琳、王增文、胡宏伟和吴振华等博士生的热心帮助,中国劳动社会保障出版社的相关负责人和编辑人员对教材修订给予了大力支持和协助,在此,一并表示衷心感谢!

教材在修订过程中,尽管编写组成员付出了辛勤劳动,尽了最大的努力,但由于"学似春雪"和编者水平所限,书中错漏之处在所难免,敬请专家和广大读者批评指正。

编 者
2009 年 3 月 16 日

第一版前言

本书是"高等教育面向21世纪教学内容和课程体系改革计划"的研究成果，是全国高校劳动与社会保障专业的主干课程教材之一。

本书从社会保险一般原理出发，紧密结合国内外社会保险发展的实践，在借鉴和吸取国外社会保险管理经验的基础上，阐释了社会保险的基本理论、基础知识、基本特征、主要内容和发展趋势。

参加本教材编写的人员分工是：绪论、第一章、第三章由武汉大学邓大松教授编写；第二章、第六章由武汉大学谢圣远博士编写；第四章由西南财经大学陈朝先教授编写；第五章、第十四章由武汉大学向运华博士编写；第七章由辽宁大学周寻博士编写；第八章由辽宁大学陈德君教授编写；第九章由辽宁大学罗元文副教授编写；第十章由武汉大学殷俊博士、钟建威博士编写；第十一章、第十二章由武汉大学钟建威博士编写；第十三章、第十五章由江西财经大学林毓铭教授编写。

本书的编写和出版得到了全国著名专家、学者的支持和帮助。中国人民大学侯文若教授、中南财经政法大学赵曼教授、辽宁大学穆怀中教授、西南财经大学林义教授、武汉大学李珍教授对本教材的编写大纲和知识点进行了审定，并提出了宝贵的修改意见。中国社会科学院郑秉文教授、清华大学杨燕绥教授以及其他高校的李珍、赵曼、穆怀中、林义等教授对本教材的初稿提出了系统、全面的修改建议。在此，我们表示深深的敬意和感谢。

本书由邓大松教授负责拟定编写大纲和教学基本要求，并对全书进行通读、修改和定稿。由于我们水平所限，书中难免有不足之处，恳切希望广大读者批评指正，也恳请广大读者为本书的修订工作提出宝贵意见。

编　者

2001年8月

主编简介

邓大松 经济学博士、教授、博士生导师。1976年武汉大学经济系本科毕业，1997年武汉大学世界经济博士毕业。历任武汉大学保险学和审计学两个专业党支部书记，金融保险学系副主任，武汉大学经济学院党总支副书记、副院长，公共管理与社会保障系系主任，武汉大学政治与公共管理学院院长，国家"985"工程二期建设项目"社会保障研究创新基地"和教育部人文社会科学重点研究基地"武汉大学社会保障研究中心"主任和学术委员会主任、国家重点学科社会保障专业的学科和学术带头人、国务院学位委员会学科评议组成员、教育部社会科学委员会委员、"马工程"首席专家、教育部公共管理类学科教指委副主任委员、教育部经济学学科首届教指委委员、全国MPA教指委委员、湖北省公共管理研究会会长，享受国务院政府特殊津贴的专家。

邓大松教授长期从事经济学、保险学和社会保障学的教学与研究。主持和参与完成各类科研和教改项目40余项，出版专著、教材、译著、合著50余部，发表学术论文280余篇，获得各种教学、科研奖50余项。其中，获国家级优秀教学成果奖、湖北省优秀教学成果奖各3次，获富邦保险奖最高奖1次，获教育部人文社会科学优秀科研成果奖、高等学校科学研究优秀成果奖（人文社会科学）5次，获湖北省社会科学优秀成果奖5次，指导的博士生获全国百篇优秀博士学位论文提名奖2篇。专著《中国社会保障若干重大问题研究》，先后获得全国城市出版社社长年会优秀图书一等奖、广东省精神文明建设第四届"五个一工程"奖、教育部人文社会科学优秀科研成果一等奖。

邓大松教授1995年被授予湖北省有突出贡献的中青年专家称号。2002年成为湖北省新世纪高层次人才工程第一层次人选；2003年12月，获"宝钢"教育奖——优秀教师奖；2004年被评为湖北省优秀研究生导师；2007年被中国校友会网、《大学》杂志和21世纪人才报等联合评选为中国杰出社会科学家；2008年被授予湖北五一劳动奖章；2011年被中国校友会大学研究团队评选为"2011中国杰出人文社会科学家"；2012年入选"湖北名师"；2012年被评为第一届武汉大学研究生教育杰出贡献奖个人奖；2013年当选为武汉大学"珞珈杰出学者"；2013年获湖北省优秀教学成果奖一等奖；2018年获中国社会科学评价研究院中国智库学术成果优秀报告奖；2019年出版"马工程"重点教材《社会保障概论》；2020年获批第4项教育部哲学社会科学研究重大课题攻关项目，同年获高等学校科学研究优秀成果奖（人文社会科学）二等奖，并受聘为武汉大学人文社会科学研究院驻院研究员。

内 容 提 要

本书是教育部"高等教育面向21世纪教学内容和课程体系改革计划"的研究成果，是面向21世纪课程教材、普通高等教育"十二五"国家级规划教材，也是国家"高等教育百门精品课程""国家级精品资源共享课"——"社会保险"的教材和全国高等学校劳动与社会保障专业的主干课程教材之一。

全书共三篇。第一篇为社会保险基本原理。深入探讨了社会保险的产生与发展，阐述了社会保险的对象、目的、意义与特征，以及社会保险关系、社会保险精算、社会保险基金与社会保险预算、社会保险管理。第二篇为社会保险险种。着重概述了养老保险、医疗保险与生育保险、失业保险、工伤保险和长期护理保险的基本特征与主要内容。第三篇为中国社会保险制度改革与发展。系统分析了中国古代和旧中国的社会保险、中国台港澳地区社会保险、中国社会主义社会保险制度的建立与发展、中国社会保险的内容和建立中国特色社会保险制度。

目　　录

绪论

一、社会保险研究的对象与目的　/001

二、社会保险研究的主要内容　/002

三、社会保险研究的方法　/004

四、学习社会保险的意义与要求　/006

第一篇　社会保险基本原理

第一章　社会保险的产生与发展

第一节　社会保险的产生　/013

一、社会保险产生的理论基础　/013

二、社会保险产生的一般原因与条件　/015

第二节　社会保险的种类　/019

一、养老保险　/019

二、医疗保险和生育保险　/020

三、失业保险　/021

四、工伤保险　/022

五、长期护理保险　/022

六、家庭津贴制度　/023

第三节　社会保险的发展　/024

一、社会保险的原始形式　/024

二、社会保险的发展阶段　/025

三、社会保险的发展趋势　/029

补充阅读　/036

深度阅读　/037

本章小结　/038

重要概念　/039

复习思考题　/039

第二章　社会保险的对象、目的、意义与特征

第一节　社会保险的对象与目的　/040

一、社会保险的对象　/040

二、社会保险的目的　/043

第二节　社会保险的意义　/045

一、举办国政府高度重视社会保险　/045

二、国际组织大力推动世界性社会保险事业发展　/046

三、社会保险的作用　/048

四、社会保险是发展市场经济的内在要求　/049

第三节　社会保险的特征　/051

一、社会保险是商业保险进一步发展的产物　/051

二、社会保险是一种强制保险　/052

三、社会保险税（费）通常由个人、企业和政府三方负担　/052

四、社会保险以保障劳动者的基本生活水平为标准　/052

五、社会保险具有储蓄性　/052

六、社会保险具有救助性　/053

深度阅读　/053

本章小结　/054

重要概念　/054

复习思考题　/055

第三章　社会保险关系

第一节　社会保险当事人之间的关系　/056

一、政府与劳动者　/056

二、社会保险机构与参保劳动者　/061

三、企事业单位与参保劳动者 /063

四、狭义社会保险关系建立的依据和基础 /064

第二节 社会保险与补充保险之间的关系 /066

一、社会养老保险与补充养老保险 /066

二、社会医疗保险与补充医疗保险 /069

三、社会工伤保险与补充工伤保险 /072

第三节 社会保险同其他经济保障范畴之间的关系 /073

一、社会保险与社会救助 /074

二、社会保险与社会福利 /077

三、社会保险与人身保险 /081

补充阅读 /089

深度阅读 /091

本章小结 /091

重要概念 /092

复习思考题 /092

第四章 社会保险精算

第一节 社会养老保险精算基础 /093

一、利息理论 /093

二、年金 /100

三、生命表 /102

第二节 社会养老保险精算 /109

一、基本概念及假设 /109

二、缴费确定型养老保险精算模型 /114

三、待遇确定型养老保险精算模型 /119

案例分析 /127

深度阅读 /130

本章小结 /130

重要概念 /131

复习思考题 /131

第五章　社会保险基金与社会保险预算

第一节　社会保险基金　/132

一、社会保险基金的来源　/132

二、社会保险基金的筹资模式　/133

三、社会保险基金的负担方式与比例　/136

四、社会保险金给付模式　/138

五、社会保险金待遇给付的条件与方式　/140

六、社会保险金待遇确定的因素　/141

第二节　社会保险预算　/143

一、社会保险预算模式　/143

二、建立社会保险预算的意义　/144

三、社会保险预算的主要内容　/145

四、社会保险预算编制的原则　/147

第三节　社会保险税（费）　/147

一、社会保险税（费）率确定的基本要求　/147

二、社会保险税（费）率的种类　/149

三、社会保险税与社会保险费的性质区别　/150

四、在我国开征社会保险税可行性分析　/152

深度阅读　/156

本章小结　/156

重要概念　/157

复习思考题　/158

第六章　社会保险管理

第一节　社会保险管理的必要性与职能　/159

一、社会保险管理的必要性　/159

二、社会保险管理的职能　/160

第二节　社会保险管理的主要内容　/162

一、社会保险行政管理　/162

二、社会保险业务管理　/165

第三节　社会保险管理的原则与方法　/168

一、社会保险管理的原则　/168

二、社会保险管理的方法　/169

第四节　社会保险管理的方式　/176

一、社会保险管理的性质　/176

二、社会保险管理的方式　/177

三、社会保险管理机构　/180

深度阅读　/183

本章小结　/183

重要概念　/184

复习思考题　/184

第二篇　社会保险险种

第七章　养老保险

第一节　年老风险与养老保险　/187

一、年老风险与养老保障　/187

二、养老保险制度的发展　/190

第二节　养老保险制度与养老保险基金　/192

一、养老保险制度模式　/192

二、养老保险基金　/195

三、养老保险基金管理模式　/196

四、养老保险基金监管模式　/198

第三节　企业年金制度　/202

一、企业年金的理论界定　/202

二、发展企业年金的意义　/203

第四节　世界性养老保险制度改革　/206

一、世界性养老保险制度改革的动因　/206

二、世界性养老保险制度改革的方向　/210

深度阅读 /212

本章小结 /213

重要概念 /214

复习思考题 /214

第八章 医疗保险与生育保险

第一节 医疗保险概述 /215

一、健康与疾病风险 /215

二、医疗保险的含义与特征 /216

三、医疗保险的历史沿革 /217

第二节 医疗保险领域的市场失灵与政府干预 /220

一、医疗保险与医疗服务市场失灵 /220

二、医疗保险领域的政府干预 /221

三、政府干预的局限性 /223

第三节 医疗保险的模式 /224

一、国家医疗保险模式 /224

二、社会医疗保险模式 /225

三、商业医疗保险模式 /227

四、储蓄医疗保险模式 /228

第四节 医疗保险筹资与偿付 /230

一、医疗保险基金筹集 /230

二、医疗保险费用偿付方式 /231

第五节 生育保险 /235

一、生育保险理论 /235

二、生育保险的含义和特征 /236

三、生育保险的内容 /237

案例分析 /238

深度阅读 /240

本章小结 /240

重要概念 /241

复习思考题 /241

第九章 失业保险

第一节 失业与失业保险 /243
一、失业与失业类型 /243
二、失业保险的概念、特点及内容 /246
三、失业保险建立应遵循的原则 /248
四、失业保险的作用 /249

第二节 失业保险制度的基本框架 /250
一、失业保险制度的类型 /250
二、失业保险的实施范围 /251
三、失业保险基金的来源 /252
四、享受失业保险待遇的条件 /254
五、失业保险给付待遇标准 /255
六、失业保险的管理体制比较 /258

第三节 西方发达国家失业保险存在的问题及其对策 /259
一、世界各国失业率居高不下 /259
二、失业率上升带来的后果 /261
三、西方发达国家改革失业保险的措施 /262

补充阅读 /269

案例分析 /270

深度阅读 /271

本章小结 /272

重要概念 /272

复习思考题 /272

第十章 工伤保险

第一节 工伤与工伤保险 /273
一、工伤 /273
二、工伤保险及其意义 /274
三、工伤保险的性质和原则 /275

第二节 工伤保险制度 /277

- 一、工伤保险立法 /277
- 二、工伤保险范围 /278
- 三、工伤保险类型 /281
- 四、工伤保险基金筹集方式 /281
- 五、工伤保险待遇 /282
- 六、工伤保险管理机构 /283

第三节 工伤认定和劳动能力鉴定 /284

- 一、国际上的惯常做法 /284
- 二、国际上对职业伤害所致失能的鉴定 /285
- 三、工伤保险争议处理 /288

第四节 工伤预防和工伤康复 /288

- 一、工伤预防 /288
- 二、工伤康复 /290

第五节 各国工伤保险实践 /296

- 一、工伤保险的发展过程 /296
- 二、主要发达国家工伤保险发展历程 /297
- 三、发展中国家工伤保险发展实践 /300
- 四、工伤保险的发展趋势 /300

补充阅读 /302

案例分析 /311

深度阅读 /312

本章小结 /312

重要概念 /313

复习思考题 /313

附录1 医疗康复内容 /313

附录2 典型国家的工伤康复 /314

第十一章 长期护理保险

第一节 长期护理保险概述 /324

- 一、失能与失能评估 /324

二、长期护理保险的含义与特征 /328

三、长期护理保险制度的历史沿革 /331

第二节 长期护理保险的模式 /337

一、社会保险模式 /338

二、商业保险模式 /342

第三节 长期护理保险基金筹资与给付 /346

一、长期护理保险基金筹集 /346

二、长期护理保险给付 /349

补充阅读 /352

深度阅读 /355

本章小结 /357

重要概念 /357

复习思考题 /357

第三篇 中国社会保险制度改革与发展

第十二章 中国古代和旧中国的社会保险

第一节 中国古代的社会保险思想 /361

一、古代社会保险思想的起源 /361

二、著名思想家的社会保险思想 /363

三、历代救荒论述中的社会保险思想 /365

第二节 中国古代的社会保险实践 /367

一、赈济制度下的社会保险实践 /367

二、养恤制度下的社会保险实践 /373

第三节 旧中国国民党政府时期的社会保险 /375

一、孙中山的社会保险思想与实践 /375

二、具有社会保险性质的救助项目 /378

补充阅读 /387

案例分析 /388

深度阅读 /389

本章小结 /390

重要概念 /390

复习思考题 /390

第十三章　中国台港澳地区社会保险

第一节　台湾地区社会保险 /392

一、台湾地区社会保险的主要内容 /392

二、台湾地区社会保险的改革与发展 /402

第二节　香港特别行政区社会保险 /408

一、香港特别行政区社会保险的主要内容 /408

二、香港特别行政区社会保险的改革与发展 /418

第三节　澳门特别行政区社会保险 /423

一、澳门特别行政区社会保险的主要内容 /423

二、澳门特别行政区社会保险的改革与发展 /435

深度阅读 /441

本章小结 /442

重要概念 /442

复习思考题 /442

第十四章　中国社会主义社会保险制度的建立与发展

第一节　革命战争时期的社会保险 /444

一、社会保险立法及其主要内容 /444

二、对革命战争时期社会保险的评价 /449

第二节　经济建设时期的社会保险 /451

一、创建试行阶段（1949—1955年） /451

二、完善发展阶段（1956—1983年） /453

三、改革阶段（1984年至今） /455

深度阅读 /481

本章小结 /482

重要概念 /482

复习思考题 /482

第十五章 中国社会保险的内容（上）

第一节 养老保险 /483

一、养老保险的内涵、对象和实施范围 /483

二、养老保险基金来源与筹集模式 /484

三、养老保险金的计发办法与享受条件 /486

四、社会统筹账户与个人账户分开核算 /489

五、养老保险的管理 /490

第二节 医疗保险与生育保险 /492

一、医疗保险的对象 /492

二、医疗保险基金的来源与收入决定的依据 /493

三、医疗保险给付的条件与标准 /494

四、医疗保险的管理模式 /495

五、生育保险的内涵与对象 /502

六、生育保险制度改革 /503

七、生育保险的管理 /507

补充阅读一 /508

补充阅读二 /510

深度阅读 /512

本章小结 /512

重要概念 /514

复习思考题 /514

第十六章 中国社会保险的内容（下）

第一节 失业保险 /515

一、失业保险的对象 /515

二、失业保险的基金来源 /516

三、失业保险费的给付条件 /517

四、失业保险金的给付标准 /518

五、失业保险的管理 /519

第二节　工伤保险　/521

一、工伤保险的对象与发展　/521

二、工伤保险的工伤认定与等级鉴定　/522

三、工伤保险基金的征缴和待遇　/523

四、工伤预防和工伤康复　/525

五、工伤保险的管理　/526

六、重视农民工的工伤保险管理　/527

第三节　长期护理保险　/529

一、长期护理保险的内涵与对象　/529

二、长期护理保险改革试点与改革中的问题　/529

三、长期护理保险的管理　/532

补充阅读一　/534

补充阅读二　/536

深度阅读　/537

本章小结　/537

重要概念　/538

复习思考题　/538

第十七章　建立中国特色社会保险制度

第一节　完善中央与地方政府社会保险的责任机制　/539

第二节　合理处置社会保险领域中政府与市场的关系　/542

一、政府与市场选择的决定因素　/543

二、社会保险领域中影响政府与市场选择的相关因素　/544

三、政府与市场在社会保险领域的有机结合　/545

第三节　动态把握政府在社会保险职能中的角色定位　/546

一、政府社会保险职能角色转换之一：强化政府社会保险职能　/546

二、政府社会保险职能角色转换之二：政府社会保险职能的减负　/548

第四节　政府介入社会保险的管理服务思想与理念　/551

一、努力将扩大就业与推进就业服务放在政府工作的首位　/551

二、在关注弱势群体利益方面贯穿人性化管理思想理念　/551

三、推进养老保险管理服务社会化与信息化建设 /552

四、加强医疗保障与工伤保险管理服务 /552

第五节 明晰社会保险产权与建立社会保险的责任政府 /553

一、克服政府社会保险信用的失效 /554

二、优化政府形象与实现社会保险可持续发展 /555

第六节 建立社会保险的应急机制 /557

一、社会保险的应急功能 /557

二、社会保险应对公共危机事件的做法——以我国抗击新冠肺炎疫情为例 /558

三、建立健全社会保险的应急机制 /559

补充阅读 /563

深度阅读 /566

本章小结 /567

重要概念 /568

复习思考题 /568

主要参考文献 /569

绪　论

一、社会保险研究的对象与目的

社会保险作为一门学科，是社会再生产理论的重要组成部分，研究社会保险产生、发展的社会经济过程，以及社会保险经济关系。具体来说，社会保险是研究社会保险基金筹集、分配的实现形式及其所反映的社会矛盾和社会经济关系，以及如何处理这些矛盾和关系的一门学科。

社会保险是社会化商品生产条件下的必然产物，是人类文明进步的重要标志，它作为社会保障体系的核心内容，包括养老、医疗、生育、失业、工伤、长期护理和家庭津贴等保险种类，是一项庞大的社会化系统工程。同时，社会保险的法治性、政策性强，涉及面广，关系国家、地方、用人单位和个人的切身利益，关系人民安居乐业和国家的稳定与繁荣，是一项极其重要的利国利民安全工程。因此，社会保险活动从开始至今，始终反映了国家意志和政策的特殊需要，是各种经济关系和利益分配的重要体现。社会保险从微观层次分析，是研究在一定条件下，不同社会制度的社会保险的各险种及其保障对象、基金筹集、给付条件与标准，以及社会保险的管理。从宏观层面上分析，是按照各种经济规律和社会发展规律的要求，研究社会保险过程的规律性，即研究社会保险产生、发展的经济基础和社会条件；研究社会保险活动中各种社会保险经济规律发生作用的条件、范围和表现形式；研究合理组织、规划和利用社会保险生产力的原则和方法，不断调整和发展社会保险生产关系与上层建筑，促进社会保险生产力发展，保证社会保险保障目标的实现。

作为社会保险研究对象的社会保险经济关系，是以社会风险、自然风险和经济风险的存在为前提的。人们在社会再生产过程中，面临着年老、疾病、生育、伤残、失业等风险所造成的收入不稳定、生活无保障的困难，社会保险的基本任务就是探讨如何识别、转移、分散和消除以上风险，揭示国家与被保险人、用人单位与被保险人、国家与用人单位以及被保险人相互之间经济关系确立的本质、条件及其形式，阐明社会保险经济关系产生、发展和变化的规律。此外，任何社会保险活动及其管理总是在一定历史条件下进行的，因此，社会保险活动及其管理与一定的生产力、生产关系和上层建筑有着密切的关系。研究社会保险的目的在于：揭示一定历史条件下社会保险活动及其管理的性质、原则、意义以及其他一般原理，为社会保险决策提供理论依据；揭示社会保险资源的合理配置与要求及其发展变化的规律性，为实现社会保险资源优化组合提供科学依据；揭示社会保险与经济发展之间的内在联系，进而阐明经济发展与社会保险之间作用与反作用的辩证关系，为有计划、有步骤地实施社会保险发展规划，合理制定社会保险给付条件和给付标准，以及正确确立社会保险在国民经济中的地位提供实际依据。研究社会保险的目的还在于：揭示社会保险实施过程中人们物质利益关系的基本特征及其变化的规律性，为正确处理社会保险关系当事人之间的经济利益关系提供合理依据；揭示社会保险同补充保险、其他经济保障范畴之间的关系，为社会保险在各个时期社会保障中的正确定位提供依据；揭示社会保险政策法规和社会保险意识之间的相互关系，为制定和完善社会保险管理制度，提高社会保险管理的经济效益和社会效益提供实践依据；揭示外国社会保险制度的特征与发展过程，为建立健全中国特色社会保险制度提供借鉴。

二、社会保险研究的主要内容

社会保险研究的内容是由社会保险研究的对象决定的。社会保险研究的对象是社会保险经济关系，因此社会保险的基本范畴、基本属性、基本关系、基本原则、基本特征和基本方法构成了社会保险研究的主要内容。本书的研究具体包括以下十六个方面内容。

1. 社会保险的产生与发展

概述社会保险产生的理论基础、原因和条件、社会保险种类和社会保险发展及其趋势。

2. 社会保险的保障对象、目的、意义与特征

论述社会保险的特定保障对象、社会保险的一般目的和特殊目的以及社会保险的意义与特征。

3. 社会保险关系

揭示社会保险关系当事人之间权利与义务的规定性，社会保险关系建立的依据与基础，以及社会保险同补充保险、其他经济保障范畴之间的关系。

4. 社会保险精算

分析社会保险精算的基础，对养老金计划的相关问题进行探讨。

5. 社会保险基金与社会保险预算

阐述社会保险税（费）是建立社会保险基金以及保险单位履行给付义务的主要经济来源与基础，社会保险税（费）率则是计收社会保险税（费）的主要标准和依据。分析社会保险税（费）的来源、负担方式和负担比例，论述社会保险税（费）率制定的基本要求、税（费）率的种类和税（费）率的计算方式，研讨建立社会保险预算的意义、方式和编制社会保险预算的指导思想和原则。

6. 社会保险管理

探讨社会保险管理的必要性与意义、社会保险管理的职能与内容、社会保险管理的原则与方法以及社会保险管理的性质与方式。

7. 养老保险

分析年老风险与养老保险的关系，探讨养老保险基金的重要特征以及养老保险基金的监管模式，阐述发展职业年金、企业年金的意义与制度特点，以及世界性养老保险制度改革。

8. 医疗保险与生育保险

概述医疗保险及其特征以及医疗保险模式，研讨生育保险理论和生育保险的特点与内容。

9. 失业保险

分析失业保险的基本原理与失业保险制度的基本框架以及西方发达国家失业保险的相关问题。

10. 工伤保险

概述工伤保险的基本原理和各国工伤保险实践，分析工伤保险的制度框架，对工伤认定和劳动能力鉴定、工伤预防和工伤康复等进行探讨。

11. 长期护理保险

概述失能与失能评估，长期护理保险的含义、特征、历史沿革，分析长期护理保险的模式、筹资与给付。

12. 中国古代和旧中国的社会保险

探讨中国古代社会保险思想的基本内容和社会保险实践的主要项目，分析旧中国孙中山先生的社会保险思想与实践以及具有社会保障性质的救助项目。

13. 台港澳地区社会保险

概述台港澳地区社会保险的主要内容与特点，对台港澳地区社会保险的形成、改革、发展及其发展趋势分别进行探讨。

14. 中国社会主义社会保险制度的建立与发展

对革命战争时期、社会主义经济建设时期的社会保险和社会主义社会保险的改革与发展过程进行梳理。

15. 中国社会保险的内容

概述中国养老保险、医疗保险、生育保险、失业保险、工伤保险与长期护理保险的保险对象、基金来源、给付条件与标准及其管理。

16. 建立中国特色社会保险制度

阐述建立中国特色社会保险制度必须完善中央与地方社会保险的责任机制，合理处置社会保险领域中政府与市场的关系，动态把握政府在社会保险职能中的角色定位与作用，以及建立社会保险的应急机制。

三、社会保险研究的方法

马克思主义哲学的辩证唯物主义和历史唯物主义是社会保险研究的基本方法。这种方法在社会保险研究实践中的运用，则表现为理论与实践相结合方法、逻辑与历史相结合分析法、定性与定量相结合分析法和全面系统分析法。

（一）理论与实践相结合方法

实践的观点是辩证唯物主义中认识论的首要的、基本的观点。社会实践既是理论的来源，又是检验理论正确与否的唯一标准。社会保险以社会保险关系、社会保险活动及其管理的基本原理和方法为主要内容，这些原理和方法是否正确与适用，还要依靠社会保险实践来检验。因此，理论与实践相结合的方法是研究社会保险首要的方法。运用这一方法研究的具体要求体现在如下四个方面：

第一，作为对社会保险实践的抽象与概括的社会保险理论，还必须重新回到实践过程中去，为实践服务，并接受实践的检验。一种理论，特别是应用理论，如果脱离实践或不服务于实践，不仅会失去它的应用性和实用性，也将会失去其不断完善和发展的意义。

第二，对社会保险关系及其运行模式的研究和探讨，要从我国社会主义市场经济制度的实质与特征出发，并以我国自己的社会保险事业为立足点。社会主义经济建设和社会保险事业发展的丰富实践经验，是本学科理论的主要来源。

第三，开展广泛深入的社会调查，掌握大量的第一手材料。社会保险是一种实践性强、形式多样和情况复杂的社会经济现象，只有进行全面的、系统的调查研究，掌握足够数量的事实材料和数据资料，并对这些材料和数据进行筛选、分析、比较，去粗取精，去伪存真，才能从社会保险现象中找出最本质的东西，归纳、提炼出适用的社会保险理论。

第四，在社会保险运行及其管理方面，对于反映社会保险生产力发展规律的一般原理和原则，具有普遍适用性，它既可以为资本主义的社会保险实践服务，也可以为社会主义的社会保险实践服务。因此，对于资本主义国家尤其是发达资本主义国家某些反映社会保险生产力发展规律一般要求的经验与方法，我们应该学习和借鉴，以丰富我国的社会保险理论。不过，学习外国经验，需要结合我国国情和社会主义社会保险的实际，有分析、有选择和开拓性地学习、运用，而不是不加分析地盲目照搬照抄。

（二）逻辑与历史相结合分析法

逻辑方法是研究各种客观事物时所采用的辩证思维推理法。在研究社会保险这一客观经济现象时，依照思维进程，由其产生到发展、由低级到高级、由简单到复杂、由现象到本质、由个别到一般进行探讨，并进行科学的抽象分析，舍弃其社会保险现象之间的偶然的表面的联系，抓住隐藏在社会保险现象背后的必然的本质联系，揭示出社会保险保障内在的规律性。所谓历史的方法，就是在研究社会保险经济关系时，按照社会保险的历史发展变化过程来进行研究的方法。任何客观事物都有一个产生、发展和变化的历史过程，同时，任何客观事物又都是一定历史条件下的产物，所以探讨客观事物，如对社会保险关系及其运行模式进行研究，不仅应把它放在一定的时代进行历史的客观的评价，而且还要认识它的历史及其将来发展变化的趋势。马克思主义认为，思维是社会历史发展过程的反映，思维逻辑和历史逻辑是统一的，离开社会历史发展进程的思维推论必将陷入不切实际的空谈。因此，研究社会保险活动及其管理，必须运用逻辑与历史相结合分析法。

（三）定性与定量相结合分析法

社会保险的一系列理论与实务问题，除了需要从质的方面进行分析以外，还需要从数量方面揭示社会保险运行管理的规律性。任何事物（当然也包括社会保险），都包含着质与量这两个不可分割的方面，并且在许多场合，客观事物的本质规律往往蕴藏在一定数量当中，离开数量分析，就无法弄清事物的本质特征。所以，将定性分析与定量分析结合起来，是研究社会保险的重要方法之一。另外，当代社会保险运行与管理以先进的科学技术和高度社会化分工为基础，它要求社会保险管理工作能够掌握瞬息万变的国内外社会保险信息和动态，并及时加以处理，为社会保险决策提供依据。如此复杂的管理活动，必须对大量的数据进行科学分析，才能实现其管理目标。在社会保险运行过程中，采用先进的管理手段，运用系统论和控制论等知识，通过数学模拟，选择最佳的社会保险运行与管理方案，对于优化社会保险资源配置、降低成本、提高经济与社会效益有着积极的作用。可见，运用定性与定量相结合分析法研究社会保险，是现代化、社会化社会保险管理的客观要求。

（四）全面系统分析法

国民经济是一个大系统，它是由多个复杂的、多层次的、多功能的部门和子系统组成的。同时，这些部门和子系统相互联系、相互制约，形成国民经济有序运行的整体。社会保险作为国民经济的一个重要组成部分和子系统，同其他部门和子系统自然有着千丝万缕的联系，它在一定时期内发展规模和速度，也必然要受制于其他部门和子系统的发展。因此，对社会保险运行与管理的研究，不能把它作为一个孤立的过程来考察，而应该把它摆在国民经济这个大环境中，同整个社会主义建设事业紧密地结合起来，进行系统的而不是零碎的、全面的而不是片面的、多角度的而不是单向的分析、权衡和比较，才能使确定的社会保险目标和任务、制定的社会保险管理方案和工作程序，以及提出的解决社会保险管理中的实际问题的办法，富于科学性和现实性。

四、学习社会保险的意义与要求

（一）学习社会保险的意义

社会保险是一门理论与实务相结合的学科，学习研究这门学科，可以加深我们对社会保险的经济属性的认识，掌握社会保险运行与管理的基本理论，明确社会保险产生、发展的客观性、历史性及其发展趋势；可以使我们懂得社会保险的作用与特征，掌握社会保险税（费）分担比例的确定因素和明确建立社会保险预算的重要性，以及社会保险给付的一般原则和条件；可以使我们正确理解社会保险管理的必要性、职能与内容，掌握社会保险管理的原则、方法、性质与方式，明确社会保险管理的核心内容是偿付能力的管理，社会保险基金投资运营与增值、扩大基金积累规模是社会保险事业发展的关键；可以使我们明确社会保险生产力对社会保险生产关系的决定作用，以及社会保险生产关系和社会保险上层建筑对社会保险生产力的制约作用，加深认识生产关系一定要适应生产力发展规律的普遍意义，促使人们养成尊重客观经济规律、自觉按客观经济规律办事的良好习惯，提高社会保险管理的积极性和主动性，避免盲目性，保证社会保险管理技术现代化和管理水平高效化；可以使我们掌握社会保险关系的性质、特征与内容，加深认识社会保险同补充保险、其他经济保障范畴之间的关系，正确确立社会保险在全部社会经济关系中的地位；可以使我们掌握外国社会保险的历史沿革、基本内容、作用、存在的问题和采取的改革措施，总结出社会保险发展的基本特征和一般规律，为发展我国的社会保险事业提供借鉴；可以使我们了解我国社会保险久远的历史渊源、缓慢的发展过程，掌握中国特色社会主义社会保险的本质特征、基本内容，以及改革、发展的经验与教训，为建立和完善中国特色社会保障制度提供理论和实践依据。

（二）学习社会保险的要求

1. 要把握社会保险学科在内容上的交叉性和综合性特征

社会保险不仅要研究一般的经济规律和社会保险规律，而且还要研究社会发展规律、自然规律和上层建筑对社会保险的影响和作用。社会保险活动及其管理坚持多种方法并用原则，但以经济方法为主，辅之以必要的行政、法律、教育和技术方法等。可见，社会保险与经济学、政治学、管理学、教育学、自然科学、医学、卫生经济学、法学、社会学、人口学和心理学等都有密切的联系，在内容上有许多相互交错之处。从这种意义上说，它是一门边缘学科。为此，社会保险学科必须在自身研究的基础上，广泛吸取和利用上述各种现有的研究成果，才能使自己形成一门相对独立的学科，并发挥应有的作用。因此，社会保险是一门综合性学科。

2. 要把握社会保险的经济性特征

社会保险作为一门理论性、应用性、交叉性、边缘性和综合性较强的学科，固然同社会学、管理学等其他学科有着广泛的联系，但并不因此而改变它的经济属性。实际上，社会保险本来就是一个经济范畴，可以筹集和创造经济力量，分配和调整经济利益。总之，社会保险是一种经济利益上的保障，它所反映的是社会保险关系各方当事人之间的经济利益关系。况且，同社会保险学科有着本质联系的是经济类学科。例如，社会保险与政治经济学同属于研究经济关系的科学，又因社会保险学科产生于政治经济学的发展，它必须以政治经济学的基本原理为基础和指导。社会保险同劳动经济学的关系十分密切，究其原因则在于社会保险经济关系中相当部分属于劳动经济关系。又如，社会保险和财政学同属于研究分配经济关系的学科，两者反映的经济关系都是以某一方面为主体的分配或再分配关系，而且这种关系具有强制性特点。经验证明，不论何种社会制度，一定时期的财政理论和财政政策的研究与实践，既对财政学本身有影响，又制约着社会保险事业及其学科的发展。再如，社会保险与货币信用学同属于研究再分配关系的经济学，两门学科在具体内容研究上所遵循的某些原则和依据的理论有许多相似之处是显而易见的。还如，社会保险与保险学同属于研究经济保障关系的学科，两门学科在其对象、任务、形式和内容上都有共同点。两者的产生和发展不仅受制并反作用于一定的经济条件，而且两者反映的经济关系都部分地或完全地以社会性、强制性、契约性、补偿性或给付性为基本特征，尤其是在一定范围内，人寿保险同社会保险之间的发展是一种此消彼长的关系。

3. 要把握社会保险的独立性特征

社会保险是随着经济学学科发展而分离出来的一门应用经济学。由于社会保险有其特有的研究对象，使它同其他经济学既有一定的内在联系，又有明显的区别。例如，社会保险和财政学虽然同属于研究分配经济关系的学科，但两者所反映的经济关系是不同的。财政反映的是以国家为主体的分配和再分配关系，这种关系具有强制性和无偿性特点，而社会保险反映的是以国家政府或社会保障部门或用人单位为主体的再分配关系，这种关系则以强制性和有偿性为特点。又如，社会保险与货币信用学同属于研究再分配关系的经济学，但这两门学科在研究对象、任务、形式和内容上都存在着差别。货币信用所形成的是一种信贷关系，而社会保险所形成的是一种经济权利与经济义务的关系。社会保险关系与货币信用关系的偿还性也不同：货币信用关系的偿还性具有个别性的特点，即谁借谁还，借多少还多少；社会保险关系的偿还性为给付性，社会保险关系的给付性则具有总体性特点，被保险人获得的保险金给付，其数额不受其所缴纳的保险税（费）限制。再如，社会保险和人寿保险学同属于研究保险保障关系的学科，虽然两种学科有着许多共同点，但两种保险的性质、采取的手段、保障的范围和保障水平都存在着较大的差别：人寿保险是一种商业性保险，社会保险则是一种非商业性的政府保险；人寿保险通常采用非强制手段，人们是否投保完全取决于个人意愿和选择；社会保险则采取强制性手段，只要在法律规定范围以内的人们，都得无条件地参加社会保险，个人没有自由选择的余地。在保障范围与保险水平上，社会保险的保障对象包括所有劳动者及其家属，社会保险给付标准能够维持被保险人的基本生活条件；人寿保险因受投保资格条件和投保人收入水平的限制，其保障范围和保障水平具有较大的局限性，只能作为社会保险的补充。又如，社会保险和政治经济学虽然同属于经济学学科，然而，两者研究的对象和任务是不同的：政治经济学研究的对象是生产关系的总和，其任务是揭示生产关系产生、发展和变化的规律性；而社会保险的研究对象只是生产关系中的分配关系部分，其任务是揭示生产关系中社会保险经济关系产生、发展和变化的规律性；政治经济学还研究经济运行中的一般规律，着重研究社会经济发展过程中的效率机制和动力机制；社会保险也研究社会保险反作用于经济发展的一般规律，但侧重研究社会经济发展过程中的公平机制和稳定机制。正是因为社会保险有其自身的特殊的研究对象和特定的研究任务，从而使社会保险在经济学科体系中成为一门不可替代的相对独立的学科。

4. 要把握社会保险具有较强的实践性特征

社会保险把社会保险决策和业务的实践过程放在很突出、很重要的位置，它紧贴我国社会保险和社会主义市场经济体制的现实，借鉴和吸取外国社会保险的成功经验和教训，以建立中国特色社会保险制度为主线，通过对社会保险基本原理和发展过程的分析论证，总结出在市场经济条件下社会保险发展的一般规律和原则，为指导我国社会保险实践，进一步发展中国特色社会保障事业提供理论依据和方式方法。

第一篇　社会保险基本原理

社会保险的产生与发展

社会保险的对象、目的、意义与特征

社会保险关系

社会保险精算

社会保险基金与社会保险预算

社会保险管理

第一章
社会保险的产生与发展

社会保险（Social Insurance）是由国家通过立法形式，为依靠劳动收入生活的工作人员及其家庭成员保持基本生活条件、促进社会安定而举办的保险。社会保险是一种特殊的强制性保险，是在商业性保险的基础上产生的，主要内容包括养老、医疗、生育、失业、工伤、长期护理和家庭津贴等保险种类。由于社会保险带有部分社会福利性质，所以有的国家称社会保险为社会福利保险。在我国计划经济时期，习惯上将社会保险称为劳动保险。在这里，社会保险就其含义而言，除了具有商业性保险的某些特征（如社会经济互助性质，风险预警、规避与管理，保险关系的实质与当事人之间权利与义务的关系等）以外，还反映出社会保险多由政府举办，并具有强制性（或准强制性）和安全性的特征。

第一节 社会保险的产生

一、社会保险产生的理论基础

社会保险的产生一直是社会保障（Social Security）学研究的主要问题之一。我国改革开放以来，随着社会保障制度的改革和发展，对社会保险的理论研究突破了以往的局限，拓展了研讨空间，提出了许多与社会保险的产生相关的基本理论，使我国的社会保险基础研究提升到一个更新更高的层次。

事实上，若排除社会制度、阶级属性、政治和国别因素，纯粹从抽象的意义上揭示社会保险产生的理论基础，那么它就是人的自然本性与人的基本权利。马克思主义认为，人不是一个抽象的概念，而是一个现实的、活生生的、特殊的个体。既然人是一个客观存在的、活生生的实体，其存在和发展就必然要不断地从自然界和社会获取各种物质，以满足各种需要。法国启蒙思想家、哲学家和教育家卢梭（J. J. Rousseau）强调，人人生来就享有平等和自由，这种人人共有的自由，是人的本性的结果。人的第一条法则是维护自己的生存。在此之前，另一位启蒙思想家伏尔泰（Voltaire）也有类似的观点，他说，一切享有各种天然能力的人，显然都是平等的；当他们发挥各种动物机能的时候，以及运用他们的理智的时候，他们是平等的……一切种类的一切动物彼此之间都是平等的。① 大约与卢梭同时代的另一个重要代表人物，美国第三任总统杰弗逊（T. Jefferson）提出，在自然法则之下，人人生而自由，人人生来就有人身的权利，包括随自己的意志而迁移和利用自身的权利。这就是所谓人身自由，是造物主给予他的，因为这对他的生存是必然的。②

后来，关于人权的概念、内容以及人类的基本权利，在1776年著名的《弗吉尼亚权利宣言》、1789年法国的《人权宣言》、1948年联合国的《世界人权宣言》和1953年的《欧洲人权公约》等文献中作出了非常具体的概括，主要有：

（1）人人有资格享受各宣言所载的一切权利和自由，不分种族、肤色、性别、语言、宗教、政治或其他见解、国籍或社会出身、财产、出身或其他身份等有任何区别；

（2）人人有权享有主张和发表意见的自由，包括持有主张而不受干涉的自由，通过任何媒介（不论国界）接受和传递信息和思想的自由；

（3）人人有直接或通过自由选择的代表参与治理本国的权利；

（4）人人有权工作、自由选择职业和享有免于失业的保障；

（5）人人有享受休息和闲暇的权利，包括工作时间有合理限制和定期带薪休假的权利；

（6）人人有权享受为维持他本人和家属的健康和福利所需的生活水准，包括食物、衣着、住房、医疗。③

上述有关人权的论述，包括早期思想家、政治家的"天赋人权"的思想和卢梭的"主权在民"的主张，不论其指导思想和出发点如何，有一点是明确的，那就是人生来就有人身的权利，这种权利在人与人之间是平等的，人身的权利有多种，但作为第一权利是人的生存权。道理非常简明，人类只有获得了生存权，才能从事一切生产活动和社会活动，从而保证其他各项人身权利的实现。

---

①② 邢贲思. 欧洲哲学史上的人道主义 [M]. 上海：上海人民出版社，1979.
③ 米尔恩（A. J. M. Milne）. 人的权利与人的多样性 [M]. 夏勇，张志铭，译. 北京：中国大百科全书出版社，1995.

然而，由于各种风险的存在，加之个人能力、家庭境况不同和社会制度安排上的缺陷，任何制度、任何国家、任何时期，都有相当一部分人的基本生存权利无法获得保障。于是，部分思想家、政治家、文人学者和有志之士从人的需求本质和人的基本生存权利出发，多角度地阐述了通过各种方式保障人们基本生活条件的重要性和必要性，从而形成影响或指导各个时代实施社会救助和社会保障的基本理论。例如：人们从人与人之间的关系和一定社会经济形态下形成的风俗、习惯、信念、道德与规则的角度，探索人类互爱互助和社会保护，就产生了感性主义和理性主义伦理思想①；人们基于对现存社会制度不满而向往未来社会，由此对理想社会公民生产和生活条件保障的描绘而产生了既含有人性和人道关系又反映一定社会现实的空想社会理论，如孔子的大同世界学说，老子的小国寡民理论，中国历代农民起义军的太平盛世论，柏拉图（Plato）的理想国理论，闵采尔（T. Münzer）的天国论，托马斯·莫尔（S. T. More）的乌托邦理论，康帕内拉（T. Campanella）的太阳城学说以及圣西门（C. H. D. Saint-Simon）、傅立叶（C. Fourier）和欧文（R. Owen）的批判的空想社会主义理论；人们运用辩证唯物主义和历史唯物主义方法，在深入探讨生产力发展一般规律以及生产力与生产关系、经济基础与上层建筑矛盾运动的基础上，得出了人类社会从低级形态向高级形态发展的必然性，从而产生了马克思主义的科学社会主义理论②；人们从人类面临着自然、政治、社会、经济、市场和人为等风险这一客观事实出发，研讨规避或减少风险损失，确保人们的生命财产安全、社会生活稳定和经济的可持续发展，结果形成了过早死亡理论、老年理论、补偿学说、边际效益递减规律论、市场失灵理论、持久收入理论、生命周期假说、有效需求不足论、国民收入分配理论、新旧福利经济学说，以及马克思主义的人的需要本质论和再生产理论③。可以说，所有的上述学说和理论，都是社会保险产生的理论基础。

二、社会保险产生的一般原因与条件

首先需要指出的是，分析社会保险产生的原因与条件，我们撇开了社会形态和经济制度的性质，探讨的只是一般原因与条件，各个国家社会保险产生的特殊原因与条件，我们则舍弃掉了。

---

① 邓大松. 美国社会保障制度研究 [M]. 武汉：武汉大学出版社，1999.
② 邓大松. 社会保险比较论 [M]. 北京：中国金融出版社，1992.
③ 邓大松. 美国社会保障制度研究 [M]. 武汉：武汉大学出版社，1999；邓大松. 中国社会保障若干重大问题研究 [M]. 深圳：海天出版社，2000；邓大松. 社会保险比较论 [M]. 北京：中国金融出版社，1992.

(一) 社会保险产生的一般原因

1. 劳动者收入的差别性，决定了各国必须举办社会保险

任何时期、任何国家的劳动者，他们各自的智力、体力和劳动技能是不同的，由此决定了各劳动者为社会提供的劳动质量和数量，以及他们从社会取得的劳动报酬是不相等的。于是，在一般情况下，劳动报酬较多、收入较高的劳动者，生活就富裕一些，并且或多或少有一些积蓄；相反，劳动报酬较少、收入较低的劳动者，生活就拮据一些，甚至在某些年份还有负债（尤其是那些子女多、负担重的家庭更是如此）。然而，"人有旦夕祸福"，一旦伤残、疾病等意外事故发生，需要经济补偿时，对于收入较高、生活富裕者，他们也许可以通过平时积蓄的经济力量自己解决，或者依靠保险公司赔付解决；而对于收入较低的人们，因事前没有条件投保人身保险，所以，他们既不能得到保险公司的补偿，更不能实行自救，也就难以维持正常生活。举办社会保险，以社会保险的形式组织和重新分配一部分国民收入，对于保障低收入者的生活，使其安居乐业，做到人尽其才、才尽其用，是非常必要的。

2. 为了解决劳动者就业暂时中断的生活来源问题，需要举办社会保险

在现代社会中，人们失业或待业的现象总是不可避免的。其原因体现为以下六个方面。

第一，在社会化大生产条件下，企业之间竞争十分激烈，其结果是使一部分企业被淘汰，这些企业的劳动者就可能处于暂时失业状态。

第二，产业革命和新技术革命，使生产手段和生产过程发生根本性变革。生产过程高度自动化后，一定量的工作所需要的劳动者人数比手工操作时代大大减少，在其他条件不变的情况下，被自动化机器体系排挤的劳动者就会加入失业队伍。

第三，生产资料的科技含量日益提高，要求掌握生产资料的劳动者具有较高的文化水平和技术水平。但是劳动者的素质是逐步提高的，当某些劳动者的劳动技能还未能达到新的工作要求时，他们就不会被企业吸收而待业。

第四，某些生产本身具有季节性特点，如农业工人在农忙时，就业是相当充分的，但在农闲时，则处于失业和半失业状态。

第五，市场失灵。市场失灵是指市场机制就某些场合不能导致资源的有效配置，不能实现收入的公平分配和经济的高效率。市场失灵有多种表现形式，其中人为限制生产就是一种。在市场经济条件下，存在着个别生产成本和社会生产成本的差别以及个人利益和社会利益的矛盾，当某企业作出的经济决策和采取的经济行为所产生的经济成本大于企业利益小于社会利益时,如果不能获得额外的补偿,那么该企业就不会采取同样的经济行为,于是在市场上造成一部分必需品空缺。由于生产规模缩小,必然从生产过程中游离出一部分失业的劳动者。

第六,政府失灵。政府失灵是指政府在干预社会生活和经济生活时,因受信息不完全性、内部性和政策执行障碍等因素的影响,造成公共政策失效、公共产品供给低效率、寻租、腐败和政府扩张的一种特有的社会和经济现象。在市场失灵的情况下,通过政府干预,一方面拉动了社会需求,扩大了社会供给规模,增加了就业岗位,降低了失业率;另一方面,又因政府干预而导致的非市场缺陷,使得资源配置在一定程度上失当和低效率,产业结构、产品结构更加失调,失业在某些企业更加严重。

劳动者失去工作,意味着收入中断,从而失去生活来源。出现这种状况,不仅会使家庭陷于困厄,而且会对社会稳定造成严重威胁。因此,为保障劳动者失业后的基本生活条件,稳定社会秩序,促进经济繁荣和社会文明,举办社会保险是一种较好的办法。

3. 人口年龄结构的变化和退休人员与在职人员比例的变化,要求建立社会保险制度

由于营养、住房、卫生和医疗保健条件的改善,人口平均寿命延长,老年人口占全部人口的比例越来越大。根据联合国人口司发布的数据,2006年世界60岁以上的老年人口为6.88亿人,预计2050年这一数字将达到20亿人,同时也将第一次超过全世界儿童(0~14岁)的人口数;2006年世界60岁以上老年人口比例达到或超过10%以上的国家和地区有74个,达到或超过20%的国家和地区有27个,预计到2050年,60岁以上老年人口比例在20%以上的国家和地区将达到100个;2006年每9个人中就有1个60岁以上的老年人,根据联合国专题项目的研究估算,到2050年每5人中将会有1个老年人,到了2150年,每3人中就会有1个60岁以上的老年人。① 不容忽视的事实是,社会老年阶层的出现,必然给社会带来一些实际问题,如随着退休人员与在职人员的比例不断增大,谁支付、怎样支付大量的养老金?老年人的生活、疾病怎样得到照顾和护理?虽然有些国家(特别是东方国家)素有尊敬老人的传统,但是,如果只依靠家庭、个人或者社会单方面承担繁重的养老、护老义务是非常困难的。因此,必须举办社会保险,以社会保险的形式借助社会各方面的力量,才能解决社会老年阶层扩大带来的实际问题。可见,建立社会保险制度,是应对人口年龄结构变化和退休人员与在职人员比例变化的客观要求。

---

① 联合国人口司. 世界人口老龄化现状[R]. 胡杨,译. http://www.mct.gov.cn. 2009-06-30.

(二) 社会保险产生的一般条件

从历史上看,劳动者收入的差别性和养老问题,自家庭、阶级、国家产生时就存在了,失业问题在17世纪就开始大量出现,而真正意义上的社会保险为什么到了19世纪才产生?因为社会保险如同任何事物出现一样,是需要具备一定条件的。社会保险产生的一般条件主要有以下三个方面。

1. 生产力发展,社会剩余产品增多,是社会保险产生的基本条件

生产力有了进一步发展,社会生产除了满足人们正常生活需要外,还有相当数量的剩余产品,这是社会保险产生的最基本条件。社会保险大都是由政府举办的,国家的财力来源于国家凭借政权对各企业、各社会团体征缴的利税,是社会一部分剩余产品的集中。在生产力不是很发达的时期,由于人们提供的剩余劳动不多,国家集中起来的财富有限,除了用于保证国家机器正常运转外,很难再用于经济建设和改善、保障人们的生活条件。因此,只有当生产力有了较大发展,社会剩余产品增多,国家才能直接掌握足够的物质和货币财富,也才有能力支付巨额社会保险给付金。

2. 人类进入工业化社会,工资劳动者增加,是社会保险产生的关键条件

在自然经济占统治地位的时期,生产力水平低下,生产规模狭小,一家一户就形成一个"小而全"的经济单位,人们的吃、穿、住、行,乃至生、老、病、死,完全由封闭式的家庭负担,很少依赖于社会的力量。正如马克思所说的那样,农民家庭不依赖于市场和它以外那部分社会的生产运动和历史运动,而形成几乎完全自给自足的生活。① 自农业经济转变为工业经济以后,手工业被机械工业代替,家庭作业被工厂工业代替,小生产者人数逐渐减少,工业劳动者不断增加,社会生产方式和人们的生活方式发生重大变革,工资劳动者不再像自给自足的生产者那样,凭借一小块土地,依靠着"小而全"的经营方式就能安度一生,他们的物质、文化生活要受到社会经济条件和社会经济政策的制约,特别是工业化带来的工业事故、疾病、失业风险等,常常威胁着工资劳动者的人身安全和生活安定。在工业化初期和工资劳动者人数不多的情况下,这些风险所造成的后果不十分严重,人们对所面临的风险威胁也许不会有多大反响。但是,当工业经济迅速发展、风险威胁越来越严重、工资劳动者队伍不断发展壮大并形成一种独立的政治力量时,人们必然会组织起来,以各种形式向社会提出:为生存、发展需要,不仅要得到适当的工资报酬,而且还要求在工作中断或者伤残、疾病时,获得基本

---

① 中共中央马恩列斯著作编译局. 马克思恩格斯全集(第二十五卷)[M]. 北京:人民出版社,1974.

的生活资料和必要的医疗服务。社会保险就是在这种"呼声"日益高涨的条件下产生的。

3. 政府重视是社会保险产生的重要条件

社会保险是一种特殊的和比较复杂的福利措施，它涉及国家、企业和个人三者利益以及各经济部门之间的利益，需要协调各方面的经济关系。显然，现代社会保险只依靠某个部门或个别地区的力量是办不起来的。因为在现实生活中，无论哪个部门或单位，都不具备国家那种至高无上的权威以及调整经济利益和经济关系的权力。此外，举办社会保险，需要建立相应的管理和研究机构，配备专职管理和研究人员，这些工作也只有依靠和借助国家直接支配的人力、财力、物力才能办到。

第二节 社会保险的种类

由于各国经济发展的水平不同，每个国家在一定时期所能提供的经济保障水平存在着较大的差别，因此各国社会保险实施的范围、内容是不一样的。但就基本的方面看，可概括为六种。

一、养老保险

养老保险是指国家和社会根据一定的法律法规，对劳动者到达法定年龄或退休后，由社会保险机构或指定的其他单位按规定给付养老年金的保险。在有些国家里，养老保险和残障、遗属（死亡）保险紧密联系在一起，其中残障保险是指对那些因各种原因导致无工作能力、无法自谋生活而又无人扶养的人们，由政府或社区或社会保险机构按法定条件和标准给付残障年金的保险；遗属（死亡）保险是指当有条件、有资格领取社会保险给付金者去世之后，由政府或社会保险机构对其遗孀或鳏夫或父母及其未成年子女，定期或一次性给付遗属年金的保险。

养老、残障和遗属（死亡）保险由德国首创，其中养老、残障保险于1889年举办，遗属（死亡）保险创设于1911年。因各国条件和政策不同，养老、残障和遗属（死亡）保险制度与保险形态以及保险的对象也有所不同，但在保证被保险人安度晚年和遗属的安定与正常生活这一点上，各国是一致的。

养老保险的保险范围，是由各国建立保险制度的年代和经济发展水平决定的。社会保险制度建立较早、经济发展水平较高的国家，保险的范围就广泛，保险对象就多；反之，保险范围就窄，保险对象就少。但就各举办国来说，养老保险的对象究竟包括哪些劳动者，则都有严格的规定。例如：瑞典规定居住该国40年才能享受全额基本养老金；加拿大规定公民满65岁且在18岁后在该国至少居住10年，才能申领养老保险待遇；拉丁美洲和东南亚各国的养老保险对象，开始时只限于工人，其他劳动者到后来才有资格参加保险。不过，多数国家在举办养老保险的初期，家庭佣人、家庭工人、临时工、农业工人、自由职业者、技工、农民等，是不被列入保险范围的。

养老保险的保险基金来源，由被保险人、企事业主缴纳和政府资助。也有部分国家规定全部由企事业单位负担（如前东欧社会主义各国），或者普遍年金全部由政府负担（如丹麦）。关于被保险人、企事业单位和政府三方负担保险税（费）的比例，各国也不尽相同。如美国规定企事业主与被保险人缴纳相同比例的保险税（费）；法国则规定企事业主所缴保险税（费）应高于被保险人。政府负担部分，一般从财政总收入中拨付，或者指定从特别税（如烟、酒税）中支付。有些国家社会保险制度规定，在一定条件下，可减少和免除最低工资者的保险税（费），其所负担的部分由政府拨给或由企事业主缴纳。

关于养老保险的业务与行政管理，绝大多数国家由专设的社会保障机构负责或由中央监督筹划专设的半独立性机关或基金会负责，少数国家由劳资双方和政府各选派代表组成的委员会负责。

二、医疗保险和生育保险

医疗保险是指被保险人因疾病或患病而失去劳动收入时，保险机构或保险组织按规定支付医疗费和生活费的保险。生育保险是指被保险人因怀孕和生育需要的检查、保胎、医疗、助产而支出的医疗费用，以及在生育期间的工资收入，均由保险机构按约定条件承担给付的保险。

医疗保险于1883年在德国创立，是德国社会保险制度（也是现代社会保障制度）最早的立法，随后于1887年又举办了生育保险。因生育保险的护理照顾与医疗卫生有连带关系，德国就将生育医疗护理列入了医疗保险的范围。后来，举办医疗保险和生育保险的国家，多将两种保险并列为同一保险项目。如今，部分国家根据本国的实际情况和人们的习惯，把医疗保险称为疾病保险或把疾病保险和生育保险统称为医疗保险。

医疗保险和生育保险的基金来源，主要是被保险人与企事业单位缴纳的保险税

（费）。实行国民健康服务的国家，对所有居民普遍实施免费医疗服务，其经费由一般税收中拨付或征缴国民健康服务费。有些前东欧社会主义国家，由企事业单位缴纳保险税（费），作为医疗保险和生育保险给付金的主要来源。

医疗保险和生育保险的业务与行政管理，多数国家由全国性的社会保障机构负责；实行国民健康保险制度的国家，由相对独立的、不由政府管理的各种保健基金会或各种协会负责。

三、失业保险

失业保险是指投保人由于超出其本人所能控制的各种社会、经济原因造成失业，由保险组织按照规定时间、条件和标准给付保险金的保险。失业保险分为强制性投保和失业救助制度两种方式，分别由英国和法国于 1911 年和 1905 年首创。第二次世界大战后，各工业发达国家都加强推行失业保险，目前，发达国家和许多发展中国家都建立了失业保险制度。

长期以来，对失业保险两种方式的选择，各国并不一致，多数国家实行强制性投保的失业保险制度。但有部分国家（如澳大利亚、新西兰、捷克、伊拉克、斯里兰卡、瑞典和芬兰等）采取失业救助制度式，对于经收入调查后，符合规定的救济条件的失业者发给失业救济金。也有少数国家（如法国、爱尔兰、爱沙尼亚、荷兰等）采取强制性投保与失业救助制度双重方式。

失业保险的范围各国没有统一的规定：采取强制性投保式的国家，多以有固定工作的职工为主要对象，临时工、季节工、短期工及家庭佣人或公务人员一般不列入保险范围；采取失业救助制度式的国家，则由该国所能提供的失业救助金数额来决定保险范围。一般来说，哪个国家经济实力雄厚、提供的失业救助金多，失业保险范围就大；反之，失业保险范围就小。

采取强制性投保式的国家，失业保险的保险基金来源于由企事业单位、被保险人缴纳的社会保险税（费）和政府资助。在实行失业救助制度式的国家中，其失业救助费大多全部或大部分从政府一般税收中支付，被保险人和企事业单位不负担。

失业保险的业务与行政事务，通常由政府部门、政府专设机构或企事业主、职工和政府三方选派代表组成基金委员会负责管理，而失业救助制度式失业保险业务由工会或企事业单位的联合委员会在政府专管部门监督指导下实施管理。

四、工伤保险

工伤保险又叫工业伤害保险、工人伤害补偿保险或因工伤害保险，是指劳动者在就业期间，因意外事故及职业性质造成伤残、疾病和死亡时，保险机构或保险组织给付保险金和医疗费用的保险。工伤保险分为普通伤害保险和职业伤害保险两种：普通伤害指不是在作业中遭遇的伤害，这种伤害造成的损失，各国均规定了给付条件，符合条件的被保险人才能享领伤害给付金；职业伤害（包括职业病）系指在工作时遭遇的伤害，各国除不规定给付条件外，其给付标准也高于普通伤害。

工伤保险由德国于 1884 年首创，较之医疗保险制度的建立晚一年。事实上，在德国未创立此项保险前，部分国家已有此类保险性质的互助组织，并通过该类组织对遭遇伤害工人的生活和医疗给予补偿，但是那时候尚未建立雇主责任制。自德国建立工伤保险制度后，各工业发达国家都先后试行，现在各发达国家和较发达国家都建立了这种保险制度，成为社会保险中历史悠久和开展最普遍的保险制度。

工伤保险有两种基本类型：一是社会保险基金式制度。这种制度要求企事业单位必须依照相关法规向保险机构缴纳工伤保险税（费），然后由保险机构支付应发的伤残抚恤金或工伤补助金。在举办工伤保险的国家中，大约有 2/3 的国家实行这一制度。二是企事业主直接负责赔偿式制度。这种制度一般在有工人伤残赔偿法律的国家实施。此项制度的特点是并不要求企事业单位为其职工投保，只是根据法律规定，对工伤职工及其遗属，企事业单位用自有基金直接支付伤残补助金。

五、长期护理保险

长期护理保险又称为长期照护保险，是指通过发挥保险的风险共担、资金互济的功能，当被保险人因为慢性疾病、受伤、残疾等原因部分或全部丧失日常生活能力时，为其提供长期的生活照料、护理服务或经济补偿的一种制度。

1968 年，荷兰正式实施了长期护理保险制度。之后，1986 年以色列通过了《社区长期护理保险法》，并于 1988 年正式实施。20 世纪末到 21 世纪初，长期护理保险迎来了发展的高峰期，德国、日本、韩国、卢森堡纷纷出台了本国的长期护理保险制度。此时在美国，商业长期护理保险也迎来自己的发展黄金期。随着当时美国政府一系列医疗保险改革的推进，美国的商业长期护理保险一改 20 世纪 70 年代刚登场时"无人问津"的局面。我国的长期护理保险起步较晚，2016 年 6 月人力资源社会保障部印发了《关于开展长期护理保险制度的试点意见》，标志着我国在国家层面正式开始了建立长期护理保险制度的探索。

发展到如今，由于各国的经济、文化、老龄化程度等方面的不同，长期护理保险也发展出了不同的模式。经济合作与发展组织（OECD）曾依据长期护理给付的津贴范围和长期护理保险的独立程度，将OECD成员国家的长期护理保险分为了三种模式，即独立运行模式、混合模式和基本安全网模式。其中，独立运行模式的长期护理保险的独立性较强，如以德国、日本为代表的公共长期护理保险模式，也有附属于医疗保险体系的比利时模式；混合模式以法国为代表，其长期护理保险制度设计中既包含了个人津贴制度，又包含了社会保险模式；基本安全网模式以美国和英国为代表。长期护理保险的保障范围在各国有所不同，荷兰、卢森堡的保障范围为全体国民，而以色列、德国、日本和韩国则对国民的年龄或身体条件作出了限制。除此之外，与传统的医疗保险不同的是，长期护理保险需要对申请者的失能状况进行科学评估，从而确定申请者可以享受的护理服务和保险金标准。因此，在长期护理保险制度中，失能等级评定制度是非常重要的内容。

六、家庭津贴制度

家庭津贴制度是指为减轻多子女家庭的负担，稳定职工队伍，调动劳动者工作积极性，促进抑制人口或刺激人口增长政策的实施，由保险机构或政府定期为有关家庭支付一定数量的生活费用的制度。家庭津贴制度分为两种类型：一种是普遍家庭津贴制度，规定只要家庭的儿童在特定年龄和人数内，都可享受其津贴；另一种是职工家庭津贴制度，规定只有工薪劳动者家庭，才能享受家庭津贴。

家庭津贴制度由新西兰于1926年最早立法成立，但家庭津贴的办法，欧洲各国自19世纪初就开始试行了，到1920—1930年时，家庭津贴的办法盛行于整个欧洲。第二次世界大战后，家庭津贴的办法发展更为迅速，并逐步制度化。目前，各经济发达国家，都已实行了不同形式和不同程度的家庭津贴制度。

家庭津贴制度的范围，最初是以未成年子女为对象，后来津贴范围逐步扩大到学校补助、生育补助、母婴健康服务，以及正在领取疾病、失业、工伤、残障给付金的人们，有的国家（如智利、阿根廷、波兰等）的家庭津贴范围还包括依赖工薪劳动者为生的妻子、残障丈夫、寡母、孤儿和65岁以上（或残障的）的老人。

家庭津贴制度两种类型各自经费来源有所不同：普遍家庭津贴制度的经费，多由政府拨付①；职工家庭津贴制度的经费则由企事业主负担或由国家、企事业主与被保险人共同负担。

需要指出的是，家庭津贴制度种类中的职工家庭津贴制度同其他社会保险制度基本一致，津贴享领者的家庭既有受益的权利也有缴纳社会保险税（费）的义务，即权利和义务基本对等。而普遍家庭津贴制度就不同了，由于该津贴制度的津贴费用全部由政府财政或有关救济单位负担，其津贴获得者事先不必尽缴税（费）义务，就可以有享受津贴补助的权利。不过，尽管普遍家庭津贴制度有这种特点，但不影响我们把它作为社会保险制度的一个组成部分，从理论与实践的结合上进行分析和探讨。

第三节　社会保险的发展

一、社会保险的原始形式

现代意义上的社会保险制度是由德国于 19 世纪后期创立的，但是社会保险形式产生的历史要悠久得多。据记载，早在公元前 4000 多年，古埃及修建金字塔的石匠，就自发组织互助会，规定用会员缴纳的会费，支付会员死亡的善后费用。公元前 2500 年，古巴比伦国王命令僧侣、法官、市长向管辖区内的居民征税，作为救灾补助之用。古代希腊曾盛行一种由信奉相同政治哲学或宗教信仰的人组成的团体，加入该团体的成员每月缴付一定金额作为会费，当参加者遭遇某种不幸时，由团体给予救济。古罗马也出现过著名的丧葬互助会，最有名的是拉奴维姆丧葬互助会，参加者事先须缴付入会费，然后按月缴纳会费，当会员死亡时，由该组织支付焚尸所需的柴火费及其建造坟墓的费用，后来还给遗属支付救济金。古罗马军队中也有类似的士兵组织，当士兵在该组织缴纳相当数量的会费后，就可以享有调职时的旅费补助，死亡后给其继承人丧葬费和生活费补助，服役期满时退还本金。

进入中世纪，即到了欧洲历史上的封建社会时代，社会保险的形式得到了发展，最为典型的是 13—16 世纪欧洲盛行的基尔特（Guild，即行会）、公典和年金制度。

基尔特制度②是指由职业相同的劳动者组成的相互扶助团体。其目的除了保护各劳动者职业上的利益外，当团体中的会员遭遇死亡、火灾、疾病、被窃等事件时，还会共

---

① 有些国家的救济团体也负担一部分津贴费用。
② 远在公元前 1800 年，古印度就有了类似的基尔特组织。

同出资给予救济。此后，在基尔特制度的基础上，成立了接近现代社会保险机构的救助组织，如英国的友谊社（Friendly Society）、德国的扶助金库及火灾互助会等。

公典制度是指15世纪后半期意大利北部和中部各城市中实行的一种慈善性质的金融制度。其目的是对抗当时犹太人的高利贷，对下层工人、商人及一般平民，贷给低利资金，以保障这一部分人的工作和生存权利。

这里所说的年金制度，不是现代社会保险意义上的年金，而是由政府以募集公债的方法实施救助的一种特殊的年金制度。其具体做法是，先规定公债本金每年的利息，然后将其利息分配给各年的生存者。如果公债所有人死亡，利息停止支付，公债本金也不退还，归政府所有。18世纪的欧美各国为增加财政收入，多采用这项制度。

上述社会保险形式，是与当时的生产力发展水平相适应的。在自给自足的经济条件下，生产规模和流通范围较小，社会成员之间联系的面不广，要求保障的范围很窄，因此，在这种条件下产生的社会保险形式是简单且原始的，还没有形成一种真正的社会保险制度。

在我国，社会保险思想及其形式早在夏代就存在了。如当时的积谷防饥、居安思危思想，《礼记·礼运篇》中的"大同社会"理想，周朝及战国时设置的后备仓储、汉朝设置的"常平仓"等，都称得上是我国古代社会保险思想及其形式的萌芽。

二、社会保险的发展阶段

现代社会保险制度，从它的产生到现在，大致经历了五个时期。

（一）1883—1889年为德国创立社会保险时期

这一时期德国先后建立了医疗保险、工伤保险、生育保险和养老保险制度，为德国后来建立较完整的社会保障体系奠定了基础，同时也为世界各国建立社会保障制度树立了榜样。德国早期举办的社会保险的特点包括如下四个方面：

第一，凡在法律规定范围内应投保的人们，必须一律参加；

第二，保险费由被保险人、企事业主和政府三方负担；

第三，保险费率由政府主管部门或有关方面协商制定，保险人无权更改保险费率；

第四，保险的主要对象是从事最危险工作的劳动者。

（二）1890—1919年为各工业国家仿效德国社会保险时期

德国社会保险制度的建立，对于安定工人生活、稳定社会秩序、振兴国民经济效果十分明显。于是，欧洲各国积极仿效德国的做法，相继建立社会保险制度。[①] 1901年比利时、1905年法国、1906年挪威、1907年丹麦均建立起自愿投保失业保险制度。英国于1908年年初，创设养老金制度，1911年颁行国家保险法，并举办了强制性失业保险、养老保险和疾病保险。1911年，德国又增设了遗属（死亡）保险，建立起长期性给付的养老、残障、遗属（死亡）保险制度。在此期间，各国仿效德国做法实施社会保险，比利时、卢森堡等9国举办了医疗保险和生育保险，英国、法国、西班牙等9国建立了失业保险制度，意大利、罗马尼亚、新西兰等16国举办了养老、残障和遗属（死亡）保险，波兰、美国、南非、阿根廷、匈牙利等37国举办了工伤保险。

（三）1920—1934年为社会保险体系初步发展时期

社会保险在初步发展时期，遇到了两大困难：第一，第一次世界大战后，各参战国经济萧条，一般采取节约政府开支、弥补战争损失的政策，未能制定积极的恢复经济计划和保障人民生活的福利措施；第二，1929—1933年，发生了全世界的经济大危机，使得各国的福利保障措施无法积极推行。应当说，这两大困难给社会保险事业的振兴带来了极为不利的影响，但是，它没有阻止社会保险进一步完善和发展的脚步。这一时期，社会保险新增举办国的情况是：举办医疗保险的增加了日本、古巴、希腊等10国，举办失业保险的增加了奥地利、南斯拉夫等8国，举办养老保险的增加了智利、波兰、巴西等12国，举办工伤保险的增加了约旦、保加利亚、赞比亚、几内亚、印度等37国。

（四）1935—1975年为社会保险迅速发展时期

社会保险制度经过初步发展阶段，已遍及世界各工业发达国家和部分殖民地半殖民地国家。特别是1935年自美国罗斯福政府建立社会安全制度至1975年的40年间，社会保险制度得到了迅速发展。这一时期，未实行社会保险的国家，开始制定社会保险法并付诸实施。已举办社会保险的国家，均加以强制推行，并采取提高给付标准及放宽给付条件的种种改革措施，以扩大保险范围，增加保险项目。截至20世纪70年代中期，世界上绝大多数国家（包括不发达国家），都已立法举办了社会保险。

1935—1975年，世界各国举办或增办社会保险项目的情况是：举办或增办医疗保险和生育保险的有中非共和国、海地、喀麦隆、刚果、加拿大、伊拉克、印度尼西亚、突尼斯、巴基斯坦、菲律宾、洪都拉斯、芬兰、黎巴嫩、葡萄牙、新西兰等61国，举办

[①] 在德国的影响下，奥地利和捷克斯洛伐克于1887年和1888年，分别立法举办了工伤保险、医疗保险和生育保险。

或增办失业保险的有美国、日本、巴西、厄瓜多尔、匈牙利、加拿大等17国，举办或增办养老保险的有瑞士、叙利亚、斯里兰卡、利比亚、肯尼亚、新加坡、日本、印度、坦桑尼亚、马耳他、挪威、泰国、菲律宾、阿尔巴尼亚等63国，举办或增办工伤保险的有阿富汗、泰国、伊朗、印度尼西亚、沙特阿拉伯、海地、刚果、加蓬、土耳其、利比亚等41国，举办或增办家庭津贴制度的有英国、联邦德国、意大利、加拿大、日本、苏联、匈牙利、澳大利亚、荷兰、爱尔兰、玻利维亚、几内亚、加蓬、希腊等52国。

（五）20世纪中后期至今为社会保险调整与改革时期

全球社会保险事业，尤其是发达国家的社会保险事业的发展并不是一帆风顺的，当它同市场经济一道共同度过20世纪50—70年代初期近20年的经济发展的"黄金年代"后，转而陷入漫长而又痛苦的经济滞胀时代。随着失业队伍扩大、人口年龄结构老化、需要救济的贫困家庭和单亲家庭增加，社会保险支出迅速增长，并远远超过了经济增长的速度，给各国政府财政造成了沉重的负担。例如美国，在1940年时公共社会保障支出只有87.95亿美元，占国内生产总值（GDP）的8%；1950年开支明显增加，也只不过是235.08亿美元，占GDP的8.8%。进入20世纪60年代后，随着保险项目增加，给付标准提高，美国的社会保障支出逐年膨胀，1970年公共社会保障支出达1 455.55亿美元，占GDP的14.7%；1980年为4 927.14亿美元，占GDP的18.6%；到1990年，支出高达10 507.88亿美元，占GDP的19.2%；1992年，全部社会保障（公共和私营两部分）支出达20 899.41亿美元，占GDP的33%，相当于1940年公共社会保障支出的237.6倍。就是说，1992年美国每季支出社会保障给付金5 224.85亿美元，每月支出1 741.6亿美元，每天支出约58.05亿美元。巨额的社会保障支出，已使美国国家财政不堪重负，养老、残障、遗属（死亡）和公共医疗保险支出占联邦预算的比例，从1950年的11%上升到1993年的45%，如果加上社会福利、失业保险、灾害救济和教育援助等项支出，20世纪90年代末，全部社会保障支出占联邦预算的2/3。社会保障开支持续膨胀，使某些保障项目的信托基金频频告急。残障保险早在1992年就已出现赤字；医疗照顾计划中的住院保险于1995年入不敷出，出现赤字29亿美元，到2010年赤字上升为1 284亿美元，2030年将高达16 844亿美元。1991年时曾有预测，当第二次世界大战后婴儿潮（baby-boom）出生的那一代人在2011年前后满65岁退休时，美国的社会保障三大支柱项目［养老、残障、遗属（死亡）保险］将在2015年开始出现赤字，2020年赤字将达到1 274亿美元，此后，逐年增加，到2030年，赤字将上升到6 678亿美元。①

又据OECD提供的数据，1996年在13个欧盟国家（统计数字不包括卢森堡和希腊）中的9个国家，未来社会保障承诺的净现值为其GDP的2.5倍，而在13个欧盟国家中的6个，隐含养老金债务的净现值超过GDP的100%。1996年，发达国家隐含养老金的债务总计为30万亿美元，从所占GDP百分比看，美国最低，为113%；意大利最高，为242%。在所有OECD成员国，这些债务大约占它们GDP总和的145%。

除非各国采取有效措施，否则，到2030年，社会保障部门只有大量削减福利或增加税收以应付婴儿潮时期出生的一代人的退休，而这代人的储蓄仅能应付他们40%的退休之需，全球的养老金危机问题变得愈发严峻。G30（Group of Thirty）在2019年年底发布了《解决养老金危机，确保终身财务安全》的报告。该报告认为，如果老年群体能够负担基本生活费用，并且在生命结束前有能力维持期望的生活，则被视作实现终身财务安全。该报告指出，即使假设经济和工资增长率以及养老金投资收益率都十分乐观，全世界主要的21个国家实现国民终身财务安全的目标与实际支付能力之间的缺口仍然高达15.8亿美元，而这相当于2050年全球生产总值的23%。② 我国的情况同样也不容乐观。根据学者预测，在财政补贴政策不变和不考虑新冠肺炎疫情影响的情况下，我国的养老保险基金将在2028年出现收不抵支的情况。③ 如果不做任何政策干预，该现象将会持续很长一段时间。

为避免社会保险基金破产，保证被保险人的切身利益，减轻政府的财政负担，不得不对现行的社会保险制度进行调整与改革。具体措施包括四个方面的内容。

其一，设法增大社会保险基金，同时控制社会保险给付。具体做法：将社会保险基金投资于风险分散、见效快、利润丰厚的企业或部门，增加社会保险收入，自我扩大社会保险给付能力；提高缴纳社会保险税（费）的上限，扩大税基；提高社会保险税（费）率，直接增加社会保险收入；削减社会保险给付项目，修订社会保险给付金的调整办法，延长退休年龄和推迟社会保险给付时间，相对减少社会保险支出，延缓社会保险支出增长的速度；规定对社会保险收入征收所得税，所收税款用于充实社会保险基金。

---

① Dorcas R H. Social Insecurity [J]. The Stonesong Press Inc，1991.

② G30. Fixing the pensions crisis：ensuring lifetime financial security [J]. Group of Thirty. Washington DC. 2019：71，figure. A3.1.

③ 郑秉文. 面向2035和2050：从负债型向资产型养老金转变的意义与路径 [J]. 华中科技大学学报（社会科学版），2021，35（3）：20-37.

其二，建立国家基本保险、企业补充保险和个人商业性储蓄保险等三支柱社会保险体系，减轻国家财政负担，加强社会保险的保障功能。

其三，建立高效、统一、专门化的社会保险管理机构，同时分散社会保险管理权限，调动地方社会保险部门的积极性，提高社会保险整体经济效益和社会效益。

其四，改革社会保险模式单一和大一统的保险格局，鼓励有条件并符合有关规定的地方、社区、法人单位和个人举办社会保险事业，以缩小政府负担的保障范围与项目，分散保险风险，增加社会保险的安全性与稳定性。

三、社会保险的发展趋势

社会保险从产生到现在已有100多年历史，随着各国经济和社会的变革，社会保险制度建立的某些原则和社会保险关系及其形态有了明显的变化。总的说来，传统形式的社会保险，即以被保险人缴纳税（费）为基础的社会保险仍占统治地位，尤其发展中国家目前还极盛行。但在许多国家中，社会保险也产生了一些新的形态。

（一）社会保险新形态

1. 低收入者补助型的社会保险

有些国家对于在特定生活标准以下的低收入者，经过经济情况调查后，符合条件的由政府给予生活补助，受益人不需缴纳保险税（费）。澳大利亚、新西兰、中非共和国、立陶宛和匈牙利等国的失业保险，就实行这种补助制度。我国建立的城乡最低生活保障制度也类似于这种保险形式。

2. 社会救助型的社会保险

部分国家实行一种全国儿童福利救助制度。按照规定，受益儿童的父母，事先不必缴纳保险税（费），也不需要进行家庭经济情况调查，只要儿童的父母居住国内的时间和儿童的年龄符合规定的条件，不论儿童家庭收入情况和社会地位如何，都可享领救助金，其经费通常从国家的一般税收中拨付。实施该项制度的国家有俄罗斯、匈牙利、日本、英国、瑞典、新西兰、丹麦、加拿大、澳大利亚、爱尔兰、挪威等。

3. 普遍医疗服务型的社会保险

有的国家（如英国、马来西亚、新西兰、冰岛等）对于患病的被保险人规定：一是给付现金，以维持被保险人及其家庭的正常生活。二是对所有病人提供医疗服务，使他们早日恢复工作能力和生活自理能力。尤其是实行全民免费医疗的国家，不论是否参加保险，一律给予免费就医，所需费用从政府一般税收中支付或另收健康服务费。

4. 强制性储蓄型的社会保险

强制性储蓄型社会保险制度要求，凡从事工商业的劳动者及雇主，必须按照法定的时间和标准缴纳保险费，待缴费期满或达到规定的年限时，将全部保险费和应得的利息一次退还给劳动者。① 可见，该保险制度，名为保险，实为储蓄，仅适用于养老保险。实施这种保险的有印度、马来西亚、尼泊尔、新加坡、斯里兰卡、斐济、乌干达、赞比亚、坦桑尼亚等国。

此外，作为较传统的社会保险形式——雇主责任保险大都已由普通社会保险代替，但是在部分国家中，这种保险形式却有加强的趋势。例如，美国、比利时等国为保障劳动者的最低生活需要，保证工作场所的卫生与安全，以法律形式强制规定雇主就某些保险项目，直接向雇员支付保险费用或提供保险服务，并强制规定雇主对工业伤害和职业病采取有效的预防措施。②

20世纪50年代以后，世界上出现了两个新的变化：第一，相当部分殖民地半殖民地国家获得独立，许多新兴国家崛起；第二，世界经济特别是资本主义经济得到空前发展，各国的注意力转向了发展经济、改善人民生活、稳定社会秩序等方面。以上变化，促使社会保险事业经过20世纪70年代末以来的调整和改革，进一步向广度和深度发展，呈现出新的发展特征。

（二）社会保险新的发展特征

1. 社会保险举办国不断增加

据统计，全世界举办医疗保险和生育保险的国家，1999年增加到112个，到2018年，享受或部分享受医疗保险和生育保险待遇的国家达165个；1999年，全世界举办养老保险的国家增加至167个，到2018年，享受或部分享受养老保险待遇的国家达182个；1999年时全世界共有85个国家设有家庭津贴制度，2018年时增加到了130个。办理其他险种的国家也有了大幅增加（见表1-1和表1-2）。

2. 保障范围逐步扩大

在德国首创社会保险时，其范围仅限于受雇的工商业劳动者，后来扩大到一切受雇人员（包括政府机关、家庭雇佣人员）和独立（个体）的劳动者。现在，社会保险制度较完善的国家，绝大多数国民都属于社会保险的对象，有的国家如英国、爱尔兰和俄罗斯，

---

① 这种强制性储蓄型社会保险，类似于过去殖民地国家中的节俭基金制度。
② 企事业主责任保险的保障项目一般包括伤病医疗和生育病假补助、短期或长期性的工伤抚恤金和医疗照顾、一次性的养老金或残障退职金给付、解雇时发给的解雇费和家庭津贴等。

表 1-1　　　　　　　　　有关年份社会保险举办国数量情况

年份	医疗保险和生育保险	失业保险	工伤保险	养老保险	家庭津贴制度
1940	24	21	57	33	7
1949	36	22	57	44	27
1958	59	26	77	58	38
1967	—	34	117	92	62
1976	65	—	—	—	—
1977	72	38	129	114	65
1981	79	—	136	127	67
1983	85	40	—	130	—
1999	112	69	164	167	85
2006	130、148	—	—	171	—
2011	157	—	—	173	—
2014	139	109	170	179	120
2016	141	88	173	180	121
2018	165	91	168	182	130

资料来源：Social Security Programs Throughout the World（SSPTW），1999；SSPTW：The Americas，2005-2019；SSPTW：Africa，2005-2019；SSPTW：Asia and the Pacific，2004-2018；SSPTW：Europe，2006-2018.

表 1-2　　　　有关年份社会保险举办国数量或有资格享受某项保险
某一种待遇的国家数量情况

年份（地区）	医疗保险和生育保险	失业保险	工伤保险	养老保险	家庭津贴制度
2018 年欧洲	45	44	38	45	44
2019 年美洲	35	14	35	38	24
2018 年亚太	44	24	45	49	31
2019 年非洲	41	9	50	50	31
合计	165	91	168	182	130

资料来源：SSPTW：The Americas 2019. SSPTW：Africa 2019；SSPTW：Asia and the Pacific 2018；SSPTW：Europe 2018.

社会保险的对象则包括全体国民。在广大发展中国家，社会保险的范围也逐渐扩大，如科威特以前不包括在社会保险范围内的其他职业团体，现在已有资格享受养老保险，个体劳动者的养老保险也正在逐渐实施。叙利亚的社会保险范围已扩大到农业工人，厄瓜多尔扩大到手工艺者，博茨瓦纳的工伤保险对象包括所有武装部队的成员，利比亚所有在业工人均为社会保险的对象等。

3. 退休年龄从降低向提高反弹

过去，大多数国家规定退休年龄为60~70岁。20世纪70年代以后，有些国家作出了降低退休年龄的规定，其原因：第一，上了年纪的劳动者尚未达到法定退休年龄前，他们当中有许多人由于身体病残，感到体力不支，难以适应技术更新及其他变化；第二，上了年纪的劳动者一旦失业，很难获得就业的机会，同时也不愿意接受条件不利的工作；第三，部分国家劳动力过剩，有丰富的劳动力资源；第四，为减少失业，实施充分的就业政策。因此，1979年以后，部分国家（如哥斯达黎加、尼日利亚、塞舌尔、特立尼达和多巴哥等）降低了退休年龄，其中尼日利亚将退休年龄由55岁降至50岁，欧洲各国则利用奖励的方式刺激老工人提前退休，让位给年轻人。但是，部分国家尤其是一些经济发达国家，人口平均寿命延长，老年人身体健康状况尚佳，为了增加社会保险收入，减少社会保险支出，相当一部分国家开始逐步提高退休年龄。例如，1998年日本将退休年龄从55岁全面提高到60岁，2013年全面提高到65岁，2021年企业员工的退休年龄又从65岁提高到了70岁（暂不具备强制效应）；德国1989年将退休年龄提高到64岁，2012年起，决定将退休年龄逐步推迟到67岁；丹麦把男女退休年龄提高到67岁；美国将领取全额养老金的正常退休年龄从65岁逐步提高到67岁；英国已将退休年龄从60岁提高到65岁，并且允许国民达到退休年龄后继续工作；乌拉圭男性劳动者的退休年龄从55岁提高到60岁；利比亚的男性劳动者退休年龄从60岁提高到65岁。

4. 社会保险关系的各方当事人应尽的义务有所改变

社会保险制度建立初期，社会保险税（费）由个人和企业承担绝大部分，后来发展到国家、企事业单位和个人平均分担。经过一段时间后，进一步发展到国家和企事业单位负担绝大部分，个人负担小部分，这一做法成为长时期社会保险税（费）分担与缴纳的一般原则。不过，自20世纪80年代以来，国家负担的社会保险税（费）比例呈下降趋势，企事业单位缴纳的社会保险税（费）构成社会保险基金的主要部分，被保险人个人缴纳的社会保险税（费）也在逐步增加。

（三）社会保险的发展趋势概况

关于社会保险的发展趋势，可概括为六个方面。

1. 社会保险多样化

社会保险制度作为人类共同的稳定机制，各社会保险项目同其他保障项目在基本原理和技术操作上具有很大的相通性。特别是在经济全球化的新形势下，社会保险制度出现了一定程度的融合趋势，但这种趋势并不表明各国社会保险制度会完全一致。由于各国经济发展程度、民族文化传统、政治体制等制约社会保险制度的因素各不相同，社会保险制度必然是在多样化的基础上呈现一定程度的一体化趋势。社会保险制度多样化主要表现在以下五个方面。

（1）社会保险目标多样化。社会保险制度的目标由单一的消除贫困、保障受保人基本生活需要目标向促进劳动就业、储蓄和经济增长、消除贫困与构建社会和谐等多重目标转化。

（2）社会保险筹资渠道多样化。各国将社会保险给付的财政责任社会化，社会保险基金可根据各国情况，通过保险税、保险费、捐赠、福利彩票、国有资产变现、消费税、商品增值税等形式筹集，尽可能减轻政府财政负担。

（3）项目体系多样化。有的国家具有完整的社会保险体系，有的国家只有部分社会保险项目，有的国家甚至只有简单的社会救助和民间福利；有的国家社会保险包括职业教育与培训、居民住房和部分国民教育，有的国家则将其排除在外。

（4）管理体制多样化。既有一个部门统一管理的，也有多个部门分工管理的；既有完全由官方管理的，也有私营机构和非营利组织参与管理的。

（5）实施方式多样化。在各国的社会保险项目中，既有官方直接组织实施的第一支柱保险方式，也有企事业单位组织实施的第二支柱保险方式，还有由保险公司、银行、社会团体及民间组织实施的第三支柱保险方式。各国生产力发展的不平衡性和地域与文化差异，决定了保险实施方式多样性将是社会保险制度的一个长期发展趋势。

2. 社会保险范围扩大化

社会保险范围扩大化包括如下两方面内容：

（1）各国将逐步建立和完善包括社会养老保险、医疗保险、生育保险、失业保险、工伤保险和长期护理保险多重保障机制的社会保险制度。工业化国家虽然在第二次世界大战后建立了比较完整的社会保险体系，但随着社会经济条件的变化，项目还在不断增加，如20世纪90年代后发达国家方兴未艾的长期护理保险和就业培训项目等。发展中国家由于社会保险项目本身不齐全，完善其社会保险项目将是长期的艰巨的任务。

（2）保障范围和内容将不断得到扩展。现在，许多国家已经不仅仅将人的生老病死作为保障对象，而且将影响人类生活质量的因素如环保、心理状态、精神状况、教育和培训等也纳入了社会保险的内容。随着社会经济的不断发展，这些内容在社会保险中的地位将日益重要。

3. 社会保险私营化

由于社会保险是一种准公共产品，在人的自然需求本性驱使下，存在过度消费的可能性。福利国家提供和管理社会保险公共项目的弊端和智利模式的成功，证明了社会保险私营化改革的必要性。

社会保险私营化包括四个方面的内容：第一，在个人账户基础上，从规定受益制转为规定缴费制；第二，将社会保险基金的集中垄断性管理转为分散竞争性管理；第三，鼓励社会机构参与社会保险或将某些社会保险项目委托社会机构管理；第四，社会保险基金依照商业化的原则运营与管理。

社会保险私营化有三大优点：一是缴费和受益挂钩，缴费越多受益越多，可以实现激励机制与社会保险功能兼容；二是可以增加资本积累，促进经济增长；三是可以弱化政治效应，并通过提高运营效率增大社会保险基金，增强偿付能力，增加社会福利。

社会保险私营化不能全盘私有化，因为全盘私有化排斥了公平原则，不利于社会稳定与发展。即使在智利，私营化也仅限于社会保险主要险种，某些社会救助项目等仍由官方直接提供保障；在养老保险领域，政府并未完全放任，而是在立法和监管方面尽着自己的责任，在养老基金公司破产或发生财政危机时，政府要负接管之责，承担最终责任。在仿效智利的拉美国家中，也并非完全照搬，如阿根廷、乌拉圭采用混合改革模式，哥伦比亚采用的是公营和私营平行的改革模式，还没有哪个国家采用完全取消雇主缴费或纳税的智利模式。所以，无论从理论还是从实践看，社会保险制度世界性的改革趋势是社会保险部分私营化而不是全部私营化，更不是社会保险全盘私有化。

4. 社会保险基金资本化

随着人口老龄化的加剧及对效率的追求，基金积累模式越来越受到大多数国家的偏好，但其面临的最大风险便是基金贬值，时间跨度越长则风险越大。基金进入资本市场，有三个方面的好处：一是可以使社会保险基金保值增值；二是由于社会保险基金是长期的机构投资者，可以对资本市场的稳定性、金融创新和金融市场的效率产生积极而深远的影响；三是可以为国家建设提供雄厚的资金。

从实践看，20世纪80年代以来，养老保险基金市场化程度不断加深，养老保险基金投资呈现出股市化和国际化的趋势。养老保险基金投入企业股票和债券的比重大幅度上升的主要原因有两个方面：一是20世纪80年代以来各国金融业的现代化、市场化的加速发展，金融投资工具多样化和投资管理基金化，促进了养老保险基金投向的股票化和分散化。二是投资于企业股票和债券的收益率高于购买国债。如在美国,据计算,1926年在美国的长期国库券市场投入1美元,到1996年年底可涨为33.75美元;如果1926年将1美元投资到美国标准普尔指数500家大企业股票市场,到1996年年底可涨到1 371美元,是同期长期国库券投资收益的40.6倍。[①] 随着世界范围的养老金体制的改革,养老金私营化、采取基金制、允许私营部门管理公共养老金计划以及放松养老金资产投资限制的趋势会越来越强。

5. 社会保险产业化

社会保险体系包括老年人的经济供给、失业救助、就业和职业培训、医疗照顾、伤残给付、家庭补助、居住方式、精神慰藉和生活照料等方面,归纳起来主要有两个部分:一是社会保险的经济来源,即衣、食、住、行、医和学习、文娱、体育等物质文化生活的费用由谁提供以及是否有保障;二是上述物质文化生活服务由谁提供。经济来源是社会保险的基本方面,物质文化生活服务的供给是社会保险的最终实现条件。社会保险产业化主要是针对老年人而言的,是对由国家提供的基本生活保障以外的附加需求或特殊需求实施产业化经营和管理。西方发达国家的养老产业已得到了较充分的发展,这主要是由于这些国家早已进入了人口老龄化阶段,社会成员的经济力量增强,出现了超出基本生活保障的福利需求,同时也说明了市场经济对人口年龄结构变动和需求变动的敏感性和养老产业的收益性。

在世界上第一个进入人口老龄化国家的法国,老年人成了市场的"宠儿",为老年人提供的社会服务多种多样、应有尽有,如帮助老年人做饭、洗澡、料理家务,陪伴老年人聊天、旅游等生活服务;提供病残老年人的护理、治疗和健康咨询等医疗保健服务;向老年人提供交通工具、协助再就业、排忧解难等其他服务。这些蓬勃发展的养老产业不仅切实解决了老年人的生活问题,而且相关企业也从中获得了可观的收益。

人口老龄化是未来的一个趋势,可以预见的是,因为人口老龄化的加快、社会意识的急剧变化、家庭结构的小型化和老年人与子女分居现象的普遍化,21世纪人口老龄化所带来的养老保障问题将不仅体现在经济供养方面,还体现在生活照料和精神慰藉方面。与此相适应,社会保险的含义也将拓展,不仅包括经济保障,还包括精神和服务保障。据统计,欧洲发达国家和日本老年人的独居率都超过40%,发展中国家老龄化和独居率也呈快速上升之势,养老保险产业化的蓬勃发展将是21世纪全世界的一个崭新趋势。

---

① 邓大松. 论我国社会保险基金的运用 [J]. 经济评论, 2000 (4): 127-128.

6. 社会保险一体化

在经济全球化的背景下，一国的社会保险制度已不仅是其内部的事务，还影响着全球的资本和人员流动。经济全球化通过三个方面影响社会保险制度的发展：一是福利水平的高低影响一国产品的成本，影响其对外贸易，如福利国家产品由于工资成本高，就难以和发展中国家的廉价劳动力生产的产品抗衡。二是由于跨国企业的蓬勃发展，人员跨国流动日益频繁，社会保险制度的跨国衔接日益重要。三是由于各国社会保险基金积累不断增加，基金投资国际化不断发展，需要各国加强在社会保险基金投资监管方面的协调。如北欧五国制定了社会保障公约，对各国的社会保险作了原则性规定：各国制定的社会保障法律必须体现公约的精神并不得违反公约的规定，同时应将另外北欧国家的公民等同于本国的公民，并对具体的社会保险项目和内容进行了规范。这在很大程度上使社会保险制度在北欧五国范围内得到了较高程度的统一。从经济金融全球化趋势以及北欧的实践看，社会保险正从主权国家内部走向政府间合作或区域集团化并进而走向全球性联盟或合作。

补充阅读

数字经济浪潮："外卖小哥"们的社会保险何去何从？

据统计，2021年我国灵活就业人员已经高达2亿多人。灵活就业模式与传统就业模式主要存在工作时间、场所、劳动关系等方面的差别，灵活就业人员的代表职业有日常生活中随处可见的外卖员、快递员、网约车司机、平台主播等。

近年来，我国数字经济蓬勃发展，激发了国民消费，创造了大量灵活就业的岗位，有力地促进了我国经济的发展。然而，在数字经济发展的浪潮下，隐藏的却是庞大灵活就业人员群体的社会保险隐患。

2019年，重庆市长寿区人民法院判决了一起外卖员与劳务派遣公司纠纷案件。当事人邵某来自河北农村，为了谋生成为一名外卖专送骑手。2019年4月27日深夜，邵某在工作中因为交通事故受伤，被鉴定为九级伤残。邵某在律师的帮助下，劳动仲裁阶段赢得满意结果，但是审判阶段法院却作出了相反的判决：邵某与所属的劳务派遣公司并不存在劳动关系。这样，邵某无法拿到本应属于自己的合理赔偿。这一案件仅仅是近年来同类案件中的沧海一粟，却揭露了新业态背景下灵活就业人员在社会保险问题上面临的最大困境：由于他们的劳动关系难以确定，因此他们很难享受到完整的社会保险待遇。例如，在养老（医疗）保险方面，灵活就业人员要么选择城乡居民养老（医疗）保险，要么只能以个人身份参加城镇职工养老（医疗）保险，但由于缺乏合法的固定雇主，灵活就业人员只能个人全部负担城镇职工养老（医疗）保险的缴费，成本较高。在工伤保险方面，灵活就业人员的保障问题更加严峻。由于我国《社会保险法》规定"由用人单位缴纳工伤保险费，职工不缴纳工伤保险费"，因此现实中缺乏固定雇主的灵活就业人员很难参加工伤保险，更遑论领取工伤保险待遇。

可以预见在未来，数字经济将会在中国经济发展中扮演越来越重要的角色，灵活就业人员数量会进一步增加，因此灵活就业人员社会保险问题不容忽视。如何理解灵活就业模式下的劳动关系？如何合理地将"外卖小哥"们纳入我国目前的社会保险大框架中？这些问题都值得进一步地探索与思考。

资料来源：《骑手谜云：法律如何打开外卖平台用工的"局"？》。微信公众号：致诚劳动者，2021年9月13日。

深度阅读

1. 乔治·E. 雷吉达. 社会保险和经济保障 [M]. 陈秉正，译. 北京：经济科学出版社，2005.

该书介绍了美国的养老、遗属及伤残保险（Old-Age and Survivors and Disability Insurance）计划的基本原则、发展和问题，该计划是为解决早逝和老龄化所带来的经济无保障状况而制订的最重要的公共计划，然后深入讨论了与社会保险和公共救助相关的基本原则、特点、公共政策等方面的问题，分析了导致经济无保障的每个主要原因，并详细讨论了相应的社会保险计划中的解决办法，对我国研究和建立适合中国特色社会保险体系具有重要的意义。在社会保险的基本理论、原则和管理模式的阐述方面，该书具有普遍的适用性。

2. 郑秉文. 经济理论中的福利国家 [J]. 中国社会科学，2003（1）.

文章首先回顾了第二次世界大战后西方世界正式宣布确立福利国家以来的半个多世纪，西方经济学研究社会保障和福利国家的学说史，对每个阶段的研究特点和热点问题予以分析讨论；然后着重对20世纪80年代至今西方经济学研究福利国家的成果和现状设立单独专题进行评析，即分别从宏观经济学、信息经济学、公共物品和公共选择理论等几个方面就社会保障和福利国家的效率功能进行私人保险市场与社会保障制度之间的效率比较，以期对失业、医疗健康、教育和养老等领域的社会保障和社会福利的存在根据给出结论。

3. 贝弗里奇. 贝弗里奇报告——社会保险和相关服务 [M]. 北京：中国劳动社会保障出版社，2004.

该报告分为六个部分，审视了当时英国社会保障制度存在的问题，指出贫困、疾病、愚昧、肮脏和懒惰是影响英国社会进步、经济发展和人民生活的五大障碍，主张通过建立三种社会保障制度框架：对全体公民实行失业、残疾、养老、寡居、生育、死亡等项目的社会保险计划，满足其基本生活需要；对最需要帮助的社会群体建立社会救助制度；对较高收入者的其他各种保障需要，则通过自愿保险的制度形式予以满足。该报告设计了一整套"从摇篮到坟墓"的社会保障制度，对第二次世界大战后各国社会保险制度的发展产生了极为深远的影响，是社会保险发展进程中里程碑式的文献，也是世界许多国家社会保险制度框架的重要理论基础。

本章小结

社会保险行为产生的客观依据是人们享有的生存权利和对基本生存条件的追求；人们获得生存权利的制约因素以及为获得人的生存权利所进行的理论解说，构成社会保险产生的理论基础。社会保险产生的一般原因是劳动者收入的差别性，为解决劳动者就业暂时中断的生活来源问题，以及人口年龄结构的变化和退休人员与在职人员比例的变化。生产力有了进一步发展，社会生产除了满足人们正常生活需要外，还有相当数量的剩余产品，这是社会保险产生的最基本条件。人类进入工业化社会，工资劳动者增加是社会保险产生的关键条件，而政府重视是社会保险产生的重要条件。社会保险的种类可以概括为：养老保险、医疗保险、生育保险、失业保险、工伤保险、长期护理保险、家庭津贴制度。社会保险的原始形式主要有13—16世纪欧洲盛行的基尔特、公典和年金制度。现代社会保险制度从产生到现在，大致经历了这样几个时期：1883—1889年为德国创立社会保险时期；1890—1919年为各工业国家仿效德国社会保险时期；1920—1934年为社会保险体系初步发展时期；1935—1975年为社会保险迅速发展时期；20世纪中后期至今为社会保险调整与改革时期。社会保险的发展趋势可概括为社会保险多样化、社会保险范围扩大化、社会保险私营化、社会保险基金资本化、社会保险产业化和社会保险一体化。

第一章 社会保险的产生与发展

重要概念

社会保险　市场失灵　养老保险　医疗保险　生育保险　失业保险　工伤保险　长期护理保险　家庭津贴制度　基尔特制度　公典制度　年金制度

复习思考题

1. 如何理解社会保险产生的理论基础？
2. 社会保险产生的一般原因和条件是什么？
3. 社会保险发展经过了哪些阶段？各阶段有何特点？
4. 当前社会保险有哪些新的形态和新的发展特征？
5. 如何认识社会保险的发展趋势？

第二章
社会保险的对象、目的、意义与特征

第一节 社会保险的对象与目的

一、社会保险的对象

社会保险是对风险提供保护的非市场机制，其对象与商业性人身保险的对象一样，是人而不是物。由于商业性人身保险是风险管理的市场机制，因此，社会保险与商业性人身保险有显著的区别。就保险对象成立要件而言，商业性人身保险的对象与人寿保险公司是在完全自愿的基础上，遵循对价有偿原则而建立的一种经济合同关系，不要求被保险人一定是在业或愿意就业的劳动者。社会保险提供保障的风险，往往具有高度的相关性，由此决定了其对象具有某些共同的特征，例如失业保险、工伤保险的对象是有收入的劳动者，并且是被强制地纳入社会保险制度的保险范围，个人没有自由选择的余地。

社会保险对象是社会保险制度的本体，是一切社会保险关系得以发生的基础。但是，社会保险对象和社会保险受益人并不完全等同，社会保险建立的目的不仅是保障其对象本身，还包括一些与社会保险对象有密切经济利害关系的人。例如，部分国家实行的遗属保险、残障保险项目，除了社会保险对象之外，社会保险对象的配偶、未成年子女还可以按规定领取一定的社会保险金。

社会保险对象的数量和保险范围由经济发展水平所决定，同时与各国的重视程度、传统习性、文化背景等有着非常紧密的联系。如果一国政府高度重视社会保险，且经济发达、政府财力充裕、负担保费能力强，则该国的社会保险覆盖率就高，被社会保险制度覆盖的人数就多，获得保险保障的范围就广。因此严格说来，由于国情各异，社会保险对象无论是在数量上还是类型上，都很难完全一致。

社会保险对象，就参加保险的资格而言，大体可分为五类。

（一）被雇用的劳动者

一切被雇用的劳动者，不论是农、工、商、文、教、卫的工作人员，还是政府机关的公务人员，也就是说，只要是以工薪作为其收入来源之一者，都被纳入强制性的社会保险范围。如西班牙规定，凡是工商企业的被雇用者，都必须参加社会保险；意大利规定，凡被雇用者，都为社会保险对象。这是以被雇用者为社会保险对象。

（二）生产达到一定规模的企业劳动者

有的国家规定，某些保险项目只有当企业雇用劳动者的人数达到一定数量，才会被强制纳入保险范围或准许参加社会保险。例如，美国的小农场工人和大部分家庭用工被排除在失业保险制度之外，大部分州不允许5名以下雇员的小企业参加工伤保险；日本规定，5人以下的小企业，由企业和雇员自主决定是否参加工伤保险，对于不满5人的个体经营的农林水产企业一般不能参加失业保险；印度对参加工伤保险的企业劳动者规模也有明确规定。

从总体发展趋势上讲，以企业人数作为参加社会保险条件的限制正逐渐放宽，但是目前并没有完全解除。

（三）达到一定收入水平的劳动者

社会保险作为整个社会保障制度的一个组成部分，有的国家规定，个人须先尽缴税（费）义务方能获得相应的权利，当个人的收入水平低于一定的限度，无力承担全部或部分社会保险项目缴费时，就会被社会保险或其特定的项目排除在外。如美国曾经规定，只有工商企业的工人和自由职业者的年收入在4 800美元以上者，才被强制纳入养老保险的范围；加拿大的收入关联年金保险制度，奥地利的养老、医疗、生育和失业保险制度，瑞典和挪威的医疗、生育保险制度等，都规定了劳动者进入的最低收入限额。当然，在不同时期的不同国家，因经济环境和经济发展水平的不同而规定了不同的收入限额。

（四）从事特定职业的劳动者

凡依法必须参加社会保险的从事特定职业的劳动者，不论其收入水平高低，也不管是被雇者还是独立工作的人们，都应无条件地参加社会保险。如日本规定，所有从事商品制造、采矿和商品售卖，以及拥有5名或5名以上劳动者的政府机关和企业中的劳动者，不论其劳动收入和家庭财产如何，都必须参加强制保险；我国台湾地区的"劳工保险条例"规定，凡雇用5人以上的公营或民营工厂、矿山、盐场、农场、牧场、林场、茶场的产业工人，以及交通公用企业的工人，政府机关、公立学校的工作人员，5人以上的公司、行号的工人，均应纳入强制保险的范围。

（五）全体国民

凡达到社会保险法规定的年龄，不论是被雇者还是自雇者，或者是无固定工作的劳动者，不分性别、地区及经济和社会地位，都在被保险范围以内。例如，丹麦、挪威、以色列、瑞士、冰岛、加拿大和新西兰等国实施的养老、残障、遗属（死亡）保险的普遍年金制度，俄罗斯、马来西亚、意大利和新加坡等国的医疗护理保险，均实行全民保险制。英国是推行全民保险制度最典型的国家，它将全体国民分为四类，一类为被雇者，二类和四类为个体和个体劳动者，三类是无工作者，这四类人员都要参加社会保险。

我国社会保险对象的范围是随着我国各项社会保险制度的逐步建立和完善而扩大的。新中国成立初期，根据当时政务院颁布的《劳动保险条例》的规定，只有全民所有制企事业单位实行劳动保险，其劳动者才是社会保险对象，能享受社会保险待遇。到2021年年底，我国先后出台和多次修订了养老、失业、工伤、医疗和生育保险规章制度，社会保险对象扩大到城镇所有年满16岁（不含在校学生）的城镇居民和乡镇企业职工，以及部分农村居民。依据个人缴费占整个社会保险费的份额不同，以及必须参加的社会保险险种差异，社会保险对象大体上可以分为五类：第一类是城镇企业职工，这部分劳动者依法必须参加统一的养老、医疗、失业、工伤等保险。第二类是城镇个体经济组织的劳动者及乡镇企业职工，被纳入社会保险的一些项目之中。第三类是国家公务员以及参照公务员管理的机关、单位中的工作人员，参加部分社会保险项目。第四类是一定年龄以上的城镇居民必须参加社会养老保险，一些地方还举办了少儿医疗保险项目，18岁以下的居民自愿参加这类医疗保险项目。第五类是农村劳动者，20世纪90年代国家先后在部分地方试点农村社会养老保险制度，2014年农村居民的养老保险制度和城镇居民养老保险制度合并实施，建立起统一的城乡居民基本养老保险制度；2003年国家推行了新型农村合作医疗制度，2016年与城镇居民基本医疗保险合并成为城乡居民基本医疗保险。

二、社会保险的目的

（一）社会保险的一般目的

社会保险的一般目的是同商业性人身保险相比较而言的，两者作为社会化大生产的产物，有着许多相同或类似的地方，但其直接目的则有着本质的区别。商业性保险通过筹集保险基金，进行经济补偿或给付，直接效果是使被保险人的生活得到保障，间接效果是使社会再生产能够顺利进行。但是商业性保险经营者（即保险人）是经营风险的特殊企业，具有企业法人的一般特质，是市场参与的主体，其经营的根本目的和动机是利润最大化，其他所有保险活动都是为此目的而服务的。

与商业性保险不同，社会保险多由政府主办，并由政府财政承担部分责任，是一种带有福利性、救济性、强制性和垄断性的特殊保险。一般而言，社会保险的一般目的包含两个方面：一是通过社会保险给付，使广大劳动者及其家属在任何情况下都能保持最基本的生活条件，保证人们幼有所育、学有所教、劳有所得、病有所医、老有所养、住有所居、弱有所扶，鳏、寡、孤、独、残障者皆有所养；二是在政治方面，通过社会保险，保证国家的各项政策（如就业政策、教育培训政策、国家安全政策、福利卫生政策和人口政策等）得到贯彻实施，维持社会安定。

（二）社会保险的特殊目的

社会保险除一般目的外，还有其特殊目的。社会保险的特殊目的是由社会制度和经济制度的本质决定的。在资本主义制度下，生产资料和劳动成果归资本家所有，资本家和工人的关系是剥削与被剥削、压迫与被压迫的阶级对立关系。资本家是资本的化身，不断增值和急剧扩大是资本的内在动力，最大限度地榨取剩余价值是实现其目的的唯一途径。但是，历史总是不断前进的，不同历史条件下资本家榨取剩余价值的方法、手段和策略有所不同，当资本主义从自由竞争时期发展到垄断阶段后，作为资产阶级利益的代表——资产阶级政府，对关系劳动者的物质和文化生活的社会保险事业却表现出一定程度的关注，甚至有时不惜举债也支持发展社会保险事业。从历史上看，真正的社会保险事业不仅起源于资本主义国家，而且也盛行于资本主义国家，至今仍在进一步发展。一些资产阶级学者因此吹嘘，资本主义社会如今已经变成了"人间天堂""地上乐园"，是人人富裕的"福利国家"，实现了世界上罕见的无下层的"高平等"社会。而事实是，资本主义国家举办社会保险有其特定的目的，主要体现为以下三个方面。

1. 为了在科学技术进步和生产高度自动化条件下，获得更多的剩余价值

在生产力诸要素中，人是最基本的又是最主要的决定性因素。劳动力是一种特殊商品，不仅能够生产使用价值，而且能够创造出比自身价值更大的价值。随着社会的进步，必要的生活资料的含义发生了变化，因此，如何在新的条件下稳定雇佣工人情绪，提高雇佣工人的劳动兴趣，使劳动力与生产资料的结合保持一种正常状态，就成为资本家获取剩余价值的关键条件。资本主义国家举办社会保险，在一定程度上减轻了劳动者的生活负担，消除了劳动者的后顾之忧，提高了劳动者的工作热情和积极性，这正是资本家为实现其生产目的所需要的。同时，生产方式逐渐向自动化方向发展，要求劳动者必须具有一定的文化知识水平和掌握必要的生产技术，并使劳动者有机会受到基本教育和职业培训，这本身就是大工业存在的基础和资本家有效剥削现代工人的前提。在不损害资本家根本利益的条件下，通过社会保险的形式保证劳动者在一定时期内就业的稳定性和连续性，这与资本家的根本利益是一致的。

2. 为了加快资本形态变换，提高资本利用率

无产阶级和广大劳动群众，既是剩余价值的生产者，又是剩余价值的消费者。但是，资本积累的结果使得生产和消费的矛盾日益扩大：一方面，资本主义生产伴随着科学技术进步和资本竞争无限制地扩大；另一方面，劳动者有支付能力的购买力因资本剥削而相对下降，从而造成消费水平大大低于生产水平，结果使资本形态变换困难，资本流通渠道长期受阻，这种现象在19世纪末和20世纪初期尤为突出。为了改变这种状况，资本家积极倡议由政府出面创办社会保险，维持劳动者必要的购买能力，这无疑有利于保证剩余价值尽早实现，有利于加快资本周转，从而提高资本的利用率和资本生产力水平。

3. 缓和阶级矛盾，维护资产阶级统治

早期每一项社会保险制度的产生，都同阶级矛盾的激化有密切的关联。19世纪后期开始，资本主义基本矛盾进一步激化，经济危机频繁爆发，失业大军日益增加，劳动人民生活相对贫困，无产阶级以各种形式（如罢工、结社、集会、示威游行等）反对资产阶级的斗争此起彼伏，资本主义制度面临空前挑战。慑于无产阶级的强大力量和社会压力，为了笼络人心、缓和阶级矛盾、维持垄断资本统治，资产阶级不得不改变策略，放弃强制高压手段，代之以社会保险政策来安抚被激怒了的无产阶级和广大劳动群众。

在社会主义制度下，由于建立了生产资料公有制，基本上消灭了人剥削人的经济基础，广大劳动者不仅成为生产资料和生产过程的主人，而且也是享受劳动成果的主人。

国家、企业和劳动者三者的根本利益是一致的，虽然企业之间、劳动者之间在一定程度上还存在着利益上的差别，但是，如果宏观调控得当，初次分配和再分配政策合理，这种利益上的差别就不会引起根本利益上的冲突和产生两极分化。因此，就社会主义经济实质来说，社会主义国家从事所有的经济活动，都是为了满足劳动人民日益增长的美好生活需要。社会主义国家积极举办和发展社会保险事业，其根本目的是保障人民生活、发展社会主义生产力、为广大劳动者谋利益，这同社会主义基本经济规律是相适应的，同时也是实现社会主义劳动者共同富裕和防止两极分化的主要手段，是社会主义制度优越性的具体表现之一。

第二节 社会保险的意义

社会保险是人类社会文明进步的一种表现，它的产生和发展是一种历史的必然，不受任何个人意识所支配。社会保险自产生之日起，就显示出强大的生命力。

一、举办国政府高度重视社会保险

社会保险涉及面广、适应性强，关系千家万户，与国泰民安息息相关，所以凡举办社会保险的国家（特别是资本主义国家），都把社会保险视为市场经济运行的"减震器"和"安全网"予以高度重视。有的国家将社会保险列为重点保险项目优先举办，如挪威在19世纪末基于企业主责任的扩大，未经商业性保险发展过程，就直接制订伤害保险计划。罗斯福就任美国总统后，在国内仍有众多反对意见的情况下，立即着手制定社会保障法，广泛开展社会保险，以其作为推行新政的突破口之一。就我国来说，国内保险业务虽曾停办20多年，但社会保险却从未间断。20世纪80年代中后期，国家开始改革和建立各项社会保险制度，90年代中后期出台了包括养老、医疗、失业、生育、工伤等各项社会保险法规，把社会保险提到了前所未有的高度，从2003年开始又在农村广泛推行新型农村合作医疗保险制度，到2014年和2016年基本养老保险和基本医疗保险扩大到了城乡居民。从目前的政策走向来看，我国政府正力求将社会保险覆盖到每一个国民。

各国政府对社会保险高度重视的另一种表现，就是注意加强对社会保险的监督和指导，建立健全社会保险管理机构。例如，英国为办理社会保险，在国家政府机构中，设有社会保障部，直接监督管理保险行政与保险业务；在地区设有社会保障局，在县、市设有社会保险办事处。美国的社会保险有效实行了联邦政府和州政府两级负责管理制度，凡属全国性的险种由联邦政府主管，凡属地方性的险种则由州和地方政府主管，负责社会保险的主管机构有卫生教育福利部、社会保障总署、劳工部和州劳工处等。日本成立了社会保险的最高行政机关——劳工部和卫生福利部，根据保险业务，下设各专业局（如年金保险局、健康保险局、劳工标准局、职业保障局、儿童家庭局等）和各种保险组织，负责社会保险行政和监督管理具体业务。法国专门成立了社会事务与劳务部、卫生与社会保障部、社会事务与团结部负责监管全国的社会保险事业。在我国，新中国成立后特别是改革开放之后，社会保险日益受到党和国家的重视，改革开放以来几乎每一次党的战略部署中，社会保险都是整个战略规划中的重要内容。党的十八大指出，要坚持全覆盖、保基本、多层次、可持续方针，以增强公平性、适应流动性、保证可持续性为重点，全面建成覆盖城乡居民的社会保障体系。改革和完善企业和机关事业单位社会保险制度，整合城乡居民基本养老保险和基本医疗保险制度，逐步做实养老保险个人账户，实现基础养老金全国统筹，建立兼顾各类人员的社会保障待遇确定机制和正常调整机制。扩大社会保障基金筹资渠道，建立社会保险基金投资运营制度，确保基金安全和保值增值。党的十九大报告也提出，全面实施全民参保计划。完善城镇职工基本养老保险和城乡居民基本养老保险制度，尽快实现养老保险全国统筹。完善统一的城乡居民基本医疗保险制度和大病保险制度。完善失业保险、工伤保险制度。建立全国统一的社会保险公共服务平台。与之相对应，成立了专门的社会保障管理机构，加大了政府在社会保险基金方面的财政投入等。

二、国际组织大力推动世界性社会保险事业发展

早在1919年"巴黎和会"上就有制定全世界社会保险法的提议，并成立了国际劳工组织。该组织的宗旨是：促进充分就业和提高生产水平，促进劳资双方合作，扩大社会保障措施，保护工人生活和健康；主张通过"劳工立法"来改善劳工状况，进而"获得世界持久和平、建立社会正义"。1944年，第26届国际劳工大会在美国费城召开，会议认为，人们的医疗保护和劳动者的所得保障，是社会安全的中枢，并通过有关医疗保护和所得保障的建议书，推荐介绍给各国实施。

第二次世界大战以后，作为联合国的专门机构，1952年国际劳工组织以"社会安全的目标与最低标准"为题召开会议，会后通过了《社会保障（最低标准）公约》（第102号公约）。这份文件确立了社会保障作为一种普遍制度的原则，社会保障的医疗保健、疾病补助、失业补助、老年补助、工伤补助、家庭补助、分娩补助、残障补助和遗属抚

恤金九个方面得到普遍承认，并规定了对于该文件中确定的"标准受惠人"应给予被认为是最低限度的补助标准。

此后国际劳工组织不断完善和建立社会保障方面的公约和建议书：1962年制定了《（社会保障）同等待遇公约》；1964年制定了《工伤事故和职业病津贴公约》及建议书；1967年6月，国际劳工组织为提高第102号公约所规定的给付标准，制定并通过了《残疾、老年和遗属津贴公约》及建议书；1982年和1983年分别制定了《维护社会保障权利公约》和《（残疾人）职业康复和就业公约》及相关建议书；1988年制定了《促进就业和失业保护公约》及建议书。更有意义的是，1927年10月4日在布鲁塞尔专门成立了社会保险的国际组织——国际社会保障协会。该协会现有200多位成员，其宗旨是在国际水平上通过技术与管理的改进，保护、促进和发展全世界的社会保险。1968年3月和1969年12月，联合国社会发展委员会分别召开会议，并发表"宣言"。从"宣言"的条文看，突出强调了社会保险问题，如在1968年的"宣言"中提出：

（1）建立社会安全制度，实施各种社会安全措施，保障国民最低文化生活标准，并运用财政制度，实现社会财富的公平分配和再分配；

（2）改善并推广普通教育和职业教育，举办各种不同类别的培训及再培训，开发与充分利用人力资源；

（3）保障工作权利，促进城市和乡村的充分就业与自由择业，改善工作条件与环境；

（4）推广社会福利措施，提高人民的生活和营养标准；

（5）扩展医疗设施，提高卫生标准，实施免费医疗，确保全民健康；

（6）关注社会保护措施，根除贫穷和饥饿，消除成人及少年犯罪的因素与环境，消除一切社会罪恶及贫富悬殊的现象。

世界银行是联合国金融方面的专门机构，除了为成员国的一些大型项目提供中长期贷款外，还对涉及养老、医疗等社会保障相关领域的发展项目给予支持。20世纪90年代中期，世界银行组织专家学者经过两年的调查研究，提交了一份《老年危机对策：保护老人和促进经济增长的政策》，提出了建立多支柱养老保障模式的主张。此外，它还为部分国家支付社会保障转制成本提供贷款。

从以上分析可见，社会保险的意义已经远远超出一国范围，成为发展世界公益事业、稳定全球局势和维护世界和平的战略措施。

三、社会保险的作用

社会保险的意义除了体现在各国政府及国际组织的重视方面外，更重要的还体现在它的作用上。社会保险的作用，概括起来主要有七个方面。

（一）稳定社会秩序，巩固社会制度

在市场经济条件下，市场机制和竞争规律发生作用的结果，必然使一部分人先富裕起来，一部分人因竞争失败或经营不善而导致破产，面临生存困难。同时由于劳动者个人的劳动技能和身体条件以及家庭境况不同，收入和生活水平存在着较大的差异。特别是当劳动者失业、暂时或永久丧失劳动能力时，部分劳动者生活就会陷入困境，甚至无法生存下去。历史上往往有这样的现象，人们到了饥寒交迫、无法生存时，就会不顾一切、铤而走险，引发社会动荡，影响政局稳定。社会保险对那些由于各种原因造成生活困难的劳动者提供保险保障，使他们能保持最低生活水平，这实际上就免除了人们生活无着落的恐惧和后顾之忧，消除了社会不安定的因素，起到治国安民的作用。无论是资本主义国家还是社会主义国家的历史事实都证明了这一点。

（二）改善就业结构，提高劳动者的劳动技能，促进就业

社会保险中的失业保险与劳动就业是紧密相连的，有了失业保险，企业可以辞退多余的劳动力，失业者一方面可以按规定领取失业救济金，获得维持基本生活条件的保障；另一方面又因国家实施的促进就业政策，能够有机会接受新的教育与培训，掌握新岗位所要求的必备知识与技能。可见，失业保险以及开展的就业培训与就业指导，无疑能起到提高劳动者素质、改善就业结构和扩大就业机会等作用。

（三）保护劳动力，扩充劳动队伍

参加社会保险者，无论是失去工作、收入中断，还是遭遇伤害等意外事故，都可获得经济上的补助，使其基本生活得到保障，从而为重新就业提供了可能。同时，由于社会保险减轻了劳动者本人和家庭的经济负担，从而能够把一部分资金投资于家庭子女教育，这有助于劳动力再生产的顺利进行。

（四）通过社会财富再分配，促进经济发展

由政府承担的部分社会保险资金是通过各种税收筹集的。就是说，这一部分社会保险税（费），来之于社会，却只是用之于被保险人。同样，企业依法为其劳动者缴纳的社会保险税（费），也只有符合条件的被保险人才能享受。另外，对参加社会保险的个

人而言，他也必须先履行一定的义务，然后才能享受社会保险待遇。显然，社会保险这种方式，实际上是社会财富实现再次分配。通过社会保险对社会财富再分配，不仅能保障被保险人的基本生活水平，更为重要的是，还能刺激消费需求、稳定社会购买力、熨平经济波动。首先，社会保险给付规模同经济周期是逆向而行的，经济衰退给付增加，经济繁荣给付减少，减缓了经济循环过程中的乘数效应。其次，一个国家的经济不景气与公众消费需求相对下降关系密切，通过社会保险形式将社会财富的一部分转移到广大低收入者手中，低收入者随着收入增加就会相应扩大需求、增加消费，从而提高全社会的需求水平，防止供给相对过剩引起的经济萧条。

(五) 保障儿童健康成长

参加社会保险者，如遇意外事故不幸身亡，按照规定，依靠其提供经济来源的未成年子女可以一次或按月领取遗属年金，以维持生活需要和正常的教育。特别是实施家庭津贴制度的国家，不论儿童的父母是否参加保险，凡符合法律规定年龄的未成年子女均可享领保育成长金，其经费由国家财政支付。这样，绝大多数家庭不会因子女多而增加负担或降低生活标准，也不会因其他原因而使未成年子女失去受教育的机会。

(六) 培养人们储蓄的观念

使人们养成储蓄习惯的方法有很多，例如银行等金融部门可以以优厚的利息率刺激人们储蓄，不过这种普通的储蓄一般是自愿的，人们往往难以形成较强的储蓄倾向，特别是西方国家的人们，存在着消费上的"短视病"，储蓄倾向小于消费倾向。社会保险不同，它带有一定的强制性，凡实行社会保险制度的国家，其企业和劳动者个人都必须无条件地参加并按规定缴纳保险税（费）。因此，社会保险有利于人们储蓄观念的培养。

(七) 为国家积累发展资金

社会保险从收取保险税（费）到组织保险金给付，中间有一段时间距离，在这段时间内，必然积累相当数量的资金。这笔资金在尚未发生保险给付前，可以进行投资增值，用于其他经济建设事业，促进国民经济发展。

四、社会保险是发展市场经济的内在要求

劳动者的保障是所有国家都要面临的一个问题，只要存在人类和人类社会，劳动者的保障就始终存在。然而以社会保险的形式为劳动者提供保障，则是在市场经济产生和形成之后，并且成为市场经济体系的重要组成部分。对此，可以从三个方面来理解和把握。

（一）社会保险是市场经济发展的必然产物

18—19世纪，欧洲国家首先发起工业革命，完成了从自然经济到商品经济的飞跃，确立了资本主义社会的市场经济秩序，资本主义机器大工业代替了家庭手工业，工厂成为社会生产的基本单位，生产成为社会化行为，伴随着资本积累，社会财富逐步集中到少数资产者手中，家庭保障和慈善机构已无力解决劳动者在生产活动中的风险及教育、医疗、赡养等问题，贫富差距进一步拉大，社会矛盾突出。因此，英国产生了合作性质的友谊社和私人保险，英国政府因势利导推行了新的济贫法。德国出现了工人自发组织起来的种种具有互助互济性质的基金会。19世纪70年代后，随着工业化的加速，贫富分化日趋加剧，要求救济的贫民和失业者数量持续增加，地方政府举办的贫民救济显得杯水车薪，私人自助性保险组织费用昂贵，广大贫民因负担过重而难以被包容其中，由此导致了工人的不满和反抗，工人运动此起彼伏，严重威胁着资产阶级的统治。当时，资产阶级统治者面临着两种选择，要么坐视资本主义社会走向分裂和混乱，要么采取补救对策缓解社会矛盾。在此情形下，19世纪末，工人运动最激烈的德国首先参考了商业保险的做法，在1883—1889年，先后颁布了医疗、工伤、养老和残障保险法，正式宣告现代社会保险制度的诞生。

（二）社会保险制度是市场经济运行中宏观调控机制的重要内容

市场经济制度的经济有效性需要满足许多条件，而这些条件在现实中基本上不可能满足，经济学上称为"市场失灵"。市场失灵需要政府进行管控，这种管控不仅在市场机制层面上，而且有宏观效应。社会保险也由建立之初通过微观补偿机制实现缓和阶级矛盾的目的，转变成政府实施宏观调控的重要内容和手段，美国前总统罗斯福首先在其推行"新政"时予以采纳，著名经济学家凯恩斯（J. M. Keynes）则在其名著《就业、利息和货币通论》中进一步从理论上给予了阐述。从宏观上看，社会保险制度是市场经济运行中劳动力再生产的重要保障机制，其基金的收支是国民收入再分配的重要调节机制，其基金的投向是国民经济产业结构调节的重要手段。

（三）社会保险是市场经济运行必要的稳定机制

市场经济运行实质上是市场机制对资源配置起基础性作用的过程，而这种资源配置又主要靠市场竞争来实现。市场机制要求参与主体有均等的竞争机会，然而由于资源配置的初始状态及各经济要素的禀赋不同，造成了竞争结果的非均等性，那些无力参加竞争和竞争中的弱者，则被淘汰出局，生活失去保障。特别是在资本主义市场经济制度中，竞争更加激烈，其基本矛盾以及由此诱发的各种社会矛盾更加激化和突出。也就是说，根据市场经济的特点和发展规律，经济波动和社会震动是客观存在的，生产关系和生产力、上层建筑和经济基础之间的矛盾所反映出来的各种社会矛盾和社会问题也是不可避免的。为化解这些矛盾或缓解这些矛盾和问题对社会制度的冲击，各发达国家均把社会保险作为调控和稳定市场经济运行的重要机制，以致第二次世界大战以后社会保险和国民经济基本同步发展，加之资本主义国家的相对稳定与繁荣，从而保证了资本主义生产关系和上层建筑基本上与生产力发展水平相适应。

在我国，早期的计划经济体制下的社会保险制度作为工人劳动者应该享有的一种权利，被看作社会主义制度优越性的一种具体体现，因而当其在"文化大革命"中转变为"企业保险"时，并没有对社会经济发展产生过大的副作用。但是在社会主义市场经济体制确立以后，它就成为由计划经济体制向市场经济体制转轨的"瓶颈"之一。早在20世纪90年代前期，我国政府就已认识到并明确指出，以社会保险为主要内容的社会保障制度是社会主义市场经济体系的基本要素之一，是平抑社会经济波动的内在"稳定器"。

第三节 社会保险的特征

社会保险、商业保险、社会救助等都是人们应对风险的财务措施，在目的上具有高度的一致性。但是，因为应对的风险的性质差异，以及经济发展水平的不同，使得社会保险在其性质、举办方式和范围等方面，具有自己明显的特点，主要表现在以下六个方面。

一、社会保险是商业保险进一步发展的产物

从产生的先后顺序上看，社会保险始于19世纪80年代的德国，迄今仅有100多年历史，而商业保险中最早的海上保险立法，可追溯到12世纪意大利的《康索拉都海事条例》，距今已有近千年历史。可见，商业保险的产生远远早于社会保险。正是传统社会救济机制和以近代精算技术为基础的民间及商业保险形式的充分发展，成为现代社会采取社会保险制度安排的两个基本条件。从理论上看，在商业保险市场中存在着逆向选择、道德风险、老年储蓄不足等情况，还有诸如政治、经济、社会、自然、人为和战争等风险，商业保险机制无法安全和妥善处理，从而造成商业保险市场失灵，在此情形下，需要通过政府干预，实施强制性的社会保险计划来解决。也就是说，社会保险是在

商业保险已建立的基础上产生和发展起来的。

二、社会保险是一种强制保险

强制保险就是指由国家通过立法强制实施的保险，它要求凡是法律规定应参加某一社会保险项目的人们必须一律参加，并按规定缴纳社会保险税（费），享受规定的待遇。这种强制性，同样适用于用人单位和社会保险机构，用人单位必须依法为职工（雇员）缴纳社会保险税（费），维护职工的基本权益。社会保险机构不得拒绝符合条件的人参加社会保险，或者随意更改社会保险项目或标准。而商业保险，一般是具备了投保条件的单位和个人参加，并且保险人与被保险人双方建立的是一种经济合同关系，在保险水平、费率标准、交费方式以及是否投保等方面均可自由选择，有讨价还价的权利，除少数险种外，大多数险种在法律上没有强制规定。

三、社会保险税（费）通常由个人、企业和政府三方负担

社会保险解决了商业保险机制无法解决或者不能完全解决的风险，这些风险一旦发生，不仅危害特定社会中的个人和经济单位，也会波及政府，造成社会动荡。因此，这类风险的成本必须由个人、企业和政府三方共同负担。与此相对应，社会保险金不能转让或赠予他人，必须由合法的受益人申领，以达到确保被保险人及其家庭生活稳定的目的。商业保险的保险费，不仅全部由投保人负担，而且保险企业的营业和管理费也在所收保费项下开支。因此，商业保险的收费标准在理论上相对高于社会保险。在保险金给付方面，商业保险是以保险合同事先约定的标准为原则，享领人可由被保险人任意指定或转让他人，保险人一般无权过问。

四、社会保险以保障劳动者的基本生活水平为标准

社会保险从消费的角度来考察，是一种具有社会福利属性的准公共产品，因此，必须以能保障劳动者的基本生活水平为标准。如果保障水平过低，不能达到社会保险的目的，发挥不了保障基本生活、稳定社会、刺激经济增长的作用；如果保障水平过高，就会造成滥用社会保险资源，导致社会保险支出压力过大、企业人工成本上升、道德风险增加等。对于较高的保障要求，可以通过诸如个人储蓄、商业保险等形式解决。

五、社会保险具有储蓄性

从收取保费到保险金给付的全过程看，社会保险带有事先储蓄以预防意外需要的性

质,但它与纯粹的储蓄是有区别的,主要体现在:

第一,只有在法定范围以内的人,才有义务按规定缴纳保费参加保险。储蓄存款却无特定对象,任何人都可以自由存款。

第二,社会保险筹集的保费,属于公共准备基金,任何个人不能自行处理。被保险人如遇有保险事故,只能按照规定的保险项目、申领条件和给付标准,领取应得的给付金额。储蓄则是个人单独形成的准备金,根据个人需要,随时都可以提取和自行处理,不受其他人限制。

第三,社会保险范围内的保险事故发生后,被保险人领取的给付金额与所缴纳的保费数额没有绝对的联系。而个人储蓄在提取存款时,只能以自己的本金加利息为限。需要指出的是,人身保险虽也具有储蓄的性质,但其差别也是显而易见的。

六、社会保险具有救助性

社会保险的救助性特点突出表现在:社会保险和社会救助共同构成社会保障制度的主体,其目的都是保障人们在遭遇事故、收入中断时,维持最基本的生活水平,免除人们的后顾之忧。不过,社会保险与社会救助也存在着差别:

第一,社会保险的主要对象是有固定职业和正常收入的劳动者或其他工作人员,而社会救助的主要对象则是无力谋生的老弱病残者(包括聋哑盲、残障军人和烈军属),或者无固定职业和正常收入、生活困难的人。

第二,社会保险给付金依靠个人、企事业单位缴纳和政府的资助,绝大部分来源于劳动者的必要劳动。社会救助金的大部分则是由政府拨款,小部分由某些专项基金拨付,它完全来源于劳动者提供的剩余劳动。

第三,参加社会保险者,必然先尽缴纳保险费的义务,然后才享有领取给付金的权利,权利和义务关系十分密切。社会救助则不同,救助金领取者通常享有受益的权利,无缴费义务。在此,权利和义务没有直接联系。

深度阅读

刘芳,毕可影. 社会保障制度史 [M]. 上海:上海交通大学出版社,2019.

该书系统阐述了社会保障制度产生、发展与改革的历史进程,以及社会保障制度从低水平保障到高水平保障的过程。同时,该书还讨论了西方国家社会保障制度发展的经验与教训及其对中国的启示,具有很强的现实针对性。注意剖析中国社会保障制度产生和发展的政治、经济和文化环境，注重剖析社会保障制度的内在发展机制和历史发展脉络，是该书的突出特色。

本章小结

社会保险的对象是有收入的劳动者及依赖其为生的家庭其他成员。社会保险的一般目的：一是经济上的，即通过社会保险给付，使广大劳动者及其家属在任何情况下，能保持最基本的生活条件；二是政治上的，即通过社会保险，保证国家政府的各项政策得到贯彻实施，维护社会安定。社会保险的特殊目的是由社会制度和经济制度的本质决定的：在资本主义制度下，社会保险是为了在科学技术进步和生产高度自动化条件下，获得更多的剩余价值；是为了加快资本形态变换，提高资本利用率；是为了缓和阶级矛盾，维护资产阶级统治。

社会主义国家积极举办和发展社会保险事业，其根本目的是保障人民生活、发展社会主义生产、为广大劳动者谋利益。社会保险的历史意义与现实意义体现在：举办社会保险的国家（特别是资本主义国家），都把社会保险视为市场经济运行的"减震器"和"安全网"予以高度重视；社会保险的意义远远超出一国范围，已成为发展世界公益事业、稳定全球局势和维护世界和平的战略措施。社会保险的意义除了体现在各国政府及国际组织重视外，更重要的还体现在它的作用上。社会保险的作用概括起来包括：有利于稳定社会秩序，巩固社会制度；有利于改善就业结构，提高劳动者的劳动技能，促进就业；有利于保护劳动力，扩充劳动队伍；能通过社会财富再分配，促进经济发展；能保障儿童健康成长；能培养人们储蓄的观念；能为国家积累发展资金。从社会保险的发展过程看，社会保险是社会市场经济的基本要素，即社会保险是市场经济发展的必然产物，社会保险制度是市场经济运行中宏观调控机制的重要内容，也是市场经济运行必要的稳定机制。社会保险的特征：是一种强制保险，其税（费）通常由个人、企业和政府三方负担，是以保障劳动者的基本生活水平为标准，具有储蓄性，还具有救助性。

重要概念

社会保险对象　社会保险的一般目的　社会保险的特殊目的　社会保险的特征　社会保险的储蓄性　社会保险的救助性

> 复习思考题

1. 如何理解社会保险的对象?
2. 社会保险的一般目的和特殊目的是什么?
3. 社会保险的意义是什么?你是怎样认识的?
4. 社会保险的特征是什么?

第三章
社会保险关系

社会保险关系有狭义和广义之分。从狭义上说,社会保险关系是指社会保险当事人之间(政府、企事业单位和劳动者)在社会保险运行过程中发生的经济联系;从广义上说,社会保险关系除了上述含义之外,还包括社会保险与补充保险的关系以及社会保险与社会救助、社会福利、商业性人身保险的关系。

第一节 社会保险当事人之间的关系

一、政府与劳动者

政府,即国家行政机关,是国家机构的组成部分,虽然各国政府的组织形式和名称有所不同,但都与政权性质相适应,是阶级专政的重要工具之一,依管辖权力范围划分,有中央政府和地方政府之分。

(一)政府在社会发展中的地位

关于政府在社会发展中的地位,历史上有四种不同的理论和观点。

1. 无政府主义理论

无政府主义理论将政府看作产生各种社会问题乃至社会祸害的主要根源,因此反对一切政府,主张用一种有生命力的自愿合作的自治组织来替代政府,以建立个人绝对自由与平等的社会。这种理论产生于近代,但其渊源可以追溯到久远的古代社会。18世纪末,葛德文(William Godwin)在他的《政治正义论》中第一次比较系统地提出了无政府主义学说,尔后,施蒂纳(M. Stirner)、蒲鲁东(P. J. Proudhon)、巴枯宁(M. A. Bakunin)成了无政府主义学说的创始人。20世纪30—60年代,无政府主义处于低潮时期,有些国家如法国、意大利、西班牙等的无政府主义已销声匿迹。20世纪60年代至今，无政府主义开始复兴，并形成反对现代福利国家和官僚制度对社会控制的"新无政府主义"。这一时期的主要代表有罗斯巴德（M. Rothbard）、布克金（Bookchin）、莱基（W. E. H. Lecky）等人。

2. 国家主义理论

国家主义理论走向了另一个极端，陷入了国家崇拜，认为政府是神圣的、万能的，主张政府对社会实行全面控制与管理。国家主义理论也有悠久的历史，如柏拉图的"理想国"等，但真正开创了"政府神圣万能"之思想先河的还是德国的费希特（J. G. Fichte）。他把个人服从和忠诚理想化，把对社会治安环境恶化和恐惧的担忧转化为对国家权威的内在需求，认为公民只有接近和依靠国家，才能确认自己的存在和实现自我。与费希特生活在同一时代的黑格尔（G. W. F. Hegel）继承了国家主义传统，把国家主义理论进一步发扬光大，认为国家是地上的神物，是伦理观念的现实，是自在自为并凌驾于个人之上的力量。后来，拉萨尔（F. Lassalle）在《哥达纲领》中把国家说成是超阶级的永恒的机构，法西斯主义者则逐渐把国家主义理论发展成为极端的形式。

3. 自由主义理论

自由主义理论认为，政府对社会活动和经济过程的管理与调控是必要的。也就是说，政府对社会生活的干预必须有一定的限度，只能发挥"守夜人"的作用，社会对政府的行为必须具有监督和约束力。传统自由主义产生于17世纪和18世纪的英国，19世纪时传统自由主义理论获得进一步发展，主要代表人物有斯密（A. Smith）、洛克（J. Locke）、边沁（J. Bentham）、密尔（Mill）、斯宾塞（H. Spencer）等。20世纪以后，随着资本主义基本矛盾的尖锐、激化以及经济危机频繁爆发，产生了新自由主义思潮。新自由主义背离了传统自由主义原则，竭力主张政府以各种手段干预社会生活和经济活动。这一时期，凯恩斯主义盛行，西方各国政府纷纷采取"福利国家"的政策，推动了资本主义经济历史上的繁荣。然而，政府对经济生活的全面干预和渗透，又引发出新的社会矛盾和经济问题，人们开始怀疑政府干预社会的合理性和合法性。在这种情况下，以哈耶克（F. A. V. Hayek）、布坎南（J. M. Buchanan）、诺齐克（R. Nozick）等人为重要代表，提出了政府适度干预向传统自由主义回归的当代自由主义理论。

4. 马克思主义的政府理论

马克思主义从历史唯物主义的立场出发，根据市民社会决定国家的基本原理，认为政府同国家一样，不是从来就有的，而是社会发展到一定阶段的必然现象，是阶级矛盾不可调和的产物，它随着阶级和国家的产生而产生，并随着阶级和国家的消亡而消亡。

马克思主义十分重视国家政府管理社会的职能，在《共产党宣言》中，当谈到无产阶级成为统治阶级时明确指出，无产阶级将利用自己的政治统治，管理和支配社会经济活动，即剥夺地产，把地租用于国家支出；征收高额累进税；通过拥有国家资本和独享垄断权的国家银行，把信贷集中在国家手里；把全部运输业集中在国家手里；把农业和工业结合起来；把教育同物质生产结合起来；增加国营工厂和生产工具；把一切生产工具集中在国家即组织成为统治阶级的无产阶级手里，并且尽可能快地增加生产力的总量。① 并且还强调政府对经济活动的管理是社会化大生产的客观要求。马克思指出，一切规模较大的直接社会劳动或共同劳动，都或多或少地需要指挥，以协调个人的活动，并执行生产总体的运动——不同于这一总体的独立器官的运动所产生的各种一般职能。一个单独的提琴手是自己指挥自己，一个乐队就需要一个乐队指挥。② 后来列宁更具体地指出，国家一直是从社会中分化出来的一种机构，是由一批专门从事管理、几乎专门从事管理或主要从事管理的人组成的一种机构③；任何大机器工业……都要求无条件的和最严格的统一意志，以指导几百人、几千人甚至几万人的共同工作④；没有一个使千百万人在产品的生产和分配中最严格遵守统一标准的有计划的国家组织，社会主义就无从设想⑤。

从以上分析不难看出，自国家产生以后，尽管人们对国家政府的态度和评价不一，但有一点是相同的，那就是任何社会都离不开政府的管理和调控。至于政府如何管理、调控什么，是由社会发展各个阶段所能提供的社会条件和物质内容决定的。

（二）政府的职能与作用

在现代市场经济社会，政府的职能与作用主要体现在如下四个方面。

1. 对宏观经济进行调控，维持市场竞争秩序

在发达的商品经济条件下，虽然市场机制对资源的配置起主导和基础性的作用，但是市场调节也不是万能的。首先，由于市场的不完全性和失灵，它不能自动地反映社会需求和长期经济发展趋势，不能解决国民经济长期发展的问题；其次，市场机制不能解决产业结构优化的问题，很难实现重大经济结构及比例的协调与发展；最后，市场机制不可能控制经济的周期性波动和通货膨胀等问题，难以保持宏观经济总量平衡。因此，

---

① 中共中央马恩列斯著作编译局. 马克思恩格斯选集（第1卷）[M]. 北京：人民出版社，1997：272-273.
② 中共中央马恩列斯著作编译局. 马克思恩格斯全集（第23卷）[M]. 北京：人民出版社，1972：367.
③ 中共中央马恩列斯著作编译局. 列宁选集（第4卷）[M]. 北京：人民出版社，1995：30.
④ 中共中央马恩列斯著作编译局. 列宁选集（第3卷）[M]. 北京：人民出版社，1972：520.
⑤ 中共中央马恩列斯著作编译局. 列宁选集（第3卷）[M]. 北京：人民出版社，1972：545.

为保持宏观经济稳定和总量平衡，推进经济可持续发展，需要政府通过财政政策、货币政策、产业政策和价格政策对经济生活进行宏观干预和调控。

此外，市场机制正常运行需要以一定的规则和法律强制作为前提，否则市场机制就会失效，市场交易和市场竞争就会失去公正和效率。为此，要求政府除了颁布有关法律法规以外，还必须制定一套公认的并能够得以实施的市场行为规则，以规范市场主体的行为，为市场公平竞争创造必要的制度环境，保证市场机制正常运转。

2. 采取积极措施，限制或排除消极的外部经济性

任何社会条件下，都存在外部经济性。如发展基础研究和教育，会对社会产生积极的外部经济性；发展一些有污染的工业，会对社会产生消极的外部经济性。外部经济性通常受制于个人和政府的行为，与市场交易本身无关。如某企业因生产水泥而严重污染了环境，但人们并不会因为生产水泥污染了环境就拒绝购买水泥。对造成环境污染的水泥厂只能通过政府行为或社会道德强制，强迫其进行技术改造，减少污染，或者按照有关法规，要求水泥厂对环境污染进行赔偿等。总之，在现代社会市场经济条件下，既需要政府通过公共财政支出和补助或者直接的公共部门的生产来推进积极的外部经济性产出，也需要政府通过强制有效的管制来限制消极的外部经济性产出。

3. 根据可能与需要，提供公共产品

提供公共产品是政府的基本职能之一。什么是公共产品？英国莱斯特大学著名经济学者大卫·金（David King）指出，公共产品指的是，那些其利益具有非竞争性和非排他性的产品，前者是从这类物品可以被不同的人同时消费这个意义上说的，后者则是从下列意义上说的：某种物品一旦提供给某一个人，不管其他人向提供者付不付钱，都不能排除这些人对这种物品的消费。典型的例子包括国防、法律和秩序。[①] 公共产品的特点是非竞争性和非排他性，依其特点，依靠市场价格机制不可能使生产和供给达到最优；如果依靠个人之间的直接交易去解决公共产品的供给问题，因成本太高、得不偿失而无人问津。私人企事业单位由于对其投入多或者产出效益低下不愿意或无力生产与提供，或者形成某些部门的垄断，导致成本过高和效率下降，损害广大消费者的利益。因此，公共产品的生产和供给，只能依靠政府根据国家财力和社会需要，通过国家财政预算，对公共产业、公共设施、公共教育、公共服务进行投资解决。

4. 以效率优先、兼顾公平为原则，组织收入或财富再分配

美国经济学家阿瑟·奥肯（A. Okun）在分析现代市场经济社会能够较好地解决效

---

① 彼德·M. 杰克逊. 公共部门经济学前沿问题 [M]. 郭庆旺，等译. 北京：中国税务出版社，2000：191.

率而不能自动地解决公平的问题时指出：美国家庭在生活水平与物质财富占有上的差距体现着一种奖惩制度，这一制度力图激发努力奋斗的精神，并把这种精神引入社会生产活动中去。从某种程度上说，这一制度成功了，它创造了一个高效率的经济。但是，对效率的追求不可避免地产生出各种不平等。[①] 为什么对效率的追求必然会产生各种不平等呢？究其原因，主要是由于人们占有的财产和机会以及家境与个人能力不均等。因此，不平等是市场经济条件下的普遍现象，尤其是完全依靠市场经济机制运行不可能做到收入分配的协调和公平，不可能实现国家、企业和个人之间物质利益的结合。此外，现代市场经济社会也不可能完全自动地消除劳动者的后顾之忧，依靠商业性人身保险，只能解决部分有条件的劳动者的养老、失业和医疗问题，广大低收入者家庭通常被排挤在商业保险大门之外。而基本生活保障又是调动人们的劳动积极性，保证市场经济正常运行的重要条件。基于上述原因，所有市场经济国家政府均力图通过税收政策、再分配政策和建立完善的社会保障制度来调节收入与财产的再分配，以牺牲部分效率解决公平及经济可持续发展问题。

（三）社会保险活动中政府与劳动者的关系

当我们简单分析了政府在社会发展过程中的地位与职能之后，再来看社会保险活动中政府与劳动者的关系。十分明显，在社会保险关系中，因受职能决定，政府始终处于主体地位。政府通过其职能部门向广大公民提供社会保险绝非个人意志或国家或上层社会对下层社会的恩赐，而是一国政府的基本职能和应尽义务。《中华人民共和国宪法》规定，国家通过各种途径，创造劳动就业条件，加强劳动保护，改善劳动条件，并在发展生产的基础上，提高劳动报酬和福利待遇。国家发展为公民享受这些权利所需要的社会保险、社会救济和医疗卫生事业。

具体说来，政府在社会保险关系中的作用有以下五点：

（1）构建社会保险体系，确定社会保险发展规划和筹集资金的模式与手段，规定社会保险的保障范围、给付条件、给付标准与水平；

（2）建立社会保险预算制度，多渠道筹集社会保险基金，保证社会保险基金安全；

（3）为社会保险基金安全有效地运作提供政策和技术条件，保证社会保险基金增值，增大社会保险的偿付能力；

（4）采取合理与公平的收入再分配措施，向广大劳动者提供基本的社会保险，并承

---

① 阿瑟·奥肯. 平等与效率 [M]. 王奔洲，等译. 北京：华夏出版社，1999：1-2.

担社会保险最基本保障部分的财政责任；

（5）制定和颁布社会保险法律法规，确保社会保险管理规范化和高效化。

在社会保险关系中，劳动者是社会保险保障权利所指向的对象，因此，他们享有充分的保障权利。不过，按照社会保险的经济效率原则和社会保险成果分配所通行的一般原则，在享受保障权利之前，必须履行各自应尽的义务。我国宪法规定，中华人民共和国公民在年老、疾病或者丧失劳动能力的情况下，有从国家和社会获得物质帮助的权利。同时，中华人民共和国公民有劳动的权利和义务，有依照法律纳税的义务。其中的道理非常简单，政府用于社会保险支出的那部分收入，是劳动者为社会提供的部分剩余劳动的积累和劳动者一部分必要劳动的集中，国家对社会保险事业以资金和物质支持，并不是国家机器本身产下的"金蛋"施惠于天下，而是对"取之于民，用之于民"的剩余劳动的再分配。

可见，在社会保险关系中，劳动者相对于政府应扮演的角色主要包括四种：第一，按规定享受由政府提供的最基本的社会保险保障；第二，参加创造物质财富和精神财富的活动；第三，发挥积极性、主动性和创造性，为国家、社会提供更多更有效的剩余劳动；第四，依法缴纳各种税（费），尤其是社会保险税（费），为社会保险制度稳健运行提供物质基础。

二、社会保险机构与参保劳动者

社会保险机构作为国家政府组成部分，是代表国家专门负责社会保险税（费）征缴、分配和管理的机关或单位。在国外，政府通常设有社会保障部、社会保障总署、劳动和社会事务部等作为社会保险机构。目前我国的社会保险机构设置是，国家层面设人力资源和社会保障部，省、自治区和直辖市层面设人力资源和社会保障厅（局），地区（市、州、盟）和县（市、区、旗）层面设人力资源和社会保障局。

从社会保险行为产生的过程和结果看，社会保险机构与参保劳动者的关系类似保险合同关系中的保险人与被保险人之间的关系。社会保险机构作为社会保险关系一方当事人，享有受政府委托从事社会保险事业的权利和履行社会保险职责的义务：第一，社会保险机构根据授权，依法按政策设计和推出社会保险产品供广大劳动者选择；第二，按规定负责向参保者征缴社会保险税（费），建立社会保险基金；第三，根据安全性和收益性原则，有效运营筹集的社会保险基金，确保社会保险基金增值，增强社会保险基金偿付能力；第四，社会保险事件发生后，根据权利与义务对等的原则，按照规定的时间、条件和标准给付社会保险金；第五，采取坚决措施，规避社会保险道德风险，对有意制造道德风险者，根据情节轻重和风险损失情况，分别给予经济处罚或追究刑事责任；第六，代表国家各级政府对社会保险活动进行管理，并依照规定，有权从社会保险负债收入中按比例提取一定的管理费①，确保社会保险事业繁荣与发展。

参保劳动者作为社会保险关系一方当事人，在同社会保险机构的关系中，享有社会保险基本保障的权利。为实现这种权利，参保劳动者对于个人账户所形成的资产有权选择合适的投资管理人，因工作流动有权转移保障权，有权通过一定形式对社会保险机构的活动进行监督。与此同时，参保劳动者应根据参保项目按时足额缴纳社会保险税（费），有义务遵守社会保险法律法规和政策，自觉抵制和防范道德风险，维护社会保险的整体利益。

社会保险机构与参保劳动者的关系同政府与劳动者的关系有一定的联系，但存在明显的差别。从联系方面看，国家政府和社会保险机构存在着委托和受托的关系，社会保险机构代表着政府的意志和利益，并且两者的基本任务和目标一致，即通过社会保险方式，向劳动者及其家属提供最基本的生存条件保障。从差异方面看，两者差别明显：第一，在社会保险关系中，政府是社会保险原则和政策的制定者和监督者，而社会保险机构则是社会保险原则和政策的具体实施者。第二，政府与劳动者同社会保险机构与参保劳动者的关系所反映的经济利益原则侧重点不一样。前者主要反映的是"取之于民，用之于民"的利益归属和公平原则，后者则主要反映社会保险权利与义务基本对等的效率原则。第三，两者提供的保障内容及保障水平不同。作为国家政府通过社会保险机构向参保劳动者提供的是"三大保障支柱"中的第一支柱保障，保障水平以保障全国所有劳动者最基本的生活条件为限；作为社会保险机构所从事的活动就不仅局限于国家政府委托的保障项目，还应根据需要向广大公民提供"三大保障支柱"中的第二和第三支柱的保障，保障水平则根据参保者的纳税（费）水平而定，高于或者低于政府提供的同规格的基本保障水平。② 第四，两种保险关系实现的形式略有区别。政府通过一定形式向劳动者提供保障是采取强制性方式，只要在法律规定范围以内的所有劳动者，不论其职业性质收入高低，都一律参加保险和缴纳社会保险税（费），没有自由选择余地；

---

① 根据1999年《财政部 劳动和社会保障部关于社会保险经办机构经费保障等问题的通知》的规定，自1999年1月开始，我国各级社会保险经办机构不得再从社会保险基金中提取或列支管理费，经办机构经费原则上由同级财政安排。

② 在部分国家和地区，社会保险机构仅提供第一支柱的保障，不直接提供第二、第三支柱的保障，对于第二、第三支柱仅承担政策制定、计划指导和运营监管等职责。

而社会保险机构向劳动者提供的企业补充保险和个人储蓄性保险则不完全是强制的，参加与否以及何时参加，主要由企事业单位和个人自行决定。

三、企事业单位与参保劳动者

企业（包括各种性质的企业或公司）是从事商品生产、交换与服务的自主经营、自负盈亏、自我约束、自我发展的最基本的经济组织。事业单位是指受国家政府领导，通常不创造经济收入，依靠国家财政拨款的非生产部门。在社会保险关系中，由于事业单位与参保劳动者的关系同企业与参保劳动者的关系基本相似，因此，下面专门分析企业与劳动者的关系。

在社会保险关系中，企业与劳动者各自作为一方当事人，双方应尽的义务和享受的权利可以作如下四个方面的分析。

（一）劳动者是企业生产与经营的主体，是企业剩余劳动的提供者

劳动者是企业生产与经营的主体和企业剩余劳动的提供者，这就意味着，企业生存与发展的条件和基础不仅依靠企业原有的生产资料，而且依靠劳动者提供源源不断的活的劳动。基于这一点，在企业利益和劳动者利益趋同的条件下，劳动者应积极劳动、努力工作，并关心企业经营，参与企业管理和监督，创造出先进的企业生产力和较好的经济效益与社会效益。

（二）劳动者是企业经营成果的享受者

既然企业所拥有的新的物质财富和新的商品价值是劳动者创造的，那么，企业在扣除生产资料转移的那部分价值、应缴国家的那部分价值和维持与扩大再生产必需积累的部分价值外，剩余部分价值一方面应根据等价交换和按劳按要素分配的原则，向劳动者提供合理、公正的劳动报酬，满足劳动者的生存需要；另一方面，为保证劳动力再生产和改善劳动者的知识与技能结构，提高劳动者就业的适应能力，通过向社会保险机构或代理部分社会保险业务的有关部门或机构缴纳社会保险税（费），为劳动者提供企业补充保险保障以及会同政府部门向劳动者提供社会保险基本生活条件保障，保证企业劳动者的安全、享受和发展需要。

（三）企业从法人的角度看是市场竞争的主体和生产经营与管理的组织者和参与者

为保证企业的生存与发展，并在激烈的市场竞争中处于有利的地位，企业有权要求企业内的所有人员为了企业利益提供更多的有效劳动和更多的剩余劳动，以扩大资本积

累和丰富企业可持续发展的物质基础。但是，强调企业的生存发展利益，并不等于忽视企业劳动者的利益和需要。在现代市场经济社会，企业的利益和劳动者的利益在一定意义上是一致的：维护企业的利益，能更好地保证劳动者个人的经济利益；保证了劳动者个人的利益，又能为企业创造出更多的经济效益。当处理企业利益与劳动者个人利益的关系时，劳企双方对此应有足够的认识。尤其是企业还应充分地认识到，在社会化大生产条件下，企业为保证社会再生产周而复始地进行，除了积累相当数量的剩余劳动外，更应关心劳动者的切身利益和在生产上和消费上的需要。前面说过，劳动者的需要，包括基本生活条件、安全、享受与发展的需要。其中，基本生活条件和享受的需要通过企业发放工资来满足，发展和安全的需要则部分地依靠企业为劳动者缴纳社会保险税（费）来满足，可见，企业为劳动者缴纳社会保险税（费）是企业维持和扩大再生产的必要条件。再说，企业按工资总额扣除的社会保险税（费），实质上是劳动者的必要劳动和剩余劳动的一部分，不论数额多大，最后还得由包括被保障劳动者在内的广大消费者来承担。因此，那种以各种困难为由，不愿意为劳动者参加社会保险或长期拖欠社会保险税（费）的做法，也是不合乎情理和错误的。

（四）企业、劳动者和政府三方共同构成尽社会保险缴税（费）义务的主体

从社会保险的目的、原则和特征看，企业、劳动者和政府三方分担社会保险的财政责任是合理的、必要的，至于三方各自分担的比例，则根据社会保险险种的性质、国家的社会保险政策以及三方各自占有的国民收入份额等因素来确定。

四、狭义社会保险关系建立的依据和基础

狭义的社会保险关系即社会保险关系当事人之间的关系，从上述内容看，其实质是社会保险关系当事人之间的一种经济利益上的分配与再分配关系。关于狭义社会保险关系建立的依据，就国际范围而言，它是国际劳工公约中的第 118 号、121 号、128 号、130 号、131 号、157 号、159 号、164 号、165 号、173 号、174 号和国际劳工建议书中的第 95 号、97 号、99 号、102 号、111 号、167 号、168 号、169 号、171 号、173 号、176 号。其中，第 118 号公约中指出，成员国应就下列任何一项或几项社会保障接受本公约的义务，对这些社会保障，该成员国应有适用于居住在其国内的本国国民的有效实施的立法：(a) 医疗护理；(b) 疾病津贴；(c) 生育津贴；(d) 残疾津贴；(e) 老龄津贴；(f) 遗属津贴；(g) 工伤津贴；(h) 失业津贴；(i) 家庭津贴。本公约生效的成

员国应遵守公约的有关规定，接受本公约关于各类社会保障规定的义务。[①] 第167号建议书中则强调，成员国应在彼此间和与有关国家间在行政和财政方面做出适当安排，以便扫除可能的障碍，向成员国的国民或侨居的难民与无国籍人员提供根据法规他们有权得到的残疾、老龄和遗属津贴，工伤补偿金和死亡抚恤金。[②] 在国际劳工公约和建议书的推动下，全世界绝大多数国家和地区都建立起了与本国（本地区）的情况相适应的社会保障制度，形成了各具特色的社会保险关系。

就国别而言，狭义的社会保险关系是根据各国的社会保险法律法规和政策建立的。例如，我国社会保险关系建立的主要依据包括：法律方面主要有《中华人民共和国宪法》《中华人民共和国劳动法》《中华人民共和国社会保险法》《中华人民共和国就业促进法》《中华人民共和国劳动合同法》《中华人民共和国军人保险法》《中华人民共和国劳动争议调解仲裁法》等，法规方面主要有《事业单位人事管理条例》《全国社会保障基金条例》《工伤保险条例》《中华人民共和国劳动合同法实施条例》《残疾人就业条例》《劳动保障监督条例》《社会保险费征缴暂行条例》《失业保险条例》等，规章和政策文件主要有《社会保险基金行政监督办法》《人才市场管理规定》《失业保险金申领发放办法》《工伤职工劳动能力鉴定管理办法》《就业服务与就业管理规定》《劳务派遣暂行规定》《社会保险个人权益记录管理办法》《社会保险行政争议处理办法》《关于阶段性降低失业保险、工伤保险费率有关问题的通知》《关于扎实做好失业保险待遇发放工作的通知》《关于扩大失业保险保障范围的通知》《企业年金办法》《关于工伤保险基金省级统筹的指导意见》等。总的来说，我国的社会保险法律法规客观反映了中国的实际与全体公民的要求，明确了社会保险经济利益关系所指向的目标和对象，规范了社会保险关系当事人之间的权利与义务，经过多年的保险实践，建立起了一种反映社会主义市场经济特征的新型的社会保险关系。

关于狭义社会保险关系建立的基础，至少有两个方面：第一，必须具备建立社会保险制度的物质条件和社会条件，就是说，社会保险关系的建立与社会保险制度的建立是一致的，是一个问题的两个方面，社会保险制度的建立需要哪些条件，社会保险关系的建立同样需要哪些条件。第二，社会保险关系中的各保险主体必须具有同一的社会保险利益。例如，对于国家政府来说，社会保险利益反映在政治利益和经济利益两个方面，

[①] 国际劳工组织. 国际劳工公约和建议书（第1卷）[M]. 北京：国际劳工组织北京局，（1919—1969）：323.

[②] 国际劳工组织. 国际劳工公约和建议书（第2卷）[M]. 北京：国际劳工组织北京局，（1970—1993）：302.

即通过资助举办社会保险事业,能够确保社会经济生活和社会政治生活安定以及国家政局稳定;社会保险利益对于企业来说,缴纳一定量的社会保险税(费),能够换来企业的凝聚力、高效的生产力和强劲的市场竞争力以及持续增长的企业扩大再生产能力,为企业带来远远高于社会保险税(费)的社会财富;社会保险利益对参保劳动者个人来说,虽然缴纳的社会保险税(费)不多,但使参保劳动者及其家庭的基本生活条件、受教育条件和发展条件获得保障,消除了现代市场经济社会引发的并强加给劳动者的经济风险和后顾之忧。

第二节　社会保险与补充保险之间的关系

社会保险与补充保险之间的关系,主要包括社会养老保险与补充养老保险的关系、社会医疗保险与补充医疗保险的关系以及社会工伤保险与补充工伤保险的关系等。

一、社会养老保险与补充养老保险

补充养老保险是指在政府强制实施的公共养老金或国家养老金制度之外,用人单位(包括企业、个体经济组织、机关事业单位、社会团体等)在国家政策的指导下,根据自身经济实力和经济状况建立的,旨在为本单位职工提供一定程度退休收入保障的辅助性的养老保险制度。补充养老保险根据举办主体的不同可分为企业补充养老保险、机关事业单位补充养老保险等。其中,企业补充养老保险又称为企业年金,机关事业单位补充养老保险又称为公职人员补充养老保险、职业年金。

(一)补充养老保险的特点

第一,补充养老保险既不是社会保险,又不是商业保险,而是一种职工福利制度,是用人单位人力资源管理战略的重要组成部分,其补充性、商业化或市场化运作的特征不影响也不能改变其本质属性。

第二,补充养老保险是社会保障体系的重要组成部分,是实施养老保障"多支柱"战略的重大制度安排。补充养老保险与社会养老保险、个人储蓄性养老保险一起构成"多支柱"养老保障体系。

第三,补充养老保险的责任主体是企业、个体经济组织、机关事业单位、社会团体等用人单位,是用人单位根据自身经济状况建立起来的单位保障制度,单位或职工承担补充养老保险计划的全部风险,国家或政府不直接干预补充养老保险计划的管理和基金运营，其主要职责是制定规则、依规监管。

（二）社会养老保险与企业年金的差异

在社会保险关系中，由于社会养老保险与公职人员补充养老保险的关系同社会养老保险与企业年金的关系基本相似，因此，下面专门分析社会养老保险与企业年金的关系。

社会养老保险在产品性质、政府责任、选择的自由度、筹资模式、缴费形式、经办机构、保障待遇水平、公平与效率的侧重点等方面与企业年金有着明显的不同。

1. 产品性质和政府责任不同

从产品性质来看，社会养老保险的养老金是公共产品（严格来说是准公共产品），而企业年金属于私人产品，产品性质的不同决定了两者的政府责任不同。从政府责任的方面来看，社会养老保险由政府提供财政兜底；而企业年金出现基金积累不足时，在供款基准制计划中由职工个人承担，在受益基准制计划中由雇主或计划受托人承担，政府一般不直接承担责任，政府的作用主要表现在推动立法、制定税收政策和适度监管等方面。

2. 选择的自由度不同

社会养老保险制度通常是强制实施的、统一的养老金计划，管理机构的经费纳入财政预算由政府安排，由政府机构进行管理；企业年金计划在大多数国家由企业自愿决定是否建立（也有强制实行的国家如英国、法国、澳大利亚等），并进行市场化运作，弹性较大，灵活性较强。

3. 筹资模式不同

社会养老保险一般有三种筹资模式，即现收现付制、完全积累制和部分积累制；企业年金几乎均采用完全积累制（法国是唯一的例外，它实行全国统筹、现收现付的强制性企业年金计划），以个人账户方式记载每个职工企业年金的企业缴费、个人缴费以及投资收益、利息等全部资产，企业年金个人账户属于个人产权，不能调剂使用。

4. 税（费）的征缴形式不同

从税（费）的征缴形式来看，社会养老保险税（费）是由社会保险经办机构或地方税务部门征缴；企业年金的供款则是由企业年金计划受托人或账户管理人等专业机构负责征缴。

5. 经办机构性质不同

从经办机构的性质来看，社会养老保险的管理运营一般都是由政府事业单位负责，即使有些国家将社会养老保险的部分职能委托给商业机构负责，如投资管理、基金托管等，但是管理权限依然属于具有官方性质的事业单位；企业年金的管理运营由专业性商业机构负责，政府只是负责制定政策、依规监管。

6. 保障待遇水平不同

从保障待遇水平来看，社会养老保险的目标是保障公民年老时的基本生活需要，体现国家的责任；企业年金的目标是对社会养老保险的补充，保障的是公民较高的生活标准。

7. 公平与效率的侧重点不同

社会养老保险强调社会公平原则；企业年金更注重效率原则，在企业内部人力资源管理战略中是具有激励机制的福利手段。

（三）社会养老保险与企业年金的共性与联系

1. 社会养老保险与企业年金同为现代多层次养老社会保障体系的重要子制度

如果说社会养老保险制度被称为养老保险的第一支柱，企业年金则被称为第二支柱。两者的根本目的都是保障人们年老后的生活需要，消除人们的后顾之忧，稳定社会秩序，发展社会生产。

2. 政府都需要承担一定的责任

不管是社会养老保险还是企业年金，政府都需要承担一定的责任。在企业年金中，政府主要承担推动立法、制定税收优惠政策和适度监管等责任；在社会养老保险中，政府的责任除了推动立法、制定税收优惠政策、依规监管外，还有建立社会养老保险预算制度、具体经办社会养老保险事务、为养老基金运营提供政策和技术条件、提供财政兜底等。

3. 企业年金是对社会养老保险的有益补充

一般认为，80%的养老金替代率即可以使职工保持与退休前大体相当的生活水平。1997年我国建立企业职工基本养老保险制度时，预期的养老金目标替代率为58.5%。这与国际标准（80%）还有很大一段距离，说明我国退休人员的生活水平偏低。随着人口老龄化社会的到来，要想提高退休职工的生活水平，仅靠政府继续加大支付力度和基本养老保险的缴费恐怕是不现实的，只有推动企业年金的发展，形成对基本养老保险的有力补充才是出路。

4. 社会养老保险与企业年金的合理结合实现了公平与效率的结合

社会养老保险的目的是向所有老年人提供收入补偿，是在追求平等和收入再分配的基础上实现的，它主要考虑的是社会公平，排除退休前的工作性质差异及贡献差异，而将每一个社会成员高度抽象化后确定他们退休后基本一致的待遇水平。而企业年金的目的是通过差别分配来提高员工工作的效率，追求的是提高企业的竞争能力和盈利能力。两者的合理结合则实现了公平与效率的结合，并且也满足了现阶段经济发展水平的需要。

5. 社会养老保险与企业年金之间此消彼长

国外的公共养老金替代率仅在40%左右，但由于有企业年金和个人储蓄性养老保险作为公共养老金的补充，因此养老金的整体替代率在80%左右。目前，我国的养老保险体系中主要是社会养老保险在起作用，整体替代率基本上等于社会养老保险的替代率，企业年金的替代率比重过小。有学者研究表明，目前我国基本养老保险的实际平均替代率为86%，有的地方甚至高达120%以上，现行基本养老保险在整个养老社会保障体系中的比重过大，而企业年金根本就没有发展的空间。[①] 根据世界性养老金改革的趋势，国家管理的公共养老金的比重应逐步降低，而由市场运作、政府监管的企业年金的比重应逐步提高。在未来，我国基本养老金的目标替代率应降低为50%左右为宜，以便为企业年金的发展留下一定的空间，届时企业年金的目标替代率将提高到30%左右，养老金的整体替代率在80%左右。

二、社会医疗保险与补充医疗保险

补充医疗保险是指在政府强制实施的社会医疗保险制度之外，雇主为进一步提高雇员医疗保障水平，根据自身经济实力和经济状况而建立的，旨在为本单位职工提供多层次医疗保障水平的补充性医疗保险制度。狭义的补充医疗保险制度是社会医疗保险制度的有益补充，一般由职工个人和用人单位共同筹集资金设立，职工自愿选择参加。广义的补充医疗保险是指社会医疗保险制度以外的所有医疗保险形式，包括企业、个体经济组织、机关事业单位、社会团体等举办的自愿性职工互助补充医疗保险，社会医疗保险机构举办的非强制性补充医疗保险以及商业性补充医疗保险等。以下讨论的内容特指狭义的补充医疗保险。

（一）补充医疗保险的特征

补充医疗保险从其包含的主要内容看，具有以下特征：

第一，补充性是补充医疗保险的基本特征。补充医疗保险制度是介于社会医疗

---

① 邓大松，刘昌平. 中国企业年金制度研究（修订版）[M]. 北京：人民出版社，2005：22.

和商业医疗保险之间的一种保险形式，补充性是其最本质特征。在一个完整的多层次医疗保险体系中，社会医疗保险制度是整个医疗保险体系的主体与核心，补充医疗保险制度是其中不可或缺的组成部分，起到重要的补充与完善作用，是构成多层次医疗保障体系的基础。

第二，以自愿性为基本原则。相对于社会医疗保险制度而言，自愿性或非强制性是补充医疗保险制度的鲜明特征。用人单位是否举办补充医疗保险，职工个人是否参加补充医疗保险，参加什么形式的补充医疗保险制度，都是以自愿性为基本原则的，不带有强制性，国家或政府不直接干预补充医疗保险制度的运行与管理。

第三，一般地，补充医疗保险是根据当地的经济发展水平、人均收入分配状况、人口结构、疾病发病率等实际情况和医疗消费需求来制定的，其目的在于满足不同群体对医疗消费的多样化需求，实现职工之间在疾病医疗上的互助互济。

第四，补充医疗保险制度一般是有条件的用人单位在参加社会医疗保险制度的基础上，根据自身经营状况为其职工建立的一种补充性质的医疗保险制度，其目的在于进一步提高职工的医疗保障水平，满足职工更高层次的医疗保障需求。从这个角度来讲，可将补充医疗保险视为企业福利制度的一项重要内容，建立补充医疗保险制度，有利于进一步提高职工的福利待遇水平，调动和激励职工的工作积极性和创造性，增强职工对企业的凝聚力和向心力。

（二）社会医疗保险与补充医疗保险的共性

1. 目的相同

补充医疗保险与社会医疗保险虽然具有不同的功能与作用，但两者都是现代多层次社会医疗保障体系中的重要子制度，其根本目的是一致的，即满足参保人的医疗保障需求，保护参保人的身体健康，减轻疾病风险发生后参保人及其家庭的经济负担与后顾之忧，进而提高劳动生产率，促进生产发展，维护社会稳定。

2. 运行机制相同

虽然补充医疗保险与社会医疗保险满足的是不同层次的医疗保障需求，但两者都是对因健康原因（疾病、意外伤害等）引起的费用支出或收入损失进行补偿和给付的制度，两者遵循着相同的运行机制，比如都遵循"大数法则"机制，都参照相似的"疾病谱"等。

3. 责任主体相似

职工个人、用人单位、政府是社会医疗保险制度与补充医疗保险制度的三大责任主体。在两种制度中，职工个人和用人单位是主要的筹资主体，政府都需要承担一定的责任。不过，政府在两种制度中承担的责任大小略有不同，在补充医疗保险制度中，政府主要承担制定相关政策、法规，及时立法、严格监管的主要职责；而在社会医疗保险制度中，政府除以上责任外还承担着社会医疗保险经办以及财政兜底等职责。

（三）社会医疗保险与补充医疗保险的差异

与社会医疗保险制度相比，补充医疗保险在以下四个方面存在着差异。

1. 性质不同

社会医疗保险是国家根据宪法制定，强制实施的社会保障基本项目之一，不取决于参保人的意愿。而补充医疗保险是用人单位或行业根据自身情况专门为本单位或本行业职工所建立的针对特定群体的医疗补充保险制度，保险契约的产生以职工个人自愿参保为前提。

2. 权利与义务关系不同

社会医疗保险制度是社会保险制度中的核心组成部分，其目的在于实现医疗风险的社会统筹、社会共济，带有明显的福利性、互济性和公平性，在缴费水平与享受待遇上不直接体现权利与义务对等的原则。补充医疗保险是为适应不同缴费能力的用人单位和个人参保而设立的更高层次的医疗保险制度，具有非福利性、有偿性的特点，体现的是补充医疗保险举办机构与参保人之间的经济利益关系，充分遵循权利与义务对等原则。

3. 待遇水平不同

社会医疗保险提供的是面向社会大部分群体的基本医疗保险制度，保障的是参保人的基本医疗服务水平，参保人享受的医疗保险待遇水平会随国家和地区经济发展情况、生产力水平、财政状况、物价水平等因素的变化而调整。补充医疗保险的产生与发展源于更高层次的医疗保险与医疗消费需求，其保险待遇的给付水平一般只与参保人缴费、用人单位经济效益相关。这体现了两个制度在医疗保障水平上的差异性。

4. 功能不同

社会医疗保险与补充医疗保险都是多层次医疗保险体系中的重要组成部分，但是两者所承担的制度功能有着显著差异。在医疗保险体系内，补充医疗保险是社会医疗保险制度的必要补充，是社会医疗保险制度之外，针对不同参保群体不同层次的医疗消费需求所举办的补充医疗保险制度，是对社会医疗保险的一种有效辅助措施，相对于社会医疗保险更注重公平性，且更注重效率原则的运用。

三、社会工伤保险与补充工伤保险

补充工伤保险是指用人单位在依法参加社会工伤保险的基础上，为提高职工工伤待遇水平，更好地分散职业伤害风险而建立的一种补充性职业伤害保险制度。其目的在于提高职工的工伤待遇水平，加大工伤补偿力度，更好地为职工提供多层次的工伤保险补偿。

（一）补充工伤保险的本质特征

补充工伤保险从其包含的主要内容看，具有以下特征：

第一，补充性。补充工伤保险制度是为了满足劳动者更高层次的工伤补偿需求，是对社会工伤保险制度的有益补充。在一个完善的工伤保险体系中，社会工伤保险制度是整个体系中的基础与核心，补充工伤保险与商业性工伤保险是必要的补充。

第二，以自愿选择为基本原则。相对于社会工伤保险制度而言，自愿性、非强制性是补充工伤保险制度的鲜明特征。用人单位是否举办补充工伤保险，举办补充工伤保险的形式与保障水平如何，职工个人是否参加补充工伤保险，都是以自愿性为基本原则的，不带有强制性。

第三，补充工伤保险制度一般是有条件的用人单位在参加社会工伤保险制度的基础上，根据本企业工伤风险发生概率及经营状况为其职工建立的一种补充性质的工伤保险制度，其目的在于进一步提高职工遭遇工伤事故或职业伤害时的医疗、康复保障和基本生活保障水平，为职工提供更高水平的工伤补偿，也有利于工伤事故的妥善处理和尽快恢复生产。从这个角度来讲，补充工伤保险也是企业福利制度的一项重要内容。

（二）工伤保险与补充工伤保险的共性

1. 目的相同

补充工伤保险与社会工伤保险制度一样，都是在职工发生工伤事故或职业伤害致伤、致残、死亡后，对受害者或其遗属提供物质补偿的制度，两者的保障对象都是遭受职业意外伤害的职工，保障内容都是遭受职业伤害职工的治疗与康复。

2. 运行机制相同

虽然补充工伤保险与社会工伤保险提供的是不同层次的工伤给付赔偿，但两者都是对因职业事故或职业伤害等原因引起的医疗、康复费用支出及误工费等收入损失的补偿与给付，两者遵循着相同的运行机制，比如都遵循"大数法则"机制，都参照相同的职工工伤与职业病致残等级鉴定国家标准等。

（三）工伤保险与补充工伤保险的差异

1. 作用不同

完善、成熟的工伤保障体系建设的目标应该是建立以社会工伤保险为基础，补充工伤保险为补充的多层次职业风险保障体系。补充工伤保险是在国家法定社会工伤保险之外，由职工互助工伤补偿基金给予职工物质帮助的特殊工伤保障制度，是对法定社会保险中工伤保险待遇的有益补充。

2. 实施方式不同

作为社会保险制度中的一项重要组成部分，社会工伤保险制度是国家强制实施的、法定范围内的参保对象必须参加的社会基本保险制度之一。而补充工伤保险制度是用人单位或行业根据自身情况专门为本单位或本行业职工所建立的针对特定群体的工伤补充保险制度，保险契约的产生以职工个人自愿参保为前提。

3. 保障水平不同

社会工伤保险制度的待遇水平一般是根据社会整体经济发展水平和参保主体的缴费承受能力等制定的，给付工伤补偿待遇时，不仅要考虑劳动者当前及今后的基本生活需要，还要依据劳动者过去劳动贡献价值的大小；其工伤补偿水平一般是以保障劳动者及其家属的基本生活需要为标准，高于生活贫困线，低于劳动期间的工资标准。而补充工伤保险给付的金额是由参保人与保险人双方事先约定的，参保人按合同规定的金额缴纳保险费，当工伤事故风险发生时按事先约定好的保险金额领取工伤补偿，遵循"多投多保、少投少保、不投不保"的基本原则。

4. 功能不同

社会工伤保险与补充工伤保险都是多层次工伤保险体系中的重要组成部分，但是两者所承担的制度功能有着显著差异。在工伤保险体系内，补充工伤保险是社会工伤保险制度的必要补充，是社会工伤保险制度之外针对不同参保群体不同层次的工伤事故与职业病伤害的发生概率及补偿需求所举办的补充工伤保险制度，是对社会工伤保险的一种有效辅助措施，相对于社会工伤保险更注重公平而言，其更注重效率原则的贯彻。

第三节　社会保险同其他经济保障范畴之间的关系

社会保险同其他经济保障范畴之间的关系，主要包括社会保险与社会救助的关系、社会保险与社会福利的关系以及社会保险与人身保险的关系等。

一、社会保险与社会救助

社会救助是指国家对那些因社会、自然、经济、个人生理和心理等原因而造成生活困难，以致无法正常生存的公民给予资金或物质帮助，使其克服困难、摆脱困境的一种社会保障制度。在社会保障制度中，社会救助的历史最为长远，它可上溯到远古和中古时期的各种慈善事业及国家实施的各种救灾备荒措施。事实上，早期的社会保险事业（即社会保险的萌芽形式和初级形式），多以社会救助的形式出现。随着商品经济关系的确立与发展，社会救助的内容更丰富、措施更完备、制度更健全，成为缓解现代社会矛盾，促进社会文明与进步的不可缺少的调节机制。

（一）社会救助的本质特征

社会救助从其包含的主要内容看，具有以下特征。

1. 社会救助同社会保险一样，具有较强的法治性和政策性

社会救助从救助的范围、对象、内容到救助的形式和标准，均受各国政府制定的法律和政策调控。

2. 社会救助因社会制度不同而具有不同的意义

在以剥削为基础的社会里，社会救助被看作国家对公民的恩赐，富者对贫者的施舍，接受救助者将丧失自己部分或全部社会权利，并且个人的名誉、地位和人格受到严重损害。可见，在封建社会和资本主义社会里，社会救助体现的是封建专制的人身依附关系和资产阶级特权与伪善的人权关系。在社会主义社会，由于消灭了剥削制度，建立了新型的社会关系和经济关系，因此，社会救助成为人们应得的社会帮助和应享的权利。对于国家和社会来说，社会救助不是自上而下的恩赐，而是它们应负的社会责任和应尽的义务。尤其在我国，社会救助工作不只是提供资金或物质帮助，单纯地解决生活问题，它还扶持部分有一定生产和经营条件的救助对象发展生产，实现生产自救，以摆脱贫困，减少消极因素和对救助的依赖性。可以看出，社会主义国家社会救助体现了社会主义人道主义和互助共济的集体主义，体现了政府对人民的关心、爱护和为人民服务的宗旨，体现了劳动人民既是生产资料的所有者，又是劳动成果的占有者和享受者的主人翁地位。

3. 社会救助的直接对象是特殊群体

社会救助虽然是每一个公民应享的权利，但是，其社会效用只是在公民因各种原因不能维持最低生活水平时才产生的,这就要求社会救助的管理部门有一套完整科学的确定公民生活是否陷入困境的工作制度,以防止社会救助工作的随意性、盲目性和社会负效应。由此也说明,确定社会救助对象所通行的不是普遍性原则,而是有选择的个别性和部分性原则。就是说,社会救助的直接对象不是所有人,它只能是那些无力谋生的孤、寡、老、弱、病、残者和遭遇意外事件而生活发生特殊困难的人们。

(二)社会救助的内容

1. 社会救助的资金、实物来源与救助标准

由社会救助特有的权利与义务关系所决定,其资金与实物主要由政府提供,同时接收各社会团体、各经济单位和国际组织与个人的资助,以充实救助基金。社会救助的标准,由各国根据国家的财政经济状况、所筹集的救助基金和城乡人民的生活水平来决定,一般以保证被救助对象的最低生活需要为原则。

2. 社会救助的形式与种类

社会救助的形式与种类,各国没有统一的规定,通常依据现实生活中出现的贫困原因、贫困性质及贫困持续的时间来划分。例如:贫困现象有长有短,则可分为定期或长期救助和临时救助;贫困现象由自然灾害意外事故、市场与行业竞争、个人生理与心理、个人能力与人们为社会尽义务等原因引起的,则可分为灾害事故救助、失业救助、老弱孤寡病残救助、城乡困难户救助和优抚救助等。

(三)社会保险与社会救助的共性

社会救助同社会保险有某些近似的地方,突出表现在:

一是社会保险和社会救助共同构成社会保障制度的主要内容,其根本目的都是保障人们遭遇事故、收入中断时的基本生活条件,消除人们的后顾之忧,稳定社会秩序,发展社会生产。

二是社会保险与社会救助都具有较强的法治性和政策性。社会救助和社会保险均为市场经济运行的"减震器"和阶级统治的"稳定器"与"安全网",都是统治集团实施社会政策和经济政策所必须利用的工具。

三是社会保险部分地贯彻了社会救助的原则。社会保险,尤其是社会主义国家的社会保险,一方面,坚持权利与义务对等原则,即劳动者领取的社会保险金数量与他们过去扣除的必要劳动量相等;另一方面,在现实生活中,社会保险又部分地贯彻了"互助共济"的原则。人们常说的社会保险基金统筹使用,实际上是指社会保险基金由投保劳

动者共储，由政府在全体投保劳动者之间相互调剂使用。对于每一个被保险人来说，他们享受社会保险待遇的权利与他们承担的义务并不是绝对相等的，有的被保险人享受的权利可能大于所承担的义务，有的被保险人享受的权利可能小于所承担的义务等。这样，在社会主义制度下，社会保险基金的筹集和使用，在很大程度上发扬了社会主义国家劳动者之间互帮、互助、互济精神，体现了社会主义市场经济条件下人民新型的合作互利关系。

（四）社会保险同社会救助的差异

社会保险与社会救助是具有不同性质与特征的两种社会保障形式，它们之间的差异主要有以下七点。

1. 产生的历史不同

现代社会保险产生于商品经济高度发展、资本主义由自由竞争向垄断阶段过渡的19世纪后期，距今只有100多年历史，而有章法、有组织的社会救助形式，自国家出现后的远古自然经济时代就存在了。

2. 保障所体现的权利与义务关系不同

社会保险强调权利与义务对等原则，参加社会保险者，必须先尽缴纳保险税（费）的义务，然后才享有领取社会保险待遇的权利，权利与义务关系较密切。社会救助则不讲求权利与义务对等关系，只强调国家和社会对个人的责任和义务。为此，救助金领取者只有受惠的权利，无纳税（费）义务，所享受的权利与义务之间没有直接联系。

3. 保障对象不同

社会保险保障的主要对象是依法规定的有固定职业与正常收入的劳动者和其他工作人员，对丧失工作能力和失去劳动条件与机会等风险事故承担给付保障责任。社会救助的主要对象则是无力谋生的孤、寡、老、弱、病、残者，或者无固定职业和正常收入的人们，当他们的生活陷入困境或收入减少，无法维持正常生活时，国家和社会承担救助保障责任。

4. 保障资金来源不同

社会保险基金依靠劳动者个人、企事业单位和政府三个方面筹集，绝大部分来源于劳动者的必要劳动。社会救助大部分由政府拨款和社会赞助，小部分由某些专项基金拨付，它基本上来源于劳动者提供的剩余劳动。

5. 保障水平确定的依据和标准不同

社会保险给付的待遇标准一般由保障对象原有的生活水平、尽纳税（费）义务大小和国家的财政实力决定，因此，能保证被保险人的基本生活需要。确定社会救助的待遇标准则不考虑被救助对象原有的生活水平，主要根据各地政府的经济实力大小和已经筹集的经费来确定与调整。这就决定了社会救助的待遇标准通常低于社会保险给付水平，它只能满足被救助者的最低标准的生活需要。

6. 保障提供的物质内容不完全相同

社会保险给付的物质内容主要是货币，小部分采取劳务的形式；社会救助除支付货币外，很大部分以实物和劳务的形式供给。

7. 保障行为方式不尽相同

在社会保险关系中，大部分保险事故（如年老、残障、死亡、疾病、生育、家庭困难等）发生后，由社会保险机构依法按事先约定的条件和标准自动履行保障给付义务。社会救助则不同，当需要救助的事件发生后，首先须由个人或单位提出申请，经有关方面调查、审核、确认，上级主管部门批准后，才能获得救助保障。相反，如果个人或单位不提出救助申请，则作为自愿放弃救助要求处理。

可见，社会保险与社会救助既有共性又有差异性，阐明两者这种关系，目的在于区别它们的概念，加深认识两个范畴各自的本质规定性，以利于有关部门根据社会保险和社会救助不同的发展要求与需要，制定不同的法规和政策，防止将社会保险救助化，而助长某些只求索取不尽义务的观念，加重国家和社会的负担。

二、社会保险与社会福利

社会福利是指国家和社会根据需要与可能，通过一定形式向人民提供的物质利益。社会福利内涵丰富、外延广泛，从广义上说，它包括所有维持、改善、提高人民物质和文化生活水平的保障措施，如消费品分配、社会保险、社会救助以及一切公共消费等，都可称之为社会福利；从狭义上讲，社会福利是指除社会保险和社会救助以外的其他所有能改善和提高人民生活水平的保障措施与公益性事业。以下分析的是狭义的社会福利。

社会福利作为一种制度，是人类进入工业化社会后产生和发展起来的。在此之前，福利只是作为一种"善"与"恶"的社会道德规范与个人责任，在局部范围内和个别场合发挥作用。随着工业社会的形成和发展，社会保险应运而生，并通过社会实践，在一定程度上消除了政府利用其他手段不能避免的社会震荡，确保了商品经济更好地发展。与此同时，社会福利事业也获得了发展，主要表现在：

第一，福利不再是支离破碎的缺乏社会吸引力的局部慈善行为，而是通过政府立法并组织实施的现代社会福利制度；

第二，福利提供的内容不单是物质生活方面的需要，还包括精神生活和个人全面发展方面的需要；

第三，就福利思想来说，古代占统治地位的积德行善、祈求上帝赐福等观念，已让位于"福利经济"理论和"福利国家"理论。

总之，由于社会福利的积极作用与客观效果，使它同其他社会保障措施一样，成为现代文明与进步的一面镜子，深受各国政府重视，各自都建立了一套社会福利制度。

值得一提的是，由于社会福利的形式最容易掩盖社会矛盾和资本主义剥削的实质，因此，它备受资产阶级政府青睐，它们除了不遗余力地宣扬社会福利制度能消除贫穷、愚昧，实现世界无下层的"高平等"社会作用外，还纷纷向世界宣告，在它们那里已建成了"福利国家"，实现了"人民福利主义"等。

（一）社会福利的特征

关于社会福利的特征，主要体现为以下三点。

1. 社会福利具有普遍意义

从政治意义上看，社会福利作为实施政策的工具，为统治阶级和各种政治势力实现某种目的服务。

从经济意义上看，社会福利属于再分配范畴，是消费品分配的一种补充形式。有些消费资料与内容，如学校、医院、幼儿园、托儿所、孤儿院、养老院、康复中心、文化中心、游乐场所等，是不可能以工资形式分配的，只能以国家、集体或职业福利的形式分配给劳动者。

从社会意义上看，社会福利作为一种社会进步事业，是政府最为关注和人民最乐于接受的社会保障措施之一。同时它的存在不以社会制度的性质为转移，不论社会制度如何更替，社会福利在人们生活领域总是占有一席之地。

从意识形态领域看，传统的慈悲、慈善、仁爱思想和互助共济的社会伦理道德观念，在人类历史上延续了几千年，早已根深蒂固，具有相对的独立性。这些思想和观念不仅影响到普通人的行为，而且对统治者制定政策也产生了积极影响。

2. 机会均等，待遇平均

首先，社会福利保障没有特定的对象，凡属国家法定范围内的公民都有权享受福利待遇。

其次，社会福利提供的保障项目对每一个劳动者来说都是一致的，不受职业、年龄和性别的限制。如国家开办的医院、学校和福利工厂，社区建立的各种福利设施等，人人都可以根据需要享受。

最后，社会福利提供的待遇标准是同一的。如我国过去的地区补贴、过渡性价格补贴和其他生活、生产、交通等津贴，包括社区和企业在一定范围内提供的福利性津贴，对所有享受者只有同一个标准，不存在一部分人高、一部分人低的问题。

3. 权利和义务脱节，保障侧重服务性

社会福利是一种公共产品，其所需经费来源于国家拨款、社区自筹、企业提留和福利工厂本身的积累，作为受益者个人不直接承担任何义务。因此，社会福利关系所体现的也不是权利与义务对等的关系，同其他社会保障措施相比，则更强调国家和社会对个人的义务和责任。在保障方式上，社会福利也提供一定数量的货币，但更多的是提供服务和设施。可见，社会福利侧重满足人民享受和发展的需要，为保障劳动者的全面发展提供条件。

（二）社会保险与社会福利的共性

1. 社会福利与社会保险、社会救助共同构成社会保障制度的主体

社会福利与社会保险、社会救助共同构成社会保障制度的主体，其直接目的都是保证人们的基本生活条件，丰富人们的消费内容和提高人们的消费水平与消费质量。

2. 社会福利与社会保险、社会救助都是国家社会政策和经济政策的重要组成部分

在资本主义国家，随着社会生产力进一步发展，资本主义基本矛盾日益尖锐化，劳资关系日趋紧张，为调和和缓解矛盾，维护资产阶级统治，资产阶级政府被迫立法和制定措施，举办社会保障事业。于是资本主义国家的社会保障政策也就成为资产阶级政府制定的旨在实现资本主义基本经济规律、延续和发展资本主义制度的政策的一部分。不仅如此，在资本主义国家，社会保障各项目还常常成为竞争、竞选必须运用的筹码和经济大亨们成为政治主宰的"敲门砖"。

在社会主义国家里，虽然消灭了剥削制度，建立了以生产资料公有制占主导地位的经济基础，但是，生产力和生产关系的矛盾、经济基础和上层建筑的矛盾、城市和乡村的矛盾、体力劳动和脑力劳动的矛盾，以及生产和需要的矛盾等还将长期存在。社会主义国家为淡化和化解上述矛盾，在利用和改造旧的社会保障体系的基础上，采取积极措施，大力发展社会主义社会保障事业。毫无疑问，社会主义社会的社会保障也是执政党和政府制定的旨在实现社会主义基本经济规律、巩固和发展社会主义制度政策的重要组

成部分。

3. 社会福利与社会保险、社会救助一样，同生产力是一种作用与反作用的关系

首先，一国的社会福利提供的形式、内容，以及福利的水平和质量，是由该国的经济水平和财政实力决定的，一般来说，在社会制度相同的国家，谁经济水平高，财力雄厚，谁的福利水平就高。

其次，社会福利对生产又有反作用，它表现在：第一，人们福利水平提高，能增强社会的凝聚力，调动人民群众参加经济建设、努力发展生产的积极性，特别是那些生产性福利措施，直接扩大了社会再生产；第二，由于社会福利产品的消费具有非排他性、非竞争性和普遍存在的"搭便车"现象，于是，当社会福利水平超过一定限度时，就会加强人们的依赖心理，削弱人们的劳动积极性，对提高社会生产力产生不利影响。

4. 社会福利水平同社会保险保障水平一样，对经济水平缺乏弹性

社会福利水平虽然受制于一定的生产力发展水平和各国的财政状况，但是，社会福利的待遇标准一旦确定，由于人们受"保利护权"心理的影响，很难再把它降下来。因此，在判定社会福利计划和确定福利待遇标准时，务必从实际出发、统筹兼顾，把人民的眼前利益与长远利益、局部利益与整体利益、个人利益与集体和国家利益有机结合起来，防止出现脱离实际，只顾眼前利益的高福利标准，保证社会福利事业稳定地循序渐进地发展。

（三）社会保险与社会福利的差异

1. 保障的对象不同

社会保险和社会救助以特定范围内的人们为保障对象，而社会福利则以全社会的公民为保障对象。

2. 经费来源不完全相同

社会福利同社会救助一样，不要求受益人尽缴纳税（费）义务，它所需要的经费主要依靠社会筹集和企事业单位自筹，部分由各级政府财政拨款。

3. 分配原则不同

社会保险基金分配通行的是权利与义务基本对等原则，被保险人领取的保险待遇与其为社会保险基金筹集的贡献直接相关。社会福利待遇的分配则不考虑享受者对社会福利事业的贡献，多以人人有份的平均分配为原则。

4. 满足需要的层次不同

社会保险是为被保险人提供基本生活保障，主要满足人们的生存与安全需要。而举

办社会福利事业是为了提高人民的消费水平和消费质量，主要满足人们的发展和享受需要。

5. 保障提供的物质内容不完全相同

社会福利提供的物质内容不像社会保险那样以货币形式为主，而是以各种服务及服务设施为主。

需要强调的是，阐明社会福利同社会保险的关系，其意义不只是为了区别两个概念，以及掌握两个概念各自的本质规定性，而在于如下两个方面。

（1）确保社会福利事业良性发展。社会福利从某种意义上说，贯彻没有任何前提条件的普遍性原则，人为因素在全部过程中发挥着重要作用。不过，社会福利事业的发展毕竟要受到一定的经济条件和人们思想觉悟程度的限制和制约，如果社会福利水平超出这种限制，盲目提高标准，从长远看，由于脱离实际和超前消费，必然加重国家和企业负担，社会也难以承受。于是，国家为寻求生产发展和利益分配之间的平衡，最后不得不砍掉一些福利项目和降低某些福利待遇标准。这样做的结果又如何呢？国内外的经验证明，它不仅会引起人民群众对政府不满，影响安定团结，而且还会使社会福利事业大起大落，不利于其正常发展，最终损害人民的长远利益。

（2）保证社会福利终极目的的实现。现代社会福利事业不是古代社会那种人们顺从信仰的慈善行为，而是作为一种社会调节机制，发挥着调节社会现实矛盾和社会政策的巨大功能。因此，任何一个国家的社会福利计划，都有其特定的终极目的性，这就是，通过实施社会福利计划，使人们亲身体会到社会发展与进步的意义，以及每一个人存在的社会价值，感受到人人都具有向社会正当索取的权利，从而培养人们的社会责任感和整体意识，增强社会的凝聚力。如果不区分社会福利与社会保险，把社会福利社会保险化，讲求直接的义务和权利对等关系，显然是达不到社会福利的终极目的的。相反，如果将社会保险福利化，强调普遍性、"人人有份"的平均分配原则，那就会使社会保险保障陷入"大锅饭"的泥潭，社会保险也就失去存在的意义。

三、社会保险与人身保险

（一）人身保险及其分类

人身保险是以人的生命、劳动能力或人身健康作为保险对象（保险标的）的一种保险。按照保险合同规定，当被保险人在保险有效期内因意外事故而致伤残、死亡，或保险期满后，由保险人按约给付保险金。人身保险从社会意义上说，它是人类社会以合作互助的方式，共同分担风险的一种社会活动；从保险经营者方面来说，它又是以获取最大经济效益为目标的商业性经营活动。人身保险是人类社会进步的具体表现，是社会生产力发展的必然产物。

人身保险依据不同划分标准，可以分为不同类别。如按实施形式分类，可分为强制保险（如我国的旅客意外伤害保险）和自愿保险；按投保对象的层次分类，可分为普通个人人身保险、团体人身保险和简易人身保险。但是，就人身保险的本质内容、保险范围和所应对的风险而论，主要分为以下三种：

1. 人身意外伤害保险

人身意外伤害保险是指被保险人因意外事故而致伤残、死亡或丧失劳动能力时，由保险人按照合同规定给付保险金的保险。

2. 疾病保险

疾病保险又称医疗保险或健康保险，是一种承保被保险人因意外事件受伤或身患疾病，以致丧失工作能力，由保险人按约支付医疗费用或给付保险金的保险。

3. 人寿保险

人寿保险主要分为死亡保险、生存保险和两全保险。死亡保险是在保险有效期内被保险人死亡，由保险人按约给付保险金；生存保险是在约定保险期届满而被保险人仍健在时，由保险人按照规定给付保险金；两全保险也称储蓄保险，它是指被保险人在保险有效期间死亡，或保险期届满后继续生存，均由保险人给付约定保险金。可见，两全保险包括了前面两项保险的内容。

（二）人身保险的基本特征

1. 人身保险的保险期限较长

一般保险（社会保险除外）合同大都以一年或一个航程为限，而人身保险中的人寿保险合同通常是一种长期性给付合同，短则十几年，长则几十年。保险期限长，不仅能使被保险人以较少的保险费获得较多的保障，而且随着保险期限延长，保险给付时间后移，可为国家积聚和提供更多的长期使用的建设资金。

2. 人身保险金额只能由保险关系双方协商确定

作为一般财产保险的标的——财产，是人类劳动的凝结物。而人身保险的标的——人的生命、劳动能力和人身健康的价值，是不能用货币来衡量的，其保险金额只能根据被保险人的实际需要和经济负担能力，由保险人和被保险人协商确定。

3. 人身保险费率制定的依据是预定死亡率和预定利息率

制定财产保险纯费率的根据是财产平均损失率（或损失概率），而人身保险因保险期限长的特点，其纯费率的制定除依据生命表的预定死亡率以外，还需要以一定的预定利息率为基础。在其他条件不变的情况下，预定利息率较高，则保险费率较低；反之，预定利息率较低，则保险费率较高。

4. 计算保险费采用"均衡保费法"（又称平准保费法）

就风险而言，人寿保险风险与一般财产保险风险存在着一定的差别。财产保险在社会政治和经济条件不变，以及保险标的本身无多大变动的情况下，每年发生风险事故的概率及其由此决定的保险费率也不会有很大的变化。与财产保险不同，人寿保险的主要风险是死亡，而死亡风险是随着年龄增长而逐步增加的，因此，人寿保险的保险费率亦随着被保险人年龄的增长而逐年提高。就是说，被保险人在年富力强时只需缴纳少量保险费，可到年老、劳动能力减退时反而要缴纳更多的保险费。为了避免费率频繁变动，节约保险公司的人力、财力和物力，并使被保险人不致随年龄增长而增加保费支出的困难，凡人寿保险基本上都采用均衡保费法计算缴纳保险费，即被保险人在保险有效期内，每年按平均数额缴纳保险费。这样，被保险人在青壮年时期实际缴纳的保险费比应该缴纳的保险费要多，到年老时实际缴纳的保险费比应缴的保险费要少。从这一特征看出，人身保险具有较强的储蓄性和保障性。

5. 支付的保险金与事先约定的保险金基本一致

人身保险从学科的某种意义上说是一门精算科学，它从保险费率的厘定、责任准备金的计算到保险金给付，都需要经过精算才能完成。加之人身保险金额是保险关系双方事先协商确定的，因此，当保险事件发生或保险期满后，保险人实际支付的保险金与约定的保险金可达到数量上的平衡。对于其他保险如财产保险，由于受各种因素的影响和制约，其实际支付的赔偿金与约定的保险金之间通常是不一致的。

（三）社会保险与人身保险的差异

从社会保险与人身保险的基本内容及其特征可以看出，在保障人民生活安定、保障社会再生产顺利进行、促进社会经济繁荣这个最终目的上，社会保险与人身保险是一致的。但是在其性质、举办方式、保障范围、保险责任和法律范畴等方面，两者存在着明显的差别，主要体现为五个方面。

1. 性质不同

（1）社会保险主要是以保障被保险人基本生活条件为目的的非营利性保险，人身保险则是以营利为目的的商业性保险。

（2）保险保障功能所依赖的资源不一样。作为社会保险，保险资金的来源一般是个人、企事业单位缴纳的保险税（费）和政府必要的补贴。因此，社会保险功能所依赖的是全社会的资源；而人身保险的保险金，不仅全部由被保险人负担，而且保险企业的营业和管理费用也在所收保费项下开支，因此人身保险功能所依赖的是单个人资源的集合。

（3）保险保障功能辐射的面不一样。社会保险的对象是法律规定范围内的所有参保人及其他社会成员，保障的是全体劳动者及其家属的基本生活，其保障功能辐射的面比较广。作为人身保险的对象仅仅是具备了投保条件的单位和个人，保障的只是一部分人的经济生活，其保障功能辐射的面较窄。

（4）保险保障基于的责任范围和尺度不一样。社会保险是基于整个社会全体劳动者的责任而谋求生活保障，责任范围和尺度是社会全体劳动者。作为人身保险，则是基于单个人的责任而谋求生活保障，责任范围和尺度是个人。

（5）举办的主体不同。社会保险举办的主体一般是国家各级政府，而人身保险举办的主体通常是具有法人资格的经济单位或社会团体。

（6）保险保障实施的形式和采用的手段不一样。社会保险是通过各种立法形式加以实施，它要求凡在法律规定范围内应投保的人必须一律参加，没有任何选择的余地，其手段是强制性的，属强制性保险。人身保险则是通过各种契约形式加以实施，除少数险种外，大多数险种保险关系双方可以自由选择，其手段是非强制性的，属自愿性或任意性保险。

（7）保险直接目的的二重性偏向不一样。社会保险的直接目的，一是为贯彻和实施国家的各项社会政策和经济政策；二是社会保险单位也要考虑投资盈利，扩大保障基金。但二重性目的的偏向是为贯彻实施国家的各项政策服务。作为商业性保险，人身保险的直接目的，一是为了获得利润，壮大保险基金，保证保险企业的发展；二是保障人民生活和社会再生产顺利进行。应当承认，从一定意义上说，商业性人身保险这二重性目的是统一的、不可分割的，但是，作为保险企业在同行业竞争中，直接目的的偏向则是如何获取更多的利润。

2. 保险的权利与义务关系略有不同

凡被保险人，首先必须尽缴纳保险税（费）义务，才能享有领取保险金的权利。这一点，社会保险与人身保险是一致的。但是，社会保险给付金以能保障被保险人最基本的生活需要为标准。因此，对于按工资的一定比例或按工资等级缴纳保险税（费）的被保险人来说，他们所领取的保险给付金与所缴纳的保险税（费）数额并不是正比例关系，即保险权利与义务对等的关系体现不充分。而人身保险的被保险人则根据投保金额领取给付金，于是，被保险人缴纳的保险费与其所领取的保险金成正比例关系，即保险权利与义务对等的关系体现较充分。

3. 保险人的保险责任不同

社会保险机构是各级政府设立的专门机构，保险人从某种意义上说，是政府贯彻社会政策和经济政策的代理人。因此，社会保险财务的最后责任是由政府承担的，保险人一般不会面临财务收支失衡风险的威胁，即使保险财务严重亏损，对保险人与被保险人的利益并无多大影响。人身保险机构从其经济性质而言属普通经济组织，保险人除了对国家、对社会承担义务外，对本单位也负盈亏责任，如果经营不善，或者保险投资失败，造成财务严重亏损，以致无法继续经营时，便须申请停业，依法宣告破产。

4. 保险受益人的资格界定不同

作为社会保险，为确保被保险人及其家属的基本生活，对保险受益人的资格条件都有严格的规定，被保险人不得任意指定，保险给付也不得转让或赠送他人，必须由法定的受益人领取。而人身保险不同，人身保险的受益人，可以由被保险人指定，保险给付金也可以转让或赠送给其他人。

5. 立法范畴不同

社会保险涉及的是国家的各种社会政策、经济政策、文化教育政策和劳动工资与福利政策，反映的是国家、企事业单位和个人三者之间的物质利益关系，体现的是社会成员劳动、学习、生存、享受和发展的基本权利。因此，社会保险主要受国家根本大法——宪法的制约和调整，它属于社会立法范畴。在市场经济条件下，人身保险关系主要是保险人与被保险人之间的商品交换关系，保险关系中双方享受的权利和承担的义务以保险契约为依据，而保险契约的签订则以诚信、平等、互利、自由选择、等价交换和有偿服务为基础。因此，人身保险契约当事人的权利和义务多由民事法律法规约束和调整，它属于部门立法范畴。

（四）社会保险与人身保险之间的联系

社会保险与人身保险是经济保障领域内的两大不同险种类别，两者之间存在十分密切的关系。

1. 社会保险是人身保险进一步发展的产物

人身保险产生的历史较早，早在 12 世纪，意大利就出现了蒙丹斯公债储金会组织。现代人寿保险的发源地是英国，1583 年 6 月 18 日英国签发了历史上第一张用文字书写的人寿保险单，到 1720 年时英国已有 50 家人寿保险公司。英国的实践和经验很快输出到其他国家，美国、法国、荷兰、德国和日本分别于 1759 年、1787 年、1807 年、1827 年和 1881 年建立起人寿保险公司。从此以后，人身保险事业逐步在世界范围内得到了广泛发展。

现代社会保险产生的历史相比人身保险第一张正式保单签发，向后推迟了 300 年。德国俾斯麦政府于 1883—1889 年，在继续发展人身保险的基础上，先后举办了疾病、工伤、生育、养老和残障保险，使社会保险作为一种制度首先在德国建立起来。而后社会保险经过仿效德国阶段、初步发展阶段、迅速发展阶段、调整和改革阶段，到现在，经济发达国家和绝大多数发展中国家，都已立法举办了社会保险。

不难看出，现代社会保险建制晚于人身保险，它是在人身保险有了较大发展的基础上产生的。商业性人身保险的普遍发展和自身所具有的特征，为现代社会保险制度的产生奠定了重要的制度和技术基础。

2. 社会保险与人身保险在发展过程中起到了相互补充的作用

首先，社会保险补充人身保险。人身保险的产生和发展，为人们谋求生活安定，摆脱生、老、病、死、伤残带来的困境，促进社会生产发展发挥了重大作用。但是，人身保险因其本身固有的特点，只能对具有投保条件的人们（即劳动收入除吃、穿、住、用外还有剩余者）进行保险保障，而不能对所有面临大工业风险的劳动者（尤其是收入水平低下的劳动者）排忧解难。为弥补人身保险的缺陷，保障绝大多数人的最低生活水平，缓和随生产力发展而日益激化的社会矛盾和阶级矛盾，社会保险应运而生。开始，社会保险的范围、种类是非常有限的，举办国也只是限于少数国家（1883—1889 年社会保险创立时期，举办国只有德国、奥地利和捷克斯洛伐克），保险对象仅为从事最危险工作的劳动者。可见，社会保险产生的初期，从其保障人们经济生活的重要性而论，处于次要地位，是 19 世纪人身保险的补充。

其次，人身保险补充社会保险。社会保险产生后，由于它所具有的优越性，迅速在各工业国家发展起来。早在 1977 年，全世界失业保险举办国已达 38 个，疾病生育保险举办国达 72 个，养老、残障、遗属保险举办国达 114 个，工伤保险举办国达 129 个，65 个社会保险举办国还实施了家庭津贴制度。

然而，社会保险制度的健全和发展，并不意味着否定或者已经排斥了人身保险的作用。由于社会保险保障的范围广、内容多，加之为保持劳动者就业的兴趣和积极性，防止出现"动力真空"，社会保险的保障水平不可能也不允许越过满足人们基本生活需要的界限。某些劳动者随着个人收入增加，要求获得更高水平的保障，那么他们就只有参加人身保险。因此，人身保险业不仅没有因社会保险的发展而消失，反而更加兴旺发达了。

不过，应当指出的是，尽管人身保险业连年发展，但在提供生活安定保障方面，已不像19世纪末期那样占据主导地位。实际上，当社会保险体系完善之时，人身保险就处于从属的地位，只是对社会保险发挥着补充的作用。

3. 社会保险与人身保险相互竞争，此消彼长

社会保险与人身保险由于具有同一的经济保障作用，所以从长远看，它们之间的相互合作、相互补充和共同发展是有一定界限的，即人身保险的发展以社会保险只能保障人们的最基本生活水平为条件；同样，社会保险的发展也只能以人身保险仅仅保障那些具有投保资格的人们为条件。倘若社会保险的保障水平超出人们最基本生活需要的界限，或者人身保险没有投保条件的限制，那么，只要任何一方"越位"，都会给对方造成压力，乃至影响和牵制对方的发展。例如，美国和日本的寿险业务，虽然起步晚于某些欧洲国家，但如今两国的寿险业务却大大超过了欧洲国家的发展水平。据统计，1984—1999年，美国和日本各自的寿险保费收入连续数年超过欧洲主要国家（苏联等东欧国家除外）寿险保费收入总数（见表3-1）。究其原因，是美国和日本的社会保险保障水平低于欧洲国家，人们对生活安全保障水平感到不足，从而促进了人身保险业务以前所未有的速度向前发展。相反，由于部分欧洲国家的社会保险为人们提供了较为充裕的生活条件，人们对人身保险的需求动机减弱，以致影响和限制了人身保险业的发展。这就是说，社会保险与人身保险既有相互补充和统一的一面，又有矛盾对立和竞争的一面。

表3-1　　　　　　　　　　人寿保险保费收入情况　　　　　　　　单位：百万美元

年份	美国	日本	欧洲或欧洲五国（英国、法国、意大利、荷兰、德国）
2006	533 649	362 766	940 586
2007	578 357	330 651	1 035 942
2008	578 211	367 112	1 050 815

续表

年份	美国	日本	欧洲或欧洲五国（英国、法国、意大利、荷兰、德国）
2009	492 345	399 100	953 515
2010	506 228	440 950	965 661
2011	537 570	524 668	937 168
2012	567 756	524 372	876 444
2013	532 858	422 733	946 727
2014	528 221	371 588	1 002 728
2015	552 506	343 816	872 115
2016	557 604	334 161	850 956
2017	546 800	307 232	858 025
2018	593 391	334 243	638 099（5 国）
2019	628 522	341 328	671 929（5 国）
2020	632 687	294 497	614 604（5 国）
2021	609 642	295 850	739 805（5 国）

资料来源：根据《中国保险年鉴》（2007—2022）计算整理。由于统计口径变化，2018—2021 年缺少欧洲的保费收入总和，故计算了英国、法国、意大利、荷兰、德国五国的合计值。

从社会保险与人身保险的关系分析中，可以得出如下结论：

（1）社会保险和人身保险是经济保障领域内性质不同的两大险种，是具有明显区别的两个概念，尽管两种保险有密切的联系，最终目的也是一致的，但因社会保险与人身保险在其性质、保险责任、权利与义务关系、受益人的资格界定和立法范畴等方面存在着差别，所以，两种保险的作用在任何时期都是不能相互代替的。

（2）社会保险与人身保险虽然存在着明显的差别，但由于两者保障功能的同一性，使得社会保险与人身保险可以相互补充、共同发展。尤其是经济落后、社会保险保障范围窄、保障程度低的国家，应更加重视人身保险的发展，充分发挥其对社会保险的补充作用。

（3）社会保险与人身保险在发展过程中所表现出来的矛盾，说明两者的并存是有一定条件的，这就要求各国政府制定有关法律法规和采取必要的措施（如在税收政策和投资政策上优待两种保险等），对这些条件加以保护，以利于社会保险和人身保险扬长避短、协调发展。

（4）社会保险与人身保险之间的矛盾关系，具有积极意义。第一，它可以强化两种保险人的竞争意识，转外在压力为内在动力；第二，可以促使两种保险完善旧险种，开辟新险种，扩大经营领域，更好地满足被保险人的保障需要；第三，可以促进两种保险加强经营管理，改进服务态度，提高经营质量和经济效益与社会效益。

补充阅读

保费低保额高，一杯奶茶钱的"惠民保"值得买吗？

2020年以来，"惠民保"在全国20多个省份上线推广，参保人数迅速超2 000万人。保费相对低廉，而保额高达百万元，且不限年龄、不限职业、不限健康状况，手机即可购买，还有政府支持……几乎一夜之间，"惠民保"席卷全国、遍地开花，成为最火爆的健康险。以北京为例，作为补充医疗保险产品，"京惠保"上线一周参保人数便突破50万人。

那么，哪些人可以购买、适合购买"惠民保"？它能提供什么保障？单位已经购买了补充医疗保险，还需参加"惠民保"吗？"惠民保"理赔办理方便吗？针对人们关心的这些问题，《工人日报》记者采访了有关专家，请他为我们答疑释惑。

一、"一城一策"是主流

2015年，深圳市推出了国内首款"惠民保"产品——重特大疾病补充医疗保险。该保险采用政府主导、商保承办、自愿参保、多渠道筹资模式，保险公司自负盈亏、保本微利，利润率控制在5%以内。

2020年3月，中共中央、国务院印发的《关于深化医疗保障制度改革的意见》提出，建成以基本医疗保险为主体，医疗救助为托底，补充医疗保险、商业保险共同发展的医疗保障体系。此后，作为构建多层次医疗保障体系中的重要举措，"惠民保"迅速在多地开花。复旦大学中国保险与社会安全研究中心发布《普惠保险在健康管理中的应用——基于惠民保的深度分析》显示，截至2020年11月5日，各地已推出69款"惠民保"产品，参保人数总计超过2 000万人，累计保费超过10亿元。

"惠民保"被称为普惠型重大疾病补充医疗保险，作为医保报销后自费部分的主要补充保障，能填补医保与商业健康险过渡地带的空缺。银保监会印发《关于规范保险公司城市定制型商业医疗保险业务的通知（征求意见稿）》，首次将"惠民保"类业务定义为城市定制型商业医疗保险业务。

从"惠民保"的统筹方式看，以城市为单位的"一城一策"仍是主流。2020年9月，广西率先推出省级普惠型补充医疗保险"惠桂保"；湖北、福建等地也推出统一覆盖全省的"惠民保"产品；还有一些地方允许消费者使用医保个人账户余额支付"惠民保"保费，如苏州市规定参保人员可直接用医保个人账户购买"苏惠保"。

二、不限病史，参保门槛低

《工人日报》记者梳理发现，多数"惠民保"产品的保费在百元以下，保额达百万元的广州"惠民保"，保费只需49元。除了价格亲民，"惠民保"的参保门槛也不高。以深圳市重疾险为例，只要参加医保并缴费的市民均可参保，没有年龄和病种限制。从保障待遇看，各地"惠民保"保障范围有所不同，但基本涵盖医保目录内的住院医疗费用和特定药品费用。以深圳重疾险为例，参保人住院时发生的医疗费用，属于医保目录范围内，且本人自付部分超过1万元的，超出部分可报销70%；参保人患重特大疾病使用《深圳市重特大疾病补充医疗保险药品目录》内药品发生的费用，可报销70%，最高不超过15万元。

三、更有利于重症患者

"选购'惠民保'时要注意自身的风险是否与保险的保障相一致。"有关专家提醒，投保前要了解其在既往病史、免赔额、理赔范围等方面的要求。目前，多地"惠民保"允许带病参保，但一些地方在既往病史上也设置了门槛。如广州"惠民保"规定，在保险生效日前患有恶性肿瘤、肾功能不全、脑血管疾病等5类重大疾病的患者，因此类疾病或其并发症导致发生住院费用的，不予赔付。

此外，投保人还应注意免赔额的标准。所谓免赔额，是指属于保障责任范围的，保险公司不予报销，需要被保险人自己承担的金额。也就是说，只有医保报销后自费的金额超过免赔额，超出部分才能得到赔付。专家介绍，多地"惠民保"产品免赔额为2万元，部分产品是1.5万元，投保人真正达到免赔额，得到赔付特别是大额赔付的情况并不多。"因为是在医保范围内进行二次报销，免赔额也不低，算下来其实自费金额不算多，所以'惠民保'更有利于重症患者。"某保险经纪人表示。

"相比理赔额，我更担心可持续性。"来自浙江省嘉兴市的巢女士表示，嘉兴市推出的"惠嘉保"上线没多久就下线了，并宣布无法再次上线。专家表示，"惠民保"通常需要一年一审，属于短期医疗险，若赔付压力过高，企业可选择提高价格、谋求财政支持甚至退出市场。"当前'惠民保'投保率整体偏低，最高也不过30%，且投保条件较宽松，更容易吸引身体不好的人来投保，现有的经营模式大概率会出现'入不敷出'，未来赔付压力着实不小。"

资料来源：窦菲涛. 一杯奶茶钱的"惠民保"值得买吗？[N]. 工人日报，2020-

12-21（006）.

思考："惠民宝"是否能界定为补充医疗保险？其在推行过程中需要注意哪些问题？

深度阅读

1. 邓大松. 社会保险关系顺利接续事关重大［J］. 中国社会保障，2005（10）：49.

该文介绍了在我国社会主义市场经济体制逐步完善、经济结构和产业结构转型时期，社会保险关系转移接续面临新的困难与挑战。文章指出，由于制度设计不合理、管理水平偏低等原因，社会保险关系接续困难已经成为阻碍劳动力自由流动的壁垒，损害职工的社会保障权利，不利于制度可持续发展，阻碍人才流动和统一劳动力市场的建立，对经济社会协调发展产生了不利影响。政府应该从改变制度理念、加强信息化管理等方面进一步完善制度设计。

2. 于保荣，王丁. 商业保险公司介入社会医疗保险的模式研究：运用新公共管理理论及国际经验［J］. 卫生经济研究，2014（8）：3-9.

该文在介绍新公共管理理论中的交易费用理论、委托代理和公共选择理论的基础上，分析了德国和荷兰的医疗保险历史发展，指出以新公共管理的核心思想——重视市场因素为指导，商业保险公司可以介入社会医疗保险制度的运营。并以我国新农合制度为例，分析了在新农合制度中引入保险公司的模式可能存在的障碍，比如缺乏市场竞争、缺乏市场机制来制约委托关系等。

本章小结

社会保险关系有狭义和广义之分。从狭义上说，社会保险关系是指社会保险当事人之间（政府、企事业单位和劳动者）在社会保险运行过程中发生的经济联系。社会保险关系是一种经济利益关系。在社会保险关系中，政府因受其职能决定，始终处于关系中的主体地位。劳动者在社会保险关系中，是社会保险保障权利所指向的对象，他们履行自己应尽的义务，同时享有充分的保障权利。社会保险机构作为社会保险关系一方当事人，享有受政府委托从事社会保险业的权利和履行社会保险职责的义务。社会保险关系建立的依据是国际劳工公约、国际劳工建议书和各国的社会保险法律法规与政策。

从广义上理解社会保险关系，主要包括社会保险与社会救助的关系、社会保险与社会福利的关系和社会保险与人身保险的关系等。在社会保障制度中，社会救助的历史最为长远，社会保险与社会救助既有同一性又有差异性，阐明两者这种关系可以使有关部门根据社会保险和社会救助不同的发展要求与需要制定不同的法规和政策。从社会福利的本质内容与作用看，它与社会保险既有共性又有差异性：社会福利侧重满足人们享受和发展的需要，为保障劳动者的全面发展提供条件；社会保险则主要满足人们生存与安全的需要，为被保险人提供基本生活保障。人身保险是人类社会进步的具体表现，是社会生产力发展的必然产物；社会保险是人身保险进一步发展的产物，与人身保险在发展过程中相互补充、相互竞争。

重要概念

社会保险关系　社会保险当事人　社会保险机构　社会保险税（费）义务主体　补充养老保险　补充医疗保险　补充工伤保险　社会救助　社会福利　人身保险

复习思考题

1. 在社会保险关系中政府与劳动者各扮演何种角色？

2. 如何理解社会保险机构、企业与参保劳动者的关系？

3. 社会保险关系建立的依据和基础是什么？

4. 如何理解社会保险关系的实质？

5. 补充养老保险、补充医疗保险、补充工伤保险各有什么特点？它们同社会保险有何联系和区别？

6. 社会救助、社会福利和人身保险各有什么特点？它们同社会保险有何联系和区别？

7. 揭示社会保险同其他经济保障范畴之间关系的意义是什么？

第四章
社会保险精算

社会保险精算是指运用保险精算理论与方法，对人们面临的生、老、病、死、残等风险进行评价，对社会保险基金的未来经营成本、财务收支等作出估计，以保障社会保险制度的财务稳定性。社会保险精算的研究内容主要包括社会保险项目的风险特征和损失规律、长期偿付能力、社会保险基金的收支及财务状况等，其目标是在实现社会保障基本功能的前提下，保证社会保险制度和社会保险基金持续、稳定运行。

按保险的标的进行划分，社会保险精算包括社会养老保险精算、社会医疗保险精算、失业保险精算、工伤保险精算以及生育保险精算，其中，社会养老保险属于寿险精算的范畴，而医疗保险、失业保险、工伤保险和生育保险都属于非寿险精算的范畴。寿险精算和非寿险精算在原理上存在较大的差别，寿险精算以利息理论和生命表为基础，而非寿险精算则以风险理论为基础，当然，两者的基本原理都是一样的，那就是收支平衡。本章重点介绍社会养老保险的精算基础及精算模型。

第一节　社会养老保险精算基础

一、利息理论

在人们的生命期内，都会面临生、老、病、死、残等风险，都需要通过社会保险或商业保险得到经济安全保障。无论是商业人寿保险、年金保险，还是社会养老保险、企业年金，都有资金投资和利息问题，因此，利息理论是保险精算的基础。

（一）总额函数与累积函数

利息是指在一定时期内借款人向贷款人支付的使用资金的报酬。

一般地，我们将每项业务开始时投资的金额称为本金，而将业务开始一定时期后回收到的总金额称为该时期的累积值或终值,累积值与本金的差额就是该时期的利息。

假定在投资期间不再加入或抽回本金,则决定累积值的两个最主要的因素就是本金金额和从投资日算起的时间长度。时间长度可以用不同的单位来度量,如日、月、季、年等。用来度量时间的单位称为度量期(或结算期),其中最常用的度量期是年。

以 t 表示本金投资使用的时间长度,$A(t)$ 表示 t 时资金累积额,它是 t 的函数,称为总额函数。当 $t=0$ 时,$A(0)$ 就是本金。以 $I(t)$ 表示 t 时的利息,利息是累积额与本金的差额,即 $I(t) = A(t) - A(0)$。如果将从投资日起第 n 个时期得到的利息金额记为 $I(n)$,则:

$$I(n) = A(n) - A(n-1), \quad n \geq 1$$

累积额受本金的影响,本金越大,经过一定时期的累积额就越大。为了反映单位本金的增值情况,引入累积函数 $a(t)$。

$$a(t) = \frac{A(t)}{A(0)}$$

显然,$a(0) = 1$,$A(t) = A(0) \cdot a(t)$。因此,$a(t)$ 是单位本金经过 t 时期后的增值额函数,累积函数 $a(t)$ 也可称为 t 期累积因子,因为它是单位本金在 t 期期末的累积值。

我们称累积函数 $a(t)$ 的倒数 $a^{-1}(t)$ 为 t 期折现函数或折现因子。特别地,将一期折现因子 $a^{-1}(1)$ 简称为折现因子,记为 v。容易看出,t 期折现因子 $a^{-1}(t)$ 是为了使 t 期期末的累积值为 1 而在开始时投入的本金金额。实际上,将 $A(t) = A(0) \cdot a(t)$ 代入就有 $A(t) = A(0) \cdot a(t) = a^{-1}(t) \cdot a(t) = 1$。

为了在 t 期期末得到某个累积值,而在开始时投入的本金金额称为该累积值的现值。显然,$a^{-1}(t)$ 是在 t 期期末支付 1 的现值,在 t 期期末支付 k 的现值为 $ka^{-1}(t)$。

在某种意义上,累积与折现是相反的过程,$a(t)$ 为 1 单位本金在 t 期期末的累积值,而 $a^{-1}(t)$ 是在 t 期期末支付 1 单位终值的现值。

(二)利息率

衡量资金生息水平的指标是利息率(简称利率),是某一度量期内得到的利息金额与此度量期开始时投入的本金金额之比,它表示单位本金在单位时间内所滋生的利息。

如果利息计算时期与基本时间单位相同,此时的利率就是实际利率,通常用字母 i 表示。对于有多个度量期的情形,可以分别定义各个度量期的实际利率,这时,用 i_n 表示从投资日算起第 n 个度量期的实际利率,则:

$$i_n = \frac{A(n) - A(n-1)}{A(n-1)} = \frac{a(n) - a(n-1)}{a(n-1)} = \frac{I(n)}{A(n-1)}, \quad n \geq 1$$

(三) 单利和复利

利息的计算方法有单利和复利两种，单利只在本金上计算利息，而复利是利滚利的计息方式。

假定各年利率相等，均为 i，设第 1 年的本金为 $A(0)$，在单利计息方式下，则第 1 年年末的累积额为：

$$A(1) = A(0) + A(0) \cdot i = A(0) \cdot (1 + i)$$

第 2 年年末的累积额为：

$$A(2) = A(1) + A(0) \cdot i = A(0) \cdot (1 + 2i)$$

依次类推，第 n 年年末的累积额为：

$$A(n) = A(n-1) + A(0) \cdot i = A(0) \cdot (1 + ni)$$

由此可知，在单利下累积函数的表达式为：

$$a(t) = 1 + it$$

由上述推导可知，在单利下，每一度量期产生的利息均为常数 i，但每一度量期内的实际利率不为 i，而是关于 n 单调递减。事实上，第 n 期的实际利率为：

$$i = \frac{a(n) - a(n-1)}{a(n-1)} = \frac{(1 + in) - [1 + i(n-1)]}{1 + i(n-1)} = \frac{i}{1 + i(n-1)}$$

因此，常数的单利意味着递减的实际利率。

若以每期复利 i 计息，这时，第 1 年年末的累积额为：

$$A(1) = A(0) + A(0) \cdot i = A(0) \cdot (1 + i)$$

第 2 年年末的累积额为：

$$A(2) = A(1) + A(1) \cdot i = A(0) \cdot (1 + i) \cdot (1 + i) = A(0) \cdot (1 + i)^2$$

依次类推，第 n 年年末的累积额为：

$$A(n) = A(n-1) + A(n-1) \cdot i = A(0) \cdot (1 + i)^n$$

从而可知，在复利下累积函数的表达式为：

$$a(t) = (1 + i)^t$$

进一步推导可得：

$$I(n) = a(n) - a(n-1) = (1+i)^n - (1+i)^{n-1} = i(1+i)^{n-1}$$

$$i_n = \frac{a(n) - a(n-1)}{a(n-1)} = \frac{I(n)}{(1+i)^n} = i$$

因此，在复利下，每个度量期产生不同的利息，但每期的实际利率相等。

$a(t)$ 通常为 t 的连续函数,且在坐标平面上表现为通过 (0,1) 点的曲线。图 4-1 和图 4-2 分别是复利和单利下累积函数的曲线,单利累积函数是一条直线,复利累积函数表现为凹曲线。通过对比可知:当 $t>1$ 时,$(1+i)^t > 1+it$,即复利比单利得到的利息更多;当 $0<t<1$ 时,$(1+i)^t < 1+it$,单利比复利得到的利息更多。

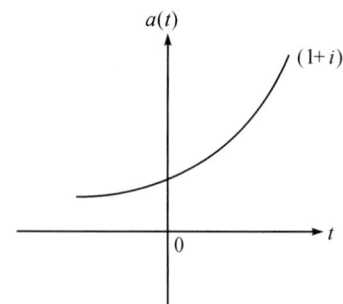
图 4-1 复利的累积函数曲线

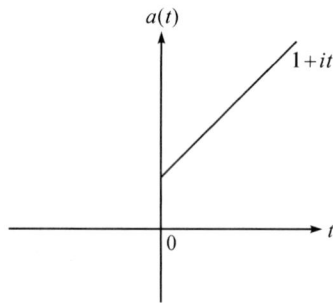
图 4-2 单利的累积函数曲线

(四) 现值和贴现率

前面已经讨论过,1 单位本金经过 t 年后成为 $a(t)$,那么 1 单位累积值在 t 年前的现值为 $a^{-1}(t)$。累积与折现的过程可以通过图 4-3 显示。

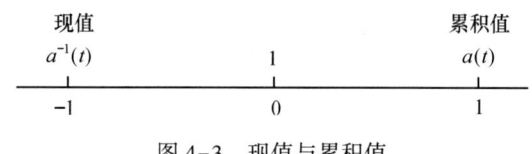
图 4-3 现值与累积值

更进一步,我们可以用坐标轴表示单位本金在单利和复利下在 t 年前的现值和 t 年后的累积值,如图 4-4 与图 4-5 所示。

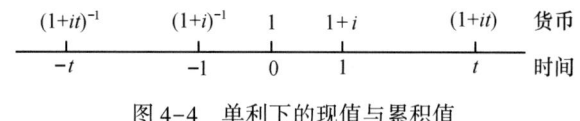
图 4-4 单利下的现值与累积值

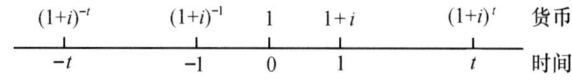
图 4-5 复利下的现值与累积值

一个度量期的实际贴现率为该度量期内取得的利息金额与期末投资可回收金额之比,一般用字母 d 表示。容易发现,实际贴现率 d 与实际利率 i 的定义十分类似,都是利息与投资金额的比值,只不过实际利率对应的投资金额是在期初实际付出的资金额,而实际贴现率对应的投资金额是期末可回收的资金金额。

类似于实际利率，也可以定义任意度量期的实际贴现率，用 d_n 表示从投资日算起第 n 个时期的实际贴现率，则有：

$$d_n = \frac{A(n) - A(n-1)}{A(n)} = \frac{a(n) - a(n-1)}{a(n)} = \frac{I(n)}{A(n)}, \quad n \geq 1$$

设一年的贴现率为 d，则有：

$$d = \frac{a(1) - a(0)}{a(1)} = \frac{1 + i - 1}{1 + i} = \frac{i}{1 + i}$$

从而可知，$d < i$。

将上式变形为 $i = d(1 + i)$，可以解释为年末应付利息是年初可付利息累积到年末的值。

对上式变形还可得出，$1 - d = 1 - \frac{i}{1+i} = \frac{1}{1+i} = v$，说明 $1 - d$ 在利率 i 下经过一年累积为 1 单位元，这与 1 单位元在利率 i 下经过一年累积为 $1 + i$ 的过程相同。再进行变形可以得到：

$$i = \frac{d}{1 - d}$$

引入贴现率后，复利下的现值与累积值的坐标轴关系如图 4-6 所示。

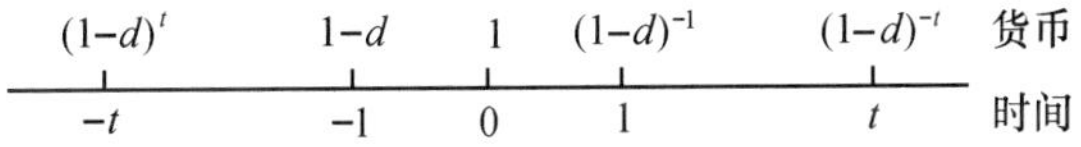

```
    (1-d)^t    1-d    1    (1-d)^{-1}    (1-d)^{-t}   货币
  ─────────────┼──────┼────┼──────────┼─────────────
      -t       -1     0       1            t         时间
```

图 4-6 复利下的现值与累积值

在直角坐标系下，1 单位元加上其在一年产生的利息 i 正是累积函数在一年后的终值，1 单位元减去其在一年的预付利息即贴现值 d，正是复利累积函数在一年前的现值，如图 4-7 所示。

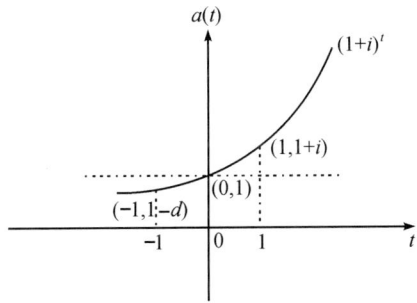

图 4-7 复利累积函数的现值与累积值

(五) 名义利率和名义贴现率

利息可以按年结算，也可以按半年、季或月结算。实际利率和实际贴现率都是指利息在每个度量期结算一次，而实际上经常有很多在一个度量期中利息结算不止一次或在多个度量期利息才结算一次的情况。例如，本金 1 元，利率半年结算一次，规定的年利率为 6%。此时，半年的实际利率为 3%，1 元本金到半年时的累积额为 1.03，到年末累积额为 1.03^2，即为 1.060 9，一年的利息额为 0.060 9，一年结算的实际利率为 6.09%。由于结算期与基本时间单位不一致，产生了利息率的名不副实，从而把结算多次的利率称为名义利率。

一般地，用 $i^{(m)}$ 表示名义利率，m 为结算次数，每次结算的实际利率为 $\dfrac{i^{(m)}}{m}$。由此可知，单位本金在复利下一年后的累积额为 $\left[1+\dfrac{i^{(m)}}{m}\right]^m$，而单位本金以一年实际利率 i 计算的一年累积值为 $1+i$，因此有：

$$1 + i = \left[1 + \frac{i^{(m)}}{m}\right]^m$$

$$i = \left[1 + \frac{i^{(m)}}{m}\right]^m - 1$$

$i^{(m)}$ 是 m 的递减函数，当 $i=6\%$ 时，一年不同结算次数的名义利率见表 4-1。

表 4-1　　　　　6% 实际利率下一年不同结算次数的名义利率

m	1	2	3	4	6	12	∞
$i^{(m)}$	0.060 00	0.051 93	0.058 84	0.058 70	0.058 85	0.058 41	0.058 27

与名义利率相类似，名义贴现率表示原来规定的一年结算多次的贴现率，以 $d^{(m)}$ 表示一年结算 m 次的名义贴现率，同理有：

$$1 - d = \left[1 - \frac{d^{(m)}}{m}\right]^m$$

$$d = 1 - \left[1 - \frac{d^{(m)}}{m}\right]^m$$

又由 $d = \dfrac{i}{1+i}$，即 $1 - d = \dfrac{1}{1+i}$，所以有：

$$\frac{1}{1 - \dfrac{d^{(m)}}{m}} = 1 + \frac{i^{(m)}}{m} = (1+i)^{1/m}$$

从而可以得到:

$$\frac{1}{d^{(m)}} = \frac{1}{m} + \frac{1}{i^{(m)}}$$

同样地,在年利率6%下,一年不同结算次数对应的名义年贴现率见表4-2。

表4-2　　　　　　6%实际利率下一年不同结算次数的名义贴现率

m	1	2	3	4	5	6	∞
$d^{(m)}$	0.056 60	0.057 43	0.057 71	0.057 85	0.057 99	0.058 13	0.058 27

(六) 利息力

实际利率和实际贴现率是度量一个结算期的利息,而名义利率和名义贴现率是用来度量 m 个结算期内的利息。在很多情况下,我们还希望能度量每一时间点上的利息,也就是在无穷小时间区间上的利息。这种对利息在各个时间点上的度量叫作利息力。

考虑投资一笔资金,设在时刻 t 的资金金额由累积值 $A(t)$ 给出,这笔资金完全由于利息而变化。将其定义为:

$$\delta_t = \frac{A'(t)}{A(t)} = \frac{a'(t)}{a(t)}$$

式中,δ_t 为投资额在 t 时的利息力,即 δ_t 为利息在时刻 t 的一种度量,由上述定义可知,δ_t 为 t 时每一单位资金的变化率。

对上式变形可得:

$$\delta_t = \frac{d\ln A(t)}{dt} = \frac{d\ln a(t)}{dt}$$

用 r 代替 t,对上式两端求 $0 \sim t$ 上的定积分,可得:

$$\int_0^t \delta_t dt = \int_0^t \frac{d\ln A(r)}{dr} dr = \ln A(r) \big|_0^t = \ln \frac{A(t)}{A(0)}$$

从而有:

$$a(t) = \frac{A(t)}{A(0)} = e^{\int_0^t \delta_r dr}$$

$$A(t) = A(0) e^{\int_0^t \delta_r dr}$$

在复利下,对于名义利率 $i^{(m)}$,当结算次数 m 趋于无穷大时,即表示确切时点上的利率水平,因此,利息力也可定义为:

$$\delta = \lim_{m \to \infty} i^{(m)} = \lim_{m \to \infty} m\left[(1+i)^{1/m} - 1\right] = \lim_{m \to \infty} \frac{(1+i)^{1/m} - (1+i)^0}{1/m}$$

由此可见，δ 是函数 $(1+i)^t$ 在 $t=0$ 处的导数，于是有：

$$\delta = \ln(1+i)$$

或

$$e^\delta = 1+i$$

将实际利率、名义利率、利息力等联系起来有如下常用的等式：

$$\left[1 + \frac{i^{(m)}}{m}\right]^m = 1+i = v^{-1} = (1-d)^{-1} = e^\delta$$

二、年金

年金是收付款的一种方式，它是每隔一个相等的时间间隔的一系列固定数额的收付款方式。实际中采用年金方法收付款的例子很多，如向银行一次性贷款后在今后的若干年内等额还款，以分期付款方式购买大宗商品，保险业中的养老金给付等。年金的最初形式是以 1 年为时间间隔支付的一系列款项，随着年金在实际生活中的运用以及理论研究的不断深入和扩展，时间上突破了以 1 年为期的限制，变得可长可短，理论上甚至可以是连续付款，没有时间间隔。

（一）年金现值与终值

年金现值是指在相等时间间隔上所有收付款在 0 时刻（期初）的现值之和，n 年内每年 1 单位元期初付的年金称为期初付年金，单位元期初付年金现值用 $\ddot{a}_{\overline{n}|}$ 表示：

$$\ddot{a}_{\overline{n}|} = 1 + v + v^2 + \cdots + v^{n-1}$$
$$= \frac{1-v^n}{1-v}$$
$$= \frac{1-v^n}{d}$$

n 年内每年 1 单位元期末付的年金称为期末付年金，单位元期末付年金现值用 $a_{\overline{n}|}$ 表示：

$$a_{\overline{n}|} = v + v^2 + \cdots + v^n$$
$$= \frac{v(1-v^n)}{1-v}$$
$$= \frac{1-v^n}{i}$$

对于 n 年定期每年 1 单位元期首付的年金在 n 年末的终值为：

$$\ddot{s}_{\overline{n}|} = \ddot{a}_{\overline{n}|} \cdot (1+i)^n$$

$$= \frac{(1+i)^n - 1}{d}$$

对于 n 年定期每年 1 单位元期末付的年金在 n 年末的终值为：

$$s_{\overline{n}|} = a_{\overline{n}|} \cdot (1+i)^n$$

$$= \frac{(1+i)^n - 1}{i}$$

对于 1 年多次收付的年金，可以根据每次收付的实际利率和实际收付次数进行计算，也可以按下面的方法进行计算。对于 n 年定期，每年收付 m 次，每次 $1/m$ 元的期首付年金现值为：

$$\ddot{a}_{\overline{n}|}^{(m)} = \frac{1}{m} + \frac{1}{m} \cdot v^{1/m} + \frac{1}{m} \cdot v^{2/m} + \cdots + \frac{1}{m} \cdot v^{(n-1)+(m-1)/m}$$

$$= \frac{1}{m} \cdot \frac{1-v^n}{1-v^{1/m}}$$

$$= \frac{1-v^n}{d^{(m)}}$$

同理可得，每年收付 m 次，每次 $1/m$ 元的期末付年金现值为：

$$a_{\overline{n}|}^{(m)} = \frac{1}{m} \cdot v^{1/m} + \frac{1}{m} \cdot v^{2/m} + \cdots + \frac{1}{m} \cdot v^n$$

$$= \frac{1-v^n}{i^{(m)}}$$

将 $\ddot{a}_{\overline{n}|}^{(m)}$ 作为本金，计算其 n 年后的累积值即可得到每年收付 m 次，每次 $1/m$ 元的期首付年金终值为：

$$\ddot{s}_{\overline{n}|}^{(m)} = \frac{1-v^n}{d^{(m)}} \cdot (1+i)^n$$

同理可得每年收付 m 次，每次 $1/m$ 元的期末付年金终值为：

$$s_{\overline{n}|}^{(m)} = \frac{1-v^n}{i^{(m)}} \cdot (1+i)^n$$

（二）永续年金

永续年金是指收付时期没有限制，每隔一定时期永远连续收付的年金，相当于前面定期年金当时期 n 趋于无穷大时的值。每年 1 单位元期初付永续年金现值为：

$$\ddot{a}_{\overline{\infty}|} = \lim_{n \to \infty} \ddot{a}_{\overline{n}|} = \frac{1}{d}$$

同理，每年 1 单位元期末付永续年金现值为：

$$a_{\overline{\infty}|} = \lim_{n \to \infty} a_{\overline{n}|} = \frac{1}{i}$$

不存在永续年金的最终累积值，因为给付没有终点，且无穷的均衡给付使得累积值无穷大。

（三）变额年金

变额年金是指每次收入额不等的年金。实际中通常有两种常见的变额年金，一种是每次收付额等差递增，另一种是等比递增。如果在 n 年定期内，第一年末收付 1 单位元，第二年末收付 2 单位元，以后每次比上一次递增 1 单位元的期末付年金现值以 $(Ia)_{\overline{n}|}$ 表示：

$$(Ia)_{\overline{n}|} = v + 2v^2 + 3v^3 + \cdots + nv^n$$

将上式两边同乘 $(1+i)$ 可得：

$$(1+i) \cdot (Ia)_{\overline{n}|} = 1 + 2v^1 + 3v^2 + \cdots + nv^{n-1}$$

两式相减得：

$$i \cdot (Ia)_{\overline{n}|} = 1 + v + v^2 + \cdots + v^{n-1} - nv^n = \ddot{a}_{\overline{n}|} - nv^n$$

化简后有：

$$(Ia)_{\overline{n}|} = \frac{\ddot{a}_{\overline{n}|} - nv^n}{i}$$

同理可得上述年金期初付时的年金现值为：

$$(I\ddot{a})_{\overline{n}|} = \frac{\ddot{a}_{\overline{n}|} - nv^n}{d}$$

对于等比递增的年金，假定第 1 年期初收付 1 单位元，以后收付额每年递增，增长率为 j，则 n 年定期的年金现值为：

$$PV = 1 + (1+j) \cdot v + (1+j)^2 \cdot v^2 + \cdots + (1+j)^{n-1} \cdot v^{n-1}$$

只要设 $(1+j) \cdot v = v'$，则上式就变成计算期初付的 n 年定期固定年金现值，采用固定年金的计算方法即可。

三、生命表

生命表是指根据以往一定时期内各种年龄的死亡统计资料编制的由每个年龄死亡率所组成的汇总表。它也是反映在封闭人口的条件下，人口从出生后到陆续死亡的全部过程的一种统计表。封闭人口是指没有新出生、迁入或迁出人口，只有死亡变动。生命表是寿险精算的科学基础，它是寿险费率和责任准备金计算的依据，也是寿险成本核算的依据。

（一）基本函数

（1）x：年龄。

（2）l_x：存活到确切整数年龄 x 岁的人口数，$x = 0, 1, \cdots, \omega - 1$。

年龄可以用确切年龄和完全年龄来表示，确切年龄是从出生到测算时点存活的时间，完全年龄是从出生到测算时点已存活的整数年龄。例如，某人从出生到现在已度过 20 年零 8 个月，他现在的确切年龄为 20.67 岁，而完全年龄为 20 岁。在存活人数中，l_0 是同时出生的一批人数，也称为人群基数。由于关心的是同时出生的一批人在生命期的死亡规律，即各年龄的死亡规律，因此，最初的人口绝对数并不重要，研究中可以取任意值，为了方便，通常取 10 的整数幂，如 10 万、100 万、1 000 万等。ω 是人口生命极限年龄，是生命表的年龄上限，人口存活的最高年龄为 $\omega - 1$。

（3）${}_n d_x$：在 $x \sim (x+n)$ 岁死亡的人数，当 $n = 1$ 时，简记为 d_x，表示 x 岁的人在未来的 1 年内死亡的人数。

假定人群基数为 $l_0 = 1\,000\,000$，经过一年后成为 $l_1 = 998\,420$，意味着在这一年中死亡的人数是 $d_0 = l_0 - l_1 = 1\,580$，即 $l_0 - d_0 = l_1$。同理，在 1~2 岁的死亡人数为 d_1，则有 $l_1 - d_1 = l_2$，依次类推，$l_x - {}_n d_x = l_{x+n}$。

由于生命表中最高年龄 ω 上存活人数为 0，即 $l_\omega = 0$，因此 0 岁存活人数等于各个年龄上死亡人数的总和，即 $l_0 = \sum_{x=0}^{\omega-1} d_x$。

（4）${}_n q_x$：x 岁的人在 $x \sim (x+n)$ 岁死亡的概率，当 $n = 1$ 时，简记为 q_x，表示 x 岁的人在未来 1 年内死亡的概率。

由 ${}_n q_x$ 的定义可知：

$$
{}_n q_x = \frac{{}_n d_x}{l_x}
$$

$$
= \frac{d_x + d_{x+1} + \cdots + d_{x+n-1}}{l_x}
$$

$$
= \frac{q_x + {}_{1|}q_x + {}_{2|}q_x + \cdots + {}_{n-1|}q_x}{l_x}
$$

$$= \sum_{t=0}^{n-1} {}_t|q_x$$

特别地，$q_x = \dfrac{d_x}{l_x} = \dfrac{l_x - l_{x+1}}{l_x} = \dfrac{s(x) - s(x+1)}{s(x)}$

(5) ${}_np_x$：x 岁的人在 n 年后仍存活的概率，当 $n=1$ 时，简记为 p_x，表示 x 岁的人在 1 年后仍存活的概率，易知 ${}_np_x + {}_nq_x = 1$，$p_x + q_x = 1$。

由 ${}_np_x$ 的定义可得：

$$_np_x = \dfrac{l_{x+n}}{l_x}$$

$$= \dfrac{l_{x+1}}{l_x} \cdot \dfrac{l_{x+2}}{l_{x+1}} \cdot \dfrac{l_{x+3}}{l_{x+2}} \cdot \cdots \cdot \dfrac{l_{x+n}}{l_{x+n-1}}$$

$$= p_x \cdot p_{x+1} \cdot p_{x+2} \cdot \cdots \cdot p_{x+n-1}$$

且有：

$$_{m+n}p_x = \dfrac{l_{x+m+n}}{l_x}$$

$$= \dfrac{l_{x+m}}{l_x} \cdot \dfrac{l_{x+m+n}}{l_{x+m}}$$

$$= {}_mp_x \cdot {}_np_{x+m}$$

(6) ${}_{m|n}q_x$：x 岁的人在 $(x+m) \sim (x+m+n)$ 岁死亡的概率，当 $n=1$ 时，简记为 ${}_m|q_x$。

${}_m|q_x$ 表示 x 岁的人存活 m 年后，在接着的 1 年内死亡的概率，从而可以得到 ${}_m|q_x = {}_mp_x - {}_{m+1}p_x = {}_mp_x \cdot q_{x+m}$。

由 ${}_{m|n}q_x$ 的定义可知：

$$_{m|n}q_x = \dfrac{l_{x+m} - l_{x+m+n}}{l_x}$$

$$= \dfrac{d_{x+m} + d_{x+m+1} + \cdots + d_{x+m+n-1}}{l_x}$$

$$= \sum_{t=m}^{m+n-1} {}_t|q_x$$

同时也有：

$$_{m|n}q_x = {}_mp_x - {}_{m+n}p_x = {}_{m+n}q_x - {}_mq_x = {}_mp_x \cdot {}_nq_{x+m}$$

(7) ${}_nL_x$：x 岁的人在 $x \sim (x+n)$ 岁生存的人年数。

人年数是表示人群存活时间的复合单位，1个人存活了1年是1人年，2个人每个存活半年也是1人年。在死亡均匀分布假定下，$x \sim (x+n)$ 岁的死亡人数 $_nd_x$ 平均来说存活了 $n/2$ 年，而活到 l_{x+n} 岁的人存活了 n 年，于是有：

$$_nL_x \approx n \cdot l_{x+n} + \frac{n}{2} \cdot {_nd_x} = \frac{n}{2} \cdot (l_x + l_{x+n})$$

特别地，当 $n = 1$ 时，$L_x \approx \frac{1}{2}(l_x + l_{x+1})$。

(8) T_x：x 岁的人群未来累积生存人年数。

$$T_x = L_x + L_{x+1} + \cdots + L_{\omega-1} = \sum_{t=0}^{\omega-x-1} L_{x+t}$$

在死亡均匀分布假定下，有：

$$T_x = \sum_{i=0}^{\infty} \frac{1}{2}(l_{x+i} + l_{x+i+1})$$

(9) e_x：取整平均剩余寿命。

x 岁的取整平均剩余寿命是指 x 岁未来平均存活的整数年数，不包括不满1年的零数剩余寿命，它是取整剩余寿命随机变量 $K(x)$ 的期望值，于是有：

$$e_x = E[K(x)] = \sum_{k=0}^{\infty} k \cdot {_kp_x} \cdot q_{x+k} = \sum_{k=0}^{\infty} k \, {_k|q_x}$$

由于：

$$_1p_x = \sum_{t=1}^{\infty} {_t|q_x}, \quad _2p_x = \sum_{t=2}^{\infty} {_t|q_x}$$

所以：

$$\sum_{k=0}^{\infty} k \, {_k|q_x} = {_1|q_x} + {_2|q_x} + {_3|q_x} + \cdots$$
$$+ {_2|q_x} + {_3|q_x} + \cdots$$
$$+ {_3|q_x} + \cdots$$
$$= \sum_{k=0}^{\infty} {_{k+1}p_x}$$

(10) $\overset{\circ}{e}_x$：完全平均剩余寿命。

$\overset{\circ}{e}_x$ 表示 x 岁人群的平均剩余寿命，即未来平均存活的时间，当 $x = 0$ 时，$\overset{\circ}{e}_0$ 表示出生同批人从出生到死亡平均每个存活的年数。

实际上，$\overset{\circ}{e}_x$ 是剩余寿命随机变量 $T(x)$ 的期望值，于是有：

$$\overset{\circ}{e}_x = E[T(x)] = \int_0^\infty t \cdot {}_tp_x \cdot \mu_{x+t} dt$$

由于：

$$(-{}_tp_x)' = \left[-\frac{s(x+t)}{s(x)}\right]'$$

$$= -\frac{s'(x+t)}{s(x)}$$

$$= -\frac{s(x+t)}{s(x)} \cdot \frac{s'(x+t)}{s(x+t)}$$

$$= {}_tp_x \cdot \mu_{x+t}$$

所以采用分部积分法可得：

$$\overset{\circ}{e}_x = \int_0^\infty t \cdot {}_tp_x \cdot \mu_{x+t} dt$$

$$= \int_0^\infty t d(-{}_tp_x)$$

$$= -{}_tp_x t \Big|_0^\infty + \int_0^\infty {}_tp_x dt \ (\lim_{t \to \infty}{}_tp_x = 0)$$

$$= \int_0^\infty {}_tp_x dt$$

$T(x)$ 是 x 岁人的剩余寿命随机变量，而 $K(x)$ 为取整剩余寿命随机变量，如果设 $S(x)$ 为 x 岁人在死亡年所活过的分数年部分，可知它是 $(0, 1)$ 上的连续分布，于是有：

$$T(x) = K(x) + S(x)$$

所以：

$$E[T(x)] = E[K(x)] + E[S(x)]$$

在死亡均匀分布假定下，$E[S(x)] = \frac{1}{2}$，从而有：

$$\overset{\circ}{e}_x = e_x + \frac{1}{2}$$

（二）非整数年龄存活函数的估计

生命表是以整数年龄分组编制的，在保险精算实务中，常常需要非整数年龄存活函数资料。比如，40 岁的人存活半年的概率 ${}_{0.5}p_{40}$、40 岁的人在 3 个月死亡的概率 ${}_{0.25}p_{40}$ 等，这时需要在一定假定下利用生命表函数进行估计。常用的几个假定是死亡均匀分布假定、死亡力恒定假定和巴尔杜奇假定。

1. 死亡均匀分布假定

假设死亡在整数年龄之间均匀发生，此时存活函数是线性的，即有：

$$s(x+t) \approx (1-t) \cdot s(x) + t \cdot s(x+1) \quad (x \text{ 为整数}, 0 \leq t \leq 1)$$

于是：

$$_tq_x = \frac{s(x) - s(x+t)}{s(x)} = \frac{t \cdot [s(x) - s(x+t)]}{s(x)} = t \cdot q_x$$

$$_tq_{x+y} = \frac{s(x+y) - s(x+y+t)}{s(x+y)} = \frac{t \cdot q_x}{(1-y) \cdot q_x} \quad (0 \leq t \leq 1, 0 \leq y \leq 1, 0 \leq t+y \leq 1)$$

$$\mu_{x+t} = -\frac{s'(x+t)}{s(x+t)} = \frac{s(x) - s(x+1)}{s(x) - t \cdot [s(x) - s(x+1)]} = \frac{q_x}{(1-t) \cdot q_x}$$

$$_tp_x \cdot \mu_{x+t} = (1 - {}_tq_x) \cdot \frac{q_x}{(1-t) \cdot q_x} = (1 - {}_tq_x) \cdot \frac{q_x}{(1-t) \cdot q_x} = q_x$$

2. 死亡力恒定假定

当假定死亡力在 $x \sim (x+1)$ 上恒定时，$\mu_{x+t} = \mu$（x 为整数，$0 \leq t \leq 1$），此时有：

$$s(x) = e^{-\int_0^x \mu_r dr} = e^{-\mu x}$$

$$s(x+t) = e^{-\int_0^{x+t} \mu_r dr} = e^{-\mu(x+t)}$$

从而：

$$_tq_x = \frac{s(x) - s(x+t)}{s(x)} = \frac{e^{-\mu x} - e^{-\mu(x+t)}}{e^{-\mu x}} = 1 - e^{-\mu t}$$

$$_tp_x = 1 - {}_tq_x = 1 - (1 - e^{-\mu t}) = e^{-\mu t}$$

$$_tq_{x+y} = \frac{s(x+y) - s(x+y+t)}{s(x+y)} = \frac{e^{-\mu(x+y)} - e^{-\mu(x+y+t)}}{e^{-\mu(x+y)}} = 1 - e^{-\mu t}$$

$$_tp_x \cdot \mu_{x+t} = \mu \cdot e^{-\mu t}$$

3. 巴尔杜奇假定

这一假定是以意大利精算师巴尔杜奇的名字命名，当 x 为整数，且 $0 \leq t \leq 1$ 时，生存函数的倒数是 t 的线性函数，即有：

$$\frac{1}{s(x+t)} \approx \frac{1-t}{s(x)} + \frac{t}{s(x+1)}$$

此时有：

$$_tq_x = \frac{s(x) - s(x+t)}{s(x)} = 1 - \frac{s(x+t)}{s(x)}$$

$$= 1 - \frac{1}{1 - t + \frac{t \cdot s(x)}{s(x+1)}}$$

$$= 1 - \frac{1}{1 - t + t \cdot \frac{1}{1 - q_x}}$$

$$= 1 - \frac{1 - q_x}{1 - (1-t) \cdot q_x}$$

$$= \frac{t \cdot q_x}{1 - (1-t) \cdot q_x}$$

从而有：

$$_tp_x = 1 - {_tq_x} = \frac{p_x}{1 - (1-t) \cdot q_x}$$

同理可得：

$$_tq_{x+y} = \frac{s(x+y) - s(x+y+t)}{s(x+y)} = \frac{t \cdot q_x}{1 - (1-t-y) \cdot q_x}$$

$$\mu_{x+t} = -\frac{s'(x+t)}{s(x+t)} = \frac{q_x}{1 - (1-t) \cdot q_x}$$

$$_tp_x \cdot \mu_{x+t} = \frac{p_x \cdot q_x}{[1 - (1-t) \cdot q_x]^2}$$

表 4-3 是在以上三种假定下，非整数年龄存活概率的估计情况。

表 4-3   三种假定下非整数年龄存活概率

函数	死亡均匀分布假定	死亡力恒定假定	巴尔杜奇假定
$_tq_x$	$t \cdot q_x$	$1 - e^{-\mu t}$	$\dfrac{t \cdot q_x}{1 - (1-t) \cdot q_x}$
$_tp_x$	$1 - t \cdot q_x$	$e^{-\mu t}$	$\dfrac{p_x}{1 - (1-t) \cdot q_x}$
$_tq_{x+y}$	$\dfrac{t \cdot q_x}{1 - y \cdot q_x}$	$1 - e^{-\mu t}$	$\dfrac{t \cdot q_x}{1 - (1-t-y) \cdot q_x}$
μ_{x+t}	$\dfrac{q_x}{1 - t \cdot q_x}$	μ	$\dfrac{q_x}{1 - (1-t) \cdot q_x}$
$_tp_x \cdot \mu_{x+t}$	q_x	$\mu \cdot e^{-\mu t}$	$\dfrac{p_x \cdot q_x}{[1 - (1-t) \cdot q_x]^2}$

第二节 社会养老保险精算

社会养老保险制度已经有一百多年的发展历史,经历了从现收现付制向基金积累制、单支柱养老金制度向多支柱养老金制度的转变,但其发展主要以现收现付和基金积累两种制度模式为基础。因此,形成了两种常见的养老保险精算模型,一种是待遇确定型养老保险精算模型。这种制度安排通过事先确定职工退休后每月可以享受的退休金,再根据基金的投资运营状况、职工年龄、劳动年限等因素,逐年计算参保人的缴费。待遇确定型养老保险制度的特点是职工未来的养老金收入是确定的,因此,由于经济环境变化引起的收不抵支的风险由养老保险制度来承担。另一种是缴费确定型养老保险精算模型。这种制度安排相对简单,它为每个参保人建立一个个人账户,由企业和职工本人按工资的一定比例出资,记入个人账户,而个人账户由养老保险基金管理者负责,当参保人退休或达到某种条件时,将个人账户的积累额和投资额作为退休金,一次性或分批还给参保人。与待遇确定型养老保险制度相比,缴费确定型养老保险制度的特点是多积累、多受益,体现了个体之间的差异,并且将收不抵支的风险完全转移到参保人身上。

一、基本概念及假设

(一) 多减因概率

在社会养老保险中,减因是指使参保人退出养老保险的原因。对于已经退休的参保人,退出养老保险的减因一般就只有死亡这唯一因素;而对于在职的参保人,除了死亡还有离职、伤残等因素也会造成参保人退出养老保险。因此,在实际的精算分析中,必须考虑可能导致参保人退出养老保险的多种因素,有必要对生命表进行修正,修正后的生命表称为多减因表。

同生命表中死亡率的确定方式一样,在一个封闭人口中来讨论各个时间上的各种因素引起参保人退出养老保险的人数及概率,即减因概率。假定第 k 个减因的减因概率为 ${}_tq_x^{(k)}$,表示 x 岁的人在未来 t 年内退出养老保险的概率,用 ${}_tq_x^{(T)}$ 表示所有减因共同作用下 x 岁的人在未来 t 年内退出养老保险的概率,称为多减因概率。当 $t=1$ 时,可以将 t 省略,即用 $q_x^{(T)}$ 表示 x 岁的人在未来一年内退出养老保险的概率。

实际的养老保险精算分析建立在计划覆盖人口的死亡率、伤残率、调离率和退休率之上,因此,需要考虑死亡、伤残、调离、退休四种主要的减因,其减因概率分别用

$_tq_x^{(d)}$、$_tq_x^{(w)}$、$_tq_x^{(i)}$ 和 $_tq_x^{(r)}$ 来表示，于是修正后的多减因概率可以表示为：

$$_tq_x^{(T)} = {_tq_x^{(d)}} + {_tq_x^{(w)}} + {_tq_x^{(i)}} + {_tq_x^{(r)}}$$

通过多减因概率，很容易得到 x 岁的参保人在 t 年内保留在养老保险中的概率 $_tp_x^{(T)}$。

类似于生命表，多减因概率也是根据一个封闭人口的统计数据计算出来的。在实务操作中，通常用 $l_x^{(T)}$ 表示某一封闭人口在 x 岁时受各种减因影响的总人数，用 $_td_x^{(k)}$ 表示 x 岁的人在 $x \sim (x+t)$ 岁由于第 k 种减因而退出该封闭人口的人数，因此，第 k 种减因概率可以表示为：

$$_tq_x^{(k)} = \frac{_td_x^{(k)}}{l_x^{(T)}}$$

(二) 工资函数

社会养老保险制度规定养老保险的缴费和给付通过在职期间的工资水平来确定，因此我们要首先确定工资的计算方法。在养老保险的精算模型中，职工工资的变动规律成为养老保险成本与债务估计的一个基本假设，一般用工资函数来描述这一规律。

假设工资比例函数为 $SS(x)$，用来表示 x 岁在职职工的相对工资水平，该函数由长期通货膨胀水平、劳动生产率水平、业绩工资和工龄的增加而确定。同时假设在职职工 x 岁时的工资函数为 $S(x)$，如果已知某职工任何一个年龄 y 时的工资水平，就可以推算出该职工在 x 岁时的工资。这里 x 表示在职期间的某一年龄，其工资函数 $S(x)$ 可以表示为：

$$S(x) = S(y)\frac{SS(x)}{SS(y)} + A \cdot (x - y)$$

其中，y 是已知的某一年龄；$S(y)$ 是相应年龄的工资水平；$x - y$ 表示年龄的增加；A 表示工龄每增加一年，工龄工资的增长幅度(通常为常数)。

如果通货膨胀率、劳动生产率、业绩工资增长率分别用 i_1、i_2 和 i_3 表示，同时假定这三个参数都是固定不变的，u 表示职工参加工作的初始年龄，在 i_1、i_2、i_3 和 u 都是已知时，工资函数 $S(x)$ 可以表示为：

$$S(x) = S(u) \cdot (1 + i_1 + i_2 + i_3)^{(x-u)} + A \cdot (x - u)$$

其中，$A \cdot (x - u)$ 表示在 $x - u$ 年间工龄工资的增长幅度；$i_1 + i_2 + i_3$ 表示工龄工资之外的年工资增长率；$(1 + i_1 + i_2 + i_3)^{(x-u)}$ 表示 $x - u$ 年间除工龄工资之外的工资增长幅度。两部分之和就是 x 岁的工资水平 $S(x)$。

(三) 缴费率与替代率

为了测算社会养老保险的收入，必须首先确定参保职工的缴费数额。与商业保险不同的是，社会养老保险通常规定在职职工以工资的一定比例来缴纳养老保险费，这个比例称为缴费率，一般用 J 表示，J 可以是常数，也可以是变量，由社会养老保险政策决定。如果 x 岁职工的工资为 $S(x)$，则该职工当年应缴纳的金额为 $P(x) = J \cdot S(x)$。

在职职工如果达到了退休年龄就可以领取养老金，如何确定养老金的给付水平呢？过高的养老金给付不仅会给养老保险基金带来财政压力，而且可能会导致福利依赖，不利于调动在职职工的工作积极性，还会使得职工提前退休；而过低的养老金给付则无法保障退休人员的基本生活水平。因此，需要一个衡量养老金收入与在职职工工资收入相对大小的指标，这个指标就是替代率。养老保险替代率一般定义为在职职工退休后的养老金收入与退休前工资水平的比率，用 $K(0 < K < 1)$ 来表示。

确定替代率的常用方法有两种：一种是从个体参保人出发，用其退休当年的养老金与退休前一年的工资或前几年的平均工资水平进行比较；另一种是考虑全体参保人，用某地区当年退休的所有参保人的养老金平均水平与该地区前一年职工的平均工资水平进行比较。两种方法都可以用以下公式来表示：

$$K = R/S$$

其中，R 表示个体参保人退休当年的养老金或者一个地区当年退休的所有参保人的养老金平均水平；S 表示个体参保人退休前一年的工资或前几年的平均工资水平或者一个地区当年职工的平均工资水平。

(四) 生存年金

在本章第一节中我们已经介绍过年金的概念，这里我们还需要了解生存年金的概念。所谓生存年金，是指在某人生存的条件下，按预定的金额以连续方式进行的一系列给付，它强调每次年金给付必须以年金受领人生存为条件，一旦年金受领人死亡，给付立即停止。社会养老保险制度规定，如果参保人存活，就发生养老金的缴费或给付，否则就不发生。养老保险的生存年金就是在参保人整值寿命间每年发生一次的年金，生存年金的精算现值就是参保人整值寿命期间年金的期望值。

假定从 x 岁开始的生存年金是按每年支付 1 单位元，直至死亡或达到一定的条件后停止，此时全部给付的总现值称为生存年金系数（1 单位元的生存年金精算现值）。生存年金系数可以分为不定期生存年金系数和定期生存年金系数，前者表示无确定期限的生存年金系数,后者表示 n 年期内的生存年金系数。由于人的寿命总是有限的,理论上无限期的生存年金实际上是以人的极限寿命为期限。

(五)养老金权益

在待遇确定型养老保险精算模型中,会经常用到养老金权益这个概念。所谓养老金权益就是将养老金给付看作参保人的权益,它来源于参保人在职期间的养老保险缴费。我们假定 u 为参保人参加工作时的初始年龄,r 为退休年龄,m 为养老金的固定增长率,B_r 表示养老金权益的总和,其中 r 表示该权益积累到退休时刻。参保人退休后的养老金权益是在职期间各年缴费的积累所得,因此可以将养老金权益 B_r 分解成参保人在职期间每一年缴费获得的养老金权益之和,用 b_x 表示 x 岁当年积累的养老金权益,B_r 表示所有在职期间积累的 b_x 之和。它们之间的关系可以表示为:

$$B_r = \sum_{x=u}^{r-1} b_x$$

需要说明的是,在待遇确定型养老保险精算模型中养老金总权益 B_r 是相对确定的,而分摊到在职期间每一年的权益 b_x 却与分配的方式有关,通常的分配方式有平均分配和按工资的一定比例分配两种。

平均分配是指将养老金权益平均分摊到参保人在职期间的每一年中,从而可得在职期间每一年积累的养老金权益 b_x 为:

$$b_x = \frac{B_r}{r-u}$$

在这种情况下,每年的养老金权益都是相同的。

按工资的一定比例进行分配时,首先将参保人在职期间每一年的工资 $S(x)$ 进行简单加总,得到累积的工资总额 S_r:

$$S_r = \sum_{x=u}^{r-1} S_x$$

然后用养老金总权益 B_r 与 S_r 的比值 g 作为比例系数,在这种情况下,每年得到的养老金权益 b_x 为:

$$b_x = \frac{B_r}{S_r} \cdot S(x) = g \cdot S(x)$$

(六)成本与正常成本

成本也是待遇确定型养老保险精算模型中常用的概念,是指养老保险运行所支出的费用,主要包括对参保人退休后的养老金给付和管理费用的支出。其中,未来养老金给付的精算现值称为正常成本；总的正常成本就是所有未来养老金给付的精算现值，它是由年正常成本组成的；年正常成本指的是总的正常成本分摊在在职期间每一个缴费年度的数额。

假定 $(TNC)_x$ 表示总的正常成本在 x 岁时的现值，$(NC)_x$ 表示参保人 x 岁的年正常成本，如果将年正常成本的概率与养老金权益的概念联系起来，可以这样理解待遇确定型养老保险：参保人在 x 岁积累了养老金权益 b_x，相当于养老保险制度增加了年正常成本 $(NC)_x$，相应地，当参保人退休时，总的正常成本应该等于所有积累的养老金权益，就是一种理论意义上的精算平衡。在实际中，参保人每一年的缴费并不一定等于应付的年正常成本 $(NC)_x$，但是退休时所有年度缴费的积累值应等于年正常成本 $(NC)_x$ 的积累值。也就是说，如果某一年参保人的缴费小于该年应付的年正常成本，缺少的部分需要在其他的缴费年度中补齐，反之亦然。

（七）精算债务和补充成本

从参保人缴纳养老保险费起就开始逐渐积累自己的养老金权益，这些积累的养老金权益可以看成是养老保险制度对参保人的一种债务，将在参保人退休后归还给参保人，已经积累的养老金权益的价值就是养老保险的精算债务。

精算债务类似于寿险精算中的责任准备金，它既可以被看成是过去累积的养老金权益的价值，也可以看成是未来给付的净责任。从过去看，精算债务代表了过去积累的正常成本；从未来看，精算债务是未来的给付精算现值与未来的正常成本的差额。因此，在通常情况下，精算债务就是参保人当前时刻的过去正常成本 $(PNC)_x$。根据公式，精算债务可以被看成未来给付的精算现值 $(APV)_x$ 与未来正常成本 $(ANC)_x$ 的差额，用 $(AL)_x$ 来表示 x 岁时的精算债务：

$$(AL)_x = (APV)_x - (ANC)_x = (PNC)_x$$

有些职工在社会养老保险制度建立之前就已经参加了工作，在制度建立之前的这段时间他们并没有缴纳保险费，但是养老保险制度通常也承认他们这段时间内的贡献应获得养老金权益，因此，产生了初始精算债务这一概念。对养老保险制度建立之后才参加工作的职工，在加入养老保险的初始时刻，由于不存在过去正常成本，精算债务为零。但是，对于在养老保险制度建立之前已经参加工作的职工，他们过去的工作也获得了未来养老金给付的承诺，这被视为在初始时刻就存在的债务，称为初始精算债务。

在社会养老保险制度中，初始精算债务和其他未能被正常成本分摊的债务就是补充成本债务。在养老保险制度建立之初，精算债务就等于初始精算债务，之后随着新成本的产生而增加，随着到期给付的支出而减少，精算债务就等于补充成本债务 (SAL) 和正常成本债务（NAL）之和：

$$(AL) = (SAL) + (NAL)$$

由于补充精算债务无法通过正常成本进行补偿，所以需要引入补充成本的概念。补充成本就是将补充精算债务产生的成本，分摊到未来的缴费年限中形成的成本。对于在养老保险制度建立之前已经参加工作的职工，他们的养老保险总成本应为正常成本与补充成本之和。一般情况下，补充债务需要以一定的方式分摊于未来成本中。常用的分摊方法有两种：第一种是在不考虑死亡等减因的情况下，将补充债务等额分摊在未来的缴费年限上形成补充成本；第二种是以工资的一定比例进行分摊。补充债务的分摊与未来养老金权益的分摊方法是相似的。

二、缴费确定型养老保险精算模型

缴费确定型养老保险预先确定缴费水平，给付水平由养老保险缴费及其投资状况决定。缴费确定型养老保险不需要对成本进行估计，但需要根据缴费水平来估计给付水平。从养老金的给付方式来看，缴费确定型养老保险精算模型一般可以分为自我平衡精算模型和同代人平衡精算模型。自我平衡精算模型通常采用个人账户的记账和管理方式，个人一生的缴费与其得到的给付数额相等，个人在死亡时个人账户的余额由其预先确定的受益人继承，不存在同代人之间的收入再分配。同代人平衡精算模型是在同一年龄上职工的缴费和给付之间建立起平衡关系，参加养老保险的职工缴费记入集体账户，如果职工在缴费期间死亡，其过去缴费额由仍然存活的职工分享，职工在职期间的死亡给付与过去缴费积累没有直接联系，通常规定为某一具体数额；退休后以生存年金的方式发放养老金，职工死亡后，其缴费余额由仍然存活的职工分享，职工的长寿风险由退休后购买生存年金得以分散和避免，可见，采取集体账户的方式存在代内再分配。实践中，缴费确定型养老保险更多地采取自我平衡精算模型，个人账户使个人缴费和享受之间建立起直接的联系，增加了缴费的灵活性。在职工调动工作时，由于个人账户的归属权明确，个人账户累积余额可以随同职工转移，有利于职工的流动，因此这种方式在世界范围得到了迅速发展。

在个人账户中，如果允许退休时一次性领取账户累积额，此时不需要精算。但一次性领取个人账户的累积额可能使养老保险保障老年生活的作用减弱，使长寿者得不到应有的收入保障，或者由于健康者不选择购买年金而产生逆向选择。因此，一般认为应该采取年金的给付形式，个人账户累积购买年金时，需要运用精算方法估计养老金水平。

在缴费确定型养老保险中,我们需要首先确定养老金个人账户的收入及给付情况,然后分析个人账户的精算平衡问题。因此,缴费确定型养老保险精算模型需要建立个人账户收入模型和个人账户给付模型,然后讨论养老金个人账户的精算平衡问题。

(一) 个人账户收入模型

养老金个人账户的收入包括参保人在职期间的缴费和投资回报。与前面的假定一样,u 表示加入养老保险时的职工年龄,由于社会养老保险的强制性,如果没有死亡、伤残等减因退出养老保险,参保人就会一直缴费到退休。r 为退休年龄(由制度规定),d 为职工的死亡年龄,也即职工寿命,如果只考虑已经加入养老保险的职工,则 $d > u$,当 $d < r$ 时,表示职工在达到退休年龄之前已经死亡,当 $d > r$ 时,则表示职工在退休后死亡。$S(x)$ 表示职工 x 岁的工资水平,在不考虑工龄工资的情况下,假设工资总的增长率为 j,缴费率为 J,即每年工资收入的 $J \cdot S(x)$ 部分用于缴纳养老保险费。

在以上参数假定下,对于一个年龄为 x 岁($u < x < r$)的参保人,他第一年所缴纳的保险费用就是其刚加入养老保险时的工资 $S(u)$ 乘以缴费率 J,即为 $J \cdot S(u)$。如果该参保人没有因为某种减因退出养老保险,则根据固定的工资增长率 j,该参保人第二年(从加入养老保险时算起)的工资将为 $S(u) \cdot (1+j)$,故第二年的保费相应地增长为 $J \cdot S(u) \cdot (1+j)$,由于这是第二年的金额,将其折现到加入养老保险时即为 $J \cdot S(u) \cdot (1+j) \cdot v$,这就是第二年所缴纳的保费在参加养老保险初年的净现值。依次类推,可以得到该参保人在 x 岁时的保费在参加养老保险初年的净现值为 $J \cdot S(u) \cdot [(1+j) \cdot v]^{x-u}$。如果该参保人因为某种减因的作用退出养老保险,此时缴纳的保险费将为零。由多减因概率可知,该参保人在 x 岁时仍然保留在养老保险体系中的概率应为 $_{x-u}p_u^{(T)}$(可以通过多减因表查询得到),因此,该参保人在 x 岁时应该缴纳的期望保费净现值为 $_{x-u}p_u^{(T)} \cdot J \cdot S(u) \cdot [(1+j) \cdot v]^{x-u}$。

由于社会养老保险规定参保人达到退休年龄后不必缴纳保险费,故参保人到 $r-1$ 岁时就停止缴费,此时期望保费净现值应为 $_{r-u-1}p_u^{(T)} \cdot J \cdot S(u) \cdot [(1+j) \cdot v]^{r-u-1}$。显然从 $x \sim (r-1)$ 岁期望保费净现值之和是参保人应该缴纳的保险费的现值,用 $(PVFB)_u$ 来表示,其公式为:

$$(PVFB)_u = J \cdot S(u) + p_u^{(T)} \cdot J \cdot S(u) \cdot (1+j) \cdot v + \cdots +_{x-u}p_u^{(T)} \cdot J \cdot S(u) \cdot [(1+j) \cdot v]^{x-u}$$
$$+ \cdots +_{r-u-1}p_u^{(T)} \cdot J \cdot S(u) \cdot [(1+j) \cdot v]^{r-u-1}$$
$$= J \cdot S(u) \cdot \sum_{x=u}^{r-1} {}_{x-u}p_u^{(T)} \cdot [(1+j) \cdot v]^{x-u}$$

如果把 $(1+j) \cdot v$ 看作贴现率，可以看出 $(PVFB)_u$ 是一份多减因的定期生存年金。其计算公式为：

$$(PVFB)_u = J \cdot S(u) \cdot \ddot{a}_{u:\overline{r-u}|}$$

其中，$\ddot{a}_{u:\overline{r-u}|}$ 表示从 u 岁开始一直到退休为止每年收付 1 单位元的定期生存年金的精算现值，或称为定期生存年金系数。

从以上分析容易看出，如果假定折现率 v 和工资增长率 j 为常数，则参保人应该缴纳的保险费现值 $(PVFB)_u$ 由参保人加入养老保险时的工资水平 $S(u)$ 和缴费率 J 来决定。

（二）个人账户给付模型

由于养老金给付的方式有多种，这使得个人账户的给付模型相比收入模型要复杂一些，通常有两种给付模型，即同代人平衡模型和自我平衡模型。

1. 同代人平衡模型

同代人平衡模型采用的是集体账户的给付形式，具体来说就是：当参保人退休时，把集体账户中属于个人的金额当成一笔生存年金支付；当参保人生存时，对其支付确定的养老金；一旦参保人死亡，就停止支付。同代人平衡模型类似于商业保险，会导致参保人之间隐性的转移支付，而且将财务风险转移给参保人自己，养老保险制度本身不承担给付的风险。

同样我们假定一个刚刚加入养老保险的参保人年龄为 u 岁，该参保人在 r 岁退休，为了方便分析问题，我们假定该参保人退休之前没有因为任何减因退出养老保险，同时假定退休当年的养老金给付金额为 R，养老金的年增长率为 m，折现率为 v。

参保人在退休后只需考虑死亡这一减因概率，此时退休的给付可以看作生存年金。假设人的寿命上限为 d 岁，用 $(APV)_r$ 表示养老金给付在退休时的精算现值。其计算公式如下：

$$(APV)_r = R + {}_{}p_r^{(d)} \cdot R \cdot (1+m) \cdot v + \cdots + {}_{x-r}p_r^{(d)} \cdot R \cdot$$
$$[(1+m) \cdot v]^{x-r} + \cdots + {}_{d-r}p_r^{(d)} \cdot R \cdot [(1+m) \cdot v]^{d-r}$$
$$= R \cdot \ddot{a}_{r:\overline{d-r}|}$$

可以看出，$\ddot{a}_{r:\overline{d-r}|}$ 是一种递增型的定期生存年金。如果假定 m 与 v 都为常数，则养老金给付在退休时的精算现值仅由退休时的给付金额确定。

如果想把个人账户给付模型与收入模型统一起来，需要将 $(APV)_r$ 折算为该参保人加入养老保险时，即 u 岁时的现值，用 $(APV)_u$ 来表示。此时，如果将 $(APV)_u$ 看成是 u

岁时的精算现值，则$(APV)_r$可以看成是$r-u$年后的精算累积值，而精算累积值等于精算现值乘以精算累积因子，于是有：

$$(APV)_r = (APV)_u \cdot \frac{1}{_{r-u}E_u}$$

其中，$\frac{1}{_{r-u}E_u}$为精算累积因子，$_{r-u}E_u = {_{r-u}p_u} \cdot v^{r-u}$，代入上式化简即得：

$$(APV)_u = {_{r-u}p_u^{(T)}} \cdot v^{r-u} \cdot (APV)_r$$

$$= {_{r-u}p_u^{(T)}} \cdot v^{r-u} \cdot R \cdot \sum_{x=r}^{d} {_{x-r}p_r^{(d)}} \cdot [(1+m) \cdot v]^{x-r}$$

2. 自我平衡模型

自我平衡模型是一种完全的个人账户养老金给付，也就是将参保人退休前的缴费合理地分配到退休后的剩余寿命中，也即将在职期的积累用于退休后的消费，从而实现养老保险的功能。由于参保人的寿命是随机的，所以一般都用平均剩余寿命来代替，即假定所有参保人在退休后的寿命都是平均寿命，在此假定下，参保人的退休年龄与平均寿命都是确定的，因此在职期间的缴费和退休后的给付都成为一个确定年金。

假定退休职工的平均寿命为z岁，即参保人将确定地生存到z岁，同样假定参保人退休时的养老金给付金额为R，养老金增长率为m。由于不用考虑参保人死亡的情况，所以参保人在退休第二年将确定地获得养老金给付为$R \cdot (1+m)$，将其折现到退休时，即r岁时的现值为$R \cdot (1+m) \cdot v$。依次类推，在x岁（$r<x<z$）时参保人的养老金给付现值为$R \cdot [(1+m) \cdot v]^{x-r}$，由于假定参保人都在$z+1$岁死亡，即$z$岁之后就不会再有养老金给付，最后一期即$z$岁时的养老金给付现值为$R \cdot [(1+m) \cdot v]^{z-r}$。

同样地，用$(APV)_r$表示每一期养老金给付在退休时的现值，则有：

$$(APV)_r = R + R \cdot (1+m) \cdot v + \cdots + R \cdot [(1+m) \cdot v]^{x-r} + \cdots + R \cdot [(1+m) \cdot v]^{z-r}$$

$$= R \cdot \sum_{x=r}^{z} [(1+m) \cdot v]^{x-r}$$

在自我平衡模型中，因为假定参保人确定地生存到z岁，所以不用考虑参保人中途退出养老保险的情况。于是只需将$(APV)_r$简单折算为该参保人加入养老保险之时，即u岁时的现值用$(APV)_u$来表示：

$$(APV)_u = v^{r-u} \cdot (APV)_r$$

（三）个人账户的精算平衡分析

要维持个人账户的平稳运行，最基本的就需要保证个人账户的缴费收入与个人账户的养老金给付大致相等,即达到个人账户的精算平衡。"个人账户的收入等于个人账户的给付"被称为个人账户精算平衡条件。

由于个人账户的给付模型分为同代人平衡模型和自我平衡模型,所以个人账户的精算平衡也需要在这两种模型下进行分析。

1. 同代人平衡模型

根据个人账户精算平衡条件有:

$$(PVFB)_u = (APV)_u$$

将前面推导的个人账户收入模型与给付模型(集体账户给付方式)代入上式可得:

$$J \cdot S(u) \cdot \sum_{x=u}^{r-1} {}_{x-u}p_u^{(T)} \cdot [(1+j) \cdot v]^{x-u}$$

$$= {}_{r-u}p_u^{(T)} \cdot v^{r-u} \cdot R \cdot \sum_{x=r}^{d} {}_{x-r}p_r^{(d)} \cdot [(1+m) \cdot v]^{x-r}$$

对于缴费确定型养老保险,由于 $S(u)$ 是预先确定的,而 J 和 r 通常是由制度决定的,${}_{x-u}p_u^{(T)}$、j 和 v 由客观规律和宏观经济环境决定,从而个人账户的收入是相对确定的,将养老金给付水平单独表示为:

$$R = \frac{J \cdot S(u) \cdot \sum_{x=u}^{r-1} {}_{x-u}p_u^{(T)} \cdot [(1+j) \cdot v]^{x-u}}{{}_{r-u}p_u^{(T)} \cdot v^{r-u} \cdot R \cdot \sum_{x=r}^{d} {}_{x-r}p_r^{(d)} \cdot [(1+m) \cdot v]^{x-r}}$$

从上式可以看出:

(1) 在其他因素确定的情况下,养老金水平 R 将随着缴费率 J 和初始工资 $S(u)$ 的增加而增加;

(2) 在通常情况下,缴费时间 $r-u$ 越长,相应的养老金水平也会越高,这也体现出缴费确定型养老保险多缴费、多收益的特点;

(3) 养老金给付水平 R 随着 j 的增大而增大;

(4) 养老金给付水平 R 随着 m 的增大而减小。

需要说明的是,由于折现率 v 会同时影响个人账户的收入与给付,因此利息率对养老金水平的影响具有不确定性。但理论上利息率的上升会增加养老保险的成本,因此养老金水平会有下降的趋势。对于具体的问题,应对利息率进行敏感性分析,来确定对养老金水平的影响。

2. 自我平衡模型

在完全的个人账户给付方式下,参保人的寿命被假定为确定的,如果不考虑中途退出养老保险的情况，未来缴费在加入养老保险时的现值$(PVRB)_u$由生存年金变为确定年金，即为：

$$(PVRB)_u = J \cdot S(u) \cdot \sum_{x=u}^{r-1} \left[(1+j) \cdot v\right]^{x-u}$$

根据个人账户精算平衡条件$(PVRB)_u = (APV)_u$，有以下关系：

$$J \cdot S(u) \cdot \sum_{x=u}^{r-1} \left[(1+j) \cdot v\right]^{x-u} = v^{r-u} \cdot R \cdot \sum_{x=r}^{z} \left[(1+m) \cdot v\right]^{x-r}$$

化简可得此时的养老金水平为：

$$R = \frac{J \cdot S(u) \cdot \sum_{x=u}^{r-1} \left[(1+j) \cdot v\right]^{x-u}}{v^{r-u} \cdot \sum_{x=r}^{z} \left[(1+m) \cdot v\right]^{x-r}}$$

从上式可以看出，初始工资$S(u)$、缴费率J、工资增长率j与养老金增长率m对养老金水平的影响与同代人平衡模型中是一样的，而利息率对养老金水平的影响同样是不确定的。

三、待遇确定型养老保险精算模型

待遇确定型养老保险通过事先确定职工退休后每月的养老金待遇水平，再根据养老保险基金的运营状况、职工年龄、服务年限等因素，逐年确定参保人的缴费水平，以实现养老保险整体的平衡。在计算参保人的缴费水平时，需要将每个参保人未来的养老金收益分摊到其在职期间的每个缴费年度。由前面年正常成本的概念可知，每年缴费水平应该等于每年的年正常成本，所以待遇确定型养老保险的收入模型也就是对年正常成本的精算。不同的分摊方法对应着不同的年正常成本，也就形成了两种最常见的计算成本的方法，一种是给付分配精算成本法，另一种是成本分配精算成本法。

（一）给付分配精算成本法

给付分配精算成本法把未来的养老金权益分配于每个缴费年度，使年正常成本等于当年积累的养老金权益现值，而精算债务就是之前累积的养老金权益现值。

1. 一般情况下的年正常成本

沿用前面基本概念中的假定，b_x表示参保人x岁时积累的年养老金权益，养老金年增长率为m，养老金权益b_x在退休后各年产生的养老金给付现值$(PRVb_x)_x$为：

$$(PRVb_x)_x = {}_{r-x}p_x^{(T)} \cdot v^{r-x} \cdot (PRVb_x)_r$$

$$= {}_{r-x}p_x^{(T)} \cdot v^{r-x} \cdot b_x \cdot \sum_{y=r}^{d} {}_{y-r}p_r^{(d)} \cdot [(1+m) \cdot v]^{y-r}$$

$$= {}_{r-x}p_x^{(T)} \cdot v^{r-x} \cdot b_x \cdot \ddot{a}_r$$

这里 $\ddot{a}_r$ 表示在调整过的贴现率 $(1+m) \cdot v$ 下，参保人 r 岁时的生存年金系数。容易知道，$(PRVb_x)_x$ 就是参保人 x 岁时的正常成本 $(NC)_x$，即该年参保人应缴纳的保险费。因此有：

$$(NC)_x = (PRVb_x)_x$$

这即是给付分配精算成本方法下参保人 x 岁时缴费水平的一般公式。

2. 养老金权益在分摊期内平均分配

如果制度规定参保人每工作一年，退休时可以固定获得 B 元的养老金给付。此时，每一年的养老金权益 $b_x = B$，而总的养老金权益 $B_r = (r-u) \cdot B$。

将年养老金权益 $b_x = B$ 代入参保人 x 岁时缴费水平的一般公式 $(NC)_x = (PRVb_x)_x$，得到参保人在 x 岁时应缴纳的养老保险费：

$$(NC)_x = {}_{r-x}p_x^{(T)} \cdot v^{r-x} \cdot B \cdot \sum_{y=r}^{d} {}_{y-r}p_r^{(d)} \cdot [(1+m) \cdot v]^{y-r}$$

3. 养老金权益按工资比例分配

如果假定刚参加工作时的工资水平为 $S(u)$，由前面工资函数部分的知识可以得到 x 岁时的工资水平为 $S(x) = S(u) \cdot (1+j)^{x-u}$，其中 j 为工资增长率，u 为刚参加工作时的年龄。不考虑利息积累，将所有的工资简单加总即得到工资总额 $S_r = \sum_{x=u}^{r-1} S(x)$，如果规定养老金权益按工资比例进行分配，则应满足关系：

$$\frac{b_x}{B_r} = \frac{S(x)}{\sum_{x=u}^{r-1} S(x)}$$

化简即可得到该职工 x 岁时积累的养老金权益 b_x 为：

$$b_x = B_r \cdot \frac{S(x)}{\sum_{x=u}^{r-1} S(x)} = B_r \cdot \frac{(1+j)^{x-u}}{\sum_{x=u}^{r-1} (1+j)^{x-u}}$$

同样地，将其代入参保人 x 岁时缴费水平的一般公式 $(NC)_x = (PRVb_x)_x$，得到参保人在 x 岁时应缴纳的养老保险费：

$$(NC)_x = (PRVb_x)_x$$

$$={}_{r-x}p_x^{(T)} \cdot v^{r-x} \cdot B_r \cdot \frac{(1+j)^{x-u}}{\sum_{x=u}^{r-1}(1+j)^{x-u}} \cdot \sum_{y=r}^{d}{}_{y-r}p_r^{(d)} \cdot [(1+m) \cdot v]^{y-r}$$

4. 精算债务

如果某职工从 u 岁加入养老保险，在给付分配精算成本方法下，他工作的每一年都积累了未来的养老金权益。因此，当他 $x(u<x<r)$ 岁时，已经积累的养老金权益的现值就成为养老保险计划的精算债务，代表着未来养老金给付的义务。用 B_x 表示从加入养老保险的年龄起到参保人 $x-1$ 岁时积累的养老金权益，则有：

$$B_x = \sum_{y=u}^{x-1} b_y$$

如果用 $\ddot{a}_r$ 表示退休时的 1 单位元生存年金系数，则 x 岁时养老金精算债务 $(AL)_x$ 为：

$$(AL)_x = B_x \cdot {}_{r-x}p_x^{(T)} \cdot v^{r-x} \cdot \ddot{a}_r$$

随着年龄的增大，养老保险精算债务会逐渐积累，直到参保人退休后随着养老金给付再逐渐减少，当参保人死亡后，养老保险精算债务重新归零。

在前面的分析中，$(APV)_x$ 表示未来可能得到的养老金权益，由精算债务的概念可知 $(AL)_x$ 与 $(APV)_x$ 存在一定的关系，$(AL)_x$ 是 $(APV)_x$ 中已经积累的部分，其具体关系与养老金权益的分配方式有关。

当养老金权益在分摊期内平均分配时，精算债务 $(AL)_x$ 已经积累的部分所占的比例为 $g = \frac{x-u}{r-u}$，此时，精算债务 $(AL)_x$ 可以表示为：

$$(AL)_x = \frac{x-u}{r-u} \cdot (APV)_x$$

当养老金权益按工资的比例进行分配时，精算债务 $(AL)_x$ 已经积累的部分所占的比例为 $g = \frac{\sum_{y=u}^{x-1} S(y)}{\sum_{y=u}^{r-1} S(y)}$，此时，精算债务 $(AL)_x$ 可以表示为：

$$(AL)_x = \frac{\sum_{y=u}^{x-1} S(y)}{\sum_{y=u}^{r-1} S(y)} = \frac{S_x}{S_r} \cdot (APV)_x$$

（二）成本分配精算成本法

与给付分配精算成本法不同，成本分配精算成本法把未来给付精算现值直接分配到缴费期间的各个年龄上形成年成本。成本分配精算成本法有多种分类。根据成本分配的方式，可以分为在分摊期内均匀分配和按工资的一定比例进行分配两种情况；根据分摊成本的起始年龄不同，可以分为从建立计划的年龄起分摊和从开始承诺给付的年龄起分摊两种情况。如果从建立计划的年龄起开始分摊，未来给付责任全部分摊在未来成本中，没有补充债务；如果从承诺年龄起分摊，对职工的过去工作贡献也承诺了一定的给付，此时，由于包括对过去工作期间养老金承诺而产生了初始精算债务。在成本分配精算成本法的实际应用中，根据不同情况可以个人为基础，先计算每个人的成本与精算债务，再加总所有参保人的成本与精算债务，从而得到总的成本和债务，这种方法是个体成本法。也可以直接计算总成本和总债务，不计算每个人的成本和债务水平，这是集体成本法。

1. 个体成本法

（1）在分摊期内平均分配。在前面给付分配精算成本法中我们已经介绍过在分摊期内平均分配的情况，需要说明的是，给付分配精算成本法中分配的是未来养老金总权益，而成本分配精算成本法中分配的是总成本。同样都是平均分配，在给付分配精算成本法中，因为平均分配的是未来养老金总权益，所以分摊到在职期间每年积累的养老金权益是相同的。而在成本分配精算成本法中，平均分配的是总成本，所以每年的养老保险正常成本都是一样的。

假定参保人从 u 岁加入养老保险，直到 r 岁退休，缴费年限为 $r-u$ 年，由平均分配总成本可知，参保人 $x[u<x<(r-1)]$ 岁时的年正常成本 $(NC)_x$ 都是相同的，即满足：

$$(NC)_u = (NC)_{u+1} = \cdots = (NC)_x = \cdots = (NC)_{r-1} = (NC)$$

这里 (NC) 表示所有相同的年正常成本。参保人在 x 岁时面临两种结果，可能退出养老保险，也可能仍然留在养老保险中。而仍然留在养老保险中的概率为 $_{x-u}p_u^{(T)}$，用年正常成本 (NC) 乘以依然留下的概率即为 x 岁时年正常成本的期望值 $_{x-u}p_u^{(T)} \cdot (NC)$，再用折现率 v 把期望值折现到 u 岁时的现值即为 $_{x-u}p_u^{(T)} \cdot (NC) \cdot v^{x-u}$，最后将所有的年正常成本期望现值求和，就得到了参保人在 u 岁时未来年正常成本的精算现值 $(ANC)_u$：

$$(ANC)_u = (NC) + p_u^{(T)} \cdot v \cdot (NC) + \cdots +_{r-u-1}p_u^{(T)} \cdot v^{r-u-1} \cdot (NC)$$

$$= (NC) \cdot \sum_{x=u}^{r-1} {_{x-u}p_u} \cdot v^{r-u}$$

$$= (NC) \cdot \ddot{a}_{u:\overline{r-u}|}$$

其中，$\ddot{a}_{u:\overline{r-u}|}$ 是生存年金系数，表示每年初收付1单位元的 $r-u$ 年定期生存年金的精算现值。由上式可以看出，从 u 岁开始到退休年龄每年的年正常成本构成了一个定期生存年金。

参保人在 u 岁时未来养老金给付的精算现值为 $(APV)_u$，由精算平衡条件可知：

$$(ANC)_u = (NC) \cdot \sum_{x=u}^{r-1} {}_{x-u}p_u \cdot v^{r-u} = (NC) \cdot \ddot{a}_{u:\overline{r-u}|} = (APV)_u$$

化简可得年正常成本 (NC) 为：

$$(NC) = \frac{(APV)_u}{\sum_{x=u}^{r-1} {}_{x-u}p_u \cdot v^{r-u}} = \frac{(APV)_u}{\ddot{a}_{u:\overline{r-u}|}}$$

(2) 按工资的比例分配。如果年正常成本在分摊期内平均分配，则每年的年正常成本 $(NC)_x$ 都是相同的。由于职工的工资水平一般会随着年龄的增大而增长，所以如果年正常成本按工资的比例来分配，每年的年成本 $(NC)_x$ 都不相同，但其与当年的工资 $S(x)$ 的比例是保持不变的，假定其比例为 J，即有：

$$(NC)_x = J \cdot S(x)$$

由于年正常成本 $(NC)_x$ 也可以被看成是每年的缴费数额，因此，J 也就是缴费率。如果再假定参保人刚加入养老保险时的工资水平为 $S(u)$，且工资增长率为 j，则可得参保人 x 岁时的工资水平为 $S(x) = S(u) \cdot (1+j)^{x-u}$，此时 x 岁时的年成本 $(NC)_x$ 可以表示为：

$$(NC)_x = J \cdot S(u) \cdot (1+j)^{x-u}$$

下面的讨论同平均分配情况一样，参保人在 x 岁时面临两种结果：可能退出养老保险，也可能仍然留在养老保险中，而仍然留在养老保险中的概率为 ${}_{x-u}p_u^{(T)}$，用年正常成本 $(NC)_x$ 乘以依然留下的概率即为 x 岁时年正常成本的期望值 ${}_{x-u}p_u^{(T)} \cdot (NC)_x$，再用折现率 v 将其折现到参保人 u 岁的现值即为 ${}_{x-u}p_u^{(T)} \cdot (NC)_x \cdot v^{x-u}$，最后将所有的年正常成本期望现值求和，就得到了参保人从 u 岁到退休时未来年正常成本的精算现值 $(ANC)_u$：

$$(ANC)_u = J \cdot S(u) + J \cdot S(u) \cdot p_u^{(T)}(1+j) \cdot v + \cdots$$
$$+ J \cdot S(u) \cdot {}_{r-u-1}p_u^{(T)} \cdot [(1+j) \cdot v]^{r-u-1}$$
$$= J \cdot S(u) \cdot \sum_{x=u}^{r-1} {}_{x-u}p_u^{(T)} \cdot [(1+j) \cdot v]^{x-u}$$
$$= J \cdot S(u) \cdot \ddot{a}_{u:\overline{r-u}|}$$

同样地，$\ddot{a}_{u:\overline{r-u|}}$ 表示从 u 岁至退休每年支付 1 单位元共 $r-u$ 期的定期生存年金系数，此时贴现率为 $(1+j) \cdot v$。

由精算平衡条件可得：

$$(ANC)_u = J \cdot S(u) \cdot \ddot{a}_{u:\overline{r-u|}} = (APV)_u$$

化简即得缴费率 J 为：

$$J = \frac{(APV)_u}{S(u) \cdot \ddot{a}_{u:\overline{r-u|}}}$$

2. 集体成本法

集体成本法是把所有参保人作为整体计算成本的一种方法。理论上，前面讨论的成本分配精算成本法和给付分配精算成本法都有对应的集体成本法，但给付分配精算成本法一般不使用集体法，这里仅介绍成本分配精算成本法下的集体成本法。在集体成本法下，成本是根据没有分摊的预计成本总额在未来分摊期内的分配，由于不断有新增的参保人，给付水平也可能调整，同时精算假设的变动、精算假设与实际的差距等，产生了精算收益或损失。因此，通常每年或每 2～3 年在新情况下重新计算一次年成本。这样，在养老保险计划建立初年，没有债务积累，成本是未来总成本在成本分摊期内的分配，建立养老保险计划第二年，总成本中过去已有一部分成本分摊，形成债务积累，年成本的计算需要在总成本下剔除已积累的债务，再在成本分摊期内分配。值得注意的是，集体成本法下的年成本是未来养老金权益减去已经积累的资产和未备基金债务后，在未来成本分摊期内按某种分配方式得到的金额。

与前面的讨论相同，我们将集体成本法的精算起点设定为养老保险计划建立的初年，然后逐年进行计算。与个体成本法类似，按分配方式的不同集体成本法也有平均分配和按工资比例分配两种。

（1）在分摊期内平均分配。在这里，我们不考虑精算起点为从承诺给付之时的情况，只讨论精算起点为养老保险计划建立的时刻，那么在集体成本法下未来的总成本就是养老保险计划中所有参保人未来给付的精算总现值，这些参保人既有在职的，也有已经退休的。此时，如果将未来给付的精算现值平均分配到未来缴费期内，就形成了年成本。

我们先从养老保险计划的成本开始分析，假定 $l_{x,t}$ 表示精算起点设定时刻即养老保险计划建立初年开始的第 t 年时 x 岁的参保人的数量，当 $t=1$ 时，$l_{x,t}$ 简写为 l_x。同时假定 u 为该年养老保险计划中参保人的最小年龄，d 为最大年龄，r 为退休年龄。养老保计划建立初年的年正常成本记为 $(NC)_1$，因为是平均分配，所有每年的年正常成本都相等。这样，每年的年正常成本就构成了一个定额年金，用 $\ddot{a}$ 表示该年金系数，于是总成本 $(TNC)_1$ 可以表示为：

$$(TNC)_1 = (NC)_1 \cdot \ddot{a}$$

这里的 $(NC)_1$ 与个体成本法下的正常成本有所区别，个体成本法下的年正常成本是对单个参保人计算的，而这里的年正常成本是对养老保险计划中所有参保人计算的。

$\ddot{a}$ 称为平均年金系数，表示每年 1 单位元支付的固定年金，平均年金系数 $\ddot{a}$ 乘以在职参保人的总人数 $\sum_{x=u}^{r-1} l_x$ 即可看成是养老保险计划内所有人每年支付 1 单位元的总成本。如果假定在职的同年龄参保人的工资水平都是相同的，则养老保险的成本也可以看成是一个定期生存年金，对于 x 岁的参保人来说，该年金的年金系数为 $\ddot{a}_{x:\overline{r-x|}}$（$r$ 为退休年龄），用年金系数 $\ddot{a}_{x:\overline{r-x|}}$ 乘以 x 岁人的总人数 l_x 即得所有 x 岁参保人的 1 单位元定期生存年金的总成本 $l_x \cdot \ddot{a}_{x:\overline{r-x|}}$，这样在养老保险计划中所有参保人的总成本就可以表示为 $\sum_{x=u}^{r-1} l_x \cdot \ddot{a}_{x:\overline{r-x|}}$，从而可得：

$$\ddot{a} \cdot \sum_{x=u}^{r-1} l_x = \sum_{x=u}^{r-1} l_x \cdot \ddot{a}_{x:\overline{r-x|}}$$

化简即得年金系数 $\ddot{a}$ 为：

$$\ddot{a} = \frac{\sum_{x=u}^{r-1} l_x \cdot \ddot{a}_{x:\overline{r-x|}}}{\sum_{x=u}^{r-1} l_x}$$

下面我们再分析养老金权益，即养老金未来给付的精算现值。假定 $(APV)_x^1$ 表示 x 岁参保人未来给付的精算现值，同样 l_x 表示该年 x 岁参保人数量，$(APV)_x^1$ 乘以 l_x 就表示所有 x 岁参保人未来给付的精算现值，即为 $l_x \cdot (APV)_x^1$。当 $x = u$ 时，$l_u \cdot (APV)_u^1$ 就是刚加入养老保险计划时所有 u 岁参保人未来给付的精算现值，将所有年龄参保人的未来给付的精算现值求和即得养老保险建立初年的总精算现值 $(TAPV)_1$：

$$(TAPV)_1 = \sum_{x=u}^{d} l_x \cdot (APV)_x^1$$

由精算平衡条件可得：

$$(TNC)_1 = (NC)_1 \cdot \ddot{a} = (TAPV)_1 = \sum_{x=u}^{d} l_x \cdot (APV)_x^1$$

化简即得年成本 $(NC)_1$ 为：

$$(NC)_1 = \frac{(TAPV)_1}{\ddot{a}} = \frac{\sum_{x=u}^{d} l_x \cdot (APV)_x^1}{\ddot{a}} = \frac{\sum_{x=u}^{d} l_x \cdot (APV)_x^1}{\sum_{x=u}^{r-1} l_x \cdot \ddot{a}_{x:\overline{r-x|}} / \sum_{x=u}^{r-1} l_x}$$

需要说明的是，以上公式是在平均分配的方式下推导出来的，而且假定养老保险计划建立初年没有资产积累，如果在养老保险计划建立初年就有一定的资产积累，则需要在未来给付精算现值中减去积累的资产。

建立养老保险第二年后，由于第一年的缴费形成了一定的资产积累，年成本为所有未来给付精算现值总和减去积累资产，然后再除以未来所有参保人从当前年龄到退休前每年1单位元的生存年金系数。假定 A_{t-1} 表示前 $t-1$ 年的缴费形成的资产积累，则第 t 年的年正常成本 $(NC)_t$ 为：

$$(NC)_t = \frac{\sum_{x=u}^{d} l_{x,t} \cdot (APV)_x^t - A_{t-1}}{\sum_{x=u}^{r-1} l_{x,t} \cdot \ddot{a}_{x:\overline{r-x|}} / \sum_{x=u}^{r-1} l_{x,t}}$$

（2）按工资的比例分配。同前面的讨论一样，假定 l_x 为 x 岁参保人的数量，$(APV)_x$ 为 x 岁参保人的未来给付精算现值，统计从 u 岁开始加入养老保险到 d 岁死亡的所有参保人的未来给付精算现值，即可得到总的未来给付精算现值 $(TAPV)_1$ 为：

$$(TAPV)_1 = \sum_{x=u}^{d} l_x \cdot (APV)_x$$

由于是按工资的比例进行分配，因此假定 J 为总的年成本占总工资的比例。同样地，假定 x 岁参保人的工资水平为 $S(x)$，工资增长率为 j，则可知 x 岁参保人的全部工资总和为 $\sum_{x=u}^{r-1} l_x \cdot S(x)$，从而可知年成本 $(TNC)_1$ 为：

$$(TNC)_1 = J \cdot \sum_{x=u}^{r-1} l_x \cdot S(x) = J \cdot S(u) \cdot \sum_{x=u}^{r-1} l_x \cdot (1+j)^{x-u}$$

与平均分配时的情况不同，由于工资是逐年增长的，所以参保人未来的工资构成了一个递增的定期生存年金，用 $\ddot{a}_{x:\overline{r-x|}i^g}$ 来表示该递增生存年金系数，即每年收付1单位元的定期生存年金，此时 i^* 满足 $(1+i^*) = (1+j) \cdot (1+i)$。

同平均分配时的分析一样，我们可以得出：

$$\sum_{x=u}^{d} l_x \cdot S(x) \cdot \ddot{a}_{x:\overline{r-x|}} = \ddot{a} \cdot \sum_{x=u}^{d} l_x \cdot S(x)$$

其中，$\ddot{a}$ 为平均年金系数，由上式化简即得：

$$\ddot{a} = \frac{\sum_{x=u}^{d} l_x \cdot S(x) \cdot \ddot{a}_{x:\overline{r-x}|}}{\sum_{x=u}^{d} l_x \cdot S(x)}$$

又根据精算平衡条件：

$$(TNC)_1 \ddot{a} = J \cdot \sum_{x=u}^{d} l_x \cdot S(x) \cdot \ddot{a}_{x:\overline{r-x}|} = (TAPV)_1 = \sum_{x=u}^{d} l_x \cdot (APV)_x$$

化简即得年成本与比例 J 分别为：

$$(TNC)_1 = \frac{\sum_{x=u}^{d} l_x \cdot (APV)_x}{\ddot{a}}$$

$$J = \frac{\sum_{x=u}^{d} l_x \cdot (APV)_x}{\sum_{x=u}^{d} l_x \cdot S(x) \cdot \ddot{a}_{x:\overline{r-x}|}}$$

案例分析

考虑一种简单的缴费确定型养老保险计划，该养老保险计划通过建立个人账户，将职工按比例缴纳的保费在个人账户中积累，不考虑该累积资金的投资回报，不考虑除死亡外的其他减因，当参保人达到法定退休年龄时再将其退休前累积的缴费额通过年金的形式分摊到职工退休后剩余的生命时间中。

假定某城镇职工于 2000 年开始参加社会养老保险计划，其年龄为 25 岁，当年的工资水平为每年 10 000 元，其工资年增长率假定为 5%，该养老保险计划中个人账户的缴费率是工资水平的 8%，利率固定为 5%，法定退休年龄为 60 岁，根据表 1 所列的部分全国城镇从业人口生命表（1989—1990 年），完成如下两个任务：

（1）测算该职工未来缴费在参加养老保险计划时的现值；

（2）如果假定城镇职工的平均寿命是 80 岁，且该职工能存活到平均寿命，退休金增长率设定为 3%，在个人账户精算平衡下估算该职工刚退休时所能领取的养老金水平。

表 1　　全国城镇从业人口生命表（男女混合表）（1989—1990 年）

x	l_x	q_x	d_x	L_x	T_x	e_x
25	980 599	0.001 599	1 568	979 816	45 393 442	46.292
26	979 032	0.001 541	1 509	978 277	44 413 626	45.365

续表

x	l_x	q_x	d_x	L_x	T_x	e_x
27	977 523	0.001 562	1 527	976 760	43 435 348	44.434
28	975 996	0.001 461	1 426	975 283	42 458 589	43.503
29	974 570	0.008 030	7 825	970 657	41 483 306	42.566
30	966 745	0.001 661	1 606	965 942	40 512 648	41.906
31	965 139	0.001 795	1 733	964 272	39 546 707	40.975
32	963 406	0.001 877	1 808	962 502	38 582 435	40.048
33	961 598	0.001 865	1 794	960 701	37 619 933	39.122
34	959 804	0.001 966	1 887	958 861	36 659 232	38.194
35	957 918	0.002 190	2 098	956 869	35 700 371	37.269
36	955 820	0.002 206	2 109	954 765	34 743 502	36.349
37	953 711	0.002 448	2 335	952 544	33 788 737	35.429
38	951 376	0.002 461	2 341	950 206	32 836 193	34.514
39	949 035	0.002 739	2 600	947 735	31 885 988	33.598
40	946 435	0.003 078	2 914	944 979	30 938 253	32.689
41	943 522	0.003 266	3 082	941 981	29 993 274	31.789
42	940 440	0.003 546	3 335	938 773	29 051 293	30.891
43	937 105	0.003 722	3 488	935 361	28 112 520	29.999
44	933 617	0.004 276	3 992	931 621	27 177 159	29.110
45	929 625	0.004 721	4 389	927 431	26 245 538	28.232
46	925 236	0.004 967	4 596	922 938	25 318 107	27.364
47	920 640	0.005 582	5 139	918 071	24 395 169	26.498
48	915 501	0.006 101	5 586	912 708	23 477 098	25.644
49	909 916	0.007 010	6 378	906 726	22 564 390	24.798
50	903 537	0.005 364	4 846	901 114	21 657 664	23.970
51	898 691	0.004 828	4 339	896 522	20 756 549	23.096
52	894 352	0.005 006	4 477	892 113	19 860 028	22.206
53	889 875	0.005 803	5 164	887 293	18 967 914	21.315
54	884 711	0.006 476	5 729	881 846	18 080 622	20.437

续表

x	l_x	q_x	d_x	L_x	T_x	e_x
55	878 981	0.007 300	6 416	875 773	17 198 776	19.567
56	872 565	0.008 255	7 203	868 963	16 323 002	18.707
57	865 362	0.008 962	7 755	861 484	15 454 039	17.858
58	857 606	0.010 387	8 908	853 152	14 592 555	17.015
59	848 698	0.013 021	11 051	843 173	13 739 403	16.189
60	837 647	0.014 173	11 872	831 711	12 896 230	15.396

首先分析第（1）个任务。由前面给出的精算模型易知，缴费率 $J=8\%$，参加养老保险计划时的工资水平 $S(25)=10\,000$，折现率 $v=1/1.05$，工资增长率 $j=5\%$，根据给定的部分生命表数据可以计算出职工在 25 岁以后的存活概率 $_ip_{25}$（$i=0,1,\cdots,34$），于是可得该职工未来缴费在参加养老保险时的期望现值为 $J\cdot S(25)\sum_{i=0}^{34} {_ip_{25}}\cdot[(1+j)\cdot v]^i$，代入数据计算可得 26 570.4 元。

然后分析第（2）个任务。退休金增长率 $m=3\%$，假定刚退休时所领取的养老金水平为 R，在个人账户精算模型下由于假定职工可以存活到平均寿命，因此其个人账户的收入模型不再是一个生存年金，而变为一个定期年金，容易知道其退休前的缴费总额在参保时的现值为：

$$J\cdot S(25)\sum_{i=0}^{34}[(1+j)\cdot v]^i = 8\%\times 10\,000\times \sum_{i=0}^{34}\left[(1+0.04)\times\frac{1}{1.05}\right]^i$$

$$= 515\,568(\text{元})$$

同时，该职工其个人账户的给付模型也为一个定期年金，其退休后养老金给付在参保时的现值为：

$$v^{35}\cdot R\cdot\sum_{i=0}^{20}[(1+m)\cdot v]^i = \frac{1}{1.05^{35}}\times R\times \sum_{i=0}^{20}\left[(1+0.03)\times\frac{1}{1.05}\right]^i$$

$$= 29.55R$$

最后，由精算平衡公式可得刚退休时能领取到的养老金水平为 $\frac{515\,568}{29.55}$，即为 17 447.3（元）。

深度阅读

1. 王晓军. 企业养老金计划精算模型［J］. 统计研究，1996（2）.

2. 王晓军. 中国养老金制度及其精算评价［M］. 北京：经济科学出版社，2000.

3. 王晓军. 广东省养老保险制度改革精算报告［M］. 北京：经济科学出版社，2006.

4. Winklevoss H E. Pension mathematics with numerical illustrations［M］. University of Pennsylvania Press，1993.

5. Anderson A W. Pension mathematics for actuaries［M］. ACTEX Publications，2006.

6. Milevsky M A. The calculus of retirement income financial models for pension annuities and life insurance［M］. Cambridge University Press，2006.

本章小结

本章共分两节，第一节介绍了社会养老保险精算的理论基础，包括利息理论、年金、生命表。其中，利息理论部分介绍了累积函数、利率（包括实际利率与名义利率）、贴现率（包括实际贴现率与名义贴现率）、折现因子及利息力等基本概念，分析了实际利率与名义利率、实际贴现率与名义贴现率、利息力与累积函数之间的相互关系；年金部分介绍了定额年金、等差递增及等比递增的变额年金、永续年金等年金类型，给出了这些类型年金的现值与终值的计算方法及公式；生命表理论部分主要介绍了常见的生命表函数、生命表的编制方法及非整数年龄存活函数的估计。

第二节首先介绍了多减因概率、工资函数、替代率、缴费率、养老金权益、成本与精算债务等基本概念及假设，然后系统介绍了两种常见的社会养老保险精算模型，即缴费确定型养老保险精算模型与待遇确定型养老保险精算模型。其中，缴费确定型养老保险精算模型中介绍了个人账户的收入模型与给付模型，而给付模型又分为同代人平衡模型和自我平衡模型；待遇确定型养老保险精算模型中介绍了给付分配精算成本法与成本分配精算成本法，在成本分配精算成本法下，又介绍了个体成本法与集体成本法，并就两种分配方式——平均分配与按工资比例分配进行了讨论。

社会保险精算包括社会养老保险精算、社会医疗保险精算、失业保险精算、工伤保险精算以及生育保险精算，本章重点介绍了社会养老保险的精算原理、方法及模型，如果对其他社会保险精算原理与方法有兴趣，可以参考相关书籍。

重要概念

利率　贴现率　现值　终值　年金　生命表　生存年金　多减因概率　替代率　缴费率　正常成本养老金权益　缴费确定型养老保险　待遇确定型养老保险

复习思考题

1. 试述 i、$i^{(m)}$、d、$d^{(m)}$、δ 所表示的意义及它们相互之间的关系，并当 $m>1$ 时按大小顺序对它们进行排序。

2. 生命表中包括哪些函数？如何编制生命表？

3. 缴费确定型养老保险与待遇确定型养老保险的制度区别是什么？

4. 缴费确定型养老保险精算模型的原理是什么？同代人平衡模型与自我平衡模型的区别在哪里？

5. 试述成本分配精算成本法与给付分配精算成本法的区别。

6. 试述个体成本法与集体成本法的原理。

第五章
社会保险基金与社会保险预算

第一节 社会保险基金①

一、社会保险基金的来源

社会保险基金是指社会保险税（费）征收机构依据相关法律法规，通过各种方式征集的、用于社会保险事业开支的专项基金，它是劳动者所创造的价值的一部分。一般来说，社会保险基金主要来源于政府、企事业单位和劳动者个人。由于一国的社会保险制度实际上是围绕着社会保险基金的筹集、投资运营和给付全过程而设计和制定的，如果在社会保险制度运行的过程中，不能依法及时足额地征集社会保险基金，合理有效地使用社会保险基金，社会保险制度就无从实施，社会保险制度对社会经济发展的保障和促进作用就难以实现。

国家在社会保险基金中所承担的那部分基金，是社会保障的投入之一，也是重要的投入。这种投入在实践中的表现形式是多种多样的：国家财政预算直接投入一定量的资金作为社会保险基金的来源；国家建立社会保险事业单位，并给予经费和人力、物力方面的支持；国家给予社会保险事业经营者税收优惠政策；国家对企事业单位和劳动者个人缴纳的社会保险税（费）给予税收免征或减征的待遇；国家对社会保险基金的运用给予充分的自由权和自主权，社会保险基金能够在国家宽松的宏观政策影响下实现保值增值；国家作为"最后出场人"对社会保险基金债务缺口进行担保等。当然最常见的形式还是国家从财政预算中划出一定量的资金充作社会保险基金。国家投入的这部分资金是

---

① 本章所探讨的主题只局限在社会保险的基本保障部分，未包括企事业单位的补充保险和个人储蓄性保险。因此，本章所指的社会保险基金的要点也只适用于社会保险各险种的基本保险部分。

从财政收入中支取的，确切地讲是来自国家的税收。

所以，国家投到社会保险基金中去的那部分资金，实际上是国家凭借其权力参与国民收入分配和再分配的结果，它真正的来源是社会总产品中的 v（可变资本）和 m（剩余价值）部分。然而，问题的难度并不在这里，而是在于国家支付的这部分资金，是物质生产部门的 v 和 m，还是非物质生产部门的 v 和 m？无论是从理论上分析，还是从实践上考察，国家支付的这部分资金如果从形式上看，既有物质生产部门的 v 和 m，又有非物质生产部门的 v 和 m。这就是说，国家在筹集社会保险基金时并没有去区分它究竟来源于物质生产部门还是非物质生产部门，只是在社会保险基金筹集的过程中承担既定份额的责任。在实际操作中，国家承担的物质生产部门的社会保险基金来自物质生产部门缴纳的税款，国家承担的非物质生产部门的社会保险基金来自非物质生产部门缴纳的税款。

企事业单位承担的那部分社会保险基金，即企事业单位为劳动者缴纳的社会保险税（费）是构成社会保险基金的重要组成部分，而且还占有相当大的比重。物质生产部门的企业所缴纳的社会保险税（费）大部分来自 m，m 越大，企业承担义务的履约能力就越强。非物质生产部门由于不直接创造物质财富，因此，非物质生产部门的单位所缴纳的社会保险税（费）完全来自 m。

个人承担的那部分社会保险基金，显然来源于 v。

二、社会保险基金的筹资模式

在社会保险基金的管理运行过程中，始终贯彻的基本原则是基金"收支平衡"。对于收支平衡原则，我们可以从不同的角度来理解，一种是横向平衡，即保持当年费用总和收支相抵；另一种是纵向平衡，即对某些保险项目，特别是养老保险，要求参保人在投保期间提取的资金总和与其在享受该项保险待遇期间所需支付的费用总和保持平衡。对社会保险基金平衡原则的不同理解以及各国历史背景和文化传统的不同，可以将社会保险基金筹资模式分为现收现付制（pay-as-you-go）、完全积累制（fully fund）和部分积累制（partly fund）。

（一）现收现付制社会保险筹资模式

现收现付制是一种以近期横向收支平衡为指导原则的社会保险基金筹资方式，由社会保险管理机构按所需支付的待遇总额进行社会筹资，一般由用人单位和劳动者个人（或全部由雇主）按工资总额的一定比例缴纳社会保险税（费）。这种筹资模式要求先作出当年或近几年内某项社会保险制度所需支付的费用预算,然后,按照一定比例分摊到参加社会保险的用人单位与个人,当年提取当年支付。社会保险金额的预测一般是根据上年度开支总额再由本期的增加额和减少额进行调整确定。这种模式一般以支定收,不做积累。实际上,许多采取这种模式的国家都会保有一定结余。例如,美国社会保障制度(Old Age,Survivors and Disability Insurance,OASDI)将"以支定收、略有结余"作为目标,从1940年开始发放养老金,到2030年左右都不会出现大的财政困难。美国社会保障制度的内部收益率 i 是总的OASDI税收的现值与人们获得的受益现值相等时的收益率,公式如下:

$$O = \sum_{年龄=0}^{年龄=最大年龄} \frac{受益年龄 - 税收年龄}{(1+i)}$$

现收现付制社会保险筹资模式的主要特点:第一,可以依靠需求变动及时调整缴税(费)额度或征税(费)比例,保持收支平衡;第二,政策取向是实现相对公平,强调社会保险制度的代际收入再分配功能和代内收入再分配功能,互济性较强;第三,无须过多的个人资料,操作比较简便,管理成本相对较低;第四,以支定收,注重当期平衡,可以有效地避免通货膨胀造成的货币贬值风险及在长期发展过程中可能出现的经济和政治风险;第五,受人口年龄结构的影响较大,每年筹集的资金和支付的社会保险费用会随着人口老龄化及有资格享受社会保险金的人数不断增长而相应增加,因此抵抗人口老龄化冲击的能力较弱。

(二)完全积累制社会保险筹资模式

完全积累制是以远期纵向平衡为原则的社会保险筹资方式,其实质是个体一生中的跨时性收入再分配制度。这种社会保险筹资模式一般要求劳动者从参加工作开始,按工资总额的一定比例由用人单位和劳动者个人或只有一方定期缴纳社会保险税(费),记入劳动者个人账户,作为长期储蓄积累及保值增值的基金,所有权归个人,参保职工达到规定领取条件时可以一次性领取或按月领取。完全积累制要求对未来较长时期的社会经济发展状况和个人资料进行宏观分析,预计社会保险对象在保险期内所需享受的保险待遇总量,将其按一定比例分摊到保险对象的整个参保期间。

正如图5-1"莫迪利亚尼生命周期"理论所描述个人储蓄的驼峰形分布那样,完全积累制的功能之一便是相对抑制收入高峰期的"多余"消费量,形成"强制性储蓄",将其转移到年老退休时消费。

这种社会保险筹资模式的特点:第一,由于该财务制度由个人缴纳社会保险税

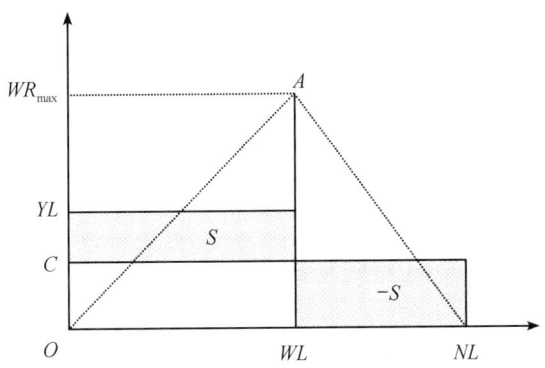

图 5-1　个人储蓄的驼峰形分布

说明：WR 代表财产收入，YL 代表劳动收入，C 代表消费，WL 为工作期，NL 为生命期。生命期总消费为 $C \cdot NL$，工作期总储蓄为 $(YL-C) \cdot WL$，退休期总反储蓄为 $C \cdot (NL-WL)$。OA 线表示从参加工作开始到退休为止，储蓄在这一段时间一直在递增，到工作期最后一年总储蓄达到最大。ANL 线表示从退休期开始，储蓄逐渐减少，到生命结束时总储蓄为零。正如莫迪利亚尼所说，生命周期理论的基本含义为：退休后的储蓄应是负数，因而资产以相当恒定的速度下降，到死亡时降到零。个人生命期总储蓄的最大值为：$WR_{max}=(YL-C) \cdot WL=C \cdot (NL-WL)$。①

（费），且资金记入个人账户，个人未来收益与参保期间的缴税（费）具有正向关联，因而具有较强的激励效应；第二，透明度较高，基金提取的比例相对稳定，充分体现基金的储备功能；第三，制度建立初期税（费）率较高，筹资见效快，长期内税（费）率相对稳定，受人口年龄结构的影响比较小；第四，积累的预筹资金可进入资本市场进行投资运营，以便保值增值，同时可为经济增长积累资金，促进资本形成，既为经济发展做贡献，又能使制度本身分享经济增长的成果。另外，完全积累制社会保险筹资模式也存在一些弊病，比如，该模式无代际和代内收入再分配功能，不能使财富发生转移，不利于缓和贫富差距，因而远离了建立社会保险制度的初衷；再者，由于完全积累制实行个人账户制度，要求获得大量的私人信息，管理成本较高。特别值得注意的是，由于个人账户上社会保险基金的积累是一个长达几十年的过程，其最重要的保值增值功能将面临许多不确定性风险。

（三）部分积累制社会保险筹资模式

部分积累制是对现收现付制与完全积累制的整合，是一种兼容近期横向平衡原则和远期纵向平衡原则的社会保险筹资模式。由于部分积累制是对上述两种社会保险筹资模

---

① 邓大松.中国社会保障若干重大问题研究[M].海南:海天出版社,2001.

式的综合和创新，或是在维持现收现付制的基础上引进个人账户制的形式，或是通过延长基金精算平衡周期而保持一定的基金积累，这种模式既保持了社会保险的统筹互济功能，又具备个人账户的激励和监督机制，因而在集中了现收现付制和完全基金积累制优点的同时，避免了两者的弱点和可能出现的问题。

三、社会保险基金的负担方式与比例

社会保险基金的负担方式是指社会保险基金的来源渠道，即社会保险基金由谁承担的问题。从总体上讲，社会保险基金是由国家、企事业单位和个人三方负担，以社会保险税（费）的形式征集。具体到各个国家和不同险种，社会保险基金的负担方式存在差别，这实际上反映了各个国家不同的社会保障理念和不同险种的设立原则。从目前世界各国的实践来看，社会保险基金主要有以下七种负担方式。

（一）被保险人全部负担

被保险人全部负担的方式的目的是增强被保险人的责任感，适当减轻政府和企事业单位的经济负担。值得注意的是，采取这种方式的国家并非对所有的社会保险险种均采取由被保险人全部负担的方式，只是局限于某些险种，如养老保险以被保险人全部负担的方式实施。但全部由被保险人负担社会保险基金的措施也有其不完善的地方，表现在被保险人的收入参差不齐，如国家不予支持，低收入劳动者可能因缴税（费）困难而陷入困境。目前世界上只有像智利这类实行社会保险私有化的少数国家采取社会保险基金全由被保险人负担的方式。

（二）企事业单位全部负担

在国家社会、经济、政治、政策不变的前提下，企事业单位的发展策略以及资源的优化组合等是导致社会保险风险事故发生的重要原因。因此，由企事业单位负担全部保险税（费）既有客观依据又有积极意义：首先它有利于加强企事业单位安全生产的观念，促使企业采取积极的安全措施，减少灾害事故发生；其次有利于减轻企事业单位职工的经济负担，稳定人心，保障职工及其家属的生活安定；最后，还有利于减轻国家的财政负担。由于企事业单位负担全部保险税（费）主要体现了企事业单位的保障责任，因此目前主要是一些具有雇主责任性质的社会保险险种由企事业单位全部负担社会保险税（费），如工伤保险和失业保险。法国、意大利等国的工伤保险，以色列的失业保险的基金就是全部由企事业单位负担。

(三) 政府全部负担

从世界范围来考察，某些国家采取部分险种的社会保险基金全部由政府负担的方式，目的是扶持某些险种的发展和更好地加强政府对社会保险的宏观控制，如英国、德国及新加坡等国的某些险种均采取了这种方式。政府全部负担保险基金的前提条件是国家有较为宽裕的财政资金，否则国家难以负担。

(四) 被保险人与企事业单位共同负担

这种方式由来已久，早在德国创设社会保险时，其疾病保险费就规定由被保险人和企事业单位负担。至今绝大多数国家的疾病保险均采取这种负担方式。法国、新加坡等国的养老、残障和遗属保险，挪威、阿根廷等国的生育保险以及瑞典、法国的失业保险，其保险金均由被保险人和企事业单位共同负担。采取由被保险人和企事业单位共同负担的方式有许多优越之处，可以加强企业内部的风险管理，避免风险事故的发生，同时有利于企业劳动力资源的合理流动与配置，为企业的劳动力组合营造良好的内部环境，有利于企业自身的经济发展。

(五) 被保险人和政府共同负担

这种方式的显著特点是企事业单位不负担保险支出，绝大部分由政府支付，被保险人只负担少量的保险基金。这既减轻了企事业单位的经济负担，有利于企事业单位自身发展和资金积累，同时也有助于政府推行社会保险政策，对企事业单位的发展极为有利。澳大利亚、瑞士和法国等国的疾病生育保险，阿根廷的养老、残障和遗属保险均采取由被保险人和政府共同负担的方式。

(六) 企事业单位和政府共同负担

这种方式的特点在于被保险人不承担缴纳保险税（费）的义务，是政府和企事业单位为减轻被保险人的经济负担，扩大社会保险覆盖范围而采取的一种方式。瑞典等斯堪的纳维亚国家以及计划经济时期的苏联和中国等国家均采用这种负担方式，其最鲜明的特点是强调政府对社会保障制度应尽的责任，公民对福利的享有是其应有的权利。福利支出绝大多数由政府和企事业单位承担，而且政府在其中起着主导性作用，承担着巨大的财政责任。之所以采取这种模式，与这些国家的政治理念和文化传统有密切关系，即强调社会保障是每个公民应当享有的权利，坚持公平均等原则，在社会保障层面上注重打破等级结构的不平等，强调政府全面承担社会保险责任。

（七）被保险人、企事业单位和政府三方共同负担

社会保险基金由被保险人、企事业单位和政府三方负担是较多国家采取的一种方式（尽管各国社会保险基金在三者之间的分担比例并不相同，不同险种也并不完全都由三方共同负担），这种方式的特点是承认被保险人、企事业单位和政府在社会保险中均应当承担相应的责任，体现了风险共担的原则。

由被保险人、企事业单位和政府共同承担社会保险费用方式的理论依据有三点。第一，国家作为社会的组织者，对于以依靠社会力量保证社会成员基本生活，稳定社会秩序的社会保险制度负有不可推卸的责任，在国家预算中应当拿出一部分资金保证公民生存和发展权利，并尽可能地帮助其分享经济发展和社会进步的成果。第二，企事业单位作为劳动力的使用者，有义务为劳动者提供一定数额的社会保险资金，使劳动者在工作期间因病因伤时享有医治和康复的权利，劳动者因年老丧失劳动能力时则能从企事业单位获得一部分生活资料。第三，在市场经济条件下，个人的非理性、外溢性等问题会导致市场失灵。比如，个人的非理性和短视行为可能使其低估个人养老、医疗的支出，而且一旦个人为养老、医疗等需要储备不足，最终还是要由国家和社会承担个人决策失误所产生的风险，这无疑对政府和社会都是一种额外的负担。因此，个人承担部分社会保险费用的规定，是一种责任信号，有利于培养个体的自我保障意识，增强其行为的理性程度，也可以较为有效地遏制盲目提高社会保险待遇水平的冲动，减少社会整体的风险和负担。

四、社会保险金给付模式

按照社会保险金给付的确定方式，可以分为待遇确定型（defined benefit，DB）模式和缴费确定型（defined contribution，DC）模式。

（一）待遇确定型与缴费确定型的含义

在社会保险制度的实施中，由社会保险事业管理机构依据特定计算公式，预先确定每位参保人的社会保险金待遇标准，向参保人提供社会保险金给付承诺，这就是待遇确定型。在待遇确定型社会保险制度中，受益人的社会保险金待遇水平取决于参保年限、缴费基数、退休前工资水平、社会平均工资等因素。

社会保险事业管理机构按照一定的精算公式确定每位参保人的缴费水平（通常是统一的缴费率），并为每位参保人设立个人账户，其缴费积累于个人账户之中，按照个人

账户上缴费积累和基金投资回报额向参保人员计发社会保险金待遇,这就是缴费确定型。在缴费确定型社会保险制度中,参保人员得到的社会保险金待遇取决于他们个人账户上的基金积累水平。

从图5-2来看,待遇确定型的精算公式是从右向左计算,即先确定待遇标准,然后再计算满足承诺的待遇标准所需要的缴税(费)率水平;而缴费确定型的精算公式的计算顺序是相反的。

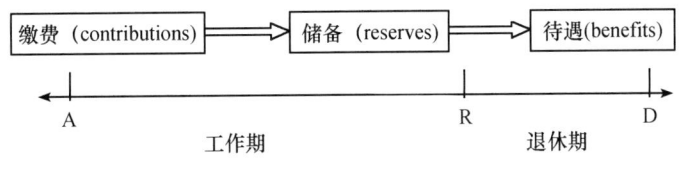

图5-2 社会保险制度的资金流

资料来源:邓大松,刘昌平.中国企业年金制度研究[M].北京:人民出版社,2004:38.

目前,我国城镇职工基本养老保险制度采用社会统筹与个人账户相结合的方式,其中,社会统筹部分是建立在代际转移基础上的待遇确定型,个人账户则是一种缴费确定型。

(二)待遇确定型模式与缴费确定型模式的比较

在缴费确定型中,社会保险事业管理机构不承担社会保险基金的任何金融风险,社会保险金受益由基金积累额和投资收益决定,唯一的治理问题是缴税(费)和受益的及时支付、基金资产的管理(包括绩效测算和评估)、基金监管,以及向企业和参保职工披露相关信息。在待遇确定型中,作为政府代表的社会保险事业管理机构承担各种形式的金融风险,提供最低投资收益率担保,或者保证给付一定比例的工资替代率。

从风险分担的角度来看,待遇确定型与缴费确定型在积累期的差异和受益风险是完全不同的,缴费确定型更注重制度设计引起的成本效率问题,社会保险事业管理机构承担社会保险基金的所有风险;而待遇确定型更注重精算方法和精算成本,社会保险事业管理机构为预定的社会保险金待遇水平提供担保。从缴税(费)激励的角度来看,待遇确定型的给付与职工退休前的缴税(费)没有直接关联,职工有不缴税(费)或"搭便车"的动机;而缴费确定型的给付水平取决于职工退休前的缴税(费)积累和投资收益积累水平,职工有很高的积极性(动机)为自己的个人账户缴税(费)。

五、社会保险金待遇给付的条件与方式

(一) 社会保险金待遇给付条件

社会保险金待遇的支付并不是简单地将社会保险基金平均分配给社会成员,而是只有满足了法定的资格条件,才能享受社会保险金待遇。具体资格条件在不同国家和不同保险项目上有所差别,同一项目保险待遇的获得有时需要同时满足几个条件。

对于国家基本保障项目,一般需要具备国籍、年龄、居住年限等条件,实行全民津贴的国家只有居住年限条件或本国公民资格条件。以工资收入者为对象的社会保险项目,还需要考虑工作年限、参保年限、缴纳社会保险税(费)额和就业状况等。比如,参保人要全额领取养老金,通常必须满足两个方面的资格条件:一是达到法定退休年龄;二是满足领取养老金所需的缴税(费)年限或工作年限。例如,有些国家则根据实际退休年龄与法定退休年龄的差距而相应减少或增加养老金待遇;参保人领取失业保险金,通常必须是失业了,并到社会保险事业管理机构登记,且没有无正当理由两次不接受职业介绍机构介绍工作的记录。

(二) 社会保险金给付方式

1. 固定金额给付方式

固定金额给付方式是最普遍的形式,它是既适合无劳动能力的社会成员,又适合有劳动能力的社会成员的保险项目,如城乡困难户救济、生育津贴、保健津贴、医疗补助、价格补贴等。按照固定的金额进行社会保险项目给付,其给付不与收入挂钩。

2. 统一比例给付方式

统一比例(flat-rate)给付方式适用于享受社会保险待遇前有劳动收入的社会成员,项目包括养老、失业等。采用这种方式时,国家根据经济发展状况和不同的保险项目,确定各个保险项目的保险金支付的比率,然后根据享受社会保险待遇前的收入情况或社会平均工资,计算出具体的保险金支付水平。其计算公式为:

$$y = R \cdot X$$

式中 y——社会保险金;

R——支付率;

X——享受社会保险待遇前的收入水平或社会平均工资。

从公式可以看出,享受社会保险待遇水平的高低,与其在此之前的货币收入高低直

接相关，且呈线性函数关系。

3. 保证基本生活的定律

在实践中，大多数国家发现收入水平与社会保险金是同等比率变化的，由此，这种方式使社会保险金难以保证低收入者丧失劳动能力后的基本生活。所以，有的国家对于不同收入水平的社会保险对象，先确定一个保证基本生活的社会保险金水平，对高于基本生活水平的部分，再按一定的支付比率计算保险津贴。其计算公式如下：

$$y = P + R \cdot (X - P)$$

当 $X \leq P$ 时，$R = 0$。

式中　y——社会保险金；

　　　X——享受社会保险待遇前的收入水平；

　　　R——支付率；

　　　P——保证基本生活的收入水平。

印度政府实行企业、个人共同负担的原则，规定雇主按月工资额的5.6%缴纳社会保险税（费），雇员按月工资额的3.8%缴纳社会保险税（费）。韩国设立了社会保险捐赠，用以支持国家的养老金计划。韩国规定，凡雇用10人以上的组织（企业或者行政单位）必须参加养老金计划，临时受雇用超过3个月的个人也必须参加，征收办法是月底按受雇者总收入的一定百分比征收，分别由雇主和雇员缴纳。埃及的社会保险税（养老、残障和遗属保险）为雇主和雇员工资总额的30%，以每月550埃镑为限，雇员负担13%，而雇主负担17%。阿根廷对于雇主和雇员缴纳的社会保险基金分别规定，雇主向国家保险基金上缴雇员收入所得的16%，向家庭津贴保险基金缴纳7.5%；雇员需缴纳的有占工资总额11%的养老基金和占3%的医疗保险基金。

六、社会保险金待遇确定的因素

社会保险金给付水平决定着社会保险对象的生活水平，确定合理的社会保险金待遇支付水平，不仅关系能否保证在经济发展的基础上逐步提高社会成员的生活水平，而且关系社会经济的快速、健康、稳定发展。实践表明，要确定合理的社会保险金待遇支付水平，必须同时注意解决以下三个问题。

第一，保障劳动者及社会成员的基本生活需要。社会保险基金的功能是保证劳动者及社会成员的基本生活需要，在国家财力一定的情况下，过高的社会保险待遇支付水平势必因社会保险金支出的增加而减少积累，影响社会经济发展，并且容易滋生懒惰思想，扭曲劳动力市场运行机制。因此，社会保险基金的性质和功能，决定了在确定社会保险待遇支付水平时，要以保证社会成员的基本生活需要为基准，根据社会经济发展的实际情况，制定合理的支付水平。

第二，随物价上涨调整待遇水平。社会保险是对失去生活来源的劳动者提供一定的物质补偿，这种物质补偿是通过支付生活津贴来体现的。在发生通货膨胀期间，社会保险待遇支付的替代率通常会大幅度下降，实际受益价值甚至降到最低生活标准水平之下。因此，在制定社会保险待遇支付标准时，必须考虑物价因素，并随物价水平的变动而调整。

第三，能够分享经济增长的成果。一方面，劳动生产率的提高是世代延续的结果，在职职工工资的增加主要是扩大再生产、社会财富积累的结果，在职职工所创造的新的价值中依然有退休、失业等人员过去劳动成果的含量，作为现在生产过程中的成本投入参与扩大再生产，继续实现经济产出和价值增值；另一方面，随着社会经济的发展，整个社会的平均工资水平会相应上升，这必将牵动社会基本生活水准的提高。因此，为了保证劳动者及社会成员的社会保险待遇水平与社会基本生活水平相适应，必须建立社会保险待遇支付的指数化调整机制，使丧失经济来源的劳动者及社会成员有权分享经济增长的成果。

进一步分析，我们认为，社会保险基金的筹集与社会保险金待遇的支付在本质上是一致的。那么，既然社会保险税（费）的征缴是以工资收入作为基数，社会保险待遇支付与社会平均工资指数挂钩就能够实现社会保险基金运行基础的一元化。同时，在正常情况下，社会保险待遇支付与社会平均工资指数挂钩既包含了物价上升因素，又有经济增长的成分，从而有机地融社会公平、经济公平和效率于一体。相对于物价补贴、生活补助，社会保险待遇支付与社会平均工资指数挂钩显然更能体现权利与义务相统一的要求。更何况，社会保险待遇支付与社会平均工资指数挂钩在操作过程中透明度高，调整指数相对稳定，运作比较规范，能够使政府部门从一开始就作出力所能及的、可信的社会保险待遇支付的承诺，建立和巩固社会保险制度在社会经济发展中的重要地位。因此，要确定合理的社会保险待遇支付水平，必须遵循社会保险待遇支付与社会平均工资指数挂钩的原则。

第二节 社会保险预算

一、社会保险预算模式

目前,社会保险预算模式有四种类型:一是基金预算,美国等国家实行这种模式;二是政府公共预算,即社会保险收支同其他政府收支混在一起;三是"一揽子"社会保险预算,即将一般性税收收入安排的社会保险性支出和各项社会保险基金收支作为一个有机的整体,编制涵盖内容全面的社会保险预算;四是政府公共预算下的二级预算,即半独立性的预算。

(一)基金预算

例如,美国的社会保险事业的财务状况以基金的形式来反映,不包括在政府公共预算之内,社会保险是其最大的信托基金,包括养老保险、医疗保险、失业保险等项目。社会保险预算收入来源主要是社会保险税(费)、捐款和联邦基金的拨款,社会保险预算支出绝大部分用于社会保险给付与社会福利,一小部分用于管理费,并反映基金结余及其投资情况。

这种模式的优点:独立于国家预算之外,接受社会公众的监督,其运营均依法进行,透明度高,政府参与的程度小,有利于财政运行。其缺点:政府有可能失去对社会保险事业的控制,使其成为独立性很大的单纯的社会福利事业。

(二)政府公共预算

例如,英国、瑞典等福利国家将社会保险资金全部纳入预算内,同政府其他收支混为一体,国家全面担负起社会保险事业的财政责任。在这种情况下,并不存在名副其实的社会保险预算。

这种模式的优点:可以切实保障每一位公民的基本生活,体现了较高的福利水平;社会保险支出体现了政府的政策,政府能够控制社会保险事业的发展,直接参与其具体的管理工作。其缺点:政府参与过多,在"福利支出刚性"的影响下,易给财政造成较大的负担。

(三)"一揽子"社会保险预算

"一揽子"社会保险预算把来自社会保险基金的收支和来自政府公共预算安排的收

支合为一体，全面反映社会保险收支、结余、投资及调剂基金的使用情况。

这种模式的优点：能够全面反映社会保险基金收支情况和资金规模，体现了国家整体的社会保险水平；可以对社会保险的资金需求作出全面、统一的安排，有利于社会保险事业的协调发展，有利于减轻财政负担。其缺点：涉及部门利益的重新调整，实施难度很大，而且具体编制方法比较复杂。

（四）政府公共预算下的二级预算

政府公共预算下的二级预算是指在编制政府公共预算时，把社会保险收支单独划出来，编制一个子预算。

这种预算模式较政府公共预算模式的优点是：有了一定的独立性，能够相对完整地反映社会保险基金收支情况。其缺点是：由于没有完全独立，造成社会保险预算管理权限不明，未根本触动政府公共预算管理体制的弊端，使社会保险预算的编制流于形式。

从我国国情来看，我国宜采用"一揽子"社会保险预算模式，即社会保险预算涵盖政府行使社会职能、保证经济正常运行、维护社会稳定的所有行为的资金收支，包括政府一般税收安排的社会保险支出和各项社会保险基金收支。这种模式既能够克服各项基金管理混乱等问题，又能够克服社会保险基金预算不能全面反映社会保险收支状况的弊端，同时吸收了政府公共预算管理办法和社会保险基金预算管理办法的优点。

二、建立社会保险预算的意义

（一）建立社会保险预算是加强社会保险基金管理的客观要求

社会保险筹资方式法治化已成为世界性的潮流。社会保险筹资可以收费，也可以征税，总体上看征税优越于收费。因为税收具有强制性、固定性特征，能保证社会保险基金的稳定增长。不仅如此，社会保险基金中还有相当一部分直接来源于政府经常性预算的拨款，尤其是用于社会救助和社会福利的支出，主要依赖于财政。社会保险基金的性质客观上决定了其必须纳入社会保险预算管理。

（二）建立社会保险预算是健全社会保险制度的重要手段，它可使社会保险基金收支具有较强的稳定性

社会保险预算资金按国家、企事业单位和个人共同负担的原则筹集，既照顾了各方面的利益，又在一定程度上体现了现行统筹制的连续性和过渡性。同时，将现行的一些由财政负担的社会保险支出，从政府公共预算中划出，纳入社会保险预算支出。而社

保险预算一般不得发生赤字，一旦发生，应通过提高社会保险税（费）率、社会保险税（费）征收标准或加大政府支持力度或减少社会保险支出来解决，这便形成了特有的"收—支—平"循环机制。这既与整个财政预算有关，从根本上依赖于或取决于整个财政预算状况，又在一定程度和一定范围内独立于整个财政预算，对其起支持、补充作用，使社会保险基金收支能够保持相对稳定性。

（三）建立社会保险预算是规范政府收支，加强宏观调控能力的现实需要

多年来，我国的社会保险收支处于一种分散状态：一般性税收安排的社会保险支出分散在行政费和各项事业的有关科目中，没有作单独和明确的反映。社会保险基金的收支未纳入预算管理，不仅在一定程度上造成资金管理混乱，同时也不利于全面、准确地反映社会保险收支的总体情况，难以体现政府在社会保险方面的职能作用，不利于加强监督管理。而建立社会保险预算就可以改变这种不规范的状况。同时随着社会经济的迅速发展和社会保险体制改革的深化，社会保险基金收支流量会越来越大，且存在大量的结余，而这些结余资金都是国家可以依法调控的资金，从而增强国家财政的宏观调控能力。

（四）建立社会保险预算是当今世界大多数国家的主要选择

20世纪30年代美国开征社会保险税，第二次世界大战后许多国家为了建立和完善社会保险制度也纷纷开征此税，社会保险预算成为较广泛流行的一种制度。《世界政府财政年鉴（1990）》提供的118个国家的资料表明，至少有68%的国家采用了这种制度，包括除日本以外所有的发达国家和很大一部分发展中国家。

三、社会保险预算的主要内容

借鉴国际通行的做法，结合全国各地已开展的社会保险预算试点的情况，我国社会保险预算收支主要包括以下内容。

（一）主要收入项目

1. 社会保险税（费）收入

我国社会保险税（费）的纳税义务人应为各类行政事业单位和企业及所属的职工，以及外商投资企业、外商独资企业、个体工商户等。社会保险税（费）应以法人纳税义务人的工资支出总额或自然人纳税义务人的实际收入额为课税对象；税目的确定应与现行社会统筹范围和社会保险支出项目相衔接。社会保险税税基宽、涉及面广，宜由税务

部门或其他专管机构按属地原则统一征收，被保险人个人缴纳部分则可由企事业单位代扣代缴。

2. 财政性预算补助收入

从世界各国的情况看，社会保险支出主要依靠社会保险税（费）收入，而社会救助、社会福利支出的资金来源则由财政性预算拨付。由于市场机制下收入的不均衡，政府有必要利用税收手段调节部分人的过高收入，而且这种税收调节是全方位、立体式的，即在人们取得收入的阶段开征超额累进的个人所得税，在支配收入阶段征收高税率的消费支出税，在转移收入阶段征收带有无偿给付性质的遗产税和赠与税。社会保险作为一种收入再分配制度，应通过政府使健康者、有收入的中青年、就业者等向患病者、无收入的老年人、失业者等提供补助，必要时财政也要从经常性预算安排社会保险补助，另外还有捐赠收入，构成财政性补助收入的资金来源。我国目前受经济发展水平、经济效益、收入分配体制等多种因素的制约，经常性预算支出中社会保险支出的规模并不大。随着个人所得税征管的强化，遗产税和赠与税的开征，对社会保险预算的补助也会大幅增加。

3. 基金投资收益

社会保险基金结余是为了均衡不同时期社会保险支出而安排的储备，这部分财力如果暂时闲置不用，或者运营不善，可能会贬值和流失，因而必须根据安全性、营利性、流动性原则进行投资运营，实现保值增值。从各国社会保险基金结余的运营实践看，国债是最普遍的投资对象，因为国债有政府作资信保证，收益率较高，收入稳定。

（二）主要支出项目

社会保险支出是社会保险预算中最主要的支出项目，按项目的比重和作用大小，可下设养老保险支出、失业保险支出和医疗保险支出三个子项目。

1. 养老保险支出

建立社会保险预算后，在养老保险资金来源增加的同时，应扩大养老保险支出的受益范围，积极创造条件，使个体、私营和外资企业职工都能享受养老社会保险待遇。同时，应大力推进城乡居民养老保险。

2. 失业保险支出

在扩大失业保险资金征缴覆盖面和来源渠道的基础上，扩大失业保险支出的覆盖面，使各种非国有企业的职工与国有企业职工一样都应享受失业保险待遇，同时适当提高失业津贴的给付标准。

3. 医疗保险支出

建立社会保险预算后，医疗保险支出应走向规范化。一是扩大医疗保险支出的资金来源，应让患者在平时缴纳一定数量的社会保险税（费），改变目前医疗费用来自政府和企业的局面。二是改革医疗保险支出办法，应允许患者自主择医，医保机构探索按人头、按病种付费等多种付费方式，增强与定点医疗机构的博弈能力，加大对医疗机构的约束力度，提升医保资金的利用效率与效果。三是进一步增加对城乡居民医疗保险的支持力度，在现有补助的基础上，中央和地方政府应稳步提高补助水平，提高相关待遇，既要避免资金沉淀过多，又要把握收支平衡。

此外，还有社会救助支出和社会福利支出。

四、社会保险预算编制的原则

社会保险预算的编制应遵循四项原则：

一是全面性原则，即社会保险预算必须反映所有与社会保险事务有关的收支，以利于社会保险基金的统筹与管理，提高资金的使用效益。这就要求将现行各部门掌握的社会保险收支统一归并到社会保险预算之中。

二是统一性原则，即任何社会保险收支都要以总额列入预算，而不应以收支相抵后的净额列入预算。

三是专款专用原则，即社会保险基金只能用于社会保险方面的开支，不得挪作他用。

四是适度结余原则，社会保险支出有相当一部分是在编制预算时难以测算的，为了不给经常性预算造成太大的压力，年度社会保险预算收支相抵应适度留有结余。同时也有利于社会保险基金的投资和调剂。

第三节　社会保险税（费）

一、社会保险税（费）率确定的基本要求

社会保险税（费）率是指社会保险事业管理机构在一定时期计算和收取社会保险税（费）的比率，它通常用百分率（%）或千分率（‰）来表示。社会保险税（费）率的制定按如下三个方面的要求进行。

(一) 正确合理

社会保险税（费）率是计收社会保险基金的依据和标准。社会保险税（费）率的制定，要以能保证偿付能力和正常的业务费支出为标准。社会保险税（费）率定得过低，社会保险事业管理机构收取的社会保险税（费）不能抵补支出，会使社会保险制度难以维持，最终导致参保职工的经济利益得不到保障。如果社会保险税（费）率定得过高，必然会加重企事业单位和参保职工的经济负担，不利于社会保险事业发展。要求社会保险税（费）率制定得合理有两重含义：一是参保职工享受经济补偿或给付的权利从总体上要与参保职工实际缴纳社会保险税（费）的义务大致相等，以及社会保险事业管理机构承担的经济风险要与参保职工转嫁的经济风险基本相等；二是社会保险税（费）率的制定要以历史经验和科学预测得出的计算结果为依据，力求正确合理，避免失误。

(二) 稳定灵活

社会保险税（费）率是根据大量的统计资料和周密的计算工作制定出来的。因此，在通常情况下，社会保险税（费）率不宜频繁改动，要在一定时期内保持相对稳定性。如果经常变动社会保险税（费）率，除了使人们容易对社会保险政策产生一种不稳定感，降低社会保险事业管理机构的信誉外，也不利于社会保险事业的连续性和经济核算。当然，社会保险税（费）率的稳定性，并不是绝对的。对于各种社会保险业务来说，随着社会保险外部条件的改变和社会保险内部诸因素的变化，其风险的程度、内容和形式也必然会不断发生变化。于是，原来正确合理的社会保险税（费）率，在新的情况下就可能变得不正确、不合理了。这就要求社会保险事业管理机构必须根据已经变化了的条件，对原有的社会保险税（费）率作出及时的和必要的调整，使之更能适应新条件下社会保险事业的发展。

(三) 以国民收入在国家、企事业单位和个人三者之间分配的比例为原则

社会保险税（费）率的高低，固然要根据社会保险标的的风险大小，以及企事业单位和参保职工的经济负担能力来决定，但更为重要的是，要求以国民收入在国家、企事业单位和个人三者之间分配的比例为原则。这是因为，任何制度下的任何国家，在一定时期内，国民收入总是一个定量，这个定量如何分配，国家、企事业单位和个人各占多少，既反映出社会各经济单位享受社会财富的权利，同时，也在一定程度上决定了他们对社会保险事业必须履行的义务。一般来说，如果参保职工和企事业单位占有国民收入的比例大，社会保险税（费）率就应该适当偏高制定；如果国家占有国民收入的比例

大，政府有足够的财力补助社会保险支出，那么，社会保险税（费）率则可偏低制定。

二、社会保险税（费）率的种类

社会保险税（费）率一般分为综合保险税（费）率和分类保险税（费）率两种。

（一）综合保险税（费）率

综合保险税（费）率是指将两种以上的社会保险项目综合在一起，根据某一基数（如工资总额）计算出的社会保险总税（费）率，然后按照总的社会保险税（费）率，在国家、企事业单位和个人之间分配承担比例。目前，除少数国家外，绝大多数国家的养老、残障、遗属、生育和疾病等社会保险项目均采用综合保险税（费）率。例如，法国的疾病、生育、养老、残障和遗属五项保险的总税（费）率为被保险人投保工薪的43.95%，其中企事业主负担32.6%，被保险人负担11.35%。

综合保险税（费）率的优点是，将各种有关联的、分项计算税（费）率又较为困难的社会保险项目核定为一种统一的税（费）率，不仅较为科学合理，并且税（费）率制定手续简便、适用，节省人力、财力和物力。其不足之处是，综合税（费）率排除了特殊风险，不能反映个别社会保险项目的实际情况。

（二）分类保险税（费）率

分类保险税（费）率是根据社会保险险种的性质、特征或其他因素分别计算的税（费）率。分类保险税（费）率适用于那些具有特殊风险的社会保险项目，如工伤保险和失业保险等。但也有例外，在日本，国民健康保险、国家公务员共济组合保险、船员保险与劳动者灾害补偿保险、失业保险一样，都采用分类保险税（费）率。如日本国民健康保险，其费用分为三大部分，分别是医疗费用部分、支援费用部分以及介护费用部分，其中第三部分的费用只针对40~64岁的人群征收。因此，日本的国民健康保险根据参保者的年龄不同，可分为两类。分类保险税（费）率的优点是，能反映各社会保险项目的特殊风险情况，使用灵活，但分类保险税（费）率制定比较复杂，工作烦琐，不利于降低社会保险成本。

此外，按计算方式不同，社会保险税（费）率通常又分为同一保险税（费）率和比例保险税（费）率。前者是对所有被保险单位和个人（不论其收入高低），都一律征收同一种税（费）率；后者是指以被保险人的工薪收入为基准，规定一定的百分比，并根据这个百分比计收被保险人应缴纳的社会保险税（费）金额。

三、社会保险税与社会保险费的性质区别

(一) 社会保险税是社会保险基金主要的筹集机制

社会保险税和社会保险费是社会保险基金的两种不同的筹资工具,两者既有共性,又有各自的特点。两者的共性表现是都具有强制性,只是强弱不同而已;两者都可以实行专款专用。但两者又有明显的差别:

从理论方面来说,社会保险税是国家参与社会产品再分配的手段,是国家职能的体现,其具有无偿性、强制性、规范性和固定性;社会保险费既可以是国家社会保险行政部门向参保企业和个人收取的,用于保障职工在失业、伤残、疾病、生育和退休后生活所需的储备基金,如基本社会保险制度中的个人账户基金,也可以是企业年金举办机构向企业和个人收取的补充社会保险费。因此,社会保险费具有有偿性和灵活性。

从权威性方面来看,社会保险税体现了国家的职能,世界多数国家都在法律文件中明确规定纳税是每一个公民的义务,并通过专门的社会保障法或社会保险法对其征收、管理和支出,以及对征管机构、人员、手段进行规范;而社会保险费体现的是政府提供有偿服务的费用,尽管有时收取的费用并不能完全补偿成本。对于社会保险费,国家一般没有专门立法,各有关单位收取社会保险费的权力大都通过地方或部门立法或颁布管理条例的方式予以实施。

从征管效率方面来看,社会保险税在征收机关、征收标准和征收制度上都比较统一,征税机关拥有执法的解释权和强制性的实施权;而社会保险费在征收机关、征收标准和征收制度上都难以统一,并且征收机关的征收权力经常受到多种因素制约。

需要指出的是,在部分发达国家和发展中国家,社会保险基金都是通过国家立法按一定征缴比例从收入中扣除筹集。所以,在这些国家并没有严格的社会保险税与社会保险费之分。

(二) 社会保险税是社会保险基金最理想的筹措机制

由于市场失灵、个人的短视倾向和实施社会保障的正外部效应,国家成了实施社会保障制度的当然主体,实施社会保障制度也就成为国家的基本职能,作为社会保障制度核心的社会保险制度也不例外。按照社会保险的基本原则,国家基本保障部分仅向参保人提供最基本的生活保障,国家基本保障的财务由国家财政提供担保,即我们经常所说的国家作为"最后出场人",因此,开征社会保险税是社会保险基金最理想的筹资机制。

从财务持续性方面来看，国家对社会保险基金实行担保，即社会保险基金是财政兜底的部分，因而国家有权管理和监督其基金的征收、管理和支出状况。开征社会保险税有利于国家适时控制社会保险基金的财务风险。

从保险的再分配原则来看，由于社会保险制度具有收入再分配的功能，参保人的缴税（费）与其受益没有直接联系，社会保险税（费）对参保个人是没有激励的，特别是对于中、高收入者，强制开征社会保险税则有利于社会保险基金按时、足额征集。

从保险的风险分散原则来看，保险的覆盖面越宽，制度的风险分散性越强。社会保险费作为一种部门规章和文件规定，实质上是默许了社会保险的低统筹层次。开征社会保险税则有利于提高社会保险制度的覆盖范围和统筹层次，更有利于增强社会保险制度的保障能力和收入再分配功能。

（三）开征社会保险税是国际惯例

自 20 世纪 70 年代以来，世界大部分国家都在进行社会保障制度改革。主要原因是社会人口老龄化给传统的国家保障制度带来日益沉重的负担，促使各国改变以国家保障为主的机制，强化企业和个人的社会保障责任。但所有的改革重点都集中在社会保险制度的筹资模式上，即从现收现付制改为部分积累制或完全积累制，而只要是保留有国家基本社会保险制度的国家（仍实行现收现付制），其基本社会保险基金的征收仍采取社会保险税形式，即使个别以费的形式征集社会保险基金的国家，社会保险费的征收也具有类似于税的强制性。

以福利国家为例。1998 年 6 月 8 日，瑞典议会颁布了一项有关新的养老金计划的法律，这项新的养老金计划为瑞典养老金改革迈出了关键的一步。瑞典针对在岗职工的养老金体系包括国家基本养老金（National Defined Accounts，NDC）、职业养老金和个人养老金三部分，职业养老金和个人养老金采取收费方式征集，而国家基本养老金采取税收方式征集。

经过 2012 年的养老金改革，英国目前的养老金体系由三部分构成：将原先的零支柱普惠性养老金与收入关联的国家养老金以及其他补丁式制度取消，建立单一的国家基本养老金，加上职业养老金计划和私人养老金计划。雇员、雇主和自雇者根据英国国民保险税法的具体规定按标准缴纳国民保险税，由英国财政部的税务和海关总署负责全国的统一征缴。

德国的社会保险基金虽然采取收费方式征集，但其社会保险费具有与税收相同的强制性。

美国实行公营与私营结合型社会保障制度,主要由基本社会保障(OASDI)、个人养老金计划如 401(k)计划和个人储蓄计划组成。个人养老金计划基金的征收采取收费形式,但 OASDI 制度的供款由国内社会保障局征收。

从表 5-1 我们可以看出,社会保障较发达国家虽然历经改革,但其由国家管理的基本社会保险制度仍采取税收方式征收,社会保险税占国家总税收和 GDP 的比重也并没有因第二、第三支柱社会保险计划的引入而有所下降,甚至在许多国家呈上升趋势;而那些注重个人责任和市场作用的国家的社会保险税也依然在国家总税收和 GDP 中占据相当比重。

表 5-1　　　　部分 OECD 国家社会保险税占总税收及 GDP 比重　　　　%

国家	社会保险税占总税收比重				社会保险税占 GDP 比重			
	2005 年	2010 年	2015 年	2020 年	2005 年	2010 年	2015 年	2020 年
加拿大	14.76	14.864	14.752	14.237	4.821	4.609	4.842	4.896
美国	24.433	26.084	23.557	24.847	6.376	6.096	6.182	6.346
日本	36.862	41.107	39.42	41.05	9.52	10.787	11.922	12.895
奥地利	33.885	34.179	33.587	37.02	13.897	13.999	14.485	15.597
比利时	30.677	32.44	31.907	31.807	13.301	13.911	14.08	13.699
法国	36.849	38.214	36.923	32.689	15.81	16.015	16.719	14.85
德国	39.554	38.887	37.676	39.67	13.614	13.817	14.039	15.208
意大利	30.754	31.123	30.146	31.543	12.008	12.979	12.950	13.536
荷兰	34.502	36.3	37.763	34.27	12.080	12.943	13.975	13.597
瑞典	26.251	25.105	22.291	21.466	12.418	10.764	9.503	9.144
瑞士	23.828	23.737	24.506	25.072	6.150	6.082	6.530	6.917
英国	18.584	18.91	18.682	20.924	6.063	6.061	5.948	6.858

资料来源:OECD 网站(https://data.oecd.org/tax/social-security-contributions.htm)相关统计资料。

四、在我国开征社会保险税可行性分析

2018 年我国开始了社会保险费征管体制改革。《国家税务总局关于做好社会保险费征管职责划转有关工作的通知》中规定,企业职工基本养老保险和企业职工其他险种缴费自 2019 年 1 月 1 日起由税务机关征收,对跨年度征收的城乡居民社会保险费应在 2019 年 3 月 31 日前完成征管职责的划转,并于 4 月 1 日起由各地区税务机关征收。由税务部门接管征收社会保险费有利于明确部门职责分工,进一步规范社会保险费的征缴管理,提高征收效率。并且,划转为税务部门征收后,还可以降低征收成本,优化社会

保险费的缴费服务。

与此同时，为了保障我国企业利益不因社会保险费征管职责划转而受损，避免增加企业社会保险负担，我国同期也开展了降低社会保险费率的改革。在2019年国务院办公厅印发的《降低社会保险费率综合方案》中，提到了如下三类降低费率的相关措施：

第一，降低养老保险单位的缴费比例。具体而言，对于费率仍在16%以上的养老保险缴费单位，可以降至16%。

第二，继续阶段性降低失业保险和工伤保险费率。

第三，调整社保缴费基数政策，就业人员平均工资的统计口径改为全口径城镇单位就业人员的平均工资。

（一）开征社会保险税的必要性分析

目前，我国社会保险缴费的基本制度框架已经初步具备，各地也正结合本地实际进行贯彻落实。然而，无论是从社会保险费征缴实践来看，还是从社会保险制度改革的系统性分析，现行社会保险缴费制度都存在许多自身难以解决的问题，开征社会保险税是解决这一系列问题的最佳途径。

1. 开征社会保险税可有效提高社会保险的社会化程度

目前我国社会保险的主要部分——城镇基本养老保险、医疗保险和失业保险，国务院已经下发了统一性文件，也出台了保险费征缴条例，但是在实际执行中存在大量问题。通过开征社会保险税，可以迅速建立新型社会保险运行机制（税务部门管征收，社会保险经办机构专心管支付，财政部门直接监管资金的使用，人力资源社会保障行政部门管政策执行），这不仅可以大大弱化地方利益，提高统筹层次和社会化管理，而且可以利用税务部门的自身优势，使社会保险覆盖面的扩大真正落到实处。

2. 开征社会保险税有利于实现社会保险的公平性目标，实现人力资源的合理流动和有效配置

开征社会保险税通过税法规定的统一课征率，可以克服目前不同行业、不同所有制、不同地区之间企业职工缴费办法存在的筹资比例相差悬殊、负担不均、待遇有别的弊端，实现在同一比例下"多收入者多缴，少收入者少缴"的社会保险负担纵向平衡和"收入相同者负担一致"的横向平衡。一方面，中央财政可集中一定财力进行地区间、行业间的资金余缺调剂，从而可以有效实现社会保险的公平性目标；另一方面，推动全国统一劳动力市场的形成，为人力资源的大范围合理流动提供保障。

3. 开征社会保险税有利于降低制度运行成本

目前我国公民的纳税意识已有很大提高，而保险意识仍比较淡薄，由税务机关统一负责社会保险所需资金的筹集，可以充分利用现有税务部门的组织机构、物质资源和人力资源，充分利用税务部门在征管经验、人员素质、机构系统方面的优势，可以大大提高社会保险的筹资效率。同时，由专门机构负责社会保险基金的使用和管理，专业化的管理将使规模经济效应得以更好地发挥，有助于实现管理费用的最小化。这两方面作用的发挥将最终促成社会保险制度运行成本的最小化，从而使社会保险基金的筹集和使用符合成本效益原则。

4. 开征社会保险税有利于保证社会保险基金的安全性

用税收形式筹集社会保险基金，可从根本上将收和支分为两个独立的系统，便于加强资金运用中的管理，减少滥用和挪用现象，有利于将社会保险基金的收支活动比较全面地纳入规范的预算管理，有利于社会公众的监督。

（二）开征社会保险税的可行性分析

1. 社会保险税的开征，已经有良好的社会心理基础

早在1999年1月22日国务院就以第259号令颁布了《社会保险费征缴暂行条例》，为开征社会保险税提供了法律依据。在2000年3月的全国两会上，政协就关于社会保险税的开征提出了他们的看法；时任国务院总理朱镕基在九届全国人大三次会议上所做的政府工作报告中也强调，建立健全社会保障体系，关系改革、发展、稳定的全局，意义重大，刻不容缓。社会保险税的开征，已经被提高到一个前所未有的高度。宣传力度的加大，使得社会保障观念更是深入人心。此外，由于当今社会竞争的加剧，社会中不确定风险的因素增加，随着人们风险防范意识的加强，人们越来越深刻地感觉到开征社会保险税，健全社会保障制度的重要性。由此可见，社会保险税的开征，已经具备了一定的社会心理基础。

2. 社会保险税的开征，有一定的税源基础

社会保险税与其他税种相比，最有可能保证每个公民获得未来预期收入和保障预期，它不同于个人所得税那样被国家强制征收后进行无偿使用，它具有专款专用的特性，应该是能被普遍接受的税种，这也就是许多发达国家社会保障税收入超过了个人所得税收入的原因之一。统计资料显示，我国的居民储蓄率[①]居高不下，2019年为29.9%，

---

① 居民储蓄率=（人均可支配收入-人均消费支出）/人均可支配收入。

2020年为34.1%，2021年为31.4%，2022年为33.5%①，说明我国征税的空间很大。此外，我国社会保险基金收入有波动但总体呈上升趋势：2019年社会保险基金收入合计83 550.4亿元，比2018年增长5.4%；2020年社会保险基金收入合计75 512.5亿元，比2019年减少9.6%；2021年社会保险基金收入合计96 936.8亿元，比2020年增长28.4%；2022年社会保险基金收入合计102 504.8亿元，比2021年增长5.7%。② 这说明我国在开征社会保险税方面已经具备了一定的税源基础，征税潜力很大。

3. 有效率的税收征管行政为开征社会保险税提供了保证

社会保险税的征收、管理、支出、监督体系正逐步健全，随着各项改革事业的深入开展，社会保险税征、管、用分工协作的统一体系初具轮廓。

（1）税务行政。首先，税源监控、申报纳税、税务稽查与税务代理相结合的征管新格局逐渐形成；其次，现代化管理手段的广泛运用，如互联网、网上申报、电话催缴等，大大提高了税收的工作水平和工作效率；最后，我国已有一支业务较熟、素质较高的税务征收队伍，另加一批理论知识丰富的专业人员作后盾，从而为开征社会保险税提供了人员保证。

（2）财政方面。开始于1992年的复式预算，在社会主义市场经济的发展中得到不断充实和完善，直至1994年《预算法》的颁布和实施，可谓初步奠定了编制社会保险预算的基础。加之注册会计师事务所等社会中介机构的兴起并介入，财政监督管理机制也逐步走向全面化、有效化。

4. 发达国家的征收实践，为我国提供了可借鉴的宝贵经验

目前大多数国家的社会保险制度是以国家凭借法律手段强制推行的社会保险为基础，并通过征收社会保险税筹集社会保险基金来实现的，不难发现其蕴含的规律性的东西。

（1）一般情况下，社会保险税收入与该国经济实力成正比，经济实力强、国民收入水平高的国家，其社会保险税收入多；反之则少。

（2）社会保险税的开征是个渐进式的过程，许多国家在开征之初，税率较低，规模较小，以后根据需要及条件的改善而逐步提高税率，扩大税收规模。

（3）从征收管理方面看，国外的社会保险税一般由税务机关统一征收，纳入财政部

---

① 根据《中国统计年鉴2023》和《2022年国民经济和社会发展统计公报》的数据计算得到。
② 数据来源：《中国统计年鉴2023》。

门预算范畴，然后集中到社会保险机构统一管理使用。

总之，发达国家开征社会保险税，无论从税收制度的选择，或从征税的依据和尺度，还是从课征技术的要求方面，都积累了一定的经验和教训，可供我国开征此税时借鉴。

深度阅读

1. 刘昌平，殷宝明．可持续发展的中国城镇基本养老保险制度研究［M］．北京：中国社会科学出版社，2008．

2. 邓大松，刘昌平，等．2013年中国社会保障改革与发展报告［M］．北京：北京大学出版社，2014．

3. 邓大松，刘昌平，等．改革开放30年中国社会保障制度改革、评估与展望［M］．北京：中国社会科学出版社，2009．

4. 孙建勇．社会保障基金监管［M］．北京：中国劳动社会保障出版社，2004．

5. 刘昌平．养老金制度变迁的经济学分析［M］．北京：中国社会科学出版社，2008．

6. 李运华，殷玉如．中国社会保险基金税费结合征收模式探讨——以养老保险基金的筹集为例［J］．理论月刊，2014（11）．

7. 吉志鹏．社会保险基金预算绩效管理［J］．山西财税，2014（12）．

8. 彭玉玲．关于社会保险基金预算执行管理的思考［J］．天津社会保险，2014（6）．

本章小结

社会保险基金是指社会保险税（费）征收机构依据相关法律法规，通过各种方式征集的、用于社会保险事业开支的专项基金，它是劳动者所创造的价值的一部分。一般来说，社会保险基金主要来源于政府、企事业单位和劳动者个人。

社会保险基金中国家所承担的那部分基金在实践中的表现形式是多种多样的：国家财政预算直接投入一定量的资金作为社会保险基金的来源；国家建立社会保险事业单位，并给予经费和人力、物力方面的支持；国家给予社会保险事业经营者税收优惠政策；国家对企事业单位和个人缴纳的社会保险税（费）给予税收免征或减征的待遇；国家对社会保险基金的运用给予充分的自由权和自主权，社会保险基金能够在国家宽松的宏观政策下充分地实现保值增值；国家作为"最后出场人"对社会保险基金债务缺口进行担保，等等。

社会保险基金筹资模式分为现收现付制、完全积累制和部分积累制。按照社会保险金给付的确定方式，可以分为待遇确定型（DB）模式和缴费确定型（DC）模式。

社会保险基金的负担方式是指社会保险基金的来源渠道，即社会保险基金由谁承担的问题。从目前世界各国的实践来看，社会保险基金主要有以下七种负担方式：被保险人全部负担、企事业单位全部负担、政府全部负担、被保险人与企事业单位共同负担、被保险人和政府共同负担、企事业单位和政府共同负担，以及被保险人、企事业单位和政府三方共同负担。

要确定合理的社会保险金待遇支付水平，必须同时注意解决以下三个问题：第一，保障劳动者及社会成员的基本生活需要；第二，随物价上涨调整待遇水平；第三，能够分享经济增长的成果。

社会保险预算模式有四种类型：一是基金预算，美国等国家实行这种模式；二是政府公共预算，即社会保险收支同其他政府收支混在一起；三是"一揽子"社会保险预算，即将一般性税收收入安排的社会保险性支出和各项社会保险基金收支作为一个有机的整体，编制涵盖内容全面的社会保险预算；四是政府公共预算下的二级预算，即半独立性的预算。

社会保险预算的编制应遵循四项原则：全面性原则、统一性原则、专款专用原则、适度结余原则。

社会保险税（费）的制定要按照以下三个方面的要求进行：正确合理，稳定灵活，以国民收入在国家、企事业单位和个人三者之间分配的比例为原则。

社会保险税（费）率分为综合保险税（费）率、分类保险税（费）率。社会保险税与社会保险费的性质存在区别。结合社会保险费征缴实践、社会保险制度改革的系统性分析以及借鉴国际经验，我国开征社会保险税有其必要性及可行性。

重要概念

社会保险基金　社会保险基金筹资模式　社会保险基金负担方式　社会保险预算　社会保险税（费）率

复习思考题

1. 社会保险基金三方负担方式中,国家投入的表现形式是什么?
2. 试比较现收现付制与完全积累制两种筹资模式。
3. 试比较待遇确定型与缴费确定型两种给付模式。
4. 社会保险待遇确定因素要考虑哪些方面?
5. 简述社会保险预算模式的类型及优缺点。
6. 试分析我国开征社会保险税的必要性及可行性。

第六章
社会保险管理

社会保险管理是指社会保险管理机构对社会保险业务进行计划、组织、指挥、协调的过程。

第一节 社会保险管理的必要性与职能

一、社会保险管理的必要性

社会保险是社会化大生产的产物，是市场经济的一个重要组成部分。社会保险正常运转无疑也是一种社会性的经济活动，同样是一种大规模的社会劳动，从而也必须有管理。这就是说，在社会保险目标确定以后，必须对社会保险业务运转过程进行有计划的组织、指挥、协调和控制，以达到既定的目标，取得最大的社会效益。这是社会保险与其他生产或服务活动都需要进行管理的共性。可见，社会保险管理的必要性，也就是一般经济管理的必要性在社会保险管理上的具体反映。同时，社会保险又是一种保障性、负债性和广泛性的特殊活动，从这种意义上说，更需要加强管理。所谓保障性，是指社会保险通过保险金给付行为，无论在什么经济条件下都能使社会保持一定的购买力，保障人们生活安定和社会再生产顺利进行。所谓负债性，是对一国政府而言的。社会保险是政府对劳动者保障权益的一种承诺，社会保险基金是要随时支付出去的。如果因管理不善造成资金浪费，或为获得高收益而冒险投资造成投资失败，或因外界原因使该回收的资金未能按时收回等，必然会严重地损害社会保险对象的经济利益。所谓广泛性，是指社会保险的对象多，活动影响的范围大，几乎包括所有劳动者，几乎同每一个家庭生活都息息相关，一旦社会保险基金入不敷出，国家财力又不能解决的话，势必引起社会动乱，甚至还会波及世界其他国家。显然，社会保险较之一般工商企业和服务行业经营,更需要严密而又科学的管理。

此外,社会保险必须加强管理还基于以下原因:

首先,通过管理可以把社会保险生产力的各要素有机地结合起来,变成现实的生产力。社会保险机构中的设备、设施和职工等,是社会保险的物质要素和人的要素。通过社会保险管理职能,把人和物两个要素有机地结合起来,组织现实的社会保险活动,使之形成现实的社会保险生产力。

其次,通过管理可以把科学技术转化为社会保险生产力。社会保险是含有较为丰富的科学知识与先进技术的一种经济活动,社会保险经济的发展需要更新、更先进的科学技术来武装,把社会保险领域中的间接生产力转化为直接生产力,推动社会保险事业迅速发展。

最后,通过管理可以完善社会保险活动过程中的生产关系和上层建筑,促进社会保险生产力发展。社会保险活动过程中的生产关系,表现为社会保险管理部门同其他部门、用人单位、被保险人个人以及社会保险管理部门上下级之间和社会保险管理部门内部人与人之间发生的广泛联系。社会保险活动中的上层建筑表现为国家颁布的法律法规、各级行政管理部门制定的规章制度和一定时期的社会文化、道德观念等。社会保险管理就是运用管理的手段和利用管理的功能,调节那些同社会保险生产力发展不相适应的生产关系和上层建筑,促进社会保险生产力发展。

二、社会保险管理的职能

社会保险管理的职能,可概括为规划、组织、指挥、调节和控制五项职能。

(一) 规划职能

社会保险规划是指从事社会保险活动以前,事先拟定的具体内容和行动步骤,它反映社会保险事业发展的方向和可能发展的规模,一般包括社会保险基金筹集计划和基金支付计划等。社会保险管理规划的制定,必须坚持合理性、完整性和统一性原则,按照统一的时间、标准,在既能保证社会保险对象基本需要又在其承受能力范围之内的前提下,全面反映社会保险业务的各个方面,通过周密的调查研究,运用科学的手段进行预测,充分体现和贯彻国家有关社会保险的方针、政策和规章制度。社会保险规划是社会保险工作者从事管理活动和日常工作的行动指南。因此,规划职能是社会保险管理最基本的职能。

（二）组织职能

社会保险管理的组织职能是指为实现社会保险活动的规划目标和方案合理设置经办和管理机构，建立管理体制和制定规章制度，明确社会保险职能机构的分工和职责，将社会保险活动中的各要素、各部门、各环节、各方面从纵向和横向的联系上，在劳动的分工和协作上，在对外往来关系上，以及空间和时间的联系上合理地组织起来，使之形成一个有机整体，充分发挥社会保险人力、财力和物力应有的作用。

（三）指挥职能

社会保险管理的指挥职能是指各级管理者或行政管理机构为保证社会保险活动连续地、均衡地、协调地进行和经营目标的实现，通过颁布文件和下达指令，使社会保险系统内部各级各类人员的行为服从管理者的统一意志，将规划和管理者的意图变成全体人员的统一行动，使全体人员在同一目标下相互协作、密切配合、尽职尽责，全力以赴地完成各自承担的任务。

（四）调节职能

社会保险管理的调节职能或协调职能，是带有综合性、整体性的一种职能。它以计划目标为核心，安排和部署所有活动，使各部门、各环节的活动相互衔接、相互协调和配合，保证保险经营活动有序和高效率地进行。

社会保险管理的调节可分为纵向调节与横向调节、内部调节与外部调节。其中，纵向调节是指系统内上下级管理人员和职能部门之间的协调；横向调节则是指社会保险系统内同级的各单位、各部门之间的活动的协调；内部调节是指社会保险系统内部所进行的协调；外部调节是指社会保险机构与系统外部其他部门和单位之间的协调。做好社会保险管理的调节工作，目的在于克服社会保险活动中可能产生的重复或脱节现象，保持整体平衡，使各个局部步调一致，以利于发挥总体优势，确保规划目标顺利实现。

（五）控制职能

社会保险管理的控制职能或监督职能是指对社会保险规划的执行情况进行检查、考核、分析和处理。其目的在于通过对社会保险活动的测定，与计划目标和实现计划目标的原则相比较，发现偏差，找出问题，查明原因，采取措施，及时加以纠正，使社会保险活动符合客观经济规律，符合国家有关的方针政策和法律法规。

以上五种职能是根据社会保险管理的自然属性，按照管理过程的客观要求提出的。因此，它是社会保险管理的一般职能，不论社会经济形态如何，上述职能总是存在的。

第二节 社会保险管理的主要内容

社会保险管理的主要内容包括社会保险行政管理、社会保险业务管理、社会保险财务管理和社会保险偿付能力管理,后两部分的内容参见第五章。

一、社会保险行政管理

(一)社会保险行政管理的二重性

社会保险行政管理的性质可以从两个方面予以考察。

首先,行政是国家的组织活动,是运用国家机器对社会保险进行管理的活动。其性质由国家的性质所决定,并最终决定于该国的社会经济基础。这是因为,行政机构是整个国家政权机构的一部分,国家行政管理是社会上层建筑的一种功能,它的性质必然与整个国家政权的性质相一致,归根到底又必然取决于它为之服务的经济基础的性质。

其次,社会保险行政管理还具有社会职能属性。马克思在分析资本主义国家组织管理的性质和职能时指出,"在那里,政府的监督劳动和全面干涉包括两方面:既包括执行由一切社会的性质产生的各种公共事务,又包括由政府同人民大众相对立而产生的各种特殊职能"①。这就是说,政府的社会保险行政管理活动具有二重性,既具有体现国家中统治阶级的阶级意志、维护其统治地位的阶级属性,又具有干预和管理社会保险公共需要所产生的社会属性。

(二)社会保险行政管理的特点

社会保险行政管理的性质,决定了它不同于一般社会活动和管理活动。其特点有以下四个方面。

1. 政治性

作为国家活动一个重要组成部分的社会保险行政管理,是贯彻和体现国家职能的一种直接手段和方法,是代表着国家并为国家的利益开展活动,因而具有明显的政治性。在马克思主义看来,行政管理作为国家的组织活动,必然要为掌握国家政权的统治阶级服务,其目的是执行代表国家利益的阶级意志,为了维护统治阶级的统治秩序和利益。

---

① 中共中央马恩列斯著作编译局. 马克思恩格斯全集(第25卷)[M]. 北京:人民出版社,1972:432.

2. 服务性

社会保险行政管理的对象和范围日益扩大到社会经济生活和文化生活的各方面，为促进社会经济文化事业的发展和保障社会生活的正常秩序服务。在社会主义制度下，社会保险行政管理机关的国家工作人员服务性直接体现为人民服务，为社会大多数人谋利益。社会保险行政管理就是服务，在社会主义制度下得到了最全面、最充分的体现。

3. 科学性

社会保险行政管理注重科学性，即用现代化的科学理论和方法以及先进技术手段实施管理，不断提高行政管理的质量和效率。社会主义社会保险行政管理的科学性，表现在它能够按照社会保险事业发展的规律性科学地组织管理活动；能够依照社会主义客观规律体系的要求，不断自觉地改革和调整社会保险行政管理系统，使其符合社会主义现代化建设的要求；能够掌握和运用现代化的科学管理方法和手段对社会保险各方面进行最有效的管理。

4. 法治性

社会保险行政管理的法治性表现在：各个领域都有健全的法律规定，任何社会保险行为都能有法可依；各个部门、各个机构的权力都是法律授予的，在法律赋予的权限范围内活动，对社会保险事务的管理都是以有关法律为依据，依法行政，并承担相应的法律责任；一切行政机构都是依据法律或行政法规设置的，行政机构中各个组织和工作人员的职责、权利和义务都用法规的形式明示。社会保险行政管理的法治性特点，要求行政管理过程要始终贯彻法治原则，并严格实施法治监督，以保证各级行政机构及其公职人员严格按照有关法律规定行事，并做到违法必究。因此可以说社会保险的行政管理就是对社会保险的依法行政。

（三）社会保险行政执法

社会保险行政执法是指各级社会保险行政管理部门或法定授权组织为了执行社会保险法律、法规、规章和其他具有普遍约束力的决定、命令等规范性文件，直接对社会保险特定的对象或具体事务，在自己的职权范围内采取措施，影响当事人的权利和义务，实现行政管理职能的活动。这也就是说，社会保险行政管理活动主要是通过行政执法来实施的。

我国目前社会保险行政执法行为的主体是各级人力资源和社会保障、医疗保障行政部门及法律授权行使社会保险行政管理职能的组织；执法的对象是公民、法人和其他组织；执法的手段主要是采用各种行政措施，进行监督检查和作出行政处理等。

1. 社会保险行政执法的主要措施

社会保险行政执法的主要措施有行政许可、行政处罚、行政强制执行等。

行政许可是人力资源和社会保障、医疗保障行政部门根据公民、法人或者其他组织的申请作出决定，认可其获得某种资格和允许其从事某种活动的行为。决定许可的，一般要依法颁发许可证。

行政处罚是指人力资源和社会保障、医疗保障行政部门对违反社会保险法律规范但尚未构成犯罪的公民、法人和其他组织给予特定的法律制裁行为。通常采取的行政处罚措施有警告、罚款、没收违法所得、暂扣或者吊销许可证等。

行政强制执行是指公民、法人或者其他组织逾期不履行社会保险法律法规规定的义务，行政部门依法采取必要的强制措施，迫使其履行义务的具体行政行为。行政强制执行的方法可分为对财产的执行、对人身的执行和对行为的执行三种。人力资源和社会保障、医疗保障行政部门主要采用对财产和行为强制执行两种，执行的方式一般是由行政部门申请人民法院进行，也有些可以由人力资源和社会保障、医疗保障行政部门自己进行。

2. 社会保险行政执法的主要形式

社会保险行政执法的主要形式是社会保险监察。社会保险监察是人力资源和社会保障、医疗保障行政部门依照法律规定的职权和程序，对用人单位和其他组织执行社会保险法律规定的情况进行监督检查，发现违法行为并依法采取措施予以制止和纠正的具体行政行为。

我国社会保险行政执法监察的执法主体是县级以上各级人力资源和社会保障、医疗保障行政部门。其监察方式目前主要有：常规巡视监察，指主动到社会保险权利与义务单位进行监督检查活动；举报专查，指随时根据群众的举报对社会保险权利与义务单位进行监察；年度检查，即监察机构对所辖区域内社会保险权利与义务单位遵守和执行社会保险法律法规情况每年进行一次全面的监督检查；专项检查或者大检查，即为了集中解决社会保险执法中的突出问题，在一定时间内集中人力、物力对一定范围内的单位或各单位执行某方面法规的情况进行专门检查。

3. 对社会保险行政执法活动的行政监督

目前行政监督的主要手段和方式有：规范性文件的备案抄送制度，法律、法规和规章实施情况的报告制度，法律、法规和规章执行情况的检查制度，行政复议制度，重大具体行政行为审核制度，错案追究制度，受理公民投诉制度等。其中最主要的是行政复议制度。

公民、法人或者其他组织认为人力资源和社会保障、医疗保障行政部门及其依法委托的具有社会保险行政管理职能的组织和机构、法定授权的组织作出的具体行政行为侵犯其合法的社会保险权益，都可以依法向有管辖权的人力资源和社会保障、医疗保障行政部门申请复议。这一制度，赋予了社会保险行政管理相对人行政救济的权利，为社会保险行政管理相对人提供了保护自身合法的社会保险权益的手段。

社会保险行政复议的申请范围：公民、法人和其他组织与人力资源和社会保障、医疗保障行政部门及其他有行政管理职能的社会保险工作机构之间就社会保险具体事项发生的争议。如对社会保险行政部门认定劳动者工伤的具体行政行为不服，对社会保险经办机构拒发失业保险金、养老保险金、医疗保险金、工伤保险金、生育保险金等社会保险待遇或对发放标准有异议等。

进行行政复议的一般程序为：申请人向有管辖权的人力资源和社会保障、医疗保障行政部门提出复议申请；接到申请的人力资源和社会保障、医疗保障行政部门进行审查，对符合规定受理条件的，决定受理；对案件进行全面细致的审查；以受理复议申请的人力资源和社会保障、医疗保障行政部门的名义作出复议决定书，送达当事人。对人力资源和社会保障、医疗保障行政部门的复议决定不服，最终还可以启动司法程序，即向人民法院提起行政诉讼。

二、社会保险业务管理

（一）社会保险业务管理的主体

社会保险业务管理是指对社会保险业务正常运转所必须经过的各个环节进行全面规范管理。社会保险经办机构是社会保险业务管理的主体，其主要职责为：参保登记，建立档案，进行个人权益记录，提供咨询服务，公布和汇报社会保险基金情况，社会保险稽核及待遇支付，受理举报、投诉，加强内部管理等。1997年劳动部印发的《社会保险业务管理程序》规定，社会保险业务管理分为缴费核定、费用征集、费用记录处理、待遇核定、待遇支付、基金会计核算与财务管理等六个基本环节。其中，基金管理相关部分在第五章已有了详细说明。因此，社会保险业务管理的剩余内容可以归纳为三个方面，即档案管理、数据库管理和个人账户管理。这三项内容密不可分，贯穿于社会保险关系的建立、转移、接续、终止等各个环节。

(二) 社会保险档案管理

社会保险档案是一种专门档案，是社会保险经办机构在具体经办社会保险事务的活动中形成的、作为历史保存以备考查的文件，是全面、系统记录单位和个人参保和缴纳社会保险费、计发社会保险待遇的重要依据。社会保险档案管理是对从参保单位和参保职工信息材料进行收集、分类、整理、归档、装订成册，到对档案内容进行补充更正、保管、检索的全过程进行的管理，是社会保险业务管理最基础的工作之一。

社会保险档案的信息主要由以下三个部分组成：

(1) 各级社会保险经办机构的综合信息（包括社会保险统计报表与财务报表）；

(2) 参保单位、参保职工、参保离退休人员的基本信息；

(3) 社会保险业务台账。

(三) 社会保险数据库管理

随着社会保险档案管理工作量的不断增加和管理技术的提高，计算机数据库管理已经成为社会保险档案管理的重要手段。社会保险数据库包含每个参保单位和参保人员的相关数据，存储着每个参保人员的全部工作经历以及目前的就业状态、参保情况。

我国社会保险数据库系统主要包括参保单位基本情况数据库、参保职工相关数据库、个人账户管理数据库、离退休人员数据库和查询、统计数据库。社会保险数据库具有信息量大、存储周期长、准确率要求高、数据膨胀快等特点。因此，对数据库的日常管理非常重要，其日常管理的工作内容主要包括数据采集和录入、数据汇总、数据更新、检索打印、建立上报文件、建立保存文件等。

(四) 社会保险个人账户管理

1. 基本养老保险个人账户管理

基本养老保险个人账户主要记载：职工本人缴纳基本养老保险费的基数，按规定的比例缴纳基本养老保险费的金额。职工退休时，个人账户的记录将作为计发基本养老金的重要依据。社会保险经办机构为参保职工建立养老金个人账户，并进行记载、转移、计息、核对和支付。

(1) 基本养老保险个人账户的建立。社会保险经办机构根据单位或个人申报情况，将基本养老保险数据输入计算机管理，同时相应建立参保单位缴费台账，为职工每人建立一个终身不变的基本养老保险个人账户，并根据《参加基本养老保险人员变动情况表》相应核定，调整单位和职工的缴费工资基数。

(2) 缴费接续的时间和内容。社会保险经办机构在缴费年度结束后，应对职工个人账户进行结算，包括当年缴费额、实际缴费月数、当年利息额、历年缴费累计结转本息储存额等，利息按照每年公布的记账利息计算。

(3) 个人账户对账单。社会保险经办机构在缴费年度结束后，根据职工基本养老保险个人账户的记录，应及时与参保单位和职工对账，为每个参保职工打印职工基本养老保险个人账户对账单，发给职工本人，由职工本人核对并签字盖章后，依年粘贴在《职工养老保险手册》中妥善保存。

2. 职工基本医疗保险个人账户管理

(1) 建立基本医疗保险个人账户。建立个人基本医疗保险个人账户时重点要考虑以下三个方面内容：

1) 依据个人账户的开支范围和参保人员的年龄结构等因素，合理确定用人单位缴费划入个人账户的比例；

2) 实现社会统筹基金"以支定收、收支平衡"的原则，同时兼顾个人账户规模和个人承受能力；

3) 统筹基金与个人账户基金的管理和使用要分开，要明确各自的支付范围，实行分别核算，不能互相挤占。

(2) 基本医疗保险个人账户的记载。基本医疗保险费由用人单位和个人共同缴纳，并按规定分别形成基本医疗保险统筹基金和个人账户基金。用人单位按职工工资总额的一定比例缴纳的基本医疗保险费分为两部分，一部分用于建立统筹基金，一部分划入个人账户。个人账户的本金和利息归个人所有，可以结转和继承。

基本医疗保险统筹基金包括按规定应记入统筹账户的单位缴费，以及统筹账户的利息、财政补贴、上级补贴、下级上解等。基本医疗保险基金个人账户收入包括应该记入个人账户的缴费单位缴纳的基本医疗保险费，以及个人缴纳的基本医疗保险费、个人账户利息和转移支付等。

第三节　社会保险管理的原则与方法

一、社会保险管理的原则

社会保险管理原则是由社会保险管理的性质、职能和任务决定的，是社会保险管理的实质和社会保险的方针与政策的具体反映。在社会主义制度下，社会保险管理必须坚持以下两个原则。

（一）按经济规律办事原则

在社会保险管理中，需要遵循的主要经济规律有以下四条。

1. 社会主义基本经济规律

社会主义基本经济规律主要包括两点内容，即社会主义生产的目的——满足人民的美好生活需要，实现生产目的的手段——利用高新技术，发展社会生产。社会生产的目的和实现目的的手段，两者是统一和紧密联系的。社会主义社会保险管理按经济规律办事，首先就是要按基本经济规律办事。

2. 生产关系要适应生产力发展规律

这一规律的基本内容和要求：

（1）生产力和生产关系是对立统一的关系。首先，生产力的性质和水平决定生产关系的性质和水平；其次，生产关系绝不只是消极地适应生产力的性质，它对生产力的发展起着巨大的阻碍或促进作用。

（2）生产关系对生产力的适应表现出一定的阶段性。当生产关系适应或基本适应生产力发展要求时，生产关系是促进生产力发展的，生产力要求生产关系保持相对稳定；当生产关系出现明显落后于生产力发展状况的趋势时，生产关系就阻碍生产力发展，生产力就要求改变现存的生产关系。

（3）生产力和生产关系的矛盾在任何社会、任何时期总是存在的。但是，在不同的社会里，解决这一矛盾的方式是不同的。在以公有制占主导地位的社会中，生产关系能够在这个制度内，通过各种改革，不断地得到调整和完善。

3. 上层建筑与生产关系相适应的规律

首先，上层建筑是适应生产关系的要求建立起来的，有什么性质的生产关系，就要求建立起相应的上层建筑。其次，上层建筑具有相对独立性，并对生产关系起着反作用。一般来说，先进的、新的上层建筑能改变旧的生产关系，促使新的生产关系形成和巩固，是推动社会进步的强大力量；而落后的、陈旧的上层建筑则维护过时的生产关系，阻碍新的生产关系产生和发展。

4. 价值规律

价值规律的主要内容和客观要求是，商品的价值量由生产商品的社会必要劳动时间决定，在市场上，商品按照其价值量进行等价交换。

（二）管理现代化原则

管理现代化是一个发展变化的动态概念。就现阶段来说，社会保险管理现代化包括管理思想、管理组织、管理手段、管理人员现代化和管理方法科学化。所谓管理思想现代化，主要是指社会保险管理者要把社会保险当作一种经营来办理，摒弃社会保险是一种纯福利事业的观点，确立只有社会保险本身具有强大的生命力时，才有能力支撑整个制度，发挥出应有的社会效益的观念。管理组织现代化，是要求社会保险经营管理的组织形式、管理体制、组织机构、规章制度、人员素质和配备等，适应现代经营管理，确保社会保险决策的实施和经营目标的实现。管理手段现代化，则指在管理工作中，逐步采用包括电子计算机、先进的通信设备和自动化的办公设备等现代化管理工具，建立起以电子计算机为主要功能的管理信息系统。管理人员现代化，是要求社会保险系统内的各级各类管理人员，应掌握现代管理所必需的各种专业知识和技能，做到既有较丰富的管理理论和实践经验，又有创新和开拓精神。管理方法科学化，是指社会保险管理者在管理工作中按照客观规律的要求，运用系统论、控制论、信息论的原理和方法，依靠充分而准确的数据信息把定性分析与定量分析结合起来，进行有效的组织和控制，以实现整体最优化的管理。

二、社会保险管理的方法

社会保险管理的方法可分为定性管理方法和定量管理方法。

（一）定性管理方法

1. 经济方法

经济方法是一种根据客观经济规律的要求，运用价格、税收、利息等与价值范畴相联系的经济杠杆，正确处理各种经济关系来管理社会保险的方法。

用经济方法管理社会保险，客观上要求做到：

第一，根据社会化大生产和社会主义市场经济的要求，按照经济规律和技术规律合理组织社会保险生产力。也就是说，要打破部门、地区和所有制的限制，按照社会化、专业化和经济合理的原则，建立统一的社会保险制度和社会保险管理机构。

第二，利用经济措施管理社会保险，即利用物质利益的引导、刺激以调动社会保险关系当事人的积极性、主动性，并正确处理各方面的物质利益关系，把国家、企事业单位和个人的利益结合起来，使企事业单位和劳动者既从物质利益上关心社会保险管理效果，又要保证国家对社会保险宏观调控的实现。

第三，建立健全经济核算制，讲求经济效益，以经济效益来衡量各个社会保险经办机构的经营成果。

2. 行政方法

行政方法是依靠国家行政机关或行政组织系统的职权，通过下达命令、指令等手段来管理社会保险的方法。在社会主义制度下，国家作为社会经济宏观调节的中心，应该也必须凭借行政权威，采用行政手段，调节社会保险领域内其他经济手段不能调节的各种比例关系，实现劳动者、生产资料和科学技术的优化组合。但是应该指出，正确的行政指示和命令本身应该是客观经济规律和阶级意志的统一。就是说，在社会保险管理中，运用行政方法，既是按经济规律办事的具体体现，又是统一意志和行动的手段。社会保险管理者重视行政方法的作用，把行政方法与经济方法结合起来，就会产生较好的管理效益。

3. 法律方法

在社会保险管理中采用法律的方法，是由社会保险的特点决定的。社会保险本身就是一种法律行为。法律方法作为调整和处理国家、企事业单位与个人之间的经济利益关系的法律规范，并用国家强制力来保证实施，具有其他方法所不能代替的作用。它是实现国家计划、严肃社会保险关系的有效保证，是提高社会保险效益的有力工具。同时，可以保障经济方法和行政方法的顺利实现。

4. 教育方法

在我国，社会保险管理既担负着建设高度物质文明的任务，又担负着建设高度精神文明的任务；不仅需要提供更多更好的保险服务，而且需要高素质管理人员。建设和发展现代化的社会主义保险事业，固然需要现代科学技术和现代管理方法，但是，如果没有强有力的思想政治工作，没有一支好的职工队伍，一切先进的科学技术和管理方法都不可能充分发挥应有的作用，社会保险事业也不可能顺利地发展。

（二）定量管理方法

这里只介绍经济统计学中最简单的几个预测与决策指标和方法，更详细更复杂的技术请阅读有关经济统计方面的文献。

定量管理方法又称数量管理方法或现代管理技术，是在一定的理论指导下，运用数学原理、数学公式、数学图形等，通过建立数学模型，并对模型进行计算和求解，从而为管理者提供满意方案的一系列方法的总称。

1. 预测方法

（1）时间序列预测法。所谓时间序列，就是按时间顺序排列的、反映某种现象发展变化情况的统计数据。时间序列预测法也称趋势外推法或历史延伸法。时间序列预测法的基本思想是，用历史的数据来推断未来的情况。因此，其隐含了一些基本的假设，即影响社会保险变量的因素没有发生大的变化，例如经济增长的速度、人口结构等的变化都是相对平稳的，如果某个时间出现大规模的人口变动，或者社会保险制度进行了变革等情况，那么使用这种方法预测的结果与实际情况会出现较大偏差。目前常用的时间序列预测法主要有以下三种。

1) 算术移动平均法。算术移动平均法是假设预测值与最近 n 期的实际值有关，而与较远期无关。因此可以用最近 n 个时期的移动平均值作为下一期的预测值。其预测公式如下：

$$\hat{X}_t = X_{t-1} + X_{t-2} + \cdots + X_{t-n}$$

式中 $\hat{X}_t$——第 t 期的预测值；

X_{t-n}——t 期之前各期的实际值；

n——所用资料的期数。

算术移动平均法的预测误差与所有资料的期数即 n 值有关。一般来说，n 值越大，预测误差越大；反之，n 值越小，预测误差越小。因此，一般只宜用于短期预测。

2) 加权移动平均法。加权移动平均法即以一定的权数来区别每期对未来发展情况影响的大小。其预测公式如下：

$$\hat{X}_t = a_1 X_{t-1} + a_2 X_{t-2} + \cdots + a_n X_{t-n}, \quad \sum_{i=1}^{n} a_i = 1$$

式中 $\hat{X}_t$——第 t 期的预测值；

X_{t-n}——t 期之前各期的实际值；

a_i——各个时期的权数；

n——所用资料的期数。

运用加权移动平均法进行预测,关键在于权数的选择。其一般规律是,对近期数据资料的加权数值较大,远期则较小。

3)指数平滑法。指数平滑法也称指数移动平均法、指数修匀法。它是一种简便易行的时间序列预测方法。其预测公式如下:

$$\hat{X}_t = \hat{X}_{t-1} + a(X_{t-1} - \hat{X}_{t-1})$$

式中 $\hat{X}_{t-1}$——第 $t-1$ 期的预测值;

X_{t-1}——第 $t-1$ 期的实际值;

a——平滑系数($0 \leq a \leq 1$)。

由于最近期的实际资料包含着较多的未来情况信息,对预测的影响较大,所以必须比远期实际资料给予更大的权数,而对较远期资料则相应给予递减的权数。

(2)因果关系分析预测法。此方法也称相关分析预测法,主要从分析事物发展变化的因果关系入手,通过建立数学模型进行预测。以下仅介绍两种简单而常用的方法。

1)一元线性回归分析法。一元线性回归分析法是指只有一个自变量的因果关系分析预测法。运用该法的一般步骤如下:

第一步,先根据实际调查的数据资料,找出两个变量之间的相关关系的规律性。一般可用画散点图的方法确定。

第二步,建立一元线性回归方程式 $y = a + bx + \varepsilon$,其中假定 $\varepsilon \sim N(0, 1)$,并用最小二乘法求出回归方程中的两个回归系数 a、b。

第三步,以回归方程为依据,进行预测。

运用回归分析方法进行预测的基本原理是,由于两个变量 x、y 之间存在相关关系,它们在坐标上的绝大多数统计点(x、y)非常接近一条直线。如果找出这条最能代表其发展趋势的直线,就可以根据这条直线进行预测。

2)一元非线性回归分析法。在实际中,有时两个变量之间并不一定是线性关系,而是某种曲线关系。在这种情况下,就要运用一元非线性回归分析法。进行非线性回归分析,通常要把非线性型转化为线性型,然后按照线性回归分析法求出回归直线中的 a 和 b,最后再转化成曲线回归方程,据此进行预测。

2. 决策方法

定量决策方法是现代决策的必备工具。以下从不同类型决策的角度分别介绍一些常用的定量决策方法。

(1) 确定型决策方法。确定型决策是指能够确定地计算各种方案的益损值，并从中选取满意方案的决策。根据问题所建立的模型不同，确定型决策可以分为静态规划和动态规划，静态规划又分为线性规划和非线性规划。线性规划技术目前已经比较成熟，它主要可以解决两类问题：一是在人力、物力、财力等资源已定的情况下，选取怎样的方案可以完成更多的任务，取得更好的效益；二是在任务已定时，选取怎样的节省方案，做到以较少的人力、物力、财力消耗完成既定任务。

(2) 风险型决策方法。用于风险型决策的数量分析方法很多，其中主要有期望值决策法、决策树法、矩阵决策法、贝叶斯决策法、马尔可夫决策法等。尽管这些方法所采用的具体途径不同，但它们的共同点就是要对决策问题中自然状态出现的概率进行科学估计，并在此基础上计算各个方案的益损期望值，从而根据决策目标进行方案的选择。

（三）社会保险统计指标

社会保险统计工作，具有提供信息、咨询服务、监督管理、决策支持和科学预测等方面的作用，是进行定量管理的基础。社会保险统计中最常用的统计指标可划分为四类：第一类是社会保险覆盖面方面的统计内容，包括参加社会保险单位数、参加社会保险人数；第二类是社会保险基金运行方面的统计内容，包括基金收入、基金支出、基金调剂与平衡，以及基金的经济效益；第三类是社会保险监测及决策方面的统计内容；第四类是社会保险事业方面的统计内容，包括社会保险经办机构及人员构成、社会保险机构所办事业等。

1. 社会保险覆盖面统计

社会保险覆盖面也称社会保险覆盖率，反映实施社会保险范围的大小。社会保险覆盖面按照统计对象不同一般分为社会保险人员覆盖面、社会保险单位覆盖面、社会保险区域覆盖面以及社会保险负担系数等。

(1) 社会保险人员覆盖面。社会保险人员是指在一定时间内向社会保险经办机构缴纳社会保险税（费）（包括其所在单位代为扣缴）和享受社会保险待遇的人员。

1) 社会保险人数统计。社会保险人数统计反映参加各项社会保险人员的总规模，包括应纳入社会保险人数和已经纳入社会保险人数两种。应纳入社会保险人数，是法律法规规定的社会保险的适用对象，包括从事一定社会劳动并取得劳动报酬或经营收入的全部人员。实际纳入社会保险人数，指已经实施的社会保险项目所覆盖的人员总数。

在进行社会保险人数及其覆盖面的统计时，有时要求"时点"人数，如统计报表要求填报的时间（年、半年、季、月）与期末人数。在一般情况下，社会保险人数都是以某一时点的总量作为指标，以反映出该时点的静态数量。有时要求一定时期内的平均人数，反映一定时期内人数的指标，说明在该期内（年、半年、季、月）平均每天拥有的社会保险人数。

2）社会保险人员覆盖面统计。社会保险人员覆盖面是一种比率，反映的是推进社会保险覆盖计划的进展程度。例如，参加社会保险职工覆盖面的计算公式为：

$$职工覆盖面 = \frac{参加社会保险的职工人数}{应参保职工人数} \times 100\%$$

又如参加基本养老保险离退休人员覆盖面的计算公式为：

$$基本养老保险离退休人员覆盖面 = \frac{参加基本养老保险的离退休人员人数}{全部离退休人员人数} \times 100\%$$

3）社会保险人数速度统计。社会保险人数速度指标主要包括社会保险人数增长速度和平均增长速度。这两项指标动态地反映了社会保险工作发展进程和社会效益，是反映社会保险事业最灵敏、最活跃的指标。

（2）社会保险单位覆盖面。统计社会保险单位覆盖面，需要分别统计现有应参加社会保险的单位数、已经参加社会保险的单位数等，目的是反映参加社会保险的单位的数量指标。

（3）社会保险区域覆盖面。社会保险区域与我国现行划分的"行政区域"是一致的。社会保险区域覆盖面是指已开展某项社会保险业务的行政区域数与同级行政区域总数的百分比。

2. 社会保险基金运行统计

（1）基金征缴率。社会保险基金征缴率是指社会保险基金实际征缴额与应征缴的社会保险基金之比率。社会保险基金欠缴率是指社会保险基金本期欠缴金额与应征缴的社会保险基金之比率。该指标反映基金征缴情况，基金征缴率越低，欠缴率就越高，说明缴税（费）单位和个人欠税（费）情况越严重。其计算公式如下：

$$社会保险基金征缴率 = \frac{社会保险基金实际征缴额}{社会保险基金法定征缴额} \times 100\%$$

$$社会保险基金欠缴率 = \frac{社会保险基金本期欠缴金额}{社会保险基金法定征缴额} \times 100\%$$

（2）实际缴税（费）比例。缴税（费）比例是指参加社会保险的单位、职工实际缴纳的社会保险税（费）占缴税（费）基数的比例。社会保险税（费）率分为用人单位社会保险税（费）率和被保险人个人社会保险税（费）率，用人单位社会保险税（费）率是指参加社会保险的用人单位应缴纳社会保险税（费）占单位缴税（费）工资基数的比例，被保险人个人社会保险税（费）率是指参加社会保险的个人应缴社会保险税（费）占个人缴税（费）工资基数的比例。实际税（费）率与规定税（费）率之差有助于判断法律法规执行结果，确定工作措施，并及时调整政策。

（3）社会保险结余基金支付能力。社会保险结余基金支付能力的主要衡量指标是社会保险结余基金支付月数。其计算公式如下：

$$累计结余基金可支付月数 = 累计结余基金 \div （年支付保险金金额 \div 12）$$

（4）社会保险费用实际支付率。社会保险费用实际支付率，简称实支率，是指报告期内社会保险机构实际向社会支付的社会保险费用总额与计划向社会支付的社会保险费用总额的比率。其计算公式如下：

$$社会保险费用实支率 = \frac{社会保险费用实际支付额}{社会保险费用计划支付额} \times 100\%$$

（5）养老金替代率。养老金替代率是指报告期离退休人员月平均养老金同离退休前一定时期或当期在职职工的月平均工资之比，反映的是同一劳动者的养老金平均水平与在职时或与在职职工的平均工资水平相比较是否合理的指标。其计算公式如下：

$$养老金替代率 = \frac{报告期离退休人员平均养老金}{报告期职工平均工资} \times 100\%$$

（6）社会保险基金增值率。社会保险基金增值率是社会保险基金经济效益的主体考核指标，用以考查社会保险管理机构的工作水平与社会保险基金的增长速度。其计算公式如下：

$$社会保险基金增值率 = \frac{报告期内社会保险基金增值额}{社会保险基金期初原值} \times 100\%$$

3. 社会保险监测及决策统计

（1）社会保险负担系数。社会保险负担系数是已享受各项社会保险待遇人员人数分别与参加各项保险的职工人数之比。该指标反映了参加社会保险的职工负担程度，系数越大，说明职工负担程度越重；反之，则越轻。其计算公式如下：

$$社会保险负担系数 = \frac{已享受社会保险待遇人员人数}{已参加社会保险的人员人数}$$

（2）社会保险金生活保障系数。社会保险金生活保障系数衡量了享受各种社会保险待遇人员获得的社会保险待遇（补偿）程度，应按不同的保险项目分别设置。其计算公式如下：

$$社会保险金生活保障系数 = \frac{享受社会保险待遇人员的平均社会保险总费用}{社会人均生活费用}$$

（3）社会保险费率。社会保险费率反映在一定时期内国家、企事业单位和个人负担社会保险费的情况，应按国家、企事业单位、个人分别计算。其计算公式分别如下：

$$国家社会保险费率 = \frac{国家承担的社会保险费}{国家财政收入}$$

$$企事业单位社会保险费率 = \frac{企事业单位缴纳的社会保险费}{企事业单位职工工资总额}$$

$$个人社会保险费率 = \frac{个人缴纳的社会保险费}{个人同期收入总额}$$

4. 社会保险事业统计

（1）社会保险机构及人员构成。包括社会保险机构数、工作人员数和工作人员构成。社会保险机构数是指各级人力资源和社会保障以及医疗保障部门设立的社会保险机构数量。工作人员数是指社会保险机构实际在编和非在编的人数，包括长期职工（含合同制职工）、临时职工和借调、聘用人员，不包括在企业、银行等单位聘用的专管员、代办员。它反映了社会保险机构工作人员总规模。工作人员构成是指工作人员的文化知识结构、专业技术结构及年龄结构。文化知识结构可按学历分为大专及以上、高中、初中及以下等。专业技术结构按专业技术职称可分为高级、中级、初级及以下等。年龄结构通常按年龄分组变量数列反映，还可以按各级工作人员的平均年龄来表示。

（2）社会保险机构所办事业统计。社会保险机构所办事业分为两类：一类是不以营利为目的的老年人福利设施，如养老院、离退休人员活动中心、医疗康复设施等；另一类是社会保险经办机构举办的生产性经营实体。

第四节　社会保险管理的方式

一、社会保险管理的性质

（一）马克思主义关于管理二重性的论述

在生产社会化条件下，管理的性质是二重的。马克思指出了资本主义生产管理的二重性：资本主义的企业管理，一方面是生产社会化的客观要求，决定了社会必须对生产经营过程进行统一组织、协调和指挥；另一方面，由于资本主义的生产关系是劳动与资本相互对立的生产关系，这就决定了资本主义社会必然采取约束性的监督劳动来保证对劳动者的剥削，以维持和发展资本主义生产关系。可见，前者是生产力发展的一般要求，属于管理的自然属性；后者反映了资本主义生产关系的特殊性质与要求，属于管理的社会属性。

（二）社会保险管理的性质

马克思主义关于管理的二重性原理也适用于社会保险管理性质的分析。在资本主义社会里，一方面社会保险活动以机器生产和高新技术生产的社会化大生产为前提，要求社会保险管理必须按照生产技术和生产力发展的客观规律，组织、指挥和调节社会保险管理过程中的各种协作劳动及其关系，促使劳动者之间、劳动者与劳动设备之间、劳动者与经营技术之间有机结合；另一方面建立在资本主义私有制基础上的社会保险，其目的是通过某些改良措施，保证劳动者必要的生活水平，缓和劳资关系，以便榨取更多的剩余价值。于是，社会保险管理成为资本家对劳动者控制与剥削的重要间接手段之一。

在社会主义制度下，社会保险是以生产资料公有制和按劳分配占主导地位的经济制度和分配制度为基础，加强管理的目的是保证社会保险给付金能够足额及时地发放，并随着社会的发展而相应提高，这同人民的根本利益是相一致的。同时，在社会保险管理活动中，领导和群众之间的关系，管理人员、技术人员和直接劳动者之间的关系，是平等的、互助互利的合作关系，因而不存在资本主义社会那样的剥削性。但是，在社会主义社会保险经济关系中还存在着中央与地方、国家与个人、社会保险机构与用人单位及个人之间的不同的经济利益关系，正确处理诸方面的经济利益关系必须根据党和国家的相关政策，按照客观经济规律，采用有利于调动单位与个人的积极性，有利于发展社会主义社会保险事业的方法和手段，对社会保险活动进行管理和监督。这是反映社会主义生产关系性质的社会保险管理的社会属性。

二、社会保险管理的方式

（一）社会保险宏观管理

社会保险宏观管理主要是指中央政府对社会保险模式的选择和社会保险政策的制定及其实施过程的监督和控制。

1. 社会保险宏观管理目标

（1）保证社会保险体制与经济体制相配套。社会保险是社会经济的重要组成部分，有什么样的社会经济体制，就必须有相应的社会保险制度与之相适应，否则社会保险不仅本身难以发展，而且还会成为经济发展的桎梏。在我国，与建立社会主义市场经济体制相适应，原有的社会保险制度已不适应这一形势的需要，成为国有企业改革的"瓶颈"，是经济体制转换的关键性障碍因素之一，因此就需建立失业保险制度，改革养老、医疗、工伤、生育等项保险制度，保证社会主义市场经济体制的建立和完善。

（2）保证社会保险金按时足额发放。社会保险金能否及时足额地发放到社会保险对象手中，是社会保险能否发挥其"社会稳定器"作用的前提条件，是事关一国社会经济能否平稳健康发展的大事。如果拖欠甚至克扣社会保险对象的社会保险金，必然引起社会保险对象的不满情绪，引发社会不安定因素，甚至会导致社会动乱。

（3）保证社会保险有足够的偿付能力。社会保险足够的偿付能力是社会保险金按时足额发放的根本保证，是社会保险正常发挥其作用的必要条件。自20世纪70年代以来，世界性的社会保险改革，其实质就是社会保险因偿付能力不足，各国为增强其偿付能力所推行的一系列措施。从这种意义上说，对社会保险偿付能力的管理是社会保险宏观管理的核心。

（4）提高社会保险的经济效益。讲求社会保险的经济效益，并不是否定社会保险的社会效益，而是说社会保险不同于社会福利和社会救助，只有对社会保险基金进行有效运作，才能使社会保险基金发展壮大，更好地发挥社会保险的社会效益。现在许多国家高度重视社会保险基金投资与管理，我国也专门成立了全国性的社会保障基金投资机构，把社会保险基金的投资收益作为社会保险基金的重要来源，从而增强社会保险的偿付能力。

2. 社会保险宏观管理内容

（1）社会保险制度设计。建立什么样的社会保险制度，是各国管理社会保险首先需要决策的问题。与社会主义初级阶段和建立社会主义市场经济体制相适应，我国的社会保险制度总的设计思路是，根据国家财政和单位以及个人的实际承受能力，坚持社会保险只提供最基本的生活保障；坚持广覆盖，凡是法律规定应纳入社会保险范围的劳动者，都必须成为社会保险对象；坚持多层次，即在社会保险内部，建立职工个人账户与社会统筹相结合的制度，积极鼓励和发展职业年金、企业年金和商业保险、个人储蓄保险等多种形式；坚持社会保险税（费）多方负担，改变保险费完全由国家和单位负担的状况，个人也要合理负担一部分社会保险税（费）。

（2）社会保险管理制度建设。社会保险管理制度建设主要有三个方面内容：一是确立社会保险的管理原则；二是明确社会保险行政管理、业务管理和监督管理的责任、机构和分工；三是确立管理方式和管理手段，以此提高社会保险的管理效率。

从实践来看，高效的社会保险管理制度应符合的原则为：社会保险管理决策统一；社会保险的行政管理、业务管理和监督机构分开设立；社会保险实行社会化和现代化管理。

（3）社会保险的发展规划。其主要内容包括：一是社会保险的预测预警工作。规划的指导性在于它的前瞻性，而科学的预测预警是前瞻性的保证。二是社会保险发展的宏观环境分析。社会保险事业发展是国民经济和社会发展的组成部分，规划社会保险事业发展，要从社会经济发展的全局出发，全面分析宏观经济发展的重大政策和环境变化对社会保险事业的影响。三是根据社会保险事业发展的需要，规划社会保险法治建设的目标和具体步骤。四是紧跟科技进步的步伐，确定社会保险信息网络建设的基本框架和技术水平。

（4）社会保险基金管理的监督。对社会保险基金管理的监督包括社会保险基金运作机构准入的资格认定标准、退出条件和程序以及社会保险基金运行过程中的监控等，其基本要求是确保基金不被侵害、挪用和贪污，最大限度地使基金增值。

（二）社会保险微观管理

社会保险微观管理即社会保险自我管理，是指社会保险机构为运筹和实施经营决策而对社会保险各环节进行的管理，其主要内容如下。

1. 社会保险市场管理与竞争策略

社会保险市场管理就是从事社会保险市场研究，分析市场对社会保险机构提供的各种保险保障的需求和购买力情况，以及影响社会保险市场供求关系的诸因素，对未来市场的发展作出预测。这主要是对社会保险市场化的国家而言的。

2. 社会保险计划管理

社会保险计划管理一般分为综合计划管理和专项计划管理，后者包括业务计划、人力资源计划、职工教育计划、基本建设计划、财务收支计划的管理。

3. 社会保险业务管理

社会保险业务管理是通过对社会保险业务的计划、组织、协调和控制，从而达到社会保险机构预期目标的一种管理行为。

4. 社会保险财务管理

社会保险财务管理是社会保险机构经营管理的综合反映，既是经营好坏的标志，又是经济效益的最终表现。在当前情况下，我国社会保险财务管理是指社会保险基金的财务管理，其目的和方式重在保值增值，不发生流失和挪用等现象。

5. 社会保险机构人力资源管理

人力资源管理包括劳动管理和行为管理两种方式，它渗透到社会保险的各项业务活动之中，涉及社会保险机构的全部人员，是对社会保险机构全体人员的一项综合性管理。

三、社会保险管理机构

（一）社会保险管理机构设置要求

根据国内外的成功经验，社会保险管理体制中应设置以下四个层次的管理机构。

1. 决策协调机构

决策协调机构主要担当向立法机构提供决策依据，协助制定社会保险有关法律法规，并根据法律法规导向制定有关政策和发展规划，以及参与审议预决算和对重大问题进行决策的职责，同时，还负有对社会保险各项目管理部门的协调重任。

2. 业务执行机构

业务执行机构是执行国家社会保险方针、政策的综合职能部门，并且负责执行政策法规、落实实施方案，以及具体经办社会保险各项目费用的征缴、核算和发放等工作。

3. 资金运作机构

资金运作机构的主要职能是通过对社会保险基金的有效运作，保证基金安全和增值，提升社会保险的偿付能力。

4. 监察监督机构

监察监督机构主要行使对社会保险各项法律法规的执行情况，以及社会保险各项基金的收支、运营和管理的监督权。

（二）国外社会保险管理机构类型

国外比较典型的社会保险管理机构，大致有以下四种类型。

1. 集中统一型

集中统一型的特征是在整个国家或地区只建立一个社会保险机构，统一负责征集税费和社会保险支出，统一管理社会保险事务。例如，英国的卫生和社会保障部，就集中统一管理几乎所有社会保障事务。

2. 统分结合型

统分结合型的特征是立法、政策、资金、监督等四种职能，实行统一管理，而具体的社会保险各项目管理，则分别由各职能部门分工负责。法国是统一立法、统一资金征集管理、统一实行监督，但社会保险局负责医疗、养老保险的具体事务管理，国家劳动部则承担失业保险的管理。

3. 分头自治型

分头自治型的特征是在统一立法和统一监督下，各种社会保险项目实行分头自治管理，相互独立运作。例如，德国的医疗保险、年金、战争被害者的援助等由劳动社会部自治管理；医疗、保健、食品卫生、医药和社会福利则由青少年、家庭、妇女保健部实行自治管理。

4. 市场运作型

市场运作型的特征是政府部门只作一般监督和政策规划，而社会保险的具体事务都转由民间部门根据立法参与运作和承办。例如，智利的政府社会保障部门只管制定政策和发展规划，具体业务和基金运营都由包括私营保险公司在内的民间机构承担，政府对基金运营过程实行动态监督。

（三）中国社会保险管理机构

中国社会保险管理机构的设置，是在国务院的集中统一领导下，采取条块结合、以块为主的分级管理体制。

1. 社会保险的行政管理机构

社会保险行政管理的职责在政府。社会保险的行政管理机构是社会保险的主管部门，其主要职能：制定社会保险事业发展规划，制定并监督社会保险各项政策、规章、制度的贯彻落实情况，监督社会保险基金的收支、管理，编制社会保险基金预决算草案，以及指导社会保险经办机构的业务工作。

2. 社会保险的经办机构

社会保险的经办机构也称执行机构，是社会保险业务的具体经办机构，属非营利性质的事业单位。具体办理社会保险基金的收支和管理工作，开展对社会保险对象的管理服务工作。

我国社会保险的经办机构是1988年以来建立的，名称统一为社会保险事业管理中心或社会保险基金管理局。

3. 社会保险的监督机构

（1）行政监督。行政监督涉及的机构有政府人力资源社会保障部门、医疗保障部门、税务部门、财政部门、银行。

（2）审计监督。审计监督涉及的机构有国家审计机关、社会保险经办机构的内部审计组织。

（3）社会监督。社会监督的机构是由政府代表、用人单位代表、工会代表和退休人员代表以及人大、政协、社会知名人士组成的社会保险基金监督委员会。负责审核社会保险各项基金的年度收支计划，监督社会保险政策、法规的执行和社会保险基金管理工作。

（四）我国社会保险基金管理机构

1. 社会保险基金监管局

该机构主要职责为：拟订基本养老、失业、工伤等社会保险及企业（职业）年金、个人储蓄性养老保险基金监管制度和养老保险基金运营政策；依法监督基金的收支、管理和投资运营；组织查处重大案件；参与拟订相关社会保障基金投资政策。

2. 全国社会保障基金理事会

全国社会保障基金理事会是财政部管理的事业单位，作为基金投资运营机构，不明确行政级别。全国社会保障基金理事会贯彻落实党中央关于全国社会保障基金投资运营工作的方针政策和决策部署，在履行职责过程中坚持和加强党对全国社会保障基金投资运营工作的集中统一领导。其主要职责是：

（1）管理运营全国社会保障基金。

（2）受国务院委托集中持有管理划转的中央企业国有股权，单独核算，接受考核和监督。

（3）经国务院批准，受托管理基本养老保险基金投资运营。

（4）根据国务院批准的范围和比例，直接投资运营或选择并委托专业机构运营基金资产。定期向有关部门报告投资运营情况，提交财务会计报告，接受有关部门监督。

（5）定期向社会公布基金收支、管理和投资运营情况。

（6）根据有关部门下达的指令和确定的方式拨出资金。

（7）完成党中央、国务院交办的其他任务。

（8）职能转变。全国社会保障基金理事会要适应新的职责定位，切实转变职能，作为投资运营机构，履行好基金安全和保值增值的主体责任。

深度阅读

林毓铭. 社会保险经办管理与服务［M］. 北京：社会科学文献出版社，2019.

该书对社会保险管理视域的财务经办管理、统计经办管理、基金经办管理、养老保险经办管理、医疗保险经办管理、工伤保险经办管理、失业保险经办管理、农民工社会保险经办管理、信息与档案管理等进行了较为系统的阐述，对所涉及的经办服务流程、经办改革、经办绩效等，以事实为依据作了较全面的探讨。该书将理论与实践相结合，突出精细化、信息化、创新型社会保障改革思路，为完善社会保障管理体制与经办服务体系提供一定决策参考。

本章小结

在社会保险目标确定以后，必须对社会保险业务运转过程进行有计划的组织、指挥、协调和控制，以达到既定的保障目标，获得最大的社会效益。社会保险管理的职能，可概括为规划、组织、指挥、调节和控制五项。

社会保险管理的主要内容包括社会保险行政管理、社会保险业务管理、社会保险财务管理、社会保险偿付能力管理。社会保险行政管理活动主要是通过行政执法来实施的。依据社会保险基金的来源与流向，社会保险业务管理是指对社会保险业务正常运行所必须经过的各个环节进行全面规范管理。社会保险经办机构是社会保险业务管理的主体，社会保险业务管理的内容包括社会保险档案管理、数据库管理和个人账户管理。

马克思主义认为，在生产社会化条件下，管理具有自然属性和社会属性。社会保险管理也同样具有二重性。在社会主义制度下，社会保险管理必须坚持按经济规律办事原则和管理现代化原则。社会保险管理的方法可分为定性方法和定量方法。社会保险管理的方式有社会保险宏观管理和微观管理。社会保险微观管理，即社会保险自我管理，是指社会保险机构为运筹和实施经营决策而对社会保险各环节进行的管理。社会保险管理机构是进行社会保险管理的组织形式。社会保险的管理体制中应设置四个层次的管理机构，即决策协调机构、业务执行机构、资金运作机构、监察监督机构。我国社会保险管理机构的设置，是在国务院的集中统一领导下，采取条块结合、以块为主的分级管理体制。

重要概念

社会保险管理的职能　社会保险行政管理　社会保险业务管理　社会保险统计指标　社会保险管理机构　全国社会保障基金理事会

复习思考题

1. 试述社会保险管理的必要性。
2. 社会保险管理的职能是什么？如何理解各职能的内容与特点？
3. 社会保险管理的主要内容是什么？各内容有何特点？
4. 如何加强社会保险的行政管理和业务管理？
5. 社会保险管理需要坚持哪些原则？
6. 社会保险管理有哪些主要方法？
7. 社会保险宏观管理的内容是什么？如何加强社会保险的宏观管理？
8. 如何理解社会保险的微观管理？

第二篇 社会保险险种

养老保险

医疗保险与生育保险

失业保险

工伤保险

长期护理保险

第七章
养老保险

第一节 年老风险与养老保险

一、年老风险与养老保障

(一) 年老风险与家庭养老保障

生老病死是人类无法抗拒的自然规律,而老有所养、老有所终自古以来就是人类社会的一种美好愿景。劳动者在经历了一生的辛劳进入老年之后,其劳动能力已经基本丧失,依靠劳动获取生活资料的能力已基本不复存在。在没有正式的养老社会保障制度的条件下,年老就意味着面临经济无保障的状况。首先,年老会使劳动者丧失劳动能力,也即丧失获取生活资料的能力,在工业化社会这种状况会更加严重。加之步入老年之后,人的疾病发生率将会升高,医疗开支和生活护理支出也将会大幅增加,无疑也将显著增加老年生活负担。其次,老年人还将面临长寿风险。一方面,长寿风险的存在可能会使过早死亡的消费者留下大量的非意愿遗产,降低生命期消费效用。美国经济学家科特里科夫 (Kotlikoff) 等人的研究表明,如果没有养老保险计划,个人在没有遗赠动机的情况下也可能会将自己全部财富的1/3留给后代。[①] 另一方面,即使个人预留有储蓄,但长寿风险的存在也将使非理性的消费者可能面临晚年储蓄不足而导致生活陷入困境的风险。

舒尔茨 (Theodore W. Schultz) 认为:"一个人通过自己的力量来防止因为年迈而导致的经济状况的不稳定,即使不说这是不可能的,至少也是非常困难的。因为他将面临

---

① 朱青. 养老金制度的经济分析与运作分析 [M]. 北京:中国人民大学出版社,2002:9.

种种问题,如不能肯定自己什么时候去世;不能确定将来收入的多寡;不知道自己年老后的基本需求是什么;无法预测自己的配偶、子女及亲属什么时候因什么原因而去世;无法预料年老后的健康状况等。正因为上述种种原因,不难理解为什么世界各国从原始时期就主要通过集体的方式为老年人提供经济保障。人类自从在地球上出现以后,就力图以家庭、部落、团体的形式聚集起来,共同减少或消除经济上的不保障,其中家庭的作用最重要。"①

西方国家工业化之前,养老保障的责任主要由家庭承载。如德国学者鲁道夫·吕贝尔特所描述的那样:"在18世纪中叶,欧洲各民族主要生活在农村,以农业为主,100个人中有90人靠农业生产或农业小企业为生。农民一般是三代、不少是四代同堂共营家计,在农民大家庭中,每一个成员按其能力,为维持生活做贡献,老弱病残也各得其所,直至瞑目为止。农村由毗邻居住的村舍和亲属纽带结成的集体,这决定着农村居民的生活。"② 在中国,自周代以来,社会历经战乱,社会形态、国家政权形式多有变迁,但构成社会基石的始终是家庭和家族,以至于有人将中国称为家庭本位的社会或宗法社会。我国著名社会学家费孝通把"家"或者"家庭"看作"养生送死"的所在,是社会的细胞和最基本的生活单位,这无疑是正确的。细致区分的话,社会的继替不仅需要生育制度,而且需要养老制度,这两种制度是对应的,是社会文化的两个端口。先有生育抚育,后有养老送终。这两个制度共同构成了人类社会的代际更替关系和"新陈代谢"方式,家庭成员的关系是以"生""育"和"养老"为基础而形成的亲属组织和血缘关系。③

(二)社会养老保险替代家庭养老保障是经济社会发展的必然结果

事实上,传统的家庭养老保障方式是通过纵向代际转移的方式将财富从上一代人向下一代人进行实物转移,这种财富的代际转移方式尤其在资本市场缺失、工业化出现之前几乎是唯一可行的养老保障模式。因此,家庭养老保障成为工业化之前人类养老的基本形式,也由此促进了扩展家庭(extended family)的形成。但是,随着近代工业革命的影响在世界范围内逐步扩大,人们的生产方式与生活方式发生了巨大的变化,传统的家庭制度面临严峻挑战,人口迁徙、工作变动等因素,造成了西方传统家庭模式的动荡和

---

① 中国老龄问题全国委员会办公室编. 国外老龄问题 [M]. 兰州:甘肃人民出版社,1987:14.
② 刘俊霞. 收入分配与我国养老保险制度改革 [M]. 北京:中国财政经济出版社,2004:270.
③ 穆光宗. 家庭养老制度的传统与变革——基于东亚和东南亚地区的一项比较研究 [M]. 北京:华龄出版社,2002:7.

解体,家庭结构逐渐趋于小型化,大量核心家庭(nuclear family)的产生,都直接导致了包括养老在内的家庭功能开始逐渐弱化。家庭养老保障功能的弱化,促使人们从工业革命之初就开始探索其他方式以替代家庭保障功能,其中以保险原理为基础的社会养老保险制度逐渐成为养老保障的主要形式。

保险的本质就是损失分担,其方法是以确定的小损失(缴纳的保险费)取代不确定的大损失,每一保险机构是分担损失的"工具"。生存年金(养老金)是一种一系列的固定期间支出,其基本功能就是有系统地偿还资金,其目的是用以保障活得太长而没有收入者之保险。[①]

保险的两个理论基石是"大数法则"和"交易获利原则"。就"大数法则"而言,对于个人是不确定性的风险,但对于整个社会这种风险却是近乎确定性,并且也是可处置的。例如,个人不知道自己什么时间死亡,但是对于整个社会而言,可以通过调查而得知各年龄人群的死亡概率,因而死亡风险是确定的。由于"大数法则"所产生的总概率的相对确定性,个人通过交易,集中风险,而有可能获得这种相对确定性,这就是"交易获利原则"。

假定个人的收入是随机变量 y,均值为 μ,方差(风险)为 $\text{var}(y)$;有 N 个人,收入分别为 y_1,y_2,$\cdots$,y_N。我们再假定:在没有保险的情况下,第 i 个人的方差是 $\text{var}(y_i)$。现假定所有 N 个人把其收入集中在一起,这样每个人将得到:

$$y = \frac{1}{N}(y_1 + y_2 + \cdots + y_N)$$

这种集中是保险形式的一种,因为所有的收入都是相互独立的,并且方差相同,因此,这一群体的方差是:

$$\text{var}(y_1 + y_2 + \cdots + y_N) = N \cdot \text{var}(y)$$

但个人的方差小得多。他得到的是上一个等式的平均收入 y:

$$\text{var}(y) = \text{var}(\frac{y_1}{N} + \frac{y_2}{N} + \cdots + \frac{y_N}{N})$$

$$= N \cdot \text{var}(\frac{y}{N})$$

$$= \text{var}\frac{(y)}{N} \to 0 (\text{当 } N \to \infty)$$

[①] 肯尼思·布莱克,哈罗德·斯基珀. 人寿保险(第12版)[M]. 北京:北京大学出版社,1999:112.

这表明，如果对 N 个人进行平均分配，且将独立的收入集中，则当 N 趋向无穷大时，平均收入方差（个人风险）趋近于零。个人通过"交易"（即集中）能够获得确定性。[①]

二、养老保险制度的发展

综观人类社会养老保险制度的整个历史演进过程，我们可以发现，其间经历了多次制度变迁。人类养老保险制度每一次变迁都有其必然性的原因，但是回顾整个养老保险制度变迁历史我们可以发现，有些制度变迁只是局部的和短暂的，而有些制度变迁则是世界性的和意义重大的。按照制度变迁的影响程度和重要性，从中可以抽象出两次重要的制度变迁，即从现收现付制养老金制度转轨为基金积累制养老金制度；从单一支柱养老金制度发展成多支柱养老金制度。

（一）第一次重要的制度变迁：从现收现付制养老金制度向基金积累制养老金制度转轨

第一次重要的养老保险制度变迁发生在 20 世纪 70 年代到 90 年代中期，养老保险制度改革的方式是从现收现付制养老保险制度向完全积累制养老保险制度转轨，改革的领导者是拉丁美洲国家智利，这次养老保险制度改革被誉为"养老金革命"。

20 世纪 70 年代的两次石油危机引发的世界性经济危机，以及受预期人口老龄化的影响，主要发达国家的现收现付制公共养老金制度开始面临财政危机。与此同时，现收现付制养老金制度的弊端也在这个时期出现，特别是在现收现付制公共养老金制度的覆盖范围逐步扩展和待遇水平逐渐增加的同时，实施现收现付制养老金制度的主要发达国家开始出现储蓄率下降、劳动力供给减少、提前退休者增加、企业生产成本上升、国际竞争力削弱等问题。在这种情况下，如何让现收现付制公共养老金制度摆脱危机，使政府从公共养老金制度所造成的财政困境中解脱出来，并设计出一套有利于国家未来经济发展的养老金制度，就成为摆在各国政治家和经济学家面前的一大难题。

1981 年 5 月，智利开始改革政府管理的现收现付制养老金制度，创立完全积累制个人账户管理方式的私人养老金制度。智利所推行的富有创新性的养老金私人管理的激进改革，其成效超出人们预料而震惊世界，到 20 世纪 90 年代初，智利已成为拉丁美洲经济增长的楷模，养老金制度改革为此做出了巨大贡献。智利新的养老金体制也因此

---

① 尼古拉斯·巴尔. 福利国家经济学［M］. 郑秉文，穆怀中，等译. 北京：中国劳动社会保障出版社，2003：116.

被誉为"智利模式"。在"智利模式"的影响下，秘鲁（1993）、阿根廷（1994）、哥伦比亚（1994）、乌拉圭（1995）、墨西哥（1996）、玻利维亚（1996）、萨尔瓦多（1996）7个拉美国家分别进行了不同程度的养老金私人管理方式的改革。

而在欧洲，英国是发达国家中第一个面临公共养老金制度潜在危机的国家，1979年上台的撒切尔夫人保守党政府通过减少公共养老金计划的待遇水平，激励职工从收入关联养老金计划中退出等方式，实行养老金制度私有化。主要的改革措施是改变国家基本养老金待遇指数化调整机制、提高妇女退休年龄、鼓励职工从收入关联养老金计划中"协议退出"，并促进私人基金积累制养老金计划的发展。

因此可以说，从20世纪70年代到90年代中期，世界上大部分国家养老金制度改革的主导趋势是废止或削弱现收现付制公共养老金制度，建立和鼓励私人基金积累制养老金制度发展。从现收现付制养老金制度向基金积累制养老金制度转轨，首次明确了养老金制度不仅是一项社会政策，而且还应具有明显的经济政策功效，即促进经济效率，进而推动经济增长。

（二）第二次重要的制度变迁：从单一支柱养老金制度发展成多支柱养老金制度

第二次重要的养老金制度变迁从20世纪90年代中期开始一直延续至今，这次养老金制度改革主要在欧洲大陆国家和转制经济国家中实行，其方式是从单一支柱养老金制度向多支柱养老金制度转轨。

20世纪90年代以来，人们开始怀疑单一支柱养老金制度在解决公平与效率矛盾方面的能力，普遍认为单一支柱养老金制度难以协调公平与效率两个政策目标。并且，在这一时期，基金积累制养老金制度的一些问题也逐步显露出来，如缺乏再分配效应、管理成本高昂、个人独自承担巨大风险等。特别是随着20世纪90年代末以来的经济滑坡，全球经济再次陷入困境，基金积累制养老金制度积累的大量养老基金财产大幅缩水，出现了巨额亏损，严重影响和削弱了基金积累制养老金制度的保障能力。既然在单一支柱养老金制度中不可能同时实现公平与效率两个政策目标，那么，多支柱养老金模式就成为协调公平与效率矛盾的可行途径。因此，从20世纪90年代中期开始，在世界银行、国际劳工组织、国际货币基金组织、经济合作与发展组织等国际组织的倡导下，许多国家开始实行多支柱养老金制度改革，特别是世界银行提出的三支柱养老金模式已然成为许多国家养老金制度改革的样板。在欧洲和转制经济国家，多支柱养老金制度改革是通过将传统的现收现付制养老金制度改革为现收现付制名义账户制度，鼓励以基金积累制养老金制度发展的方式来构建多支柱养老金模式。而在拉丁美洲，第二轮养老金制度改革主要由阿根廷、哥伦比亚和秘鲁领军,随后乌拉圭(1995)、墨西哥(1997)、玻利维亚(1997)、萨尔瓦多(1998)等国家相继进行了多支柱养老金制度改革。拉丁美洲第二轮养老金制度改革是在维持现行的现收现付制公共养老金制度的基础上,通过创建一个"智利模式"的第二支柱养老金制度来构建多支柱养老金制度体系。在东亚国家和OECD成员国,也出现了不同类型的多支柱养老金制度改革。实行多支柱养老金制度改革的国家普遍建立起包括现收现付制公共养老金、市场化运营的基金积累制养老金和个人储蓄性养老金等在内的多支柱养老金制度体系。

近年来,为了应对全球人口老龄化问题,各国纷纷针对养老金体系开展了新一轮的体制改革。经过长时间的实践,多支柱养老金体系已经被证实具有有效性和合理性。因此在新一轮改革中,各国的重点为如何优化现有的多支柱养老金体系以适应时代变化,即多支柱养老金体系的结构化改革。例如,希腊在2008年债务危机后,原本以第一支柱为主的养老金体系缺点凸显,不仅给希腊政府带来了高额的财政负担,也难以应对人口老龄化危机。因此,希腊政府不仅提高了退休年龄,还建立了自愿性质的养老金,降低了多支柱养老金体系中公共养老金的比例程度。而与之相反的智利,其完全积累制的私人养老金体系在2008年金融危机中养老金投资收益率遭到重创,大大动摇了智利养老金体系的稳定性。因此,2008年智利通过养老金改革方案,在现有养老金体系的基础上增加团结养老金制度(non-contributory solidarity pension),提高了养老金体系中公共养老金的占比。

第二节 养老保险制度与养老保险基金

一、养老保险制度模式

(一)养老保险的基本概念

养老保险是以国家立法的方式建立的,向因年老退休离开劳动力队伍的劳动者提供基本生活保障的正式制度安排。养老金制度包括公共养老金制度如国家养老金或国民养老金,以及私人养老金制度如职业年金、企业年金、商业性养老保险、个人储蓄性养老保险。一般地,公共养老金制度具有法律强制性,而私人养老金制度具有自愿性。

从养老金待遇给付方面来看,可以按照一个统一的标准向参保人提供一笔事实上与他的其他收入或者是以前收入没有任何关联的养老金受益,这叫作统一受益养老金制度。也可以以某种与参保人的其他收入或与以前的收入具有相当程度的关联的方式计发养老金受益,采取这种养老金受益计发方式的制度叫作收入关联养老金制度。在这种收入关联养老金制度下,通常是制度参与者的其他收入或以前收入越高,则他可能得到的养老金受益就越高。

从产权结构看,可以分为公共养老金制度和私人养老金制度。公共养老金制度一般是在统筹层次内设立一个公共账户,养老金的征缴和发放都是通过这个公共账户,账户的平衡与个人养老金缴费和给付无关。这种账户的最大优点是能够实现代内收入再分配。私人养老金制度则是由计划实施者为每个参与者设立一个账户,个人账户实现个人养老金收支平衡,即以缴费积累和投资收益支付养老金受益,其最大优点是能够实现个人收入的跨时转移。

(二) 养老保险制度的基本框架

1. 养老金制度的基本功能

一个特定的养老金制度可以由上述几方面的要素结合在一起而产生一个基本的制度框架,然而不同养老金制度的再分配功能是不同的。代际再分配是从代际交换中产生的,在代际的货币或物资交换过程中,受经济、人口和社会因素的影响,代际交换可能是"不平等"的,即某一代人的"贡献"大于"受益",成为"净贡献者",而另一代人则"受益"大于"贡献",成为"净受益者"。不同养老金制度中所隐含的代际再分配关系是不同的,包括代际转移、代内转移和跨时转移。这三种转移形式体现在养老金制度中,便产生了三种代际再分配形式,即代际再分配、代内再分配和跨时再分配。

代际再分配是指通过养老金制度的调节,收入在不同代人之间进行再一次分配,一般是有利于社会经济地位较弱的一代人,即从年轻一代向老年一代的财富再分配。因此人口年龄结构的变化对代际再分配会产生重要影响。

代内再分配是指同一代人之间收入再分配过程。同一代人虽然出生在相同或相近时期,但经过一段社会化过程之后,人与人之间的社会、经济地位截然不同。单从经济地位角度来说可以大致分为高收入阶层和低收入阶层。养老金制度的功能之一就是可以使不同阶层收入"均等化",即财富由高收入者向低收入者适当地转移,以促进社会公平。

跨时再分配是指通过养老金制度安排实现个人收入在不同时期内尽可能均匀化。对同一个人或同一代人而言,他们在年轻时期年富力强,收入呈不断增加的趋势,而一旦到了退休时期,其竞争力明显下降,收入锐减,因而人的一生或一代人在生命周期的不同阶段其收入水平并不是均匀分布的。养老金制度的功能之一便是抑制相对收入高峰期的"多余"消费量，形成"强制性储蓄"，将其转移到年老退休时来消费。

2. 养老金制度的基本框架

从养老金给付刚性的角度来说，现收现付制养老金制度往往是通过受益基准制方式实施的。之所以不通过供款基准制方式实施是因为它通常是通过税收进行融资的，实行以支定收。即根据当期养老金给付需求确定筹资规模，根据一个预先确定的工资替代率（养老金/社会平均工资）来厘定统一的供款率，即养老保险税（费）/工资水平。同样，基金积累制养老金制度也可以通过受益基准制方式实施，即由养老金计划发起人事先向参与者做出受益承诺，无论基金投资收益如何，都必须按事先约定的受益标准支付养老金，然后计划发起人将养老基金交给计划受托人投资经营，投资风险由参与者转移给计划受托人，计划受托人承担基金投资的全部风险。这与基金积累制的供款基准制养老金制度的不同之处在于供款基准制的风险是由参与者个人承担。

同时，从养老金产权结构的角度来说，公共账户养老金制度既可以与现收现付制结合，也可以与基金积累制搭配，其区别在于该制度是否形成基金积累。采取现收现付制形式的公共账户养老金制度（见表7—1）实行以支定收，实现社会收入的代际再分配和代内再分配。采取基金积累制形式的公共账户养老金制度（见表7—2）则实行以收定支，实现社会收入的代内再分配和跨时再分配。一般来说，个人账户养老金制度往往与基金积累制相结合。因为个人账户养老金制度强调个人账户上养老金缴费的产权归职工个人所有，所以其不具有代内再分配和代际再分配功能，只具有跨时再分配功能，因而具有很强的激励效应。但是，自从瑞典（1994）和意大利（1995）创建了现收现付制名义账户制度之后，现收现付制与个人账户首次出现了结合，其目的是通过个人账户在现收现付制中引入缴费激励。目前这项制度已经成为欧洲大陆国家解决当前现收现付制养老金制度存在问题的最有意义的方式。

表7—1　　　　　　　　　　　现收现付制形式的公共账户养老金制度

按产权结构划分	公共账户	现收现付制的公共账户养老金制度实现收入的代际转移和代内转移
	个人账户	现收现付制与个人账户的结合形成了名义账户制度，其实质仍然是现收现付制，但通过引入个人账户，增强了缴费与受益之间的适度关联
按养老金受益的发放方式划分	统一受益	维持最低生活标准，一般会附带财富审查机制
	收入关联	养老金收入与受益者以前收入成正比
按给付刚性划分	受益基准制	受益基准制的现收现付制养老金制度以个人退休前收入最高的一段时期的平均工资收入为标准计发养老金

表 7-2　　　　　　　　　基金积累制形式的公共账户养老金制度

按产权结构划分	公共账户	基金积累制的公共账户养老金制度实现收入的代内转移和跨时转移
	个人账户	基金积累制的个人账户养老金制度实现收入的跨时转移
按给付刚性划分	供款基准制	按照精算确定的供款率缴费，以其基金积累和投资收益共同给付养老金，参与者个人承担全部风险
	受益基准制	受益基准制的基金积累制制度由计划受托人提供给定的受益标准，计划受托人承担全部风险

虽然统一受益（含财富审查）与收入关联都是从养老金给付对受益者影响的角度来实施的制度安排，但统一受益（含财富审查）和收入关联存在着很大的差异。统一受益（含财富审查）是将养老金受益与个人的其他收入联系起来，是一种负向关联，受益者的其他收入越高，那么他所能得到的养老金受益就会越少。一般情况下会通过财富申报和入户调查的方式，掌握受益者的其他收入来源和额度，如房产租金、证券红利与股息、社会捐赠等，其他收入越高，受益者获得的统一受益养老金越低。统一受益的现收现付制以这种方式来缩小实际收入差别比较大的、不同受益者之间的实际生活水平的差距。收入关联却是一种正向的关联，通常情况下，参与者在工作期间的"最好时期"的平均劳动收入越高，那么其所得养老金受益也就越多，从而强化养老金受益与职工个人缴税（费）之间的关联度，增强制度的激励效应。

二、养老保险基金

由于一国的养老保险制度实际上是围绕养老保险基金的筹集、投资运营和给付全过程而设计和制定的，如果在养老保险制度运行的过程中，不能依法及时足额地征集养老保险基金，合理有效地使用养老保险基金，养老保险制度就无从实施，养老保险制度对社会经济发展的保障和促进作用就难以实现。因此，我们认为，作为养老保险制度运行的物质基础和核心内容——养老保险基金是指根据国家立法，通过各种方式建立起来，用于实施养老保险制度的资金。养老保险基金具有以下重要特征。

（一）强制性

由于基本养老保险项目由国家通过立法在全社会强制推行，养老保险基金的筹集、管理和使用都具有法律强制的特征，养老保险基金的运行过程必须做到法治化、程序化、规范化。养老保险的缴税（费）标准与缴税（费）项目、保障待遇的给付标准与给付条件等均由国家的法律法规或地方政府的条例统一规定，任何单位和劳动者个人均无自由选择与更改的权利。凡属于法律规定范围内的成员都必须无条件参加基本养老保险制度，按规定履行缴纳养老保险税（费）的义务。

（二）适度性

养老金待遇水平是一个具有整体性、相对性，且质与量相统一的范畴，对养老金待遇水平适度性的内在要求决定了养老保险基金分配要与国民经济承受能力相适应，尽可能避免养老保险基金的征集和使用对国民经济的消极影响，养老保险基金所提供的经济补偿水平只能以满足劳动者的基本生活需要为基准。

（三）公平性

养老保险基金的公平性原则包括经济公平和社会公平两个层次，要求在养老保险基金的筹集和分配使用过程中构建经济利益主体之间的平等环境。养老保险基金的形成需要高收入劳动者比低收入劳动者缴纳较多的养老保险费或税，而在养老金待遇给付的过程中一般都是根据实际需要统筹互济，不是完全按照缴纳养老保险税（费）的多少给付养老金待遇，从而实现国民收入的再分配，使全体社会劳动者共同承担社会风险。

（四）积累性

在完全积累制或部分积累制制度条件下，由于从养老保险缴税（费）到养老金支出有一个长期的时间差，从根本上要求养老保险基金管理服务机构能够利用积累形成的养老保险基金进行投资组合管理，在动态经济条件下实现养老保险基金的安全营运、有效投资和保值增值，从而在提高资本形成效率，实现养老保险制度在资本市场与国民经济互动、协调发展的基础上，使社会劳动者因养老保险基金的积累而受益，充分分享经济社会发展的成果。

三、养老保险基金管理模式

20世纪70年代末以来，受多种因素的制约，养老保险基金管理呈现出多元化的新走势。目前，从世界范围来看，养老保险基金管理存在三种主要的管理模式，即公共部门集中管理模式、委托投资管理模式、完全市场化管理模式。

（一）公共部门集中管理模式

公共部门集中管理模式主要被公共养老金制度所采用。如美国的社会保障基金委托给社会保障基金信托管理委员会投资管理，新加坡的中央公积金委托给中央公积金局管理运作，英国的国家基本养老金完全纳入国家财政预算管理。这种模式实行包括基金行政管理权、投资管理权、监管权等在内的多权合一，不仅可以带来资金集中征缴和管理的规模优势，降低管理成本和交易成本，政策的执行也较灵活，而且运用养老保险基金投资于经济建设的投资策略，可以实现促进经济发展和社会政策的双重目标。但该模式最大的缺陷是出现政府与养老保险基金的利益不一致，可能导致寻租与腐败、政治操纵、基金资源配置无效、制度运行缺乏透明度等问题。

（二）委托投资管理模式

委托投资管理模式主要被依照国家立法建立的基金积累制养老金制度的基金采用，如我国的全国社会保障基金和个人账户基金。这种模式要求所有经过某种方式挑选的私营投资管理机构均可自由进入养老基金市场，管理的方式要么是由私营投资管理机构与公共部门签订协议，遵循协议规定的要求来吸收、管理和运作养老基金；要么通过一种竞争招标或拍卖的方式选择几家业绩稳定、效率较高、费用较低的投资管理机构，由其管理和运作养老基金，参保职工个人不直接与投资管理机构接触，个人缴费（税）由公共部门统一征收，集中起来在几家投资管理机构之间进行投资额度分配。这种模式要求投资管理机构所管理的养老基金与其管理的其他基金和自有资产严格分离，并且由监管机构对其实行严格监管。这种模式的优点是：其一，通过公开竞标、拍卖等方式选择符合条件的私营投资管理机构来运作养老基金，避免了由公共部门垄断运作可能导致的腐败寻租等问题；其二，通过公共部门以集中征收方式征集养老基金，避免了私营投资管理机构为了争夺市场而进行的成本费用内耗；其三，规模庞大的养老基金使受托人可以有更多资金和理由，寻找那些将在接近边际成本的限度内收取费用的投资管理人。

（三）完全市场化管理模式

完全市场化管理模式主要被补充保障项目，如企业年金、个人养老金计划形成的养老基金采用。如美国的私人养老基金、英国的职业年金基金、我国的企业年金基金都采取信托型管理模式；也有些国家的私人养老基金采取基金会型、契约型或公司型管理模式。这种模式下，企业依据政府法律法规建立养老金计划，政府对计划的建立、养老基金的管理、投资运作行为以及委托代理关系不进行干预，养老基金采取完全市场化管理方式，政府的作用仅限于从外部实施监管。

1981年5月，智利改革政府管理的现收现付制退休金制度，创立以投资为基础的个人退休金账户制的私人养老金制度。智利养老基金只允许专门成立的养老基金管理公司（Administradores de fondos de pensiones，AFPs）运作，实行"一人一账户""一公司一基金"的管理制度（目前允许一公司两个基金）。但是"智利模式"也因其很高的营销成本和 AFPs 之间的恶性竞争而受到多方批评。从 AFPs 的费用结构来看，允许雇员在 AFPs 之间不受限制地自由转换，导致很高的营销成本。由于投资监管和费用、佣金规定，各 AFPs 提供的产品之间的差异性很低，因此，各 AFPs 都试图通过提供礼品和其他激励吸引雇员转换 AFPs。1995 年有 25% 的雇员转换 AFPs，而希望转换的雇员达到 37%，这迫使 AFPs 的营销代理人增加到 15 432 个，从而大大地增加了营销成本。[1] 不考虑营销成本被低估的因素，AFPs 的年均营销费用占到总成本的 45% 左右。[2] 从养老基金市场的发展演变来看，规模经济是通过兼并实现的。允许个人自由选择 AFP 和进行零售管理导致整个养老基金规模不经济、AFPs 之间恶性竞争。

2002 年智利意图开始养老金体系的又一轮改革，因此启动了养老金体系数据收集工作。2008 年智利正式开始新一轮的养老金体系改革，首先建立了非缴费型的团结养老金。该养老金筹资以税收为主，参保者无须缴费，该保险覆盖了非正式就业者、老年人、残疾人以及遗属，弥补了智利原本养老金体系覆盖面不足的缺陷。针对恶性竞争和高营销成本的问题，智利同时还建立了竞标机制和在线咨询养老服务。该机制规定养老基金管理公司必须通过竞标的方式争取到管理资格，从而倒逼智利的养老基金管理公司采取降低管理费等方式占据市场。随后，2014 年智利成立总统咨询委员会，针对本轮改革后的养老金体系进行评估，并提出了继续提高团结养老金比例，建立政府运营的基金管理公司等进一步优化方案。

四、养老保险基金监管模式

（一）"审慎人"原则与定量限制式监管模式

"审慎人"原则只要求那些负责任的基金管理人在作出投资决策时要尽职尽责，慎重考虑基金管理的特殊环境，其对应的附带原则通常是大致分散化的要求和忠诚义务（只考虑所有者的利益）。"审慎人"监管模式的前提是经济发展已经很成熟，金融体制比较完善，并且基金管理机构也已得到一定程度的发展。这种模式的特点是：其一，强调基金管理者对雇员的诚信义务和基金管理的透明度；其二，要求资产多样化经营，避免风险过度集中；其三，鼓励竞争，防止基金管理者操控市场和避免投资组

---

[1] Hemant Shah. Towards better regulation of private pension funds [R]. The World Bank Working Papers, 1997: 9.
[2] James E, et al. Mutual funds and institutional investments: What is the most efficient ways to set up individual account in a social security system [D]. NBER Conference, 1998.

合趋同。在这种模式下，监管机构和基金理事会（或董事会）较少干预基金的日常运作，只是在有关当事人提出要求或基金出现问题时才介入，基金的监管在很大程度上依赖于独立受托人，如基金托管人、外部审计师、精算师、法律顾问以及资产评估机构和新闻媒体等中介组织。

另一些国家和拉美国家对计划受托人、各类投资工具、风险、所有权集中度实行了定量限制，这些国家的投资监管被贴上了"量化"或"严格"的标签。[①] 这些监管通常指定了养老基金可以投资的资产类别的最大限额，有些国家还具体指定了单个资产的最大限额，甚至资产的最低持有额（特别是政府债券）。在定量限制式监管模式下，监管机构独立性较强，一般都是成立专门机构进行监管。这种模式除要求投资管理人达到最低的审慎性监管要求外，还对基金的结构、运作和绩效等具体方面进行严格的限制监管：一是对养老基金管理机构实行严格的特许经营权管理制度，严格控制基金管理公司的数量和质量；二是要求养老基金管理机构只能从事与养老基金有关的投资经营和服务业务；三是对基金管理公司提出严格的限量要求。这种模式一般适用于市场经济体制不够完善、管理制度建立较晚、市场中介机构不够发达、法律不够健全的国家。

（二）"审慎人"原则与定量限制：两种监管模式的比较

表7-3给出了9个OECD国家养老基金投资组合监管的类型，表7-4则是2017年这9个OECD国家养老基金投资组合投向占比。观察两个表格可以发现，加拿大、芬兰、意大利、日本、荷兰、英国、美国采取"审慎人"监管模式，德国和瑞典采取定量限制式监管模式。通过比较我们可以看出，采取"审慎人"原则监管模式的国家一般对国内资产和海外资产很少有定量限制，最为典型的是日本、荷兰、英国、美国，这4个国家对国内和海外投资都没有定量限制。而采取定量限制监管模式的国家对国内资产的限制比较严格，对海外投资的限额是不超过养老基金资产的10%。

表7-3　部分OECD国家对养老基金投资组合的监管模式

	"审慎人"原则（PPR）	对国内资产的定量限制监管	自我投资和所有权集中性	海外资产限制
加拿大	PPR，投资于单一企业的资产≤10%	房地产≤5%	自我投资≤10%；投资于单一企业的股票≤30%	没有币种限制，但海外投资≤20%

---

① Queisser, Monika. Regulation and supervision of pension funds: Principles and practices [J]. International Social Security Review. 1998, 51: 1-21.

续表

	"审慎人"原则（PPR）	对国内资产的定量限制监管	自我投资和所有权集中性	海外资产限制
芬兰	PPR	股票≤30%；未列出的股票≤5%；抵押贷款≤50%；房地产≤40%	自我投资≤30%	80%受到币种限制，海外币种5%；欧盟成员国投资20%
德国	非PPR	股票20%~25%；房地产15%~25%	自我投资≤10%	80%受到币种限制，非欧盟投资比例限制≤6%
意大利	PPR，投资于单一发行人的债务和股票≤基金资产的15%	流动性资产≤20%；封闭基金≤20%	投资于单一企业或多个发起人的股票≤20%；投资于一个封闭基金≤25%	币种限制≥33%；OECD国家在受到监管市场上的非交易证券≤50%；OECD国家受到监管市场上的交易证券≤5%（非监管市场上的交易证券被禁止）
日本	PPR	没有	禁止自我投资	没有
荷兰	PPR，投资政策是持续与透明的	没有	自我投资≤5%（除了10%的剩余资产）	没有
瑞典	非PPR，单一企业投资≤10%	股票≤60%	自我投资≤10%；投资于单一企业的股票≤5%	有币种限制；海外投资≤5%~10%
英国	PPR，对DC计划有集中性限制	没有	自我投资≤5%	没有
美国	PPR	没有	对于DB计划的自我投资≤10%	没有

表7-4　　　2017年部分OECD国家养老基金投资组合投向占比　　　　%

	股票	票据和债券	现金和存款	集合资产计划	其他
加拿大	28.7	31.7	4.0	—	35.6
芬兰	38.2	27.4	3.6	—	30.9
德国	5.4	49.9	4.2		40.6
意大利	18.2	45.1	6.3		30.4
日本	8.1	31.6	8.7		51.6
荷兰	28.6	46.2	3.1	—	22.1
瑞典	13.9	16.1	1.0	63.4	5.6
英国	9.0	30.2	2.2	26.6	31.9
美国	30.7	24.5	2.5	31.6	10.6

资料来源：OECD. pension at a glance 2019, OECD, Paris.

根据2017年部分OECD国家养老基金投资组合实际投资收益率（见表7-5），可以发现选择"审慎人"原则监管模式的国家养老金实际投资收益率平均高于选择定量限制式监管模式的国家。但观察最近5至15年平均实际投资收益率的变化可以发现，选择定量限制式监管模式的国家如德国，其投资收益率更为稳定且浮动较小。

表7-5　　2017年部分OECD国家养老基金投资组合实际投资收益率　　　　%

	2017年实际投资收益率	最近5年平均实际投资收益率	最近10年平均实际投资收益率	最近15年平均实际投资收益率
加拿大	5.73	6.46	4.01	5.48
芬兰	6.69	5.62	—	—
德国	2.07	2.89	2.61	2.65
意大利	2.01	3.05	1.72	2.04
日本	3.18			
荷兰	4.49	6.01	4.38	5.26
瑞典	—			
英国	—	—	—	—
美国	7.52	4.22	0.53	1.74

资料来源：OECD. pension at a glance 2018, OECD, Paris.

对OECD国家养老基金投资组合监管模式的实证研究可以看出：其一，采取"审慎人"原则监管模式的国家对资产类别有较少的限定，有些国家甚至没有这项要求；其二，虽然两种监管模式都对海外投资进行限制，但"审慎人"原则监管模式对限制的上限和币种的要求都放得比较宽；其三，从监管的结果来看，采取"审慎人"原则监管模式国家的平均收益率明显高于采取定量限制监管模式的国家，而前者面临的风险反而低于后者。

（三）养老保险基金监管模式的未来趋势：从定量限制走向"审慎人"原则

从养老保险基金监管模式的历史演变来研究，世界范围内养老基金监管大致呈现出从定量限制监管模式走向"审慎人"原则监管模式的趋势。随着资本市场的发展和养老基金管理体制的完善，许多国家对投资工具及比例的限制作出相应的调整，特别是养老基金进入股票市场和海外投资的规模在不断扩大，甚至连崇尚经济自由的美国和英国，其进入股票市场养老基金的比例也经历了一个逐渐放宽的过程。1970年英国和美国养老基金投资股票的比例为养老基金资产的45%和41%，1990年逐步上升到63%和46%，1997年达到72%和61%。实行全面政府干预的瑞士也逐步放松了对养老基金投资的限制，1970年瑞士养老基金投资股票的比例为养老基金资产的3%，如今已有26.7%左右。

以智利为例，在创建新型的政府强制但私人管理的养老金计划时，限于当时国内资本市场开发不足，养老基金的规模较小，智利实行了非常严格的投资限制。养老基金的投资被严格限定在政府债券、定期储蓄和非常有限的私人债券和股票上，并对不同类别的资产设置最高限额。这种严格监管规则在养老基金发展的初期被证明是有效的。随着改革的深化，公众对新制度认可程度的提高，资本市场在深度和广度上的发展，投保人在金融市场方面的经验越来越丰富等，严格限制的规则也随之逐渐削弱。最初，相对于养老基金总资产而言，投资的上限额分别是：国家证券的投资限额是100%，抵押债券的投资限额是80%，银行负债的投资限额是70%，公司债券的投资限额是60%，养老基金限额是20%。1982年，银行负债投资限额降低到40%。1985年，国家证券投资限额降低到50%，同时公司债券投资限额降低到40%。养老金被允许投资私营企业股票，但投资额最高不超过其资产总值的30%，而且对任何一家公司的投资不能超过5%。1986年，养老基金又被允许以分散的所有权形式投资于公司。1989年，可以投资于实物资产公司，但有一个总限额和一个对单个公司的限额。1990年，养老基金获权投资外国证券，但有一个很低并缓慢提高的投资限额。同时，对国家证券的投资限额进一步降低到45%，而对银行负债和公司债券的投资限额提高到50%。1993年，规定可以投资于风险资本和基础建设基金。1995年，持有股票的限额又提高到37%，投资外国证券的限额提高到9%。从趋势上看，实行严格定量限制监管模式的智利也在有选择性地放松限制，并逐步向"审慎人"原则监管模式过渡。

第三节　企业年金制度

一、企业年金的理论界定

企业年金是指在政府强制实施的公共养老金或国家养老金制度之外，企业在国家政策的指导下，根据自身经济实力和经济状况建立的，旨在为本企业职工提供一定程度退休收入保障的补充性养老金制度。[1]

（一）企业年金的主要特点

第一，企业年金既不是社会保险，也不是商业保险，而是一项企业的福利制度，是

---

[1] 邓大松，刘昌平. 中国企业年金制度研究（修订版）[M]. 北京：人民出版社，2005：1.

企业人力资源战略的重要组成部分，其补充性、商业化或市场化运作的特征不影响也不能改变其本质属性。

第二，企业年金是社会保障体系的重要组成部分，是实施养老保障多支柱战略的重大制度安排，企业年金与公共养老金或国家养老金、个人储蓄性养老金一起构成多支柱养老保障体系。

第三，企业年金的责任主体是企业，是企业依据自身经济状况建立的企业保障制度，企业或职工承担因实施企业年金计划产生的所有风险；国家或政府作为政策制定者和监管者一般不直接干预企业年金计划的管理和基金运营，其主要职责是制定规则、依规监管。

(二) 企业年金的计划类型

按企业年金计划的给付方式，可以分为待遇确定型计划、缴费确定型计划或二者混合。如美国的401(k)计划实行缴费确定型管理模式，英国的职业养老金计划采取待遇确定型管理模式。

按计划的举办方式，企业年金可以分为职业养老金计划和个人养老金计划。在职业年金计划中，企业是计划参与者与计划相关主体之间的调解人；个人养老金计划则由金融机构在零售市场上直接提供，企业的责任主要是供款，同时，监督并要求提供养老金计划的金融机构向计划参与者披露相关信息。如英国的强制性职业养老金计划和自愿性个人养老金计划。

按选择的自由度，可以分为强制性企业年金计划和自愿性企业年金计划。由于强制性计划对计划的管理和基金的充足性提出更加严格的要求，其结果是强制性计划的治理主体比自愿性计划有更多法律责任，如英国的强制性职业养老金计划。

二、发展企业年金的意义

选择什么样的企业年金管理模式，是各国普遍关注的问题。企业年金的发展，对一国社会保障制度完善、社会经济发展和企业竞争力提高起到重要的促进作用。

(一) 完善多支柱养老保障体系

多支柱养老保障模式的出现既是社会保障发展过程中公平与效率平衡的结果，更是体现了一种新的保障文化。这种保障文化倡导国家责任、企业责任与个人责任的协调，提倡养老保障不再是国家单方的责任。国家只负责提供最低生活保障，维护适度的社会公平；企业提供福利制度，承担有限的社会责任；个人必须明确自我责任意识，对自己的行为负责。

在一些国家的养老金体系中，政府承担了主要的责任，公共养老金的占比高、保障水平高，而这不仅会给政府带来沉重的财政负担，同时也不利于厘清政府、企业和个人之间的责任。由于政府能够确保按时足额发放养老金以及职工缺乏自我保障意识，企业则没有主动建立单位保障计划的积极性。这也挤压了以市场化管理为特征的企业年金发挥作用的空间。因此说，建立企业年金，走向多支柱养老保障体系，最直接的影响是调动了政府、企业与个人三方面的积极性。

（二）推动劳动力市场发育

对市场化程度不高的发展中国家和社会经济处于转型阶段的国家而言，企业年金推动劳动力市场发育的作用非常明显。从对我国市场发育程度、市场化水平等指标进行考察的结果来看，资本和劳动力自由流动的市场发育进程是非常缓慢和相对滞后的。目前，资本市场和劳动力市场作为生产要素市场的主体，由于缺乏流动性，导致全社会生产效率受到了严重影响。因此，让资本和劳动力流动起来，是发展市场经济的重大课题之一。实证分析表明：相对于国有企业的职工而言，以私营企业、民营企业、外商投资企业等为代表的非国有企业职工平均年龄要小得多，平均转换工作的时间要短得多，平均转换工作的次数要多得多，平均转换工作的机会和成功的概率要大得多。造成这种差异的主要原因是：国有企业的各种福利性收益，如医疗保险、养老保险、职业稳定性等，都具有"不可转换性"和非常强的"国企依附性"，将国有企业的职工"锁定得"严严实实，职工的人力资源专用性非常强，市场价值相对降低。而非国有企业的福利安排较多体现为流动性非常强的货币收入。因此，由于个人账户受益权具有可携带性和可转换性，采取个人账户管理方式的企业年金制度的建立和发展，将有利于促进劳动力合理流动，实现劳动力资源合理配置。

（三）提高企业竞争力

企业年金是一种国际上大多数国家通行的做法。因此，发展企业年金可以帮助各用人单位的激励机制、国家的收入分配制度和企业治理结构等微观机制趋于完善，提高企业的竞争力，有利于企业积极参与国际竞争。

由于各自职责和利益取向不同，政府及主管部门制定和发展企业年金制度，比较重视其养老保障的功能；企业或雇主建立此项计划，更加重视其收入分配和职工激励的功能。企业年金作为一项企业与职工共同协商建立的制度，具有收入分配、职工激励和养老保障等方面的功能。从激励角度看，企业年金计划将职工待遇与企业经营状况紧密联系在一起，职工眼前利益和长远利益相统一，能最大限度地调动职工的积极性、创造性，吸引住高素质、高品位的人才，稳定企业人力资源，最终达到增强企业凝聚力、竞争力，实现企业经济效益最大化的目标；从收入分配角度看，企业年金制度的建立和企业年金市场的发育，是对传统的企业福利制度的根本性改革，是一种新型的企业薪酬福利制度安排，它与企业年薪制、雇员持股计划、期权计划等企业的薪酬福利制度一起构成一个完整的体系，对于完善初次分配形式、建立现代企业制度意义重大；从公司治理角度看，规模日渐庞大的企业年金基金将从传统的积极投资管理战略转变为消极投资管理战略，作为重要机构投资者的企业年金基金将无法选择"退出权"规避股票市场风险，不得不参与公司治理，从而将促进现代公司治理结构以经理人控制公司为主要方式转变为以投资人控制公司为主要方式。

（四）推动金融深化

企业年金从本质上讲是一种延迟的支付承诺，其基金本身所具有的长期协调性、稳定性和规模性，以及追求长期稳定投资回报的特点，对资本市场的制度、结构和效率以及稳定性将产生极其重要而又复杂的影响，而企业年金的社会保障属性反过来又要求企业年金基金投资建立在资本市场比较规范、成熟的基础之上，从而在企业年金基金与资本市场共同生长、相互促进的过程中，实现社会福利最大化。

从我国来看，企业年金的建立与发展预示着我国的货币市场、资本市场和保险市场将迎来一次新的发展契机，主要体现在以下四个方面：

其一，由单一机构承担受托人、投资管理人和账户管理人职责，实行混合型管理，是当前国际企业年金研究的热点。在我国当前金融管理法律框架下，通过企业年金基金管理服务机构集团化和养老金管理公司的发展，金融业将实现从分业经营格局走向混业经营。

其二，不同类型企业年金计划所形成的具有不同风险和收益特征的金融产品，对金融市场的投融资体系、市场结构、管理水平、运作效率以及金融功能等方面都产生积极影响，必将推动我国金融体系逐步完善和金融市场迅猛发展。

其三，企业年金基金投资建立在证券市场比较完善和成熟、监管体系比较完备、投资工具比较丰富、市场信息披露比较规范的基础之上，企业年金基金投资将促进金融市场向更加规范的方向发展。

其四，企业年金基金运营管理要求一个"公开、公正、公平"的市场环境，需要投资顾问公司、信用评估公司、精算咨询公司、律师事务所、会计师事务所等社会中介机构提供专业化服务，企业年金的发展将促进中介机构市场化的进程，完善社会中介服务行业的自律管理机制，提高执业队伍整体素质和整个行业的组织化程度。

（五）促进社会长期投资

发展企业年金可以分流银行长期储蓄，细分金融市场。在我国，调研显示民间蕴藏着巨额的闲置资金，却缺乏合理的机制进入养老储蓄和投资的运行轨道，高达十几万亿元的各类银行储蓄存款中，有相当大的部分是居民用于未来养老的。很显然，将居民储蓄中用于养老的部分长期性储蓄资产从银行中分离出来，并且通过资本市场将这些长期性资金用于长期投资，那么，影响我国金融资源配置低效率的问题也就可以得到有效解决。实际上，通过发展企业年金来替代并分离出居民银行存款用于养老的长期储蓄资产，可以达到有效、成功分流银行长期储蓄资产的目的。而且由于企业年金基金资产管理的专业化、基金化、信托化特点，完全可以通过众多的、合格的机构投资者来培育发展资本市场。

第四节　世界性养老保险制度改革

一、世界性养老保险制度改革的动因

养老保险制度是基于一定时期的社会经济条件进行设计的，当社会经济条件发生变化时，与原来社会经济条件相适应的养老金制度就可能暴露出许多问题，甚至可能出现制度危机或破产。西方国家的当代养老金制度建立于20世纪30年代到第二次世界大战后第一个10年间，并逐步完善起来。但是，20世纪70年代两次石油危机引致的世界性经济危机和预期人口老龄化等因素改变了当代养老金制度依存的社会经济环境，为20世纪后30年的世界性养老金制度改革创造了政治的和经济的推动力量。

（一）改革的政治动因

福利国家制度是在冷战的大背景下建立和完善的。第二次世界大战后，苏联、东欧社会主义国家所实行的计划经济和其公民所享有的权利为西方国家的民众提供了一种参照，为获取本国民众的广泛支持，西欧各国创设了多种福利项目，形成了"从摇篮到坟

墓"几乎无所不包的福利模式。吉登斯曾指出:"国家创立公民权和福利项目的主要目的就是拉拢人民并获取他们的支持,这种现象在冷战期间一直持续着。"[①] 同任何事物一样,福利国家在发展过程中也在不断累积并暴露其负面作用。其中,养老金制度导致的最为直接的消极后果有三个:一是公共养老金开支增大,财政不堪重负;二是企业成本上升,国际竞争力降低;三是增加了个人对国家和社会的依赖,整个社会缺乏活力,扭曲了劳动力市场的供给行为,严重损害了经济效率,阻碍了经济发展。总之,自20世纪70年代以来,福利国家制造出来的问题比它解决的问题还要多,对福利国家模式进行重新改造在所难免。

在英国,1979年上台的撒切尔夫人保守党政府是发达国家中第一个面临国家养老金制度潜在危机的政府,撒切尔夫人政府通过减少公共养老金制度的待遇水平,激励职工从收入关联养老金制度中退出,鼓励私人养老金计划的发展等方式,实行养老金制度私营化改革,并且,之后的改革由梅杰政府延续实行。保守党政府大刀阔斧削减社会保障支出的做法遭受到来自各方面的压力,成为被工党取代的重要原因。1997年,以布莱尔为首的新工党上台执政。为了适应全球化时代的要求,建立更有效率的经济体系,改革传统福利国家制度就成为新工党的主要施政纲要之一。20世纪90年代末,布莱尔的高级顾问、伦敦经济学院院长安东尼·吉登斯在其《第三条道路:社会民主主义的复兴》中明确提出,应当以"积极的"或"主动的"福利政策代替目前的传统福利模式,使传统福利国家现代化。他的主张很快得到了英国、德国等西欧主要国家社会党人的政策响应。

因此可以说,福利国家改革的实质是进一步调整国家、个人之间的责权关系,在保持福利国家制度对整个社会机体积极作用的同时修改其消极的一面,要达到的目标是减轻政府的负担、激发企业活力、培养个人的社会责任感、鼓励个人对自己的行为负责,从而培育一个国家、企业、个人彼此协调负责、积极互动、充满创新和活力的公民社会。

(二)改革的经济动因

大规模的资金投入是现代养老金制度运行的必要前提。养老金制度与整个社会经济发展有着密不可分的关联,没有养老金制度的充分保证,社会经济不可能持续、稳定地发展;反之,没有经济的持续发展,养老金制度也不可能顺利地运行和发展。

---

① 安东尼·吉登斯. 第三条道路:社会民主主义的复兴[M]. 北京:北京大学出版社,2000.

随着福利国家的发展，国民福利预期和普遍生活水准的提高，养老金制度已具备了一种刚性向上的自我发展机制。但是，现实中却存在着一个根本性的矛盾：要求提高保障度的愿望是无限的，而经济能够追加投入的资源却是有限的。随着生产力重心的转移和国际经济格局的变化，福利国家已经不可挽回地走向了衰落。以弗里德曼为代表的新自由主义认为，20世纪70年代开始的"滞胀"现象的根本原因在于经济自由不够，税收过高；由于福利及工会集体谈判力形成"工资刚性"，劳动力成本增高，推动价格上涨。在这种情况下，养老金费用的持续攀升无疑加重了经济的负担，使日趋衰落的经济状况更加恶化。

许多人士分析，在接下去的几十年，预期现收现付制养老金受益与税基之间的不平衡将使养老金制度面临巨大挑战。以现在的标准计算，美国社会保障信托基金估计到2034年将耗尽，到时将不得不削减受益或增加主要税收。其他国家也面临相似的问题，例如，德国DB养老金制度的报告工资已经按照毛收入20%的比例征税（而美国是12.4%），预期到2035年提高到28%左右。根据锡（Sinn）等有关计算①，德国政府承诺的未来隐性养老金受益的现值相当于当前GDP的250%，而当前政府的同类负债与GDP之比却是60%。

养老金制度并不是完全无风险的。养老金制度的生存能力主要依赖于像生产率增长、死亡率和移民等不稳定的因素在今后几十年的变化。相对于养老金制度承诺的养老金受益总量，这意味着一个现收现付制养老金制度面临巨大的风险。然而，增加现收现付制养老金制度绩效的因素与提高金融市场资产收益的因素是一样的，并且向同一个方向发展。例如，较低的生产率增长事实上对于物质资本产生负面影响，因此会减少金融市场收益。同时，如果工资增长率低于预期比率，国家、企业和个人的养老保险缴费能力下降，这将严重影响到现收现付制养老金制度的财务平衡。

在美国和大多数西方国家，削减必要程度的受益以增加养老金储蓄的建议在政治上是不可行的，而从经济体系的角度来看，提高缴费率又是不可接受的，因为工薪税对于劳动力供给和储蓄决定有扭曲效应。考虑到这些阻碍性问题，政治家和学者们广泛呼吁进行养老金制度改革。在美国，人们已经几乎达成了一致的意见：社会保障必须改革，但对有关改革应如何进行还存在争议。由美国强化社会保障总统委员会（President's Commission to Strengthen Social Security）提出的一个建议是实行社会保障部分私有化。在

---

① Sinn, Hans-Werner. The crisis in Germany's pension insurance system and how it can be resolved [R]. NBER Working Paper 7304, 1999.

这个建议中，现行的美国社会保障剩余可能被用于为私人的个人退休账户（Individual Retirement Account，IRA）积累基金，并且私人储蓄可以抵补未来受益削减。

（三）改革的人口动因

职工人数的实际减少或预期减少和退休人口的增加是决定现收现付制养老金制度存在各种问题的重要因素，前者将减少养老金制度的供款收入，后者将增加养老金受益支出。第二次世界大战后，全球人口出生率明显下降，人均寿命也从1950年的40岁上升到2019年的73.3岁，欧洲和西太平洋地区的预期寿命已经上升到了78.2岁和77.7岁。全球健康预期寿命由2000年的58.3岁上升到2019年的63.7岁。这种双向发展趋势几乎使所有国家的人口结构都趋于老化。根据OECD提供的统计数据，2020年OECD国家65岁以上人口的平均占比已经达到了17.46%，而根据联合国发布的《世界人口展望2019》相关数据，预计全球的老年人口比例将在2030年达到将近12%，2050年时则上升到16%，2100年时可能达到近23%，而像欧洲和北美洲这类发达国家较多的地区，2100年时65岁以上人口占比甚至可能达到29.3%。

人口老龄化已成为当今世界一个共同的社会问题。退休人口数量增加、人类寿命延长以及"少子化"已使劳动力短缺，加重了劳动人口与整个社会的负担。以欧盟为例，根据OECD的数据，2020年欧盟国家的老年人口抚养比为33.5%，2050年时该数据将上升到56.3%，2075年时该数据将高达59.7%。

从20世纪60年代后期起，德国的生育率一直处于低潮。生育率降低和人口老龄化，给德国19世纪创建的养老保险体制带来极大的冲击。德国政府过早地为退休人员描绘了一幅理想的蓝图，现在却不得不为自己动听的许诺付出沉重的代价。更加糟糕的是，也许有朝一日越来越重的养老金包袱将压垮政府一直在勉强支撑的养老金体系，那些为了养活上辈人而缴纳超高社会保障税的中青年一代，到头来在自己年老退休时却两手空空，生活贫困没有保障。随着"战后婴儿潮"时代出生的人即将步入老年，美国的养老问题也日益突出。预计从2020年开始的今后20~30年内，美国的老龄人口将以每10年增长近1/3的速度增加。2020年美国的老年人口的比例已经为16.89%，根据美国人口调查局（USBS）发布的预测数据，到2030年，美国的老年（超过65岁）人口将上升到7 400万人。因此，根据美国社会保障信托基金管理委员会的报告，预测到2034年美国退休人员社会保障信托基金将会耗尽，保障制度将出现精算赤字。

二、世界性养老保险制度改革的方向

正是在这种社会、经济、政治力量的共同推动下,从 20 世纪 70 年代以来,掀起了一轮从西欧到拉美再到东欧和东亚国家,席卷全球的世界性养老金制度改革浪潮。这轮改革的主要方向是:寻求养老金制度的公平与效率平衡;建立包括公共养老金、补充养老金和个人养老金在内的多支柱养老金体系;充分发挥市场在公共品混合提供中的效率与作用,实行养老基金运营市场化。

(一)实现公平与效率的平衡

公平与效率是对立统一的辩证关系,任何一方的增加都要以对方的损失为代价,即促进公平,就要损失一定的效率,而提高效率就要牺牲一定的公平。19 世纪末产生于德国的现代养老金制度,其最初的设计目标是保障老年人的生活,以调节收入差距,调和劳资矛盾,稳定社会秩序。可见,其制度安排是以维护社会公平为目标的,公平是其根本原则。西方福利国家养老金制度在设计之初并没有太多地考虑效率因素,以致养老金支出迅猛增长,进入 20 世纪 70 年代,福利国家先后出现危机。特别是继智利于 1981 年成功地实现养老金私有化管理之后,人们开始对公平提出质疑,在公平与效率的选择上,福利国家开始更多地重视效率,即更注重养老金的激励作用,将更多的效率因素引入养老金制度。

基金制养老金制度改革之所以成为世界性改革趋势在于,它提高了效率又不排斥公平,政府不再作为局内人来实施收入再分配政策,而是以局外人的姿态通过强制缴费(税)、比例控制、税收优惠、严格监管、政府担保和确定最低保障标准来修正市场失灵。公共账户转为个人账户、公共供给转为私人供给,是对养老金制度"准公共品"性质的肯定,是对经济人理性的尊重,它能防止"公地的悲剧",实现有效激励,更能提高经济运行效率,增进社会福利。具体体现在以下三个方面:

一是基金制在阻挡人口老龄化冲击的同时增强制度的激励性。如前所述,现收现付制存在激励不足的问题,而基金制具备较强的激励作用。

二是个人账户养老基金的产权易于界定,并可通过统一的社会保障管理制度随劳动力流动而自由转移,因而促进劳动资源的优化配置,让劳动者感受到时刻在为自己工作,激发其工作热情。

三是政府公共部门将集中垄断性管理转为私人养老金管理公司的分散竞争性管理有助于提高运营效率,以增进社会福利。新制度经济学认为,官僚在经济中也与其他任何人一样，企图通过利用现存制度实现自身利益最大化。作为"养命钱"的养老基金运营的目的是追求基金收益最大化，以实现基金的保值、增值，这显然与政府行为的最大化目标不一致。

（二）从单支柱走向多支柱

对于一个养老金体系而言，任何一种单一的制度安排都不能确保养老金体系的功能作用达到最优，从而也就不能保证经济沿着最优的路径增长。因此，在设计养老金体系时，不得不考虑各种养老金制度的功能作用发挥所依赖的社会经济条件，使各种制度在功能上互相补充，产生互动，以整合整个养老金体系趋于最优。西方福利国家面临危机证明，仅仅依靠单一支柱即公共养老金模式已不可行，迫切呼唤多支柱制度的建立。传统的现收现付制公共养老金制度的正常和有效运行依赖于人口结构的稳定，而20世纪70年代末以来，世界性人口老龄化趋势逐步明显，动摇了现收现付制公共养老金的制度基础。另外必须意识到：公共养老金模式忽略了个人的自我保障责任，容易助长个人依赖政府的倾向；在基金不足时仅仅依靠提高缴费比例增加基金积累，缺乏保值增值的手段；基金运营的成本高、效率低下。由此可见，单一支柱的公共养老金模式已无法承担社会保障的重荷，多支柱养老金模式浮出水面。与此同时，养老金制度的目标也由单一的消除贫困、解决基本生活问题，向促进储蓄和经济增长、消除贫困等多重目标转化，养老金制度也在逐步转向多层次、多形式的支持体系，包括公共养老金制度、企业补充养老金制度、个人储蓄保险制度和个人年金保险制度等多个支柱。

由政府、企业和个人共同进行养老责任分担的进一步意义在于：一方面避免了政府责任负担过重以及由于负担重可能导致的各种矛盾，比如当政府承担的养老压力过大时，可能的措施只能是增税或降低待遇，而增税或降低待遇水平都必然会对特定群体的既得利益构成损害并可能导致社会矛盾；另一方面责任分担也能够对个人以及企业形成激励机制，有利于经济效率的全面提高。多支柱的结合恰恰体现了公平与效率的结合。多支柱的养老金模式显然更易于分散风险，提高效率，也更适合日新月异的经济、人口因素的变化，所以必将成为养老金制度改革的主流模式。

（三）政府经营走向市场化运作

养老金市场化运作包含两方面的含义：一层含义是政府为养老金制度提供法律上的保障，给予计划参与者税收优惠，在遵循市场化的前提下，通过基金运营实现制度的自我平衡；另一层含义是政府只对基本保障项目进行管理，并制定全国统一标准，其他项目交给非营利性机构或商业机构负责。政府的职能只限于进行法律监督、业务指导和最后担保，并不直接参与经营。养老金制度的发展离不开政府，即使在市场经济条件下也是如此，因为市场不是万能的，市场不可能自动实现对居民的保障，所以必须依靠政府进行组织和推动。但问题在于，政府也不是万能的，其行为同样存在失灵问题。因此，完全依靠政府直接组织和管理的养老保障制度通常都会出现各种各样的问题。其中最突出的问题是管理成本较高而效率却普遍低下，而且容易导致社会成员对政府的过分依赖、政府面临的经济压力乃至政治和社会压力过大等问题。在这些方面，许多国家都有深刻的教训。

世界银行的数据表明，只有具备独立经营权或交给有利益约束的私营机构进行商业化经营的养老金制度，才能真正实现基金的保值增值，从而最终保证保障对象的利益。例如，智利将养老基金交给具有竞争性的私营公司经营，年收益率达到了13%以上，这既为国家积累了巨额的资金，又切实保障了基金的支付能力。

在这一问题上，美国经验也具有重要的启示。在美国三支柱养老金体系中，政府作用主要体现在两大方面：一是直接组织第一支柱；二是在第一支柱的基本保障之外，提供以税收制度为核心的政策空间，鼓励第二、第三支柱养老金计划的发展，将第二、第三支柱养老金计划的具体组织过程完全放开，即由雇主、雇员和商业经营机构通过市场竞争机制自行组织。

深度阅读

1. 刘昌平. 养老金制度变迁的经济学分析 [M]. 北京：中国社会科学出版社，2008.

2. 刘昌平. 再分配效应、经济增长效应、风险性——现收现付制与基金制养老金制度的比较 [J]. 财经理论与实践，2002（4）.

3. 李绍光. 养老金制度与资本市场 [M]. 北京：中国发展出版社，1998.

4. 封进. 中国养老保险体系改革的福利经济学分析 [J]. 经济研究，2004（2）.

5. 何樟勇，袁志刚. 基于经济动态效率考察的养老保险筹资模式研究 [J]. 世界经济，2004（5）.

6. Aaron J. Henry J. The social insurance paradox [J]. Canadian journal of economic and politic science，1966（32）：371.

7. Feldstein，M. Social security，Induced retirement and aggregate capital accumulation

[J]. Journal of Political Economy, 1974 (82): 905-926.

8. Feldstein, M. Social security and saving: New time series evidence [R]. NBER working Paper No. 5954, 1995.

本章小结

养老保险是以国家立法的方式建立的，向因年老退休离开劳动力队伍的劳动者提供基本生活保障的正式制度安排。养老金制度包括公共养老金制度（国家养老金或国民养老金）和私人养老金制度（职业年金、企业年金、商业性养老保险、个人储蓄性养老金）。一般地，公共养老金制度具有法律强制性，而私人养老金制度具有自愿性。

从养老金待遇给付方面来看，可以分为统一受益养老金制度和收入关联养老金制度；从产权结构看，可以分为公共养老金制度和私人养老金制度。不同养老金制度的再分配功能是不同的，包括代际再分配、代内再分配和跨时再分配。

养老保险基金是指根据国家立法、通过各种方式建立起来用于实施养老保险制度的资金。根据对国内外养老保险基金理论和实践的系统分析，养老保险基金具有重要特征，即强制性、适度性、公平性、积累性。从世界范围来看，养老保险基金管理存在三种主要的管理模式，即公共部门集中管理模式、委托投资管理模式、完全市场化管理模式。而养老保险基金监管模式分为"审慎人"原则和定量限制监管模式。

企业年金是指在政府强制实施的公共养老金或国家养老金制度之外，企业在国家政策的指导下，根据自身经济实力和经济状况建立的，旨在为本企业职工提供一定程度退休收入保障的补充性养老金制度。企业年金的主要特点是：第一，企业年金既不是社会保险，也不是商业保险，而是一项企业福利制度；第二，企业年金是社会保障体系的重要组成部分，是实施养老保障多支柱战略的重大制度安排；第三，企业年金的责任主体是企业，是企业依据自身经济状况建立的企业保障制度，企业或职工承担因实施企业年金计划产生的所有风险，国家或政府作为政策制定者和监管者一般不直接干预企业年金计划的管理和基金运营，其主要职责是制定规则、依规监管。

按企业年金计划的给付方式，可以分为待遇确定型计划、缴费确定型计划或二者混合制模式；按计划的举办方式，可以分为企业养老金计划和个人养老金计划；按选择的自由度，可以分为强制性企业年金计划和自愿性企业年金计划。

发展企业年金的意义在于：完善多支柱养老保障体系；推进劳动力市场发育；提高企业竞争力；推动金融深化；促进社会长期投资。

正是基于政治、经济、人口等方面的原因，从 20 世纪 70 年代开始，世界大部分国家都开始着手养老保险制度改革。世界性养老保险制度改革的方向是：寻求养老金制度的公平与效率平衡，建立包括公共养老金、补充养老金和商业养老保险计划在内的多支柱养老金体系；充分发挥市场在公共品混合提供中的效率与作用，实行养老基金运营市场化。

重要概念

养老保险制度　养老保险基金　企业年金

复习思考题

1. 简述养老保险制度发展史上的两次重要的制度变迁。
2. 简述养老金制度的基本框架。
3. 简述企业年金的主要特点及其重要意义。
4. 全面论述世界性养老金制度改革的主要方向。

第八章
医疗保险与生育保险

第一节 医疗保险概述

一、健康与疾病风险

人生最宝贵的是生命和健康。健康是人类生存与发展的基本要素,健康权是一项基本的人权,居民的健康状况也是衡量一个国家社会发展水平的重要指标之一。传统观念认为无病、无伤就是健康,如贝克尔认为,健康是"一个有机体或有机体的部分处于安宁状态,以及没有疾病"。随着社会的发展和进步,健康也在不断被赋予新的内涵。世界卫生组织在《阿拉木图宣言》中明确指出:"健康是指身体、心理和社会康宁的完美状态,而不仅仅是没有疾病和身体的虚弱。"

疾病是威胁健康的一大杀手。从生理或生物学角度看,疾病是一个医学概念,它表明身体的某一部分或系统在功能和机构上的异常;从生态学观点看,疾病是人与生态之间关系不适应和不协调的结果;从社会学观点分析,疾病是个体偏离了正常的身体或行为的状态。疾病对人们而言是一种风险,是人们因患疾病而遭受痛苦、不幸和损失的一种不确定性状态,是人类面临的诸多风险中危害严重、涉及面广、直接关系人类生存权利的一种特殊风险,是每个人生命的每个阶段都可能遭遇的。疾病风险既可以指每个人患病的机会,也可以指患病后带来的各种直接或间接的损害后果。随着人类社会的进步和医学技术水平的提高,人类预防、控制疾病风险的能力有所提高。但是,由于自然规律的复杂性,以及人们对自然规律认识的有限性,疾病风险是不能完全被人类预防和控制的,新的疾病种类随着人类社会的发展还在不断增加。

疾病风险危害的对象是人,具有危害的严重性、普遍性、复杂性和社会性等特点,它对于个体健康以及整个社会的安全与稳定都是一种威胁。为了减少或消除疾病风险以及由此带来的损失，更好地维护国民的健康，由国家建立社会医疗保险制度就成为必要。

二、医疗保险的含义与特征

（一）医疗保险的含义

医疗保险指集合具有同类疾病风险的单位和个人，通过预先筹集资金的形式，对被保险人患病后的医疗费用损失提供补偿的保险。本章分析的是社会医疗保险，即国家通过立法等强制方式筹集基金，对法定范围内的劳动者及其他社会成员遭遇疾病风险时提供必要的医疗服务和经济补偿的一种社会保险制度。

实施社会医疗保险的主体是国家，实施方式则是强制性的，所有法定范围内的社会成员都必须参加。实施社会医疗保险的目的是帮助社会成员防范和抵御疾病风险，以维护和促进经济发展与社会稳定，而不是为了盈利。这与以私人为主体，以自愿、盈利为目的的商业医疗保险是不同的。但是，不管社会医疗保险或者商业医疗保险，基本的理论基础是一致的，即对于每一个人来说，生病和受伤害是不可预测的，而对于一个群体来说，则又是可以预测的。按照大数法则，集合多数人的力量积累起一笔基金，对集合中真正遭受疾病风险的少数人提供经济补偿，能够转移和化解风险。

（二）医疗保险的基本特征

医疗保险作为社会保险的一个项目，具有社会保险的强制性、互助共济性、福利性、社会性等基本特征。与此同时，由于疾病风险和医疗服务的特殊性，医疗保险又有着不同于其他社会保险项目的个性特点。

1. 普遍性

从理论上讲，医疗保险是社会保险各个项目中保障对象最广泛的一个保险项目，其覆盖对象应该是全体社会成员。因为疾病风险是每一个人在生命的每一个阶段都可能遭遇并难以回避的，不像生育、失业、工伤、年老等风险，只发生在某个年龄阶段或者通过人为措施就可以避免。

2. 不确定性

医疗保险的不确定性来源于疾病风险与医疗服务的不确定性。虽然每个人在每一个年龄阶段都可能遭遇疾病风险，但是具体到特定个人的特定时期，是否会生病以及生病可能带来的身体与经济上的损失大小是不确定的。因而，医疗保险提供的补偿也是不确定的、缺乏规律的，不像养老保险、失业保险等其他社会保险项目，提供有规律性的定额补偿。而且，由于疾病的发生是随机的、突发性的，医疗保险提供的补偿也只能是短期的、经常性的，不像其他社会保险项目，如养老保险那样是长期的、有规律性的。

3. **服务性**

医疗保险具有服务性特征，其中仅仅由保险机构对被保险人给予经济补偿是不够的，必须由医疗服务提供方对被保险病人的疾病给予诊治、对症下药，才能真正化解被保险人的疾病风险。而其他的社会保险项目则以货币补偿方式为主。

4. **内容交叉性**

医疗保险既是社会保险的一个独立子系统，同时又与其他社会保险子系统相互交织在一起，其他社会保险子系统的顺利运转均离不开医疗保险。被保险人不论是否享受生育、养老、工伤及失业保险的权益，只要发生疾病、生育、负伤等保险事故，都需要同时享受医疗保险。例如，失业者除需要获得失业期间的收入损失补偿外，还需要得到医疗卫生服务；退休者除需要定期获得养老保险金外，还需要获得医疗服务。有的社会保险项目甚至是以医疗保险为基础，如生育、工伤保险本身就包括医疗保险的内容。

5. **主体关系复杂性**

与一般的社会保险项目只涉及社会保险机构、被保险人两方主体不同，医疗保险中增加了一方重要的主体，即医生、医院、药品供应商等，在这里我们将他们统称为医疗服务提供方，以医生为代表。医疗保险三方主体之间的关系比一般的社会保险项目更为复杂。由于医疗的专业性、技术性特点，普通的消费者与医生之间存在严重的信息不对称，医生处于信息优势地位，医疗服务提供的数量和水平在很大程度上取决于医生的决定。而患者在医疗消费中处于被动地位，很难真正通过市场手段来选择医疗服务的内容和数量。而且，在社会保险机构作为第三方付费人的情况下，患者也没有足够的动机去主动控制医疗费用支出。由此可能导致医生开"大处方""医患合谋"等行为的出现，导致医疗费用的不合理上涨。正因如此，如何采取有效措施约束医疗服务供需双方的行为，控制不合理的医疗费用支出已经成为一项世界性难题。

三、医疗保险的历史沿革

欧洲是医疗保险的发源地。工业化初期，工人们为了应对恶劣的工作状况和生活状况所造成的风险，自发地组织起来，建立起"友谊社""共济会"等，大家共同筹资，以应对团体内成员的生、老、病、死等风险。到了19世纪末，这种自愿性的互助团体已经覆盖到欧洲一半以上的人口，对医疗保险的产生发挥了重要作用。另外，恶劣的生产、生活条件，资本家对工人的残酷剥削，导致欧洲工人运动风起云涌。为了维持资产阶级的统治，在残酷镇压工人运动的做法没有明显成效的背景下，为工人提供福利的做法开始成为统治者收买工人、维护社会安定的手段。1883年，德国政府颁布了《疾病保险法》，规定凡在法律规定范围内投保的国民，必须一律参加；保险费除被保险人缴纳或政府补助外，雇主也必须依照规定为工人缴纳保险费。这一举措宣告了社会医疗保险制度的诞生。为了稳定社会、缓和阶级矛盾，欧洲其他国家纷纷效仿德国，建立社会保险制度，在欧洲形成了社会保险发展的一个高潮。在医疗保险方面，继德国之后，奥地利、挪威、英国、法国等也相继通过立法实施医疗保险。20世纪上半叶，医疗保险在欧洲逐渐以各种形式推广，覆盖人群从低收入工人发展到较高收入的工人，保险范围也随着医疗技术的发展和医疗服务的多样化与社会化而不断扩大。医疗服务项目从普通医疗服务，扩大到住院医疗，后来又发展到牙科、眼科等。

1920年后，医疗保险由欧洲扩展到了其他地区。如日本于1922年最早在亚洲建立了社会医疗保险制度；巴西于1923年、智利于1924年最早在美洲建立了医疗保险制度；新西兰于1938年建立了医疗保险，成为大洋洲最早建立医疗保险的国家。[①] 1917年俄国"十月革命"胜利后，苏联建立了国家举办医疗卫生事业直接向劳动者提供免费医疗服务的制度，这一医疗服务模式作为社会主义制度的优越性而被广为宣传，受到东欧以及其他社会主义国家的普遍效仿。

这一阶段的医疗保险制度有以下特点：一是大多数国家建立医疗保险制度的最初动因主要是为了解决工业化带来的社会问题和缓和阶级矛盾，加强和巩固资产阶级的统治；二是保障对象大都局限于城市的产业工人及其家属，保障内容主要涉及某些特定行业和特殊工种，以补偿因疾病遭受的直接利益损失为主要目标，各项保障措施大都分散而且不成体系。

自第二次世界大战结束到20世纪70年代，是医疗保险制度的大发展时期。第二次世界大战后，随着世界经济的复苏，西方各国纷纷把社会保险制度建设提上重要的议事日程。1948年，英国颁布《国民卫生服务法》，为全体国民提供全方位、免费的医疗卫生服务，并采取其他保障措施，致力于福利国家建设。英国的举措对于全世界医疗保险

---

① 美国社会保障总署. 全球社会保障制度——1995 [M]. 北京：华夏出版社，1997：271.

乃至社会保险制度建设起到了推动作用，带动了欧洲福利国家的建设浪潮。此外，第三世界国家独立运动的胜利，使得亚洲、拉美等国家也开始建立包括医疗保险在内的社会保险制度。世界医疗保险制度建设得到了空前的完善和提高。

这一时期医疗保险制度发展有以下主要特点。一是医疗保险覆盖范围大大扩大。到20世纪80年代，医疗保险已发展到85个国家。各个国家内部，医疗保险覆盖的范围也在不断扩大，从产业工人扩展到其他社会成员，有的甚至扩展到全民。二是医疗保险的待遇水平逐步提高。从疾病津贴到疾病保险，从住院等大病保险扩展到普遍的卫生服务保障，医疗保险开支绝对数和比重都在增加。

20世纪70年代以后，西方国家由于经济陷入滞胀和人口老龄化，社会保险支出急剧上涨，财政逐渐不堪重负，陷入了严重的"福利危机"，各国纷纷对社会保险制度（包括医疗保险制度）进行改革。这一阶段主要有以下几个特点。一是西方国家对社会医疗保险一方面进行开源与节流、"双管齐下"，削减待遇水平和提高筹资能力，努力维持医疗保障资源的供需平衡；另一方面进行私营化改革，建立私人提供的补充医疗保险，并且在社会医疗保险领域内引入市场机制，以缓解政府财政的压力，提高制度供给效率。二是苏联和中国等社会主义国家原来实行的国家医疗保险制度已经得到根本性改革，取而代之的是社会医疗保险模式。三是世界各国医疗保险都面临一些共同的问题，主要是人民日益增长的医疗健康需求、人口老龄化、医药科技进步等客观因素导致的医疗费用支出不断地增加，如何改革以适应形势发展已成为各国医疗保险制度建设面临的重大问题。

进入21世纪以来，世界各国的医疗保险制度改革继续深化，以优化医疗资源配置、控制医疗费用不合理增长以及提升基本医疗保险制度运行效率并改善制度公平性。这一阶段主要有以下三个方面的特点。一是随着"第三条道路"的兴起，福利提供主体逐渐多元化，医疗保险通过发挥政府及各种社会力量的积极性来供给。一些发达国家积极引入市场竞争机制，将部分医疗保险职能推向社会和市场。二是以均等化为目标，提高制度公平性。这在一方面主要表现为继续扩大基本医疗保险覆盖面，以促进卫生服务均等化。在另一方面主要表现为坚持"差异的正义"，医疗保险制度设计向贫困群体、残疾人、老年人、儿童等弱势群体倾斜。三是以可持续为目标，积极推进医疗保险偿付方式改革以控制医疗费用过度增长。美国、澳大利亚等国家采用总额预算、按病种付费和按人头付费取代过去的按服务付费，同时加大对医疗服务行为的监管，以达到提高医疗保险资金运行效率、提高服务质量的目的。[1]

第二节　医疗保险领域的市场失灵与政府干预

福利经济学理论认为，在完全竞争与完全市场（没有外部性）条件下，市场能够自动达到帕累托最优状态，实现社会福利的最大化。可是，完全竞争和完全市场这些条件在医疗保险领域几乎不具备，因此，医疗保险领域的市场失灵也就在所难免了。

一、医疗保险与医疗服务市场失灵

医疗保险与服务是一个市场严重失灵的领域。完全竞争市场的几个假设前提医疗保险与服务领域一个也不具备。对此，斯蒂格利茨（Stiglitz）曾做出论述（见表8-1）。尤其是，保险机构对医疗服务领域的介入割裂了医疗服务领域供给与需求双方之间的直接联系，把供需双方的关系变成医疗服务供给方、需求方与医疗保险机构之间的三角关系，从而降低了医疗服务供需双方对价格的敏感性，使医疗保险市场的运作机制更加复杂，市场失灵现象十分严重。

表8-1　标准竞争性市场与医疗市场的区别

标准竞争性市场	医疗市场
有许多卖者	医院的数量有限（除少数大城市以外）
商品具有同质性	商品具有不同质性
买者的信息是充分的	买者的信息是不充分的
公司的目标是利润最大化	大部分医疗不以营利为目的
消费者直接付款	消费者只支付一部分费用

资料来源：Stiglitz J E. Economics of the public sector [M]. New York: W. W. Norton & Company, 1998: 290.

（一）产品供给的垄断性

由于医疗产品直接关系人们的身体健康甚至生命安全，各国一般对医疗供给设置了较为严格的市场准入标准，如医生需具备一定的医学教育年限和实践经验，通过行医资格考试等。这种人为规定限制了医疗行业的竞争，造成了医疗行业供给的垄断局面。

（二）医疗产品的异质性

由于疾病的多样性、复杂性和明显的个体差异，不同的保险产品覆盖的医疗服务的

---

[1] 陈元刚. 社会保障学教程 [M]. 重庆：重庆大学出版社，2012：241-243.

内容、医疗费用补偿方式和医疗保险定价方式不同,加之医疗产品的提供在一定程度上取决于医务人员的主观判断,从而使医疗产品具有明显的异质性。

(三) 信息不对称

医疗服务供需双方所掌握的信息是不一致的。需方(患者)缺乏相关的医学专业技术和知识,所采用的治疗方法以及医疗费用水平在很大程度上由供方(医生)决定,而不是供需双方平等竞争的结果。因此,交易结果往往对医生有利,患者则处于弱势地位。此外,医疗保险市场的信息不对称现象更为突出。保险机构与医疗服务方和被保险人之间都存在信息不对称,结果可能导致保险支出难以控制或医疗保险覆盖面难以扩大,保险制度无法顺利运行。一方面,由于由保险机构承担全部或部分治疗费用,被保险人会"小病大养",做一些不必要的检查或多开昂贵药品等;医生为了自身利益,可能提供过量医疗服务,开"大处方"、昂贵药,即"诱导需求",导致医疗费用支出增大。另一方面,被保险人对自己的健康状况拥有更多信息,被保险人可能利用这一信息优势损害保险机构的利益,如只有身体状况差的人才愿意投保医疗保险,而身体健康的人则不愿投保,由此导致疾病风险得不到有效分散和规避。

(四) 外部性

公共卫生、传染病预防等医疗保健服务具有明显的外部性。[①] 假如个人不愿意付费进行传染病预防,由此导致的私人成本(个人患病)远远小于社会成本(传染病流行可能性增大)。这种个人行为将损害整个社会的利益,限制了市场机制正常发挥作用。

(五) 医疗保险供给的"风险选择"

保险机构为实现自身利益最大化,会进行"风险选择",通过体检将已经患病或老、弱、病、残等人群排除在医疗保险范围外,亦即"撇奶油"行为。而且,参加医疗保险必须首先缴纳保险费,这也会把那些基本生活仍存在困难的低收入人群排除在外。因而,单纯市场机制作用不可能保证所有人,尤其是健康状况差和低收入等弱势人群享有必要的医疗服务,不能达到社会公平目标。

二、医疗保险领域的政府干预

为了克服医疗保险市场的效率与公平缺失问题,各国政府都对医疗保险市场进行了

[①] 指企业或个人向市场外的其他人所强加的成本或效益,或者说私人成本、私人收益与社会成本、社会收益不一致的情况。环境污染是典型的负外部性问题。

干预。干预主要从两个方面进行：一是对医疗保险市场本身的干预，即保险供给（卫生需求筹资）的干预；二是对医疗保险的上游市场——医疗服务市场的干预，即医疗服务供给的干预。[①]

（一）医疗保险供给的干预

1. 基于医疗保险市场基础上的微调

政府可以采用税收、补贴或管制的方式对医疗保险市场进行调节，如对保险机构的经营收入和被保险个人和单位的保险费缴费给予税收优惠。管制是指政府通过颁布法规和政府机构的监督来干预市场的运行，主要涉及供给方面，包括质量管制、数量管制等。其中的质量管制包括对医疗保险的费率和组织、管理方式加以规制等，数量管制是指政府对医疗保险总量或某类具体的医疗保险数量加以控制等。

2. 建立社会医疗保险和社会医疗救助制度

政府的上述微调措施只能在一定程度上缓解医疗保险市场失灵状况，但并不能从根本上消除医疗保险市场的固有缺陷。经济基础差和健康状况不好的弱势人群仍然难以得到合适的保险，逆选择和道德风险对保险的威胁依然存在。为了从根本上解决这些问题，社会医疗保险制度应运而生。社会医疗保险是在市场医疗保险形式的基础上产生的更为先进的保障形式，它克服了市场医疗保险的一些缺陷，增进了社会公平与效率。首先，区别于市场医疗保险的自愿参加原则，社会医疗保险依靠国家力量强制实施，保险覆盖范围内的所有人群必须参加，这样就从根本上杜绝了"逆选择"行为的发生。可以说，社会医疗保险是解决逆选择问题最有效的方法。其次，社会医疗保险消除了保险人的"风险选择"问题。社会医疗保险解决了慢性病人、家族遗传病人等已经生病的人群不能得到保险的问题，增进了社会公平。再次，依靠政府强制力实施的社会医疗保险制度还可以省去市场医疗保险形式的广告、宣传、营销等管理费用，使制度交易成本大大降低，提高了制度的效率。最后，从狭义的精算意义上来看，社会医疗保险并不是保险。被保险人缴纳的保险费与得到的保险给付之间并不存在严格精算意义上的一一对应关系。正因如此，社会医疗保险才得以在参加制度的被保险人之间实行风险调剂，在高收入与低收入者之间、出险者与未出险者之间进行再分配，从而增强了制度的共济性与公平性。

不过，社会医疗保险制度并没有彻底消除医疗保险市场的效率与公平缺失问题。社

---

① 杨红燕. 中国农村合作医疗制度可持续发展研究 [M]. 北京：中国社会科学出版社，2009.

会医疗保险一般实行雇主、雇员、政府三方缴费的原则。这一原则在强调个人责任的同时，也使得社会医疗保险同样无法克服市场医疗保险没能覆盖无力缴费的低收入人群的缺陷。而社会救助制度由国家出资与管理，保障极少数最低收入者医疗需求的特点可以弥补这一缺陷。社会医疗救助与社会医疗保险制度形成合力，对保险范围内人群既定的医疗需求提供保障，较好地克服了医疗保险市场的效率与公平缺失问题。

（二）医疗服务供给的干预

政府对医疗保险供给的干预仅仅是改善了医疗保险市场失灵状况，解决了社会成员基本医疗需求的筹资和支付能力问题。要完全实现医疗保险的效率与公平目标，还必须解决医疗服务市场失灵问题。

政府对医疗服务供给的干预，也可以采用补贴、税收和管制等方法。政府可以制定相关法规，强制医疗服务提供者、药品商披露医药品相关信息，或者通过制定区域卫生规划，确定医学院校的招生规模等，对医疗服务供应的数量进行调控，以实现供给与需求相匹配。政府还可以对一些重要的医疗服务、药品制定政府定价或政府指导价实行价格管制。

但是，与政府在保险市场上的上述干预措施相似，这些措施也不能从根本上解决医疗服务市场失灵问题。最为典型的就是，医疗服务提供方"诱导需求"等道德风险行为并不能从根本上得到抑制。为此，许多国家采用了政府直接提供医疗服务的方式：政府直接投资开办医院，雇用医务人员，提供医疗服务；医生是国家工作人员，收入来自国家发放的工资，与销售医疗服务和药品的数量脱钩。政府提供医疗服务能够从根本上消除医生"诱导需求"的利益根源，解决具有正外部性医疗服务提供不足的问题，克服收入分配不平等对医疗服务享受的障碍，控制医疗服务提供方道德风险行为引起的医疗保险效率损失，更好地实现社会福利最大化的目标。

三、政府干预的局限性

政府干预并非医疗保险领域实现社会福利最大化的充分条件。原因首先在于客观条件的限制，政府对于社会上每个人医疗保险需求种类、大小等信息不可能完全了解。而且，政府干预还可能出现政府失灵，如一些国家公共医疗机构官僚主义盛行、效率低下、浪费严重；由于没有竞争，公共医疗服务往往会漠视病人的要求和需求，运行效率退化；许多发展中国家普遍存在医护人员的腐败、欺诈、收取回扣和红包等现象。因此，社会医疗保险目标的实现，不是用理想的政府去代替不完善的市场，也不是用理想的市场去替代不完善的政府,而是应当转变观念,将政府干预与市场调节两种机制结合起来,使二者的总和效用最大化。

第三节　医疗保险的模式

各国医疗保险制度发展受到其自身经济、社会、传统文化、价值观念等多种因素的影响,呈现出多种多样、纷繁复杂的特点。按照不同的标准,可以对各国医疗保险制度进行不同的分类:按照提供医疗服务的方式,可以分为直接提供型、间接提供型和混合服务型的医疗保险模式;按照医疗保险基金筹集方式来划分,有国家医疗保险、社会医疗保险、商业医疗保险、储蓄医疗保险等类型。本节主要从医疗保险基金筹集方式的角度对医疗保险的模式加以阐述。[①]

一、国家医疗保险模式

国家医疗保险也称政府医疗保险,指政府通过税收方式筹集医疗保险资金,然后采取财政预算形式将医疗保险基金拨付给公立医疗机构,公立医疗机构工作人员均享受国家统一规定的工资待遇,向国民提供免费或低收费医疗服务。因此,这一形式也可称为免费医疗保险模式。英国、瑞典、丹麦等欧洲国家,苏联等东欧国家,以及中国医疗改革之前实行的传统的公费医疗制度都属于国家医疗保险模式。

国家医疗保险模式具有鲜明的特点:一是医疗保险基金的筹资来源是税收,其主体是政府;二是医疗服务提供具有国家垄断性,实行国家医疗保险的国家,基本上由国家开办医院,医院是非营利性的服务机构;三是全民性,除了当时中国公费医疗制度的覆盖面只限于城镇职工以外,实行国家医疗保险制度的国家的保险对象通常包括全体公民;四是实行计划配置并调节医疗资源与医疗保险基金的管理体制,政府卫生部门直接参与医疗服务机构的建设与管理。

国家医疗保险模式的优点是公平性好、宏观效率高,解决了贫困人群看不起病的问题,能够全面保障全体国民的身体健康,满足全体国民多方面的医疗保障需求。但是,国家医疗保险模式对于经济发展水平和政府财政支持力度要求很高,而且,容易产生医疗机构微观主体缺乏活力、卫生资源配置效率低下等问题。

---

① 邓大松,杨红燕. 医疗保险 [M]. 北京:人民出版社,2013.

英国是世界上第一个实行国家医疗保险制度的国家，也是国家医疗保险模式中最具有代表性的国家。1948年英国颁布了《国民医疗保健服务法》，开始实行国民卫生服务制度（NHS），医疗机构实行国有化，医疗机构的工作人员是国家公职人员。NHS覆盖所有国民，规定范围内的医疗服务一律免费，药店按照医生处方提供免费药品，仅对每个处方收取一定的手续费。目前，英国国民卫生服务基金主要来自四个方面：一是国家财政拨款，占基金的绝大部分；二是雇主缴纳的社会保险费中用于医疗保险开支的部分等，约占基金总额的10%；三是患者自付费用部分，包括门诊挂号费以及一些特殊医疗服务项目，如镶牙、配眼镜等的付费；四是其他收入。

英国国民卫生服务制度注重公平性，解决了贫困人群看不起病的难题，对改善英国人民的健康状况起到了非常积极的作用。而且，英国对卫生费用的控制较为有效，属于发达国家中医疗费用水平较低的国家。不过，英国的国民卫生服务制度也出现了一些问题，例如：由于缺乏竞争导致的医疗服务体系效率低下，门诊及住院服务等待时间较长；卫生资源配置难以及时、准确反映病人需求的变化；医疗服务的有效供给不足；免费医疗造成患者过度利用医疗服务的现象等。

为了解决这些问题，2010年以来，英国政府对原有制度实施了其自1948年成立以来最大的一次医疗改革，引发了巨大的反响。改革的实质是利用市场竞争，提高制度效率。其具体内容包括公立医疗机构转型为基金会形式、全科医生医疗服务委托、保障患者选择医疗服务的权利、明确竞争法适用于NHS、分离医疗委托方和供给方，实现治理方式转型等。[①]

二、社会医疗保险模式

社会医疗保险是通过国家立法强制实施的医疗保险制度。社会医疗保险采取多渠道方式筹集资金，一般由雇主和雇员缴纳，政府酌情补助，参保人及家属因患病、受伤或生育而需要医治时，由社会医疗保险制度给予医疗服务和物质帮助。社会医疗保险模式是实行医疗保险制度的国家中应用最多的一种，世界上有100多个国家采取这种模式。代表性的国家有德国、日本、法国等，其中德国的医疗保险制度历史最悠久，也最具有代表性。

德国是现代社会保障制度的发源地，是世界上第一个建立医疗保险制度的国家。

---

① 杨红燕，吕苹，张浩. 英国NHS最新医改政策评析［J］. 湖北社会科学，2015（10）：43-47.

1883年德国颁布《疾病保险法》，建立了强制性医疗保险制度。目前，德国社会医疗保险的保险对象包括税前收入低于法定标准的雇员以及无固定收入的雇员家属、退休人口、失业者、农民、大学生等；收入超过法定标准的就业者、公务员、自由职业者、律师、军人等是自由保险者，可以选择加入或不加入社会医疗保险。德国医疗保险费由雇主和雇员各承担50%，雇员的子女和无工作的配偶不缴纳保险费也可以享受医疗保险待遇，发生医疗风险时可享受包括门诊、用药、换牙、手术和必要的住院及料理等待遇。2017年，德国的社会医疗保险约覆盖89.4%的人口，商业医疗保险覆盖约10.6%的人口。①

德国社会医疗保险实行分散管理和自治原则，政府主要负责制定政策与监督、协调工作，不参与法定医疗保险的具体操作。一方面，社会医疗保险由分散的医疗保险经办机构管理，全国约有1 300个按不同地区、不同行业、不同企业建立的医疗保险经办机构。医疗保险经办机构也称为疾病基金会，一般由雇主和雇员代表组成董事会实行自治。由于医疗保险实行分散管理，全国没有统一的医疗保险缴费率。另一方面，医疗保险签约医生及其联合会以及州医院协会均为自治机构，医疗保险机构和医疗机构之间是相互合作的伙伴关系。投保人可选择不同的医疗保险机构和不同的医疗服务机构，并且实行医药分业经营。病人享受医疗服务，需自付一定比例费用。

德国社会医疗保险模式的优点在于：体现了风险分担、互助共济的原则，能够在年老与年轻、患病与未患病的人群之间进行收入再分配，更好地促进了社会公平。德国社会医疗保险的问题在于：一是由于对医疗服务供给方监督不力，增加了服务滥用的可能，加上老龄化等因素的作用，导致医疗费用增长过快，医疗保险负担沉重；二是不同医疗保险组织之间存在着缴费和待遇水平的差异。针对这些问题，德国的社会医疗保险制度也在不断进行改革。如在2003年，采取扩大缴费基数、减少保险覆盖项目、引入共付机制等措施；自2009年1月1日起，在联邦范围内建立统一的健康基金，统一法定医保费率，建立全德统一的法定医疗保险总会；2019年11月，德国通过的新数字医保法规定，所有参保人均可要求保险机构对某些数字健康应用程序提供补偿；新冠肺炎疫情防控期间，德国法定医疗保险基金解除了通过视频咨询提供服务的病例数限制等。②

---

① OECD. Health at a Glance 2019：OECD Indicators [EB/OL]. https://www.oecd.org/health/health-systems/health-at-a-glance-19991312.htm.
② 杨红燕. 数字化时代的数字医保：内涵、价值、挑战与治理思路 [J]. 华中科技大学学报（社会科学版），2021，35（2）：17-24.

三、商业医疗保险模式

商业医疗保险是把医疗保险作为一种特殊商品自愿买卖，按市场法则自由经营的医疗保险模式。商业医疗保险的资金来源于参保者个人及其雇主所缴纳的保险费，缴费水平通常取决于个人的年龄、性别与健康状况，呈现出差别费率的特点。医疗服务的提供和医疗服务的价格是通过市场竞争和市场调节来决定的，政府干预较少。

美国是实行商业医疗保险模式的典型代表。目前，美国形成了以商业医疗保险为主，包括商业医疗保险、社会医疗保险、社会医疗救助和少数民族免费医疗制度在内的多元化医疗保障体系。美国实行了社会医疗保险性质的医疗照顾制度（Medicare），该制度分为住院保险（Hospital insurance）、补充医疗保险（Supplementary medical insurance）、医保优势计划（The medicare advantage program）以及处方药计划（Prescription drug coverage）四部分，对65岁以上老年人、残疾人以及严重肾病患者等提供医疗保险。制度的资金来源于雇主和雇员缴纳的社会保险供款、政府补贴及基金投资收益等。2020年，住院保险和补充医疗保险制度的受益人数达6 260万人。[1] 美国还实施医疗救助制度（Medicaid），由联邦政府和州政府共同出资，对贫困人口及其他符合条件的缺医少药者给予医疗救助，截至2021年4月，该制度受益人数约有7 540万人。[2]

此外，美国还积极推进州儿童健康保险计划（State children's health insurance program, SCHIP），其保障对象主要是收入高于贫困线以下的低收入家庭中的儿童。2015年，该计划已覆盖美国800多万名儿童。[3]

美国的商业医疗保险分为非营利性和营利性两种。蓝盾（Blue Cross）和蓝十字（Blue Shield）是美国最大的两家非营利性的民间医疗保险公司。美国还有许多营利性的医疗保险公司。2017年，美国有54.9%的人参加了商业医疗保险，社会医疗照顾制度覆盖了美国15.2%的人口，医疗救助制度覆盖了16.5%的人口。

美国商业医疗保险模式的优势在于：通过竞争能够促进医疗技术水平的提高和服务质量的改善，促进保险品种的多样化，更好地满足社会成员多样的医疗需求。但是，其缺点在于：人们享受医疗保险的水平取决于自身收入水平，社会公平性差；医疗和保险

---

[1] Centers for Medicare & Medicaid Services. Brief summaries of medicare & medicaid as of november 13, 2020 [EB/OL]. https://www.cms.gov/files/document/brief-summaries-medicare-medicaid-november-13-2020.pdf.
[2] Medicaid [EB/OL]. https://www.medicaid.gov/medicaid/index.html.
[3] Oberlander J, et al. In the affordable care act's shadow: The fate of the children's health insurance program [J]. Health Affairs, 2016, 35 (10): 1835-1841.

机构追求利润最大化,争相购进高新仪器设备,出现供方诱导需求等行为,导致医疗费用的过度膨胀,政府和社会负担沉重。20世纪70年代以来,美国开始对医疗保险制度进行改革,管理型医疗保险模式逐步发展起来。

管理型医疗保险模式出现于20世纪60年代,最初注重提高医疗服务的质量,并提供预防保健服务,后来发展成为一种集医疗服务提供和经费管理于一体、以控制医疗费用为主要目的的医疗保险模式。采用管理型医疗保险模式的主要有健康维持组织(HMO)、优先提供者组织(PPO)、排他性提供者组织(EPO)、定点服务计划(POS)等,美国凯撒医疗集团(Kaiser Permanente)是管理型医疗保险模式的典型形式。美国医疗保险的经营模式在20世纪90年代完成了由传统的费用报销型到管理式医疗的转型。[①] 2016年,管理式医疗在雇员保险市场中的占比已达99%。[②]

此外,美国在奥巴马执政期间通过了《患者保护与平价医疗法案》,使得医疗保险制度朝着全民医疗保险的方向迈进了一大步,但该医改并未达到预期效果。2017年,美国人均医疗费用支出水平位居世界第一,仍有9.2%的民众没有任何医疗保险。[③]

四、储蓄医疗保险模式

储蓄医疗保险制度是国家通过立法,强制劳动者或者劳资双方缴费,以雇员的名义建立保健储蓄账户(个人账户),用于支付个人及家庭成员的医疗费用的医疗保险制度。这种模式以新加坡为典型代表,是中央公积金制度的一部分。

新加坡的医疗保障制度可分为以下四个部分。

第一部分为补贴制度(Subsidy)。公民在享受基本医疗时,直接支付政府补贴后的价格。政府按住院医疗、门诊医疗和医药分别制定补贴标准:一是根据家庭人均年收入对专家门诊费用进行补贴,对于收入在1 200美元及以下、1 201~2 000美元和2 000美元以上的公民分别补贴70%、60%和50%;二是根据个人月收入以及入住病房的等级进行住院费用的补贴,将个人月收入划分为16个档次,分别对入住B2级和C级病房的公民给予50%~80%的补贴;三是根据家庭人均年收入对医药费用进行补贴,对于收入在

---

① 张剑敏. 美国团体健康保险市场的新变化 [J]. 保险研究, 2003 (12): 58-60.
② 朱恒鹏, 彭晓博. 医疗价格形成机制和医疗保险支付方式的历史演变——国际比较及对中国的启示 [J]. 国际经济评论, 2018 (1): 24-38.
③ OECD. Health at a Glance 2019: OECD Indicators [EB/OL]. https://www.oecd.org/health/health-systems/health-at-a-glance-19991312.htm.

2 000美元及以下、2 000美元以上的公民分别补贴75%和50%。①

第二部分是保健储蓄（Medisave）计划。1984年，新加坡在原有的中央公积金制度的基础上，在全国范围内推行了强制性的保健储蓄计划。该制度覆盖所有在职人口，由雇主、雇员双方按照工资的8%~10.5%缴费率建立保健储蓄基金，形成个人保健储蓄账户。雇员年龄越大，缴费率越高。②保健账户用于支付投保人及其家庭成员的住院、日间手术及特殊门诊的自付部分费用。保健储蓄基金可以获得平均利息率，可以免缴所得税，也可以作为遗产继承，并免征遗产税。

第三部分是终身健保（Medishield life）计划。2015年，新加坡从原有的健保双全（Medishield）计划全面过渡到终身健保计划，在个人公积金支出达到一定额度后，可由该计划支付起付线以上部分的大部分费用。终身健保计划是一项强制性的终身受保计划，取消了参保年龄限制和终身赔付金额限制，将每年赔付限额提高至15万美元③，提高了新加坡居民的基本医疗保障水平。到2020年年底，新加坡终身健保基金已达21亿美元，超过70万项终身健保索赔获得批准，索赔金额达10亿美元。④

第四部分是保健基金（Medifund）计划。该计划于1993年4月实施，由政府出资设立基金，在每个国立医院设立由政府任命的医院保健基金委员会，向无力支付住院费用的病人给予资助。该计划自实施以来，新加坡政府根据财政收入和经济状况，每年拨款1亿~2亿新元，并随预算盈余逐渐增加到20亿新元。为了帮助更多的老年人和年轻人，新加坡政府于2007年和2013年分别启动了银发保健基金计划和年轻人保健基金计划。⑤

新加坡储蓄医疗保险模式是以家庭为单位的"纵向筹资"，是一种个人不同生命周期的风险分散方式。其优点在于，有利于控制需方的道德风险行为造成的医疗资源的浪费，提高资金使用效率，而且可以更好地应对老龄化趋势下医疗需求增加的问题。其缺点在于，以强调个人责任为基础，家庭之间缺乏互助共济，制度风险分散能力和公平性都较差。

---

① Singapore Ministry of Health. Subsidies for services and drugs at public healthcare settings [EB/OL]. https://www.moh.gov.sg/cost-financing/healthcare-schemes-subsidies/subsidies-for-services-and-drugs-at-public-healthcare-settings.
② Singapore Central Provident Fund Board. CPF annual report 2020 [EB/OL]. https://www.cpf.gov.sg/Assets/Common/Documents/CPF_Annual Report2020_Part2.pdf.
③ Singapore Central Provident Fund Board. Medishield life [EB/OL]. https://www.cpf.gov.sg/members/FAQ/schemes/Healthcare/MediShield-Life/FAQDetails?category=Healthcare&group=MediShield%20Life&folderid=13101&ajfaqid=2274068.
④ Singapore Central Provident Fund Board. CPF annual report 2020 [EB/OL]. https://www.cpf.gov.sg/Assets/Common/Documents/CPF_Annual Report2020_Part1.pdf.
⑤ 丁一磊. 新加坡健康保障制度演变的特点及启示 [J]. 中国卫生政策研究, 2018, 11 (10): 34-42.

第四节 医疗保险筹资与偿付

一、医疗保险基金筹集

医疗保险基金是医疗保险机构依法对法定范围内的单位和个人征收的用于在法定被保险人发生疾病风险时给予保障的资金,是医疗保险制度运行的经济基础。

(一) 医疗保险基金的筹资来源

医疗保险基金的筹资来源,或者说筹集渠道主要有被保险个人缴纳的保险费、用人单位缴纳的保险费、政府的资助、基金投资收益以及其他方面的收入等。如上所述,不同医疗保险模式的国家筹资渠道不相同。不过,多数国家采取雇主与雇员分担缴费责任或者政府、雇主、雇员三方分担缴费责任的做法。

(二) 医疗保险基金的缴纳方式

从世界范围内来看,各国医疗保险费具体的缴纳方式各有不同。归纳起来,共有以下几种。

一是固定保险费金额制,即法定范围内所有的被保险人都必须缴纳相等金额的保险费。这种方法的好处是简便易行,易于操作。但缺点是累退性明显,因为缴费多少没有考虑收入水平的差异,导致收入越高,缴费占其收入的比重越低;收入越低,缴费占其收入的比重越高。

二是工资(收入)比例制,即按照被保险人工资或者收入的一定比率征收医疗保险费。这种方法的优点是充分考虑了人们(工资)收入水平与支付能力的差异,体现了公平原则,而且操作简便;缺点是不同工资水平的人缴费可能存在很大差异,无法体现权利与义务对等的原则。在一些收入工资化和工资货币化程度不高的国家,一些收入和工资难以计量,导致操作难度大,公平性也大打折扣。

三是区域级差制,即按照各区域内医疗卫生基本设施条件的情况,确定不同的缴费标准。目前,世界范围内最为普遍的做法是采取与工资或收入挂钩的缴费方式。

(三) 医疗保险基金的构成

积累起来的医疗保险基金要根据具体的用途划分为不同的部分。一般来讲,医疗保险基金可以分为管理费、风险储备金、预防保健费和医药补偿费四个部分。

1. 管理费

管理费是指用于医疗保险业务管理方面的费用。它包括医疗保险机构管理人员的薪水、奖金、福利以及保险机构的设备、办公经费等。西方国家管理费用提取比例比较高，如美国管理费占保险费的25%，德国为13%，加拿大为7%左右。我国社会医疗保障机构的管理费标准一般为保险费的2%~5%。不过，这些管理费一般由财政拨付，不从社会医疗保险基金中直接提取。

2. 风险储备金

风险储备金主要用于突发性、偶然性的大病、重病暴发流行时或医疗保险基金出现赤字时的支付调节，是为了增强基金的抗风险能力而设置的。具体提取比例可以根据医疗保险历年出现的赤字情况以及医疗保险参保规模的大小而定，历年的赤字越大，提取比例越高；参保规模越小，出现风险的可能性越大，提取比例应该越高。

3. 预防保健费

预防保健费主要用于实施儿童计划免疫，妇女产前、产后保健，以及一些地方病的预防，参保人群的体检等支出的成本费、劳务费和补偿费。

4. 医药补偿费

医药补偿费主要用于被保险人生病就诊后，门诊、住院等各项医药费用补偿，是医疗保险基金最主要的用途，一般占总基金收入的80%以上。

二、医疗保险费用偿付方式

医疗保险费用偿付，也称为医疗保险费用支付或结算，指医疗保险机构对被保险人因病就医时所花费的医疗费用进行补偿的行为。医疗保险费用偿付是医疗保险制度运行中的一个重要环节，是医疗保险功能最终得以实现的基本途径。医疗保险费用偿付的具体方法和途径，就是医疗保险费用的偿付方式。医疗保险费用的偿付方式影响着医疗费用的水平、医疗资源的流向和制度的保障效果，是医疗保险管理和改革的重点、难点。

从支付对象来看，医疗保险费用偿付方式一般可分为两种：一种是对医疗服务供方的偿付，即医疗保险机构直接向医疗机构支付费用；另一种是对医疗服务需方的偿付，即被保险人就诊时先垫付费用，然后凭就医的费用凭证同医疗保险机构进行结算。这里主要介绍对医疗服务供方的偿付方式。

从支付时间来看，可分为后付制和预付制两种。后付制是指在医疗服务发生之后根据服务发生的数量和支付标准进行支付的方式，这是一种最传统、应用最广泛的偿付方式。按项目付费是最典型的后付制。预付制是指在医疗服务发生之前,就按照预定的支付标准,向医疗服务提供者拨付医疗费用的方式,包括按服务项目付费、按人头付费、按病种付费、总额预算制、工资制、以资源为基础的相对价值标准偿付、一体化方式等。

(一) 按服务项目付费

按服务项目付费是指医疗保险机构根据医疗机构提供的医疗服务项目和服务量,按照规定的每项医疗服务的付费标准对医疗机构做出费用补偿的方法。在具体操作上,可以由医疗保险机构直接向医疗机构偿付,或者由病人先垫付,再由医疗机构对病人给予补偿。按项目付费的优点是操作简便易行,适用范围广泛;缺点是由于医疗机构收入同提供服务的多少有关,因而医疗供方客观上具有过度提供医疗服务的动机,容易产生过度检查、过度用药等行为。而且,由于医疗费用由第三方医疗保险机构支付,导致被保险人对医疗费用不关心,甚至与医疗机构合谋欺骗保险机构,结果导致医疗费用的过度上涨和浪费。

(二) 按人头付费

按人头付费是指医疗保险机构按合同规定的时间(如1年),根据被保险人人数和每个人的支付定额标准,预先支付医疗服务供方一笔固定的医疗费用,在此期间医院提供合同规定范围内的医疗服务均不再另行收费的方式。其特点是医疗机构收费的多少与提供医疗服务的数量和种类无关,只与合同约定的被保险人人数有关,被保险人人数越多,获得的付费数量越大,实际上是一定时期、一定人数的医疗费用包干制,属于预付制的一种。按人头付费的优点是将医疗费用超支的风险转移给了医疗供方,从而刺激医生和医院努力降低医疗费用,能够有效控制供给诱导需求行为,减少费用开支水平,并且医疗机构为了获得更多的医疗费用结余,会积极开展预防保健工作。这对于增强人民的健康保健意识,提高全民的身体素质有重要作用。其缺点是医疗供方可能会通过减少医疗保健服务来节约费用,对医疗服务的质量带来不利影响。

(三) 按病种付费

按病种付费也称按疾病诊断分类定额支付,是根据国际疾病分类法,将住院病人的疾病按诊断、年龄、性别等分为若干组,每组又根据疾病轻重程度、有无并发症等分成不同的级别,对每一级别制定相应的价格标准进行支付。按病种付费方式是由美国耶鲁大学卫生研究中心米尔等提出,1986年开始在美国老年医疗照顾计划中应用。这种方式的特点是医疗费用的支付与诊断的病种相关联,而与病人实际花费的医疗费用无关,从而激励医院降低成本，减少诱导需求行为，在一定程度上控制不合理医疗费用。近年来，包括法国、英国、意大利、德国、澳大利亚等许多国家已经采用了按病种付费方式。采用按病种付费最大的困难在于如何恰当地制定病种分类和付费标准，对技术水平和管理能力要求高，管理成本高。而且，医疗供方可能推诿高费用病人或者减少对患者的必要服务，从而影响医疗服务质量和患者利益。

（四）总额预算制

总额预算制又称为总额预付制，是由医疗保险机构与医院事先协商确定年度医疗费用预算总额。医院必须为参加医疗保险的患者提供规定的医疗服务，医院的医疗费用全部在总额中支付，"结余留用，超支不补"。年度总预算的确定，往往需要考虑医院等级与规模、医疗设施水平、医疗服务质量、上年度医疗费用情况、参保人数多少、疾病谱、患病率、通货膨胀率等多种因素，预算总额一般每年协商调整一次。总额预算制的优点是能够较好地控制医疗费用总量，促使医院降低服务成本，提高资源的利用效率，费用结算简单，管理费用少；缺点是合理确定预算总额很困难，而且可能影响医疗供方的积极性，出现服务强度和服务质量下降的情况。

（五）工资制

工资制是对医生的偿付方式，指医疗保险机构根据医务人员所提供的服务，向其支付工资的方式。工资水平的确定通常要考虑医生的技术级别、工作年限等，而不考虑所提供服务的数量多少与质量高低。医务人员工资制广泛应用于英国、芬兰、瑞典、西班牙、葡萄牙、希腊、土耳其、加拿大、印度、印度尼西亚以及拉美等国。实行工资制的优点是能够有效控制医务人员开支水平，医务人员收入有保障，消除医务人员诱导需求的动机；缺点是缺乏对医生的激励机制，可能会导致服务态度不好和质量下降，不利于提高医生的工作积极性和工作效率，由于医生的收入是稳定的，为了节省医院的成本，医院可能会推诿重症患者，影响医疗服务的公平性。

（六）以资源为基础的相对价值标准偿付

以资源为基础的相对价值标准偿付是指以资源消耗为基础，以相对价值为尺度，来偿付医生劳务费用的方法。这种支付方法是根据劳动投入总量、业务成本和专业培训的机会成本等医生投入的各类资源要素的成本来决定每项服务的相对价值，并以这个相对价值作为确定各项服务报酬的依据。这种偿付方式的优点是能够全面估计医生服务资源的投入，提高医生工作效率，减少过度医疗，且能够较好地平衡预防保健服务和治疗服务的补偿标准，引导医疗人力资源的合理流动；缺点是管理成本和技术要求较高，没有考虑到医疗服务治疗效果、医生能力差异以及由于收治病情严重程度不同的患者所导致的资源消耗差异的问题，可能会导致医疗服务质量的下降、医疗服务领域的"劣逐良"以及医生推诿重症病人以获取更多的经济利益现象。

（七）一体化方式

一体化方式是指医疗保险机构和医疗服务机构作为一个整体，既收取被保险人缴纳的医疗保险费（税），又为其提供所需的医疗服务，医疗费用的支付行为表现为机构内部的费用支出。一体化方式有两种表现形式：一种是医疗保险机构通过各种方式（如自办、购买、合营等）拥有自己的医院和医生，并以工资的形式偿付医务人员劳务费；另一种是有实力的医院自办医疗保险业务，实现医疗保险机构和医疗服务机构的一体化。美国凯撒医疗模式是典例的一体化方式，该模式提供了包括疾病预防、疾病诊疗和病后康复等内容的综合卫生保健服务，有效遏制了美国医疗费用的高速增长，实现了保险公司和医疗服务机构、不同层级医疗机构的多级诊断服务、服务模式和运营方式等多方面整合。①

实际上，医疗保险的费用偿付方式远不止以上几种，还有如按服务人次付费、按住院床日付费等。这些偿付方式都各有利弊，对于医疗费用水平、医疗服务质量等方面的影响也各有不同（见表8-2）。每个国家都应该根据各自的国情、医疗保险和医疗服务体系的特征选择合理的单一偿付方式或组合方式。目前，国际上对医院的偿付一般采取按病种付费和总额预算制，按人头付费用于初级卫生保健，按项目付费用于对专科医生的支付中。

表 8-2　　　　　　　　　　不同偿付方式的比较

偿付方式	费用控制	服务质量	管理
按服务项目付费	很差	很好	非常难管理
按人头付费	非常好	良	非常容易管理
按病种付费	好	良	难管理
总额预算制	非常好	良	容易管理
工资制	良	差	容易管理
以资源为基础的相对价值标准偿付	好	差	难管理
一体化方式	非常好	好	难管理

资料来源：孙光德，董克用.社会保障制度概论（第三版）[M].北京：中国人民大学出版社，2008：225.

---

① 叶江峰，等.整合型医疗服务模式的国际比较及其启示[J].管理评论，2019，31（6）：199—212.

第五节 生 育 保 险

一、生育保险理论

关于生育保险的理论主要有贝克尔的"三效应理论"、莱宾斯坦的"子女成本与效用比较理论"[①]，以及"生育社会价值理论"等。

(一) 三效应理论

三效应理论是美国芝加哥流派的代表人物贝克尔于20世纪60年代提出的。贝克尔认为，生育水平受收入效应、物价效应和替代效应三效应的制约。当收入效应大于抚养孩子的成本时，生育率提高，反之生育率下降；当物价上涨，抚养孩子的成本上升，生育率下降，反之生育率上升；当抚养孩子的机会成本提高时，作为高档商品、耐用品、旅游等的替代效应得到强化，人们宁愿把收入用于高档商品、耐用品等项目的消费上，而不愿生养孩子，从而导致生育水平呈下降趋势。贝克尔认为，西方国家在收入效应提高的同时，随着物价上涨以及机会成本的提高，替代效应增强，结果必然导致生育率下降。

(二) 子女成本与效用比较理论

子女成本与效用比较理论是美国经济学家莱宾斯坦在20世纪60年代提出来的。莱宾斯坦是最早运用经济学的理论和方法研究子女生养的成本和效用的西方学者。他使用边际子女效用分析模型，指出生育率与子女成本同效用的大小有关。生育子女的成本有直接成本和间接成本。直接成本主要包括婴儿分娩、子女出生后的衣食住行、接受教育、医疗服务和参加文化娱乐活动的费用；间接成本包括父母因生养子女而减少自身工作、休闲或接受教育的时间成本。生育子女的效用主要体现为消费效用、收入效用、保障效用和家庭效用，即从生养子女中得到精神上的快乐、子女给家庭带来经济收益、子女为父母提供老年生活保障、生养子女使家庭得到延续和发展等。当子女带给家庭的效用大于生养子女所花费的成本时，生育率就比较高；反之，生育率下降。不过，生育子女也存在边际效用递减现象，随着经济的发展和收入的提高，父母对子女的需求和生育率都会下降。

---

① 任正臣. 社会保险学 [M]. 北京：社会科学文献出版社，2001：217-220.

(三) 生育社会价值理论

生育社会价值理论认为，妇女不仅是促使人类走向富裕与文明的强大生产力，而且是人类自身的创造者。生育还是一种社会职责，关系到整个民族的劳动力再生产。因此生育行为具有社会价值，是一种神圣的社会劳动。妇女为尽此社会责任而导致体能和经济的双重损失，应当得到法律的保护和社会的补偿，从而以健康的体魄孕育"民族的未来"。因此，妇女生育的社会价值应得到尊重。

二、生育保险的含义和特征

生育保险是国家为保障妇女劳动者因生育子女而暂时丧失劳动能力和正常收入来源时的基本生活需要，而向其提供物质帮助和医疗保健服务的一项社会保险制度。

生育保险制度除了具有社会保险制度的共有特点外，还有自身的一些特征。

(一) 保障范围小

生育保险的保障对象是已婚女性劳动者及其所生育的子女和家庭，覆盖范围有限。虽然有的国家已经将生育保险的范围扩大到非在职妇女在内的一切女性，但是，相比较其他社会保险项目保障所有劳动者的状况，生育保险的范围依然有限。

(二) 实行"产前产后都享受"原则

生育保险是根据事先与事后保障相结合方式建立的，生育保险给付的假期均从生育之前孕期开始。其他社会保险项目均属于事后救济、补偿保障。如失业保险只是在失业发生之后才提供失业津贴，疾病保险也是在疾病发生之后提供疾病津贴。唯有生育保险为更好地保护产妇和婴儿健康，实行产前、产后都享受的原则。生育保险明确规定，产假必须在生育期间享受，不能积累到其他时间享用，并遵循产前与产后都应享受的原则。

(三) 生育保险保障的是特定风险

生育风险由人的特定生理活动引起，既不像失业风险那样是社会风险，也不像工伤风险那样是不可抗拒的意外风险。虽然生育风险与养老风险同属于劳动力的丧失，但二者也有不同，因为生育风险是短期暂时地丧失劳动能力，而年老风险则是长期永久地丧失劳动能力。此外，虽然生育风险与疾病风险一样需要提供适当的医疗服务，但是严格地讲，生育并非真正的风险，因为生育风险是可以人为控制的，而疾病风险是不可控的。

(四) 生育保险与医疗保险、疾病保险密切相关

因为生育过程本身就涉及检查、手术、住院等医疗保健服务，生育保险给付涉及医疗服务和津贴等，这与疾病保险和医疗保险是非常相似的。因此，世界上许多国家都把生育保险放在医疗保险或者疾病保险范围内。

三、生育保险的内容

(一) 生育保险享受资格

世界各国对于生育保险享受资格的规定各有不同，大体上可分为五种。一是没有规定限制条件。如法国、马耳他等国规定，所有受雇和自由职业的妇女，均可享受生育保险待遇。二是只对居住权有一定要求。如芬兰规定，入境移民必须满180天等待期，才能享受生育保险。三是必须从事受保职业。如德国的生育保险的保障对象仅为受雇员工，将自由职业者排除在外。有的国家还对妇女从事受保职业的时间作了规定。如希腊要求享受生育保险待遇者在过去两年应至少工作200天。四是要求缴纳一定时间的保险费。如卢森堡规定享受生育保险待遇的条件是在休产假前的12个月内缴纳6个月的保险费；保加利亚规定需在休产假前至少缴纳了12个月的保险费。五是享受生育保险待遇的资格条件是就业、缴费等多种形式的组合。如瑞士规定享受生育保险待遇的条件是在预产期前的9个月内至少工作5个月并在过去缴纳至少9个月保险费；冰岛规定所有雇员及自由职业者需要至少服务6个月，且自由职业者必须每月缴纳保险费。①

(二) 生育社会保险待遇

生育社会保险待遇受各国政治、经济和人口政策等诸多因素影响，其项目和保障水平各有不同。一般而言，主要包括以下几部分内容。

1. 产假

为了保护生育妇女的身体健康，并使初生婴儿得到精心照顾和哺育，各国在其生育保险制度中的有关生育保险待遇款项都明确规定了生育产假。1952年国际劳工组织通过的《生育保护公约》提出，产假应不少于12周。2000年《生育保护公约》（第183号）中进一步规定，产假应该不少于14周。第183号公约所附的《生育保护建议书》（第191号）建议在可行情况下，将产假期限延长至至少18周。目前，大多数国家都采纳了

---

① OECD. OECD Family Database: PF2.1 key characteristics of parental leaue systems [EB/OL]. https://www.oecd.org/els/soc/PF2_1_Parental_leave_systems.pdf.

国际劳工组织的建议。从世界范围看，近些年来几乎所有国家规定的生育假期都有延长的趋势，不仅如此，在一些国家，父育假政策也开始推广。2013年，167个国家中有78个国家做出了法定陪产假的规定。①

2. 生育津贴

生育津贴是对生育妇女的收入补偿，这种收入补偿应该足以维持产妇和产儿的身体健康，因此，生育保险的给付水平是一切社会保险中给付水平最高的，这是由生育的社会价值决定的。2000年《生育保护公约》（第183号）中规定，生育津贴为原工资的三分之二，同时通过的《生育保护建议书》（第191号）中建议生育津贴应该等于该妇女生育之前的收入全部。目前，192个国家中，73个国家的女性可获得至少14周产假且工资替代率达到三分之二，符合第183号公约的基准。26个国家的女性有权按100%的工资替代率获得至少18周产假，达到第191号建议书的最高标准。②

3. 医疗保健服务

医疗保健服务包括妇女怀孕后提供定期的保健、体检服务，分娩时的手术、住院、检查服务，以及与生育相关的其他医疗服务。该服务定期对孕妇进行体检，并提供从怀孕到分娩的一系列医疗服务，对于保证妇女以及婴儿的身体健康，提高人口质量具有重要意义。医疗保健服务相关的费用由生育保险基金支付。

此外，生育妇女在工作中还享有一定的哺乳时间，如每天半小时。哺乳时间应视为工作时间，给予相应报酬，一些国家还对新生婴儿给予一定金额的补助。同时，各国还对生育女职工的劳动保护作了相关规定，如不得安排怀孕、哺乳的女职工从事强体力劳动或有毒、有害的工作，不得在女职工怀孕期、产期、哺乳期间降低女职工工资或者解除劳动合同等。

> 案例分析

左右摇摆的美国医疗保险改革

从奥巴马到特朗普再到拜登，随着总统的更替，美国政府的医疗保险改革（以下简称医改）法案屡次转向，左右摇摆。

---

① International Labor Organization. Maternity and paternity at work: Law and practice across the world [EB/OL]. http://ilo.org/wcmsp5/groups/public/dgreports/dcomm/publ/documents/publication/wcms_242615.pdf.

② 郝君富，郭锐欣. 生育保障制度的国际改革趋势与启示 [J]. 兰州学刊，2019（6）：136-150.

1. 奥巴马医改

奥巴马医改的主要内容：一是扩大医疗保险覆盖范围，雇用超过50名员工的企业必须为员工购买医疗保险，将更多的低收入家庭纳入医疗救助制度，允许26周岁以下的子女纳入父母的雇员医疗保险计划；二是加强对保险公司的监管，要求保险公司不得以投保者过往病史为由拒保或者收取高额保费，不得对投保人终身保险赔付金额设置上限等；三是建立以州为基础的医疗保险交易所，小企业和个人可在交易所里通过联合议价，享受与大公司员工或联邦政府雇员同样优惠的保险费率。

奥巴马医改最为明显的效果就是扩大了医疗保险的覆盖范围，让尽可能多的以往得不到医疗保险服务的美国公民可以依法享有医疗保险保障。在平价医疗法案覆盖的第一年也就是2010年，美国的医疗保险未参保率出现历史性下降。截至2015年，医疗保险未参保率降至9.4%，而2009年为15.1%。与此同时，奥巴马医改遭遇了比如政治上的持续反对、筹资方式不可持续导致扩面困难重重、风险补偿方式的缺失导致医疗保险保费上涨以及民众可选保险有限等挑战。

2. 特朗普医改

来自共和党的特朗普上台后，签署的第一个行政命令就是冻结奥巴马医改计划。之后特朗普政府试图以新法案取代奥巴马的《患者保护与平价医疗法案》，先后采取了诸如取消医改方案中对低收入者的保费补偿措施，降低中产阶级和富人的税收压力，取消强制参保，允许保险公司对超过规定期限没有医疗保险的个人征收超额的保险费用，允许保险公司拒保、设置限额、对老年人参保征收多倍保险金等措施。特朗普政府医改的核心理念是自由市场原则，增强医疗保险的商品化特征，缩减政府负责的医疗救助保障范围，强调通过市场竞争和税收政策调节来解决医疗问题。虽然彻底废除奥巴马医改的计划并未成功，但特朗普政府的改革措施仍然在一定程度上削弱了奥巴马医改法案的效力。

3. 拜登医改

民主党候选人拜登当选总统后，签署了关于医疗保险的一揽子行政措施，下令重新开放被特朗普冻结的平价医疗法案，并采取行动恢复受其前任破坏的承保范围和医疗补助计划，降低处方药价格、保费和自付费用，降低医疗成本并提高医疗质量，消除医疗保障方面的性别、种族、地理位置歧视等措施，标志着医疗保险改革的再度转向。

美国医疗保险改革的左右摇摆与其特殊国情有关。美国贫富差距的扩大引起了社会的阶级固化，社会的撕裂导致不同党派的政治主张大相径庭，政党轮替导致政策稳定性下降，极大地影响了美国人民医疗保险权利的实现。

资料来源：

1. 文太林. 美国医疗保险改革演进及对中国的启示［J］. 中国卫生政策研究，2014（12）.

2. 任丽娜. 美国医改举步维艰的公共选择理论分析［J］. 辽宁大学学报（哲学社会科学版），2019（3）.

3. 李言. 奥巴马医改和特朗普医改比较［J］. 劳动保障世界，2020（35）.

案例讨论：奥巴马医疗保险改革法案中为扩大医疗保险覆盖面对于企业和保险公司采取了强制性投保与承保措施。你是否支持这一做法？为什么？

深度阅读

1. 丁纯. 世界主要医疗保障制度模式绩效比较［M］. 上海：复旦大学出版社，2009.

2. 艾维·瓦罗恩. 医疗保障政策创新［M］. 北京：中国劳动保障出版社，2004.

3. 索尔特曼. 社会医疗保险体制国际比较［M］. 张晓，译. 北京：中国劳动社会保障出版社，2009.

4. 保罗·J. 费尔德斯坦. 卫生保健经济学［M］. 费朝辉，等译. 北京：经济科学出版社，1998.

5. 舍曼·富兰德，艾伦·C. 古德曼，迈伦·斯坦诺. 卫生经济学［M］. 王建，孟庆跃，译. 北京：中国人民大学出版社，2004.

6. 詹姆斯·亨德森. 健康经济学［M］. 2版. 向运华，等译. 北京：人民邮电出版社，2008.

7. World Health Organization. The world health report 2010［R］. Geneva：WHO.

8. Kenneth J A. Uncertainty and the welfare economics of medical care［J］. The American Economic Review，1963（12）.

本章小结

医疗和生育社会保险是政府为了帮助社会成员规避疾病和生育风险，减少由此带来的损失，保护人们的健康而建立的社会保险制度。医疗保险于19世纪末产生于德国，第二次世界大战后在世界范围内得到广泛发展。医疗保险除了具有社会保险的共性特征外，还具有普遍性、不确定性、服务性、内容交叉性、主体关系复杂性等个性特征。

由于产品供给的垄断性、信息不对称、外部性等原因，医疗保险领域存在严重的市场失灵现象。单纯市场调节容易出现医疗费用支出高昂浪费、部分人群买不到医疗保险等效率与公平的缺失，需要政府对医疗保险领域进行干预。政府对医疗保险市场的干预可以采取管制、税收、补贴等微调的形式，也可以进行根本性的制度变革，建立社会医疗保险制度。社会医疗保险能够从根本上杜绝逆选择，对市场医疗保险形式是一种帕累托改进。

各国医疗保险制度发展受到其自身经济、社会、传统文化、价值观念等多种因素的影响，呈现出多种多样的特点。以医疗保险基金筹集方式为标准，医疗保险可划分为国家医疗保险、社会医疗保险、商业医疗保险、储蓄医疗保险等类型。

医疗保险费用的偿付方式影响着医疗费用的水平、医疗资源的流向和制度的保障效果，从偿付时间来看，可分为后付制和预付制两种。不同的医疗费用偿付方式在费用控制、管理难易程度等方面具有不同的优缺点。

生育行为具有社会价值，关系整个民族的劳动力再生产。因此，生育社会保险的给付标准是所有社会保险项目中最优厚的，参加保险制度的生育妇女可以享受产假、生育津贴、医疗保健服务等生育社会保险待遇。

重要概念

健康　疾病　社会医疗保险　风险选择　国家医疗保险模式　社会医疗保险模式　商业医疗保险模式　储蓄医疗保险模式　生育保险　按服务项目付费　按人头付费　按病种付费　总额预算制　工资制　以资源为基础的相对价值标准偿付

复习思考题

1. 医疗保险与疾病保险有何区别与联系？
2. 按照医疗保险基金筹集方式来划分，医疗保险有哪几种模式？它们各有什么优缺点？
3. 医疗保险领域市场失灵的形式有哪些？
4. 医疗保险是世界性难题，医疗保险费用支出的迅猛增长是这一难题的表现形式之一。医疗保险费用支出为什么会迅猛增长？应该如何有效控制不合理医疗费用？

5. 生育社会保险的基本待遇有哪些？

6. 女职工刘某在某外商投资企业工作。由于刘某怀孕，企业要同刘某解除劳动合同，企业的做法正确吗？

第九章
失业保险

第一节 失业与失业保险

一、失业与失业类型

失业是指有求职愿望和劳动能力的公民得不到就业机会，或人们就业之后又丧失就业机会而形成劳动人口相对过剩的社会现象。失业是一种经济风险，难以完全依靠个人或家庭之力来抵御或化解，需要社会共同面对。各国对失业人员进行登记，将凡在调查的时间内（如某一周）达到法定年龄的有劳动能力，但由于各种原因没有工作、正在为谋取收入寻求工作的人员或被解雇的人员称为失业人员。这类人数的总和，称为失业人口。失业人口占全国劳动力人口总数的百分比，称为失业率。

现代资本主义社会中，失业有两种类型：一是完全失业，指在资本主义国家法律下所承认的那种失业现象；二是半失业，指希望全日工作、连续工作的劳动者，只能得到非全日工作或被迫缩短工时。他们在统计失业人口时，仅包括完全失业者，不包括半失业者。人们对失业及失业现象认识不同，对失业的分类也不同，但依据失业产生的不同原因，概括起来有摩擦性失业、结构性失业、需求不足性失业、技术性失业、季节性失业、周期性失业、隐蔽性失业和等待性失业等类型。

（一）摩擦性失业

摩擦性失业是指由于经济运行中各种因素的变化和劳动力市场的动态性变化，人们不能及时适应这种变化而引起劳动力供需失调所产生的暂时性的失业，是人们在工作转换过程中产生的失业。摩擦性失业的具体原因有：在市场经济体制的动态结构下，原有的工作不断消失，新的工作不断产生，劳动者在转换工作过程中难免暂时失去工作；劳动力市场职能的缺陷（如缺乏就业信息）而产生缺乏有关就业机会的情报，使得劳动者无法与招工单位联系；劳动者由于随意变换工作、自由寻找职业等原因而发生的失业者与职位空缺相互匹配发生时滞。这种失业是一种正常现象，是竞争性劳动力市场的自然特征，凯恩斯认为，摩擦性失业与充分就业不悖。失业的水平取决于流入和流出劳动力市场的劳动者人数以及失业者找到新工作的速度，所以它不同于周期性失业，单靠增加失业救济是不能使其减少的，只有及时提供就业信息、增强劳动力的流动性、强化培训，才可减少寻找工作所需的时间，力求劳动力供求吻合"时间差"，从而使摩擦性失业得到缓和。

（二）结构性失业

结构性失业是指由于产业结构的变化而引起劳动力市场供求结构上失衡而造成的失业。新技术的采用、新兴行业的大量涌现、传统行业被淘汰、工艺流程不断更新等原因引起了产业结构变化，进而对劳动力的需求发生了结构性的变化。如果劳动力的供给结构不适应这种需求，即会出现谋职者的技能类型与现有就业岗位不一致而造成失业和职业空位并存的局面；人口增长速度的变化，消费兴趣的偏好变化以及政府政策的变化，也可能引起结构性失业。结构性失业是受经济萧条和经济复苏影响而长期存在的。西方国家经济学家认为，要解决结构性失业问题，必须采取加强劳动力市场的情报工作、加强职业培训等措施。

（三）需求不足性失业

需求不足性失业是指现有总商品和劳务需求太低，使整个经济实际需要的劳动力少于可提供劳动力的数量而造成的失业。这类失业有两种情况：一是由于经济衰退和萧条，商品和劳务的总需求下降，生产下降到低于充分利用现有劳动力资源所必需的水平，由此而产生的周期性失业现象；二是由于科学技术的进步对劳动力的需求相对减少而产生的失业现象。

由于消费品或投资不足，实际经济增长率长期低于可能达到的经济增长率，故造成劳动力的供给大于劳动力需求，以致必然地产生失业，被称为增长差距性的失业。

政府为解决需求不足性失业，只能实施扩大总需求以及增加有效供给的货币政策和财政政策等宏观经济政策，如增加政府支出、减少税收、增加货币供给等；采用直接应对失业的劳动力市场计划，如减免企业雇佣税、扩大公共部门就业计划等，使经济增长率与劳动力的增加和生产率的提高保持同步增长。

(四) 技术性失业

技术性失业是指在生产过程中引进了先进技术，劳动者被机器和先进的方法所代替，包括使用新工艺流程、新材料、新生产方法，改善经营管理等，减少了一部分劳动者的劳动就业机会而造成的失业。无疑，在短期内及在生产规模不变的情况下，新机器的出现会取代一部分劳动力，从而造成局部性的、暂时性的失业，但对失业影响的严重程度因素包括：某产品的需求弹性越大，某产品价格下跌幅度越大，工资柔性越大，被新机器排挤的劳动者越年轻等，这对就业影响越小；否则相反。从长远来看，技术进步又会创造出更多的、大量的就业机会，如设计、创造、操作、维修部门、服务业和社会福利事业。经济发展的中心是技术进步，技术的不断创新以及日益扩散促进了经济系统的日趋完善、经济发展的非均衡性演化。

(五) 季节性失业

某些产业或部门因受生产季节性气候的影响而造成的失业，被称为季节性失业，如建筑部门、农业部门、商业部门中的冷食部门，以及制糖业、加工业等。季节性失业具有行业间差别较大、失业时间持续不长、有规律可循、区域特征明显以及随技术进步趋向于减轻等特点。西方经济学家认为，季节性失业是一种正常性失业，难以完全消除，但可以通过预测，以大量减少季节性的解雇雇员。其具体办法是实行固定年工资制，招收临时工和变换销售政策，政府规定一个合理的补助期限。此外，还包括加大在就业信息服务方面的力度，及时、有效提供就业信息等。

(六) 周期性失业

周期性失业是指在经济波动周期中萧条阶段所出现的失业。这种失业与结构性失业的原因和表现是有所不同的，它产生的直接原因是经济的运行带有周期性，即繁荣和不景气周而复始地交替出现，特别是不景气对经济下降所造成的生产全面停滞状况，导致劳动力供求的严重失衡。这类失业的出现具有不定性和普遍性，其持续时间和幅度也变化不定，因此难以预测，尤其是失业规模更难以测度。周期性失业以不同方式影响不同行业与劳动者，生产资本货物的行业最易受影响，对低工资工人和非熟练工人影响最大。周期性失业下的失业人口数量多、分布广，恢复经济发展所需时间较长，形势比较严峻，此时可以在充分考虑通货膨胀因素的情况下实施积极的财政政策。

(七) 隐蔽性失业

20世纪30年代的经济大萧条，使得众多劳动力的生产率十分低下，在很大程度上浪费了劳动潜力,针对隐蔽劳动潜力的现象,琼·罗宾逊提出了隐蔽性失业的概念,并认为这种状况导致在很大范围内的劳动力边际生产力为零。隐蔽性失业也称"潜在性失业",是指这样一种现象:劳动者虽处于就业状态,但从事那些不能充分发挥专长的工作或从事那种劳动生产率(按人时计算的产量)低于他从事其他工作具有的更高劳动生产率的职业,如劳动力市场供过于求时,技术人员当普通工人用,熟练工人降级当半熟练工人,半熟练工降级去做一般体力劳动等,使劳动者的积极性得不到充分发挥,造成劳动力资源的巨大浪费,阻碍生产力的发展。一般而言,相对于发达国家,发展中国家的隐蔽性失业更严重。

中国企业职工也存在隐蔽性失业现象,如以前的低工资高就业,3个人的工作5个人去干等的统包统配的劳动政策,使得劳动力不能合理流动,劳动者的劳动积极性受到抑制。

(八)等待性失业

等待性失业是指求职者期望更高工资而产生的一种失业类型。只有"等待"到期望的工资超过低工资部门的预期工资,劳动者才愿意就业,否则宁愿保持失业状态、接受闲暇。用公式表示如下:

$$p_e w_e > p_o w_e + (1 + p_o) w_o$$

式中,w_e和w_o分别代表高工资部门和低工资部门的预期工资水平;p_e代表失业者找到w_e的概率;p_o代表就业于低工资部门的劳动者找到高工资的概率。因为失业者全力以赴地寻找工作,所以可以假定$p_e > p_o$,这样公式便可改写为:

$$(p_e - p_o) w_e > w_o (1 - p_o)$$

由上式可见,劳动者是否宁愿失业,不仅取决于w_e和w_o的差别,而且取决于失业者找到高工资工作概率的提高幅度($p_e - p_o$)。

二、失业保险的概念、特点及内容

失业保险是指国家通过立法强制实行,由社会集中建立基金,对在法定范围内靠工资度日的劳动者因失业暂时中断收入而提供物质帮助和职业介绍服务相结合的制度。失业保险法始于英国,在经历了20世纪20—30年代的经济大萧条以及20世纪50—70年代的经济大发展之后,不仅失业保险范围进一步扩大,而且失业保险制度日趋完善、发挥作用逐渐显现。

（一）失业保险的含义

其一，失业保险的核心内容是社会建立失业保险基金，分散这一劳动风险，使处于失业状态的劳动者生活获得基本保障。

其二，失业保险是针对薪资劳动者在市场竞争中被淘汰或企业破产风险发生，保险责任就自动发生效力的保障行为。

其三，失业保险对失业者提供基本生活需求的保障，具有法定时限，超过一定时限之外的救助不属于失业保险范围。

其四，失业保险是物质帮助与提供就业服务相统一，救助不是目的，提供就业服务、激励失业者再就业是它的最终宗旨。

失业保险内涵包括保障范围、资金来源、领取条件、救补标准和管理形式。为了使失业者尽快脱离失业状态，应该把失业保险外延到更宽泛的内容，如提供就业服务，包括就业指导、职业介绍、转业培训和生产自救等。实现就业是解决失业问题的根本途径，就业服务虽与失业保险有着密不可分的联系，但在理论上还不属于失业保险范畴。

失业保险与其他几项社会保险项目（如养老保险、医疗保险、工伤保险等）之间有着共性，又具有特性，共性表现为：失业保险作为社会保险的组成部分与其他险种一样，具有强制性、互济性、社会性和福利性，以货币资金提供物质帮助，保障其基本生活，并直接提供医疗服务等。

（二）失业保险的显著特征

一是失业保险是国家通过立法强制实施的一种社会政策。

二是享受失业保险的资格条件不是以丧失劳动能力为前提，它的对象只能是法律规定范围的工薪劳动者。

三是失业保险是以保障职工及其家属的基本生活需要为准则，而不可能满足他们更高层次的需要。

四是国家通过立法建立基金，全社会统筹使用。

五是失业保险不是单纯的经济救助，更重要的是通过职业培训、职业介绍提高失业人员的竞争力和就业能力，为他们谋求职业创造条件。

六是失业保险属于短期待遇，如超过一定期限没有找到工作就改为失业救助。

三、失业保险建立应遵循的原则

（一）保障失业人员的正常生活

确定失业待遇应以保证失业者及其家属（按平均的赡养系数计算）享有正常生活需要为标准。只有确保失业者的正常生活需要，他们才能够正常地生活下去，为以后重新就业创造条件。其标准应适当高于社会救济，因为他们失业前曾对社会做出过贡献。但又不能把待遇标准定得过高，否则抹杀了劳动与不劳动的界限，有悖于"按劳分配"的原则，也会助长他们的依赖与懒惰心理，以至于不求上进、丧失积极再就业的内在动力。另外，待遇标准的确定还应能刺激和激励失业者努力寻找一份适合本人技能的工作岗位，最终能促进国内劳动力市场的形成和国民经济可持续发展。这要求严格规定享受失业津贴的条件和待遇标准，合理计算和征缴失业社会保险税（费），并要顾及企业的承担能力。失业津贴只能支付给非自愿失业者，并与职工失业前的工龄、原工资标准挂钩，工龄长、工资高、缴费时间长的非自愿失业者，领取的失业津贴就高些，时间就长些；否则相反。

（二）失业救济与促进再就业相结合

针对失业的就业服务包括就业指导、职业介绍、转业训练、提供就业信息及生产自救等再就业促进活动。西方国家的失业保险曾一度只重视物质帮助而忽视就业服务，后来，他们非常重视失业保险与职业培训之间的关系。1993年国际劳工组织专管就业问题的官员，就这个问题向第80届国际劳工大会提出报告说，失业保险实施的一种更积极趋势，是制定可使那些被排除在劳动力市场以外的人员重新回到工作岗位的计划，从而不再需要被动地接受收入支持。这种方法往往把必要的收入支持同提供工作机会，为那些愿意考虑自营就业的人员提供帮助或咨询，以及把基本训练和职业培训联系在一起，从而将那些有自我发展能力人员的最低收入（经过统计调查）规定在一个较低水平，同时设立一项以寻找工作、流动、教育和培训为条件的奖金。也就是说把就业指导、职业介绍、职业培训等纳入失业保险运行系统，即把失业保险"收费—管理—使用"与失业人员"就业—失业—再就业"有机地结合起来，保持两个循环系统之间的良性循环，并以接受或拒绝职业培训为是否支付失业保险金或其高低的条件之一。国际劳工组织曾建议，将一部分失业津贴待遇作为职业培训津贴，专门提供给那些积极参加培训的人们，以刺激失业者好好学习、掌握技能，重新上岗后符合新的工作需要。与此同时，还应扶持失业人员进行生产自救，广开创业与就业门路，缓解其生活困难，减轻国家负担。

四、失业保险的作用

（一）维持失业者的最低生活水平

失业保险是指承保被保险人由于超出其本人所能控制的各种社会、经济原因造成失业，由保险人按照规定的时间、条件和标准给付保险金的保险。因此，凡开办失业保险的国家都明文规定了领取失业给付金的时间、条件和标准。对于失业者，只要符合国家规定的领取失业保险金的各项条件，都有资格享受失业保险待遇，以维持被保险人在非正常情况下的最低生活水平。我国《失业保险条例》规定，参加失业保险的个人和单位按规定履行缴费义务满1年，非本人意愿就业中断、已办理失业登记，并有求职要求的人员可以领取失业保险金。还规定，失业保险的标准，按照低于当地最低工资标准、高于城市居民最低生活保障标准的水平由各省、自治区、直辖市人民政府确定。我国《失业保险条例》的颁布与实施，对于维持失业者的最低生活水平，保证我国经济平稳发展发挥了重大作用。

（二）促进经济发展，维护社会安定

失业保险可以维持失业者的最低生活水平，从而起到促进经济发展和维护社会安定的作用。失业保险基金大部分是在经济繁荣时期积累的，此时收入比支出多，其结果会增加物质的消费和生产，因而对扩大再生产可以起到适当的促进作用；经济衰退时期，支出比收入多，在赔偿制度下能够维持失业者的购买力，在某种程度上扩大了生活消费，稳定了社会生产。既然失业保险能在经济繁荣时期有促进生产的作用，而在衰退时期又有缓和紧缩生产的效用，所以也就意味着失业保险制度无论在任何时候，都有缓解社会矛盾，促进经济发展的作用。

事实证明，第二次世界大战之后，世界上局部战争连续不断，经济危机时有发生，工人罢工斗争时起时落，有些地方自然灾害还比较严重，就是在这种情况下整个资本主义社会的政局还较稳定，经济、文化、科学技术还获得了较快发展，人均收入逐步提高，人民生活质量有了明显改善，人均寿命延长，其中一个重要的原因就是西方国家普遍实行了包括失业保险在内的社会保障制度。

（三）为我国经济体制改革创造良好环境

实践证明，我国建立失业保险制度促进了经济体制的改革，为企业经营机制的转

变、现代企业制度的建立、经济结构的转型和升级创造了良好的外部环境。我国失业保险制度建立之初是与劳动制度及其他经济体制改革密切联系在一起的，对实行劳动制度综合配套改革和实行全员劳动合同制、合理劳动组合、择优上岗等改革起到了积极作用。对下岗人员（或厂内待业职工）基本生活确无保障的适当发给救济金；对需要发展第三产业安置富余人员的，可适当贷给生产自救费，或使用适量资金作为企业向银行贷款的贴息；对组织下岗人员开展转业训练的，可适当拨付部分转业训练费等，支持国有企业和大中型企业经营机制的转换和深化劳动制度改革。对按照国家调整产业结构政策实行关停并转的企业，职工生活确无保障的，适当发给失业补贴，帮助其解决职工生活困难问题；对需要组织职工开展转业训练和生产自救的，可适当给予扶持；对按照国家产业政策开辟新的生产经营项目的，适当给予失业保险基金帮助启动生产。采取这些措施支持了关停并转企业调整，从而促进了生产稳定发展。概括地说，失业保险不仅为劳动者提供了失业保障和再就业服务，而且也为我国经济体制改革与建立现代企业制度，保证社会经济可持续发展创造了良好的外部环境。

第二节 失业保险制度的基本框架

一、失业保险制度的类型

失业保险涵盖的范围由建立之初的行业、职业，逐步扩大到所有职员、雇员，失业保险制度也由非强制性逐渐发展到强制实施的保险制度。目前在实行失业保险制度或实行类似失业保险制度的国家中，大致可以分成四种类型，即强制性失业保险、非强制性失业保险、失业补助制度和双重失业保险制度。

强制性失业保险是指法定范围之内的人员参加失业保险不是取决于个人意愿，而是强制规定凡符合国家法定范围的人员必须参加失业保险。它是由国家立法强制实施的，是当今失业保险的主要形式。这种制度起源于英国在1911年颁布的国民保险法，首次以法律形式明文规定了失业保险的实施范围等内容，目前实施这种制度的国家已占大多数，包括美国、加拿大、意大利、日本、中国等。

非强制性失业保险是指法定范围内的人员是否参加失业保险取决于受保人个人的意愿，而一旦参加了保险，就必须根据失业保险法律规定接受管理，包括承担一定义务和享受相应的权利。最具代表性的国家有丹麦、冰岛，它一般是由政府资助、建立以工会为主体并由工会经营和管理的失业保险基金。另外，还包括实行储蓄性保险的加纳、冈比亚、坦桑尼亚、尼泊尔等国家。

失业补助制度是指由国家单方出资建立的失业救助制度，即这种制度完全依赖政府提供资金。领取失业救助金必须经过收入调查确认领取资格，又经有关主管机构批准，才能对贫困的失业者进行救助。实行这种制度的有澳大利亚、新西兰、阿根廷等国家。

双重失业保险制度是指实行强制性与非强制性、强制性与失业补助或与其他保险形式相结合并行的失业保险制度。

以上几种方式，是以失业保险制度为主、失业补助制度为辅的双重方式，目前占实行失业保险国家的绝大多数。前者主要对象是公务员和企业雇员，而后者一般是无法享受保险的人员或经济收入低于补贴规定的雇员，而两者在保障基本生活和创造再就业条件方面都是一致的。但各国的做法不尽相同，有的实行强制性失业保险与失业补助相结合的失业保险制度，如德国、法国、英国等；有的实行失业补助与非强制性失业保险相结合的失业保险制度，如芬兰和瑞典等；有的实行非自愿失业保险与失业补助相结合的失业保险制度，如印度等。加拿大则以失业保险为主、失业救助为辅；美国强调失业后的普遍救济，超过失业保险的作用；澳大利亚则强调帮助重新就业作为指导思想，即给予经济援助的同时突出职业培训、就业介绍等服务。除此以外，还有一些国家规定由雇主付给雇员一次性的解雇费。

二、失业保险的实施范围

实行强制性失业保险的国家中，一般都把工商企业雇员列入失业保险的实施范围。而将国家公务员列入保险范围的有美国、日本、丹麦、荷兰、加拿大、突尼斯、加纳、挪威等国；将农民列入保险范围的有德国、日本、厄瓜多尔、西班牙等国；将个体劳动者列入保险范围的有丹麦、挪威和卢森堡等国；将学校毕业生列入保险范围的只有3个国家，即法国、葡萄牙和卢森堡。有些国家把一些特殊职业也列入保险范围，如日本、法国、西班牙等国对建筑工人、码头工人、铁路工人和海员建立单项失业保险制度。有些国家对临时工、季节工的失业保险有专门规定，如日本政府规定季节性受雇者、短期受雇者（不满1年）可享受一次性保险金；个别国家对受保人的收入有一定的规定，如英国规定周收入62英镑及以上的雇员、自我雇佣者以及已经缴纳减额养老保险费用的遗孀和已婚的妇女才被列入享受失业保险待遇之列。有些国家对受保人的年龄还有规定，一般下限为16~18岁的就业年龄，上限为退休或接近退休年龄，如男性60~65岁，女性 55~60 岁，像这样规定的国家有日本、丹麦和瑞士。

非强制性失业保险实施的范围，取决于工会是否建立失业保险基金会。如已建立，那么对工会会员是强制的，而对非工会会员则是从其自愿。失业补助制度的实施范围，通常包括符合经济收入或财产调查所规定条件的企业雇员及无资格享受正常失业保险待遇的雇员。

随着经济和社会的发展，失业保险的范围有扩大的趋势。根据国际劳工组织1988年举行的第75届国际劳工大会通过的《促进就业和失业保护公约》（第168号）的规定，失业保险的范围不仅包括所有挣工资的劳动者，而且还应该覆盖季节工、临时工、家庭佣人、学徒和公务员。除了这些人员外，还有8种寻找职业的人，也要被覆盖在失业社会保险范围之内。这8种对象是：结束了学业并且成长为劳动力的青年，完成了国家规定的服兵役义务的青年，完成了职业培训的青年，无权享受遗属社会保险待遇的丧偶者，刑满释放的犯人，结束职业康复的残疾者，回归祖国的劳动者，以及结束抚育子女义务的父亲和母亲。

在此之前，以保障失业者生活为侧重点，此标准则明确提倡将促进就业与失业保护有机结合，因此，1988年的《促进就业和失业保护公约》与同名建议书也成为国际劳动立法中失业保险方面的一个分水岭。

三、失业保险基金的来源

国外失业保险基金来源渠道，大致有三个方面：雇主供款、雇员缴纳和政府财政补贴。一般来说，各国根据失业保险的需求、政府财政状况和投保单位的经济效益等多方面的因素采取组合筹资的方式。

（一）雇主、雇员和政府三方负担

实行此种筹资方式的国家主要有德国、丹麦、英国、加拿大、日本等国。例如，日本失业保障系统的资金主要来自政府、雇主和雇员三方，其中政府负担25%，雇主和雇员对半共同负担50%，其余部分由失业保险基金支付，此外，政府还负担就业安置支出的10%及管理费用。有的国家雇员和雇主缴费比例相等，如德国雇员、雇主缴费率都为受保工资的3.25%。

2001年日本修订了雇佣保险法，将缴费率提高到雇员工资的1.2%，暂时不能工作的原因是照顾家里的病人和小孩，其工资替代率提高到40%等。

（二）政府全部负担

此种筹资模式以澳大利亚、新西兰和匈牙利等国为代表。如澳大利亚对失业保险没有设立基金，它所需的基金是每年由联邦财政部通过经济模型预测，再由社会保障部门综合平衡确定，提请国会讨论通过，形成预算立法后予以执行。受保人每月按工资的1.5%缴费，由雇主代扣代缴，雇主为受保人缴纳工资的3%，每月由国家税务局统一征缴，税务和财政部门每月向国家公共就业服务中心提供收取失业金的信息，并按需拨付失业救助金。失业保险基金入不敷出时，国家按当年征缴额10%的范围内给予补贴。

（三）企业主与雇员分担

实行此种筹资方式的国家有法国、德国、芬兰、希腊、荷兰、加纳、以色列等18个国家。法国失业保险金一般由雇员、雇主共同缴纳，雇主负担的部分大于雇员，雇主缴纳3.7%，雇员缴纳2.1%；德国失业保险基金来源于雇主和雇员缴纳的保险费，失业保险费率为工资收入的3.25%，由雇主与雇员各负担一半，同时政府也提供一定的补贴。西班牙的失业保险缴费为雇员缴纳工资的1.5%，雇主缴纳工资总额的5.8%。德国自2008年1月1日起，逐步将失业保险缴费率降低0.3个百分点到3.9%。[①]

（四）国家和企业分担

实行此种筹资方式的有美国（阿拉巴马、阿拉斯加、新泽西3个州除外）、意大利等。美国失业保险资金来源于对雇主征收的失业保险工薪税，联邦政府的计税依据是7 000美元，税率为6.2%。但由于联邦政府允许已缴纳州失业保险税的雇主享有5.4%的税率抵扣，因此联邦政府的税率仅为0.8%。各个州的计税依据和税率由各个州的失业保险法确定，失业保险税的税基为7 000～29 300美元，税率也为1.0%～10.095%。意大利失业保险费主要由雇主负担工资总额的1.61%（工业企业雇主）或1.91%（商业雇主），产业雇主并为特殊失业保险和"工资补充基金"缴工资总额的0.3%（建筑业为0.8%）和工资总额的2.2%（企业雇员不足50人者为1.9%）；政府补贴行政费用，以及对农业工人、青年人失业和"工资补充基金"进行补贴。除阿拉斯加州、亚拉巴马州以及新泽西州除外，美国失业保险基金完全由联邦政府补助、雇主缴税筹集，投保个人不缴费。为促进就业，各个州对缴税率进行了界定，最低0.05%，最高达到6.6%。

---

① 德国降低失业保险费率　旨在提高出口竞争力［EB/OL］. 金融界网（中国保险报）. http://insurance.jrj.com.cn/2007/11/000000175153.shtml.

但各州平均失业保险缴税率为 2.9%，一般为 0.7%~4.2%。[①]

（五）全部由企业主负担

实行此种筹资方式的有印度尼西亚（有立法未实行）、加纳 2 个国家。

四、享受失业保险待遇的条件

失业保险的对象是指具有劳动能力、因暂时失去工作而中断收入的个人。作为享受失业保险津贴者必须具备相应的条件。虽然各国失业保险制度不同，但在享受失业保险的具体资格条件上有共性：一是对被保险人在失业前已缴纳保险费达到特定的数额，或投保年限、就业年限符合领取失业津贴的条件；二是非自愿失业，一般都把失业与无业、自愿性失业与非自愿性失业明确地分开，失业保险金只能支付给那些达到就业年龄、有劳动能力、身体健康、有从业意愿并在职业介绍所登记的被雇者。但就具体条件来说，各国的侧重点有所不同，甚至有不少独特的规定。享受失业保险的具体条件一般包括就业时间、投保缴费数额和期限、居住时间、失业情况等。以上各个条件，各国组合是不同的。

（一）以缴纳保险费的期限为享受条件

爱尔兰的失业保险给付条件规定，被保险人须已缴纳保险费 26 周，初次申请者为 24 个月中缴费 52 周。有工作能力和就业意愿，并经职业介绍所登记者。一般来讲，多数国家对筹资期限都作出明确规定，如德国、日本规定为 6 个月，瑞典为 5 个月，阿根廷规定在离职前 3 年中要有 1 年的筹资期。法国规定 60 岁以下的劳动者在职业介绍所登记失业、失业前一年连续工作达到 150 天，并愿意接受介绍工作的失业者才能领取失业保险金，荷兰失业津贴法规定在失业之前的 39 周内至少工作 26 周，才能领取失业津贴。

（二）以投保年数与缴纳保险费时间为享受条件

意大利政府规定，工作至少 1 年，且过去 4 年内至少缴纳保险费 13 周者才能享受失业保险待遇。其他条件是到就业机构登记失业、有能力工作、可以工作并愿意接受工作介绍、失业前并非自愿失业者。

（三）以就业时间为享受条件

荷兰失业保险规定的享受条件是，被保险人须在最近 12 个月为失业保险基金会会

---

① 美国的失业保险制度 [EB/OL]. 中国劳动咨询网. http://www.51labour.com/labour-law/show-15968.html.

员，在最近 3 年内就业 26 周，并在职业介绍机构登记，积极谋求职业，且具有工作能力者。对这一条件，多数国家规定都比较宽松。如美国规定，1 年中劳动者只要有 20 周以上就业，就有资格领取失业救济金。但德国要求较严格，每周必须有 18 小时以上劳动记录方可享受失业待遇。

(四) 以居住时间为享受条件

澳大利亚政府规定，凡在失业前已居住该国内满 1 年，有工作能力和工作愿望，努力谋求职业并登记求职者，方可申请失业救助。

综观各国失业保险的享受资格条件，虽有多种，宽严也不一致，但各国最一致的是就业期和缴纳失业保险费的期限两个主要条件。

除上述条件外，多数国家都制定了拒付条件，以限制被保险人故意造成保险事故、擅自离职。例如自动离职而无充分理由者，因过失而被革职者，参加劳资纠纷罢工离职者，未在就业机构登记而未申请工作者，拒绝接受就业机构介绍适当工作者，故意放弃职业培训机会者。建立申请失业救助制度的国家，享受者还必须符合经济和收入情况调查所规定的特殊条件。

五、失业保险给付待遇标准

失业保险给付的方式、标准和计算办法，不同的国家有不同的特点。

(一) 失业保险给付的方式

第一，有些国家规定失业救助金按周或按月给付；

第二，有些国家由政府机构或雇主发放一次性失业救助金；

第三，有些国家规定由雇主发给一次性解雇费（包括对家属及子女的补贴）。

(二) 失业保险待遇

一是法定给付期限内的失业保险金，其中又可以分为两部分，即基本生活津贴和促进就业有关的费用，包括就业培训、提供信息、职业介绍等所需的费用；

二是超过法定期限而给予的失业救助金。

(三) 失业保险待遇的计算方法

1. 按均一制的办法支付

实行这一办法的有英国、马耳他、意大利、冰岛、智利等国。如英国失业津贴可以领取多少取决于个人的具体情况，一般最低每周 57.35 镑，每两周发放一次。单身申请者的领取条件为：25岁以下，每周57.35镑；25岁或以上，每周72.40镑。夫妇共同申请领取的条件为：2人均18岁或18岁以上，每周113.70镑。单亲家长领取的条件为：18岁以下，每周57.35镑；18岁或18岁以上，每周72.40镑。有的国家规定，对失业津贴实行递减计发。如法国规定，失业初津贴为最低工资的71%，随后每4个月减少15%，但每月不低于16欧元。加拿大的失业保险金标准为社会平均工资的60%，波兰的失业保险金则是按95%的最低工资标准支付。

2. 失业救济按本人工资收入的一定比例支付

实行这一办法的有美国、西班牙、日本等国。如美国的失业救济金约为失业前收入的50%，但各州对津贴的最低和最高额各有限定；同时约有1/4的州为受供养人提供补贴。德国的失业救济金为失业前净收入的60%（有赡养子女义务的为67%）。西班牙规定，失业后最初180天为参考收入的70%，以后为60%，上限为最低工资的220%，下限为最低工资的75%（有2个赡养子女的为最低工资）。日本基本津贴的标准为失业前6个月平均日工资的45%~80%，每天的失业津贴以年龄分段，下限为统一标准，即1 688日元，上限依失业者年龄不同划分为4个等级，年龄越高上限越高，最高为7 935日元。

3. 失业津贴一部分按工资收入比例给付，一部分按绝对数给付

按这种办法给付的，其绝对额支付部分一般情况下是动态的，可以根据环境的变化而修正。实行这种办法的有法国、德国、丹麦、爱尔兰等国。法国的失业津贴为最低工资的71%。在德国，失业保险金额是与失业者失业前的工资水平挂钩的，失业者如有子女，其失业保险金为其失业前净工资收入的67%，其他情况下则为60%。而且失业保险金并不是无限期发放的，发放期限的长短既与以前缴纳保险费和就业时间的长短有关，又与失业者年龄高低挂钩。一般情况下，失业保险金发放1年。

除此之外，有的国家还按近期社会平均工资的一定比例计发，这种办法是对给付失业保险金以失业前本人劳动收入为依据的传统做法的一种改进。个别国家还按失业时间的长短决定给付额。采取这种给付，一般失业时间越短给付额就越高，失业时间越长给付额就越低，其目的在于鼓励失业者再就业。如比利时第一年发给原工资的60%，第二年发给原工资的40%，然后是最低工资的50%。

德国的失业保险金分为失业补助金和失业救助金，两者是有区别的。失业补助金属于社会保险，资金来源于投保者缴纳的保费；失业救助金属于社会救济，资金来源于联邦政府财政税收收入。前者发放在前，后者发放在后；前者发放时间有期限，最长832天，后者一般是在失业保险金发放期限截止后才开始发放的，或是对没有参加失业保险者如公务员、法官、士兵等发放。它的发放时间也是有限制的,通常每次审批只限 1 年。失业者如有子女,其失业救济金为失业者失业前净工资的 57%,其他情况为 53%。

4. 失业津贴给付的最高和最低限额

各国失业保险待遇标准（水平）,取决于一个国家的社会经济发展水平和社会生活水准,原则上要达到使受益者的收入损失得到部分补偿,又不能妨碍其就业意识的目的。为了防止收入过分悬殊,许多国家规定了失业津贴的最高限额和最低限额。从总体上讲,大多数国家通常规定失业保险金水平是领取原工资的 50% 左右,平均来说,发达国家能达到 50%~60%,发展中国家能达到 40%~50%。但各国情况不同,如德国、法国分别为月工资收入 8 400 欧元（原属民主德国的州为 3 542 欧元）和 8 524 欧元,以上部分不作为缴费工资。加拿大规定了上、下限,即每周 815 加元和 163 加元,以上和以下部分不缴费。

有些国家给失业者一律支付等额的救济金,而不论工资的多少,并根据失业者在家中的地位、供养人数多寡、年龄大小等因素制定详细的等级表。在澳大利亚,如一对夫妇都没有工作,两人可从社会保障部门领到 260.30 澳元/周失业救济金,每 2 周还可以从教育培训就业部门得到 30 澳元的就业培训资助费。此待遇相当于 1 名男性就业者收入的 42%。如果是单身 1 人失业,则可领到 140.35 澳元/周的失业救济金,相当于 1 名男性就业者收入的 23%。

5. 给付期限

确定失业津贴给付期限的长短,取决于该国的就业政策以及失业保险基金的规模和财政状况。给付期限包括两个方面:一方面是确定失业津贴开始的给付期限,即等待期;另一方面是确定失业津贴给付期限的上限,即失业者享受失业津贴的最长时间。根据 1988 年国际劳工大会第 168 号公约规定,失业津贴的等待期原则上不得超过每次失业后 3~6 天的期限,最长可延长到 7 天,世界各国规定一般均在 7 天之内。多数国家规定了领取失业津贴的最长期限,但差别很大,一般在 26~52 周。

此外,不少实行投保资助型保障模式的国家,还把失业津贴给付期限长短与投保期长短挂钩,德国、瑞士、奥地利、埃及、西班牙、加拿大等国就是如此。德国失业救济金领取条件中的工作时长和金额,可以根据要求申请者失业前交保险的年限和具体的工资管理情况来定。一般来说,失业救济给付期限最长为 1 年,期满后可再申请,审查合格后可连续享受。西班牙失业津贴的待遇：失业补助金的待遇为有 15 年工龄的,可以享受最后 8 年工资平均数的 50%;有 35 年工龄的,可以享受最后 8 年工资平均数的

100%。失业金的待遇为失业后的前 180 天，按工资的 70% 计算失业金；从第 181 天开始，则按工资的 60% 计算失业金。与投保期限、失业者年龄或工作年限等因素相关的国家有日本、法国。日本的津贴支付期限按参保时间和失业者不同年龄而定，最短为 90 天，最长为 330 天。如工作不满 1 年为 90 天；工作 20 年以上，年龄在 45~59 岁为 330 天。在法国，经济不景气导致的失业人口在 6 个月内未实现再就业的，将得到失业保险管理机构发放的 80% 的原工资的转业安置津贴，失业超过 6 个月的人口，登记后可领取失业津贴。

给付期限的长短与工作年限呈相关关系的有希腊、中国。如中国规定：失业职工失业前在企业连续工作或累计缴费 1 年以上不足 5 年的，领取失业保险金的期限最长为 12 个月；失业前在企业连续工作或累计缴费 5 年以上 10 年以下的，领取失业保险金的期限最长为 18 个月；失业前在企业连续工作或累计缴费 10 年以上的，领取失业保险金的期限最长不超过 24 个月。

给付期限的长短与失业率呈相关关系的有美国，规定：失业救济金最多支付 26 周。如果失业率超过州或联邦法律规定的百分点时，支付失业津贴的时间可延长 13 周。还有一些国家的给付期限是一个固定的天数，如芬兰为 8 周，意大利为 180 天，英国为 52 周，荷兰为 6 个月至 4.5 年。加拿大失业津贴待遇水平是根据失业者就业记录和所在地区失业率确定其领取保险金的时间和金额，时间最少不少于 17 周，最高不超过 50 周；德国最长时间为 1 年，年长者可达 32 个月。但是，毛里求斯和比利时等国家除一些长期失业的人员之外，对领取失业保险金的期限没有限制。

六、失业保险的管理体制比较

从宏观上比较，世界上建立了失业保险制度的国家，其失业保险管理形式分以下三类。

（一）由政府部门直接设置的专门机构进行管理

失业属于社会风险，其性质决定了政府的责任。因此，由政府通过其设立的专门机构进行管理是顺理成章的。该机构一般属于劳动行政部门，实行保险、就业和职业培训三位一体的管理内容。经验告诉我们，政府直接参与管理有利于失业保险制度的可持续性发展，采用此制度的有英国、美国、日本等国。日本的失业保险包括在雇佣人保险项目以内，由劳工部所属就业安全管理局管理全国失业保险行政事务、县市失业保险科及公共就业安全所办理地方保险业务。

（二）在政府监督下，授权自治机构或半官方自治机构管理

这种机构管理一般由劳方（工会）、资方（雇主）和政府三方组成，德国、意大利、法国等国采取此种形式。德国失业保险管理的最高领导机构是联邦劳动局，它通过所属的劳动局与地方一级劳动局办理保险给付和就业服务；各失业保险机构实行自治原则，保险领导机构层由雇主、雇员和政府三方代表组成。法国的失业救助金、失业津贴等失业保险的日常业务，由就业结构理事会管理，该理事会则是由劳资双方共同组成的，而失业保险事业的全面监督工作由中央卫生和社会保障部具体负责。实践证明政府权力的下放，充分利用民间力量大大提高了这个方案的效率，现已被一些发达国家所采用。

（三）在政府监督下的工会管理制度

由工会负责这一工作的国家有丹麦、瑞典等国。例如，瑞典失业保险主要由劳工局负责，劳工局提供政策和法律草案，具体执行则由国家劳动力市场管理局负责。其主要任务，是对劳动力供需双方进行合理配置，为求职者提供职业指导、训练和转业服务，但保险基金的收支和管理，则由工会组织进行。北欧五国的失业补充保险的兴办和发展离不开工会的大力推动，但政府在经济上提供资助，更通过立法形式予以基本的保障；工会给予失业者的失业保险补贴高出政府主导的保险机构的补贴额。

第三节　西方发达国家失业保险存在的问题及其对策

一、世界各国失业率居高不下

根据国际劳工组织数据，截至2020年，自金融危机以来已连续9年下降的全球失业率已经趋稳，2021年随着世界经济增速放缓而缓慢上升。国际劳工组织在其年度报告中指出，2019年全球失业率保持在5.4%（即1.88亿失业人口），这个水平在2020年保持不变，2021年升至5.5%。美国劳工部公布数据显示，新冠肺炎疫情导致2020年4月份美国失业率升至14.7%，为20世纪30年代经济大萧条以来最高值。经济学家估算，在美国经济开始漫长而曲折的复苏道路之前，美国失业人数将达到5 000万人。俄罗斯2020年失业率升至5.7%，预计未来几年将达到7%~8%或10%，疫情影响失业人数将达到600万~900万人。英国2020年失业率达到5.8%，巴西2020年失业率由2019年的11.9%上升至17.8%。2020年西班牙全国失业率将达到欧洲创纪录的19%，大概有1/5

的人失业。意大利 2020 年失业率达到 8.4%。20 世纪 70 年代,法国、德国和大多数其他西欧国家失业率不到 5%,但是 2020 年法国的失业率为 9.7%,西班牙为 15.7%~16.2%。

1999—2019 年的 20 年间,青年的劳动力市场参与率总体呈现全球下降趋势,从 53.1% 下降了约 12 个百分点,而这期间青年人口总数却增长了 3 亿人。青年的就业率下降除与参加教育和培训有关,还和自身家庭责任、疾病和政策的消极性有关。据国际劳工组织统计,15~24 岁的青年失业的概率是 25 岁以上成人的 3 倍,这与青年有限的工作经验、频繁地换工作等因素有关[①]。从地区差异看,2019 年青年的劳动力市场参与率北美最高,为 52.6%;最低的是北非和阿拉伯地区,为 27%;东亚地区为 45.2%,高于全球 41.2% 的平均水平。从青年就业的性别差异来看,女性仍处于弱势地位,在就业市场的参与率不及男性。2019 年北美性别差异度最低为 0.9%,东亚地区次之为 2.7%,最大的是阿拉伯地区的 37.3%,远高于全球平均水平的 16.2%,这与各地区的妇女政策、性别歧视状况、女童入学率等不无关系[②]。

由表 9-1 可知,几个主要经济国家中,2017 年仅有泰国失业率在低位为 1.2%,失业率最高的是西班牙达到 17.2%,紧随其后的是巴西为 12.8%。不难看出,世界各国的失业情况很不乐观。

表 9-1　　　　　2015—2017 年部分国家失业率情况　　　　　　　　　%

国家	2015 年	2016 年	2017 年
以色列	5.3	4.8	4.2
日本	3.4	3.1	2.8
哈萨克斯坦	5	5	4.9
韩国	3.6	3.7	3.7
马来西亚	3.2	3.5	3.4
菲律宾	6.3	5.5	5.7
新加坡	2.8	3	2.2
斯里兰卡	4.6	4.4	—
泰国	0.9	1	1.2
埃及	12.8	12.6	—
加拿大	6.9	7	6.3

---

① International Labour Organization (ILO). World employment and social outlook: Trends 2019 (Geneva) [EB/OL]. https://www.ilo.org/global/research/global-reports/weso/2019/WCMS_670542/lang-en/index.htm.

② 宋佳,等. 全球青年就业:趋势、挑战与应对 [J]. 中国青年研究,2020,295 (9):98-106.

续表

国家	2015年	2016年	2017年
墨西哥	4.3	3.9	—
美国	5.3	4.9	4.4
巴西	8.3	11.3	12.8
委内瑞拉	6.8	—	—
捷克	5.1	4	2.9
法国	10.4	10.1	9.4
德国	4.6	4.1	3.8
意大利	11.9	11.7	11.2
荷兰	6.9	6	4.9
波兰	7.5	6.2	—
俄罗斯	5.6	5.5	5.2
西班牙	22.1	19.7	17.2
土耳其	10.3	10.9	11
乌克兰	9.1	9.4	9.5
英国	5.4	4.9	4.4
澳大利亚	6.1	5.7	5.6
新西兰	5.4	5.1	4.7

数据来源：《中国人口和就业统计年鉴2018》。

二、失业率上升带来的后果

一直以来，欧美各国由于经济增长速度减慢，就业机会减少，造成了失业率不断上升、失业持续期延长、青年失业率比重大而且时间长等问题，带来了许多负面效应。第一，失业保险覆盖面的扩大，享受条件的宽松，失业津贴水平的提高，外籍劳动力的涌入，更加速了就业的竞争程度，导致政府负担过重；第二，劳动力价格的提高，导致产品成本提高，直接影响产品国际市场的竞争能力，迫使企业削减雇工，或者宁可提高自动化程度代替劳动力，资本利润率的下降，也造成大量资本的外流；第三，失业保险金给付的水平过高，导致部分社会成员过分依赖社会保障成为"懒汉"，宁愿失业而不愿寻找工作；第四，失业保险重在善后补偿而忽视了事前的培训，也加速了结构性失业；第五，管理机构庞大，规章制度烦琐和互不协调，以及管理不善等也造成了浪费和效率低下，并助长了一些所谓"人人为自己、国家为人人"的心理状态。

据英国政府调查，一个低收入的4口之家和一个同等条件4口之家的失业收入相差无几。失业者实际收入（包括失业救济金和补贴项目）为在职者收入（扣除应缴的所得税和社会保险税）的83%，有的甚至高于在职者。因此，他们找工作都比较挑剔，宁愿"坐享"社会保险待遇，也不愿去辛苦工作。在德国，许多人想方设法装病缺勤，仅此一项就使国家经济损失达400亿马克。① 此外，西欧国家的高犯罪率和高离婚率也和保险福利有关。这些弊端集中地反映在政府负担过重、财政赤字严重、通货膨胀、本国产品国际竞争能力下降等。

我国建立失业保险时应吸取国外的经验教训，避免发达国家在推行失业保险过程中派生出的经济目标和社会目标、效率与平等相矛盾的问题。

三、西方发达国家改革失业保险的措施

（一）增收节支总方针

面对上述失业保险制度存在的困境，各国纷纷寻找出路。从失业保险制度自身的发展来看，概括地说即是开源节流。

在资金筹集方式上，主要是增加失业保险金的提取比率和提高政府的补贴，包括三方合理负担，抑制失业保险水平，克服一些福利国家津贴范围广、项目多、标准高所带来的弊端。在资金支出上，主要是削减失业保险的支出，严格享受失业津贴的资格标准或延长等待期。如斯洛伐克的失业救济只限于被解雇人员；美国规定，从领取失业津贴的第一天起就要寻找工作或接受"合适"的工作，积极参加再就业培训等活动，成为可以继续领取失业保险津贴的条件，此外对参加就业服务、就业培训的失业者额外提供26周的津贴，以鼓励失业人员积极参加各种职业培训，法国强调，失业者必须进行求职登记或参加培训，每月报告求职情况，积极寻找工作；德国规定，领取失业津贴人员不能拒绝接受比失业前收入水平低或是相对简单的工作，没有家庭负担的，不能拒绝接受全国范围内的适当工作，否则，将被停发失业金；英国则组建了特别就业服务中心，对公共就业服务提供私有化的顾问等，以更好地促进就业。具体来说，有以下三项措施。

第一，减缓津贴水平的增长。例如，德国从1994年1月起对有供养子女的失业人员的补助减少1%，无子女的减少3%；2006年起，超过55岁的失业者，其失业保险金领取期限由32个月减少到18个月，其余的失业者领取期限只有12个月。此外，还对自愿性离职、不接受合适的工作职位、不参加劳动力市场的培训安排的失业者，中止其领取失业保险待遇1周到12周。瑞士对供养亲属并且领取最低失业津贴以上的受保人的补

---

① 罗元文. 国际社会保障制度比较［M］. 北京：中国经济出版社，2001：164-165.

助，从 1982 年规定受保人收入的 80% 降为目前的 70%。爱尔兰政府规定，废除对失业补助收入关联补贴（基本补助增长 10% 作为补偿）。

第二，缩短长期享受失业津贴的期限。如美国有 47 个州为 26 周，3 个州为 30 周；英国为 6 个月；意大利为 180 天，经济萧条时期可以延长；韩国为 90~240 天，并规定根据年龄和缴费年限，参加培训的失业者，失业津贴最长可领取 1 年。但也有国家规定的时间较长，德国规定 55 岁以下为 12 个月，以上为 18 个月。

第三，一些国家还增大失业保险基金用于就业部分。如法国将失业保险基金的 50% 用于转业培训、市场服务和再就业安置等方面。

此外，如保加利亚、匈牙利、波兰、罗马尼亚和斯洛伐克开始提出收入维持的口号，对享受失业保险的资格进行严格的审核，降低失业保险金替代率，缩短失业保险期限，对失业保险金最高收入进行封顶；波兰放弃失业保险金按照工资的一定比例发放，改为平均发放，其水平低于最低工资等。总之，世界各国都采取各种措施来保持失业保险基金的收支平衡。

（二）日本与瑞典的失业保险制度改革

国外发达国家在失业保险的办法上有比较大改革的只有日本与瑞典两个国家。

1. 日本

日本失业保险制度改革的做法是将失业保险改为雇佣保险。日本的失业保险制度建立于 1947 年，为了适应社会经济生活不断发展的需要，其后在制度结构上进行了多次积极的调整。1974 年 12 月，失业保险改为雇佣保险，即将原来以保障基本生活为目的，改为以促进就业为根本目标的失业保障制度，充分体现了抑制解雇和防止失业、开发就业机会和职业技能的政策取向。它从两个方面给予实施：一是对失业者提供就业补助，增强求职机会，如接受培训的给予听课补助、交通补助等。同时，提供补助，以激励就业。如规定失业者在津贴期结束前 100 天或还剩一半时间就找到持续 1 年以上的工作，可领取 30~120 天的失业津贴再就业补助；就业困难者失业后若能找到受雇 1 年以上的职业，可领取相当于 30 天津贴的就业预备金；失业者如在异地就业，需要全家迁移的，可领取搬迁费。二是对雇主实行抑制解雇行为，帮助和鼓励其增加就业岗位。对因经济不景气而缩减规模的企业实行必要的资助，力争其不减员，或鼓励其进行劳动力的"储备囤积"；资助雇主留用及吸纳高龄劳动者；资助就业压力较大地区的雇主挖掘内部潜力，尽量提供更多的就业机会等。三是实行能力开放措施，主要是建立公共职业培训机构，加强对公开失业人员的劳动技能培训，资助雇主对员工进行内部培训，从外部劳动力市场和内部劳动力市场两个方面加强人力资本投资，提高劳动者质量，从而减少失业风险。四是实行差别失业保险费率。日本失业保险不实行全社会统一的失业保险费率，而是根据各行业风险程度实行差别费率，雇员与雇主根据本行业的费率，按照一定比例分担失业保险费。实行差别费率，有利于解决在失业保险费用上企业与企业之间吃"大锅饭"的问题。五是实行雇佣福利政策，如为迁移者提供住宿金、文娱设施和咨询服务等，减少劳动者跳槽和离职的动因。总的来说，日本在较长时间内保持较低的失业率与实行雇佣保险制度不无关系。

2007年始于美国的次贷危机逐渐演化成全球范围内的金融危机，诸多发达国家的失业率不断升高，日本也未能幸免，如2009年仅有25%的失业人员可以领取到失业保险金。日本政府为解决失业人员再就业问题以及失业人口的基本生活保障问题，于2010年3月紧急修订了《失业保险法》，并于同年4月1日正式实施。《失业保险法》的改革范围广、内容多，但总体来说包括扩大失业保险覆盖面以及拓宽筹资渠道、保障资金安全两个方面。具体包括：第一，降低失业保险门槛，纳入非正式雇员。即所签雇佣合同在21天以上、每周工作时间在20小时以上，就可参加失业保险，而改革前的雇佣合同需要6个月以上。第二，放宽单位参加失业保险条件，扩大覆盖面。只要劳动者已缴失业保险费，准予未加入失业保险的劳动者所在单位补缴前两年失业保险费，并恢复保险效力。第三，准予提取部分失业公积金补充雇佣保险。日本政府于2009年4月制定"未来开拓战略"以促进就业，2010年的财政预算对失业保险的支出比2009年提高0.4%，即多投入1 331日元。第四，提高失业保险缴费率。2010年4月以后单位缴费率提高0.05%，个人缴费率提高0.2%，共提高0.25%。此外，日本于2011年制定了"求职者支援制度"，并于2011年10月作为一项永久制度在全日本实施，可见促进就业力度之大。日本已经构建了一张包括"失业保险制度+生活保障制度+求职者援助制度"在内的失业"安全网"。

2. 瑞典

瑞典政府实行的是"积极的劳动力市场政策"。该政策的主要目的是帮助青年人（16~24岁）及弱势群体寻找并获得就业机会。具体可分为供给导向型和需求导向型两类。

供给导向型劳动力市场政策，包括提供配套服务和劳动力市场培训。瑞典的职业介绍所通常是国有性质，免费提供工作安置和就业指导；劳动力市场培训包括对没有专门技术的人员、结构性的劳动力短缺行业及转产工人的技术培训等，参加培训人员不仅免费，而且可得到国家补助。

需求导向性的劳动力市场政策，包括暂时性公共工程，帮助残疾人、妇女和年轻失业者的就业措施等。这一政策，改变了原有"消极的现金救济制"，而采取积极的扶持就业措施，保证了劳动力的流动，促进了经济结构调整，有效缓解了结构性失业问题。使失业劳动者通过市场训练做到"人人有工作"或暂时性"公共工程就业"和补助就业。瑞典实行"积极的劳动力市场政策"，并配合失业保险、工资保证金制度和"团结一致"等工资政策，使失业问题得到了较好的解决，失业率与日本一样，一直保持在较低的水平（2%~3%），不过近年来失业率有所上升。[①]

瑞典右翼新政府于2007年对失业保险制度进行了范围广泛、条件严苛的改革。第一，失业前的一年，每月工作不少于70~80小时，不少于6个月。第二，失业保险基金会成员缴纳的失业保险费由每月200克朗提高到每月300克朗。第三，递减失业保险收益给付，失业200天以内、300天以内、300天以上的替代率分别为原工资的80%、70%、60%。第四，领取失业保险金的等待时间增加2~7天。由于失业保险基金会成员压力增加，不少人退出该组织，于是政府增加了资金支持，减少成员压力。瑞典的失业保险改革提高正规教育程度，有实现就业的保证；保持劳动力市场计划的延续性，有培训时间的保证；强制失业者参加相关计划，有机会公平的保证；充分考虑人力资源匮乏地区，有覆盖全面的保证。失业保险给付和劳动力市场政府积极实施有机结合，促进了再就业的实现。

（三）西方国家解决失业问题的具体措施

如前所述，解决失业问题最根本的措施还是发展经济、扩大就业。西方国家扩大就业的措施总结起来主要有如下七个方面。

1. 将失业救助与促进就业相结合

面对全球范围内的高失业率和严重的就业不足，西方各国都将促进就业作为社会经济政策的优先发展目标，应对措施也由单纯的发放失业补贴变为积极的就业培训、职业介绍等。如OECD成员国于20世纪70年代开始纷纷推行的"特种雇佣方案"，方案虽多，大都以职业培训、促进就业为主要内容。如法国的"就业与训练契约方案""区域工作方案"，英国的"区域就业方案""失业津贴方案""青年训练方案"，美国的"职业训练伙伴方案""工作管理方案""辅助工作方案"，丹麦的"工作供应方案"，瑞典

[①] 罗元文. 国际社会保障制度比较[M]. 北京：中国经济出版社，2001：166-167.

的"公共救济工作方案""重创企业计划""活动保证计划",将给付失业保险金和劳动力市场计划实现积极有效结合等,都包括了不同层次的就业培训,培训待业青年、培训缺乏职业前途的职工和培训失业者,目的都在于促进失业者寻找工作,鼓励企业创造就业。德国通过职业能力测评、职业培训教育等工作技能的大力培训,积极做好失业预防,提供雇主雇佣劳动者补贴,以及积极落实一些特殊岗位的人员补贴,有效将失业保险改革和促进就业结合在一起,稳定了经济形势。这些规定与措施把保持经济增长稳定发展同扩大生产性就业结合起来,是同贫困做斗争和促进社会融合的有效方法。

2. 实行"小企业孵化计划"

给小企业发展提供各方面的优惠,大量吸纳失业人员。实践证明,发展小型企业对缓解失业具有显著的作用。数据表明,美国小企业在每次经济危机中吸纳就业人员达50%;日本小企业雇用劳动就业人数占总就业人数的74%;法国中小企业就业人数占总就业人数的一半;意大利有中小企业90万家,占工业总数的99%,安置就业人数更是可观;德国中小企业的就业人数占德国总就业人数的78%,所创造的产值约占整个国民经济的2/3,政府税收的70%来源于小企业。[①] 经合组织秘书处的最新研究报告也强调:发挥中小企业有利于提高就业岗位的独特作用,并制定鼓励创办中小企业的具体措施。因此,政府有必要实行"小企业孵化计划",为小型企业的发展提供各方面的优惠,以吸引就业人口。

3. 加强劳动就业咨询工作,开展职业介绍服务

目前,发达国家已普遍建立了职业介绍网络系统,其中有国家开办的,也有社团和私人开办的。英、法、日、瑞典等国家劳动行政部门都有专门的就业服务机构。英国在国家就业部设两个就业总署,总署下设12个直属地区局和78个管理机构,全国共设1 100个职业介绍所、1 200个失业救济办事处,形成了一个庞大的就业服务网络。日本在劳动省设有职业安定局,各地方设有职业安定科,基层设有公共职业安定所。这三个层次机构,使政策制定、就业安置、失业保险、职业培训和信息咨询等事务,都能得到及时、妥善的处理。德国的职业介绍服务机构,虽然独立于国家劳动部门,但仍与其保持密切联系。澳大利亚在就业服务机构中设置"特殊服务中心",专门为失业半年及年满45岁以上而难以找到工作的人提供专项服务。美国通过一站式服务中心,对寻求工作者进行基本教育、测试、培训等训练和提高就业能力的工作,对企业或单位雇主提供

[①] 罗元文. 国际社会保障制度比较 [M]. 北京:中国经济出版社,2001:168.

全面而有效的求职信息、劳动力市场信息、求职者的简历和简介等。此外，美国工作银行（AJB）每天发布130万~150万个求职和招聘信息，美国人才银行（ATB）每天可提供40万份简历供众多雇主搜索和筛选，有力地补充了公共就业和服务部门提供的劳动力流动服务。

4. 政府通过各种经济政策促进经济增长

经济增长是解决失业问题的根本，促进经济增长的各项措施，也是有效解决失业问题的根本。

（1）政府通过财政和货币政策保证就业政策的实施。这是世界主要市场经济国家的普遍做法，也体现了政府对就业这一社会经济问题所承担的责任。其具体做法是：在重新确定财政支出对象时，考虑把公共财政支出的重点从向现有企业提供补贴转向促进制定和实施积极的劳动力市场政策方面上来。同时，还实施旨在减少企业税收和福利开支负担，从而降低企业劳动成本的各项税收调节政策。如法国财政部同劳工部共同制定政策，资助失业人员创办新企业，以增加就业岗位。2000年左右，法国每年用于促进就业各项政策措施的经费达600亿法郎（约122.4亿美元）。[①] 美国的做法是增加公共事业投资，直接增加就业岗位。

（2）金融政策。主要通过调整利率，刺激一些行业和产业的发展，以便多吸纳失业人员。例如，在德国带动下，西欧各国已数次降低利率，法国在1993年这1年中就降低6次利率。

（3）实现国有企业私有化来增加就业。在英、法等西方国家也存在着为数众多的国有企业，但效益与私营企业相比较差。西方国家对国有企业实行私有化，首先是直接变卖企业给私人，其次是实行股份制，将国有企业股票公开上市，国家政府仍持有一定股票，以实现控股权和否决权。国有企业私有化的改革也对增加就业起到了积极作用。

（4）促进科技政策同就业政策的结合。旨在鼓励发展可以刺激短期或长期就业增加的技术革新和技术进步。积极发挥新科技在扩展就业岗位方面的作用，加速新技术在生产中的应用，并通过扩大向欠发达地区的技术转让和技术援助，促进其各项产业的发展，进而为提供就业岗位奠定基础。

（5）加强对外经济的合作，开拓国外市场。对外投资不仅仅是资本的输出，一般还包括机器设备、原材料及劳务随同输出，这不仅增加了国内就业机会，又会带动劳动力

---

① 罗元文. 国际社会保障制度比较 [M]. 北京：中国经济出版社，2001：169.

的跨国输出，尤其是发展中国家应该引起重视。

值得注意的是，在鼓励劳动力国际输出的同时，还要控制外籍劳工流入的规模及速度。以美国为例，美国劳工部把社会职业分为A、B、C三类。A类是专业技术和人才层次的职业，包括医生、科学家、艺术家、宗教工作者和跨国公司经营管理人员，外籍人员入境从事A类工作是被准许的；B类为普通技术性职业，如搬运工、清扫工等，这类职业不批准外籍人员入境从事；C类为部分地区的某些专业技术性较强的工种，这类职业也允许外籍人员入境。在一些缺乏劳动力的特殊岗位，政府通过发放短期劳动许可证允许外籍人员短期进入和工作（如季节性农业生产）。

5. 减少工作时间，实行工作分享

这是西欧各国通常采用的办法，即缩短工时，提倡雇用非全日工，使更多的人有就业的机会。工作时间由每周40小时缩短到36小时或32小时，即四天半或四天工作制，还可以采取每年9个月工作、3个月休息（无工资）的方式。① 这种做法虽然能降低失业率，但会受到工会抵制。

6. 对不同类型的失业者提供不同的就业方式

（1）对摩擦性失业者，政府采取提供职业信息介绍等方式来解决。

（2）对结构性失业者，采取培训的办法，并通过一些新技术的运用，积极创造一些新的就业岗位。然而其有限性在于：各国必须为此支付大笔费用，即有可能在引起存在巨额财政赤字条件下，才能大规模付诸实施。丹麦的人员激活政策，巧妙而有效地应对了结构性失业问题，将失业保险给付和激活劳动力市场很好结合，调动了失业者再就业积极性。

（3）对由于各种原因造成经济不景气而受影响的失业者，国家应运用财政、税收等经济手段，采取适度经济增长，从宏观政策上避免经济的大起大落，必要时还要采取贸易保护主义，以维护一些丧失比较优势的产业继续生产和就业。

7. 改革福利制度，增加就业

（1）鼓励老年劳动者提前退休，让青年人顶替空位。1982—1983年法国政府同私营企业达成"团结契约"，规定凡是55岁以上的职工如果提前退休或部分退休，并把空职让给失业的人员，可以获得失业保险基金和政府共同支付的补偿。补偿标准为：完全退休者每年领取退休前12个月毛平均工资的70%，到年满60岁为止，以后根据失业保险

---

① 罗元文. 国际社会保障制度比较 [M]. 北京：中国经济出版社，2001：170-171.

计划享受有保障的收入；部分退休者享受退休前12个月毛平均工资的30%补偿，同时还可以获得从事部分时间工作的工资报酬。①

（2）为改变依赖救济的穷人越来越多的现状，有识之士建议创造足够的就业机会，让身体健全、又未到退休年龄的人通过劳动养家糊口。他们认为，政府的目标应是消灭失业，而不是创造福利。首先，加强培训和就业服务，帮助失业者提高技能水平尽快就业。瑞典等国调整了失业保险基金的支出结构，把一部分资金用于职业培训和就业服务，提高了失业人员的素质和寻找工作的能力，取得了积极的效果；日本规定，失业者在领取保险津贴期还剩一半以上的时间内找到可持续1年以上的工作，就可获得相当于30~120天的津贴作为就业补助。其次，调控失业，鼓励企业减少裁员。美国为了鼓励企业减少裁员，有18个州向那些在订单不足的情况下，通过缩减工时减少裁员的企业提供短期补助；还根据企业裁员的情况确定企业缴纳失业保险的费率，裁员少的企业费率较低。最后，建立突发性重大事件情况下的应对机制。重大突发事件会对就业形势产生很大影响，一些国家为了缓解突发事件所造成的大规模失业采取了多方面的应急措施。如"9·11"事件给美国的航空、旅游、房地产等产业造成了巨大冲击，就业状况急剧恶化。事件发生后的3个月内丧失了近百万个就业岗位。为此，美国劳工部对因"9·11"事件而陷入失业困境的人员启动了"紧急失业援助计划"，为失业者提供为期6个月、每人每月405美元的失业援助。

补充阅读

摩擦性失业、结构性失业与需求不足性失业

结构性失业最早是在20世纪60年代，美国的约翰逊政府为了解决阿巴拉迁地区人民由于普遍缺乏技术和训练而导致的大量失业问题时提出来的一个失业概念。

后来，宏观经济学就把由经济结构变动引起的，由于现有劳动力技能与新兴产业需要的不适应引起的失业，叫作结构性失业。

各种学校、职业培训机构以及医疗保健部门等都是减少结构性失业的重要途径。一般地，结构性失业要比摩擦性失业存在的时间长，解决起来也比摩擦性失业更困难，花费的时间和资金都比较多。因此，宏观经济学也经常把结构性失业看作失业中的

---

① 罗元文. 国际社会保障制度比较 [M]. 北京：中国经济出版社，2001：170-171.

"硬核"。

现代宏观经济学中经常使用的自然失业率概念中的失业是指摩擦性失业和结构性失业之和。在一个富有活力的经济中，产出的构成在不断变化，各个厂商对劳动力数量和技能的需要也就在不断变化，同时，劳动力市场上供求信息的传递不可能十分完备。

以美国为例，第二次世界大战以来的自然失业率在4%~7%之间波动。因此，摩擦性失业和结构性失业是不可避免的，也就是自然的。正是在这种意义上，摩擦性失业和结构性失业才被称作自然失业。当失业率等于自然失业率时，经济就实现了充分就业；当失业率大于自然失业率时，经济就出现了需求不足失业；当失业率小于自然失业率时，经济就出现了过度就业。在经济的过度就业时期，往往伴随着工资水平的上升。

资料来源：http://data.book.hexun.com/chapter-5589-2-2.shtml.

案例分析

天达公司为有限责任公司，成立于2006年1月，天达公司江苏淮安分公司成立于2007年1月。2009年2月，佘某到该分公司工作，天达公司淮安分公司未给佘某缴纳社会保险费。2019年7月17日，天达公司淮安分公司注销，天达公司淮安分公司与佘某的劳动关系终止。

经法院审理认为，天达公司淮安分公司的注销，导致其与佘某之间的劳动关系终止，佘某本可以领取失业保险金。而天达公司淮安分公司欠缴社会保险费导致佘某不能享受失业保险待遇，该损失应由天达公司淮安分公司承担。本案中如佘某社会保险正常缴费，缴费期间应为"缴费满10年不满20年的"，失业保险金的标准应按其失业前12个月月平均缴费基数的50%计算，佘某失业前12个月平均工资为3 005.67元，其按该数额主张失业保险金损失，结合佘某的工作年限及其2020年6月左右打工的事实，法院计算其失业保险金损失数额应为15 028.35元（3 005.67元/月×50%×10个月），由天达公司承担。

案例分析：失业保险制度是国家通过立法强制实施，由政府负责建立保险基金，对非因本人意愿中断就业而失去工资收入的劳动者提供一定时期的物质帮助及再就业服务的一项社会保险制度，对保障失业职工的基本生活和社会稳定，起着重要作用。《中华人民共和国社会保险法》第五十八条规定，用人单位应当自用工之日起30日内为其职工向社会保险经办机构申请办理社会保险登记。因此，为劳动者缴纳社会保险是用人单位的法定义务，用人单位未给劳动者缴纳社会保险费导致劳动者不能享受社会保险待遇的，用人单位应对劳动者的社会保险待遇损失承担赔偿责任。

《中华人民共和国社会保险法》第四十五条规定，失业人员符合下列条件的，从失业保险基金中领取失业保险金：（一）失业前用人单位和本人已经缴纳失业保险费满一年的；（二）非因本人意愿中断就业的；（三）已经进行失业登记，并有求职要求的。第四十六条规定，失业人员失业前用人单位和本人累计缴费满1年不足5年的，领取失业保险金的期限最长为12个月；累计缴费满5年不足10年的，领取失业保险金的期限最长为18个月；累计缴费10年以上的，领取失业保险金的期限最长为24个月。《江苏省失业保险规定》第二十三条规定，失业保险金的标准，缴费不满10年的，按照失业人员失业前12个月平均缴费基数的45%确定；缴费满10年不满20年的，按照失业人员前12个月月平均缴费基数的50%确定；缴费20年以上的，按照失业人员失业前12个月月平均缴费基数的55%确定。失业保险金最高不得超过当地最低工资标准，最低不得低于当地城市居民最低生活保障标准的1.5倍。领取失业保险金期限最长为24个月。（文中"天达公司"为化名）

资料来源：中国就业网. 未缴纳员工失业保险用人单位承担劳动者失业金损失[EB/OL]. http://chinajob.mohrss.gov.cn/c/2021-10-25/327719.shtml.

深度阅读

杨伟民主编. 失业保险[M]. 北京：中国人民大学出版社，2000.

该书以工业化、城市化和市场化的社会历史变迁为背景，以失业保险从萌芽到制度化、到近年来世界各国对该制度的改革为主线，阐述了在市场机制的作用下，人类社会从劳动到就业的转变过程，分析了就业与失业之间的关系，以及政治、经济、社会、文化等因素对这一关系的影响。该书比较系统地介绍了失业保险制度的含义；失业保险制度的构成要素；失业保险基金的筹集、管理与支付；失业保险金的给付水平和时间的计算依据及有关模型；失业保险金给付时间和水平对再就业的影响；失业保险制度的社会经济功能等。该书还介绍了自由资本主义——美国，福利资本主义——英国、瑞典和德国，东亚资本主义——日本和韩国等几个有代表性的国家的失业保险制度。该书还专辟两章分析和论述了中国的失业及下岗问题、中国失业保险制度的建立与改革以及中国的反失业与就业促进等。

本章小结

以劳动对人类社会的存在和发展的重要意义、劳动作为人的最基本的需要和人的生存价值及意义的根本体现为逻辑起点，以充分就业为终点，借以表明：一方面，在市场经济社会的整个制度框架中，失业保险制度是不可缺少的；另一方面，失业保险制度的作用毕竟是有限的，充分就业或者说在个人、企业、政府和社会各界的共同努力之下，每一个有劳动能力和劳动愿望的人都能够实现就业，每个劳动者的劳动权利都能够得到保证和实现，这才是我们追求的理想目标。对失业保险的界定、类型、实施范围、享受条件、待遇标准及管理等方面进行归纳和比较分析，吸取各国所采取的有效政策来增加就业，从而取长补短，对完善失业保险制度，提高整体社会保障水平都有积极的意义。

重要概念

摩擦性失业　结构性失业　需求不足性失业　失业保险　强制性失业保险　非强制性失业保险　失业保险待遇

复习思考题

1. 失业保险建立的原则是什么？有哪些类型？
2. 简述失业保险的作用。
3. 简述失业救助金的计算方法与标准，并举例说明。
4. 结合经济危机以来全球的失业状况，谈谈西方发达国家改革失业保险的措施，对我国有何启示。

第十章 工伤保险

第一节 工伤与工伤保险

一、工伤

工伤也称职业伤害，是指劳动者从事职业活动或者与职业责任有关的活动时所遭受到的事故和职业病伤害。工伤是工业社会的产物，其概念中有两个主要部分，一是工作事故伤害，二是职业病。工伤的本质特征是对受害人肌体的损伤，它既可以是由工作事故引起，也可以是由工作过程或环境中存在的致病的危险因素所致。"工伤"一词比较规范的定义是在 1921 年国际劳工大会上通过的公约中提及的，即"由于工作直接或间接引起的事故为工伤"，当时它还不包括职业病。随着时间的推移和各种类型职业病的出现，各国才逐步把职业病纳入工伤的范畴。1964 年第 48 届国际劳工大会也作出了工伤补偿应将职业病和上下班交通事故包括在内的界定。

（一）工作事故伤害

工作事故伤害是指在职业活动（如企业生产活动）所涉及的区域内，由于突发性致害因素使劳动者人体组织受到的损伤。如果按造成工伤最主要、最直接的原因进行分类，可将其分为做工伤害和交通事故伤害。职工在职业活动过程中不幸负伤、中毒、致残、死亡的属于做工伤害；职工从住地到工作场所往返路程上，不幸发生车辆翻覆、失火、爆炸等情况而造成的伤亡，属于交通事故伤害。

（二）职业病

职业病是指劳动者在职业活动中，因接触职业性有毒有害环境（如粉尘、噪声、高温、放射源、有毒有害化学物质、致病微生物等因素）而引起的所有疾病。在法律上，职业病通常指国家根据生产力发展水平、经济状况、医疗水平等综合因素，由主管部门明文规定的职业病，即法定职业病。

各国正式承认的职业病，最普遍的有职业中毒、尘肺、职业性皮肤病、日射病、热痉挛、高山病、职业性难听、电光性眼炎、振动性疾病、放射性疾病等。此外，还有如职业性炭疽、职业性森林脑炎、航空病、职业性白内障等职业病。

二、工伤保险及其意义

（一）工伤保险

工伤保险也称职业伤害保险、工业伤害保险、工人伤害补偿保险或因工伤害保险，是指国家通过立法建立的，由社会集中筹集资金，对在经济活动中因工负伤致残，或因从事有损健康的工作患职业病导致完全或部分丧失劳动能力者，以及对职工因工死亡后无生活来源的遗属提供物质帮助的制度。一般而言，各国对职业伤害的给付标准高于普通人身伤害补偿。1964 年在第 48 届国际劳工大会上通过的第 121 号《工伤事故和职业病津贴公约》及《工伤事故和职业病津贴建议书》中均指出，实施工伤保险的目的，是当受雇人员发生不测事故时，提供及时的医疗护理、职业康复现金津贴，并采取适当的措施防止和杜绝工伤事故和职业病的产生。

（二）工伤保险的意义

实行工伤保险制度，对于维护劳动者的基本权益，保持社会稳定，促进经济发展与社会进步都具有十分重要的意义，具体体现在以下三个方面。

第一，工伤保险是维护劳动者最基本权益的重要手段。在社会化大生产条件下，建立工伤保险制度，有利于保障劳动者在发生工伤事故后能够得到及时的救治和医疗康复及必要的经济补偿，保障其合法权益，是维护劳动者基本权益的必要手段。

第二，工伤保险是分散行业或企业的职业伤害风险，减轻行业或企业负担的有效措施。实行工伤保险制度，可以通过建立工伤保险基金，分散不同行业或企业的职业伤害风险。工伤保险的互济功能可以避免企业或行业因一旦发生重大工伤事故而陷入危机，甚至破产，从而有利于企业或行业的正常经营和生产活动。

第三，工伤保险是建立工伤事故和职业危害防范机制的重要基础。工伤保险可以通过强化用人单位的工伤保险缴费责任，实行行业差别费率和单位费率浮动机制，建立工伤保险费用与工伤发生率相关的预防机制，从而促进企业改善劳动条件，注重安全生产，有效地防止工伤事故和职业病的发生。

三、工伤保险的性质和原则

（一）工伤保险的性质

工伤保险是根据"职业风险"原则建立的，它是世界上产生最早的社会保险项目。工伤保险具有补偿与保障的性质，经费由企业负担。比起其他社会保险项目，工伤保险待遇优厚、保障内容全面、保险服务周到，也最易于实现。

1. 强制性

由于工伤具有不可逆转性，其造成的损失往往难以挽回，给个人带来终身的痛苦，给家庭带来永久的不幸，于企业不利，于国家不利，因而，各国法律往往强制规定实施工伤保险。

2. 社会性（普遍性）

工伤保险是世界上历史最悠久、实施范围最广泛的社会保险项目。政府通过法律手段，在发生职业风险与未发生职业风险群体之间进行风险分散，切实达到保障劳动者基本生活水平的目的。

3. 互济性

工伤保险通过统筹基金在较大范围内来分散职业风险，以缓解企业之间、劳动者之间因职业风险不同而承受的不同压力，为劳动者和企业双方建立保护机制。

4. 福利性

工伤保险基金是保障劳动者安全健康的物质基础，属劳动者所有，专款专用，国家不征税，并提供财政担保，由隶属政府部门的非营利性事业单位经办，为受保人服务。

5. 补偿性（赔偿性）

补偿性特征是工伤保险不同于其他社会保险的显著特性。工伤保险费用不实行分担方式，全部费用由用人单位负担，劳动者个人不负担。

（二）工伤保险的原则

1. 无责任补偿原则

无责任补偿原则又称无过失补偿原则，它有以下三重含义：

（1）劳动者在生产过程中遭受工伤事故，无论事故责任属于本人、企业（或雇主）或是相关第三者，均应依法按照规定的标准给付工伤保险待遇。并且，待遇给付与责任追究相分离，不能因为保险事故责任的追究有归属，影响待遇给付的时间与额度（本人犯罪或故意行为除外）。

（2）从目前实行基金制度国家的工伤保险制度实施情况上看，无责任补偿原则的另一层理解，即企业或雇主不承担直接给付工伤补偿的责任，而是由掌握工伤保险基金的社会保险机构统一给付待遇，不必通过法律程序和法院的裁决。

（3）国家法规强制要求范围内用人单位依法参加工伤保险，且待遇的构成、计发标准、支付方式与时间、缴费标准等都是强制性的。此外，国际上工伤保险的强制性还表现在：劳动者不分国籍，也不论所在企业是否参加了工伤保险基金统筹并缴费，只要劳动者与企业存在着劳动关系，就有权享受工伤保险待遇。

2. 补偿直接经济损失原则

劳动者发生工伤后，应给予经济补偿，但这种补偿只是对劳动者直接经济损失的补偿，而不包括间接的经济损失。所谓直接经济损失，是指劳动者工资收入方面的损失。这种损失直接影响到劳动者本人及其家庭的基本生活保障，也影响到劳动力的再生产，因此，必须给予及时的、较为优厚的补偿。

3. 损害补偿原则

工伤保险是以减少劳动者因执行工作任务而导致伤亡或疾病时遭受经济上的损失为目的，因此，工伤保险应坚持损害补偿原则来给付待遇，即不仅考虑劳动者维持原有本人及其家庭基本生活水平，并补偿劳动力生产和再生产的最直接、最重要的费用来源损失外，还要根据劳动者的伤害程度、伤害性质及职业康复和激励等因素进行适当经济补偿。基于损害补偿的原则，对于既有工伤又有民事责任的工伤事故，受害者不应享有双重待遇，即受害者只能在享有工伤待遇和民事索赔权益两者间选择其中之一。

4. 待遇从优原则

劳动者遭遇伤害事故，一般可以分因工和非因工两类，前者是由执行公务或在工作生产过程中，为社会或为集体奉献而受到的职业伤害所致，与工作和职业有直接相关；后者则完全是个人行为所致，与职业无关。严格区分因工和非因工界限，因工负伤事故发生后所需的治疗、康复等费用，应由工伤保险基金来承担，且医疗康复待遇、伤残待遇和死亡抚恤待遇均比因疾病和非因工伤亡社会保险待遇优厚。这样做有利于对那些为国家或集体奉献者进行褒扬抚恤，也有利于生产力和社会稳定。

5. 预防、补偿和康复相结合的原则

为保障工伤职工的合法权益，帮助恢复劳动者的身体健康，减少、杜绝同类事故的

再发生，须把单纯的经济补偿和医疗康复以及工伤预防措施有机结合起来，保障劳动者安全与健康。从长远看，预防、补偿、康复三者结合起来，形成完整、系统的工伤保险机制，是工伤保险发展的必然趋势。这样做有利于安全生产和事故防范，减少工伤事故和职业病的发生，能够获得最大的社会效用。

第二节 工伤保险制度

一、工伤保险立法

工伤保险作为国家立法出现，始于19世纪后期的德国。德国于1884年实行了《工人灾害补偿保险法》，1885年成立了工伤保险经办机构——工伤保险同业公会。英国于1897年开始实施工伤保险，并且颁布了工伤保险法规。在英国最早实施的工伤保险法规中保留了雇主的民事补偿责任，一旦发生工伤事故，雇员只能选择其中一种制度。1946年英国颁布了《国民工伤保险法》，作为当时建立的国民保险法律制度的一部分，并成为社会保险体系的一部分，与国民健康服务、家庭津贴计划和社会救济等项目构成了英国的社会保险体系。随后法国、美国、日本等也在各自国家的法律中规定了职业伤害补偿原则，形成了雇主责任保险。美国19世纪末开始设计工伤保险模式时，全美还没有统一的工伤保险立法。日本工伤保险制度是根据1947年制定的《工伤事故补偿保险法》而建立起来的。

我国的工伤保险制度始建于新中国成立初期。1951年政务院颁布的《中华人民共和国劳动保险条例》对支付企业工伤职工的医疗、康复费用，保障工伤职工及其遗属的生活作了明确的规定。1996年，劳动部颁布实施了《企业职工工伤保险试行办法》。在此基础上，2003年国务院第375号令颁布了《工伤保险条例》，并自2004年1月1日起施行。针对工伤保险实施过程中出现的新情况、新问题，国务院于2010年12月8日第136次常务会议通过了《国务院关于修改〈工伤保险条例〉的决定》，并于2011年1月1日开始实施。

从已制定工伤保险法律法规的国家来看，多数国家首先以某种伤残补偿法的形式出现，以后逐步建立专门的工伤保险制度，并成为社会保险的重要险种。有少数国家则把工人伤残补偿纳入社会保险制度之中，如荷兰，无论受伤者是因工还是非因工，关于伤残和疾病的立法规定都适用于所有丧失劳动能力者。

二、工伤保险范围

工伤保险的范围包括两方面内容：一是工伤事故和职业病的范围；二是受保人的范围。

（一）工伤事故和职业病的范围

从世界范围来看，工伤保险建立初期，只包括工业生产中的意外事故，后来才逐步把由于工作原因造成的各种类型的职业病等内容包括进去，现在，许多国家还把一些非工作原因造成的事故纳入职业伤害的范围，如上下班途中发生的意外事故。据国际劳工组织调查统计，1925 年世界上仅有 7 个国家把这种非直接的工伤事故包括在职业伤害的范围内，而到了 1963 年，其 101 个会员国中已有 50 个把此类事故视为工伤。1964 年国际劳工组织在《工伤事故和职业病津贴公约》第 7 条中规定："各会员国应对工伤事故确立定义，包括在什么条件下往返途中发生的事故可视为工伤。"1964 年制定的《工伤事故津贴建议书》对上述规定进行了适当补充："每一会员国均应将下列事故视为工伤事故：①不管什么原因，凡工作时间内在工作地点或工作地点附近，或在工人因工作需要而去的其他任何地方发生的事故；②上班前和下班后的一段合理时间内，当事人在搬运、清洗、准备、整理、维修、堆放或收拾其工具和工作服时发生的事故；③工人往返于工作地点和下列地方的直接途中发生的事故：主要住宅或别墅；通常用餐的地方；通常领取工资的地方。"我国《工伤保险条例》规定，"在上下班途中，受到非本人主要责任的交通事故或者城市轨道交通、客运轮渡、火车事故伤害的"，均可认定为工伤。

国际劳工组织 1952 年制定的《社会保障（最低标准）公约》（第 102 号）确定的职业伤害的范围是：身体处于疾病状态者，由于职业伤害丧失劳动能力而造成工资收入中断者，由于永久或暂时失去劳动能力而完全失去生活费来源者。上述因工作而导致的事故都与工作时间、地点直接或间接相关。1925 年，国际劳工组织将铅中毒、汞中毒和炭疽病感染列为职业病。1980 年做了修改，达到 29 种。2002 年国际劳工组织通过的职业病名单一改过去列举疾病没有规律的做法，新名单将职业病按有害因素所致职业病、靶器官系统职业病和职业癌分类列举，从而极大地扩充了 1980 年更新的名单，并在各类别职业病栏目下都设一个开放性条目，允许名单未列疾病，只要可以确立这些疾病是由于接触工作活动中产生的有害因素而发生的，就可以被认定为职业病。2010 年国际劳工组织理事会修订了职业病名单，这是其第一次实际应用《职业病名单建议书》规定的简化程序，成功地更新了作为一个国际劳工法规一部分的国际职业病名单，职业病范围也扩大到了 44 种。①

各国目前确定职业病的方式主要分为如下三种类型。

1. 大多数国家通过立法规定了职业病名单

第一种是"开放式列表法",即规定了职业病名单,但可在实践中随时把那些已证明是由职业危害导致的新的疾病列入职业病范围;第二种是"封闭式列表法",即国家立法规定的职业病范围在一定时期内相对稳定,在工伤保险实际操作中严格按照国家规定,对有些新发现的职业病定期调整,纳入补偿范围。

2. 一些国家只在法律中对职业病进行原则规定

这种形式并不确定具体的职业病名单,有开放、灵活等优点,但存在范围太宽泛、在具体操作过程中很难把握、容易引起劳资纠纷和其他争议等问题。

3. 综合前两种形式的优点

这种形式没有固定的职业病列表,凡是因职业原因引起的疾病都可确认为职业病,如瑞典取消了职业病列表办法。

(二)受保人的范围

多数国家的工伤保险制度一般适用于工薪劳动者,通常不适用于自我雇佣者。一些工业化水平较高国家的工伤保险,几乎包括所有雇员。如德国参加工伤保险的人员不仅有产业界雇员,而且包括农民、教师、政府雇员等。但有些国家则不同,如意大利的工伤保险制度实施范围是体力劳动者、从事危险工作的非体力雇员和从事农业的独立劳动者(海员不在此范围内,另有制度)。表10-1比较了一些国家工伤保险的覆盖范围。

表10-1　　　　　　　　一些国家工伤保险覆盖范围比较

国家	覆盖范围
阿富汗	私营企业、合资企业、社会组织及政府的雇员
印度	有10名或以上工人、使用动力机械的制造业企业的雇员; 有20名及以上工人、无动力机械的企业雇员季节性采矿、商业、农业和某些其他行业的雇员; 月收入在3 000卢比以上的雇员; "蓝领""白领"和收入低于一定水平的管理人员
印度尼西亚	雇员人数在10名以上,或雇员月工薪总额在100万卢比以上的企业的雇员; 覆盖范围扩大到较小企业,季节性工人可自愿投保; 政府雇员实行特别制度

---

① 井胜利. 2010版国际职业病名单的新特点[J]. 环球博览, 2010(1):110-113.

续表

国家	覆盖范围
以色列	除军人和享受一定法律保护的人员以外的所有就业人员、自谋职业人员； 未正式就业的人员
日本	实行自愿保险或特别制度外的所有工商业雇员； 雇用人数不到5人的农业、林业和渔业企业的雇员可自愿参加； 海员和公共雇员实行特别制度，部分自谋职业者如司机、手工艺匠经批准也可参加
韩国	有5名以上雇员的工业公司的雇员； 公共雇员实行特别制度
德国	所有的订立了工作、服务或咨询指导合同的雇员、家庭帮工、从事艺术人员、按时注册的失业人员和农场工人等； 大多数类别的自我雇佣者、学徒、学生、幼儿园儿童以及家庭佣工； 公共雇员实行特别制度； 受文官条例保护的政府公职人员、宗教人士，以及私人医生、牙医、药剂师
法国	雇员（普通制度覆盖约72%的雇员）； 职业教育学校学生； 社会服务组织的某些非领薪成员； 农业、矿业、铁路、公用事业和公共雇员以及海员、农业和非农业自我雇佣者，实行特别制度独立劳动的手工艺者和自由职业者（在疾病保险项目覆盖之下）
英国	具有劳动合同的职工或学徒工等雇员、自我雇佣者、临时性工作的人员、家庭佣工、一些公共部门就业人员如军人等
瑞士	所有雇员； 自我雇佣者可自行选择参加； 如果每周工作时间未超过12个小时，保险范围只限于与工作（包括上下班路途）有关的伤害
俄罗斯	全体就业人员； 学生、律师、文艺工作者、作家、自愿投保人员、救火队员或类似的紧急救援人员
荷兰	年龄在65岁以下的所有工薪劳动者和部分自谋职业者； 丧失劳动能力者、失业人员和享受遗属年金者强制参保； 低收入人员自愿参保
阿尔及利亚	所有雇员，包括技术学校学生、接受职业病的治疗和职业康复的人员、自愿参加社会保险的管理人员、少年法庭的被监护者、学者以及某些囚犯
埃及	年龄在18岁（政府雇员16岁）及以上的雇员； 农业临时工、家务佣仆、自我雇佣者
美国	一般工商业雇员； 大多数公共雇员、农业雇员（1/5的州）、家务佣工（1/2的州）、临时雇员（3/5的州）、雇员人数在5名以下的公司雇员（1/6的州）

资料来源：①美国社会保障总署. 全球社会保障制度［M］. 北京：华夏出版社，1989.
②董克恭，等. 社会保障百科全书［M］. 北京：中国社会出版社，1994.
③世界各国工伤保险及保障制度的差别比较［EB/OL］. 中国安全生产网，2010-12-10.

目前，许多国家又进一步扩大了工伤保险受保人的范围，如红十字救援和其他救援人员、消防灭火人员、协助警察工作人员（包括临时警察）、从事工会活动人员和就业培训人员，在工作中出现意外事故和为保卫国家安全而负伤致残人员等均包括在工伤保险受保人范围之内。

三、工伤保险类型

目前，国际上实行的工伤保险大体为如下三种类型。

第一种类型是建立公共基金的社会保险，其工伤保险基金可以是一般社会保险基金的组成部分，也可以是单独的。在这些国家，凡参加工伤保险的雇主都必须向社会保险机构缴纳工伤保险税（费），由社会保险机构支付伤残补助金。实行社会保险制度国家的工伤医疗都是免费的，受保人原则上不缴纳费用。

第二种类型是雇主责任制，有三种情况。一是受伤的工人或遗属直接向雇主索赔，雇主根据法律规定向他们直接支付补偿费用。如果工伤还涉及其他方面，出现争议，法院或国家有关机构将出面解决，如美国、澳大利亚、芬兰及新加坡等。二是雇主为其雇员的工伤风险实行保险，这些雇主只能通过向私人保险公司投保而得到保险，这类保险公司征收伤害保险费，通常是根据各企业或各产业部门的工伤事故发生的情况或根据工作风险程度而定，保险费可能差别很大，如马来西亚、乌拉圭、萨尔瓦多和哥斯达黎加等。

第三种类型是没有明文规定要求雇主有义务实行保险。实行这种类型的国家如阿根廷、印度、巴基斯坦、斯里兰卡和缅甸等。

还有的国家实行混合即两种制度并存的类型。1985年国际劳工专家对140个国家的工伤保险制度进行分类时证实，由于各国的历史、经济、文化背景不同，实行第一种类型的约占实行工伤保险制度国家的2/3；实行第二种类型的国家有40个，约占实行工伤保险制度国家的29%；也有少数国家实行第三种类型，占实行工伤保险制度国家的5%。

四、工伤保险基金筹集方式

工伤保险基金的筹集方式大体有以下三种。

一是个别（单独）确定法，又称为功过确定法或经历确定法。这种方法与雇主责任制中的义务性保险缴费额的确定办法最为接近，基本缴费额可以用预测的方式确定，然后再根据雇主的经历进行调整，给付款具有追溯效力，个别工伤事故的有关数据和账目要求只针对某一个企业。单独确定法会使保险计划受到来自雇主方面的压力，这些雇主都希望自己被确定缴纳最低额的保费。

二是集体确定法。这种办法与单独确定法较为相似，不同之处在于它根据企业发生工伤危险情况而定（由雇主缴纳）。

三是统一确定法。在这种方法中，共担风险的原则得到最全面的应用，这也是所有办法中最简单的一种。

雇主责任制下的工伤保险基金筹集方式具体有：企业自保办法；由企业向商业保险公司投保的办法；由政府征收工伤保险准备基金的办法。而社会保险制度下的工伤保险基金筹集办法有：社会统筹的办法；由政府规定统一的待遇项目与标准，企业自行支付的办法。

五、工伤保险待遇

1952 年国际劳工组织《社会保障（最低标准）公约》（第 102 号）规定，享受工伤保险待遇的条件：

一是因工伤身体呈疾病状态者；

二是因工伤丧失劳动能力并因此中断工资收入者；

三是因工伤永久或暂时丧失劳动能力导致完全丧失或部分丧失工资收入者；

四是供养者因工伤死亡而使被供养的失去生活费来源的人员。

（一）工伤医疗待遇

国际劳工公约规定的工伤医疗费用，包括矫形设备供应和维修费用，不应由劳动者分担，医疗期也不应受限制（建立社会保险制度的国家工伤医疗一般都是免费的）。从各国工伤保险实施现状看，绝大部分国家的工伤医疗费用均由雇主承担，少数国家由政府补贴。

（二）暂时丧失劳动能力津贴

暂时丧失劳动能力津贴是一种短期待遇，大多数国家支付原工资的 60%（工资的 2/3 或 75%），也有少数国家支付原工资的 100%。支付期限一般为 26 周至 52 周。

（三）永久完全丧失劳动能力津贴

永久完全丧失劳动能力津贴是一种长期待遇，分为伤残抚恤金或伤残年金，一般在建立社会保险制度的国家才给予发放。多数国家支付的标准为原工资的66%~75%，需要护理者一般都规定加发护理费。实行雇主责任制的国家，一般是给予一次性抚恤待遇，一般最高为其之前4年的工资总额。

（四）永久部分丧失劳动能力津贴

该项津贴是对轻度伤残支付的待遇。一般永久完全丧失劳动能力伤残支付的待遇为原工资的100%，部分伤残得依据伤残程度按比例减少。支付方式视伤残程度而定，对于伤残程度达到一定标准以上的一部分人定期支付，对轻度伤残的一次性支付。在有些国家，不论是全部丧失劳动能力还是部分丧失劳动能力，都发给一次性待遇。一次性待遇标准一般不少于本人5年工资的总和。对全部丧失劳动能力和大部分丧失劳动能力需要人照顾者，大多数国家都支付一定数额的护理费。

（五）死亡待遇

此项待遇一般除丧葬费外，还有遗属抚恤金或遗属津贴。实行社会保险制度的国家遗属抚恤金一般包括一次性抚恤金和定期抚恤金两部分。实行雇主责任制的国家均支付一次性待遇，一般不少于死者生前3年工资的收入。遗属定期抚恤金按照死者生前供养人口、年金等情况给付，标准为死者生前工资收入的一定比例。遗属津贴大都是以年金的形式定期支付的。国际劳工组织第102号公约规定的遗属补助金为死者工资的40%，1964年又将这个标准修改为50%。目前的规定是：遗孀抚恤金为死者工资的30%~50%，子女为15%~20%（如子女在1个以上时，每个子女为15%；孤儿为20%）；遗孀和子女的待遇之和不超过死者生前工资的75%。

六、工伤保险管理机构

工伤保险管理机构的组建方式主要取决于国家所实行的保险模式。实行雇主责任制的国家无须保险机构或私人保险机构管理，实行社会保险制度的国家则由公共机构或保险基金会单独负责工伤保险工作并支付各项补助金。

德国工伤保险是一个独立管理、独立运作的险种，其管理机构按层次分为联邦劳动和社会秩序部、同业联合公会、同业公会。联邦劳动和社会秩序部是管理社会工伤保险的最高行政部门，其主要职能是制定或修订社会工伤保险法规，经联邦政府议会通过立法后执行。美国工伤保险的管理机构是具有相应法律地位的、独立的政府部门或机构，其主要职责表现为一系列的法律制度和规则等由各州自行制定、推行，总的立法原则是联邦政府立法不能抵触宪法，州立法不能抵触联邦政府立法。意大利的管理机构是全国事故保险协会，它通过省级分会管理工伤保险事务，由三方组成的理事会办理具体事项，另有基金会单独负责管理保险基金业务。法国由卫生和社会保障部全面监管工伤保险工作，全国疾病保险基金会管理工伤补助金，另设有一个基本疾病基金委员会负责补助金的支付。日本失业保险的监管由劳动省高度负责，实施则是由都、道、府、县的劳动标准监察局以及劳动基准局负责。英国工伤保险以及补助金的管理是由卫生和社会保障部借助地方办事机构完成的，医疗补助的发放则是通过国民卫生系统完成。匈牙利的工伤抚恤金与其他方面补助的发放、保险费的征缴是政府委托中央工会理事会社会保险总理事长进行的，并且由其与公共卫生部门一起管理医疗服务事务。[①]

第三节 工伤认定和劳动能力鉴定

工伤认定和劳动能力鉴定是技术性很强的工作，也是工伤保险功能得以奏效的重要环节。劳动者遭遇工伤事故或患职业病后，需要有相应的技术鉴定，以确定其所受伤害是否属于工伤及导致伤害的严重程度，这是决定劳动者遭受伤害后能否享受工伤保险待遇以及享受哪一级待遇的直接依据。因此，工伤认定和劳动能力鉴定是落实工伤保险待遇的基础和前提条件。

一、国际上的惯常做法

目前国际上对工伤有两种评价标准体系，一种是劳动能力测试，另一种是致残程度测试。

（一）劳动能力测试

劳动能力测试是以同年龄、同性别健康人群的平均劳动能力作为对照标准，评价工伤职工伤残后所具有的劳动能力大小。这一评价标准的优点是比较客观，可比性强；缺点是评价指标多，操作复杂。

（二）致残程度测试

致残程度测试是依据致残程度鉴定标准，按器官损伤、功能障碍、医疗依赖三个方面将工伤、职业病的伤残程度分为相应等级。这种方式不是直接评价伤残职工能力，而

---

① 程兴仁. 工伤保险管理与争议处理研究［EB/OL］. http://www.51labour.com/labour-law/show-7204.html.

是通过致残程度的相对严重性来反映伤残职工劳动能力的损害程度。这一办法的优点是不直接测试伤残职工的劳动能力，操作较为简单；缺点是不能准确反映伤残职工劳动能力的损失程度。

二、国际上对职业伤害所致失能的鉴定

（一）相关概念

1980年国际劳工组织第一次全面概述了丧失工作能力的概念，是指个人因身体或精神受到损害而导致本人工作能力严重减弱的状况。工作能力的丧失可能是暂时的，也可能是永久的；可能是部分丧失，也可能是完全丧失；可能是非先天的、由于职业原因造成的，也可能是先天的、非职业病的其他疾病或身体机能失常的原因造成的。本节中提到的"劳动能力鉴定"是指对由于工伤所造成的丧失工作能力的鉴定。

（二）工伤所致失能的分类

国际劳工组织将工伤造成的失能分类为永久完全失能、永久部分失能、暂时完全失能、暂时部分失能。

工伤所造成的伤残妨碍或严重降低了受害者从事正常工作与生活的能力。而根据受害者的年龄、性别、所处经济社会环境等因素，工伤所致生活障碍程度往往又可以分为：

（1）适应性障碍，是指伤残个体不能适应周围环境，包括本人与环境的相互作用。

（2）对本身独立生活的障碍，是指伤残个体在日常生活中不能自理，需靠他人帮助。

（3）职业性障碍，是指影响伤残个体的就业、家庭地位、游戏、娱乐等。

（4）社会交往性障碍，是指由于本人残疾或他人对残疾人的态度与行为等造成的社会隔阂，而难以参加社会生活及保持正常的社会关系。

（5）经济自给障碍，是指参与社会经济活动和维持经济独立的能力丧失或严重下降，本人无经济来源或无力供养他人（如家属）。

（三）工伤所致失能的鉴定

国际劳工组织1952年发布的《社会保障（最低标准）公约》中，在因工伤而导致失能的鉴定方面规定：对于有可能永久完全或部分丧失收入能力或者才能者，必须给予现金待遇，且部分失能者的现金待遇必须与规定给予完全丧失赚取收入能力者或相应才

能丧失者的现金待遇有一个适当的百分比。在实践中，由于可以用正规的医疗方法判断一个人在遭遇意外事故后还能否正常工作，短期或暂时完全失能的鉴定常常不会有很大的问题，但要鉴定因工伤给伤残职工带来的长期失能的影响，无论在实践中还是在理论上，都有一定困难。一般而言，在鉴定工伤所致失能的过程中，我们通常依据以下三个方面的因素。

1. 人身能力丧失

人身能力丧失是指因工伤而使个人人身的适应性受到损害。在人身能力鉴定中只考虑其损害程度，不考虑人身能力受到损害后所带来的可能的经济或职业后果。各国通用的做法是制定丧失能力表、册，以供鉴定之用。这些表、册可以灵活掌握，但通常都具有约束力，是必须执行的。工伤鉴定用的丧失能力表、册是根据由工伤造成人体器官或机能受损或丧失后所致个人身体或精神方面的能力减弱或丧失程度而制定的。鉴定的一般原则是既要考虑由申请人可能的才能丧失所引起的各种能力的丧失情况，又要考虑鉴定当天其本人的身体状况，还要将其与同年龄、同性别的身体与精神状况均正常的人进行比较。

2. 职业能力丧失

职业能力丧失鉴定办法应以鉴定损害为标准，而不是以鉴定在一般劳动力市场上的赚取收入能力丧失为标准。纯粹只考虑职业能力丧失的补偿项目目前在各国已很少见。在这种补偿项目下，职业能力丧失的鉴定通常是通过个别工作或集体工作的证明人来评定职业病或意外事故。其中，继续使用失能人员的工作范围常包括受伤本人的原单位、某个企业团体或某一类职业。以失能人员能否胜任受伤前所从事的工作为依据的鉴定显然丧失了鉴定的基本目的。因此，目前这种项目已极少被采用。

3. 一般工作能力丧失

一般工作能力丧失是以获取工作的可能性即以个人剩余的挣钱能力为鉴定基础的。这种标准下丧失工作能力的鉴定不是以具体的职业为依据进行衡量，而是以个人获得工作并赚取收入的机会为依据进行衡量，这种机会是在考虑了个人受伤害的严重程度、伤害的特征、年龄和受伤前工作的情况、康复前景等因素后，对失能人员尚能存有的劳动能力的鉴定。

此外，在工伤所致失能的鉴定中还要注意以下概念的界定。

（1）丧失工作能力等级表。目前，大多数国家已制定了丧失工作能力等级表、比例表，国家法律一般都强制规定必须严格执行失能等级表。还有些国家在表中注明失能最大、最小比例不用于工伤的情形,在鉴定丧失工作能力时,允许有一定的灵活性,可以考虑个人因素,将等级确定得较高或较低于表中规定的比例。

当某种因工伤而导致的失能没有被列入等级表时,有许多不同的处理方法。例如,可以参看失能等级表中的某一项类似的失能界定来进行鉴定;或者干脆不参考这种等级表而进行独立的鉴定,此时鉴定机构可以考虑用该工人的就业及收入前景进行鉴定,甚至考虑该工人的年龄因素和以前的工作历史情况(如美国的VRC就考虑了这些综合因素)。

对于丧失工作能力等级表的使用而言,使用全国统一的失能等级鉴定标准,可以简化鉴定工作,并且少有争议。但是也有特殊情况,比如,等级表中对同一工伤造成的赚取收入能力的丧失的比例规定,对于新工人或是工龄较短的伤残工人而言就无法体现"公平"原则;而仅仅考虑人身能力丧失因素的平均失能比例,又不能表示由于工伤致使收入能力减弱的情况,同时也不能用于衡量由于失能而造成的经济损失。因此,虽然许多法律以表格的形式规定了丧失劳动能力的等级,但对有些情况,鉴定机构可以根据待遇申请人的身体和精神状况等具体情况确定等级。

(2)失能的最低等级标准。一般来说,完全永久性丧失劳动能力鉴定为100%失能,而部分失能则要考虑多种因素造成的失能程度,根据程度不同而领取不同的补偿。对于失能补偿的最低标准,通常是制定失能最低等级,低于该等级则没有请求补偿权。大多数工伤补偿项目都有最低失能等级的规定,这类等级最低的定为1%失能,最高的定为30%失能,大多数的最低等级标准都是以法律形式确定的。制定最低失能等级标准的原因在于,仅仅出现一点点不太方便的轻伤,短时间后就会适应了,而且不会影响受伤者的正常生活,不应属于补偿的范围。

(3)暂时部分失能。有些项目中,在暂时失能和永久失能之间有一个中间层次,通常称之为"暂时部分失能"。它是指在失能者的状况稳定前,在失能鉴定能够根据可靠依据做出结论前所做的暂时性鉴定。由于失能者达到稳定的时间随受伤的特征和严重性、受伤者本人及其就业方式而有很大变化,所以不限定永久失能鉴定的开始日期会带来管理上和实践上的纠纷,而结案日期和补偿金的不确定性,将不利于伤残人员很好地安心于他本可出色地完成的工作。因而,有的国家将失能鉴定的限期定为6个月,有的定为1年或2年。这一期限过后就是进一步观察情况阶段,根据本人状况的稳定程度做出永久、最终的鉴定。

三、工伤保险争议处理

工伤保险中的争议不仅是劳资纠纷,更多的是发生在工伤保险机构与劳动者和企业之间的纠纷。在工伤认定、劳动能力鉴定、医疗待遇、工伤津贴、伤残待遇、死亡待遇、特殊员工(如出国、借调等)的工伤待遇、工伤保险机构拖欠待遇支付等各方面,都可能发生分歧和争执。对于个人与工伤保险机构间的争议,工伤职工可以向劳动争议仲裁机构申请仲裁或向法院起诉。企业因拖欠工伤保险费而被加收滞纳金不服的,也可向劳动争议仲裁机构申请仲裁或向法院起诉。

第四节　工伤预防和工伤康复

一、工伤预防

(一)工伤预防的概念

工伤预防是国家政府和企业为防止和减少工伤事故的发生,对生产过程中可能发生的生产事故或职业伤害采取的积极防范措施。强化工伤预防工作既有利于促进安全生产,又能降低工伤事故发生频率,保障职工的安全与健康,减少工伤保险基金的支出,起到维护社会稳定的作用。

(二)国外工伤保险与工伤预防相结合的实践

国际劳工组织 1979 年在日内瓦召开的"职工事故预防以及补偿专家会议"上,对社会保险制度在预防职业伤害及其预防方法上给予了特别的关注。现在,很多国家按照国际劳工组织的要求,把工伤保险制度发展成工伤补偿、工伤康复和工伤预防"三位一体"的防范、补偿体系。也有少数国家工伤保险并不与工伤预防相结合,如丹麦、英联邦的部分国家,工伤保险只负责事故补偿,预防监督工作由政府专门机构去实施。

国际劳工大会于 2003 年 6 月通过了有关职业安全与卫生(OSH)的一个全球战略,其目的在于建立并保持一种预防性安全与卫生文化,重点突出享有一种安全与卫生环境的权利、预防的原则以及管理职业安全与卫生的系统处理方法。2006 年国际劳工大会通过的促进职业安全和卫生公约,旨在通过管理制度方法促进更安全和更健康的工作环境，以及促进国家职业安全与卫生计划的制定和国家职业安全与卫生制度的继续改善。[1]

1. 工伤保险（工人补偿立法）制度约束

很多国家的工伤保险（工人补偿立法）制度不仅为受伤害人提供医疗服务，补偿其因暂时或永久伤残而致的受益损失，而且开始注重培养人们的职业安全与卫生意识。这种立法制度大部分都包含了一些特殊的条款，作为对企业主在职业安全与卫生方面的责任，例如一些拉丁美洲国家和多哥。1971年4月底，阿尔及利亚召开的"第一次非洲地区职业危害预防大会"就建议，社会保险制度应对保护工人（即职业安全与卫生措施）和职业伤害补偿给予保障。

2. 工伤补偿与劳动保护并行发展

在一些工业化国家的劳动立法中，往往设立政府安全监督机构，负责监督雇主执行安全方面的法律法规情况，并检查劳动作业环境，负责事故处理，以及对企业及雇主违反安全法规的行为进行处罚。后来，由于工伤补偿基金往往在支付工伤保险待遇后还有剩余，并且由于工伤预防工作较事后补偿更具积极的意义，有些国家开始了将劳动保护与工伤预防相结合的探索。

美国马萨诸塞州于1912年开始，将部分工伤补偿基金用于工伤预防。法国1946年颁布的《职业伤亡补偿法》也作了类似的规定。1955年澳大利亚的社会保障立法进一步明确规定，建立事故保险基金的目的首先在于工伤预防，然后才是伤亡事故处理、职业康复和发放补偿金。西班牙和葡萄牙两国工伤保险体系的一个主要特征就在于重视工伤预防工作，在两国的宪法中都有保护工人在工作中不受伤害的明确规定，它们认为工伤预防重于工伤治疗和补偿，因此西班牙和葡萄牙两国都建立了比较健全的工伤预防的机制。奥地利的工伤保险体系中专门设置职业风险科研机构，负责对意外事故原因的研究和防范宣传教育，从源头降低了意外事故的发生率。德国《社会法典》中规定：同业公会应该使用一切适当的方法去防止工伤事故的发生、职业病以及由于工作原因对工伤职工健康造成的损害，查明工伤事故发生的原因，保障在事故发生时有有效的急救措施，减轻工伤事故和职业病所导致的后果。[2]

3. 政策方式

各国社会保险（工伤保险）机构贯彻执行这种政策时所采取的方式与方法各不相同。有些国家（如卢森堡、瑞士），其类似机构有权颁布安全指导文件与规章，这些文

---

[1] 国际劳工组织. 促进职业安全与卫生框架 [R]. 国际劳工大会，2006：4-5.
[2] 中国劳动力市场信息网监测中心. 西班牙、葡萄牙工伤保险体系考察报告 [EB/OL]. 2009-02-01.

件与规章有时还被选作为标准；有些国家（如德国、芬兰、法国、意大利等）则在促进和坚持职业安全与卫生方面发挥了重要作用，如设定的"考绩比率"规定了折扣、减费、资金等，或者相反，以较高的保险费率作为惩罚，以激发企业主的安全意识。在有些情况下，为了促进管理部门重视安全，管理人员还可得到津贴或补贴。东欧一些国家广泛采用安全记分牌和记录存档的方法；瑞士则将企业划分为安全记录较好和较差两类，也取得了同样的效果，1981年3月20日颁布实施的《瑞士联邦事故保险条例》用征收附加保险费的方法作为对安全记录不良企业的惩处，征收的附加保险费则用作开展职业安全卫生运动和科研的经费。

4. 机构设置

世界上大多数国家工伤保险部门的安全监察机构都与劳动部门安全监察机构并存，两者相互配合，在各自职责范围内共同做好安全监督工作。如德国的工伤保险机构有一支安全监察队伍，经常检查企业是否遵守了安全规程；政府劳动部门也有安全监察员队伍，他们与工伤保险安全监察既有分工，又相互配合，合作很好。法国的社会保险机构除负责工伤补偿事务外，还建立了专门的工伤预防基金和专职的安全监察员，同时政府的劳动部门也有一支职业安全和卫生方面的专职监察队伍。新西兰的事故补偿协会也有工伤预防部门（与国家安全生产监察局之间是并行的部门）。

二、工伤康复

（一）工伤康复的概念

世界卫生组织曾将康复定义为：综合协调地应用医学的、教育的、职业的、社会的和其他一切措施，对残疾者进行治疗、训练，运用一切辅助手段，以达到尽可能补偿、提高或者恢复其已丧失或削弱的身体功能，增强其能力，促使其适应或重新适应社会生活。现代意义上的康复包括了医学康复、教育康复、职业康复、社会康复等方面内容。

1. 医学康复

医学康复是使残疾者全面康复的基础，是康复的首要意义，也是最重要的内容之一。医学康复主要包括功能测定和康复治疗两大部分内容，主要采用物理治疗、运动治疗、作业治疗、营养治疗，以及语言、康复工程及必要的手术措施等。以作业治疗为例，是指一门指导残疾人参与选择性活动的科学和艺术，目的是保持或增强残疾人的参与能力，促进其适应环境、创造生活、消除或矫正病态、增强或保持健康的能力。作业治疗包括：功能性作业治疗，如治疗性娱乐活动、手工艺术制作、木工作业、金工作业、文书作业及计算机操作等；日常生活活动能力训练；假手的装配、操作训练及利手交换训练（右利手与左利手）；再就业前的职业评价及训练；对房屋的评价与改造等。作业治疗活动主要采用生物机械方法、神经生理学方法，以及矫形器、自动器的制作与使用。

2. 教育康复

教育康复包括对身体残疾者进行的普及教育，以及对智力残疾、视力残疾、听力语言残疾者进行的特殊教育等。

3. 职业康复

职业康复包括就业咨询、职业能力测定、就业前的职业教育与训练、就业安置、寻求工作的技能及方法的教育以及职业介绍（某些国家涵盖此项内容）等，目的是最终使残疾者能找到从事某项适合本人能力的工作岗位。

4. 社会康复

社会康复是使残疾者在完成各项康复的同时，为其创造一个必要的社会环境条件。这个社会环境包括文化、经济、社会生活、法律等一系列方面，使残疾者与健全人一样获得平等的权利和尊重。

工伤康复是一项复杂的社会工程，在一定意义上，康复事业的发展状况也是衡量社会进步和人们生活质量的重要指标。理查德等在《工业疗法》一书中，对工伤康复作出了归纳，如图10-1所示。

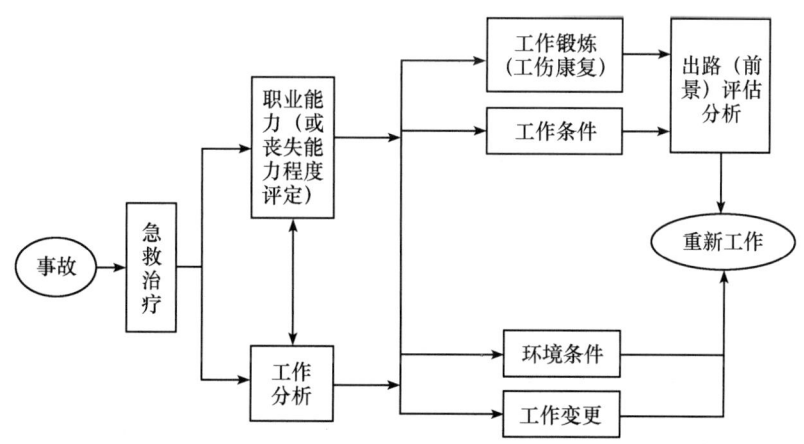

图10-1　《工业疗法》中对工伤康复作出的归纳

(二) 工伤康复的发展历史

工伤康复经历了早期的家庭成员共同预防、互助阶段后,发展到今天,对每个职业伤害伤残者个人的康复已成为社会公众事业。

从人类群居活动开始,就存在着一种"能力康复",而真正意义上的"工伤康复"始于早期的家庭生活之中,家庭成员之间面对突发疾病或突然受伤的人的关注与帮助,对伤病人在恢复期的关爱与帮助,对他们重新工作的支持,或是帮其自己雇用自己以及帮助其战胜失能伤残的其他类型的援助都可以被视为工伤康复的内容。由于社会工业发展产生了更多的伤残,而越来越高的医疗水平又降低了死亡率,这就必然会促使更为规范、有组织的工伤康复的产生。

从立法上看,将工伤康复与工伤保险相联系是世界上许多国家工伤保险长期发展的结果。在 20 世纪前 10 年的立法实践中,职业伤害保险立法并不包括对职业伤害者的康复处理,这是一种普遍的现象。第一次世界大战后,各国主要依靠政府有关机构和社会保障机构与医疗部门合作,在社会保障机构设立康复中心等进行工伤康复、职业介绍。

随着工伤保险制度的发展,有些国家,特别是雇主责任制国家或社会保险基金运用较灵活的国家,私立工伤康复机构开始逐步发展起来,这些机构与保险公司配合,共同进行或由后者监督进行机能康复、培训、就业(转岗)咨询以及寻找工作等工伤康复工作,取得了一定的效果。

近些年来,在一些国家,甚至出现了由私立工伤康复机构成立的工伤康复协会,由协会统一协调此项工作,协会及承保的保险公司共同对这些机构所从事的工伤康复工作进行管理与监督。

(三) 国际劳工组织与工伤康复

1925 年国际劳工大会通过了第 17 号《工人(事故)补偿公约》及第 22 号《工人补偿(最低限度)建议书》。对于为残疾人实施矫形术及外科手术,第 17 号公约规定,矫形及外科手术费必须由雇主及保险人提供。考虑到有些国家尚未实行强制保险的事实,规定保险人可以只提供例外情况下的矫形及外科手术费用。受第一次世界大战中残疾人激增的影响,欧洲的一些国家还规定了对残疾人的善后处理意见。第 22 号建议书规定,应给伤残人员假期及重新教育的机会,各国政府应鼓励这种教育措施。第二次世界大战以后,对残疾人的善后处理工作的建议已被世界上大多数国家采纳。

国际劳工大会 1944 年通过的第 67 号《收入保障建议书》及第 69 号《医疗建议

书》，都对工伤康复工作起到了指导作用。前者规定，由职业伤害造成的残疾者应受到照顾，直至其恢复如初。有些国家的职业伤害补偿立法中，特别强调了残疾职工的医疗及康复工作，有些国家还引进了善后处理的预防措施，其中包括残疾人的残疾程度分类。

1947年国际劳工组织泛亚地区国际会议提出了残疾工人的职业伤害补偿办法。1952年国际劳工会议通过的第102号《社会保障（最低标准）公约》中，又提供了一系列社会保障部门或政府机构对残疾人由社会保障计划提供职业伤亡的补贴条款，要求社会保障部门或政府部门应与医药部门合作，为残疾人提供适当的工作。根据这项公约，社会保障部门应确保残疾人的康复工作。

1955年国际劳工大会通过了第99号《（残疾人）职业康复建议书》，其中建议对因工致残者应免费进行职业介绍，提供必要的交通工具、财政援助等。

1964年国际劳工大会通过的第121号公约核实了第二次世界大战之后的工人补偿金条约，要求所有成员国应为残疾人提供康复设施。如果不能满足上述要求，成员国至少应采取适当措施，为残疾人寻求就业办法。在1983年第99号建议书及第168号《（残疾人）职业康复和就业建议书》中，提出了社会保障机构应为残疾者组织提供赞助，帮助培训残疾人，包括为残疾人提供咨询服务，同时也鼓励社会保障部门资助残疾人自谋职业，帮助其加入劳务市场中去。

（四）国外工伤康复概况

1981年第三届世界卫生组织专家委员会指出，康复的目的不仅在于培训伤残人使其适应环境，也在于参与他们最接近的环境和整个社会，以便于其与社会融为一体。伤残者本人和其家属及所在的社团，均应参与这些措施的制定，并予以贯彻。

1. 国外惯常做法

（1）以社区为基础的康复。社区康复是世界卫生组织于1976年提出的一个新路径，它具有覆盖范围广、经济有效，且能在家庭以及社区层次为伤、病、残等人员提供良好的康复服务的特点和优势，并且，继联合国教科文组织、国际劳工组织以及世界卫生组织联合发布《关于社区康复的联合意见书》之后，世界范围内的社区康复进入新的发展阶段。这是一个使伤残者克服伤残给他们带来的生理与心理影响，并与社会融为一体的动态过程。现代的康复观念认为，伤残者本人、他们的家属及其所从属的社区，是康复的重要因素，因而，要吸收他们共同参与康复计划的制订和实施，使康复治疗与服务能够同卫生、教育、培训、就业等普通社会服务相结合。①

(2) 医疗康复②。对于那些形态或功能损毁的伤残者，医疗康复必须着重促进代偿机制形成所需的一切生理过程的完成。目前，各国都已将医疗康复同医疗服务密切结合在一起。

(3) 全面康复。进行全面康复的方法包括：

1) 治疗性锻炼，如在水中锻炼、运动和游戏、做普通体操、走路训练、负重耐力锻炼等；

2) 职业疗法，包括职业性心理和体力锻炼；

3) 理疗；

4) 心理治疗；

5) 整形外科手术；

6) 技术性辅助器械，主要用于形体损毁或功能损伤的患者。

(4) 社会康复。实际操作中，医疗康复通常一开始就与社会康复和职业康复相结合。社会康复的任务包括创造适当的社会条件，使伤残人成为社会的积极成员。具体来说，包括做出某些技术性安排，组织他们力所能及地参加各类社会事业，并做好各项服务工作。

(5) 职业康复。职业康复通常包括全面了解伤残者的剩余工作能力（职业能力评估），开设定向课程帮助伤残者恢复失去的信心，提高工作耐力（适应性），进行职业指导，将严重伤残人员安排进入保护性工厂或帮助其成为家庭工人，根据个人具体情况安排园艺用地、提供设备、提供贷款协助其进行工作等。

2. 典型国家的工伤康复③

(1) 实行雇主责任制的国家及地区。有些地方，职业伤害补偿计划仅是雇主责任制，因而通常不包括康复工作，有些亚洲国家或地区仅靠这项计划从事预防工作，如孟加拉国、新加坡及斯里兰卡等。

(2) 实行工伤社会保险的国家及地区概况。

1) 关于善后处理。许多发展中国家或地区的职业伤害补贴立法规定，残疾人有权享受善后处理待遇，或建立为残疾人服务的特殊机构。例如，1966年阿尔及利亚法律规

---

① 传统观念认为，康复就是由专职人员在专门机构内提供治疗和服务。
② 见本章附录1。
③ 见本章附录2。

定，残疾人除了可以享受保险金外，还有权接受康复治疗，直至恢复为止。此外，他们还有权接受特殊培训。1953年萨尔瓦多法律规定，社会保障机构负责残疾人善后处理。1973年塞内加尔法律规定，社会保险机构负责残疾人的医疗及善后处理工作。

2）关于恢复能力。马来西亚的社会保险计划规定，残疾人基金与职业伤害基金包括以下内容：①社会保险机构除了确定保险费外，可以与职业安全和福利机构合作，为受保的残疾人做康复工作及就业的培训工作；②残疾者可以申请矫形术及要求提供适当的就业机会。1948年，印度的雇员国家保险法与马来西亚的社会保险计划在与康复相关的内容方面基本相同。在赞比亚，国家规定工人补偿协调委员会、社会保障机构可以赞助任何使残疾人恢复能力的组织。菲律宾1974年制定的《劳动法》中也包括了工伤康复制度的具体规定。在巴基斯坦，省级社会保障机构受立法机构的委托，可以为残疾人募集资金。德国对工伤职工的帮助、护理非常全面，提供专业的心理咨询，提供有针对性的职业教育，提供专业的康复运动，为使工伤职工更好地、更快地融入社会，政府及相关机构提供了多角度、全方位的支持和帮助。[①] 韩国1994年对勤劳福利公社的职能重新进行了调整，作为产业灾害保险计划的经办机构，主要职责是：向遭受产业灾害的人员提供医疗救助治疗服务；假肢、轮椅等康复器具；为伤残人员开展印刷、缝制、美术、各种手艺、金属加工等多种职业进行相关培训和训练，帮助因工致残人员掌握重新获得就业岗位或自谋职业所需要的劳动技能。[②]

3）关于康复中心。在一些发展中国家，建立工伤康复中心的工作也已经全面开展。菲律宾于1979年成立了工人康复中心，并在全国各医院设立康复机构，同时从国家保险基金中拨付特别款项用于此项工作，1977年信德省雇员社会保险学会组建了卡拉奇社会保障医疗康复中心。在伊朗，社会保障组织负责康复中心工作，残疾人可以在中心做矫形手术或参加培训。加拿大的省级立法规定了广泛的康复计划范围。

为了确保保险费收入，一些国家尽力动员符合条件的人都加入，并且在康复医疗过程中，确保给其提供一定的费用。例如，新西兰就业事故补偿局募集了一笔辅助基金，专门用于残疾人，以改善他们的住宿条件及交通条件。奥地利使用工伤保险基金在工伤保险体系中专门设置了康复治疗机构，构建了现代化的康复中心，以促进工伤人员进行良好的康复训练以及缩短恢复劳动力的时间。此举不仅降低了保险机构的补偿费用，最大限度地降低了工伤人员的损伤程度，而且使得医院急救的负担得以减轻，工伤保险基

---

① 杨文建，燕士力. 德国工伤保险制度浅议及其启示［J］. 中国集体经济，2010（4）：199-200.
② 冯英，康蕊. 外国的工伤保险［M］. 北京：中国社会出版社，2014.

金的运营效率得以提高。奥地利一方面进行工伤人员的医疗康复治疗,另一方面积极运用现代化的康复技术和手段,竭尽所能地提高乃至恢复伤员的身体机能,提高其生活和劳动能力,有条不紊地开展工伤康复计划,促成工伤人员尽早地实现再就业。德国则通过定期的健康检查,关注工伤人员。在同业公会的170个检查中心中,都有专门的医生专门负责健康检查而不进行治疗疾病等工作。[①]

第五节 各国工伤保险实践

一、工伤保险的发展过程

现代意义上的工伤保险经历了两个发展过程:一是从近代私法中的雇主过失补偿制度到无过失补偿制度;二是从私法领域中的雇主责任到社会保障法意义上的社会保险。过去的雇员因职业而发生的伤害和疾病都是通过对雇主提出侵权诉讼而获得补偿的,雇主只有在存在过失的情况下才承担法律责任。由于侵权诉讼遵循谁主张谁举证的原则,雇员往往因为举证困难或诉讼费用过高等原因得不到补偿。随着工人运动的不断发展,工业发达的老牌资本主义国家逐渐形成了无过失补偿制度,并通过立法使工伤补偿从侵权诉讼中分离出来,工伤保险问题也逐步从私法领域向社会保险领域发展。[②]

1884年德国颁布的《工人灾害补偿保险法》是世界上第一部工伤保险法,这部法律的颁布拉开了工伤保险立法的序幕。之后,工伤保险法律制度逐渐从传统的私法领域跨越到了社会法领域,工业发达国家相继颁布了有关工伤保险的法律,如英国1897年颁布的《不列颠雇工补偿法》,法国1898年颁布的《雇主对因工负伤丧失劳动能力和死亡的补偿责任的法律》等。据有关资料统计,至1995年,全球共有159个国家和地区实行了各类的工伤保险,其中,采取社会保险方式的国家和地区有98个,采取雇主责任制方式的国家和地区有25个,采取强制性公营或私营保险方式的国家和地区有22个,采取普遍保障与社会保险或社会保险与其他私人强制性保险双重制度方式的国家和地区有14个。国际劳工组织颁布的若干公约,如1921年《(农业)工人补偿公约》(第12号)、1925年《工人(事故)补偿公约》(第17号)、《工人(职业病)补偿公约》(第18号),在推广和实施工伤保险制度方面也起了很大的作用。1964年《工伤事故和职业

[①] 汪宜新. 预防为先 康复为重——德国工伤保险制度一瞥 [J]. 现代职业安全, 2008, 85: 44-45.
[②] 郑尚元. 工伤保险法律制度研究 [M]. 北京: 北京大学出版社, 2004: 147-151.

病津贴公约》（第 121 号），标志着工伤补偿制度正式发展成为工伤补偿制度，雇员的保障大大增强。1994 年《收入保障建议书》（第 67 号）以及《医疗建议书》（第 69 号）中明确了职业伤害造成的残疾者应当受到照顾，并尽可能地恢复。

二、主要发达国家工伤保险发展历程

（一）典型发达国家

德国于 1885 年成立了工伤保险经办机构——工伤保险同业公会，该公会以行业来划分，每个雇主都可以成为公会的成员。由雇主承担的法律补偿责任交由工伤保险同业公会承担，意味着由个别雇主承担的补偿责任分散为行业内所有雇主集体承担的责任，这对于减轻雇主负担、保障雇员合法利益起到了相当重要的作用。1925 年德国将职业病保险纳入工伤保险的范畴；1951 年通过了工伤保险同业公会自治管理条例，规定工伤保险由雇主、雇员共同与管理；1971 年又将工伤保险的范围扩大到大中学生，同时提高了补偿标准；1973 年通过的工伤事故保险法对企业内部设置安全管理部门作出了明确的规定。德国的工伤保险通过国家立法，扩大了覆盖范围、提高了补偿标准。[①]

美国的工伤保险立法首次出现在 1908 年，覆盖对象为联邦雇员。1911 年，有 10 个州相继进行了相关立法。在美国，联邦的工伤补偿计划仅适用于受雇于联邦的工作人员，各州之间在具体的规定上有差异。其工伤保险的基金全部来自雇主的交付，在管理上允许通过公营或者私营保险公司来进行，但各州的差异很大，有 31 个州要求雇主必须向私人保险机构购买保险；在雇主、雇员和保险机构之间发生的纠纷由政府专门的机构进行处理并可诉至法院。1921 年，密苏里州、密西西比州、南卡罗来纳州、佛罗里达州、北卡罗来纳州以及阿肯色州以外的美国各州都建立了工伤保险机制，1948 年密西西比州作为最后一个州也通过了该州工伤保险法案。全美从立法上规定了工伤事故保险，全国性的工伤保险法律体系基本形成。1993 年该制度覆盖的人口达到 9 610 万人，2001 年则达到了 1.27 亿人。[②] 1970 年，美国颁布了职业安全卫生法，该法采用"无过失责任"原则，即工人在工作中负伤或患职业病，即使不是雇主的直接或过失造成的，雇主也有责任进行补偿。1984 年国会通过了伤残津贴改革方案。1996 年美国对工伤保险的基本内容进行了修改，规定从 1996 年 3 月 29 日起，因麻醉药品、毒品或酒精而导致伤残

---

① 冯英，康蕊. 外国的工伤保险 [M]. 北京：中国社会出版社，2014.
② 于欣华. 美国工伤保险制度 [J]. 现代企业安全，2010（7）：87-89.

的人不能申请工伤保险金。

日本的工伤保险立法首次出现在1911年，后来在1947年、1980年和1986年等多次修改，其内容有了很大的变化。如1973年工伤保险机制加入了上下班途中受到伤害的情况，1975年工伤保险机制覆盖面则几乎涵盖所有行业，1990年又加入了长期疗养职工补偿待遇情况，1996年则构建了家庭护理补偿支付机制。[1] 日本的工伤保险并不包括所有的雇员，而且救助方法也不是唯一的，受害人既可以请求工伤补偿，还可以对雇主提起诉讼，请求补偿损失的差额部分。在日本，所有的工伤医疗费都可以得到补偿，补贴的数额根据伤残的程度而不同，并且随着全国的工资水平做调整。工伤保险的资金除了雇主缴纳绝大部分以外，国库也负担一部分管理费用。在日本还有私营保险机构提供的工伤保险项目，可以分为两类：一是雇主责任保险；二是补充补偿保险。这两类项目覆盖了投保的雇员在劳动合同或工人事故补偿规划之外的补充性补偿。

（二）典型福利国家

英国工伤保险首次立法于1897年，现行立法为1975年。在其最早实施的法规中保留了雇主的民事补偿责任，一旦发生工伤事故，雇员须选择其中一种制度。1946年英国颁布了《国民工伤保险法》，作为当时建立的国民保险法律的一部分，与国民健康服务、家庭津贴计划和社会救助等项目构成了英国相对完整的社会保障体系。英国工伤保险使雇主对工伤雇员的补偿责任变为一种社会责任，补偿产生的责任完全由雇主承担，政府和雇员都不对此承担任何责任。职业伤害受害人因为伤残或者死亡得到的补偿与其受损害前的收入有一定的联系。值得一提的是，在英国，要为永久伤残者提供终身退休金。[2] 英国在1974年与1975年分别出台了《雇主责任（强制保险）法修正条例》《雇主责任条例》，通过法律规定雇主责任险由商业保险公司经营，强制雇主投保。1998年英国劳工部修订《雇主责任强制保险条例》，劳工部负责对雇主责任强制保险制度的执行情况进行监督，对于违反规定的企业进行处罚。1995年，英国出台了伤害、疾病和危险事故发生报告制度，要求雇主及时报告与工作有关的事故、疾病和危险事件。[3]

瑞典关于工伤保险的首次立法出现在1901年。在瑞典，根据1962年社会保险法和1991年疾病支付法令的规定，受伤者可以享受暂时伤残补贴，一旦被确认为工伤以后，就享受工伤保险待遇，其中包括医疗费、病假津贴、终身年金和抚恤金，通常补偿因工

---

[1] 张玮. 世界各地的"上下班途中"[J]. 江淮法制, 2010 (2)：44-45.
[2] 罗元文. 国际社会保障制度比较 [M]. 北京：中国经济出版社, 2001：182-185.
[3] 刘培. 国外工伤保险与雇主责任保险发展经验及其借鉴 [J]. 合作经济与科技, 2017 (6)：186-188.

伤而招致的全部损失。其保险是通过强制保险来实现的，所有的雇员和自我雇佣者，包括预计在国外工作不超过 1 年的瑞典人，以及受雇于国外雇主的外籍人员中打算在瑞典工作 1 年以上的，都被包括在内。政府不负担费用，只提供疾病保险补贴，雇主缴纳雇员工薪总额的 1.8%，雇员无须缴纳费用，但是自我雇佣者要按照收入的 1.4%缴纳。

（三）其他主要发达国家

在荷兰，因工伤而致残的人与先天残疾的人享受同等待遇。年龄在 18~65 岁的荷兰居民都可以根据《全民残疾津贴法》享受附加年金。津贴根据伤残的程度而不同，并与伤残之前的收入挂钩。从 1976 年实施《全民残疾保险法》以来，原有《残疾保险法》的津贴变为辅助性的，并规定了最高的限额，只提供《全民残疾保险法》津贴与最高限额之间的差额。如果本人全残或者经常需要他人护理，可领取相当于伤残前收入的年金。1987 年以后，致残前曾长期劳动者，其余生将作为失业者对待。1997 年，《荷兰民法典》（第 658 条）引入了对雇主责任的举证责任倒置，判例法紧随其后，进一步减弱（甚至架空）共同过失的抗辩效果，只有在雇员存在重大过失，甚至只有其采取自甘冒险行为时，雇主才能主张过失相抵。[①]

法国工伤保险的首次立法是在 1898 年，其费用全部由雇主缴纳，工伤致残和职业病患者的全部医疗费用均由企业负担，平均约占企业工资总额的 4%，政府和雇员都不负担。伤残补贴根据伤残程度不同和受伤前的收入不同而不同，从丧失全部或者部分工作能力之日起支付，直到恢复工作或退休为止。超过 60 岁，工伤补贴就转为养老金，或按本地提出的其他办法对待。1918 年，法国对职业健康方面法律进行了修订。之后，《关于就业伤亡的补偿》增加了有关工伤预防与工伤补偿等条例，将工伤保险基金与其他基金一同管理，每年提取 7%~8%作为工伤预防基金。此外，雇主必须支付工资的 1.5%作为保险费用，并对发生工伤事故的企业主进行罚款，这些费用被一同纳入工伤预防基金。

意大利的社会保障制度中规定为工伤伤残者提供的待遇较为丰厚，对短期残疾人员按日提供补助，在工业中按收入的百分比计算补助费，在农业中则给予固定的补助。对长期残疾人员，根据致残程度，在工业中根据工资的百分比计算补助，在农业中按产量

[①] 乌尔里希·马格努斯. 社会保障法对侵权法的影响（2012 年版）[M]. 李威娜，译. 北京：中国法制出版社，2012：305.

计算补贴，职业病患者给予日补贴，所有工伤人员均可以享受治疗和恢复期内的有关优惠。其资金来源在工业中由雇主提供，在农业中从收入中提取，有关事宜由工伤事故和职业病保险总局负责管理。意大利的工伤保险管理机构为工伤保险局，国家通过立法赋予工伤保险局建立了一整套的工伤预防制度，并资助预防领域的技术创新计划，为工人提供信息和培训，在安全卫生方面根据法律规章的要求提供帮助和建议。意大利规定了企业安全负责人、工人安全代表以及普通员工的职业健康和安全培训时间，并要求对这些人的培训工作常态化和长期化。①

三、发展中国家工伤保险发展实践

实施工伤保险的发展中国家可以划分为以下几种类型。

（1）实行社会保险型的国家，主要包括中国、墨西哥、智利、巴西、印度、缅甸、马来西亚、菲律宾、叙利亚、伊朗、沙特阿拉伯、科威特、巴林、埃及、伊拉克、毛里求斯、塞浦路斯、扎伊尔（刚果民主共和国）、几内亚、象牙海岸（科特迪瓦）等。

（2）实行雇主责任制与社会保险并列型的国家，如阿根廷、印度尼西亚等。

（3）实行私营自愿保险型的国家，如尼日利亚等。

（4）实行私营强制保险型的国家，如赞比亚等。

（5）实行雇主责任制类型的国家，如秘鲁、利比里亚、埃塞俄比亚、摩洛哥、阿富汗等。

在多数国家，受保对象均为工薪雇员，有的国家公务员有单独的制度；阿尔及利亚、智利除雇员外，还包括大学生和个体劳动者；巴西除雇员外，还包括农业工人。全部发展中国家都把家务工和临时工排除在工伤保险之外，在多数发展中国家，此项费用由雇主负担，受保人和政府不负担。

四、工伤保险的发展趋势

研究发现，工伤保险在整个发展过程中是有规律的，而且今后的发展还会遵循这些规律。

（一）工伤保险的覆盖范围日趋扩大

从工伤保险的覆盖范围来看，呈现出一种逐渐扩大的趋势，受益人从企业雇员逐渐

---

① 张军，等. 我国因工伤害预防政策与国际经验研究［J］. 残疾人研究，2014（3）：3-10.

地扩展到了农业劳动者、自雇者等。工伤保险最初只覆盖从事危险工作的体力劳动者，而将脑力劳动者排除在外，也有些国家将农业工人、家庭保姆、家庭教师排除在外，有些国家还将小企业排除在外。随着工伤保险制度的不断发展，工伤保险的覆盖范围不但从体力劳动者扩展到脑力劳动者，而且从正规就业部门扩大到非正规就业部门，许多国家还将农业工人、家庭保姆、家庭教师等纳入了工伤保险的范围。可见，工伤保险的覆盖范围在不断扩大，最终会覆盖所有从事生产活动的劳动者。

同时，工伤保险制度的适用范围不再局限在工业上的意外事故，而是把因工作原因造成的职业病和非直接工伤事故（如上下班的意外事故）等均视为工伤。还有许多国家把参与红十字会活动或救援、抢险、防火、治安等公益活动中的事故也列为工伤事故。即使是在经济欠发达的发展中国家，其工伤保险的覆盖范围也在逐渐扩大，限制条件逐渐减少，工伤保险领取人员数量也在不断增加。

（二）工伤保险成为工伤保障的主流方式

据国际劳工专家统计，2008年世界上实行工伤保险的国家或地区中有2/3选择的是工伤社会保险模式，不足1/3的国家或地区实行雇主责任制保险模式，极少数国家或地区实行兼有两种模式的混合模式。补偿、预防、康复三位一体的体制成为工伤保险制度的核心主体。大部分国家设立工伤保险机构，开展工伤保险补偿、事故预防和工伤康复工作。①

（三）工伤预防和工伤康复越来越受到重视

随着社会经济发展水平的提高，工伤预防和工伤康复工作越来越得到重视。工伤保险制度的理想境界是不发生工伤事故或尽可能少发生工伤事故，因而不能只有单纯的工伤事故补偿，而应当同时加强平时的安全生产管理与工伤预防，并重视事后的康复工作。只有做到事前预防、事故补偿和事后康复相结合，才能真正全面保障劳动者的权益。向受害者提供医疗康复和工伤康复，是对受害者损失更积极、更有意义的补偿。

（四）其他

工伤鉴定的标准在逐步细化，工伤保险涵盖的事故伤害范围也在逐步扩大。此外，由于经济状况、政治制度、社会结构、风俗习惯和文化观念等的不同，各国工伤保险制度在大原则一致的情况下，结合本国国情，也各具特色。

---

① 张小平."三位一体"工伤保险体系下的工伤预防机制研究［D］.中国人民大学硕士学位论文，2008.

> 补充阅读

突发性公共事件应对中我国工伤保险的立法实践与决策选择

一、问题的提出

突发性公共事件不但会给经济和社会发展带来巨大的损失，而且可能造成严重的人员伤亡。一些在一线处置突发事件的医护人员、公务人员、社区工作人员、志愿者以及其他坚守工作岗位的普通劳动者在突发性公共事件中，付出了巨大的健康乃至生命的代价。以 2020 年新型冠状病毒肺炎（以下简称新冠肺炎）疫情为例，从疫情暴发开始到 2020 年 2 月，中国—世卫组织联合考察专家组在我国四地的调查显示，全国共有 476 家医疗机构的 3 387 名医务人员感染新冠肺炎。2020 年清明节当天，国家卫生健康委、民政部及公安部在疫情防控新闻发布会上透露，至少有 59 名医务工作者因感染新冠肺炎去世，有 53 名城乡社区工作者在疫情防控中殉职，有 60 名公安民警和 35 名辅警牺牲在抗击疫情和维护疫情期安全稳定的第一线。此外，还有多位志愿者在抗疫工作中因意外事故或感染新冠肺炎而失去生命。回顾 17 年前的传染性非典型肺炎（简称"非典"）疫情，我国内地确诊的 5 327 例病例中，医护人员占到了感染总人数的 20%，在所有因感染"非典"而死亡的人员中，医护人员占到了 1/3。可见，在突发性公共卫生事件、自然灾害、事故灾难和社会安全事件等突发性公共事件中，各类救援人员及其他相关劳动者在工作过程中均面临着巨大的风险，他们的生命和健康受到严重威胁，他们的工伤保障问题亟须得到关注。

特殊事件催生特殊政策。为了解决上述各类人员的保障问题，相关部门制定了多项具体政策。如 2020 年 1 月 23 日，人力资源社会保障部、财政部、国家卫生健康委联合发布的《关于因履行工作职责感染新型冠状病毒肺炎的医护及相关工作人员有关保障问题的通知》明确指出，在新型冠状病毒肺炎预防和救治工作中，医护及相关工作人员因履行工作职责，感染新型冠状病毒肺炎或因感染新型冠状病毒肺炎死亡的，应认定为工伤，依法享受工伤保险待遇。2020 年 2 月 16 日，退役军人事务部、中央军委政治工作部联合印发的《关于妥善做好新冠肺炎疫情防控牺牲人员烈士褒扬工作的通知》规定，在新冠肺炎疫情防控工作中，直接接触待排查病例或确诊病例，承担诊断、治疗、护理、医院感染控制、病例标本采集、病原检测以及执行转运新冠肺炎患者任务等的医务人员和防疫工作者因履行防控工作职责感染新冠肺炎以身殉职，或者其他牺牲人员，符合烈士评定（批准）条件的，应评定（批准）为烈士。随后，一些因抗疫工作而感染新冠肺炎殉职的医生被迅速认定了工伤，部分人员被认定为烈士。然而，随着抗疫工作的深入，其他工作者（如其他抗疫人员、志愿者、直接或间接支援抗疫的普通劳动者等）因工作原因感染新冠肺炎或受到其他形式的伤害是否可被认定为工伤的问题一直悬而未决，这些问题也一度引起激烈的讨论。

众所周知，工伤保险的主要职能是保护劳动者的职业安全与健康，维护劳动者遭受工作伤害之后的权益，它既包括常规状态下对劳动者的保护，也包括突发性公共事件等特殊情况下对劳动者的保护。之所以产生很多关于上述工伤认定问题的争论，是因为从现有政策中无法得出答案。因而，突发性公共事件中的工伤保险问题亟待明确。

二、我国工伤保险制度应对突发性公共事件的立法和实践

我国突发性公共事件应对中工伤保险的立法与实践一方面体现于常规的立法当中，另一方面体现在特定突发性公共事件应对中中央政府、地方政府、地方司法机关发布的临时性规章、司法规定等上。

（一）中央层面的立法与行政规章

中央层面关于突发性公共事件中工伤保险的规定包括两类，一类是常规性法律法规，另一类是在应对突发性公共事件时颁发的临时性规章。

1. 常规性法律法规

突发性公共事件中工伤保险的作用在部分法律中有所体现。如《中华人民共和国突发事件应对法》（以下简称《突发事件应对法》）第二十七条规定，国务院有关部门、县级以上地方各级人民政府及其有关部门、有关单位应当为专业应急救援人员购买人身意外伤害保险，配备必要的防护装备和器材，减少应急救援人员的人身风险；再如《中华人民共和国安全生产法》（以下简称《安全生产法》）第五十六条规定，因生产安全事故受到损害的从业人员，除依法享有工伤保险外，依照有关民事法律尚有获得补偿的权利的，有权提出补偿要求；《工伤保险条例》规定了七种工伤认定情形和三种视同工伤的情形，其中包括"职工在抢险救灾等维护国家利益、公共利益活动中受到伤害的，视同工伤，享受工伤保险待遇"。这些常规性法律法规都从不同的层面体现了突发性公共事件中对相关人员的工伤保障。

2. 临时性规章

实际上，应对突发性公共事件中的工伤问题，临时性规章发挥了更确切的作用。例如，《关于因履行工作职责感染新型冠状病毒肺炎的医护及相关工作人员有关保障问题

的通知》《关于妥善做好新冠肺炎疫情防控牺牲人员烈士褒扬工作的通知》，对弥补工伤保险现行制度功能不足、解决突发性公共事件中各类劳动者的工伤保障问题发挥了重要作用。再如，在2003年抗击"非典"疫情的过程中，劳动和社会保障部、人事部、财政部和卫生部联合发布的《关于因履行工作职责感染传染性非典型肺炎工作人员有关待遇问题的通知》明确规定，在传染性非典型肺炎预防和救治工作中，医护及相关工作人员因履行工作职责，感染传染性非典型肺炎或因感染传染性非典型肺炎死亡的，可视同工伤。2008年6月，国务院发布的《国务院关于支持汶川地震灾后恢复重建政策措施的意见》明确指出，对参加工伤保险的职工在地震中伤亡的，按规定支付工伤保险待遇，必要时可动用部分全国社会保障基金。对未参加工伤保险伤亡职工的待遇支付，由职工所在企业（单位）负责解决，企业（单位）无力支付或不存在，并符合救助条件的，可通过相关的社会捐助、社会救助制度予以帮助。

（二）地方政府颁布的地方性法规与行政规章

在突发性公共事件应对中，各地方性规章具有典型的应急性特征，针对性强、适用期限短。例如，2008年7月，《四川省人民政府办公厅关于支持汶川地震灾后恢复重建就业和社会保险政策实施意见》明确提出，参加抗震救灾的职工在抗震救灾中伤亡的，职工在工作时间、工作场所内履行工作职责并因地震造成伤亡的，职工因工外出期间由于工作原因受到地震伤害造成伤亡或下落不明的，在工作时间内参加用人单位组织的与工作有关的活动时因地震原因造成伤亡的，均可以被认定为工伤，享受工伤保险待遇。再如，在2020年新冠肺炎疫情防控过程中，部分地方政府也颁布了地方性法规。2020年2月，浙江省高级人民法院发布了《关于规范涉新冠肺炎疫情相关民事法律纠纷的实施意见（试行）》，明确指出：在新冠肺炎预防和救治工作中，医护及相关工作人员因履行工作职责，感染新冠肺炎或因感染新冠肺炎死亡，认定为工伤的，医护及相关工作人员依法享受工伤保险待遇；劳动者在疫情防控期间因履行工作职责而感染新冠肺炎的，应认定为工伤，依法享受工伤保险待遇。该意见确认了医护工作者及相关人员因工作原因感染新冠病毒肺炎可被认定为工伤。2020年2月，湖南省高级人民法院发布了《关于涉新型冠状病毒感染肺炎疫情案件法律适用若干问题的解答》，规定"在新冠肺炎预防和救治工作中，医护及相关工作人员出现因履行工作职责感染新冠肺炎等情形，主张认定为工伤的，人民法院依法予以支持。非医护及相关工作的劳动者有证据证明确系在工作期间因工作原因感染新冠肺炎，主张认定为工伤的，人民法院依法予以支持。劳动者在疫情防控工作中为维护国家利益、公共利益受到伤害，主张属于《工伤保险条例》第十五条规定的视同工伤的，人民法院依法予以支持"。这两省均明确了医护人员及其他一般劳动者因履行工作职责感染新冠肺炎的工伤保障问题。2020年3月，宁夏回族自治区人力资源社会保障厅与财政厅联合发布了《关于印发医务人员及城乡社区工作者等相关工作人员新冠肺炎疫情防控期间工伤保险待遇保障工作方案的通知》，提出建立援鄂医务人员工伤保险绿色保障通道，对疫情处置中可认定为工伤的劳动者减免手续、快办快结。2020年9月，四川省颁布了《四川省工伤保险条例》，将"职工由用人单位指派前往依法宣布为疫区的地方工作而感染该传染病的""在传染病疫情和突发公共卫生事件中的预防、救治等工作中感染该传染病的"视为因工作原因受到事故伤害，当事人被认定为工伤。可见，在突发性公共事件应对中，地方性规章对弥补整体制度不足发挥着重要作用。

（三）突发性公共事件应对中的工伤保险实践

自我国工伤保险制度建立以来，工伤保险应对突发性公共事件的典型实践不仅发生在前文提到的2020新冠肺炎疫情中，还发生在2003年"非典"疫情中和2008年汶川地震后。在抗击2003年"非典"疫情的过程中，除上述劳动和社会保障部、人事部、财政部和卫生部联合发布的《关于因履行工作职责感染传染性非典型肺炎工作人员有关待遇问题的通知》，2006年4月，卫生部又出台了"非典"后遗症人员医疗费用报销办法，415名有"非典"后遗症的医务人员进行了工伤认定和劳动能力鉴定，将他们的后续医疗费用纳入工伤保险保障，较彻底地解决了"非典"疫情中劳动者的工伤保障问题。2008年汶川地震发生后，在抗震救灾工作中伤亡的干部职工（包括国家机关、各类企事业单位工作人员、医疗卫生工作人员、其他救灾人员）以及所有因地震而死难的参保者，均被认定为工伤。然而，我国工伤保险制度正面临越来越复杂的经济社会发展形势和风险因素，现有工伤保险方面法规制度难以彻底解决突发性公共事件中的一些问题，无法充分发挥职能。在新冠肺炎疫情应对中工伤保险的职能曾经引起争论和分歧，对此，必须予以关注和反思。

三、现行工伤保险制度在突发性公共事件应对中的不足

应对突发性公共事件的反思与以往历次突发性公共事件相比，2020新冠肺炎疫情中工伤保险受到了前所未有的关注。一方面，这说明人们的工伤保障权益意识提升和对该制度期望渐高；另一方面，说明制度存在着诸多争议和不确定性。反思我国工伤保险制度在突发性公共事件应对中的不足，有助于对制度形成清醒的认知。

（一）法律和制度建设储备不足使制度缺乏稳定性和可持续性

直到目前，我国在工伤保险应对突发性公共事件方面尚未形成完善的法律和稳定的制度。虽然《工伤保险条例》第十五条第二款规定了职工在抢险救灾等维护国家利益、公共利益活动中受到伤害视同工伤，但对什么情况下哪些人可以享受工伤保险待遇，既不具体也不明确。《安全生产法》《突发事件应对法》等也没有明确在突发性公共事件中可以认定工伤、享受工伤保险待遇的情形。《安全生产法》只规定了因生产安全事故受到伤害的从业人员可以享受工伤保险待遇，而对其他人员（如救援人员等）以及在其他类型的突发性公共事件（如自然灾害、突发性公共卫生事件等）中受到伤害的人员应该得到何种保障并未涉及。《突发事件应对法》规定为专业应急救援人员购买人身意外伤害保险，但无法解决某些根本问题。一方面，由于保障范围窄、保障期限短、保障水平低以及保障内容单一，商业意外伤害保险无法解决劳动者的工伤后顾之忧；另一方面，突发性公共事件应急和救援是综合而复杂的工作，除专业救援人员外，还有大量非专业救援人员参与危险的处置，他们受到伤害后的保障问题悬而未决。此外，对于突发性公共事件中普通劳动者因工作原因遭受伤害是否可以被认定为工伤，历次实践中做法不一、同一事件中各地政策不一。从各部门在突发性公共事件处置过程中颁布的临时性行政规章看，2003 年《关于因履行工作职责感染传染性非典型肺炎工作人员有关待遇问题的通知》、2008 年《关于认真做好地震灾区救灾期间基本医疗保险和工伤保险工作的紧急通知》、2020 年《关于因履行工作职责感染新型冠状病毒肺炎的医护及相关工作人员有关保障问题的通知》等，均为临时性、应急性的规章，不具有普遍性、稳定性和可持续性，甚至有的规章明确规定了时效期限。例如，《关于因履行工作职责感染传染性非典型肺炎工作人员有关待遇问题的通知》明确规定"本办法执行至 2003 年底"。这类规章均无法满足突发性公共事件应对中持续、稳定的保障需要。

（二）基金储备不足和统筹层次低影响基金抗风险能力

突发性公共事件具有突然发生、影响范围广、危害程度深的特点。突发性公共事件救援往往需要投入大量的人力、物力和财力，相关各类专业和非专业救援者在工作中往往面临更大的生命和健康风险，不论他们处于哪个区域、何种工作岗位，工伤保险制度需要为他们提供充分的保障。故突发性公共事件会使工伤保险基金支出短时间内骤然增加，这要求工伤保险有明确具体的政策依据和充足稳定的基金储备。我国已初步建立了工伤保险储备金制度，《工伤保险条例》第十三条规定，"工伤保险基金应当留有一定比例的储备金，用于统筹地区重大事故的工伤保险待遇支付"。但各地留存多大规模的储备金、应付什么样的重大事故,均由各统筹地区根据当地资金收支状况确定。由于当前工伤保险制度实质性的统筹层次低、基金调剂能力弱,各地基金收支盈余或赤字状况和基金储备能力不一,这导致我国工伤保险实践陷入无法克服的"怪圈":经济能力强、基金充足的统筹区,当年基金收入及累计结余足可以应付短期较大的支出,无须提取储备金;经济能力弱、基金当年收支状况不佳或本已赤字的统筹区,根本无储备金可提存,也无法应付短时内较大的支出,储备金制度形同虚设,尤其是在缺乏合理的区域间基金调节机制的情况下,这类地区工伤保险制度抗击突发性公共事件风险的能力被大大削弱。

(三) 制度碎片化导致群体内和群体之间的不公平

工伤保险制度碎片化的突出表现是各地政策不统一。作为全国统一的制度,工伤保险本应在覆盖群体、认定工伤的范围、待遇水平等方面具有统一性,但由于实质性的统筹层次低、改革滞后于经济社会发展、顶层设计不足以及历史遗留问题等,工伤保险政策区域差异巨大。制度碎片化导致各地的做法千差万别,带来大量争议案件,加剧了群体之间、群体内部的不公平。在历次突发性公共事件中,对于哪些人、什么情况下可以被认定为工伤,各地多以当地当时临时性的行政规章规范(例如"通知""意见"等)为依据。标准和做法不一增加了制度运行成本,而且使不同群体之间、同一群体之间工伤保障权益不一,工伤保险制度也因此缺乏公平性和严肃性。

以2020年新冠肺炎疫情为例,继2020年1月23日三部委联合发布《关于因履行工作职责感染新型冠状病毒肺炎的医护及相关工作人员有关保障问题的通知》之后,湖南、重庆、浙江等省份地方高级人民法院陆续出台司法意见,不但给予因抗疫而感染新冠肺炎的医护人员工伤保险待遇,而且承认其他因工作原因感染新冠肺炎的人员享受工伤保险待遇的权利。除上述几个省份之外,绝大多数地区均按照《关于因履行工作职责感染新型冠状病毒肺炎的医护及相关工作人员有关保障问题的通知》执行工伤认定。2020年2月21日,人力资源社会保障部相关负责人回答记者提问时表示,企业员工感染新冠肺炎不能认定为工伤。在北京市2020年5月1日的新冠肺炎疫情防控工作发布会上,新闻发言人明确表示将新冠肺炎纳入"非工伤意外伤害保险"的范围。可见,在应对新冠肺炎疫情的过程中,不同省份的工伤保险政策差异巨大:在有些省份,劳动者工作过程中感染新冠肺炎可以被认定为工伤;在另一些省份,劳动者因工作原因感染新冠肺炎则不被认定为工伤。不同地区劳动者的工伤认定缺乏基本的公平性。而从2008年《四川省人民政府办公厅关于支持汶川地震灾后恢复重建就业和社会保险政策实施意见》

看，工伤保险的覆盖范围相当广，实践中几乎所有在汶川地震中死难的参保人员均被认定了工伤。相比之下，2020年新冠肺炎疫情中的做法则完全不同。

在我国工伤保险应对突发性公共事件的实践历程中，制度缺乏传承性、延续性、统一性和完整性，表现出明显的碎片化和随意性，不但造成了群体之间的待遇差异，而且在社会公众心目中形成了随意性强、权威性不足的印象。

（四）简单化和工伤认定的机械化损害劳动者的权益

合理化认定工伤，合理化操作工伤保险，首先应对工伤有全面深刻的把握，这是工伤保险的基础和前提。工作场所的复杂性和职业行业的多样性决定了职业伤害因素和伤害形式的复杂性与多样性。即便同一类型的职业伤害，其表现形式、形成原因可能完全不同。随着经济发展和社会转型，新的职业风险因素不断产生，人们对新型职业风险以及职业风险因素与职业伤害之间关系的认知随着实践的推进而不断深入。在这一形势下，工伤认定的范围和内容也应及时得到调整和更新。我国《工伤保险条例》列举了七种工伤认定情形和三种视同工伤的情形，虽然简单直观地体现了工伤认定的范围，但不可能穷尽所有的工作风险因素及伤害情形，并且该条例也没有随着快速变化的形势及时得到调整。加之各地在实际操作中对职业风险认知的简单化和对工伤认定的机械化，导致大量关于"是否认定为工伤"的争议出现，部分劳动者的权益受到损害。

四、完善突发性公共事件中工伤保险制度功能的决策选择

突发性公共事件波及范围广、影响程度深，有效应对突发性公共事件需要社会、经济、科学等政策和技术的协调运行，工伤保险制度是社会风险的主要应对措施之一，政府应依据科学的理论和实践经验总结，实现该制度的完善，使之与社会和时代发展相适应。

（一）加强相关法律法规建设

完善的法律法规是制度健康发展的前提，如前所述，在历次重大突发性公共事件中，缺乏完善统一的法律依据会导致制度执行尺度各异，进而造成工伤保险制度的随意性和权威损失。为充分发挥工伤保险在突发性公共事件应对中的功能，实现制度稳定化、统一化、权威化，应统筹考虑相关法律法规的建设与完善。例如，应在《社会保险法》中将突发性公共事件中享受工伤保险的范围予以规范，并明确工伤认定的因果推定原则；将《突发事件应对法》中关于"为专业应急救援人员购买人身意外伤害保险"的规定，修订为"将救援人员纳入工伤保险保障范围"；在《工伤保险条例》第二条规定的制度覆盖范围、第十四条规定的工伤认定范围和第十五条规定的视同工伤情况中，应

明确将突发性公共事件救援中因工作原因受到伤害的各类救援人员、志愿者、其他工作人员纳入工伤保险保障。制度化的工伤保险不但为突发性公共事件中的各类应对者和救援者（包括专业救援人员、其他救援人员、志愿者及其他参与突发性公共事件处置工作的劳动者）提供可期的保障，而且遵循了工伤和非工伤相区别的本质原则，同时，行业结构和职业结构的复杂性决定了职业风险的复杂性，进而决定了伤害原因和伤害形式的复杂性。劳动者工作过程中面临的职业危害因素包括物理性危害因素、化学性危害因素、生物性危害因素，工伤的表现形式既包括事故伤害、职业病，也包括慢性疲劳、过度疲劳等隐蔽性职业伤害，这要求有关工伤保险的法律制度建设必须重视、正视这些"复杂性"，突发性公共事件的复杂性，决定了救援中职业风险和伤害形式的复杂性，因此，完善工伤保险法律法规应先抽象、本质化地认知工伤、工伤保险，避免简单化、具象化、机械化的理解。

（二）提高工伤保险统筹层次，完善工伤保险储备金制度

在突发性公共事件中发生工伤事故的概率更高，为了应对短期内骤增的支付压力，工伤保险基金需要有较强的抗风险能力，工伤保险储备金制度是应对突发性公共事件中支付压力的直接措施，其统筹层次的提高有利于在更广泛的范围内实现风险的分散与分配，增强基金的抗风险能力。然而，虽然《社会保险法》和《中华人民共和国国民经济和社会发展第十四个五年规划和2035年远景目标纲要》已明确了工伤保险省级统筹的目标，但实践中真正实现省级统筹的省份少之又少，部分实现了省级统筹的省份仍然处于基金"分灶吃饭"的状态，难以在省级层面实现对基金的实质性统筹和调配，基金安全的脆弱性不言而喻。自从工伤保险储备金制度建立以来，各地以上一年度基金结余为基数按照3%~10%的比例提取储备金，但由于工伤保险统筹层次低，各地基金收支盈余或赤字状况不一，尤其是在缺乏合理的区域间调节机制的条件下，工伤保险制度的抗风险能力被大大削弱。因此，应加速提高工伤保险制度统筹层次，在更大的范围内分散和分配劳动者的工伤风险，增强制度抵抗风险的能力。并将工伤保险储备金的管理（包括提取比例和规模、使用的条件）在《社会保险法》《工伤保险条例》等法律法规中明确和规范，降低制度的随意性，提高制度的权威性、统一性和群体公平性。

（三）改变现行简单列举工伤和职业病认定范围的方式

之所以出现以简单列举的方式确定工伤或职业病范围的问题，是因为长期以来对职业安全健康和职业危害认知的不足，以及对不同工种、工作与职业伤害或职业性疾病之间的关系认知不清晰。劳动过程中的伤害因素和职业伤害表现形式多种多样，具有典型

的不可列举性。以突发性公共事件救援主力中的医生和警察为例,前者工作中面临的较普遍的职业危害因素是生物性危害因素,而后者面临的工作场所暴力则形成了重要职业伤害来源,医生群体感染一些病毒的概率远高于普通劳动者,警察遭遇工作场所暴力的可能性亦远高于其他劳动群体。尤其是随着产业结构升级、行业结构调整以及新的职业和工作方式的涌现,劳动者工作形式的灵活性增强,工作时间和工作地点的弹性增大,劳动过程中面临的风险和危害因素也更复杂和不确定,工伤发生的时间和表现形式具有更强的不可预见性,简单列举工伤及职业病认定范围的方式虽然较便捷直白地规定了可以认定为工伤或职业病的情形,但无法随着职业风险及工作伤害的变化及时调整,更不可能穷尽所有的职业危害因素和伤害发生的情形,导致形形色色的争议案件出现。并且,这种严格限制认定范围的列举方式否定了人们对工作与工伤之间因果关系的认知,客观上形成了诸多的"节点"或者"边界"。加之实际操作中对认定条件的执行过于机械和严苛,导致劳动者权益受损,这与制度目标明显相悖。因此,应改变列举式确定工伤及职业病认定范围的做法,代之以"业务遂行性"和"业务起因性"为原则的因果推定的工伤认定方式。这是正确认知和积极应对职业风险复杂性的需要,也是现代职业条件下保障劳动者权益的需要。

(四)打破劳动关系限制,实现工伤保险去劳动关系化

劳动者因不具备劳动关系而不能参加工伤保险或不能享受工伤保险待遇是一个普遍存在的问题。工伤保险作为社会化的职业伤害应对措施,应为各种工作方式和就业形式的劳动者提供工作伤害保障。换言之,劳动者享受工伤保障的权益不应因工作方式和就业形式的不同而有太大的差别。然而,由于受到工伤保险劳动关系的限制,实践中许多劳动者,尤其是大量非正规就业者被排除在工伤保险保障之外,这在突发性公共事件中表现得更加突出。以2020年新冠肺炎疫情为例,抗击疫情的参与者除了医务人员、社区工作人员,还有大量其他行业的劳动者,如物流从业人员、应急救援人员、网约车司机等,他们当中很多人不具有稳定的劳动关系,但在灾情救援中发挥了不可替代的中坚作用,也面临着工作中的各种风险,以劳动关系为参保条件的工伤保险将这些劳动者排除在制度之外,导致他们虽因抗疫工作受伤,却得不到相应的保障,这在社会中造成不良影响,工伤保险制度的公平性受到质疑。故而,打破劳动关系的限制,实现工伤保险去劳动关系化,为各类劳动者提供普遍的相对公平的工伤保障,不仅是全面风险社会中化解风险的需要,也是工伤保险制度发展的需要。

总之,应对突发性公共事件需要的大量人力、物力以及突发性公共事件本身的复杂

性决定了在这一过程中劳动者面临风险的复杂性，工伤保险作为劳动风险的管理措施，在突发性事件救援中应发挥相应的职能，既要解决应急救援中各类劳动者的后顾之忧，又要保证不同劳动者之间的相对公平性，唯此才能实现工伤保险制度的应有之义。

本文作者：乔庆梅。

资料来源：社会保障研究，2021-10-29。

案例分析

某公司诉河南省焦作市人力资源和社会保障局对白某的工伤认定行政案
——关于"上下班途中合理时间"的认定

基本案情： 白某是河南某公司工作人员。2017年6月7日23时10分许，白某提前下班，在驾驶两轮摩托车回家途中，与另一两轮摩托车相撞，造成2人受伤、2车损坏的交通事故，白某经医院抢救无效死亡。经交警部门认定，白某承担事故的次要责任。白某亲属就白某死亡事故向人力资源和社会保障局提出工伤认定申请，人力资源和社会保障局作出《不予认定工伤决定书》，认定白某受到的伤害，不符合《工伤保险条例》第十四条、第十五条认定工伤或者视同工伤的情形，决定不予认定工伤。白某亲属不服提出行政诉讼，法院判决撤销《不予认定工伤决定书》，要求人力资源和社会保障局重新作出行政行为。判决作出后，白某所在公司不服，上诉至焦作市中级人民法院，焦作市中级人民法院审理后驳回上诉，维持原判。判决生效后，人力资源和社会保障局经过重新核实，经公示后，于2019年7月18日作出《认定工伤决定书》，对白某所受到的事故伤害认定为工伤。公司不服，再次提起诉讼。

裁判结果： 河南省焦作市解放区人民法院经审理认为，因次日放假，事发当日车间停产没有生产任务，在完成清洗机器设备任务后，白某曾向同事表达了想提前下班的意思，同时也证明白某离岗的时间与事故发生时间前后吻合，可以认定当天白某系提前下班。本案交通事故发生在白某提前下班返回住所地的"合理时间"内，发生交通事故的地点在白某从工作地返回住所地的"合理路线"上，因此白某属于在提前下班返回居住地的过程中发生的非本人主要责任的交通事故。虽然其提前下班可能违反用人单位的规章制度，但仍属于下班途中发生交通事故，该情形符合《工伤保险条例》第十四条第（六）项规定的应当认定为工伤的情形。综上，市人力资源和社会保障局作出的工伤认定决定，认定事实清楚，适用法律正确，符合法定程序，驳回了公司的诉讼请求。一审判决后，公司不服提出上诉，焦作市中级人民法院经过审理，认为公司的上诉请求不能成立，判决驳回上诉，维持原判。

解析：根据2014年4月21日最高人民法院审判委员会第1613次会议通过的《最高人民法院关于审理工伤保险行政案件若干问题的规定》，对人力资源和社会保障行政部门认定下列情形为"上下班途中"的，人民法院应予支持：①在合理时间内往返于工作地与住所地、经常居住地、单位宿舍的合理路线的上下班途中；②在合理时间内往返于工作地与配偶、父母、子女居住地的合理路线的上下班途中；③从事属于日常工作生活所需要的活动，且在合理时间和合理路线的上下班途中；④在合理时间内其他合理路线的上下班途中。本案中，白某在完成工作任务且告知同事提前下班的情况下，尽管客观上存在了提前下班的行为，但不能改变属于下班途中的性质，该提前量一个小时并未超出合理的幅度，认定构成工伤更能保护职工的合法权益。在法律、行政法规、司法解释以及人力资源社会保障部门的规章中都没有对合理的上下班时间作出明确规定的情况下，对劳动者提前离岗进行分析，从而综合认定是否属于"合理时间"，更符合工伤保险立法的本意。

资料来源：人民法院报，2021-02-25。

深度阅读

孙树菡. 工伤保险[M]. 北京：中国劳动社会保障出版社，2007.

该书从工伤保险的立法、历史、范围、待遇、劳动能力鉴定、基金管理、监督、争议处理、安全生产、职业病预防、工伤康复等方面，全方位、多角度地对工伤保险做了较为详尽的论述与比较。

本章小结

工伤的概念有两个主要部分，一是工作事故伤害，二是职业病。工伤保险也称职业伤害保险、工业伤害保险、工人伤害补偿保险或因工伤害保险。实行工伤保险制度，对于维护劳动者基本权益，保持社会稳定，促进经济发展与社会进步都具有十分重要的意义。

工伤保险具有补偿与保障的双重功效，遵循无责任补偿原则、补偿直接经济损失原则、损害补偿原则、待遇从优原则以及预防、补偿和康复相结合的原则等。工伤保险制度发源于19世纪后期的德国，迅速扩展到世界各国。各国的工伤保险制度在保险范围、保险类型、保险基金筹集模式、保险待遇及管理机构上既有相同之处又各具特色。

工伤认定和劳动能力鉴定，是本章的重点和难点所在。目前国际上有两种评价标准体系，一种是劳动能力测试，另一种是致残程度测试。在实践中采用以下三个基本因素来鉴定工伤造成的失能大小，即人身能力丧失、职业能力丧失、一般工作能力丧失。工伤认定和劳动鉴定一旦产生争议，伤残职工和企业都可以向劳动争议仲裁机构申请仲裁或向法院起诉。发达国家工伤保险与工伤预防相结合的实践给各国工伤保险的健全提供了借鉴经验。现在，已有很多国家按照国际劳工组织的要求，把工伤保险制度发展成工伤补偿、事故预防和工伤康复"三位一体"的防范、补偿体系。

现代意义上的工伤保险经历了两个发展过程：一是近代私法中的雇主过失补偿制度到无过失补偿；二是从私法中的雇主责任到社会保障法意义上的社会保险。

重要概念

工伤保险　工伤预防　职业伤害　工伤康复

复习思考题

1. 工伤保险与其他社会保险项目相比，有何最显著的特征？
2. 简述雇主责任制与社会保险制度下工伤保险基金筹集办法的区别与联系。
3. 工伤保险在各国的实践中不断完善，请结合工伤保险的不同发展历程，对未来工伤保险的发展方向和趋势作出预测和分析。

附录1

医疗康复内容

一、急救

工业上的急救，常由专业急救人员和非专业助手进行，他们都受过包扎、上夹板、止血和其他外伤急救以及中毒等的急救措施的训练。在急救阶段要全力挽救病人的生命。

二、早期预防性康复

当伤害自然恢复开始时，就要提出早期康复措施，以防止这个重要阶段因缺乏医疗管理而发生后遗症。这一阶段对病人的未来生活是极为重要的。一般来说，对于外伤患者，运动和发力是发挥人体功能的基本条件，当机体失去这两个条件时，各种组织就会退化，而这种退化所致的伤残程度加大往往是与伤害无关的。运动训练应逐步加大负荷，但循环、呼吸和其他系统的一般性损伤需要很长的再生过程。

早期预防性康复除物理治疗外，还应包括职业治疗。这是一种非常重要的心理预防和治疗因素，在住院期间感到"无聊"的病人往往乐于接受这种治疗。因为每个人在生活中已经养成进行职业活动的习惯，职业活动占据了一个人的大部分时间，如果住院期间无所事事，就可能造成心理伤害，职业治疗要尽可能吸引人。

三、治疗与护理

"进行性护理"的原则是医疗康复过程中的一个基本部分。它不但要求病人通过适当的运动和心理活动的方式来促进治疗的全过程，而且要求医院的住院部在组织上做些根本性的改变；生命垂危者与那些机体内部开始其再生产过程的患者应分开病房，以使后者能保持乐于自我锻炼的心境。

附录2

典型国家的工伤康复

一、德国的工伤康复

（一）医疗康复

医疗康复的准则是采取一切可以采用的医疗方法和手段，使患者得到最佳医疗效果。在德国，同业公会拥有11家专门的工伤康复医院，1家专业职业病医院，14个事故抢救中心，全国还有1 000家医院被定为可治疗工伤医院。这样，在全国范围内形成了一个工伤救护及医疗的网络，确保任何地方出现工伤事故，受伤害者都可及时得到免费救治。

1. 工伤抢救

自20世纪70年代慕尼黑先使用直升机抢救运送伤患者以来，迄今各工伤医院、急救站已都配备了直升机，负责直径100千米范围内的急救任务。急救直升机机组由3人组成，1名为德国边防军机飞行员，1名为急救卫生员，还有1名为工伤医院（急救站）的外科医生。由机组人员组成的抢救小组随时待命，确保在全国范围内任何地区出现意外事故，距离最近的抢救小组都可以立即赶往现场实行抢救。

各工伤医院（急救站）还配备设备齐全的救护车，车内配有呼吸机、电击除颤、心电图机、脉搏血压计、负压吸引器、喉镜、气管插管、供氧设备、药品、输液注射器等内科急救设备,并备有移动电话,以备及时联系转运伤员。

据统计,直升机可在 10 分钟内赶到出事现场的占 75%,15 分钟之内赶到的占 96%。救护车在 5 分钟之内赶到的占 50%,15 分钟之内赶到的占 95%。这种快速反应充分体现了"救死扶伤"的精神,使大批伤者的生存希望大大提高,致残比率及伤残程度大大降低。

2. 工伤治疗

患者经过短暂急救处理及快速运送到达工伤医院后,立即由工伤外科医生实施抢救。急救科通常由抢救室、观察病房、小手术室组成,设备齐全。一些受伤害人经过检查、确诊或小手术处理后,可回家休息;一些患者暂不能确诊,伤情又不稳定,则须留在观察病房进行观察;一些重症患者经特殊检查(如 X 光、CT 等)确诊后,送往手术室进行手术或送抢救室抢救。

(二)工伤康复

德国的工伤医疗人员在对工伤患者或职业病患者进行治疗的过程中发现,伤残者在康复之后,一部分人可以返回原工作岗位,一部分人由于肢体残损或生产能力降低等各种原因,不能够回到原来的工作环境及工作岗位,这部分人的心理负担较重。如何使他们增强自信心,掌握适合自己体能的新技能,以便再就业或重新回到社会中去,是工伤康复的主要工作内容。

在德国,工伤康复是与医疗康复同时进行的。工伤患者住院治疗期间,职业帮助工作人员会同负责医疗的医生制订出包括所有方法在内的各项计划以及需要进行的锻炼活动,并且对病人今后的职业前景进行详细的建议咨询。这种咨询的目的是使伤残人员或职业病患者可根据自己的实际能力(以今后可能恢复的能力为主)、个人爱好、基本情况等选择今后可能从事的职业。

工伤康复的形式有:同业公会设有转业培训基地进行转业(转岗)培训,给学历(培训)证书,为择业做准备;同业公会给雇主支付安置(伤残人员)补助费,使其在原单位或原岗位工作;帮助伤残人员及其家庭在再培训期间的生活补贴等。

工伤患者或职业病患者在身体康复后,即可向培训基地提出申请,通过必要的测试,认定所学的工种及学习时间。在法兰克福的培训基地,有计算机、财务、销售、文员、机械、自动控制、机床机械加工等比较热门的专业,根据要求,还设有种花、种蔬菜等农业工种。学员在培训基地可学到这些专业的基础知识,同时也可在模拟实习(如模拟一家公司的各项工作等）中得到实际锻炼，这种理论联系实际的做法，可以使伤残人员较好地掌握自己所学专业、工种的基础知识，增加实践经验。机械加工专业的学员还需根据图纸生产出合格的产品。园艺及蔬菜专业的学员生产出的鲜花、蔬菜，不仅供自己学校享用，还可以提供给其他学校及同业公会。

(三) 社会康复

德国不仅重视对工伤患者的职业康复，也很重视其"社会康复"，使他们有能力参加社会、家庭以及文化活动。同业公会出资帮助提供或改建适合工伤残疾人员居住的房屋，帮助他们改装特殊类型的汽车，并帮助他们练习开车；帮助重残人员做家务，维修家庭设施，改造门、电梯和轮椅等，还为他们提供参加残疾人体育运动的路费补助，使他们能够通过体育活动稳定身体健康状况，参加社交活动，增强自信心及社会适应能力。

德国共有70多所相应的职业培训基地，能提供30 000多个培训岗位。这70余所职业康复基地均为独立法人团体，20世纪70年代创建时，由国家、州政府及工伤保险机构各出资金1/3进行基础设施建设及购置设备。30多年来，这些康复基地培训了大批工伤事故伤残人员，不仅使这些人适应社会、服务社会，获取了一定的经济报酬，解决了他们的再就业问题，而且也为社会培训了大量的人才，解决了社会对各种工种的劳动力的需求，收到了良好的效果。

二、日本的工伤康复

(一) 日本政府颁布的《工伤事故补偿保险法》

《工伤事故补偿保险法》规定：要设置、经办疗养设施和康复设施，及开展其他促进因工作或通勤事故而受伤的劳动者重返工作岗位的事业；提供受伤劳动者疗养生活补助、受伤劳动者护理补助、遗属就学补助、受伤工人及遗属所需贷款，及开展其他受伤工人及其遗属救助事业；援助为工伤事故预防活动设置及经办有关健康诊断的设施，开展其他保障劳动者安全及卫生所必需的事业。

(二) 日本的劳动福利事业

劳动福利事业团负责：建立和管理工伤病院、医疗康复中心、综合骨髓损伤中心；工伤病院附属设施（护校、康复学院）；设置工伤委托病房；建立和管理工伤康复作业设施；建立和管理疗养所。劳动省负责：外科后处理；安装假肢等；温泉疗养；对待特殊伤病的后诊疗；工伤针灸疗法特别援护措施；振动病人重返社会补助、振动病人雇用补助、振动病人再就业促进事业的特别奖金、长期疗养者再就业补助；残疾人职业培训学校的设置或补助。支付劳动者援助事业由劳动省负责的有支付特别补助、支付工伤就学补助、工伤特别补助措施，劳动福利事业团负责设置、管理工伤特别护理设施。

（三）工伤患者的伤病后诊疗

发生脊髓损伤、头颈部外伤、颈肩腕综合征、一氧化碳中毒、外伤致器质性损伤、腰痛、减压病、振动病、臂关节脱白、白内障等眼病、慢性化脓性骨髓炎等伤病后，由伤病院、医疗康复中心、综合脊损中心及都、道、府、县劳动基准局局长指定的医疗机构进行救治。除诊断外，还要进行保健治疗与保健指导。企业所在地的主管都、道、府、县劳动基准局局长发给伤病后诊疗者健康管理手册，手册有效期自发给之日算起，根据不同的伤病，期限为23年。手册有效期满后，如果被认定需要继续进行医学诊疗时，部分伤病的患者可申请延长。

（四）伤病治愈的外科后处置

伤残者工伤治愈后（矫形手术）即不再领取工伤保险的补偿金。但有些伤病，治愈后仍需进行一些外科处置。例如，为安装假肢而对伤残人员失去的肢断残部进行再手术；为减轻面部遗留的创伤而进行的整容手术，为消除创面治愈遗留下的神经症状而进行的电疗或按摩等理疗。这类手术是伤病人员治愈后的再手术（或理疗），因而不能再支付其疗养补偿金。但是，这类手术不仅可以使永久部分残疾人员（永久完全残疾人员不包括在内）恢复大部分工作能力，而且可以通过整容、安装假肢等矫形手术，使其恢复或增强自信，对这类人员实现再就业或提高生活质量，重返社会，是必不可少的手段。因而，日本对这类人员制定了与工伤保险疗养金不同的、给予免费治疗机会的制度，这就是外科后处置制度，它由全国37家工伤病院、医疗康复中心、综合脊损中心及都、道、府、县劳动基准局局长制定的全国国立、公立外科后处置医院机构处置。

（五）工伤针灸疗法特别援护

对那些因工伤或通勤事故而造成的头颈部外伤、颈肩腕综合征、腰痛、振动病等的伤病者，症状稳定后，若仍留有疼痛、麻木、麻痹等病症的，为减轻其病症，使其能够逐渐适应治愈后的生活环境，实施针灸疗法特别援护措施，治疗期限为1年（每月5次）。

（六）恢复工作能力训练

1. 对头颈部外伤者恢复工作能力训练的援助

对因工伤事故或通勤事故造成头颈部外伤，享受12级以上残疾补偿金者，经过治疗，症状稳定但仍有部分人精神或神经上留有残疾，职业适应能力减退而难以马上从事受伤前的工作，对这部分人要进行技能培训，所需交通费、教材费等不得超过35 000日元。

2. 对煤矿事故造成一氧化碳中毒者的恢复工作能力训练

煤矿一氧化碳治愈者中，有些人由于工作适应能力减退或丧失，难以马上再工作或接受培训，需要对其进行工作适应能力的训练，训练期至少 6 个月。在医生的指导下进行安全教育、体育训练、工作技艺训练（如绘画、园艺、合唱等）、作业适应训练（如反复动作、搬运动作、手动机器操作、装卸动作等）以及急救、避难训练等。工作能力恢复训练通常由劳动福利事业团工伤病院附属的恢复指导所进行。

（七）对振动病人重返社会的援助制度

1. 振动病治愈后制度

振动病治愈后（疗养 1 年以上、治愈后 1 年以内），工伤保险法规定对病人（1 人限 1 次）进行基础日额为 120 天的援助，帮助其重返社会。

2. 调换工作补助

振动病人进行调换工作而培训、学习时，补助雇主用于支付振动病人的部分工资（工资的 1/3，中小企业为 1/2，以每月 8 万~10 万日元、每人 12 个月为限）。

3. 振动病人培训、学习费

补助雇主用于振动病人换岗培训学习经费（补助每人费用的 2/3~3/4，以每月 10 万日元、12 个月为限）。

4. 振动病人指导员经费

对雇主雇用 5 人以上轻度振动病人从事振动业务以外的工作的，安排专人对振动病人进行工作指导，部分经费给予补助（1 家企业委托指导员月额的 3/4，以每月 15 万日元、12 个月为限）。

5. 促进振动病人重新就业特别奖金

补助由振动病人（2/3 为振动病人或振动病治愈者）开始振动业务的工作时所需费用的 1/3，35 人补助限额为 250 万日元，67 人为 400 万日元，80 人以上为 550 万日元。

6. 长期疗养者再就业补助

对于雇用患头颈部外伤、颈肩腕综合征、腰痛症状减轻者的雇主提供一定的补助。长期疗养者就业补助为所雇用工人工资的 1/3，以每人每月 8 万日元、6 个月为限。长期疗养者转岗培训补助为每人每月 24 600 日元，6 个月为限。

三、美国的工伤康复

（一）政府的公共社会保障制度

美国于 20 世纪初建立起州康复计划项目，对公民中的先天残疾人员实行救助服务。

1920年《公众法》第236条又增加了退役伤残军人和工伤残疾人员。权威人士认为，这是由于工业生产比起第一次世界大战的危险更大，死亡人数更高。以后的50年，政府实施了比以前扩大的康复计划，以满足全美伤残人口的康复需要。1970年，尼克松总统指派一个全国工伤补偿委员会研究工伤保险法，一场真正的改革开始了。该全国委员会在1972年给总统的报告中提出一项"工伤保险纲要"，纲要中工伤保险在承担工伤康复方面试图尽更大努力。该委员会建议雇主应资助残疾人的康复工作，理由是：伤亡补偿的目的之一是发放补偿金及职业伤害康复工作，而政府的康复部门应逐步减少参与康复活动。该委员会认为，残疾人员的财政需要应固定从补偿金中获得。

政府资助的工伤康复计划试图将工伤人员与疾病人员合为一体，由于伤、病数的增加及资金的有限，公共保障部门将不得不给严重伤残人员以"优先权"，而不能完全服务于那些不在"重残"范围内的工业伤残人员。其结果是许多工伤人员未能受到正常的照顾或同等待遇，于是随着需求的增加，导致了私人康复行业的出现。

（二）私人工伤康复行业

私人工伤康复事业的出现及其发展，可以看作从1970年2月在美国明尼苏达州圣保罗成立国民工伤康复咨询委员会（NRC）开始的。NRC是康复工业中最早成立的企业之一。

NRC的创始人理查德·W.尼尔逊，曾受雇于3M公司。他在圣保罗市试图开展一项使严重伤残的人员能够部分恢复能力，在自己的小雕刻、绘画室中工作（重新就业）的计划。于是NRC就作为一家独立企业成立了。

总部设在明尼苏达州的圣保罗保险公司对NRC项目很感兴趣，做了它的承保人。作为圣保罗保险公司的工伤保险监督人员，他们对NRC委托了6项检验项目，以检查、验证工伤康复企业能否真的节省成本，达到目的。他们仅仅提供相关的基本康复技术和系统模式的简单原理。NRC的目的是使申请人尽快恢复工作，恢复到早期的生产能力，减少或消除先前损失的工薪收入。

NRC工作的办法很简单，他们访问申请人，询问其以前的工作史，了解其原来的工作技能，查看其工伤后的医院记录，从处置医生那里得到必须减轻工作的担保后，为其设计一项特殊的工伤康复（恢复工作）的计划，包括帮助他们找工作等。

NRC在60天后通过了6项试验项目中的4项，使受试者在竞争雇用中重新安置了工作。这一鼓舞人心的结果不仅使圣保罗保险公司及其他承保人信心十足，而且通过广泛宣传，带动了全美国私人康复事业，"保险康复"得到存在和发展的契机。

(三) 康复协会

由于私人康复企业的大量发展，鱼龙混杂，因而需要一个强有力的组织来领导。20世纪80年代早期，美国全国私人康复专业协会（NARPPS）成立。这个组织的早期领导人之一是明尼阿波利斯市的凯尔康复服务中心的创建者及主席凯温·凯尔（Kevin Karr），他和他的早期私营企业伙伴共同制定了视力恢复训练标准，以确保这一新兴的、充满活力的事业的可靠性。

全国私人康复专业协会现由布鲁克林·马斯（Brookline Mass）领导。它是一个联合体，许多私人康复企业都归属于它，其他的许多州也都发展了协会或集团。

(四) 工伤康复咨询（VRC）

VRC通常是营利性私人机构。据估计，1983年全美有6 000名私人康复专业人员，1986年大约有4 000家这类企业。

美国教育部1987年的一项研究报告显示，专门进行康复事业的被调查者中，大约27%是个体，34%有几名雇员和一间小办公室，39%是大一些的公司。有些VRC是被保险公司雇用的。依据VRC企业的规模，大约6%的企业有1名或者多名物理疗法（PT）医生，大约9%的企业有1名或更多的职业疗法（OT）人员。

1. 资格审查

对VRC企业的资格审查在全美各地不同。VRC不仅需要特别许可证，还需要执业者有相当的教育背景或是拿到律师、护理及与工伤康复相关的专业证书；物理或职业疗法医生（技师）等要有等级证书，硕士学位将提高其等级标准。

一些州的政府设立机构对工伤保险申请人工伤康复咨询企业进行资格审查。资格审查的领导机构是：康复律师（代理）资格审查（CRC）、康复保险专家审核（CIRS）以及病案管理资格审查（CCM），所有的审核部门都由设在伊利诺伊州的康复、教育与研究基金会管理。

2. 工伤康复服务

大多数VRC企业的工伤康复与承保人或自我保险的雇主合作，其他的工伤康复与医生、其他的医疗保健提供者、工业疗法技师、律师（代理人）及雇主等合作。一些州要求对工伤保险申请人中需要帮助找工作的人予以调停（即由州政府管理），但这种要求已变得越来越少了。

在那些没有委任托管权的州，工伤康复以及职业介绍服务是自行处理的，并通常是由保险承保人或付款人管理，而不是其他团体，除了工伤保险，其他伤残保险也同样由

VRC 企业进行康复服务，包括交通无责任事故、长期残疾及医疗与意外事故等。

3. 付费

多数情况下，由保险公司付费，多数 VRC 企业（公司）是按服务小时收费，有时也按服务单元收费，特别是帮助那些按法律规定调节的工伤保险康复的州，付费由州政府统一管理。

4. 职业介绍服务

VRC 企业通常每次服务 20~30 个病例，由开业医生提供服务，因其企业及经验的不同而异，通常由地方提供职业介绍来源（资料）。根据 1987 年对 329 个私人康复医生的调查，VRC 企业提供下述服务作为其工作宗旨：

（1）同等的医疗关怀。确保提供最适宜的医疗关注，以最节省经费的方式，在最短的时间内使伤残人员得到最大限度的康复。

（2）职业计划。系统制订一项与伤残职工医疗及恢复职业能力相一致的、各方面意见统一的返回工作的计划（RTW）。

（3）工作变更咨询。评估原雇主对伤残人员工作可能的安置或其他方式对工人工作的安置，最大限度地使为之服务的伤残人员享有同原来工作时一样的福利。

（4）工作分析。详细评估工作的职责、体力要求以及从事某项工作所必需的其他要素，这是工作变更的先决条件。

（5）安置。帮助伤残工人再就业，特别是那些原雇主不能将其安置于原来的岗位、转岗（或转换新工作）、换了新雇主的伤残人员，使其安置并适应。

（6）工作发展。帮助申请人运用有效手段寻找工作，或是通过各种途径与某些特殊行业的雇主接触，寻求可能接收的雇主，增加就业机会。

（7）寻找工作的技能培训。帮助申请人训练找工作的适宜技能和面试技巧，训练"自我推销术"并随访。

（8）劳动力市场调查。进行某一特殊职业的展望，包括符合工伤保险的工作登记、合同签订、体力要求、雇佣频度及发展的机会等。

5. 标准

在美国，这方面无须全国统一的标准，但也有些 VRC 坚持自己制定严格的标准，也有些 VRC 协会制定了一系列标准，要求本协会的各企业严格执行。近年来，由于 VRC 企业根据实践制定标准，使 VRC 的工作越来越有起色了。

VRC 的目标就是帮助其申请人（伤残者）返回工作岗位或是找到合适的工作，这种工作要与他们的残疾失能程度相一致。VRC企业在力争工作最高效、成本—效益最佳的工作实践中得出一个结论：早期的VRC介入是职业解决成功的钥匙。VRC工作的主要参与者是伤残工人、雇主、保险公司、医疗服务部门，有时还有代理人或律师。保险公司作为付款者，只是象征性地做一个最后决定者。在整个职业解决过程中，VRC企业的建议可以说是最有说服力、最有影响力的。

关于VRC企业对伤残工人提供服务的时间，一般认为VRC应从受伤之日起，直至工人返回工作30天后为止。有时VRC的介入是有限服务。多数申请人都是由承保人介绍的。当条件允许时，任何其他团体（有信誉的）包括工伤医院等，也都是受欢迎的。

第十一章
长期护理保险

现阶段，我国老年人特别是高龄老人失能情况不容乐观。根据2015年全国1%人口抽样调查数据，60岁及以上老年人中生活不能自理的比例为2.6%，80岁及以上老年人中生活不能自理的比例更是高达9.82%。也有数据显示，我国老年人的失能率已从2011年的10.26%上升至2015年的11.08%。[①] 慢性病是导致失能的重要原因，现阶段我国还面临因慢性病导致失能老人规模进一步扩大的风险。根据中国老龄协会数据，60岁及以上患有慢性病的老年人超过1.8亿，约占全体老年人的68.18%。[②]

我国正面临十分严峻的人口老龄化形势，且在未来一段时间将面临更为严峻的人口老龄化形势已是各方共识。[③] 老年人特别是高龄老人生活自理能力随年龄增长而迅速降低，老年人看护和长期护理需求将会增长。虽然目前家庭是老年人获得长期护理的最主要依靠，但随着家庭养老功能减弱，老年人对于家庭的依赖将难以维持，规模日益庞大的失能老人的护理需求急需解决。在此背景下，为了稳步解决失能老人的护理需求问题，老年人长期护理保险制度受到重视。

[①] 丁华，严洁. 中国老年人失能率测算及变化趋势研究 [J]. 中国人口科学，2018 (3)：97-108+128.

[②] 中国老龄协会. 认知症老年人护理服务现状与发展报告 [R/OL]. 2021-05-12. http://www.cncaprc.gov.cn/llxw/192277.jhtml.

[③] 联合国经济和社会事务部. 2019年世界人口展望 [R/OL]. 2019-06-17. https://population.un.org/wpp/DataQuery/.

第一节 长期护理保险概述

一、失能与失能评估

(一) 失能

1. 理论基础：机体损耗理论

机体损耗理论由鲍梅斯特（Baumeister）等人提出，认为机体损耗现象是机体不断被消耗达到个体不能承受度时，自我进行意志活动的能力或意愿暂时下降的现象，包括控制环境、控制自我、作出抉择和发起行为等能力或意愿的下降。[1] 根据这个理论，人体有一个寿命的上限和一些主要的生理系统，各系统的主要细胞随着寿命延长而失去修复损伤的能力，这种损害是由基因预先决定的，但环境和生活方式等因素能加速这种损害。正是由于机体的损耗程度随年龄增长越来越重，个体生理上各大系统的疾病问题也越来越多，疾病程度也越来越严重，所以老年人逐渐失去生活自理能力就成为一种正常现象，失能老人由此出现。[2]

2. 失能的界定

国际上，人们对失能的界定经历了从医学模式到社会模式的发展过程。在生物医学模式下，世界卫生组织于1980年制定《国际残损、残疾和残障分类》标准，将失能定义为"身体部位受损导致的个体无法完成从日常生活照料到社会角色实现等一系列社会预期的活动"的状态。在此架构中，个体功能丧失经历了从"疾病或生理异常"到"器官或健康损伤"，再到"功能障碍"，最后到"残障"的过程。此框架主要强调疾病的形成过程和疾病对健康的影响，阐述了由疾病发展至残障的单向历程。由于该框架以"病人角色"为基础，认为个体的失能属于生理疾病导致的非常态的、不健康的状态，相关研究也侧重病因、病理和临床表现等。因此，此种失能模式与过程总结为"医疗模式"。在此理念下，个体的护理需求主要是疾病治疗和康复训练需求。但这一模式仅注重失能的生物医学方面的原因与结果，忽视了心理和社会因素，比如环境障碍、歧视等造成身心障碍，也无法适用于那些存在功能障碍但未患病的个体，或者身患疾病但因为

---

[1] Baumeister R F, et al. Ego depletion: Is the active self a limited resource [J]. Journal of personality and social psychology, 1998, 74 (5): 1252-1265.
[2] 戴卫东. 长期护理保险——理论、制度、改革与发展 [M]. 北京：经济科学出版社，2014：16-17.

疾病控制状态良好和环境支持而没有丧失活动能力的个体，更无法完整地了解身心障碍者在社会生活中所面对的困境与挑战。

在失能的社会模式下，学者们认为失能其实是个人与所处的社会、环境互动下的产物，而且失能的发生是一个逐渐失去个人的身心及社会正常功能的过程。在此基础上，美国医疗康复研究中心认为失能的过程是由病理、生理损伤、功能障碍发展至失能和社会限制的过程。将社会限制作为失能过程的最后阶段，丰富了个体功能障碍和环境互动的过程，也进一步推进了"社会模式"的发展。基于此，世界卫生组织于2001年发布的《国际功能、残疾和健康分类》标准，从身体功能和结构（如心智功能、感官功能、言语功能）、活动能力（如认知、移动、自我照顾、居家活动、与他人相处）与参与（如上学、就业、参与娱乐休闲、社区活动等）这3个层面理解个体功能。依据该标准，个体的身心功能是失能评估的主要依据，并且这些功能受到个体健康状况和个人因素（如性别、年龄、教育程度、生活方式等）的影响。此外，环境因素也发挥着重要作用，不同类型的环境对于同一个体在特定健康状况下有着不同的影响：存在阻碍因子或缺乏促进因子会限制个体的身心功能，而促进因子的环境则会增强个体的身心功能。因此，个体的失能评估以个体的生理、心理限制因素为基础，同时受到社会情境的影响，并主要由生理、心理障碍与社会情境的活动结果产生。[①]

我国社会各界对失能的定义也经历了从医学模式到社会模式的转变。在医学模式下，人们一般将一个人因年迈衰弱、残疾、生病、智障等丧失或限制日常生活中的主要活动能力或生活能力定义为失能。比如，2008年修订的《残疾人保障法》第二条将残疾人定义为"在心理、生理、人体结构上，某种组织、功能丧失或者不正常，全部或者部分丧失以正常方式从事某种活动能力的人"。随后，民政部于2013年颁布实施的《老年人能力评估》中，将需要接受养老服务的老年人从日常生活活动、精神状态、感知觉与沟通、社会参与4个维度进行评估，以此来判断老年人的失能水平。

本章关注长期护理保险，依据生活自理能力进行日常生活活动能力的判断将更加贴近现实的需要。日常生活活动能力是老年人维持生活自理所需的基本活动能力，这一能力的丧失也标志着老年人独立生活时期的结束。因此，本章将失能界定为：因疾病、衰老、智障等原因，个体基本日常生活自理能力或工具性生活自理能力出现障碍，失去生活自理能力。

[①] 董亭月. 中国老年人长期护理需求评估指标研究[M]. 北京：中国人口出版社，2019：15-17.

（二）失能评估

无论是世界卫生组织还是我国的残疾人保障法对失能的界定是面向全体人群进行的，对于已经逐步退出工作岗位、社会交往和活动逐步减弱的老年人而言，这种对失能状态的评估标准过于严格，测量难度较大，在实践中评估老年人失能状态的可操作性大大降低。在长期的老年学研究和实践中，形成了对失能这一概念相对独立化的界定和可操作化的测量标准，并发展出相应的评估量表。在老龄研究和实践工作中，失能通常是指老年人失去独立生活的能力。实际上，日常生活活动（Activity of Daily Living，ADL）量表是评估老年人基本的独立生存和活动能力的测量工具，目前这一工具已经被世界各国广泛应用于对老年人失能状态的评估。[①] 在具体测量中，日常生活活动能力又包括基本生活自理能力（Basic Activities of Daily living，BADL）和工具性生活自理能力（Instrumental Activities of Daily Living，IADL）两个层次。

基本生活自理能力主要通过 Katz 量表、Barthel 指数、改良的 Barthel 指数、Kenny 自理评定、PULSES 评定量表等工具测量，常用的是 Katz 量表、Barthel 指数。Katz 量表由 Katz 等人在 1963 年提出，他们认为基本生活自理能力是指一个人为了满足日常生活的需要每天所进行的必要活动，从难到易分为洗澡、穿衣、如厕、床椅转移、大小便控制、进食 6 个方面。[②] 一般而言，只要测量对象在这 6 个方面有一项不能独立完成，便可将测量对象界定为失能。Barthel 指数则从 10 个方面评价老年人的基本生活自理能力，包括进食、洗澡、修饰（洗脸、梳头、刷牙、剃须等）、穿衣、控制大便、控制小便、如厕、床椅转移、平地行走、上下楼梯（见表 11-1）。Barthel 指数总分为 100 分，60 分及以上者虽有轻度功能障碍，但是生活基本自理；40~60 分者为中度功能障碍，生活需要协助；40 分以下者为重度功能障碍，生活需要很大帮助。[③]

表 11-1　　　　　　　　Barthel 指数评定内容及计分法

项目	判断标准	得分
进食	0=需要极大帮助或完全依赖他人，或留置胃管	
	5=需部分帮助（夹菜、盛饭等）	
	10=完全自理	

[①] 张文娟，魏蒙. 中国老年人的失能水平到底有多高？——多个数据来源的比较 [J]. 人口研究，2015（3）：34-47.

[②] Katz S, et al. Studies of illness in the aged：The index of ADL：A standardized measure of biological and psychosocial function [J]. JAMA, 1963（12）：914-919.

[③] Mahoney F I, Barthel D W. Functional evaluation：The barthel index [J]. Maryland State Medical Journal, 1965, 14：61-65.

续表

项目	判断标准	得分
洗澡	0=在洗澡过程中需要他人帮助	
	5=准备好洗澡水以后，可自己独立完成洗澡过程	
修饰	0=需要他人帮助	
	5=可自己独立完成（洗脸、梳头、刷牙、剃须等）	
穿衣	0=需要极大帮助或完全依赖他人	
	5=需要部分帮助	
	10=可独立完成（穿脱衣服、系扣子、拉拉链、穿脱鞋袜、系鞋带等）	
控制大便	0=完全失禁	
	5=偶尔失禁，或需要其他器具帮助	
	10=可控制大便	
控制小便	0=完全失禁，或留置导尿管	
	5=偶尔失禁，或需要其他器具帮助	
	10=可控制小便	
如厕	0=需要极大帮助或完全依赖他人	
	5=需要部分帮助（在穿脱衣裤或使用卫生纸时需要帮助）	
	10=可独立完成（可独立使用厕所或便盆、穿脱衣裤、擦净、冲洗或清洗便盆）	
床椅转移	0=完全依赖他人	
	5=需要极大帮助（至少2人帮助）	
	10=需要部分帮助（1人帮助或监督）	
	15=可独立完成	
平地行走	0=完全依赖他人	
	5=需要极大帮助（虽无法行走，但可独立操控轮椅，包括转弯、进门等）	
	10=需要部分帮助（需要他人的扶持或口头指导方可行走45米以上）	
	15=可独立完成（使用或不使用辅助器均可独立行走45米以上）	
上下楼梯	0=完全依赖他人	
	5=需要部分帮助（需要他人帮助或监督）	
	10=完全自理（可自行上下楼梯，包括抓扶手、使用拐杖等）	

工具性生活自理能力主要由功能活动问卷（Function Activities Questionnaire，FAQ）量表、快速残疾评定量表（Rapid Disability Rating Scale，RDRS）等工具测量。FAQ量表由Pfeffer等人在1982年提出，并在1984年进行修订，共有10项内容，即自理能力、工作能力、购物、日常娱乐、做家务、备餐、了解时事、日常讨论、服药、使用交通工具。选项按四级评分，0=正常或从未做过，但能做；1=困难，但可单独完成或从未做过；2=需要帮助；3=完全依赖他人。FAQ量表评定分值越高表示障碍程度越重，正常

标准为小于 5 分，大于等于 5 分即可认为存在失能。① RDRS 由 Linn 等人于 1967 年提出，并在 1982 年重新修订，包括 3 个维度 18 个条目：一是日常生活需要帮助的程度，包括进食、行走、活动、洗澡、穿着、如厕、修饰、适应性项目（财务管理、使用通信设备）；二是残疾的程度，包括言语交流、听力、视力、饮食不正常、大小便失禁、白天卧床、用药；三是特殊问题的严重程度，包括精神错乱、不合作（对医疗敌对态度）、抑郁。不同维度选项不同，但全部采用四级评分，总分 54 分，分数越高代表残疾越重。②

此外，一些学者编制的量表可综合反映被测的基本生活自理能力和工具性生活自理能力，比如 Lawton 等人在 1969 年编制的 ADL 量表包括两部分内容：一是躯体生活自理量表，包括上厕所、进食、穿衣、梳洗、行走和洗澡 6 项内容；二是工具性日常生活自理能力量表，包括打电话、购物、备餐、做家务、洗衣、使用交通工具、服药和自理能力 8 项内容。选项按四级评分，1＝自己完全可以做，2＝有些困难，3＝需要帮助，4＝根本无法做。评定结果可按总分、分量表分和单项分进行分析：总分低于 16 分，为完全正常；大于等于 16 分有不同程度的功能下降；单项分 1 分为正常，2~4 分为功能下降；凡有 2 项及以上大于等于 3 分，或总分大于等于 22 分，为功能有明显障碍。③

二、长期护理保险的含义与特征

（一）长期护理与长期护理保险

1. 长期护理

在了解长期护理保险定义之前，首先需要了解什么是长期护理。长期护理由"long term care"一词翻译而来，类似翻译还包括"长期照护""长期照料""长期照顾"等，日本则翻译为"长期介护"。从字面理解，"长期照护""长期照料""长期照顾"似乎偏向于日常生活的照料，"长期护理"偏向于疾病护理。实际上，这些翻译仅仅是语言表达习惯不同，并没有实际意义上的差别。当然，一些专业权威机构以及学界对长期护理概念的界定范围是有差别的。

---

① Pfeffer R I, et al. Measurement of functional activities in older adults in the community [J]. Journal of gerontology, 1982, 37 (3): 323-329.
② Linn M W, Linn B S. The rapid disability rating scale—2 [J]. Journal of the American Geriatrics Society, 1982, 30: 378-382.
③ Lawton M P, Brody E M. Assessment of older people: Self-maintaining and instrumental activities of daily living [J]. The Gerontologist, 1969, 9 (3): 179-186.

目前，长期护理的概念尚未统一。国际上，1963年美国医疗救助福利部首次提出长期护理概念，将长期护理界定为向具有身心疾病、功能障碍的人提供长时间的医疗、护理或支持性的健康护理。Kane在1978年提出，长期护理是为先天或后天失能者提供医疗护理、个人护理和社会性服务。1997年，美国健康保险学会提出，长期护理指在一个比较长的时期内，持续地为患有慢性病或处于伤残状态下的人提供的护理，包括医疗服务、社会服务、居家服务、运送服务或其他支持性的服务。① 世界卫生组织在2000年提出，长期护理是由非正规护理者（家人、朋友或邻居）和专业人员（卫生和社会服务）进行的护理照料活动体系。OECD将长期护理定义为，围绕日常活动提供诸如洗浴、穿衣、行走等活动项目的协助性服务。Santen和Neun在2005年将长期护理定义为，在持续的一段时间内给丧失活动能力或从未有过某种程度活动能力的人提供的一系列健康护理、个人照料和社会服务项目。② 2015年，世界卫生组织发布的《健康老龄化》将长期护理重新界定为：由他人采取的行动，其目的是确保存在严重且持续的内在能力丧失或有相应风险者维持一定水平的功能发挥，以使其获得基本权利、根本的自由和人格尊严。

我国引入长期护理的概念比西方和东亚一些国家和地区晚了近20年，同样尚未有统一的定义。邬沧萍在2001年指出，长期护理是指由于生理、心理受损，生活不能自理，而在一个较长时期内甚至在无限时期都需要别人在日常生活的各个方面给予广泛的帮助，包括日常生活照料和医疗护理等。③ 戴卫东在2014年将长期护理定义为：由于患有慢性疾病或处于生理、心理伤残状态而导致生活不能自理或半自理，在一个比较长的时期内需要依赖他人的帮助才能获得最大限度的独立与心理满足的个人，为其所提供的医疗保健服务和日常照顾。④ 荆涛和谢远涛认为，长期护理是指个体由于意外、疾病或衰弱而导致身体或精神受损，进而致使日常生活不能自理，在一个相对较长的时期里，需要他人在医疗、日常生活或社会活动中给予广泛帮助。⑤ 曹信邦认为，长期护理有狭义和广义之分：狭义的长期护理仅仅包括日常生活护理和医疗护理；广义的长期护理还包括失能老人的精神慰藉，以及其他一些支持性的护理服务。⑥

---

① 蒋玉宇. 长期护理保险失能等级评估的理论与实践 [M]. 南京：东南大学出版社，2020：2.
②④ 戴卫东. 长期护理保险——理论、制度、改革与发展 [M]. 北京：经济科学出版社，2014：2.
③ 董亭月. 中国老年人长期护理需求评估指标研究 [M]. 北京：中国人口出版社，2019：21.
⑤ 荆涛，谢远涛. 我国长期护理保险制度运行模式的微观分析 [J]. 保险研究，2014（5）：60-66.
⑥ 曹信邦. 中国失能老人长期护理多元主体融合研究——基于财务供给的视角 [M]. 北京：社会科学文献出版社，2020：19.

虽然国内外学者与机构对长期护理的界定尚未统一，但在一些内容上已基本达成共识：一方面，长期护理的对象是因为疾病、衰老等原因而失去基本生活能力的老年人；另一方面，长期护理目的是尽可能地帮助其恢复或维持身心功能，而非治愈疾病。综合上述内容，本书认为，长期护理是指因疾病、衰老或其他原因导致老年人基本生活自理能力下降，生活完全不能自理或部分自理，在比较长的一段时间内需要他人提供健康护理、生活照料、社会服务等内容的总称。

2. 长期护理保险

关于长期护理保险的定义，主流观点如下。

美国健康保险协会对长期护理保险定义是：为消费者设计的，对其在长期护理时发生的潜在巨额护理费用支出提供保障。美国人寿管理协会将长期护理保险定义为：为那些由于年老或严重疾病或意外伤害的影响，需在家或在护理机构得到稳定护理的被保险人支付的医疗及其他服务费用进行补偿的一种保险。Black 和 Harold 认为，长期护理保险是被保险人需要住在安养院或雇用护理人员到家中所产生的各种费用的一种保障。[①]

国内学者荆涛认为，长期护理保险是指对被保险人因为年老、严重或慢性疾病、意外伤残等导致身体上的某些功能全部或部分丧失、生活无法自理，需要入住安养院接受长期的康复或支持护理或在家中接受他人护理时，支付的各种费用给予补偿的一种健康保险。[②] 戴卫东将长期护理保险定义为：国家颁布长期护理保险法律，以社会化筹资的方式，对由于患有慢性疾病或处于生理、心理伤残状态而导致生活不能自理，在一个比较长的时期内，需要依赖他人的帮助才能完成日常生活的人所发生的护理费用进行分担给付。[③] 刘金涛将长期护理保险定义概括为：一个国家或地区按照保险原则为解决老年人护理问题而筹集、分配和使用老年护理保险基金的制度。[④] 曹信邦将长期护理保险定义为：运用保险的风险共担原理对因衰老、疾病、意外或身体器官衰弱而日常生活不能自理的失能老人提供护理所发生的长期的、高额的护理费用给予经济补偿的一种财务制度。[⑤]

基于上述内容，国内外专业机构与学者对长期护理保险概念的界定均以因长期护理

[①⑤] 曹信邦. 中国失能老人长期护理保险制度研究——基于财务均衡的视角 [M]. 北京：社会科学文献出版社，2016：20.

[②] 荆涛. 长期护理保险研究 [D]. 北京：对外经济贸易大学硕士论文，2005.

[③] 戴卫东. 中国长期护理保险制度构建研究 [M]. 北京：人民出版社，2012：7-8.

[④] 刘金涛. 老年人长期护理保险制度研究 [M]. 北京：科学出版社，2014：5.

而发生的财务损失补偿为核心,运用保险的基本原理来化解长期护理财务风险的一种机制。本文借鉴曹信邦对长期护理保险的定义,将长期护理保险定义为:政府通过立法要求全体国民或目标人群参加,运用保险的风险共担原理,对因衰老、疾病、意外等原因而日常生活不能自理的人群,提供实物给付、现金给付等内容的一种独立的保险制度。

(二)长期护理保险的特征

相比其他社会保险和商业保险,长期护理保险具有自身独有的特征。

1. 受益对象限定性

长期护理保险以老年人为主要受益对象。长期护理保险面向因衰老、疾病、意外等原因而日常生活不能自理的人群。在这部分人群中,老年人特别是高龄老人的比例较高,所以一些学者认为长期护理保险是面向老年人的制度。我国部分开展长期护理保险试点的城市只面向60周岁及以上老年人,如上海市规定城乡居民医疗保险参保者参加长期护理保险需年满60周岁。

2. 受益资格门槛性

长期护理保险受益对象需接受严格的资格审核。长期护理保险参保者待遇享受的资格,多数以日常生活活动或其他基本生活能力测量工具的得分来判定。这意味着并不是所有的失能者都能够获得长期护理保险待遇,只有达到一定标准的失能者才可以享受。同时,在经过资格审核后,还要根据失能程度进行长期护理等级认定。不同的等级对应不同的长期护理保险待遇给付标准。

3. 待遇享受多样性

长期护理保险待遇是包括医疗护理、日常照料、康复保健等内容的综合性服务。长期护理保险的基金给付只是保障获取服务的途径,提供服务才是该险种的核心。长期护理服务包含基础的日常生活照料、社会服务及医疗护理、康复保健等多项支持性服务,日常生活照料是服务的核心。医疗护理、康复保健等服务内容侧重于功能维持,即尽可能地维持待遇享受者的生理功能,保证其生活质量,不以治疗或治愈为目的。

三、长期护理保险制度的历史沿革

长期护理保险制度随着福利国家的兴起而兴起。国外长期护理保险制度的发展历程大体可以分为3个阶段:第一阶段是20世纪50—60年代,随着福利国家在欧洲兴起,一些国家尝试从制度上解决老年人护理需求的问题,长期护理保险制度开始成为社会福利体系的一个组成部分。在此期间,荷兰建立起世界上第一个独立运行的、强制性的社会长期护理保险制度。第二阶段是 20 世纪 70—90 年代，随着福利国家开始陷入危机，政府尝试削减长期护理保险开支，并支持长期护理商业保险的发展。美国在 20 世纪 70 年代诞生长期护理商业保险制度，但发展较为缓慢。第三阶段是 20 世纪 90 年代以后，一方面，伴随西方发达国家人口老龄化的问题进一步凸显，传统社会保障政策无力负担高龄老人对长期护理服务的膨胀性增长需求；另一方面，社会各界不断对福利国家危机进行反思，福利多元主义兴起并得到迅速发展。在此阶段，德国、日本、韩国等国家相继建立长期护理保险制度并兴盛至今。

我国尚无全国范围内统一实施的长期护理保险制度，现阶段正选取部分地区进行试点工作。2012 年，山东省青岛市率先在国内正式建立长期护理保险制度。随后人力资源社会保障部于 2016 年 7 月出台《关于开展长期护理保险制度试点的指导意见》，决定在吉林省长春市、上海市、山东省青岛市等全国 15 个地市开展长期护理保险制度试点工作。随着国家医疗保障局成立，长期护理保险制度的试点范围得到进一步扩大。2020 年 9 月，国家医疗保障局和财政部印发《关于扩大长期护理保险制度试点的指导意见》，进一步深入推进试点工作，新增北京市石景山区、天津市等 14 个试点城市和地区。在国家统筹推进各地区长期护理保险制度试点进程的同时，各省市也根据自身情况自行开展长期护理保险制度试点工作。比如，山东省已在 2020 年实现全省 16 市职工长期护理保险全覆盖，青岛市、东营市、烟台市、威海市、日照市等地启动居民长期护理保险试点工作；北京市海淀区并非试点地区，但在区民政局支持下，探索建立长期护理商业保险模式，是全国范围内唯一一个政府主导、脱离社会保险、商业化运作的护理险项目。

（一）典型国家长期护理保险制度的发展历程

1. 荷兰长期护理保险制度发展历程

（1）建立背景。

1）人口老龄化使得长期护理需求快速增长。荷兰在 20 世纪 50 年代便已正式进入老龄化社会，之后随着老龄化加速特别是高龄化水平的提高，生活不能自理、需要长期护理服务的老年人数量快速增长，对长期护理服务的需求增加。然而，当时的护理服务供给体系无力应对，长期护理服务的供给数量、质量远远落后于实际需求。

2）经济快速发展为政府提供了充足资金。20 世纪 50—60 年代，伴随工业化和城镇化进程，荷兰经济进入黄金期。经济的快速发展为荷兰政府建立长期护理保险制度提供了经济基础，并在福利国家主义影响下，政府希望为患有严重长期疾病或身体机能受限的患者以及需要护理服务的低收入者提供护理服务支持。

3）覆盖广泛的社会健康保险制度为建立长期护理保险制度提供了良好的制度基础。荷兰在建立长期护理保险制度之前，已建立起覆盖全国 2/3 人口的社会健康保险制度，从而为建立长期护理保险制度提供了大量业务精湛的管理人员和服务人员。

（2）发展历程。荷兰长期护理保险制度发展历程总体可以分为两个阶段：扩张性改革阶段（1967—2014 年）和收缩性改革阶段（2015 年至今）。扩张性改革阶段主要以扩大制度覆盖面和提高待遇水平为主。荷兰长期护理保险制度在建立初期，仅为残疾人或患有严重慢性病的群体提供机构护理服务。自 1989 年起，居家护理服务被纳入制度覆盖范围；1995 年，引入个人预算制度以增加个人选择；2008 年，将精神疾病治疗费用纳入医疗保险支付；2011 年将康复期间治疗产生的费用纳入医疗保险支付。但随着制度覆盖面扩大、保障内容扩张和待遇水平提高，荷兰长期护理保险制度基金支出迅速增长，基金支出年均增长率超过 GDP 年增长率，基金支出占 GDP 比重远高于其他建立长期护理保险制度的国家，严重影响了制度的可持续性。

为提高制度可持续性，荷兰政府在 2015 年对长期护理制度体系进行改革，长期护理保险制度进入收缩性改革阶段。一是调整长期护理保险制度的支付范围，新的长期护理保险制度仅承担护理院和需要 24 小时护理人员的护理机构的服务支出。原有居家护理服务中的社区护理、简单护理服务和身体护理服务交由医保基金支付；将为老年人、残障人士等群体提供的服务交由社会支持制度承担。二是将申请者的社会网络支持能力纳入社会支付服务申请者待遇享受资格评估。三是适度降低长期护理保险制度费率。

2. 德国长期护理保险制度发展历程

（1）建立背景。

1）人口老龄化带来迅速增长的长期护理需求。随着经济发展、医疗环境改善及生活质量上升，德国老年人口及高龄老年人口数量快速增长。老年人口规模特别是高龄老人数量的增长，使得长期护理需求激增。但当时德国社会救助的护理体系存在质量整体低下、专业服务紧缺、设施不足等问题，难以满足激增的长期护理需求。

2）传统社会救助体系无力承担快速增长的长期护理救助支出。在长期护理保险制度建立之前，那些无力承担长期护理费用的群体，可以申请社会救助。社会救助资金主要由地方财政承担，但随着长期护理社会救助申请者规模不断增长，地方政府的财政压力越来越大，是否设立长期护理保险成为有关部门讨论的热点。

3）家庭结构变化促使老年人社会化长期护理服务需求激增。随着越来越多的女性选择外出工作而不再做全职家庭主妇，家庭承担老年人日常护理的功能逐渐弱化，老年人无法依托家庭得到良好的护理服务，不得不通过市场或社会寻求长期护理服务。

（2）发展历程。德国长期护理保险制度发展历程总体可以分为两个阶段：谨慎发展阶段（1995—2007年）和适度扩张阶段（2008年至今）。德国虽然在1995年才正式建立长期护理保险制度，但德国社会在20世纪70年代左右便开始讨论建立该制度。讨论的内容主要是德国究竟该采取何种模式，即学习北欧国家工会支持的税收融资的护理服务体系，还是学习荷兰在医疗保险制度中加入护理成分、强制性或资源性的私人保险，或是遵照德国传统社会保险模式，建立新的社会保险项目等。但由于当时德国基层地市护理服务设施缺乏且经济发展缓慢等原因，政府不愿为建立长期护理保险制度增加新的税收项目，北欧模式被否定。而随着荷兰模式护理支出高昂的弊端日益凸显，以及由于德国运用社会保险解决社会问题的传统，1994年，德国联邦议会经历了漫长的辩论，最终通过了长期护理保险议案，于1995年正式建立社会长期护理保险制度。

最开始对制度内容严格限定，使得该制度内容鲜有变动。作为社会保险模式的开创国，德国十分注重制度的可持续性，因此在长期护理保险制度建立初期，德国十分关注制度的融资和财务控制问题。比如德国强调制度融资只能来自长期护理基金，缴费和支出水平调整必须经过严格的立法程序，待遇资质核定必须经过严格的审核和监督等。由于严格的限制，德国长期护理保险制度在这一时期少有调整。但随着社会环境变化，德国也逐渐对长期护理保险制度进行调整。①

适度扩张阶段主要调整待遇水平、缴费水平、给付资格等内容。经过十多年的平稳运行以及社会环境变化，德国自2008年开始，陆续颁布《护理继续发展法案》（2008年）、《护理新导向法》（2013年）、《护理加强法案Ⅰ》（2015年）、《护理加强法案Ⅱ》（2016年）、《护理加强法案Ⅲ》（2017年）等法案，对长期护理保险制度体系进行调整。首先，为应对护理保险待遇给付所面临的压力，德国一方面提高缴费标准，即将原先1.7%的标准提高至1.95%，并确定2013年以后每2年调整一次；另一方面建立护理储备基金，主要为应对人口老龄化等原因导致基金不可持续时提供额外的储备保障。其次，为解决护理人员不足问题，2008年进行护理改革，提高了亲属护理者的待遇。比如在雇员数15人及以上的公司工作且需护理亲属的职工，可以享受为期6个月的假期，在此期间的各项社会保险费用由长期护理保险经办机构为其缴纳。最后，为解决原先护理

---

① 房连泉. 如何引入长期护理保险制度——来自德国、日本、韩国的经验启示 [J]. 保险理论与实践, 2018 (5): 56-74.

等级评定不细致问题，2016年颁布的《护理加强法案Ⅱ》将原先的三级护理等级细化为五级，并且在护理评定时综合考量生理、认知、心理、精神等方面因素；同时注重精准化识别具有长期护理需求的人群，让更多事实上具有长期护理需求的群体可以更容易地获取长期护理保险待遇。这一改革大幅降低了领取长期护理保险待遇的难度和障碍度。[1]此外，德国在改革过程中也注重提高护理服务质量和加强护理机构监管。

3. 日本长期护理保险制度发展历程

（1）建立背景。

1）人口老龄化带来长期护理需求快速增长。日本是世界上人口老龄化程度最高的国家之一，其在1970年65岁及以上的老年人口占比便达7.1%，进入老龄化社会。随后，由于预期寿命提高、生育率下降等原因，日本老年人口占比进一步提高，开始成为高龄社会国家。伴随人口老龄化而来的是患病率增加，有护理需求的人数快速上涨。

2）老年人长期护理需求严重挤占医疗资源。由于老年患者住院无需经历必要的审核程序，老年人住院成为一种"社会性许可"现象。在此情况下，尽管需要自付部分医疗费用，多数老年人仍然选择将医院作为享受护理服务的场所。特别是1973年以后，日本政府决定由中央政府和地方政府财政全额承担70岁及以上老年人的医疗费用，即推行老年免费医疗制度。所以在多数情况下，70岁及以上老年人获得的医疗护理是"事实上"免费的。因此，"社会性住院"的老年人数开始急剧增加，1970—1990年，老年人的住院率由2%上升到4%；到1993年时，失能老人几近占了医院病床的一半以上。[2]

3）传统老年人护理模式随时代发展而解体。在人口快速老龄化的同时，日本也面临德国同样的问题，即越来越多的女性选择外出工作，使得传统意义上由家庭女性成员为老年人口提供护理的功能弱化。同时，家庭结构小型化进一步弱化家庭的护理职能，越来越多的老年人需要从社会上获取长期护理服务。因此，日本在2000年颁布《护理保险法》，正式建立长期护理保险制度。

（2）发展历程。日本虽然在2000年才正式建立长期护理保险制度，但与德国类似，国内就建立政府主导的长期护理保险制度早已形成基本共识，制度迟迟未能建立的关键在于究竟是采用税收融资方式还是社会保险方式。随着德国长期护理保险制度正式建立并取得良好的效果，日本政府便决定效仿德国经验，构建长期护理保险制度。

---

[1] 刘涛. 德国长期护理保险制度的缘起、运行、调整与改革 [J]. 安徽师范大学学报（人文社会科学版），2021（1）：74-86.

[2] 房连泉. 如何引入长期护理保险制度——来自德国、日本、韩国的经验启示 [J]. 保险理论与实践，2018（5）：56-74.

长期护理保险制度建立后,日本政府对制度进行多次调整,即在 2005 年、2008 年、2011 年、2014 年和 2017 年先后进行 5 次调整。虽然每次改革的侧重点不同,比如,2005 年改革主要将护理理念由被动护理转向主动预防,2014 年改革重点是强化与医疗服务的结合。但历次改革的根本原因在于解决不断高涨的护理需求和控制护理成本,确保制度的可持续性。主要措施基本上都通过调整缴费比例、构建护理预防体系、大力发展并完善社区综合护理体系等措施实现保险基金收支平衡和制度可持续发展,呈现"控制需求""巩固制度""扩展服务内容""重置护理理念"等特点。[1] 这些措施为确保费用负担公平性、扩充护理保险基金覆盖面,确保制度可持续性做出重要贡献。

(二)中国青岛长期护理保险制度的发展历程

1. 青岛市长期护理保险制度建立背景

(1)人口老龄化形势日益严峻。青岛市早在 1987 年,就先于全国 12 年、山东省 7 年进入人口老龄化状态,随后老年人口占比不断提高。2010 年第六次全国人口普查数据表明,青岛市 60 岁及以上老年人口占比已达 14.75%;预计到 2035 年,青岛市 60 岁及以上老年人口占比将进一步达到 35% 左右。人口老龄化带来的是患病率的提高,失能、半失能老人数量快速扩大,长期护理需求急剧增长。

(2)家庭无法满足老年人的长期护理需求。在传统儒家文化下,家庭是承担老年人护理需求的主体,女性是主要护理人员。但随着经济社会的发展,越来越多的女性选择离开家庭外出工作,弱化了由家庭女性承担老年人日常护理的功能,越来越多的老年人不得不依靠社会获取日常护理服务。

(3)长期注重老年人医疗护理服务。青岛市一直以来都将老龄事业作为加快民生建设、完善社会服务的重点内容。在这其中,老年人的医疗服务又是该事业的重中之重。2002 年,青岛市建立家庭病床业务,由符合条件的定点二级医院承办。随后又在 2005 年开展医疗护理保险试点工作,即将部分兼具养老和医疗资质的护理服务机构作为试点机构,随后不断完善医疗护理保险工作。

2. 青岛市长期护理保险制度发展历程

青岛市长期护理保险制度发展可以分为两个阶段,即初创阶段(2012—2017 年)和发展阶段(2018 年至今)。初创阶段主要工作内容是扩大制度覆盖面。2012 年制度创立初期,青岛市长期护理保险制度仅面向城镇职工医疗保险参保群体。随后在 2014 年,青岛市将城

---

[1] 李运华,姜腊. 日本长期护理保险制度改革及启示 [J]. 经济体制改革,2020(3):167-172.

乡居民医疗保险参保群体纳入制度覆盖范围，实现长期护理保险的城乡全覆盖。2016年年底进一步将重度失智老人纳入长期护理保险保障范畴，同时开展生活照护模式的探索工作。

在发展阶段，青岛市以建立多元化筹资为前提，将生活照护纳入长期护理保险保障范畴，探索建立了"全人全责"长期护理保险制度。2018年2月28日，青岛市人民政府印发《青岛市长期护理保险暂行办法》，明确青岛市长期护理保险制度的保障对象、保障内容、保障措施等。此次改革相比以往实现"6个转变"：一是从属于医疗保险的医疗护理保险制度向独立的护理保险制度转变；二是从单一的由医保基金划拨向"医疗保险基金+个人+财政+社会捐助"等多元化筹资机制转变；三是从重点保障医疗护理向"医疗护理+生活照料+功能维护+精神慰藉+临终关怀"等全方位服务保障转变；四是从单纯的日常生活能力评估向全方位的护理需求等级评估转变；五是从单纯架构基本制度向建立多层次护理保障体系转变；六是从保障基本向延缓失能失智与保障基本齐抓转变。①

(三) 典型国家和地区长期护理保险制度发展历程的总结

纵观典型国家和地区长期护理保险制度的发展历程，在正式建立长期护理保险制度之前，多数通过社会救助的形式解决少数群体的长期护理需求。比如德国1961年颁布的《联邦社会救济法案》规定："特别需要"长期护理服务但又无力承担护理费用的人群，可以申请社会救助支付家庭护理费用或护理员护理费用。社会救助形式一般由中央或地方政府财政提供资金，能够小范围负担少数群体的长期护理需求。但当长期护理需求成为社会上老年人的普遍需求时，社会救助制度显得捉襟见肘。更为重要的是，社会救助形式多是以家计审查为基础，申请长期护理救助资金必须通过严格的收入审查程序。在此背景下，多数家庭中的家属不得不放弃本职工作留在家中照顾老人，整个家庭的收入不断减少，进而需要更多的社会救济资金，进一步加大社会救助体系的资金压力。

虽然个体的失能风险无法得知，但是一段时期内整个社会特别是全体老年人的失能风险是稳定的，可以通过一定的手段计算得出并确定一定时期内整个社会的长期护理需求。因此，一定时期内整个社会的长期护理风险便具有可保性，所以通过保险方式解决国民的长期护理风险成为各国的首要选择，长期护理保险制度也在各国陆续实施。

第二节 长期护理保险的模式

以德国19世纪80年代制定并实施的"社会保险三法"为起始标志，现代社会保障

---

① 米红，纪敏，刘卫国. 青岛市长期护理保险研究 [M]. 北京：中国劳动社会保障出版社，2019：8-9.

制度在各国发展过程中，大多经历由单一项目的制度安排逐渐发展成为一个包含多个子系统及众多社会保险项目在内的社会安全体系。但由于各国文化传统、社会制度、经济发展水平等差异，各国多是建立了符合本国特色与实际情况的社会保障制度，从而形成不同的社会保险项目。

长期护理保险制度是各国在应对人口老龄化挑战时建立的制度，相比其他社会保险项目，长期护理保险出现时间晚，发展历程较短。根据路径依赖学派的观点，一国基于其本身历史文化传承而来的"制度基因"及过去所采取实施的制度，具有沿着相同发展路径"惯性前行"的趋势。据此，Pieyson 提出了福利国家社会保险项目具有"制度黏性"的观点。[①] 现实中，各国大多以本国现行社会保险项目为蓝本，构建符合本国特色与实际情况的长期护理保险模式。总体来说，各国建立的长期护理保险模式，大体上可以分为两类：社会保险模式，以德国、日本为代表；商业保险模式，以美国为代表。此外，还有基于财政支出的普遍性福利模式，以北欧福利国家为代表。当然，各国长期护理保险制度体系往往是多种模式混合，比如德国 90% 的参保者参加的是社会长期护理保险，但有 10% 左右的高收入人群要求参加商业长期护理保险；又如美国虽然拥有世界上最大的商业长期护理保险市场，但其国内老年人多是通过政府创建的医疗保险计划（Medicare）、医疗救助计划（Medicaid）等制度获得长期护理服务。

一、社会保险模式

（一）社会保险模式特征

社会保险模式起源于俾斯麦时期德国推行的社会保险法，随后被美国、日本等国家效仿。社会保险模式作为工业化时代的产物，是在工业化取得一定成就并有较为雄厚的经济基础，以及单位和个人都有一定经济承受力的情况下实施的。社会保险模式针对人口老龄化社会中老年人面临的失能、半失能风险和日常生活护理需求进行设计，以为国民提供基本的日常生活照料、医疗护理服务和解放家庭中劳动力为目的，最终为老年人提供安全稳定的长期护理服务预期，维护社会稳定。社会保险模式的主要五大特点如下。

1. 强制性

长期护理保险作为医疗保险的变种，与医疗保险类似，存在明显的信息不对称。为

---

① 刘涛. 德国长期护理保险制度的缘起、运行、调整与改革 [J]. 安徽师范大学学报（人文社会科学版），2021, 49（1）: 74-86.

了规避信息不对称带来的逆向选择行为对制度可持续性的影响，各国大多通过法律、规章、制度等方式强制要求潜在受益者参保，降低制度运行风险。

2. 普遍性

避免逆向选择行为的另一种方式是要求所有潜在受益者全部参保，从而降低制度运行风险。比如，德国要求所有年满18岁的公民都必须参加社会长期护理保险，少数高收入群体可以选择参加商业长期护理保险；日本则规定所有40岁及以上的中老年人需参加长期护理保险。

3. 再分配性

在社会长期护理保险制度的国家中，参保者大多按照一定的工资比例缴纳长期护理保险费，缴费水平与个人工资水平挂钩。待遇享受必须根据身心障碍程度或失能程度确定护理等级，从而享受不同的护理待遇，具有一定的再分配性。

4. 互助共济

个体缴纳的长期护理保险费构成长期护理保险基金。当参保者遭遇保险事件时，享受相应待遇，长期护理保险基金在参保者之间调剂使用，充分体现互助共济、共担风险的原则。

5. 责任分担

社会保险模式强调雇主和雇员分担社会保险缴费责任，国家财政给予适当补助，是一种风险共担和责任分担的社会保障机制。

（二）社会保险模式的典型代表

用社会保险方式解决长期护理服务问题，又可以分为两种形式：一是建立独立的长期护理保险制度，以德国、日本等国家和地区为代表；二是从医保基金中划拨一部分基金用于支付长期护理费用，以荷兰等国家和地区为代表。两种制度的区别在于是否独立的社会保险制度，其余主要内容基本相同，所以接下来主要介绍独立长期护理保险制度的代表，即德国长期护理保险制度。

1. 保障对象

德国《长期护理保险法案》规定：护理保险跟随医疗保险，所有年满18岁的德国公民必须参加护理保险。社会医疗保险参保者在其法定医疗保险机构参加护理保险，私人医疗保险参保者除了可以选择参加私人护理保险以外，也可以选择加入社会长期护理保险。同时，护理保险被保险人的无职业配偶、子女等群体无需缴纳保险费，随原被保险人投保。此外，公务员、职业军人等没有参加法定医疗保险也没有参加私人医疗保险的特殊群体，在享受长期护理服务时由国家承担费用。所以德国长期护理保险制度覆盖所有公民，是一种全民参保的制度。

2. 资金筹集

德国长期护理保险基金遵循现收现付制的原则，主要来源于雇主和雇员的缴费。自2008年后，德国已多次调整社会长期护理保险费率（见表11-2），目前按照月收入的3.05%缴纳保险费，雇主和雇员各缴纳一半。同时，由于长期护理保险制度深受人口老龄化、社会抚养率等因素影响，所以无子女的参保者还需额外承担0.25%的缴费责任，即需缴纳月收入的3.30%用作保险费。低收入群体则根据不同标准确定雇主和雇员的缴费比例，比如，月收入在450欧元以下的人群，由雇主全额缴纳；月收入在450~850欧元的人群，雇主承担更多缴费责任而雇员降低缴费责任。退休人员作为长期护理保险的主要受益者，需要单独缴纳长期护理保险费用。[①] 此外，德国自2015年起将缴纳资金的一部分用于设立长期护理保险储备金，以稳定"婴儿潮一代"（1959—1967年出生的人群）需要长期护理服务时的缴费率。

表11-2　　　　　　　　　　德国长期护理保险缴费率变化

年份	1995	2008	2013	2015	2017	2021
缴费率/%	1.7	1.95	2.05	2.35	2.55	3.05

资料来源：作者根据公开资料自行整理。

3. 等级确定

德国2015年长期护理保险制度改革细化护理等级，综合考虑申请者的生理、心理、精神和认知等方面的障碍，并将护理等级由原先的三级调整为五级。具体来说，新的护理等级评估标准由经过培训的专业评估师从移动性（10%）、认知和沟通技巧（7.5%）、行为和心理问题（7.5%）、自理能力（40%）、应对和独立处理疾病或治疗相关的需求和负担（20%）、安排日常生活和社交联系（15%）这6个方面共63项进行打分，并经加权得出申请者的综合得分，根据综合得分确定不同的护理等级，具体见表11-3。

表11-3　　　　　　　　　　德国长期护理保险护理等级确定

独立程度	加权得分	护理等级
对独立性的损害很小	12.5~26	1
显著损失独立性	27~47	2

[①] 刘涛. 德国长期护理保险制度的缘起、运行、调整与改革 [J]. 安徽师范大学学报（人文社会科学版），2021，49（1）：74-86.

续表

独立程度	加权得分	护理等级
独立性部分受损	48~69	3
独立性严重受损	70~89	4
对护理有特殊要求的最严重的独立性障碍	90~100	5

资料来源：https://www.pflege.de/pflegekasse-pflegerecht/pflegegrade/.

4. 待遇给付

德国长期护理保险待遇内容主要涵盖居家现金给付、居家实物给付、日间/夜间照料中心、机构护理这几个方面（见表11-4）。如果受益者选择由家庭成员作为居家护理的服务提供者，受益者可以将现金护理津贴支付给家庭成员。同时，这部分家庭成员每月还可以获得125欧元的"减压金"。如果受益者选择由专业机构提供的家庭护理服务，其待遇水平要比家庭成员护理高，是2倍左右。受益者也可以选择部分入院式护理，即一部分时间在日间/夜间照料中心接受护理，其余时间选择居家护理。德国长期护理保险待遇给付也有一些人性化措施，比如由家庭成员提供护理服务的居家护理受益者，其护理服务提供者（家庭成员）在某些时间内因外出度假、短暂休息或生病等原因而无法提供护理服务，可以在这段时间内由其他家庭成员或上门护理服务机构来代理这段护理空窗期，代理护理最长给付时间为六周。

表11-4　　　　　德国长期护理保障待遇给付内容及标准　　　　　单位：欧元

待遇内容	等级1	等级2	等级3	等级4	等级5
现金护理津贴	0	316	545	728	901
家庭护理服务	0	689	1 298	1 612	1 995
部分入院式的日间/夜间护理	0	689	1 298	1 612	1 995
短期护理（每年）	0	1 612	1 612	1 612	1 612
代理护理（他人，每年）	0	1 612	1 612	1 612	1 612
代理护理（家庭成员，每年）	0	474	817.5	1 092	1 351.5
全入院式护理	125	770	1 262	1 775	2 005
"减压金"	125	125	125	125	125
日常护理消耗品	60	60	60	60	60
家庭紧急呼叫	23	23	23	23	23
住房改造（按总体措施）	4 000	4 000	4 000	4 000	4 000
居家接受护理的居住团体额外待遇	214	214	214	214	214

资料来源：https://www.pflege.de/pflegekasse-pflegerecht/pflegegrade/；刘涛. 德国长期护理保险制度的缘起、运行、调整与改革[J]. 安徽师范大学学报（人文社会科学版），2021，49（1）：74-86.

5. 运行机制

德国长期护理保险运作机制主要包括联邦政府、长期护理保险基金、护理服务机构、护理服务等级评估机构和其他社会团体等。政府机构主要包括联邦卫生部、劳动社会事务部和劳动（就业）部等，主要负责与护理保险相关法律制定、实施和监督等工作。长期护理保险基金专门负责保费征缴、给付、护理服务提供方资质审核与沟通等工作。目前德国约有 250 多个法定长期护理保险基金，每个基金都隶属于法定医疗保险基金。护理服务机构由联邦政府、非营利性组织或私人机构建立，并与基金公司签订护理服务合同，为参保者提供服务。2019 年，德国有 15 380 个护理院为 410 万需要提供长期护理服务的人群提供服务，其中提供全入院式护理服务机构有 11 317 个。[①] 参保人有权根据各机构提供护理服务的质量自由作出选择，也可以在每年年初时根据其接受的护理服务质量，决定是否重新选择投保其他基金机构，从而选择新的护理服务机构。护理服务等级评估机构由法定医疗保险基金下属的医疗服务机构和商业健康保险机构共同组建，采用相同的评级标准分别对法定和私人护理保险参保者进行评估。护理服务等级评估机构主要由医生和护士组成，当参保者提出护理要求时，护理服务等级评估机构需进行评估并确定护理服务等级。护理服务等级一旦确定便不可更改，但可提出下次核查时间。[②]

二、商业保险模式

（一）商业保险模式的特征

长期护理保险制度商业保险模式主要通过市场化原则为个人提供护理服务。美国在 20 世纪 70 年代左右便建立商业长期护理保险制度，但初期效果并不理想，未能得到消费者的认可。到 20 世纪 80 年代为解决医疗救助计划巨额的财政负担，美国政府陆续出台一系列措施促进长期护理保险的发展，但效果仍不理想。直至 20 世纪 90 年代，随着美国政府医疗保障体系改革的推进和相关法律政策的出台，商业长期护理保险制度才得以快速发展。目前美国是世界上商业长期护理保险市场规模最大的国家，是私营、非补贴、自愿投保的商业保险模式的典型代表。相比社会长期护理保险模式，商业长期护理保险模式具有以下 4 个特征。

---

① 德国统计局. 长期护理保险统计数据［EB/OL］. 2020-12-15. https://www.destatis.de/EN/Themes/Society-Environment/Health/Long-Term-Care/_node.html.

② 姚玲珍. 德国社会保障制度［M］. 上海：上海人民出版社，2011：179-184.

1. 自愿性

商业保险一般按照契约原则，由买卖双方自愿签订。个体可以根据自身实际情况及对未来预期自愿选择是否购买护理保险，并选择最适合自身的保险内容、额外条款、支付方式和服务内容等。保险公司则可以根据参保者的风险情况，选择是否与其签订合同。

2. 一定选择性

商业长期护理保险以营利为目的，对参保者有一定的收入、年龄和职业限制，在与参保者签订合同之前，会仔细甄别参保者的风险，大多选择将健康状况较差、低收入、高龄老人等风险较高人群排除在外。

3. 全面性与灵活性

商业长期护理保险以服务客户为宗旨，可以满足参保者的多样化护理需求。同时保单设置较为灵活，可以根据不同情况设置多种服务支付种类和期限、给付范围和限额、给付条件和期限组合，供参保者选择符合自身实际情况的组合。

4. 保单定价较高且复杂

医疗保险市场存在严重的信息不对称现象及由此带来的逆向选择问题。由于商业保险无法通过强制参保解决逆向选择问题，保险公司大多倾向高于实际支付水平的定价，由此导致保单定价高于同类社会长期护理保险。事实上，依据经验和调研数据建立精算模型来进行商业长期护理保险的定价也是非常有风险的，保险定价也受消费者风险偏好、选择偏好、政府政策导向、通货膨胀等因素的影响。因此，保险定价比较困难。[①]

（二）商业保险模式的典型代表

根据美国国家保险委员会分类，美国商业长期护理保险市场可以分为个人购买长期护理保险、雇主购买长期护理保险、联邦长期护理保险、持续护理退休社区提供的长期护理保险、协会保险、人寿保险或年金保险6种。根据美国寿险营销研究会统计数据，虽然约有一半参保者购买的是个人长期护理保险，但由于个人保单的灵活性，每一个公司、每一个保险代理人都会根据参保者的长期护理需要确定保单内容，不同参保群体保单内容差异较大。以下主要介绍内容相对一致且比较具有代表性的联邦长期护理保险。

1. 保障对象

联邦长期护理保险从2002年开始实施，面向联邦和美国邮政部门雇员和年金领取

---

① 李晓鹤. 长期护理制度模式与选择研究 [D]. 武汉大学博士论文，2015.

者、军警服务部门的现役和退休成员。如果参保者在退休前选择制度覆盖范围以外的单位工作，但在离职前已经拥有联邦长期护理保险的情况下，其退休以后依然可以享受有关待遇。同时，联邦退休金制度还面向上述参保对象的伴侣、成年子女、父母和岳父母等符合规定的人群。

2. 资金筹集

商业长期护理保险会根据申请者的年龄、身体健康状况等因素定期调整保费。总体来说，随着年龄增长和身体健康状况变差，参保者的保费是不断增长的。具体在缴费时，参保者可以选择自行缴费，或者从参保者的工资、年金或养老金中扣除。同时，参保者参加商业长期护理保险会获得一定的税收优惠，另在支付医疗费用时，参保者缴纳的长期护理保险费可用作税前抵扣。此外，为了确保参保者缴纳的保险费不会受通货膨胀影响而贬值，多数保险公司都会在合同中规定通货膨胀条款。

3. 给付资格

待遇给付资格根据参保者的失能情况或认知障碍等条件确定。一种情况是失能情况，即当保险公司认定参保者90天内在没有人帮助的情况下，存在两种及以上日常生活活动能力丧失（一般是使用ADL量表：洗澡、大小便、穿衣、进食、上厕所、转移），便可获得保险赔付。另一种情况是认知障碍，即当参保者患上阿尔茨海默病或其他痴呆症，参保者也可以获得保险赔付。此外，如果参保者经医生认定需要长期护理，那么也可以获得保险赔付。当然，不同保单的给付资格存在一定差异，需参保者在投保之前仔细阅读与了解。

4. 待遇给付

参保者可以选择在家、护理院、社区护理（日间护理中心）、医院等场所或机构接受护理服务，并由保险公司支付护理费用。以居家护理服务为例，联邦长期护理保险可支付的服务或设施产生的费用包括专业护理计划制订、家庭环境安全评估、家庭生活辅助设施安装、医护人员紧急应对系统安装、非正式护理者护理服务、耐用医疗设备提供等。值得注意的是，多数保单都会设定一个等待期。换言之，参保者不会在开始使用居家护理或者入住护理院的第一天便可以享受待遇，需要度过等待期才可以。常规等待期包括20天、30天、60天、90天、100天等，参保者在等待期内发生的费用需由参保者自己承担。联邦长期护理保险设定的等待期是90天。此外，如果参保者选择由家庭成员提供非正式的护理服务，其服务上限为 500 天且无等待期。①

5. 运行机制

联邦长期护理保险运行体系主要包括保险公司、护理服务机构、政府机构和第三方监管机构等。联邦长期护理保险制度现由约翰·汉考克人寿与健康保险公司负责运营，具体负责保单设计（见表 11-5）、承保、保险费调整等工作。待遇赔付则通过纯商业化运作的第三方医疗支付机构、管理机构、医疗网络服务机构等共同完成。美国政府则承担引导、监管等工作。一方面，美国政府对购买联邦长期护理保险的参保人提供税收优惠或免税等措施，引导民众积极参加商业长期护理保险。另一方面，美国政府对购买商业长期护理保险的参保者提供兜底责任，即当参保者用完商业长期护理保险金后，余下费用支出可由医疗健康救助计划进行资助。标准普尔等第三方监管机构对销售长期护理保险的商业保险公司的资质等信息进行监督和审核；各洲卫生部门负责长期护理服务提供机构的资格审查；医疗保险和医疗救助中心制定服务质量标准；全美长期护理服务检查信息中心和服务受益人共同对长期护理服务质量进行评估和监督，并在网上公布各机构的评估信息。

表 11-5　　　　　　　　　美国联邦长期护理保险保单

目标人群	待遇标准
产品 A：如果你想选择一个低成本的保障，比如你未来将生活在一个长期护理成本较低的地区，或者你计划未来支付超出长期护理成本的部分金额	日给付额：150 美元 给付期：2 年 终身最大给付额：109 500 美元 等待期：90 天 通货膨胀条款：4%、5%
产品 B：如果你想有至少 3 年的保障期，相当于目前在护理院的平均时间，或者是你未来将生活在一个长期护理成本较低的地区	日给付额：150 美元 给付期：3 年 终身最大给付额：164 250 美元 等待期：90 天 通货膨胀条款：4%、5%
产品 C：如果你想有至少 3 年的保障期，相当于目前在护理院的平均时间，或者是你未来将生活在一个长期护理成本处于全国平均水平的地区	日给付额：200 美元 给付期：3 年 终身最大给付额：219 000 美元 等待期：90 天 通货膨胀条款：4%、5%

---

① 荆涛，杨舒. 美国长期护理保险制度的经验及借鉴 [J]. 中国卫生政策研究，2018（8）：15-21.

续表

目标人群	待遇标准
产品 D：如果你未来想居住在长期护理成本高于全国平均水平的地区，并且你想拥有更长时间的保障	日给付额：200 美元 给付期：5 年 终身最大给付额：365 000 美元 等待期：90 天 通货膨胀条款：4%、5%

资料来源：The federal long term care insurance program. BOOK ONE program details and rates [EB/OL]. https://www.ltcfeds.com/start/index.html.

第三节　长期护理保险基金筹资与给付

一、长期护理保险基金筹集

长期护理保险基金筹集是在一定的组织和资源条件制约下，国家或社会保障机构为维持长期护理保险基金收支平衡，根据长期护理保险制度规定的征收对象和办法，定期征缴长期护理保险基金的行为。它是长期护理保险基金运行的起点，关系长期护理保险资金来源的畅通和稳定，是长期护理保险基金良性运行的前提。

（一）筹集来源

从各国实践来看，长期护理保险资金的筹集来源，主要包括雇主和雇员缴纳、政府税收或财政补贴、医疗保险基金划拨、长期护理保险资金投资收益 4 个方面。

1. 雇主和雇员缴纳

由雇主和雇员缴纳长期护理保险费又可以分为雇主和雇员共担和雇员单独承担这两种类型。雇主和雇员共同缴纳的代表是德国长期护理保险制度，目前德国长期护理保险缴费率是雇员工资的 3.05%，雇主和雇员各缴纳一半。雇员单独承担缴费责任以新加坡的乐龄健保计划为代表，它以强制性的个人储蓄账户为主要筹资渠道，在个人需要使用时再从个人账户中支出。目前，新加坡拥有公积金保健储蓄账户的公民和永久居民在年满 40 岁时，除自愿退出者以外均自动受保，资金主要来源于个人的保健储蓄账户。

2. 政府税收或财政补贴

基于政府税收或财政补贴筹集长期护理保险基金也可以分为政府全部承担和部分承担两种方式。政府全部承担以北欧福利国家为代表，这些国家通过高税收，为广大国民建立广覆盖、高水平、无家计调查的长期护理保险制度体系。日本是政府部分承担长期护理保险资金筹集的代表。日本长期护理保险资金由参保者缴纳的保险费和政府划拨的公共财政两部分组成，双方各承担50%。政府承担的50%当中，中央政府承担25%，都道府县和市町村各承担12.5%。此外，参保者在实际使用护理服务时还需承担10%的费用，剩下90%由长期护理保险基金承担。①

3. 医疗保险基金划拨

将长期护理保险制度作为基本医疗保险制度组成部分的国家，其长期护理保险基金由基本医疗保险基金划拨。例如在荷兰，个人强制缴纳医疗保险费是基本医疗保险基金收入的主要来源，约占66%。其中，36%用于基本医疗服务，剩下30%用于长期护理服务。②

4. 长期护理保险资金投资收益

长期护理保险基金深受人口老龄化程度、抚养比等因素影响。当资金入不敷出时，如果一味提高缴费率或政府财政补贴水平，容易遭到阻力并为政府带来极大的财政压力。德国自2015年起设立长期护理保险储备金，即2015年起每2年1次提高长期护理保险缴费率，并将提高缴费率筹集得到资金的一部分划拨到长期护理保险储备金中。长期护理保险储备金由德国央行专管并进行投资，以避免资金贬值。

（二）筹集原则

1. 公平原则

在长期护理保险基金筹集过程中，需要考虑少数低收入群体与大多数社会成员之间的负担公平问题。各国制定的长期护理保险缴费水平大多根据大多数社会成员的负担能力确定，但由于低收入群体的负担能力明显弱于大多数社会成员，要求低收入群体按照社会大多数成员的缴费水平进行缴费是不公平的。所以各国在制定缴费水平时，大多设定最低缴费限额：低于最低缴费限额者可以免交保险费；在最低缴费限额附近的可以按比例缴纳一部分保险费；针对收入较高的部分人群设置封顶线。

2. 效率原则

长期护理保险基金筹集过程，需要考虑企业和个人的生产积极性。如果缴费水平设定过高，企业和个人负担过重，极易影响企业和个人的生产积极性。以雇主和雇员共同

---

① 宋健敏. 日本社会保障制度 [M]. 上海：上海人民出版社，2012：244.
② 胡苏云. 荷兰长期护理保险制度的特点和改革 [J]. 西南交通大学学报（社会科学版），2017（5）：91-96.

承担长期护理保险缴费为例，一方面，政府提高长期护理保险缴费率会提高劳动力价格，无形中增加了企业雇佣成本，影响企业的生产与再生产积极性；另一方面，一个地区劳动力成本提高会促使企业重新选择一个劳动力成本低的地区进行生产，影响本地区经济发展。

3. 收支平衡原则

长期护理保险基金筹集是为了保障老年人的护理需求，筹集总额必须满足实际开支需求。因此，在长期护理保险基金筹集时，必须坚持"以支定收，收支平衡，略有结余"的原则。也就是说，一定时期内长期护理保险基金的筹集总额，以预计需要支付的长期护理保险费用总额为依据来确定，并确保两者始终保持大致平衡，并略有结余。这种收支平衡包含两个方面：一方面是近期横向平衡，即当期筹集的长期护理保险基金总和应与其所需支付的费用总和保持基本平衡；另一方面是远期纵向平衡，即参保者在投保期间所缴纳的长期护理保险基金总和应与其享受该项保险待遇期间所需支付的费用总和保持基本平衡。[①]

（三）筹集方式

综观世界各国长期护理保险制度资金筹集方式，多采用现收现付制。现收现付制是一种追求近期横向平衡的筹资模式，它是根据当期支出的需要筹集资金，当期征收当期使用，没有或少有结余资金。现收现付制筹资模型如下。

在现收现付制下，C 为保费率，B 为保障水平，D 为制度赡养率。收支平衡式为：

$$C = B \cdot D$$

保费率（C）是保费收入（c）与工资总额（W）之比，于是有：

$$C = c/W$$

保障水平（B）是平均护理给付（p）与社会平均工资（w）之比，于是有：

$$B = p/w$$

制度赡养率（D）是受益人（b）与工作人口（E）之比，于是有：

$$D = b/E$$

工资总额（W）由社会平均工资（w）与工作人口（E）来决定，于是有：

$$W = w \cdot E$$

现收现付制收支平衡式中各变量的主要关系可以表达为：

[①] 吴中宇. 现代社会保障导论［M］. 武汉：华中科技大学出版社，2009：119-120.

（1）保费率取决于长期护理保险制度保障水平和制度赡养率，并与它们同向变化；

（2）保费率与保费收入成正比，与工资总额成反比；

（3）保费水平与平均护理给付水平成正比，与社会平均工资水平成反比；

（4）制度赡养率与受益人口数量成正比，与工作人口数量成反比。

通过上述式子我们可以发现：第一，工作人口数量在平衡式的左右均起作用，在其他变量一定时，工作人口数量越多则工资总额越多，工作人口数量越多则制度赡养率越低。第二，工作人口数量取决于多个因素：一是就业水平，二是退休年龄，三是缴费年限，四是制度覆盖率。工作人口数量与就业水平同向变化，与退休年龄成反比。就业水平越高，工作人口数量越多，制度负担越轻，收支平衡越容易；反之，退休年龄越低，工作人口数量越少，长期护理保险领取者越多，制度负担越重；缴费年限要求越高，则缴费人数越多，否则相反。此外，保费率也与老龄化程度和人群健康水平显著相关。[①]

二、长期护理保险给付

综观各国建立的长期护理保险制度，其筹资多采用现收现付制，这就决定长期护理保险的给付不以参保者的需求为导向，而是事先规定好的，具有强烈的预算色彩，从而确保保费率稳定，控制支出过快增长。因此，长期护理保险给付有其基本给付原则需遵守。

（一）给付原则

1. 保障基本生活需要

长期护理保险制度的建立目的是保障参保人群在失能、半失能状态时，能够得到护理服务。如果待遇水平设定过高，一方面，会加重参保人群的缴费负担，容易产生代际矛盾；另一方面，过高的待遇水平容易诱发权力寻租行为，影响参保人群获得长期护理待遇的公平性，影响资金使用效率。此外，社会保障具有福利刚性，降低待遇给付水平的代价极大，多数情况下只能不断提高而不能降低，长此以往造成参保人群、政府等巨大的负担。因此，长期护理保险待遇给付应以保障待遇享受者的基本生活需要为目的。

2. 与经济发展水平相适应

长期护理保险制度的建立需要相应的财力支撑。如果没有相应的财力，长期护理保险制度就会变成无源之水、无本之木，即使建立起来也无法持续下去。国内外实践表

---

① 李珍. 社会保障理论［M］. 4版. 北京：中国劳动社会保障出版社，2017：197-198.

明，长期护理保险制度只有与社会经济发展水平相适应，才能在解决老年人护理问题的同时获得健康、持续发展。如果滞后于社会经济的发展，其功能便难以发挥，社会问题将持续恶化，进而妨碍整个社会经济的健康发展。同时，如果超前于社会经济的发展，将导致整个社会负担过重，同样影响社会经济的健康发展。因此，与社会经济发展相适应的原则是各国建立长期护理保险制度的基本原则。

（二）给付方式

长期护理保险制度主要解决失能群体的护理问题，除了常见的现金给付以外，诸如日常照料服务等实物支付也是长期护理保险制度待遇给付的重要组成部分。

1. 现金给付

现金给付包括以下两种类型：

一是护理津贴，主要支付给正式护理人员或者家庭成员等非正式护理人员。比如德国的护理保险法规定，如果受益者选择由家庭成员作为居家护理服务的提供者，受益者可以将现金护理津贴支付给家庭成员。

二是护理服务补偿，主要承担受益者购买社会护理服务或者第三方护理机构提供护理服务的花费，比如，日本长期护理保险给付一般采取现金给付，参保者需要先在厚生劳动省承认的护理服务机构内选择护理服务，并且参保者需要自身垫付全额费用，随后保险者以返还的形式为参保者报销保障范围内服务项目费用的90%，剩余10%由参保者自己承担。[①]

2. 实物给付

实物给付以日常照料服务和医疗服务为主。日常照料服务一般包括饮食、洗浴、梳洗等方面的帮助和照料等个人服务，并且房屋清洁、购物、出行等社会支持服务也是日常照料服务的重要方面。医疗服务则是由医生、护士等专业医疗保健服务从业人员提供的维持参保者身体健康、防止疾病恶化的服务，包括诊疗、护理、康复、功能恢复训练等方面内容。[②] 需要注意的是，此处的医疗服务与医疗保险待遇中的医疗服务存在明显差别。长期护理保险待遇给付中的医疗服务主要是同失能预防与维持相关的医疗服务，并不以疾病治疗或治愈为目的。

具体操作过程中，一般由参保者根据自身护理等级所确定的可享受的护理服务内

---

① 华颖. 国际视野下的中国长期护理保险政策选择 [J]. 学术研究，2021（7）：91-97+188.
② 高春兰. 老年长期护理保险制度：中日韩的比较研究 [M]. 北京：社会科学文献出版社，2019：17-18.

容，向护理服务机构申请护理服务，护理服务机构在完成护理服务后，由护理保险基金管理机构与护理服务机构按照事先确定的护理服务价格统一结算。

(三) 给付内容

1. 日常护理

日常护理主要是解决失能、半失能老人日常护理方面困境，是长期护理保险待遇给付的重要内容。参保者的家庭成员往往是这类日常护理服务的主要提供群体，所以一些国家和地区规定，如果由参保者的家庭成员或其他直系亲属等为失能、半失能老人提供日常护理服务，参保者可为其发放护理津贴。此外，便是由经过培训的工作人员定期、定时上门或在机构内，为失能、半失能老人在穿衣、如厕、梳洗、进食等日常生活方面提供帮助。这类工作人员往往需要同时照顾多名老人，所以难以兼顾老年人的个性需求。并且还存在一些不方便之处，比如女性护工如何为男性失能老人提供洗浴、如厕等方面服务。因此，选择居家护理并由家人提供护理服务往往是失能、半失能老人的首要选择。

2. 预防与维持服务

预防与维持服务指与失能的预防和康复相关的医疗服务。日本的护理保险法将失能的预防和康复作为长期护理保险制度的核心，该法律规定的三种保险给付，有两种都与失能的预防和康复相关。比如"当参保者有可能发展为需要护理状态时，为了预防其成为需要护理状态而提供预付给付""为了减轻需要护理状态或防止其恶化，或作为资助预防其成为需要护理状态的保险给付而在市町村的条例中规定的市町村特别给付"。

3. 社会支持服务

社会支持对维持失能、半失能老人的健康，特别是精神健康水平具有重要作用，所以为失能、半失能老人提供社会支持服务也是长期护理服务的重要内容。一是帮助老年人维持社会交往，如德国积极在社区兴建日间照料中心，以便为失能、半失能老人在日间照料中心进行娱乐、社交等活动提供支持。二是对住宅进行适老化改造，如在日本，选择居家护理的老年人可以申请在家中安置扶手、改造家中台阶等小规模的住宅改造。

4. 其他服务

喘息服务是德国长期护理保险制度的一大特色，主要为缓解居家护理服务提供人员的精神压力，具体措施是为服务提供人员定期发放"减压金"，服务提供人员得到这一资金以后，可以进行消费或选择他人来护理参保者。日本、德国等国长期护理保险制度也规定有短期护理服务，主要应对居家护理参保者的主要护理对象因为需要外出度假、患病等原因短期内无法提供服务时，参保者可以选择其他人短期提供护理服务，或者前往护理服务机构暂住而产生的花费，具有一定的人性化考虑。

补充阅读

实现"老有所护"，长期护理保险仍需迈过多个坎儿

"一人失能，全家失衡。"

伴随着我国人口老龄化加剧及老年人预期寿命延长，失能、半失能老年人的比例逐年增加，许多家庭正面临着照顾失能、半失能人员的现实难题。长期护理的社会需求巨大，建立长期护理保险制度正成为越来越迫切的社会需求。

不久前，结合贯彻落实党中央重大决策部署和对2022年全国人大会议期间提交的代表建议梳理分析情况，全国人大常委会办公厅确定了2022年重点督办的22项人大代表建议。在加强和创新社会治理、改善人民生活品质方面，其中的一项选题就是有关优化城乡养老服务供给，稳步推进长期护理保险制度。

如何构建全国统一的长期护理保险制度的顶层设计和服务供给？如何做好统筹安排？长期护理保险究竟该"保障谁""保什么""怎么保"？有关长期护理保险，很多问题值得关注。

一、落实重大部署开展试点工作

根据第七次人口普查结果，我国60岁及以上的老年人口已超过2.64亿人。而失能、半失能者已达4 000万人以上。如何保障这些特殊人群的养老，帮助他们提高生存质量，成为亟待解决的社会问题和民生问题。

应对人口老龄化、健全社会保障体系，党中央、国务院从战略全局的高度对探索和建立长期护理保险制度作出了总体部署。党的十八届五中全会提出要"探索建立长期护理保险制度"。"十四五"规划明确提出，要"稳步建立长期护理保险制度"。

为了缓解养老危机，早在2016年，人力资源社会保障部就印发了《关于开展长期护理保险制度试点的指导意见》，选择上海市、江苏省南通市、四川省成都市等15个城市和吉林省、山东省2个重点联系省份，正式开启长期护理保险试点工作。2020年，国家医疗保障局、财政部印发《关于扩大长期护理保险制度试点的指导意见》，对长期护理保险筹资、待遇、管理等问题进行了明确，同时将广西壮族自治区南宁市等14个市列为第二批试点城市，正式启动为期两年的扩大试点，提出力争"十四五"形成适应我

国国情的长期护理保险制度框架。

有数据显示，到2021年年底，试点工作已扩大到全国49个城市，基金收支规模接近300亿元，平均支付比例在70%左右，覆盖近1.2亿参保者。

二、取得成效同时问题不容忽视

从各地试点情况看，经过不断探索，目前长期护理保险制度已经在政策体系、标准体系、管理体系、运行体系等方面有了初步经验，在发展养老产业、支持家政服务业、改善家庭生活质量、优化医疗资源利用、拉动就业创业等方面的作用也初步显现。但与此同时，作为新生事物，长期护理保险在我国仍缺乏成熟经验。一些全国人大代表在调研中发现，长期护理保险目前还存在许多发展困境，存在诸多不足。

结合自己的保险精算专业，全国人大代表、湖南大学金融与统计学院教授、风险管理与保险精算研究所所长张琳做了大量社区调研。她发现，长期护理保险目前面临的一大问题是保障范围界限有待清晰。"长期护理保险的定位是为长期失能人员的基本生活照料和与基本生活密切相关的医疗护理提供资金或服务保障。但实际试点中，有些地方存在主次颠倒的情况。"张琳说。与此同时，长期护理保险的保障范围尚缺乏全国统一标准。各试点地区护理项目内容差距较大，全国层面没有建立具体清单，判定标准也不清晰，使得保障范围界定不一致。

资金统筹、待遇支付标准亟待规范，也是目前长期护理保险需要解决的问题。"目前，各试点城市标准措施差异较大。"张琳举例说，比如，资金筹集方面，有的以上年度工资为参考，有的以上年度居民人均可支配收入为参考；有的定额筹资，有的按比例筹资；有的以地方财政补贴为主，有的从城镇职工基本医保基金划拨等。又如，待遇支付标准方面，各地报销待遇不尽相同，居家护理每天支付额度，高的100元，低的20元；养老机构护理每天支付额度，高的105元，低的25元。这导致了政策实施效果混乱。还有的试点城市存在对于养老机构护理服务报销额度比居家护理多的情况，造成护理等级相同但接受服务方式不同的人，待遇保障水平不同，影响我国以居家养老、居家护理为主的养老模式。

此外，护理服务供给能力建设滞后，护理服务体系建设薄弱也不容忽视，尤其是护理服务人员紧缺已经成为突出短板。

"试点城市中普遍存在招人难，人员流失严重，且护工多为兼职人员，工资待遇低，专业性不强，服务能力较弱等问题，护理服务质量亟待提高。"张琳指出，由于长期护理保险的筹资能力不高，难以吸引社会人员从事护理工作。有的试点地区护理人员中，

90%的人只有初中或小学文化水平；多数地区护理人员中45~59岁的占75%，年龄偏大。

全国人大代表、广西壮族自治区人大常委会副秘书长莫小峰在调研中也发现，长期护理保险还存在诸多不足，主要集中在试点范围较小、失能评估结论互认有待加强、筹资渠道有待优化、服务监管有待加强以及宣传力度不足、参与度不高等方面。

三、建议多措并举解决现实难题

长期护理保险作为国家应对人口老龄化战略部署的专项制度安排，具有覆盖面广、政策性强、涉及部门多、百姓需求日益强烈等显著特点。2022年全国人大会议期间，多位全国人大代表针对长期护理保险制度提出了建议。

"长期护理保险应是我国社会保障制度框架中的一个独立险种，应坚持社会保险互助共济的原则，个人、单位和政府均应承担筹资责任，尽快实现长期护理保险城镇职工全覆盖，加快覆盖城乡居民医保参保人员。"张琳建议。

明确界定保障对象范围是保障政策有效运作的前提。莫小峰建议，完善长期护理保险失能评估标准，及时修订完善失能评估标准，增加认知能力、感知能力和沟通能力等评估指标，将老年人的心理状况纳入评估范围。同时，引入第三方失能评估机构，制定完善评估机构和评估人员准入、退出和管理机制，并探索建立评估结果跨部门互认机制和评估效果评价机制。

全国人大代表、大连医科大学附属第二医院神经内科学科主任林永忠建议，完善多元化筹资机制，逐渐减少长期护理保险对医疗保险基金的依赖。同时，拓宽筹资渠道，整合社会上的涉老资金，建立多元化筹资机制，确保可持续发展。

不同于一般养老护理服务，长期护理服务从业人员须经过培训，服务机构资质、准入也必须有专业门槛。但目前，护理人员紧缺已经成为实施长期护理保险的突出短板。《2020年全国医疗保障事业发展统计公报》显示，2020年长期护理保险定点护理服务机构有4 845个，护理服务人员数仅为19.1万人。鉴于此，林永忠建议，加强长期护理人才的培养，充分联合高等医学院、专业医疗机构组织、社区卫生院等为护理人员提供医疗专业系统培训，提高专业护理水平和服务质量。

四、通过立法保障健康持续发展

值得一提的是，近年来，通过立法推动长期护理保险发展的呼声一直不断。据了解，尽管长期护理保险被视为继养老、医疗、工伤、失业、生育五项社会保险之外的"第六险"，但作为一种新兴社会保障制度，现行法律法规尚未有明确规定，社会保险法中也没有涵盖长期护理保险。

"长期护理保险制度是弥补社会保障体系空白的制度安排。为解决其法律定位问题，需要在立法上发力。"全国人大代表，江西省医疗保障局党组书记、局长梅亦建议，加快医疗保障法立法进程，将长期护理保险作为立法内容，明确其法律定位、实施主体、筹资机制、保障范围、监管责任，推动长期护理政策法定化、长期护理制度法制化、长期护理治理法治化，实现长期护理保险有法可依。

"应尽快推进长期护理保险相关立法进程，建立起完善的法律制度体系，更加有效地保障被保险人的合法权益。"林永忠建议，通过立法，对失能等级鉴定、护理等级评定、服务质量评价、支付标准和方式、评估鉴定机制、待遇申请办法、护理人员的职业资格认证等进行明确，保证长期护理保险制度可持续发展。

资料来源：法治日报，2022-05-31。

深度阅读

1. 戴卫东. 长期护理保险——理论、制度、改革与发展［M］. 北京：经济科学出版社，2014.

本书是作者从事长期护理保险研究10余年来的一项重要理论成果，也是国内第一部关于全球长期护理保险研究的学术著作。全书首次对长期护理保险的基本属性和理论基础进行了深刻探讨，依据长期护理保险制度运行模式，全面、深入地研究了长期护理保险的制度背景、立法规范与责任机构、保险对象与受益审核、资金来源与待遇支付、护理内容与服务提供、质量监管与风险控制等核心内容。特别探究了长期护理保险制度的改革与发展趋势、经济与社会效益。对中国应对人口老龄化背景下的老年服务保障制度建设有一定的参考价值。

2. 张盈华. 老年长期护理：制度选择与国际比较［M］. 北京：经济管理出版社，2015.

本书系统论述了国外老年长期护理制度模式及其与福利制度、社会文化的关联性，按责任主体和筹资方式将各国制度归为四类模式，分别诠释老年长期护理制度内容和改革动向。结合中国老年长期护理事业发展现状，从出资责任、机构定位、医养融合、家庭支持和培育市场等方面提出政策建议。

3. 戴卫东. OECD国家长期护理津贴制度研究［M］. 北京：中国社会科学出版社，2018.

本书是国内研究 OECD 国家长期护理津贴制度（LTCA）的学术著作。全书在深入分析 OECD 国家长期护理津贴制度背景的基础上，从政策设计的 10 个方面地阐述了制度运行过程，并对制度实施的经济与社会效益进行了深刻探讨，客观地评价了制度的优势与劣势，进而对我国养老保障"碎片化"的资源整合与重构提供较高的参考价值。

4. 徐敬惠，梁鸿. 长期护理保险的理论与实践［M］. 上海：复旦大学出版社，2018.

本书分为基础篇、理论篇、探索篇、实践篇、案例篇五大部分，对长期护理保险的基本要素和基本概念进行了剖析；介绍并比较了国际长期护理保险理论和模式；梳理并分析了我国在长期护理保险制度方面的探索，包括我国长期护理保险制度的基本内容和商业长期护理保险的发展现状；最后介绍了我国长期护理保险制度试点的实践，包括政府开展的长期护理保险试点和政府委托商业保险机构开展的长期护理保险的试点情况。

5. 张盈华. 中国长期护理保险：试点推进与实践探索［M］. 北京：社会科学文献出版社，2019.

本书作者先后对长春市、青岛市、南通市、上海市、成都市等试点地区和北京市海淀区进行实地调研，并对中国保险行业协会的全国 24 个城市长期护理需求问卷调查数据进行了统计分析，最终完成调研报告。本书是国内首部详细记录长期护理保险主要试点地区的政策出台背景和试点实施情况的著作，书中的一手资料可为学者提供研究素材，为政策决策提供重要参考。

6. 齐天骄. 德国长期护理服务体系研究：以福利多元主义理论为视角［M］. 北京：中国社会科学出版社，2022.

本书依据福利多元主义理论，探讨德国的长期护理服务体系中国家、家庭、非营利性组织和市场这四个部门所扮演的角色如何各自转变、演变又相互影响的问题。研究发现，在长期护理服务体系建立之前，福利多元主义理论已或多或少地渗入德国的护理服务领域。随着福利多元主义理论同长期护理服务体系越发紧密地结合，体系中四部门所承担的职责发生了一定程度的转变或演变，理论对四部门职责演化所产生的影响各不相同，而顺应新自由主义浪潮而进行的福利国家改革，并非仅仅是国家职能收缩那么简单。从德国的长期护理服务体系来看，国家在这一改革中转变了职能。因此，如果说德国长期护理服务体系的发展演变是以福利多元主义理论为蓝本，或许更为恰当。

本章小结

在应对人口老龄化冲击过程中,长期护理保险制度是妥善解决老年人特别是失能、半失能老年人护理需求的有效手段之一,相关制度模式已在德国、日本等人口老龄化程度较为严重的国家稳定运行多年。随着我国人口老龄化程度不断加深,失能、半失能老年人的规模和占比不断增加,妥善解决这部分人群的护理需求在政策层面日益受到重视,现实中长期护理保险试点城市的规模正不断扩大是重要表现。而随着我国人口老龄化形势地进一步严峻,长期护理保险制度在我国社会保险体系中将进一步得到重视。

我国试点城市制度运行过程中,失能标准界定、待遇保障内容、资金来源范围等方面是重点关注内容。从学理上明晰与长期护理保险制度息息相关的核心概念与内容、关注长期护理与长期护理保险的联系与区别、梳理国内外典型国家的制度发展历程与变革,具体分析以德国和美国为代表的社会保险模式和商业保险模式内容之间的异同之处,重点研究确保制度平稳运行的资金筹集与给付内容。结合理论与现实,如何合理确定我国长期护理保险的待遇享受资格与给付内容,保障基金筹集来源稳定可持续,从而推动我国长期护理保险制度的稳定健康发展,仍需要进一步研究。

重要概念

失能　失能评估　长期护理　长期护理保险　长期护理社会保险模式　长期护理商业保险模式　长期护理保险基金　长期护理保险给付

复习思考题

1. 长期护理保险的概念是什么?
2. 简述德国、日本、美国等典型国家长期护理保险模式的优势与不足。
3. 我国是否需要建立全国统一的长期护理保险制度?
4. 我国农村老年人长期护理需求如何解决?

第三篇

中国社会保险制度改革与发展

中国古代和旧中国的社会保险

中国台港澳地区社会保险

中国社会主义社会保险制度的
　建立与发展

中国社会保险的内容（上）

中国社会保险的内容（下）

建立中国特色社会保险制度

第十二章
中国古代和旧中国的社会保险

谋划经济生活的安定，是人类与生俱来的本性。自有史以来，人类无不孜孜以求于寻求如何防灾避祸、安居乐业之道。我国古代出现的带有社会保险性质的经济思想和贯穿着这一思想的经济实践活动，就是人类这种"寻求"的具体表现。

第一节 中国古代的社会保险思想

随着生产力水平的提高，人们开始考虑社会生产方面的保障问题，出现了广义的社会保险思想，如《逸周书·文传篇》引夏箴所记载："小人无兼年之食，遇天饥，妻子非其有也。""土广无守，可袭伐；土狭无食，可围竭。二祸之来，不称之灾，天有四殃，水旱饥荒。"[①] 同世界上其他国家相比，我国很早就有社会保险思想的萌芽记载。这些记载，不仅见于古代一些著名思想家的著作中，也见于历代各种比较切合实际的救荒议论中，为我们今天探讨古代社会保险思想的形成与发展留下了宝贵的文字资料。

一、古代社会保险思想的起源

据史料记载，我国奴隶社会的夏代后期，人们的生产和生活深受各种灾荒的困扰，体会到"水旱饥荒，其至无时"，与"有城十仞，有汤池百步，带甲百万，而亡粟，不能守也"[②] 的道理。产生于此时的"积蓄以备灾荒"的思想贯穿于我国整个奴隶社会和封建社会，成为我国传统社会保险思想所遵循的基本线索。

我国传统社会保险思想一直是以"积蓄备荒"为核心的，这是由于"黄河平原与黄土高原的气候和土壤等生态条件特别适宜于单一的农耕经济的发展，这种发展的自给自

---

① 孔晁. 逸周书：十卷，附录一卷，校正补遗一卷 [M]. 北京：中华书局，1936：卷 3-5.
② 班固. 汉书 [M]. 北京：中华书局，1962：1133.

足性，使安土重迁的华夏民族往往不像古老的商业航海民族与游牧民族那样，把走向遥远的外部世界视为谋生的必由之路"①。

我国为重农之国，民以食为天，各个朝代无不以积蓄当作为政之重要方面，这主要是因为社会经济不能脱离自然条件而独立存在。地理环境是社会存在和发展的必要条件，它在一定条件下左右着社会经济发展的进程。我国古代社会保险思想的萌发及发展过程，在很大程度上就是由其特殊的地理环境所决定的。中国文明最早发源于远离海滨的内陆腹地，四周是与世界隔绝的封闭环境，形成了发展自然经济的良好土壤。生产上以生产使用价值为目的（实用主义），财富以其自然属性为内涵，如《礼记·曲礼》记载："问国君之富，数地以对，山泽之所出……问庶人之富，数畜以对。"②说明中国当时的生产力水平很低下，自然经济占绝对统治地位，使用奴隶进行生产主要是为了满足奴隶主国家和奴隶主阶级的使用需要，几乎完全是使用价值的生产。这与罗马奴隶主使用奴隶进行交换价值的生产完全不同。在这种环境下，人们只以得到衣食能够饱暖为安，交换的形式是低层次的，即不是为卖而买，而是为买而买。交换的不发达自然贬低了货币的功能，如传统说法："夫三币，握之则非有补于暖也，舍之则非有损于饱也。"③（三币：以珠玉为上币，黄金为中币，刀布为下币。）可以看出并没有认识到货币的重要作用，在当时的经济环境下，最大的风险莫过于缺粮少衣，最急切和有可能采用的办法莫善于"积布蓄粮"。

自给自足的小农经济禁锢了保险向高层次的发展，而且领主阶级"厚作敛于百姓，暴夺民衣食之财"，使得社会范围内的互助合作保险失去了其赖以生存的物质基础。由于我国历史上战乱、灾荒频繁，各朝代通货膨胀严重，流通也受到限制，只有"积蓄"实物，才会使"饱暖"得到保障。这种畸形的风险意识在我国一直占有一定的地位，迄今在一些贫困地区犹有残存，成为依赖财政救助的重点地区，这与传统的社会保险性质有非常相似之处，每一个小农经济实体（以每户为基本单位）没有相互保障意识。社会保险在中国始终占据非常重要地位，无论是从规模上还是从其延续的时间上都可以说是世界上其他国家少有的。从我国社会经济发展的历史来看，我国的社会保险思想与实践都是世界上最早的国家之一，然而至今民间的互助保险、商业保险仍然落后于世界发达国家，只有社会保险是占据主导地位并较为发达的。

---

① 萧功秦. 儒家文化的困境：中国近代士大夫与西方挑战［M］. 成都：四川人民出版社，1986：4.
② 陈澔. 礼记［M］. 上海：上海古籍出版社，1987：23.
③ 刘昫. 旧唐书［M］. 北京：中华书局，1975：2097.

我国历代政府都将经济纳入政治强制轨道，这本身就与"不相往来"的经济格局相印证。因为人们对政府的向心力往往与相互间的不合作同时并存，互为前提。总之，经济内在活力的压抑和相互间贸易往来的不能实现是经济协作关系不能形成的根源所在。

二、著名思想家的社会保险思想

在历史记载中，我国古代著名思想家关于社会保险的讨论是较为丰富的。《吕氏春秋·恃君览》说："凡人之性，爪牙不足以自守，肌肉不足以捍寒暑，筋骨不足以从利辟害，勇敢不足以却猛禁悍。"[1] 这说明我国古代很早就注意到单凭个人的力量不足以自卫和谋生，必须互相合作、依靠集体力量才能抵御当时的自然灾害和外来侵袭。对我国社会思想影响最大的孔子（名丘，公元前551年—公元前479年），早在2 500多年以前的《礼记·礼运篇》中就提出了"大同社会"的理想："大道之行也，天下为公……人不独亲其亲，不独子其子，使老有所终，壮有所用，幼有所长，矜、寡、孤、独、废疾者皆有所养。"[2] 孔子在《论语·季氏篇第十六》中说过："丘也闻有国家者，不患寡而患不均，不患贫而患不安，盖均无贫，和无寡，安无倾。"[3] 孔子的弟子在《论语·颜渊篇第十二》中指出："百姓足，君孰与不足；百姓不足，君孰与足。"[4] 这也在一定程度上反映了孔子的思想观点。孔子这种"大同社会"理想，可称得上是世界上最古老的社会保险思想。其特点表现在四个方面：第一，从总的纲领来说，大同社会是以"天下为公"作为最高理想。第二，每个社会成员只要有劳动能力，都应从事劳动。失去劳动能力的人，应由集体来供养。老年人、幼儿都应得到赡养、哺育。并且提出男婚女嫁也由社会给予很好的安排，即"男有分，女有归"。第三，人与人之间互助友爱，设想整个社会无欺诈、无盗贼、无战争，"讲信修睦"。人们平平安安地过生活，甚至达到"外户而不闭"。第四，社会财富为全体人民共同享有，而不是为私人所有，"货恶其弃于地也，不必藏于己；力恶其不出于身也，不必为己"。这种"不患寡而患不均，不患贫而患不安"的互济思想，以及"盖均无贫，和无寡，安无倾"的论点中都包含有"收入再分配"的现代社会保险理论思想。

---

[1] 林品石. 吕氏春秋今注今译 [M]. 台北：台湾商务印书馆股份有限公司，1985：642.
[2] 陈澔. 礼记 [M]. 上海：上海古籍出版社，1987：120.
[3] 毛子水. 论语今注今译 [M]. 台北：台湾商务印书馆股份有限公司，1979：256.
[4] 毛子水. 论语今注今译 [M]. 台北：台湾商务印书馆股份有限公司，1979：188.

孟子在《滕文公》中也主张："出入相友，守望相互，疾病相扶持……"①尽管孔子与孟子的思想在一定程度上反映了我国古代儒家的社会互助保险思想，但是，他们的"命定论"或"宿命论"认为，"道之将行也与，命也；道之将废也与，命也"②，一切都是命运安排好的，忽视了人的主观能动性，这种消极思想延缓了社会保险制度在中国的形成。

在春秋战国时期，其他一些社会思想家也提出过类似的主张。如墨子（名翟，约公元前468年—公元前376年）继承了孔子的儒家思想，即"有力者疾以助人"和"有力以劳人"③，但是，相对于孔子的"命定论"，墨子的"非命论"具有更加积极的观念，"非命论"认为，人的命运与个人行为有一定关系，个人通过努力在一定程度上能够改变命运。《墨子·非命下》主张："必使饥者得食，寒者得衣，劳者得息。"④依靠全社会的力量，组织起来，有余力余财的人扶助贫困的人避免灾害，这是墨子提出的政治纲领之一，也具有互济互助、共同御灾的社会保险性质。此外，荀子（名况，约公元前313年—公元前238年）很早就认识到储备防灾的重要性，他认为，"节用裕民，而善藏其余"⑤，"岁虽凶败水旱，使百姓无冻馁之患"⑥。与孔子和墨子的"性善论"相比，荀子从"性恶论"视角出发，更强调"礼制"的外在制度约束，用社会的力量规范和约束人的行为，相对于"情感"而生的自觉孝道更可靠而且有效。荀子在《礼论篇》中提出："礼起于何也？曰：人生而有欲，欲而不得，则不能无求，求而无度量分界，则不能不争；争则乱，乱则穷。先王恶其乱也，故制礼义以分之，以养人之欲，给人之求。使欲必不穷乎物，物必不屈于欲，两者相持而长，是礼之所起也。"⑦荀子的"礼制"思想为后来社会互助行为奠定了思想基础。

上述诸家的思想表明：要把社会剩余产品（主要是食物）积蓄起来，遇灾荒年景使百姓不受饥寒；在平时，社会的孤寡、残疾等都能得到国家的保护和社会的扶助；用制度化的社会力量帮助家庭和个人抵御各种风险。这些论述成了社会保险思想的萌芽。

---

① 史次耘. 孟子今注今译 [M]. 台北：台湾商务印书馆股份有限公司，1984：215.
② 毛子水. 论语今注今译 [M]. 台北：台湾商务印书馆股份有限公司，1979：230.
③ 李渔叔. 墨子今注今译 [M]. 台北：台湾商务印书馆股份有限公司，1979：66.
④ 李渔叔. 墨子今注今译 [M]. 台北：台湾商务印书馆股份有限公司，1979：268.
⑤ 熊公哲. 荀子今注今译 [M]. 台北：台湾商务印书馆股份有限公司，1984：178.
⑥ 熊公哲. 荀子今注今译 [M]. 台北：台湾商务印书馆股份有限公司，1984：186.
⑦ 熊公哲. 荀子今注今译 [M]. 台北：台湾商务印书馆股份有限公司，1984：373.

三、历代救荒论述中的社会保险思想

中国古代的荒政思想和仓储制度,在几千年的长期实践中,形成了一整套系统的理论。它基本上是由国家强迫缴纳粮食(辅以少量货币)进行储备,以便实施社会保障、公共救济、相互援助以及经济补偿功能。我国自夏朝以来形成的荒政思想(诸如重农说、仓储说、赈济说、调粟说、养恤说、除害说、安辑说、蠲缓说、放贷说、节约说、水利说、林垦说等)和仓储制度(魏有"御廪",韩有"敖仓",汉有"常平仓",隋有"义仓",宋有"社仓")是社会保险的雏形。我国古代历朝的各种救荒论述(包括事先预防和事后救济的论述),均有近似现代社会保险思想的含义。

(一)事先预防论

事先预防论最主要的内容是"仓储说"。从夏朝开始,国家就非常重视粮食的积蓄,以防水旱之灾。在当时十分低下的生产力条件下,人类抵御自然灾害的能力很差,对于无法预料的天灾,只能采取事先储备粮食的办法以抗拒可能发生的自然灾害。

《逸周书·文传篇》引《开望》说:"天有四殃(映),水旱饥荒,其至无时,非务积聚,何以备之?"① 于是,主张"天下无常丰之岁,倘有缓急,不可无备"②。具体办法是由朝廷官吏把百姓手中的余粮收集起来就地建仓储存,荒年开仓赈济,即"惟以本乡所出,积于本乡;以百姓所余,散于百姓"③。储粮的目的则是:第一,"当患而为之备,即灾而为之捍者,可免流离之苦。"④ 第二,"夫积贮者,天下之大命也。苟粟多而财有余,何为而不成?"⑤ 又说"仓廪实而知礼节,民不足而可治者,自古及今,未之尝闻"⑥。

这些论述,显然是一种依靠国家力量储粮备荒,防患于未然的社会保险思想,与现代社会保险原理十分接近。

(二)事后救济论

事后救济论包括赈济、调粟、养恤、蠲缓等方面内容。

---

① 孔晁. 逸周书:十卷,附录一卷,校正补遗一卷 [M]. 北京:中华书局,1936:卷3-5.
② 陆曾禹. 康济录 [M]. 台北:老古出版社,1934:41.
③ 陆曾禹. 康济录 [M]. 台北:老古出版社,1934:45.
④ 邓云特. 中国救荒史 [M]. 上海:上海书店,1984:255.
⑤ 班固. 汉书 [M]. 北京:中华书局,1962:1130.
⑥ 赵守正. 管子注译 [M]. 南宁:广西人民出版社,1982:1.

1. 赈济

赈济是指以实物（主要是食粮谷米）或货币救济蒙灾的百姓和生活在贫困线以下的人们，以保障其最低限度经济生活的一种制度，多由朝廷官府或政府举办。

赈济作为一种重要的救荒政策，开始是适用于灾年，"荒政始于黎民阻饥……凶荒之岁，为符信发粟，振饥而已"①。后来发展到在每年青黄不接之时，也开仓赈济饥民，即"仲春振乏绝"②。赈济由朝廷举办和管理，圣旨下达后，各府、州、县纷纷打开粮仓，就地赈济。③ 同时，朝廷对各级官吏在赈济中应尽的职责也作了明确规定④：皇帝的职责是派遣专人负责打开粮仓，把储存的粮食发放出来赈济百姓；宰执的职责是向皇帝提出开仓赈济的建议；监司的职责是根据本部门的灾害程度确定具体赈济办法；太守的职责是打开当地粮仓，根据灾民不同的受灾程度，规定下属各县的赈济方式；牧令的职责是视察本地灾情，如实向上级报告，申请开仓赈济。此外，通过对赈济的议论，把赈济、统治者与人民的关系作了高度概括："百姓之身家，国之仓廪所出。年岁丰登，民则为上实仓储。旱潦告灾，君即为民谋保聚。"⑤

2. 调粟

调粟思想渊源甚远，其实质是移民就食或移食就民，即在全国范围内通过对丰收和蒙灾的不同地域间进行粮食调拨或移民，使灾区人民的经济生活得到保障。孟子说："河内凶，则移其民于河东，移其粟于河内。河东凶亦然。"⑥ 李悝的观点则更为明确和实用，他认为荒年粮价过高会严重影响城镇居民生活，丰年粮价过低又会严重影响农民生活，百姓生活无保障，会造成国家财政困难，统治动摇，即"籴甚贵伤民，甚贱伤农。民伤则离散，农伤则国贫"⑦。因此提出将丰收的粮食积聚起来运往灾区的具体措施，达到"取有余，以补不足也"的目的。⑧

3. 养恤

养恤是指灾后国家安置流民的一种制度，包括发放寒衣、医药，提供栖身场所和施粥等。我国古代统治阶级曾以"一民饥，曰我饥之，一民寒，曰我寒之"为恤民的根本

---

① 马端临. 文献通考 [M]. 北京：中华书局，1986：205.
② 陈澔. 礼记 [M]. 上海：上海古籍出版社，1987：85.
③ 邓云特. 中国救荒史 [M]. 上海：上海书店，1984：209.
④ 邓云特. 中国救荒史 [M]. 上海：上海书店，1984：206.
⑤ 夏东元. 郑观应集 [M]. 上海：上海人民出版社，1982：745.
⑥ 史次耘. 孟子今注今译 [M]. 台北：台湾商务印书馆股份有限公司，1984：5.
⑦ 班固. 汉书 [M]. 北京：中华书局，1962：2124.
⑧ 王云五. 老子今注今译 [M]. 台北：台湾商务印书馆股份有限公司，1978：229.

原则。如《豳风记》有"授衣"①之事,《周礼》记载:"疾医,凡民有疾病者分治之,司救,凡有天患民病,则以王命施惠。"②除此以外,历代论救荒者,还十分重视社会为灾民提供施粥、居养、赎子等救济。

4. 蠲缓

蠲缓是国家减免灾民赋税的一种政策,即灾害发生后,国家为了让百姓恢复生产,重建家园,对灾区农民免征徭役,"凡新甿之治皆听之,使无征役"③。当时人们已充分认识到只有让农民在荒芜的土地上迅速恢复生产,国家财政收入才有来源,因此主张对灾民减免赋税。"政府之岁入,赖乎租赋。而赋从田出,遇灾则田荒,田荒则赋无所出。灾民救死不赡,若犹责以输将,徒重其困,苟为之施旷荡之恩以宽假之,则民悦无疆。"④

第二节 中国古代的社会保险实践

理论是行动的指南,我国古代各种原始的社会保险思想,必然会产生与之相适应的社会保险实践。

一、赈济制度下的社会保险实践

(一)建立后备仓储,赈谷救荒

历朝都非常重视建立后备仓储,赈谷救荒。仓储制度是古代社会保险的雏形或萌芽,也是中国古代原始社会保险的重要标志。早在战国时期,就已开始以粮食储备之策,赈济饥民。例如《孟子·尽心下篇》记载:"齐宣王亦尝发棠邑之仓,以赈贫民。"⑤汉代以后,赈谷之法奉行无间,汉文帝六年遇到大旱灾,而且蝗灾严重,于是"发仓庾,以赈民"⑥。唐开元十五年(727年)八月,河北各州、县、乡农田多遭水灾,"令所司量支东都租米二十万石赈给"⑦。宋建炎三年(1129年),开仓将十万斛粮食平

---

① 江荫香. 诗经译注 [M]. 北京:北京市中国书店,1982:卷3-117.
② 贾公彦. 附音释周礼注疏:四十二卷 [M]. 上海:中华书局,1936:157.
③ 贾公彦. 附音释周礼注疏:四十二卷 [M]. 上海:中华书局,1936:577.
④ 邓云特. 中国救荒史 [M]. 上海:上海书店,1984:233.
⑤ 史次耘. 孟子今注今译 [M]. 台北:台湾商务印书馆股份有限公司,1984:395.
⑥ 班固. 汉书 [M]. 北京:中华书局,1962:131.
⑦ 刘昫. 旧唐书 [M]. 北京:中华书局,1975:191.

价卖给江南五府部分因受灾而流离失所的百姓。①

在中国漫长的封建社会里，农业生产一直占据着主导地位，当时科学不发达，农业生产主要依赖自然条件，不可避免地要受到水旱灾害的重大影响。因此，赈济问题便成为历代必须考虑的一大社会问题。在历代思想家、政治家的倡导和主持下，各种仓储制度应运而生。其仓储的基本上是由农民缴纳的粮食，供灾年时开仓赈济之用。

1. 委积

委积是积蓄储备粮草的意思，少量为委，大量为积，是中国古代后备仓储制度之一。《周礼·地官·大司徒》记载："大宾客，令野脩道委积。"孙诒让在其所撰的《周礼正义》中指出："《说文·禾部》云：'积，聚也。'……凡储聚禾米薪刍之属，通谓之委积。"②据《逸周书·文传》记载："有十年之积者王，有五年之积者霸，无一年之积者亡。"③武王克商后，即向周公姬旦问政。旦曰："送行逆来，振（赈）乏救食，老弱疾病，孤子寡独，惟政为先，民有欲蓄。"④当权者如能把积蓄用于"振救"，是百姓视为朝廷德政的先决条件。武王照此办理，深得民心。积蓄用于"振救"，也是仁政的体现。《周礼·地官司徒》载："遗人掌邦之委积，以待施惠；乡里之委积，以恤民之艰厄；门关之委积以养老孤……县都之委积，以待凶荒。"⑤这种"施惠""恤民之艰厄""待凶荒"的制度，体现了社会保障的性质，也是中国古代传统社会保险的起源。

2. 常平仓

常平仓是中国古代仓储制度之一。据《汉书·食货志》记载："宣帝即位，大司农中丞耿寿昌以善为算，能商功利，得幸于上。五凤中奏言：'故事，岁漕关东谷四百万斛，以给京师，用卒六万人，宜籴三辅、弘农、河东、上党、太原郡谷，足供京师，可以省关东漕卒过半。'天子从其计。寿昌遂白（自）令边郡皆筑仓，以谷贱时增其价而籴，以利农；谷贵时减价而粜。名曰常平仓，民便之。"⑥古代仓储制度此时才算正式确立，也是官府赈籴（粜）的开始。与常平仓性质类似的还有惠民仓，以杂配钱折粟积蓄，遇岁歉则半价粜出。籴（粜）字的本意是买入（卖出）谷物，后演变为"用买入（卖出）粮食的方式实行补助"的意思。这种仓储制度从五代后周开始，到宋代曾普遍

---

① 脱脱. 宋史［M］. 北京：中华书局，1977：457.
② 贾公彦. 附音释周礼注疏：四十二卷［M］. 上海：中华书局，1936：375.
③ 孔晁. 逸周书：十卷，附录一卷，校正补遗一卷［M］. 北京：中华书局，1936：卷3-5.
④ 孔晁. 逸周书：十卷，附录一卷，校正补遗一卷［M］. 北京：中华书局，1936：卷4-1.
⑤ 贾公彦. 附音释周礼注疏：四十二卷［M］. 上海：中华书局，1936：482-483.
⑥ 班固. 汉书［M］. 北京：中华书局，1962：1141.

实行。与南宋理宗绍定（1228—1233年）、淳祐年间（1241—1252年）所设的平籴仓一样，只作为常平仓的补充，影响甚小。

从汉朝至清朝的1 000余年间，按照耿寿昌的办法建仓的为数不少，如西晋泰始四年（268年），晋武帝命立常平仓。① 南北朝齐永明六年（488年），齐武帝采纳兼尚书右丞李圭之等人的建议，并命扬州等10州亦出钱，于京师籴得大批米谷、布帛入常平仓作为积累。② 北魏太和二十年（496年），孝文帝采纳了秘书监李彪的建议设立常平仓。③ "隋文帝开皇三年（583年）于河西勒百姓立堡，营田积谷，京师置常平仓。"④ 唐高宗永徽六年（655年）在京东西设常平仓。玄宗开元二年（714年）诏谕全国各州、道普设常平仓。北宋太宗淳化三年（992年），遣派史臣就首都开封府4个城门各设一场所，收高价所籴之谷储于近仓。有饥荒时，减价籴于贫民。籴时也于4个城门各设7处至14处场所，专管卖出事项。真宗景德三年（1006年），除沿边州军以外，各地遍设常平仓。南宋孝宗乾道四年（1168年），朱熹住在福建崇安县，遇建宁府一带大饥，朱熹请求县府救济，得常平米600石，赈济灾民。金朝时的常平仓除州、府以外，更设县仓。章宗明昌三年（1192年）规定，县距州60里以内的，就利用州仓；60里以外的，则特置1仓。清顺治十二年（1655年），各州、县自理蠲缓，春夏积银，秋冬积谷，都存入常平仓备赈。乾隆五年（1740年），命地方积谷备用，以惠济贫民，各省收成较好的，应及时办理积蓄之政。

从历史资料看，类似常平仓的赈济事例很多。如："许昌……水灾，浮殍不可胜计。……发常平仓所储……籼制赈民，全活数万。"又如："蔡州饥……发粟赈之，活者六十余万。"在荒年时，用常平仓积谷减价籴于贫民，减轻其负担，以此体现赈济的作用，这是显而易见的社会保障活动。但常平仓积谷来自各级政府的财政资金，这就摆脱不了财政的影响，当财政发生危机时，为民众提供保障就会显得无能为力。

3. 义仓

义仓是中国古代一种实物形式的仓储制度，这种制度起源于汉代，发展成熟于北齐，兴盛于隋唐。百姓缴纳义租，历代都有具体规定，按北齐制，每岁每人出垦租2石，义租5升，垦租送台，义租纳郡，以备水旱。这就是最初的义租标准。隋开皇五年（585年），度支尚书长孙平奏称："令诸州百姓及军人，劝课当社（故义仓又称社仓）

---

① 俞森. 常平仓考义仓考 [M]. 北京：中华书局，1985：5.
② 王钦若. 册府元龟 [M]. 北京：中华书局，1960：6010-6011.
③ 俞森. 常平仓考义仓考 [M]. 北京：中华书局，1985：2.
④ 王雷鸣. 历代食货志注释 [M]. 北京：农业出版社，1984：219.

共立义仓,收获之日,随其所得,劝课出粟及麦,于当社造仓窖贮之。即委社司,执账检校,每年收积,勿使损败,若时有不熟,当社有饥馑,即以此谷赈给。"① 至开皇十六年(596年)规定,义租上户不过1石,中户不过7斗,下户不过4斗。到唐太宗贞观二年(628年),太宗准尚书左丞戴胄的《请建义仓疏》又作新的规定:"……今请自王公以下,爰及众庶,计所垦田稼穑顷亩,至秋熟,准其见在苗以理劝课,尽令出粟。稻麦之乡,亦同此税。各纳所在,为立义仓。若年谷不登,百姓饥馑,当所在州县,随便取给。"② 户部尚书韩仲良拟订征集条例:"王公以下垦田,亩纳二升。其粟麦粳稻之属,各依土地,贮之州县以备凶年。""没有田地的商贾其户分为几等,除下下户及夷人外,自上上户至下中户,共八等。上上户出谷五石,渐次递减至下中户,出五斗为止。不种谷的,则用货币代替,至秋收时,如额取偿。"③ 至天宝八年(749年),已积谷9 606万余石,其中义仓谷竟达6 317万余石,占总储量的66%。自唐武德元年(618年)至开成五年(840年)的220余年间,共发赈济136次,其中义仓占106次。宋乾德元年(963年)的义租规定:"每年春秋两季纳税时,每税一石,另纳一斗……"④ 因经济不景气、民力不足,于乾德四年(966年)又废义仓。仁宗庆历元年(1041年)又复设立,以后兴废多次。元初至元六年(1269年),规定每社设一义仓,并由社长主持,年熟每亲丁纳粟5斗,驱丁2斗,无粟可纳的,可以用杂粮代替。清顺治十二年(1655年),朝廷下令在全国的州、府、县设立常平仓的同时,在市镇设义仓,积谷也由历代按亩强征改为民间自愿捐输、自行管理,实现了义仓的民间化,以便取之于民、用之于民。但在清朝的中后期,义仓谷仍不能避免官府的侵吞。

对义仓的性质和失败的原因,宋朝林㭎在《常平义仓论》中做过精辟的分析:"自民而出,自民而入,丰凶有济,缓急有权。"用现在的话来说,就是民众自行集资,为荒年提供救济。其失败的原因是:义仓积谷"为官吏之移用,县仓转而郡仓,民益甚远,而为军国之资。官知其敛,未知其散,民见其入,未见其出。此义仓之实政废矣"。群众为避免常平仓的积弊又办义仓,义仓也因重蹈常平仓积弊的覆辙而失败。

4. 广惠仓

广惠仓也是中国古代实物形式的后备仓储制度,以赡养社会老幼为其职能,宋仁宗嘉祐二年(1057年),经枢密使韩琦奏请设立。该制度将夏秋所得税米贮藏于仓,分留

---

① 王雷鸣. 历代食货志注释[M]. 北京:农业出版社,1984:211.
② 刘昫. 旧唐书[M]. 北京:中华书局,1975:2533.
③ 马端临. 文献通考[M]. 北京:中华书局,1986:205.
④ 马端临. 文献通考[M]. 北京:中华书局,1986:209.

给各州县，以备赡养老、幼、贫、病不能自我生存的人，具有（社会）保障性质。具体做法是政府购入所有天下户绝田，招民耕种，由政府收租。其标准每10万户纳米1万石；每7万户纳米8 000石；每4万户纳米5 000石；每3万户纳米4 000石；每2万户纳米3 000石；每1万户纳米2 000石；不满1万户的，将收得税米储于仓内。如有剩余，允许耕者自卖。因管理多次变动，熙宁四年（1071年），广惠仓米与常平仓米都变为青苗本钱，削弱了广惠仓米的赡养职能。虽经哲宗元祐三年（1088年）、孝宗乾道五年（1169年）和宁宗庆元元年（1195年）3次重建，始终无法推广。宋朝以后就再也未见广惠仓的设置了。

赈谷救荒，通常有两种形式：第一，由地方建立粮食储备，并设置专职管理人员，一旦遇灾，则开仓赈济饥民。① 第二，由朝廷建立并直接掌握的粮食储备。如公元前54年，汉宣帝采纳大司农中丞耿寿昌的倡议，设立常平仓，丰年平价购进，荒年以平价售出；② 隋文帝开皇五年（585年），劝令由民间纳课粮食，根据贫富分等，上户出一石，中户出七斗，下户出五斗，储之里巷，以备凶年，名曰"义仓"。③

（二）赈银救荒

随着生产力水平的提高，小商品生产有了进一步发展，以谷赈民救济灾荒的政策因为不便于商品流通，而且难以适应灾后的不同需要，于是出现了赈银救荒之法。东汉永建三年（128年），京师地震造成汉阳地壳陷裂，当地居民死伤惨重，房屋大多倒塌，汉顺帝诏令地方官吏调查灾情如实上报，然后由国库支付，对年满七岁以上的生存者每人给钱二千。④ 赈款的发放除了以年龄为标准外，还有的以家庭人口为标准。宋仁宗天圣七年（1029年），河北遇到大水灾，冲垮了澶州浮桥，死人无数，苟活者亦被水所围困，仁宗下令凡是尚有三口人幸存的家庭发给赈款二千，不足三口之家，则只给一千。⑤ 此外，还有的以户为赈济单位。明太祖朱元璋曾颁布诏令，对于山东受灾居民，每户赈银五锭。⑥ 这种以货币形式赈济灾荒更具有现代社会保险的特点。

（三）工赈救荒

工赈是指国家选择灾情最严重的地区，开工（如整治堤防、修筑道路等）施赈。它

---

① 贾公彦. 附音释周礼注疏：四十二卷 [M]. 上海：中华书局，1936：363.
② 班固. 汉书 [M]. 北京：中华书局，1962：268.
③ 王德庠. 保险学概论 [M]. 重庆：重庆出版社，1984：22.
④ 范晔. 后汉书 [M]. 北京：中华书局，1965：255.
⑤ 脱脱. 宋史 [M]. 北京：中华书局，1977：186.
⑥ 张廷玉. 明史 [M]. 北京：中华书局，1974：49.

以结算民工工钱形式发放赈款，救助灾民。工赈形式规模较大、赈济面广，是典型的古代社会保险形式。工赈始于战国时期，当时齐景公兴建宫室，召天下灾民为民工，修造三年，宫室就而"民足乎食"。① 后来各朝也多采用这种办法，如唐朝卢担任宣州刺史时，遇江淮大旱，卢担就组织灾民去开发当涂县久废的渚田，按工时发放口粮，使几千灾民渡过了荒年，而荒地也辟成了良田。② 明朝弘治年间，黄河决堤，淹没了开封城，百姓流离失所，河南副都巡抚孙需组织灾民数万人修复河堤，给予一定的佣钱，以较低的费用整治了黄河年久失修的堤防，又救助了灾区饥民。③ 明朝万历年间，御史钟化民命令各府、州、县调查勘探早该动工而又无力进行的建筑项目，"如修学修城、濬河、筑堤之类"，招募灾民充当民工，一个民工工作一天给米三升，既完成了急需完成的工程，又赈济了灾民，而且费用相对低廉，"借急需之工，养枵腹之众，公私两利"。④

据历代官厅的报告，赈济制度的效果十分显著。在宋代的一个荒年里，通过朝廷开仓放粮，救活了上万人。⑤ 宋代吴中遇到严重饥荒，参政知事范仲淹就此大兴土木，除了为工程征集大批民工外，其他灾民纷纷从事为工程服务的贸易、饮食、工程技术等业务，数以万计的人生活有了保障，无需举家逃荒。⑥ 明穆宗时，连绵阴雨，许多民宅倒塌，漏雨的民居不计其数，朝廷视实际灾情，分等级予以救助，增强了抗灾能力。⑦

然而，我国古代赈济制度的弊端也十分突出：第一，赈济不及时。任何开仓救助活动，都得事先逐级申报，待皇帝下旨后才能进行。因古时交通不便，申报灾情往返至少一个月之多，到灾区接旨时，早已饿殍遍野。⑧ 第二，官吏富豪贪污克扣，灾民受惠济甚少。《宋史真德秀传》中记载："太平州私创大斛，宁国守张忠恕私匿赈济米。"明绍兴府指挥史蜜克勤受命押送 13 000 石大米赈济该府饥民，可灾民享领的却是一些潮湿不堪的陈米，且量不足，每石少 9 升，还夹杂着不少糠和土。蜜克勤押粮 13 000 石，竟贪污了 4 160 石。⑨ 第三，有的地区发放的赈济数量太少，不足以使灾民求得一饱。《东方杂志》有这样的记载："皖中……去年不幸奇灾，……灾民计 822 人，赈款计 38 元。假如以

---

① 吴则虞. 晏子春秋集释 [M]. 北京：中华书局，1962：308.
② 董诰. 全唐文 [M]. 北京：中华书局，1983：6464.
③④ 邓云特. 中国救荒史 [M]. 上海：上海书店，1984：294.
⑤ 脱脱. 宋史 [M]. 北京：中华书局，1977：9975.
⑥ 脱脱. 宋史 [M]. 北京：中华书局，1977：10275.
⑦ 张廷玉. 明史 [M]. 北京：中华书局，1974：254.
⑧ 邓云特. 中国救荒史 [M]. 上海：上海书店，1984：304-305.
⑨ 脱脱. 宋史 [M]. 北京：中华书局，1985：12960.

人数平均，每人可领赈款 4 分 5 厘，除去宏伞法师赈款外，每人约可得 3 分左右。"①

二、养恤制度下的社会保险实践

历代养恤制度细分起来种类较多，方法也随之各异，但同赈济制度一样，都在一定程度上提供民众以最低经济生活保障，所以也是一种类似社会保险的实践。养恤制度主要包括施粥和居养两大内容。

（一）施粥

施粥是面临灾荒最急切的救治办法，多由政府拨粮，以专人在固定地点煮粥发放，救助灾民。战国时期，齐国公叔文子在卫国时正遇上空前饥荒，他就煮粥施给灾民，受惠灾民甚众。公叔文子死后，他的儿子向卫王请求给其父以谥号，卫王给了他极高评价："夫子为粥与国之饥者，不亦惠乎？"②

到了汉代，给粥赈饥业已成为救荒的普遍方策，赈粥的诏令也屡有颁布。东汉末年，各地饥荒特别严重，施粥尤为多见。东汉兴平元年（194 年），三辅大旱，从 4 月到 7 月连续 3 个月滴雨未降，谷物、大豆、小麦价格飞涨，饥民无以为生，相互啖食，白骨堆积如山。献帝派遣侍御史侯汶打开粮仓，拿出粮食做薄粥施给饥民。③ 此后，累代施行，未尝稍衰。

两宋以后，施粥方法推行更盛。到了金代章宗时，施粥制度更臻完备，时间、地点都有固定，为后来的"粥厂"制度奠定了基础。承安四年（1199 年），章宗敕令京都和各府、县都设立普济院，每年 10 月到次年 4 月春荒之时，施粥赈济贫民。④

粥厂制度推行最广泛的是明代。万历年间，御史钟化民受命赈济河南饥民，到任后，首先令下属各府、州、县官到辖区调查，选择可靠的人负责粥厂工作，而且为方便饥民就食，多处设立粥厂。他规定每座粥厂收养饥民 200 人，无论是当地居民还是逃荒的外地人，根据年龄和性别分类，每人发一张用油纸包好的小纸片，上面注明到某粥厂就食，令领粥者将其别于衣袖之上，作为领粥凭证，粥厂负责人手中也有花名册，施粥时可以随时查点，避免有人几处冒领。施粥时间直至小麦黄熟后为止。钟化民还经常亲

---

① 三联书店编辑部. 东方杂志总目：一九〇四年三月——一九四八年十二月 [M]. 北京：三联书店，1957：77.
② 陈澔. 礼记 [M]. 上海：上海古籍出版社，1987：52.
③ 范晔. 后汉书 [M]. 北京：中华书局，1965：376.
④ 陆曾禹. 康济录 [M]. 台北：老古出版社，1934：56.

自到境内各粥厂视察,"以故地方官望风感动,竭力赈济,而民赖以生"。①

(二) 居养

居养属临时收容抚恤之法,是指由国家设置专门的收容机关(如居养院、安济坊、福田院等),对因蒙灾而流浪乞讨、无以为生之人实行救助的一种制度。

居养制度起源于汉代。西汉元始二年(2年),旱灾、蝗灾交织,灾民贫病交加,灾区十室九空。汉平帝敕令对死亡6人以上的农户赐钱5千,死亡4人以上的农户赐钱3千,死亡2人以上的农户赐钱2千,作为安葬费。对于幸存者,将蒙灾最重县份的灾民移到城里,拨款修建寺庙让其栖身,由县令负责将赈米送到饥民手中,还赐给灾民田地、房屋、日用物品、车辆、耕牛、农具,帮助灾民恢复生产。②

居养机构到宋代便成为固定的收容机关。此时,居养机构遍及全国,居养对象更加广泛。宋朝开始只在京师设置固定居养机关福田院,收养失去劳动力的老年人、残疾人、孤儿和无计为生的贫民与乞丐,到明英宗时便设置了东、西、南、北四座福田院共计可收容300人,每年国库拿出500万~800万文,安置贫困者和解决鳏、寡、孤、独者的基本生活问题。③

宋代居养机构不仅名目繁多,且保障范围逐步扩大。宋崇宁三年(1104年),增设漏泽园,对一些因家贫无力下葬的死者,令各县拨出荒地,雇人安葬。对冻僵在路上的人和缺少寒衣的乞丐均送到近便的居养院,发给钱和米救济。对于贫困年幼的孤儿,送到学堂念书,用剩余的赈款给其添置衣裳,且不收伙食费。被父母遗弃的婴儿,也雇乳娘喂养等。④

养恤制度的施行,给饥寒贫苦的人们带来了一定利益。特别是在灾荒之年,能够让百姓饱食安居,确为救济灾民的一种好办法。就施粥而言,其成效有三个方面。第一,能救急。在其他赈济未发放之前,往往有"迫不及待者",赈后,又常有难以接济者,在这时,施粥则比较自便。第二,救活人多。因为施粥的手续和设备都不需要任何铺张,所以历次救活人数动辄几十万,甚至数百万人。第三,施粥办法简便易行。明代席书评价施粥,认为古代救荒政策中到明朝仍然适用的只有施粥,并详细算了一笔账:江南42州县,一般情况是,大县设粥厂12所,中县设粥厂8所,小县设粥厂6所,从当年11月半起施粥到来年麦熟停止,不过用米16万石,却可救活20余万人,所以说"取

---

① 陆曾禹. 康济录 [M]. 台北:老古出版社,1934:57.
② 班固. 汉书 [M]. 北京:中华书局,1962:353.
③④ 脱脱. 宋史 [M]. 北京:中华书局,1977:4339.

用有数，未至太靡；赈恤有等，不至虚费"，"其效甚速，其功甚大"①。

但是，与赈济制度一样，养恤制度的弊端也不少，主要表现在：第一，主持养恤者营私舞弊。如东汉元初四年（117年），暴雨如注，灾民虽有稀粥供给，但糜粥"秕糠相半"，而县令玩忽职守，根本不到现场查看。② 第二，施粥的范围有局限性。除了少数地区外，一般粥厂都设在城中，没有散布到灾区各县，以至于四乡饥民往往闻风而动并聚集在一起，造成一处粥厂无力供给所有就食者，反而"致民相聚而死"③。第三，饥饿疲民聚集，疾疫易染。水灾之后，必有瘟疫流行，而饥饿之民抵抗力极弱，一人染病将会迅速传播。饥民为食粥聚集于各粥厂，不为抢粥而相踏藉死，也会为疾病流行而病死。

征诸上述丰富典籍，说明我国古代早有共同谋求经济生活安定的最古老的社会保险思想，而且历朝都不断地进行了内容多样的社会保险实践活动，这些都是我国社会保险的萌芽形态。

第三节 旧中国国民党政府时期的社会保险

中国资产阶级革命的先行者孙中山先生在倡导资产阶级革命、创立三民主义的同时，极力主张由国家政府举办社会保险事业。但是，由于当时中国社会生产力水平低下，工业不发达，真正的社会保险项目在大都市并未广泛施行，尤其是人口众多的农村更谈不上受其保障。在旧中国，影响较大、效果较显著的是那些具有现代社会保险性质的各种救灾保障项目。

一、孙中山的社会保险思想与实践

（一）孙中山的社会保险思想

孙中山先生继承了中国古代较为丰富的社会保险思想。他于1894年上书李鸿章痛陈救国大计时，就以人尽其才、地尽其利、物尽其用、货畅其流四者为"富强之大经，治国之大本"。次年在制定兴中会宣言时，他更明确表述兴中会的志向是要办理一切有利于

---

① 邓云特. 中国救荒史 [M]. 上海：上海书店，1984：342.
② 范晔. 后汉书 [M]. 北京：中华书局，1965：227.
③ 王雷鸣. 历代食货志注释 [M]. 北京：农业出版社，1984：179.

国家、有益于人民的事业，目的是国家政权的稳定和人民生活的安定。① 孙中山一再陈述《礼运·大同篇》的理想，并以民生哲学为三民主义思想中心，制定了心理、伦理、社会、政治及经济各个方面的建设方案，他的社会保险思想就集中体现在民生主义哲学中。

孙中山民生主义哲学中丰富的社会保险思想，主要是继承了中国古代儒家互助的思想，涉及育幼、养老、济贫、救灾等多项救助福利措施，并主张这些福利设施由政府负责，强调国家的责任。

第一，社会进化以民生为重心，古今一切人类之所以要努力，就是因为要求生存；人类因为要不断地生存，所以社会才有不停止的进化。②

第二，要解决人类的生存问题，就必须使社会上大多数人的经济利益相调和。孙中山说，社会之所以有进化是由于社会上大多数人的经济利益相调和，不是由于大多数人的经济利益有冲突。社会大多数人的经济利益相调和，就是为大多数谋利益，大多数有利益，社会才有进步。③

第三，人类进化的原则是互助。孙中山指出：人类之进化原则，与物种之进化原则不同，物种以竞争为原则，人类则以互助为原则。④

第四，国家是国民社会互助的本体，道德仁义是社会互助的产物。孙中山说：社会国家者，互助之体也。道德仁义者，互助之用也。⑤

第五，人类进化的目标，就是孔子所说的"天下为公"。在全社会范围内人们互助互利，人不独亲其亲，不独子其子，由国家保障人民老有所终，壮有所用，幼有所长，鳏、寡、孤、独、废疾者皆有所养。

因此，孙中山非常重视经济增长和公平分配的问题，他认为经济平等是民生主义期望的远景，为实现这一目标，可以通过平均地权和节制资本的途径，"一方面限制私有土地之无限扩充和私人资本之过度膨胀；另一方面，可从都市土地涨价归公的收入，和以累进税率征收的所得和遗产税收，从私人手中，重新收入国库。国家即以此种收入，举办各种社会事业，如教育卫生、医疗保险、公众娱乐和儿童福利等，以达成养民的任务。因为这些社会事业目的不在赚钱而在服务，只能由国家举办。……社会事业范围愈广，大众的生活程度即可逐渐提高，从养民入手进而提高人民的生活能力，以充实其生

---

① 孙中山. 孙中山全集 [M]. 北京：中华书局，1981：22.
②③④⑤ 康国瑞. 社会保险 [M]. 台北：台湾黎明文化事业公司，1983：45.

活必需的物质条件，其最后作用均在导引社会走入接近经济平等的途径"①。

（二）孙中山社会保险思想指导下的社会保险实践

在孙中山社会保险思想指导下，国民党政府在20世纪20年代首先举办了疾病保险，并于1929年颁布了《工厂法》《工会法》和一些区域性的职工待遇暂行规则；1929年通过了《工作伤害保险法》；1935年以后又举办了老年、残废、遗属保险，并陆续实施了除失业和家属津贴保险外的所有社会保险项目。保费来源于工人工资的提存②，给付标准如下。

1. 因工伤残或死亡

（1）工人因工致伤由工厂支付医药补助费。

（2）对因伤病暂时不能工作之工人，除负担其医药费外，每日给以平均工资2/3之津贴，如经过6个月尚未痊愈，其每日之津贴得减至平均工资之1/2，但以1年为限。女工分娩前后，应停止工作8周，工资照付。

（3）对于因伤病致残永久丧失其全部或一部分之工作能力者，给以残废津贴，其津贴以残废部分之轻重为标准，但至多不得超过3年之平均工资，至少不得低于1年之平均工资。

（4）对于死亡之工人，除给予50元之丧葬费外，应给其遗族抚恤费300元及2年之平均工资。③

2. 因故退职

（1）"凡无定期之工作契约如工人并无过失而雇主欲终止契约者，应于事前预告工人，并准其请假出外另谋工作，照给工资，但每星期不得过2日。"预告的时间规定是：连续工作3个月以上未满1年者，于10日前预告之；连续工作1年以上未满3年者，于20日前预告之；连续工作3年以上者，于30日前预告之。④

（2）雇主预告终止契约时，"除给工作以应得工资外"，并须给预告期间工资的半数。⑤

（3）"雇主歇业呈经社会局核准者，对于解雇之工人应尽先发给……所定预告期间

---

① 程天放. 国父思想与近代学术[M]. 台北：正中书局，1975：351-352.
② "雇主为工人储蓄保险或其他各种利益，提存工资之一部分，但应征得工人同意。"见1931年12月29日上海市政府公布的《上海市工人待遇通则》。
③ 1929年12月30日国民党政府公布的《工厂法》。
④⑤ 见1931年12月29日上海市政府公布的《上海市工人待遇通则》。

之工资。长雇件工之工资,依照该工人最后1个月工资之平均数计算。"[1]

(4) "工人在厂因执行职务而致伤病确有实据者,雇主应负担其医药费。在医治期间3个月内,不得解雇,并须每日酌给平均工资1/3至2/3之津贴。"对于因工造成"终身残废丧失工作能力者,应给平均工资1年至2年之津贴"。[2]

二、具有社会保险性质的救助项目

(一) 工赈

旧中国的赈济形式主要是工赈,无偿的赈谷、赈款很少。与古代相比,此时的工赈不仅受到重视,而且工赈带给了百姓实惠。工赈的对象一般为蒙灾饥民,其费用主要由政府负担。

例如,1931年江淮发大水,国民党政府特许设立"救济水灾委员会",并于9月间组织成立了工赈处,工赈处之下设各区工赈局,按照各河系范围之大小与灾情之轻重,分为18区,即扬子江7区,淮河3区,汉水2区,里下河3区,湘沅、伊洛、运河各1区。除里下河第15区因计划变更设置3所,分别隶属于第16、第17两区,以及湘沅第10区委托湖南水灾善后会代办外,其余16区均设立工程局。其计划分布及变迁情形,见表12-1。

表12-1　　　　旧中国国民党政府"救济水灾委员会"工赈处
下设各区工赈局计划分布及变迁情况

区别	河道	省份	界址	长距(公里)	设局地点	备注
1	扬子江	江苏	南岸镇江至慈湖河北岸瓜州至乌江镇	230	南京	
2	扬子江	安徽	南岸采石矶至新沟北岸乌江镇至大通对岸	275	芜湖	
3	扬子江	安徽	南岸新沟至方家洲北岸大通对岸至湖口下15公里	346	安庆	
4	扬子江	江西	南岸杨柳坞至九江对岸北岸复兴镇上10公里至二套口下游、赣江下游	210	九江	该区扬子江堤岸后托华杨义赈会代办
5	扬子江	湖北	南岸武穴对岸至金口北岸二套口至大军山	421	汉口	以上均照实测图计算

---

[1][2] 见1931年12月29日上海市政府公布的《上海市工人待遇通则》。

续表

区别	河道	省份	界址	长距（公里）	设局地点	备注
6	扬子江	湖北	金口至城陵矶	331	新堤	
7	扬子江	湖北	城陵矶至拖茅埠	371	城陵矶	
8	汉水	湖北	汉口至仙桃	255	仙桃	局址后设汉口
9	汉水	湖北	仙桃至岳口	287	岳口	
10	湘沅	湖南	芦林潭至湘阴、常德至蠡泛湖、益阳至万子湖	123 253	长沙	后改为工贷
11	淮河	安徽	颍河西淝河及淮河	379	正阳关	
12	淮河	安徽	河北淝河及淮河	157 245	蚌埠	
13	淮河	安徽	河北淝河及淮河	303	五河	
14	运河	江苏	邵伯至宝应及淮阴以上	160	扬州	
15	里下河	江苏	射阳港	11.7	阜宁	后来设局
16	里下河	江苏	新洋港	5.7	盐城	
17	里下河	江苏	斗龙港、王港、竹港	27.1	东台	
18	伊洛等河	河南	伊河、洛河、沙河流域		郾城	局址后改设郑州

1. 工赈对象与范围

江淮流域受灾饥民可充工役。工赈容纳的灾民数目，据各工赈局报告统计，1932年4—5月间，灾工最多之时，扬子江8区为547 000余人，汉水2区为97 000余人，皖淮3区为179 000余人，运河及里下河各区有47 000余人，河南省有23 000余人，湖南省的第10区虽改为贷款办法，而民夫多至213 000余人，共计110.6万人。

2. 工赈费用来源

由政府将美国援助的小麦拨往赈灾区域，充实灾工工资。

3. 给付条件与标准

灾工工价，系按所做土方之多寡给予工资，给付标准为：

（1）平地取土，每市方0.25~0.40元。

（2）取土在50米以外，每20米每市方酌加0.05元。

(3) 深处取土，高处落土，每高深 1 米，每市方酌加 0.03 元。

4. 组织管理

各工程局均设置工程师兼局长及副工程师、技术员、事务员等，区以下视工程大小，分为若干段，每段配置副工程师兼段长及技术员、事务员等。段以下分为 10 团，每团设置监工、副监工。团分 20 排，每排灾工 25 人，选举 1 名强壮能干的灾工充排头，每段灾工总计 5 000 人。美援小麦运到后，就各区工程测估结果经技术委员会决定各区分配数目，于浦口、芜湖、安庆、汉口、九江设麦粮总站，各地约设一等、二等、三等分站，由运输组主持运送储存、发放事宜。每星期由技术员监督收土方，尔后填具领麦凭单，由排头向粮站领取，再分发给个人。也有一些工赈局因地理与人事关系的因素，而将特殊地段委请各慈善团体及政府机关协同办理，其办法亦复相同。

这一时期工赈实施的规模大、范围较广，技术组织更为合理，实效也较为显著。据"救济水灾委员会"报告，1931 年水灾之赈，"各区工赈局成立以后，派员分途招收灾工，编成排团，实施以工代赈，勤者日可获麦七八斤，至少亦在四五斤以上，统计 16 区，直接收容灾工共有 10 128 731 人，而间接藉工赈以生活者，当在千万以上"①。这确是前代未尝见过的大规模工赈成绩。但工赈中的各类弊端也较古代普遍，尤其是地方举办的防灾工赈，常因主持人的措施失宜，辄生祸端，反映了旧中国工赈制度并不能为大多数受灾人民提供最低生活保障的弊端。

（二）施粥

这一时期，各地遇到大荒饥歉，仍然继续实行施粥制度，其原则大体上与清代相同，无明显变化。略有区别的是：第一，施粥完全依靠各地粥厂进行；第二，施粥在救助中所占地位更为次要；第三，施粥与工赈救灾同时进行。据《国民政府救济水灾委员会报告》记载：在放赈期间，本会所成立之粥厂实数，虽无详密统计，其数目不少，如芜湖区有粥厂 2 所，其章程规定，每厂收容灾民不得超过 5 000 人，足见人数之多。又皖北阜阳一县之内有小粥厂 110 所，每日就食人数达到 7 100 人。另皖北蒙城县所办粥厂，就厂施放及随地施放两种同时进行。其随地施放办法，厂所可以随时迁移，尤为便利。宁属区粥厂 1 所，系地方团体合力创办，由宁属区专员办事处助济美麦 38 吨，所有经费开支由地方当局负责筹措。此外，江北区粥厂，由本会急赈处接办者共 24 所。湖南粥厂，由各县政府会同当地慈善人士办理，其成绩佳者，由长江专员办事处给予补

---

① 1931 年《国民政府救济水灾委员会报告》。

助。河南粥厂，自1931年12月至1932年1月间，共成立16所，灾民均可持票就食。统计各厂给粥之数，共425万餐，平均每日就食者达34 750人，各粥厂所发粮食种类、数量各有不同，大致每餐每人得米或黍6两至8两，唯江苏省数厂无此项限制，灾民得以尽量取食。据各省报告，灾民每日来厂就食者为204 000~220 000人，每人所费若干，难以计算，唯就各方面情形估计，平均每人约费洋3分。①

除政府办理的粥厂外，还有的系各慈善团体及地方公团所办，它们的数目也不算少。1931—1932年，北平贫民救济会也设立了粥厂。

（三）居养

居养事业是国民党政府重视的社会保障项目之一，它比施粥制度发达。居养对象为无自养能力之老、幼、残疾人，由救济院下设养老所、孤儿所、残废所、育婴所、施药所和贷款所。到1933年止，全国与救灾居养有关的救贫机关总计834所，其统计见表12-2。

表12-2　　　　1933年全国各类救贫机关数目统计　　　　单位：个

项别	官办	公办	私办	合计
济贫	49	66	73	188
贷款	12	29	14	55
施医	64	221	114	399
丧葬	7	93	92	192
总计	132	409	293	834

资料来源：邓云特．中国救荒史［M］．北京：商务印书馆，1984：335．

可见居养机构的业务范围相当广泛，涉及提供济贫、发放贷款、施药治病、安葬死者等诸方面内容。

国民党政府内务部于1930年对江苏、浙江、江西、湖北、湖南、云南、福建、广东、河南、河北、山西、辽宁、吉林、黑龙江、热河、绥远、察哈尔、新疆18省救济院及旧有慈善团体的居养事业概况作了一次普查，具体数据见表12-3和表12-4。

表12-3　　　　1930年全国18省居养机构救济人数统计　　　　单位：人

省别	男	女	合计
江苏	10 986	4 693	15 679
浙江	1 495	852	2 347

---

① 1931年《国民政府救济水灾委员会报告》。

续表

省别	男	女	合计
江西	1 243	627	1 870
湖北	1 547	1 809	3 356
湖南	19 457	13 142	32 599
云南	21 274	21 015	42 298
福建	264	73	337
广东	4 926	1 041	5 967
河南	549	498	1 047
河北	不详	不详	不详
山西	309	125	434
辽宁	31	26	57
吉林	307	73	380
黑龙江	251	9	260
热河*	55	25	80
绥远*	2 066	1 452	3 518
察哈尔*	7 300	6 500	13 800
新疆	641	502	1 143
总计	72 701	52 462	125 163

资料来源：邓云特. 中国救荒史 [M]. 北京：商务印书馆，1984：337-339.

* 新中国成立后均撤销，分别划归河北省、辽宁省、内蒙古自治区、山西省管辖。

从表12-4可以看出，当时的居养机构已遍及全国各地，特别是旧有慈善团体的居养活动比救济院更为活跃，由此也说明政府提供的居养资金是极为有限的，绝大多数贫困者无法得到政府的救助。

(四) 放贷

旧中国在办理赈灾中有农赈之法，其实就是一种放贷的办法。它的采用起因于1931年秋洪水成灾，江、淮、汉、运诸水同时泛滥，酿成浩劫，国民党政府继急赈、工赈之后，又增办农赈。农赈是指国民党政府为在灾后复兴农事，发展生产，以货币或实物形式贷赊给农民的一种救助制度。增办农赈最初的计划是在受灾省设立农赈局，同时设立农赈委员会以监督协助工作，由农赈局救济各县受灾情况，按轻重分类，在一县或数县设立农赈办事处和县农赈委员会，再由办事处就所辖各区，设立农村互助社。后来因为层次太多，影响工作效率，就将所有的实际工作先后委托中国华洋义赈救灾总会代办。

表12-4 1930年全国18省居养事业具体情形

单位：个

省别	调查县数	救济院							旧有慈善团体												合计
		养老	孤儿	育婴	施医	残疾	贷款	合计	养老	孤儿	育婴	施医	送葬	残疾	贷款	救济	救灾	习艺	其他	合计	
江苏	43	15	15	15	9	8	10	72	44	19	49	30	49	6	9	38	3	42	30	319	391
浙江	77	12	13	52	30	12	15	134	22	8	58	31	41	1	3	14		11	24	213	347
江西	55	4	1	5	4	4		18	19		35	23	5	6		26	2		8	124	142
湖北	26	1		2	7	2	1	13	6	1	12	39	28	1		8	6	5	13	119	132
湖南	44	6	7	17	2	1	2	35	17	6	61	26	21	4		25	3	22	20	205	240
云南	27	1	1	1	1			4	4	1	3	13	23	1		21	1	2	8	77	81
福建	18								2	3	10	16	2	7		4		1	1	46	46
广东	44								5	3	18	113	3	2		9	3	6	61	223	223
河南	21	7	3	2	3	10	1	26				7		2		6	2	2	2	21	47
河北	50	30	17	8	20	27	14	116					2	2		2		9	1	14	130
山西	37	1		14	4	1		20	2	4	12	16		2		1	5	7		47	67
辽宁	20	1	1	1	2	1		5	2	1	7	1	1			2	9	6		31	36
吉林	16								2	1	2	3	10	6		8	5	14		51	51
黑龙江	12								3			2		4		6	2	1	1	19	19
热河*	10								2		7	4		3		5	2			16	16
绥远*	11								3	3		3	1			4	17		1	39	39
察哈尔*	10	1	1	1	3	4		9	14	2		1	1				1			20	29
新疆	49								32						5				20	57	57
总计	570	78	58	118	85	70	43	452	177	53	268	334	187	45	17	179	61	129	191	1 641	2 093

资料来源：邓云特. 中国救荒史 [M]. 北京：商务印书馆，1984：335-337.

* 新中国成立后均撤销，分别划归河北省、辽宁省、内蒙古自治区、山西省管辖。

国民党政府"救济水灾委员会"规定农赈方案的大纲如下。

1. 目的

农赈之目的在于救助灾区农民，在可以恢复农事之区域，从事灾区农业复兴工作。

2. 农赈的主要工作

农赈的主要工作包括以下三个方面：

第一，接助农事资金；

第二，指导农业方法；

第三，推行农村合作，其一切设施由农赈处计划办理。

3. 基金

农赈基金暂定1 000万元，由"救济水灾委员会"划拨，其中一部分得以美援小麦抵数，但至多以1/3为限，基金不足时，得另行筹集运用资金。

4. 办法

农赈处为节省现金使用及便利灾民购买起见，暂不以现金直接贷与灾民，而以赊放粮食、农具、耕牛、种子、肥料等必需品代之。但无论贷放现金或赊放赈款，均应根据放款原则慎重进行办理，并得酌收利息，以保障基金之安全。

5. 永久计划

农赈工作进行到相当程度时，改组为农民银行或农村合作银行。

农赈方案确定之后，即在拨办救助长江水灾的45万吨美援小麦中提出5万吨为办理经费。至于举办区域，则以皖、赣、湘、鄂、苏5省为限。当时各省办理农赈的情形大致如下。

（1）皖、赣之农赈。为办理安徽、江西两省农赈，国民党政府"救济水灾委员会"拨美援小麦共16 800吨（其中安徽11 800吨、江西5 000吨）交给义赈会作为农赈基金。除了2 200吨以小麦或面粉这种实物形式分配给两省灾民外，其余部分皆按每吨74元的价格由赈麦易粮委员会变售现款，以此项现款用做复兴两省农村之用。义赈会采取贷放政策办理农赈，将救助寓于借贷之中，拟贷之款以后应当归还，贷款利息极轻微，年利4厘。贷款不需抵押，由各农赈互助社人员个别或共同负责及团体信用为担保。这项贷款原本是用来扶助农民修复民堤，但因为各农村互助社借得贷款后，用60%购买种子、25%购买耕畜，此外还有用以购置农具、肥料等的款项，剩下拨归修堤的部分已几乎为零。

（2）湖南之农赈。湖南农赈开始时委托"湖南水灾善后委员会"办理，其办法是将赈灾款项全数用以修补堤防，后来见华洋义赈会在皖、赣的效果较好，于1932年5月由"湖南水灾善后委员会"将农赈事务也委托义赈会代办。当即将湖南农赈麦10 000吨里的7 500吨变售得款756 700余元，全数交给义赈会。第二年春，"湖南水灾善后委员会"将剩下的2 500吨麦折款191 900余元拨交义赈会，连同前次共计948 600余元。义赈会支配赈款的政策与皖、赣大致相同，全省组成互助社1 900余个，受惠农民约166 000余人。

(3) 湖北之农赈。国民党政府"救济水灾委员会"拨麦10 000吨办理湖北农赈，共赈款分配，原计划以3 000吨作为种子贷发，其余7 000吨用做修复民堤贷款。种子贷款按全省31县市预定区域和受灾面积比例分配，由于种种困难，实际上只贷放了27县，计贷放小麦30 000余担，折合美援小麦1 800余吨。贷放手续由省政府办理，受惠农民须于新麦上市时归还借麦。剩余的赈麦，则全部折价变售作为农村贷款基金。至于用做修复民堤的7 000吨美援小麦变售款，按照农赈范围内31县市的不同灾情，分为8个等级发放，其划分等级的标准是以各县面积之广狭、受灾之轻重及民堤之多寡综合计算而定。① 此外，31县市实发美援小麦6 540吨，其中5 534余吨变售455 400余元，以现款贷放。具体贷放手续是由各县政府按照所辖区域和受灾情形贷给堤主，于1932年9月秋后至1933年麦收时止，由县政府负责全数归还。除了上述民堤、种子两项贷款外，尚余麦款100 000余元，全数借给省立农民借贷处作基金，由省政府向农民贷放，并由省政府负责偿还。

(4) 江苏之农赈。"救济水灾委员会"拨美援小麦10 000吨，折合款767 000余元，借与江苏省政府修复运河。由省政府于1932年7月底及12月底，分两期归还，年利以6厘计算。因为财政关系，省政府以价值128万元的赈粮抵借券为抵押品又向"救济水灾委员会"请求赈麦295吨及现款184 00余元，办理江苏省江宁县农赈。

(5) 黄河水灾之农赈。1933年黄河水灾惨重，国民党政府特许组织"黄河水灾委员会"，办理急赈和工赈。农赈由华洋义赈会发起筹募黄灾捐款，选择受灾严重区域着手调查，分别进行。结果共得赈款198 500余元，先指定山东菏泽，河南考城、兰封，河北东明及长恒、河东部分地区为第一批举办农赈范围，拨定赈款80 000元，计菏泽、考城及东明各20 000元，兰封及长恒、河东部分各10 000元，设黄灾农赈第一事务所办理，贷出赈款约80 000元，其后因河南滑县、濮阳及长垣河西部分受灾也很惨重，该会

---

① 邓云特. 中国救荒史[M]. 北京：商务印书馆，1984：403.

又拨赈款 60 000 元，分配濮阳、滑县及长垣河西部分各 20 000 元，设黄灾农赈第二事务所。灾农所借款项都用来从事恢复农事及修筑房屋，借赈款之力获益匪浅。1934 年夏，黄河重行溃决，又淹及长垣、濮阳、滑县等县，尤以长垣河西部分受灾较重，义赈会复将黄灾农赈捐款余数全部用于赈济。水灾最重地区办理农民贷款，并均予展期 1 年，并将第一期应付的息金也予豁免。在 1934 年底收到其余各县如期还款 17 000 余元，放出的农民贷款逐渐收回后，即作为合作基金，发展农村合作事业。

(6) 安徽旱灾之农赈。1934 年夏安徽大旱，农赈工作乃责成华洋义赈会办理，将收回而未贷出的款拨出 15 万元，办理旱灾农赈，按照各县受灾轻重分配。怀宁、桐城、望江、贵池 4 县各 15 000 元，宣城 12 000 元，东流、繁昌等 2 县各 10 000 元，铜陵、南陵、芜湖、当涂、和县 5 县各 8 000 元，无为、全椒、宿松 3 县各 8 000 元，至于贷款标准，每一互助社由 150 元起至 300 元为度，每个社员以 5 元为准。

(7) 湖南旱灾之农赈。1934 年 4 月以后，湖南亢旱成灾，农赈仍由华洋义赈会负责。1931 年水灾后，所办农赈 70 余万元，原定收回后一律定为推行合作事业基金，后此款收回，除贷放合作社外，尚余 30 余万元全数提出救济旱灾。其农赈计划是：第一，以恢复农事工作为宗旨；第二，款项由义赈会保存，省合作事业专款，斟酌近 1~2 年内合作事业进展程度提拨一部分充之；第三，参照以上各灾区所举办的农赈办法办理；第四，贷放低利资金于受灾农民，以灾区最低级自治区域（如村团等）为单位，照章程组织互助社负责，将来办竣，即以收还款项推广农村合作事业；第五，以灾民急需的种子、肥料、农具、耕牛、耕耘生活及修补塘坝等费之一种或数种为限。

综上所述，旧中国的国民党政府已意识到农民在灾年得到生机延续的可能性后，必然要从事维持生计的生产活动，于是在一些重灾区广泛地进行放贷工作，帮助广大农民恢复生产、重建家园。但是，在当时的历史条件下，"放贷"并没有真正解决农民灾后的生产和生活问题。以 1934 年安徽大旱灾农赈为例，国民党政府救灾委员会责成华洋义赈会办理，就灾情较重的 15 县而言，放出贷款总数仅 15 万元，而贷款标准又规定每一互助社 150~300 元为度，每一社员平均以 5 元为准。这少得可怜的贷款还往往被地主和富农克扣，到灾民手中的就寥寥无几了。至于农村中贷款手续也很烦琐，常常待贷款发出已误农时。同时，因灾后农家物资普遍缺乏，所以大部分农民都用贷款购买口粮或用以清偿旧债，用于实际生产方面的款项只不过是极少部分。收获之后，市场上农产品价格跌落，大多数农民无法清偿贷款，以至于贷款的预期目的难以实现。

补充阅读

（一）民生哲学的溯源

孟子主张"保民而王"，认为"黎民不饥不寒，王道之始也"。（《孟子·梁惠王上》）

管子曾说，"凡治国之道，必先富民，民富则易治也，民贫则难治也"。（《管子·治国篇》）

董仲舒主张要缩短贫富差距，避免恃强凌弱出现，"使富者足以示贵而不至于骄，贫者足以养生而不至于忧。以此为度而调均之，是以财不匮而上下相安，故易治也"。（《春秋繁露·度制》）富者可"示贵"，贫者可以"养生"，富者"不示骄"，贫者"不忧"，各得其分，如此才能"上下相安"。"调均之"指的是要协调好贫富关系，把贫富差距控制在一定限度之内。唯有如此，社会才能和谐发展、趋于稳定，百姓生活才能恬静而祥和。

孙中山：民生就是人民的生活，社会的生存，国民的生计，群众的生命。

资料来源：郭莲纯. 文化民生背景下的人口老龄化问题研究 [M]. 沈阳：辽宁大学出版社，2011：93-96.

思考：中国古代社会保障实践在调节贫富差距方面发挥了怎样的作用？

（二）社会保障制度的四种模式对应社会发展的四个历史阶段

世界各国根据各自国情建立了不同模式的社会保障制度，归纳起来有四种模式：救助型、保险型、福利型和储蓄型，这四种模式对应于各国的经济发展水平，是满足不同阶段需求层次的社会保障模式。

第一阶段 19世纪80年代前。这一阶段的西方国家还处于以农业为主的封建社会，其对应的社会保障制度主要是救助型模式。各国很早就出现了社会救助的实践，1601年英国女王颁行的世界上第一部《济贫法》是社会保障制度建立的标志，此阶段西方各国的生产力发展水平不高，社会保障的主要内容是社会救助，只是针对少数生活困难群体、覆盖面较小且满足最低需求层次的"救助型"社会保障模式。

第二阶段 19世纪80年代到20世纪40年代。这一阶段的西方国家开始向以工业化发展为主要特征的资本主义社会转变，为缓和资本家和工人之间的阶级矛盾，德国、英国和瑞典等国家相继通过了一些社会保险法案。第二次世界大战期间，为解决工业产能扩张引发的经济危机和社会动荡所引起的失业和老年人生活问题，社会保障在欧美各国得到较快的发展，并被用作国家干预、刺激和扩大社会需求，缓和生产过剩经济危机的手段。这一阶段社会保险制度获得了较大的发展，一些国家建立了偏重社会保险的"保险型"社会保障制度。此阶段社会保障以发展社会保险为主兼顾社会救助项目，分别满足了两个不同需求层次。

第三阶段 20世纪40年代末开始。第二次世界大战结束后西方国家经济快速发展，英国颁布了涉及有关社会成员生老病死、衣食住行等一系列社会保障立法，1948年英国建成了"福利国家"。法国和德国等西欧国家也紧随其后，完善和扩大社会保障立法，相继建设"福利国家"。瑞典等北欧国家进一步发展了战前的社会保障措施，成为西方"福利国家"的典范。这一阶段出现偏重社会福利的"福利型"社会保障模式，"福利型"模式较保险型和救助型模式满足了更高层次的需求。

第四阶段 20世纪70年代末期开始。这一时期由于"福利国家"财政压力加大，经济效率下降，一些新兴的工业化国家普遍选择效率优先的社会保障模式，出现了储蓄型社会保障制度。储蓄型模式偏重于基金化的个人账户储蓄，它是在职工个人自我保障能力提升的背景下产生的一种模式，有强制与自愿储蓄两类。

摘自：殷俊. 西方国家社会保障制度的中国启示［N］. 长江商报，2014-03-25.

思考：分析当前我国社会保障制度对应的主要类型及未来转型的发展方向。

案例分析

民国时期，东北在张作霖、张学良父子历经十余年的治理下，加之其特殊的半独立地位，地方经济在很大程度上得以恢复，政府财政有所保障，使得在灾荒赈济工作中政府直接拨款的力度加大。每次受灾，政府都会首先拨款进行急赈，然后号召社会各界进行募捐赈济，通常会在报纸上刊登募捐启事，用军乐队、化妆表演、图画、标语等形式在街市上游行（由民政厅直接组织）；再由童子军分发传单（由民政厅印制），在电车、公共汽车、电线杆、各公共娱乐场所张贴标语（由东三省民报承办），并在电影放映时插播募捐广告（由公安局主持），劝募形式多种多样。这样大规模的号召募捐在社会上也引起了极大的反响，社会各界纷纷捐款助赈，富甲官绅也起到了表率作用。1924年，张作霖办寿庆，将剩余收款留作赈灾款项。同年7月辽宁省大旱，张作霖又与省长王永江在辽宁省署内设立义务赈捐处，张作霖先捐款大洋15万元，作为提倡，后吴俊升捐款大洋7 000元，张作相捐款5 000元，王永江捐款5 000元，其他各处厅局长、县知事也纷纷捐款助赈。在1930年辽西水灾募捐过程中，也是张学良及其夫人率先捐款、捐物，张学良夫人更是以个人之力捐助赈粮红米90包，作为组设施粥厂所用。民国时期，在东北地方政府筹措赈款过程中，以东三省官银号、中国银行、交通银行、边业银行为代表的东北四大银行也对东北赈灾起到了巨大的作用，这些银行纷纷提供灾荒赈济贷款，以缓解政府无法调集大量资金的困境，从而使受灾地区在第一时间能够得到赈济。为了能够更为广泛地筹集赈灾资金，东北地方政府又采取多种方法筹集赈款，其中包括：节省一切宴会，停建一切非必要的建筑，调用各省一切工程人才，发行政府公债，特殊行政罚款拨充赈款，发行赈灾慈善彩券等。

为了鼓励捐款，民国政府还对捐款者进行奖励。在1930年8月6日民国政府下发的《为准热河省政府函发捐助赈款给奖章程》中，明确列出《赈灾委员会捐助给奖章程》十一条。这十一条奖励章程，不仅详细地规定了捐款数额及其相应的获奖等级、获奖匾额和奖章样式，还将获奖人员、团体名单连同成绩报"内政部"备案。由此可见，赈灾捐款既是一件善举，也是一件可以获得荣誉的美事。

资料来源：焦润明，张春艳. 中国东北近代灾荒及救助研究［M］. 北京：北京师范大学出版社，2011：230-232。

思考：分析民国时期的赈灾筹款措施及对现代救灾募捐的启示。

深度阅读

1. 中国保险学会. 中国保险史［M］. 北京：中国金融出版社，1998.

2. 陈桦. 救灾与济贫：中国封建时代的社会救助活动（1750—1911）［M］. 北京：中国人民大学出版社，2005.

3. 邓拓. 中国救荒史［M］. 武汉：武汉大学出版社，2012.

4. 朱华雄，孔捷. 民国时期（1912—1949）保险思想研究——基于民族保险业的考察［J］. 经济学动态，2011（11）.

5. 马杰，郑秉文. 计划经济条件下新中国社会保障制度的再评价［J］. 马克思主义研究，2005（1）.

6. 黄英君. 中国农业保险发展的历史演进：政府职责与制度变迁的视角［J］. 经济社会体制比较，2011（6）.

7. 班固. 汉书［M］. 北京：中华书局，1962.

本章小结

我国古代社会保险思想的萌发在很大程度上由其特殊的地理环境所决定。"积蓄以备灾荒"的思想贯穿于我国整个奴隶社会和封建社会，成为我国传统社会保险思想所遵循的基本线索。我国古代著名思想家孔子、孟子、墨子、荀子都有过关于社会保险的议论，特别是孔子早在2 500多年以前就提出了"大同社会"的理想，这些论述是我国古代社会保险思想的萌芽。中国古代的荒政思想和仓储制度，在几千年的长期实践中形成了一整套系统的理论，它基本上是由国家强迫缴纳粮食（辅以少量货币）进行储备，以便实施社会保障、公共救助、相互援助以及经济补偿功能。我国自夏朝以来形成的荒政思想（诸如重农说、仓储说、赈济说、调粟说、养恤说、除害说、安辑说、蠲缓说、放贷说、节约说、水利说、林垦说等）和仓储制度是社会保险的雏形。我国古代历朝的各种救荒议论（包括事先预防和事后救助的议论）均有近似现代社会保险思想的含义。仓储制度是古代社会保险的雏形或萌芽，也是中国古代原始社会保险的重要标志。汉代设有备荒赈济的常平仓，隋朝设有义仓，宋朝设有社仓。为适应灾后的不同需要，还出现了赈银救荒和工赈救荒。养恤制度同赈济制度一样，也是一种类似社会保险的实践。养恤制度主要包括施粥和居养两大内容。

我国资产阶级革命的先行者孙中山先生在倡导资产阶级革命、创立三民主义的同时，继承了中国古代较为丰富的社会保险思想，主要是继承了中国古代儒家互助的思想，倡导举办育幼、养老、济贫、救灾等多项救济福利措施，并主张这些福利设施由政府负责，强调国家的责任。在孙中山先生社会保险思想指导下，国民党政府从20世纪20年代开始陆续举办了疾病保险，工伤保险，老年、残废和遗属保险等社会保险项目。旧中国国民党政府举办的具有社会保险性质的救助项目包括工赈、施粥、居养、放贷等。

重要概念

工赈　农赈（放贷）　调粟　蠲缓　养恤　施粥　居养　委积　常平仓　广惠仓

复习思考题

1. 中国古代社会保险产生的根源及社会基础是什么？
2. 中国古代社会保险思想的主要内容是什么？

3. 孔子、墨子与荀子的社会保险思想有何特点？它们之间有何区别？

4. 中国古代社会保险实践的基本形式有哪几种？各形式的主要内容和利弊是什么？

5. 孙中山社会保险思想的主要内容是什么？

6. 旧中国国民党政府举办了哪些社会保险项目？各项目的基本内容是什么？

7. 为什么说旧中国国民党政府的放贷工作不能真正解决灾后农民的生产和生活问题？

第十三章
中国台港澳地区社会保险

第一节 台湾地区社会保险

自 1950 年 3 月以来,我国台湾地区主要建立了劳工保险、公务人员(包括公立学校的教职员)保险和军人保险,20 世纪 80 年代中期开始又建立了集劳工保险、公务人员保险和农民保险三者为一体的"全民健康保险"。20 世纪 90 年代以来,台湾地区开始酝酿养老社会保障制度改革,其最终目标是建立以"国民年金"为基础的、包括个人储金账户制度和商业年金保险在内的三个层次的养老保险体系。

一、台湾地区社会保险的主要内容

(一)劳工保险

台湾地区劳工保险主要包括普通事故保险和职业灾害保险。为了在一定程度上保障劳工生活、促进社会安全,台湾地区从 1950 年 4 月开始开办劳工保险,1951 年 9 月开办职业工人保险,1953 年 3 月开办渔民保险,1956 年 7 月又依照劳工保险办法开办蔗农保险。1960 年 2 月 24 日,台湾地区颁布实施"劳工保险条例",将以前产业、职业、渔民、庶民四项单行保险规定融为一体,并且扩大了保险范围,提高了给付标准;1965 年 7 月,将各行政部门、学校的工友、技工、司机等分别纳入劳工保险;1970 年 1 月起,又将公司行号的员工及其他各业员工纳入劳工保险,并将劳工保险实施地区扩及金门及马祖。管理方面,1960 年成立台湾当局"劳工保险局",1970 年更名为"台闽地区劳工保险局",1979 年台湾当局"内政部"为主管部门,1986 年成立"行政院劳工委员会"。1960 年 3 月 1 日"劳工保险条例施行细则"发布,其后多次修正。2001 年 12 月 19 日,"劳工保险条例"进一步修订,之后在 2008 年、2009 年、2011 年、2012 年、2014 年、

2015年、2021年又进行过修订和完善。根据2021年修订完善过后的"劳工保险条例",台湾地区劳工保险的主要内容如下。

1. 保险人、投保单位及被保险人

(1) 保险人。台湾当局主管机关统筹全台劳工保险业务,设"劳工保险局"为保险人,办理劳工保险业务。由有关主管部门的代表、劳工代表、资方代表及专家各占四分之一为原则,组织"劳工保险监理委员会"监督劳工保险业务及审议保险争议。

(2) 投保单位与被保险人。凡年满15岁以上、65岁以下劳工,或经主管部门认定其工作性质及环境无碍身心健康的未满15岁劳工,应以其雇主或所属团体或所属机构为投保单位,全部参加劳工保险。主要包括:

1) 受雇于雇用劳工5人以上的公营或民营工厂、矿场、盐场、农场、牧场、林场、茶场的产业劳工及交通、公用事业员工;

2) 受雇于雇用5人以上公司、行号的员工;

3) 受雇于雇用5人以上的新闻、文化、公益及合作事业员工;

4) 依规定不得参加公务人员保险或私立学校教职员保险的当局主管部门及公、私立学校员工;

5) 受雇从事渔业生产的劳动者;

6) 在主管部门登记备案的职业训练机构接受训练者;

7) 无一定雇主或自营作业而参加职业工会者;

8) 无一定雇主或自营作业而参加渔会的甲类会员。

2. 保险费

保险费依被保险人当月投保薪资及保险费率计算,具体如下:

(1) 普通事故保险费率为被保险人当月投保薪资的7.5%~13%;2008年7月17日修订时,保险费率定为7.5%,施行后第三年调高了0.5%,其后每年调高0.5%直至10%,并自10%当年起,每两年再调高0.5%至上限13%。但保险基金余额足以支付未来20年保险给付时,不予调高。

(2) 职业灾害保险费率分为行业差别灾害费率及上下班灾害费率两种,每三年调整一次,由台湾当局主管部门拟订,报请台湾当局"行政院"核定,送请"立法院"查照。雇用员工达一定人数以上的投保单位,前项行业差别灾害费率采实绩费率,按其前三年职业灾害保险给付总额占应缴职业灾害保险费总额之比率,由保险人依照规定,每年计算调整:超过80%者,每增加10%,加收其适用行业之职业灾害保险费率的5%,

并以加收至40%为限；低于70%者，每减少10%，减收其适用行业之职业灾害保险费率的5%。

3. 保险给付

劳工保险分两项：一是普通事故保险，分生育、伤病、医疗、残废①、失业、老年及死亡七种给付；二是职业灾害保险，分伤病、医疗、残废及死亡四种给付。其中，生育给付，分本人生育和配偶生育给付两项；伤害给付，分职务、职业伤害及普通伤害给付三项；疾病给付，分普通疾病、职业病、普通伤害疾病和职务伤害疾病给付四项；残废给付，分职务、职业病、普通伤害和普通疾病残废给付四项；老年给付不分项，只一次性给付养老金；死亡给付，分家属（被保险人的父母、配偶、子女）死亡丧葬津贴、遗属（配偶、子女、父母、祖父母、受其抚养之孙子女或受其抚养之兄弟、姊妹）年金、遗属津贴。同一种保险给付，不得因同一事故而重复请领。被保险人如为渔业生产劳动者或航空、航海员工或坑内工，除按规定请领保险给付外，于渔业、航空、航海或坑内作业中，遭遇意外事故致失踪时，自户籍登记失踪之日起，按其平均月投保薪资70%，给付失踪津贴；于每满3个月之期末给付一次，至生还之前1日或失踪满1年之前1日或依法宣告死亡之前1日止。失踪满1年或依准宣告死亡者，按规定请领死亡给付。

劳工保险给付的方式有两种，一种是现金给付，另一种是医疗给付。劳工保险的生育、伤害、残废、死亡以及老年给付，都采取现金给付方式；疾病给付、住院诊疗费用，则采取医疗给付方式。当局劳工保险主管部门将住院诊疗的医药、器材、膳食以及特殊治疗的费用，全部交付给指定医院，被保险人不得领取现金。

4. 除外责任

（1）被保险人或其受益人或其他利害关系人，为领取保险给付，故意造成保险事故者，保险人除给予丧葬津贴外，不负其他保险给付的责任；

（2）投保单位故意为不合规定的人员办理参加保险手续，领取保险给付者，保险人应依法追还，并取消该被保险人的资格；

（3）被保险人无正当理由，不接受保险人特约医疗院所的检查或补充应缴证件，或受益人不补应缴证件者，保险人不负发给保险给付的责任；

（4）因战争变乱或被保险人或因其父母、子女、配偶故意犯罪行为，以致发生保险事故者，概不给予保险给付；

---

① 文件条文使用的是"残废"一词，没有使用"残疾"或"残障"。

(5) 被保险人的养子女，其收养登记在保险事故发生时未满 6 个月者，不得享有领取保险给付的权利。

5. 保险基金及经费

劳工保险基金主要来源包括以下三个方面：

(1) 创立时由台湾当局一次拨付的金额；

(2) 当年度保险费及其孳息的收入与保险给付支出结余；

(3) 保险费滞纳金、基金运用的收益。

投资运用范围主要包括：一是对于公债、库券及公司债之投资；二是存放于公营银行或由台湾当局主管部门指定的金融机构；三是自设劳保医院之投资及特约公立医院劳保病房整修之贷款，其办法，由台湾当局主管部门确定；四是对于被保险人的贷款；五是由台湾当局核准有利于本基金收入的投资。劳工保险机构办理本保险所需经费，由保险人按编制预算的当年 6 月份应收保险费 5.5% 全年预算数编列预算，经"劳工保险监理委员会"审议通过后，由台湾当局主管部门拨付。劳工保险如有亏损，在"劳工保险局"成立之前，由台湾当局主管部门审核拨补。

（二）公务人员保险（公教人员保险）

公务人员保险，是为保障公务人员生活、增进公务人员福利、提高公务人员工作效率而开办的带有社会保险性质的团体人寿保险，新制度称为"公教人员保险"。"保险人"是台湾当局，"被保险人"是对台湾当局有特别权利义务身份的公务人员。

1. 公务人员保险的沿革

第一阶段，1958 年至 1995 年 3 月 1 日。其依据为 1958 年公布实施的"公务人员保险法"，其保险项目包括生育、伤害、疾病、残废、死亡、养老、眷属丧葬共七项，其中生育、伤害、疾病等事故采取免费医疗给付，其余残废、死亡、养老、眷属丧葬等采取现金给付。另外"公务人员保险法"尚附随下列保险文件：①1982 年"公务人员眷属疾病保险条例"（1989 年公务人员父母纳入眷属疾病保险）；②"退休人员保险办法"；③1985 年"退休公务人员疾病保险办法"；④1985 年"退休公务人员配偶疾病保险办法"。为保障私立学校教职员生活，促进私立学校健全发展，台湾当局于 1980 年发布"私立学校教职员保险条例"，1984 年 1 月增办私立学校教职员退休保险，1985 年 7 月增办私立学校退休教职员疾病保险及私立学校退休教职员配偶疾病保险，1989 年 11 月发布"私立学校教职员眷属疾病保险办法"。

第二阶段，1995 年 3 月至 1999 年 5 月。配合 1995 年 3 月 1 日起实施的"全民健康保险法",台湾当局修订了"公务人员保险法",同时停止了公务人员眷属疾病保险、退休公务人员及配偶的疾病保险,将有关医疗保险均转由"全民健康保险"办理。这时期的"公务人员保险法"仅保留残废、死亡、养老、眷属丧葬等事项的现金给付。

第三阶段,1999年5月31日起。合并"公务人员保险法"与"私立学校教职员保险条例",实施"公教人员保险法"。新制度的重点是:私立学校教职员一律纳入本保险;改善保险财务结构,将原保险亏损责任由财政部拨补改为自给自足、自负盈亏;修订养老给付条件及给付标准。"公教人员保险法"先后于2002年、2005年和2009年进行了修订。

2. 公教人员保险的内容

(1) 保险对象。根据"公教人员保险法"的规定,公教人员保险的对象包括:台湾当局有关部门编制内的有关专任人员;公立学校编制内的有关专任教职员;依"私立学校法"规定,办妥财团法人登记,并经台湾当局教育主管部门核准立案的私立学校编制内的有关专任教职员。

(2) 保险费的负担。保险费率为被保险人每月保险俸(薪)给的4.5%~9%。保险费按月缴付,由被保险人自付35%,台湾当局主管部门补助65%,但私立学校教职员由台湾当局主管部门及学校各补助32.5%。被保险人征服兵役保留原职时,在服兵役期间,其自付部分保险费由台湾当局主管部门负担,但私立学校教职员由学校负担。其他留职停薪被保险人,在申请留职停薪时,应选择于留职停薪期间退保或自付全部保险费继续加保。但对于育婴留职停薪津贴生效时,原以育婴办理留职停薪选择退保者,可在子女满3岁前,于继续留职停薪期间,再依规定选择一次。选择退保者,服务部门、学校应于被保险人填写同意书之后,办理其退保或续保手续;选择继续加保者,保险薪金依同等级公教人员保险薪金调整。

(3) 公教人员保险准备金。公务人员保险于1960年起,按保险费收入提存14.9%,作为养老费用准备(1962—1968年提存率曾降至10%)。自1971年起,因养老给付递增,各年养老准备提存均不够支付养老费用。退休人员保险准备即把公保被保险人退休后参加退休人员保险应领而未领的养老给付予以转存,并用以支付死亡者的死亡给付及发还退保者的养老给付。自1985年起,停止新加保业务,因无退休续保收入,导致各年退休人员保险准备无法支付死亡给付及发还养老费用。

(4) 保险给付。被保险人在保险有效期间,发生残废、养老、死亡、眷属丧葬、育婴留职停薪五项保险事故时,予以现金给付。其给付金额,以被保险人当月保险俸(薪)给作为计算给付标准。

1）残废给付。因执行公务或服兵役致全残废者，给付 36 个月；半残废者，给付 18 个月；部分残废者，给付 8 个月。因疾病或意外伤害致全残废者，给付 30 个月；半残废者，给付 15 个月；部分残废者，给付 6 个月。

2）老年给付。被保险人依规定退休、资遣者或缴付保险费满 15 年并年满 55 岁而离职退保者，予以一次性养老给付。依其保险年资每满 1 年给付 1.2 个月，最高以 36 个月为限。畸零月数按比例发给。

3）死亡给付。被保险人发生死亡事故时，依下列规定，予以死亡给付：因公死亡者，给付 36 个月；病故或意外死亡者，给付 30 个月，但缴付保险费 20 年以上者，给付 36 个月。请领死亡给付者，如曾领取本保险或公务人员保险或私立学校教职员保险之养老给付，应扣除已领养老给付月数。

4）眷属丧葬津贴。被保险人的眷属因疾病或意外伤害而致死亡的，如为父母或配偶，给予 3 个月丧葬津贴；如为年满 12 岁未满 25 岁的子女，则给予 2 个月丧葬津贴；如为未满 12 岁及已为出生登记的子女，则给予 1 个月丧葬津贴。如子女或父母同为被保险人，则眷属丧葬津贴以任择 1 人报领为限。

5）育婴留职停薪津贴。被保险人加保年资满 1 年以上，养育 3 足岁以下子女，办理育婴留职停薪并选择继续加保者，可申请育婴留职停薪津贴。以被保险人育婴留职停薪当月起，前 6 个月平均保险俸（薪）给按 60%计算，自留职停薪之日起，按月发给，最长发给 6 个月。但留职停薪未满 6 个月者，以实际留职停薪月数发给；未满 1 个月之畸零日数，按实际留职停薪日数计算。同时抚育子女 2 人以上者，以申请 1 人之津贴为限。夫妻同为本保险被保险人者，在不同时间分别办理同一子女之育婴留职停薪并选择继续加保时，可分别请领。

(5) 除外责任。被保险人有下列情形之一者，不予给付：犯罪被执行死刑者；因战争致成死亡或残废者。

（三）军人保险

1953 年 11 月，台湾当局公布了"陆海空军人保险条例"（1956 年 12 月、1970 年 1 月先后进行修改）实施军人保险，以增进军人福利、保障军人及其眷属的生活。现在执行的是经过多次修订的"军人保险条例"。军人保险由台湾当局防务有关部门主管，业务由信托主管部门代为办理。

1. 被保险人

军人保险的对象，主要范围包括：第一，服务于部队、机关、学校、医院、工厂、场站等单位的现职军官、士官、军用文官、在营士兵;第二,编制内的聘用人员、雇用人员、技工、军事学校训练的学生;第三,台湾当局防务主管部门派遣在非军事单位服务的现役军人。军人保险属于团体保险,由各军人所属的军事单位办理投保手续。

2. 保费负担

台湾地区军人保险的保险费率,为被保险人保险基数金额的3%~8%,按月缴付。保费的负担,"官长"应缴的保险费,由台湾当局财政补助50%~70%;"士官""士兵"应缴的保险费,由台湾当局财政全部负担。出于财务考虑,"军人保险条例"于2005年进行了修订,明确了保险基数金额,保险费改为由被保险人自付35%,台湾当局主管部门补助65%,但义务役"士官""士兵"的保险费,全额由台湾当局主管部门负担。

3. 保险给付

军人保险给付,分死亡、残废、退伍和育婴留职停薪四种。各项给付标准,根据"军人保险条例"规定,以被保险人保险基数为准。

(1) 死亡给付。被保险人阵亡和执行公务死亡,分别给予48个基数和42个基数给付;被保险人因病或意外伤害致死,给予36个基数给付;如果死亡给付低于其应得的退伍给付时,按退伍给付发给。

(2) 残废给付。被保险人因作战和执行公务受伤致残成一等残废,分别给予40个基数和36个基数给付;二等残废,分别给予30个基数和24个基数给付;三等残废,分别给予20个基数和16个基数给付;重机障,分别给予10个基数和8个基数给付。被保险人因病或意外伤害成残废或重机障的,一等残废给予30个基数给付,二等残废给予20个基数给付,三等残废给予12个基数给付,重机障给予6个基数给付。

(3) 退伍给付。参加保险满5年的军人退伍时,给予5个基数给付;满5年以上至满10年的,自第6年起每超过1年加给1个基数;超过10年至满15年的,自第11年起每超过1年加给2个基数;超过15年至满20年的,自第16年起,每超过1年加给3个基数;满20年以上的,每超过1年加给1个基数,最高以45个基数为限;未满5年而且未曾领受残废给付的,无息退还其已缴属于自付部分的保险费。

(4) 育婴留职停薪津贴。"军人保险条例"也规定了育婴留职停薪津贴的计算办法。

4. 除外责任

"军人保险条例"规定,被保险人如果有下列情形之一的,保险人即可免予给付:

(1) 非因公自杀致死、致残或成重机障者;

(2) 因犯罪被执行死刑的,包括正式判决犯"叛乱"罪的;

(3) 参加保险未满 30 年无故停缴保险费的。

以上三种情形，保险人可作除外责任免予给付。

(四) 农民健康保险

为维护农民健康，增进农民福利，促进农村安定，台湾地区参照开办劳工保险前例，自 1985 年 10 月起，试办农民健康保险，先选定组织健全、财务结构良好、人员配置适当，且辖区内医疗资源充足的基层农会为投保单位，被保险人以农会会员为限。由于对试办地区的农民提供了生活保障和医疗照顾，故深受农民欢迎。在试办期间（1985—1987 年），投保的农民年龄不得超过 70 岁，到 1988 年 10 月起全面试办农民健康保险，并取消了 70 岁的限制。1989 年 7 月开始实施"农民健康保险条例"，分别于 1992 年、2000 年、2002 年、2010 年、2013 年、2015 年、2018 年、2019 年、2021 年进行了修订。农民除已参加军人保险、公务人员保险、公务人员眷属疾病保险、劳工保险及私立学校教职员保险者外，应一律参加农民健康保险。

1. 保险人、投保单位及被保险人

由台湾当局设立的社会保险主管部门（"社会保险局"）为保险人。在"社会保险局"未设立前，业务暂委托"劳工保险局"办理，并为保险人。为监督本保险业务及审议保险争议事项，由有关部门代表、农民代表及专家各占三分之一为原则，组织"农民健康保险监理委员会"执行。"农民健康保险监理委员会"组织规程及农民健康保险争议事项审议办法，由台湾当局主管部门拟订，报请行政主管部门核定后发布。农会会员从事农业工作，未领取相关社会保险老年给付者，须参加本保险为被保险人，并以其所属基层农会为投保单位。非前项农会会员，年满 15 岁以上从事农业工作的农民，未领取相关社会保险老年给付者，须参加本保险为被保险人，并以其户籍所在地的基层农会为投保单位。

2. 保险费

保险费费率由台湾当局主管部门按被保险人月投保金额 6%～8% 拟订，报请行政主管部门核定。月投保金额由保险人按劳工保险前一年度实际投保薪资的加权平均金额拟订，报请台湾当局主管部门核定，由被保险人负担 30%，台湾当局行政主管部门补助 70%。台湾当局行政主管部门补助的保险费，在台湾当局的直辖市，由台湾当局的主管部门负担 40%，直辖市负担 30%；在县（市），由台湾当局主管部门负担 60%，县（市）负担 10%。

3. 保险给付

农民健康保险的保险事故分为生育、伤害、疾病、身心障碍及死亡五种,并分别给予生育给付、医疗给付、身心障碍给付及丧葬津贴。

4. 保险基金及经费

农民健康保险基金来源包括以下三个方面:

(1) 创立时由台湾当局主管部门一次拨付的金额;

(2) 当年保险费及其孳息收入,与保险给付支出之结余;

(3) 保险费滞纳金;

(4) 基金运用之收益。

保险基金经"农民健康保险监理委员会"通过后,主要运用范围包括:对于公债、库券及公司债的投资;存放于台湾当局金融、银行或行政主管部门指定的公营银行;主管部门核准有利于本基金收入或农民健康保险业务的投资。办理本保险所需经费,由保险人按年度应收保险费总额5.5%编列预算,经"农民健康保险监理委员会"审议通过,在"社会保险局"未设立前,由办理本保险业务机构的主管部门拨付。

(五)"全民健康保险"

台湾地区的"全民健康保险",从着手规划(1988年3月)到实施(1995年3月),经过了7个年头。1994年7月,台湾当局立法主管部门通过"全民健康保险法",1995年3月全面实施。21世纪以来,就"全民健康保险法"中保险人、保费负担等内容进行了多次完善和修订。"全民健康保险"将公务人员保险、劳工保险和农民保险的医疗给付发展为单一健康保险制度,使所有民众在同一体系内享受同样的给付,体现了台湾地区社会保险体系的整合。根据现行"全民健康保险法"的具体内容及相关制度,台湾"全民健康保险"的保险人、被保险人、保险费等相关的主要规定如下。

1. 被保险人

凡在台湾地区设籍4个月以上的民众及其新生儿,一律强制投保,保险对象分为被保险人及其眷属,具体分为六类。

第一类包括:台湾当局行政部门、公私立学校之专任有给人员或公职人员;公营、民营事业、机构的受雇者;其他有一定雇主的受雇者;雇主或自营业主;专门职业及技术人员自行执业者。

第二类包括:无一定雇主或自营作业而参加职业工会者;参加海员工会组织或船长公会组织为会员之外雇船员。

第三类包括：农会及水利会会员，或年满15岁以上实际从事农业工作者；无一定雇主或自营作业而参加渔会为甲类会员，或年满15岁以上实际从事渔业工作者。

第四类包括：应服役期及应召在营期间逾2个月的受征集及召集在营服兵役义务者、军事学校军费学生、经台湾当局防务主管部门认定之无依军眷及在领恤期间的军人遗族；服替代役期间的役龄男子；在矫正机关受刑或接受保安处分、管训处分的执行者。但其应执行期间，在2个月以下或接受保护管束处分的执行者，不在此限。

第五类包括：合于社会救助相关规定的低收入户成员。

第六类包括：荣民、荣民遗眷的家户代表；其他家户户长或代表。

2. 保险费

"全民健康保险"的费率规定为4.25%~6%。在费用分担上，采取差异化制度。

第一类分担比例为：公务人员、公立学校职员、公职人员被保险人：服务行政部门学校＝30%：70%；私立学校职员被保险人：服务行政部门学校：台湾当局主管部门＝30%：35%：35%；事业机构受雇者被保险人：服务机构：台湾当局主管部门＝30%：60%：10%；雇主、自营业者、专技自行执业者100%自付。

第二类分担比例为：职业工人被保险人：台湾当局主管部门＝60%：40%。

第三类分担比例为：农、渔、水利会会员被保险人：台湾当局主管部门＝30%：70%。

第四类分担比例为：军人、军眷、军校生及服替代役男子，100%由台湾当局主管部门负担。

第五类分担比例为：低收入户，100%由台湾当局主管部门负担。

第六类分担比例为：荣民，100%由台湾当局主管部门负担；荣眷、遗眷被保险人：政府＝30%：70%；地区家户被保险人：台湾当局主管部门＝60%：40%。

3. 保险人与待遇给付

台湾当局设"健康保险局"作为保险人。保险对象发生疾病、伤害事故或生育时，保险医事服务机构提供保险医疗服务。为防止医疗浪费和滥诊等问题，"全民健康保险"规定医疗费采用被保险人部分负担制。

4. 安全准备及行政经费

为平衡保险财务，提列安全准备，总额以相当于最近精算1~3个月的保险给付支出为原则。年度收支发生短绌时，由本保险安全准备先行填补。来源包括：

(1) 本保险每年度收支的结余；

(2) 本保险的滞纳金；

(3) 本保险安全准备所运用的收益；

(4) 政府已开征的烟、酒健康福利捐；

(5) 依其他规定的收入。

保险基金运用方式主要包括：公债、库券及公司债之投资；存放于公营银行或主管部门指定的金融机构；其他经主管部门核准有利于本保险的投资。

二、台湾地区社会保险的改革与发展

自20世纪90年代以来，为适应人口的迅速老龄化、就业问题突出、居民权益保障公平要求越来越高等现实，针对现行保险制度实施过程中暴露出来的收支不平衡、投资收益低、保障体系不健全、制度内容不完善等问题，台湾地区对社会保险制度进行了重大调整和完善：决定对社会保险制度进行改革，其中的重点是建立一套"国民年金"制度，对1/3尚未纳入现有社会保险体系的人口提供老年经济安全保障，并建立补充性质的退休金制度，同时也涉及"全民健康保险"改革和职业保障制度的建立。

（一）建立多支柱的养老保障

1. 养老问题日渐突出

虽然台湾地区老年人口的贫困率有逐渐下降的趋势，就65~70岁的年龄层而言，贫困率由1981年时的16‰下降到1993年的9‰；在70~75岁的年龄层，贫困率则从1981年的22‰下降至1993年的12.5‰。但是老年人口逐渐依靠自己，较少依赖儿女奉养及退休金来维持退休后的生活。根据台湾当局相关部门的调查，老年人口的生活费用由子女负担部分1985年为65.8%，到1996年降至48%。经济的快速增长导致出生率及死亡率下降，出生率在1955年时为45.3‰，1995年已降至15.3‰。根据台湾当局有关部门的推算，2035年将降至11.7‰。死亡率也同时由1950年的8.6‰降至1995年的5.6‰。出生率及死亡率同时下降的结果，就是造成人口年龄结构的迅速老龄化。老年人口赡养比，即65岁以上的人口数与25~64岁的人口数的比率，预计在2030年将达到43.4%。

根据世界银行建议，前两层老年经济安全保障，必须能提供60%的所得替代率。在理论上，台湾地区已符合这项标准。然而在1993年年底，25岁及以上的人口中，仅有2/3被纳入老年经济安全的第一层保障中：公务人员保险及其相关保险占10.8%、劳工保险占59.3%以及社会援助占2.9%。因此，台湾地区的社会保险制度必须进行适度的改革，才能确保第一层老年经济安全。

台湾地区的老年经济安全的第二层保障也需要改革。首先，"劳动基准法"要求以在同一企业工作25年作为给付的条件，而中小企业的平均寿命只有13.3年，劳工在同一家企业工作的时间平均也仅有8.3年。因此，确实受到第二层保障的劳工不多，大部分是受雇于大企业。其次，"劳动基准法"的一次给付是以退休前最后一个月的薪资为基准。这项规定也充满道德风险。如果雇主在雇工退休前一个月调高薪资，则该雇主不只是要负担调整的部分，更要负担伴随增加的退休金（高达调整部分的四五倍）。因此，雇主有很大的诱因去压低退休前的薪资。此外，随着农村人口老龄化、空巢化问题的突出，农村地区也迫切需要建立养老金制度。

台湾地区所做的社会保险制度改革，主要是扩大老年经济安全保障制度的涵盖面，使民众都能被纳入其中，此外也尝试修改在"劳动基准法"中有关退休金的规定。重要举措包括建立"国民年金"制度、劳工退休金制度、农民退休储金制度。

2. "国民年金"制度

台湾地区自1993年就开始规划"国民年金"制度。规划工作最初由台湾当局"内政部社会司"负责，之后由"行政院经济建设委员会"接办，在两个阶段的规划研究之后，历经波折，终于在1998年6月底完成。主要面向军、公、教、劳以外的人员。台湾地区的"国民年金法"于2007年7月通过台湾当局立法主管部门"三读"，2008年10月1日正式实施，并于2012年、2014年、2015年、2016年、2019年、2020年进行了修订和完善。"国民年金"针对的保险事故包括老年、生育、身心障碍及死亡四种。被保险人在保险有效期间发生保险事故时，分别给予老年年金给付、生育给付、身心障碍年金给付、丧葬给付及遗属年金给付。凡年满25岁未满65岁，未参加军公教、劳保等社会保险者应加入"国民年金"保险，第一年的月投保金额依劳工保险投保薪资分级表第一级确定；第二年起，于台湾当局统计主管部门发布的消费者物价指数累计成长率达5%时，即依该成长率调整。保险费率于办法施行第一年为6.5%，于第三年调高0.5%，以后每两年调高0.5%至上限12%。但保险基金余额足以支付未来20年保险给付时，不予调高。

被保险人或曾参加本保险者，于年满65岁时，可请领老年年金给付。请领老年年金给付，依下列规定择优计给：月投保金额乘以其保险年资，再乘以0.65%所得的数额加新台币3 000元；月投保金额乘以其保险年资，再乘以1.3%所得的数额。

被保险人分娩或早产，可请领生育给付，其给付标准为：分娩或早产者，按其月投保金额一次发给两个月生育给付；分娩或早产为双生以上者，按比例增加。

依规定请领身心障碍年金给付：被保险人于本保险期间遭受伤害或罹患疾病，经治疗终止，症状稳固，再行治疗仍不能期待其治疗效果，并经卫生主管部门评鉴合格的医院诊断为重度以上身心障碍，且经评估无工作能力者。被保险人于本保险期间所患伤病经治疗一年以上尚未痊愈，如身心遗存重度以上障碍，并经合格医院诊断为永不能复原，且经评估无工作能力者。身心障碍年金给付，依其保险年资计算，每满一年，按其月投保金额发给1.3%的月给付金额。若计算所得数额低于基本保障新台币4 000元，且无欠缴保险费期间不计入保险年资情形或领取相关社会福利津贴，可按月发给基本保障至死亡为止。被保险人死亡，按其月投保金额一次性发给5个月丧葬给付。被保险人死亡，符合规定而未及请领老年年金给付前死亡，或领取身心障碍或老年年金给付者死亡时，遗有配偶、子女、父母、祖父母、孙子女或兄弟、姊妹者，其遗属可请领遗属年金给付。

3. 劳工退休金制度

为增进劳工退休生活保障，加强劳资关系，促进社会及经济发展，台湾地区于2005年颁布实施了"劳工退休金条例"，在经历了2014年、2015年、2016年、2019年的修订后，制度趋于成熟。劳工退休金制度采取基金积累制，雇主为劳工提缴退休金，且根据单位差异或用工差异采取差异费率制，以6%为准上下浮动。没有雇主的劳工可在其每月工资6%范围内，自愿提缴退休金；其自愿提缴的退休金，不计入提缴年度薪资所得课税。

劳工年满60岁、工龄满15年以上者，选择请领月退休金或一次性退休金；工龄未满15年者，请领一次性退休金。退休金的领取及计算方式为：

（1）月退休金。劳工个人的退休金专户本金及累积收益，依据年金生命表，以平均余命及利率等基础计算所得的金额，作为定期发给的退休金。

（2）一次性退休金。一次性领取劳工个人退休金专户的本金及累积收益。

4. 农民退休储金制度

为鼓励农民储蓄养老，增进农民退休生活保障，安定农村社会并促进农业经济发展，台湾地区于2021年实施了"农民退休储金条例"，并于同年进行了部分内容增订。农民退休储金制度采取基金积累制，其主管部门为"'行政院'农业委员会"。未满65岁实际从事农业工作的农民健康保险被保险人，以及未领取相关社会保险老年给付的农民自愿参保。已领取军人保险退伍给付，并依"农民健康保险条例"规定参加农民健康保险的被保险人，可依规定提缴农民退休储金。由农民及其主管部门按月共同提缴保费，依劳工每月基本工资乘以提缴比率计算，提缴比率由农民于10%范围内决定，并以整数为限。提缴农民退休储金后，主管部门始依农民提缴的农民退休储金，按月提缴相同金额。

农民未满65岁，有下列情形之一者，可请领农民退休储金：

(1) 领取"农民健康保险条例"所定身心障碍给付，经保险人认定不能继续从事农业工作；

(2) 领取"劳工保险条例"所定失能年金给付或失能等级三等以上的一次失能给付；

(3) 领取"国民年金法"所定身心障碍年金给付或身心障碍基本保证年金给付；

(4) 非属前三项的被保险人，符合前三项所定身心障碍或失能状态。

依规定请领农民退休储金者，由农民决定请领年限，并按月定期发给。领取及计算方式为退休储金专户本金及累积收益，依据年金生命表，以平均余命及利率等基础计算所得的金额，按月定期发给。农民退休储金运用收益，不得低于以当地银行两年定期存款利率计算的收益；有不足者，由台湾当局财政主管部门补足。

(二) 推行"全民健康保险"民营化改革

全台湾地区"全民健康保险"开办前（1994年）未纳入保险人口达860万人，占地区总人口41%，主要包括医疗需求高经济能力弱的依赖人口（孩童、老人）、无一定雇主的就业人口及弱势团体（残障人士、失业人口）。到2000年，有2 140万人参加了"全民健康保险"，覆盖面达到96%。到2001年，台湾地区的现役军人被纳入保险范围，参保人数超过2 190万人。"全民健康保险"自1999年以来出现巨大财务亏损，2002年由台湾当局行政主管部门核定以调高费率及调涨就医部分负担两大财务应对策略。"全民健康保险"的主要缺点：民间参与决策不够，不利于保险社会基础的建立；保险费率难以反映真实成本，导致医疗资源的浪费与不当配置；决策机制不够灵活，无法适应保险未来可能的变革；未能厘清付费者与保险人的财务责任，也无法有效监督保险人的经营效率；行政管理缺乏弹性与专业性，阻碍经营效率提升。

针对上述缺点，台湾地区有关研究机构提出"全民健康保险"民营化的构想，即将现有台湾当局"健康保险局"的职权一分为二，由两个不同的单位来负责。在承保与财务方面仍维持现行的一元化，以民营的基金会来运作，以期去除公营制度之下财务难以自给自足、缺乏效率等缺点。"健康保险局"将原有医疗管理及医疗提供方面的功能多元化，开放竞争，被保险人可自行选择参加任一保险人组织。多元化保险人的优点是：

可促进竞争、提高效率，并有效控制医疗费用。

然而，民营化改革很难从根本上解决"全民健康保险"的亏损问题。截至2020年，"全民健康保险"的保险对象已达2 398.7万人。随着居民医疗需求的日益增长，面临严重的财务亏损问题，2020年的新冠肺炎疫情更是加剧了此问题（见表13-1）。根据台湾当局健康保险主管部门公布的最新数据，相较于2019年，"全民健康保险"2020年收支差额增加了将近1倍。可见，台湾地区"全民健康保险"迫切需要寻找新的出路。

表13-1　　　　　　"全民健康保险"1998—2020年年度数据

年份	保险对象（人）	保险收入（新台币：千元）	保险支出（新台币：千元）	收支差额（新台币：千元）
1998	20 757 185	263 787 888	265 347 330	−1 559 441.659
1999	21 089 859	269 127 117	290 130 315	−21 003 198.82
2000	21 400 826	291 403 574	290 439 343	964 230.662 9
2001	21 653 555	291 509 747	307 151 944	−15 642 196.42
2002	21 869 478	311 199 550	326 854 374	−15 654 824.03
2003	21 984 415	338 777 534	339 160 406	−382 872.348
2004	22 134 270	353 262 852	353 692 772	−429 919.934
2005	22 314 647	366 058 289	372 392 816	−6 334 526.102
2006	22 484 427	386 105 188	386 424 410	−319 222.919
2007	22 803 048	391 859 575	405 626 953	−13 767 378.24
2008	22 918 144	406 752 123	420 707 435	−13 955 311.98
2009	23 025 773	407 467 830	439 165 937	−31 698 106.89
2010	23 074 487	465 179 585	446 665 692	18 513 892.77
2011	23 198 664	496 757 191	462 577 174	34 180 016.69
2012	23 280 949	510 746 264	484 214 976	26 531 288.28
2013	23 462 863	559 484 543	505 903 692	53 580 850.88
2014	23 621 599	573 289 480	521 895 674	51 393 806.19
2015	23 737 221	644 963 157	542 068 143	102 895 014
2016	23 814 584	590 819 559	572 262 309	18 557 250
2017	23 880 332	593 971 672	603 811 189	−9 839 517.51
2018	23 948 108	610 639 833	637 288 149	−26 648 316.31
2019	24 020 428	627 135 985	661 332 754	−34 196 769.14
2020	23 986 997	632 825 510	700 432 840	−67 607 329.42

资料来源：台湾当局"卫生福利部中央健康保险署"公布的最新数据。

（三）建立与完善就业相关保险制度

为应对日益严重的失业问题，保障职业农民的权益，鼓励农民参与，台湾地区先后建立了针对雇工及其家属的就业保险和针对农民职业危害的农民职业灾害保险。

1. 就业保险制度

台湾地区就业保障体系在 20 世纪 50—90 年代偏重于就业服务、职业培训，以此提高民众的就业能力。随着台湾的经济转轨失败，失业率大幅攀升，台湾当局才被迫于 1999 年通过"劳工保险失业给付实施办法"，正式实施失业保险制度；于 2002 年 5 月发布"就业保险法"，2003 年正式施行，并先后于 2007 年、2009 年、2011 年、2012 年、2014 年、2015 年、2021 年进行了修订。"就业保险法"施行的目的，是在劳工遭遇非自愿性失业时提供失业给付，对于积极提早就业者还给予再就业奖助。另外，对于接受职业训练期间的失业劳工，还发给职业训练生活津贴及失业被保险人保健费补助等，以安定其失业期间的基本生活，并协助其尽快再就业。按规定，年满 15 岁以上 65 岁以下的受雇劳工，应以其雇主或所属机构为投保单位，参加本保险为被保险人。保险费率由台湾当局主管部门按被保险人当月投保薪资 1%~2% 拟订，保险人每三年应至少精算一次，并由主管部门聘请精算师、保险财务专家、相关学者及社会公正人士 9~15 人组成精算小组审查。就业保险的给付内容包括：失业给付；提早就业奖助津贴；职业训练生活津贴；育婴保职停薪津贴；被保险人及随同被保险人办理加保的眷属"全民健康保险"保险费补助。

2. 农民职业灾害保险

台湾地区农民职业灾害保险（以下简称农职保）于 2018 年 11 月 1 日开始试办，台湾有关部门在试办初期考察了相关研究文献及背景资料，先以被保险人遭遇职业伤害为保障范围，并就农民从事农业工作较常见的农药中毒、中暑、热痉挛或热衰竭等疾病，以视为职业伤害方式予以保障。为扩大保障农民职业安全，相关主管部门于 2021 年 9 月 9 日修订发布"农民职业灾害保险试办办法"及"农民职业灾害保险被保险人因实际从事农业工作而致伤病审查办法"等，并自同年 9 月 10 日起施行，将与从事农业工作有相当因果关系引起的疾病（如钩端螺旋体病、长期压迫引起的关节滑囊病变等）共计 11 项纳入农职保的保障范围。另外，农民若罹患、促发或恶化其他疾病，经主管部门公告认可的医疗机构职业医学专科医师诊断，与实际从事农业工作有相关因果关系者，视为职业病，亦纳入保障范围。

农职保职业病给付的申请方式分为两种：属明确列明的职业病项目者，比照现行职业伤害，由农民持给付申请书及医疗院所开具的职业病诊断书，经由直管部门向劳工保险主管部门提出申请；属以外疑似职业病者，须至公告认可医疗机构，由职业医学专科医师诊断并开立职业病诊断书及评估报告书，与给付申请书一起，按流程提出申请。农职保职业病给付项目与职业伤害均相同，分为伤病给付、身心障碍给付、丧葬津贴及就医津贴等四项，且保险费暂时维持不变，依给付标准仍为一般伤病给付每月保费新台币15元，以及增给伤病给付每月保费新台币20元。

第二节 香港特别行政区社会保险

一、香港特别行政区社会保险的主要内容

（一）雇主责任保险[①]

根据《雇员补偿条例》，雇主必须按规定持有有效的工伤补偿保险单，以承担其雇员因工受伤所要负的法律责任。

1. 适用范围

雇主责任保险一般适用于根据雇佣合约或学徒合约受雇的雇员。由香港雇主在本港雇用，而在外地工作时因工受伤的雇员，也受保障。雇员因工及在雇用期间遭遇意外而受伤，或患上《雇员补偿条例》所指定的职业病，雇主有责任支付补偿。

2. 评估丧失工作能力的程度

两级制评估委员会，即普通评估委员会及特别评估委员会，负责评估雇员因工伤所需缺勤的期间和永久丧失工作能力的程度。

3. 主要的补偿项目

（1）致命个案的补偿金额：

1）若已故雇员的年龄在40岁以下，84个月的收入或最低补偿金额，两者以较高的金额为准；

2）若已故雇员的年龄为40~56岁，60个月的收入或最低补偿金额，两者以较高的金额为准；

---

① 此部分内容由香港特区政府劳工处官方网站公布的最新信息整理形成，检索时间为2022年4月11日。https://www.labour.gov.hk/tc/index.htm.

3）若已故雇员的年龄在56岁或以上，36个月的收入或最低补偿金额，两者以较高的金额为准。

（2）致命个案的殡殓费和医护费。任何人士如曾支付因工遭遇意外而死亡雇员的殡殓费和医护费，有权向死亡雇员的雇主申索发还有关的费用，但可获付还费用的数额以92 670港元为限。

（3）雇员因工受伤引致永久地完全丧失工作能力的补偿金额。若雇员因工受伤引致永久地完全丧失工作能力，补偿金额须按雇员受伤时的年龄及每月收入来计算：

1）雇员在受伤时的年龄在40岁以下，96个月的收入或最低补偿金额，两者以较高的金额为准；

2）雇员在受伤时的年龄为40~56岁，72个月的收入或最低补偿金额，两者以较高的金额为准；

3）雇员在受伤时的年龄在56岁或以上，48个月的收入或最低补偿金额，两者以较高的金额为准。

（4）雇员因工受伤引致永久地部分丧失工作能力的补偿金额。若雇员因工受伤引致永久地部分丧失工作能力，补偿金额须视雇员丧失赚取收入能力的程度，并参照永久地完全丧失工作能力的补偿金额，按比例计算：永久地完全丧失工作能力的补偿金额×永久丧失赚取收入能力百分率。

在补偿项目计算过程中，用以计算死亡补偿及永久地完全丧失工作能力补偿金额的每月收入设有一个最高限额：于2021年4月15日或以后遭遇工伤意外或患上指明职业病的人士为35 600港元；于2019年4月26日至2021年4月14日期间遭遇工伤意外或患上指明职业病的人士为30 530港元。死亡补偿的最低金额：于2021年4月15日或以后遭遇工伤意外或患上指明职业病的人士为473 610港元；于2019年4月26日至2021年4月14日期间遭遇工伤意外或患上指明职业病的人士为440 200港元，同时雇主发还已故雇员的殡殓费和医护费的费用上限为87 330港元。雇员就永久地完全丧失工作能力可获得最低补偿金额：于2021年4月15日或以后遭遇工伤意外或患上指明职业病的人士为537 780港元；于2019年4月26日至2021年4月14日期间遭遇工伤意外或患上指明职业病的人士为499 840港元。

（5）暂时丧失工作能力的按期付款。雇员可由暂时丧失工作能力的日期起，收取按期付款达24个月。按期付款的计算方法如下：（发生意外时的每月收入−在意外后的每月收入）×4/5。若雇员暂时丧失工作能力的期间超过24个月，可向法院申请延长收取按期付款的期限,但延长期限不可超过 12 个月。

(6) 医疗费。雇主需支付的医疗费的最高金额如下:

1) 对雇员每天身为医院住院病人进行医治的费用为 300 港元;

2) 对雇员每天身为非医院住院病人进行医治的费用为 300 港元;

3) 对雇员在同一天身为医院住院病人及非医院住院病人进行医治的费用为 370 港元。

4. 解决工伤个案的途径

视案情,工伤个案可循解决途径包括:

(1) 直接支付补偿;

(2) 按法例及协议决定补偿;

(3) 以签发证明书方式解决;

(4) 由法院裁决。

(二) 强制性公积金制度①

强制性公积金(以下简称强积金)制度是香港特区政府强制推行的基金积累制养老保险,旨在提供退休保障的第二支柱。根据香港现行强积金制度的规定,除了获豁免人士之外,年满 18 岁至 64 岁的雇员或自雇人士,都必须按《强积金条例》参加强积金计划。无须参加强积金计划豁免人士包括未满 18 岁或年届 65 岁的雇员及自雇人士,受法定退休金计划或公积金计划保障的人士(如公务员或津贴及补助学校的教员),获发强积金豁免证明书的职业退休计划的成员,获准按照《入境条例》第 11 条来港工作不超过 13 个月或受海外退休计划保障的海外人士以及驻港欧洲联盟属下欧洲委员会办事处的雇员。

1. 主管部门

香港特区政府成立强制性公积金计划管理局(以下简称积金局)专责规管及监督强积金及职业退休计划的运作,如图 13-1 所示。《强积金条例》订明积金局的职能包括:

(1) 确保《强积金条例》获得遵守;

(2) 将强积金计划注册为注册计划;

---

① 此部分内容由香港特区政府强制性公积金计划管理局官方网站的强制性公积金现行制度介绍整理形成,检索时间为 2022 年 4 月 11 日。https://www.mpfa.org.hk/.

（3）核准符合资格人士担任注册计划的核准受托人；

（4）规管核准受托人的事务及活动，尽力确保受托人以审慎方式管理其负责的注册计划；

（5）规管销售及推销注册计划的活动及就注册计划提供意见的工作；

（6）就强制性供款的支付及注册计划在相关供款方面的管理订立规则或指引；

（7）研究与职业退休计划及公积金计划有关的法规，并作出改革的建议；

（8）促进及鼓励退休计划行业在香港的发展，包括核准受托人及服务提供者采用高水平的操守准则及良好和稳妥的业务经营方式；

（9）监督电子强积金系统的运作；

（10）监督指明实体执行根据《强积金条例》指派予、赋予或委予该实体的任何职能；

（11）提升公众人士对注册计划的特点、目的、运作及投资的了解及认识；

（12）行使《强积金条例》或其他条例赋予或委予或根据《强积金条例》或其他条例赋予或委予积金局的其他职能。

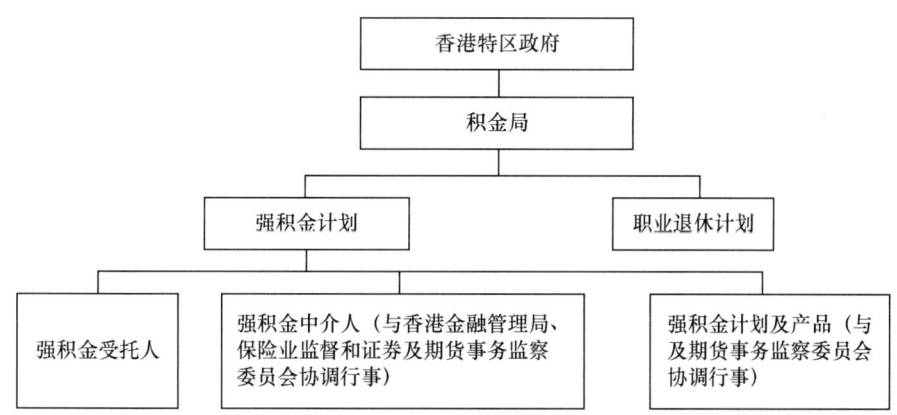

图 13-1　香港特区政府强积金计划规管架构

2. 计划种类

强积金计划包括集成信托计划、行业计划及雇主营办计划。集成信托计划可让超过 1 名雇主的有关雇员、自雇人员及将累算权益由另一计划转移过来的人士参加。这类计划的特点是把小型雇主单位的供款集合起来管理和投资，以得到大规模运作所带来的经济效益。因此，中小型公司特别适合参加这类计划。行业计划是一种特殊的强积金计划，专为雇员流动性高的行业而设。行业计划的成员在业内转职时，只要前雇主和新雇主都在同一行业计划内登记，便无须转换计划，从而节省将累算权益由某一计划转移至另一计划时所需负担的费用。行业计划目前只限于建筑业及饮食业，业内的雇主及自雇人员都可参加。雇主营办计划只供受雇于同一名雇主及该雇主的相关公司的有关雇员加入，因此可满足雇主及其雇员的特殊需要。然而，由于管理这类计划需要一定的资源，所以只有规模较大的公司才会考虑成立本身的雇主营办计划。

3. 强制性供款

强积金强制性供款一经受托人存入雇员的账户，即全数及立刻归属于雇员。强制性供款的投资回报，亦会全数及即时归属于该雇员。

（1）一般雇员。雇员及雇主双方须分别向强积金账户作出雇员有关入息的5%的供款，供款金额受最低及最高有关入息水平的限制。雇主必须以雇主本身的资金为雇员作强制性供款，并须就每个供款期（一般指粮期）从雇员的有关入息中扣除雇员的供款。有关入息是指雇主以钱款形式支付或须支付给雇员的金额，包括任何工资、薪金、假期津贴、费用、佣金、花红、奖金、合约酬金、赏钱或津贴。雇主的供款，应从雇员受雇首日开始计算，即粮期。雇员享有免供款期，即他们无须为雇用期首30日作出供款，亦无须在免供款期后的首个不完整粮期（如雇员的粮期是一个月或少于一个月）作出供款；或就受雇第30日的月份（如雇员的粮期多于一个月）作出供款。雇员应不时查阅供款记录，确保雇主准时作出供款，而且款额正确。可以直接联络受托人，复核账户资料。受托人一般会提供不同的途径，例如热线、网页、自动柜员机及顾客服务中心等，让雇员查阅账户资料。

1）月薪雇员。当前，最低及最高有关入息水平分别为7 100元港币及30 000元港元，供款日为每月的第10日（见表13-2）。就新雇员的首次供款，雇主应在雇员受雇满60日所在的月份完结后的下一个供款日（每个月的第10日）或之前，把供款支付给受托人。

表13-2　　　　　　　　　　　月薪雇员的供款计算

每月有关入息	雇主强制性供款	雇员强制性供款
低于7 100港元	有关入息×5%	无须供款
7 100~30 000港元	有关入息×5%	有关入息×5%
高于30 000港元	1 500港元	1 500港元

2）非月薪雇员。如按日、周或每半个月支薪一次，雇主须先以每日最高1 000元港元及最低280元港元的有关入息水平来计算粮期的上下限，以厘定供款额。以按周支薪

为例，一周的日数为7天，因此有关入息上限为7 000元港元（1 000元港元×7天），下限则为1 960元港元（280元港元×7天），见表13-3。

表13-3　　　　　　　　　　　　非月薪雇员的供款计算

有关入息	雇主强制性供款	雇员强制性供款
低于下限（280港元×粮期日数）	有关入息×5%	无须供款
介于上下限之间	有关入息×5%	有关入息×5%
超过上限（1 000港元×粮期日数）	上限×5%	上限×5%

（2）自雇人士。受强积金制度涵盖的自雇人士须定期向强积金计划作出供款，供款额为收入的5%，并受最低及最高有关入息水平的限制。自雇人士可选择按月或按年在供款日或之前作出供款。当前，最低及最高有关入息水平分别为每月7 100港元（或每年85 200港元）及每月30 000港元（或每年360 000港元），见表13-4。自雇人士可采用下列方法之一，确定自己的有关入息：

1）参考香港特区税务局发出的最近期评税通知书上的"应评税利润"，作为有关入息；

2）参考《税务条例》第28条所界定的基本免税额，作为有关入息；

3）向受托人作出入息声明或以每年最高有关入息水平作为有关入息。

表13-4　　　　　　　　　　　　自雇人士的供款计算

有关入息	强制性供款
低于每月7 100港元或每年85 200港元	无须供款
每月7 100~30 000港元或每年85 200~360 000港元	有关入息×5%
高于每月30 000港元或每年360 000港元	每月1 500港元或每年18 000港元

如业务亏损，自雇人士可向受托人报告亏损，并提供结算表呈现亏损状况，申请暂停供款，直至入息回到最低有关入息水平。自雇人士必须在每一个财政期终结前至少30日，向受托人报告下一财政期的有关入息。可采取按月供款和按年供款两种方式。

4. 公积金提取

《强积金条例》规定，计划成员年满65岁（符合条例订明的特定情况除外）才可提取由强制性供款和可扣税自愿性供款累积的强积金，提取方式包括分期提取、一次性提取、保留在强积金计划内继续投资三种。在如下特定情况下，计划成员可在65岁前提早提取强积金。

（1）提早退休。计划成员必须年满60岁并已终止所有受雇及自雇工作，并作出法定声明无意再次受雇或自雇,可以选择一次性或以分期的方式提取强积金。

(2) 永久性地离开香港。计划成员必须作出法定声明已经或将会离开香港,亦无意作为永久性居民返回香港工作或再定居。同时须提供受托人信赖计划成员已获准在香港以外地方居住的证明。

(3) 完全丧失行为能力。计划成员永久不适合执行丧失行为能力前工作的特定工种,并提供由注册医生或中医发出的医学证明书。

(4) 罹患末期疾病。计划成员患有相当可能令其预期寿命减至 12 个月或以下的任何疾病,并提供由注册医生或中医发出的医学证明书。

(5) 小额结余。计划成员只在一个强积金计划内存有强积金,而结余不超过 5 000 港元,以及计划成员提出申请提取强积金的日期,须距离最后一个供款日至少 12 个月。计划成员亦须作出法定声明日后无意再受雇或自雇。

(6) 死亡。已故成员的强积金是成员遗产的一部分,因此必须由计划成员的遗产代理人或遗产管理官提出申索。

5. 额外供款

计划成员可根据自身养老保障的需求,在参加强制性供款以外,选择额外供款。具体包括以下三种类型。

(1) 自愿性供款。雇员、自雇人士及雇主可选择在强制性供款以外,作出额外的自愿性供款。雇员可通过雇主在供款账户内作出额外的自愿性供款,供款受计划条款限制。通常雇员要在离职后,才可提取或转移强积金。自雇人士可在其账户作出额外的自愿性供款。雇主可为雇员在 5% 的雇主强制性供款以外作出额外供款,为雇员提供更多退休保障。雇主作出的强制性及自愿性供款,均可扣减利得税,上限为雇员年薪的 15%。

(2) 特别自愿性供款。特别自愿性供款是计划成员直接向受托人支付的额外供款,与工作及雇主没有关系。计划成员自行选择心仪的强积金计划及办理开户手续,自行向强积金计划支付供款,金额无须与收入挂钩,可不定期、不定金额灵活供款,不享受税收优惠。可随时提取或转移权益,每年可提取多次,但受托人或设有每次最低提取金额及提取次数上限。

(3) 可扣税自愿性供款。可扣税自愿性供款是唯一提供税务优惠的自愿性供款,账户持有人可在薪俸税或个人入息课税享税务优惠。计划成员自行选择心仪的强积金计划及办理开户手续,在 2019—2020 课税年度和随后的每个课税年度,扣税上限为每年

60 000港元（上限为可扣税自愿性供款和合资格延期年金保费的合计上限）。此项须保存至65岁（除符合法例订明的特定情况外）才可提取，超出扣税额的供款亦不能提早提取，可随时转移账户结余至其他强积金计划的可扣税自愿性供款账户。

6. 账户管理

强积金制度下设有三类强积金账户，分别为供款账户、个人账户及可扣税自愿性供款账户，具体如下：

（1）供款账户用于滚存计划成员在现职期间的强积金，每个供款期的新供款会存入此账户。

（2）个人账户用于滚存计划成员在过去受雇或/及自雇期间所累积的强积金，滚存计划成员透过雇员自选安排，从现职供款账户转入的强积金，现职期间每个供款期的新供款不会存入此账户。

（3）可扣税自愿性供款账户用于滚存计划成员的可扣税自愿性供款，滚存计划成员从其他可扣税自愿性供款账户转移至该账户的强积金。在符合《强积金条例》的规定下，计划成员可在强积金账户之间转移权益。

7. 强积金投资

强积金投资的基金种类及其特点主要包括以下六个方面。

（1）货币市场基金。货币市场基金一般投资于优质的短期有息证券，以赚取较储蓄存款更高的回报。

（2）保证基金。保证基金为计划成员提供数种形式的保证，一般包括本金保证或最低回报保证。保证基金除收取基本收费外，保证人会就提供的保证收取保证费或储备费。保证基金被视为风险较低的基金。

（3）债券基金。债券基金投资于由政府、公营机构、银行、商业机构或其他国际机构（如世界银行）所发行的债券或债务工具。这类基金所投资的债券，必须符合《强积金条例》规定的最低信贷评级或上市规定。

（4）混合资产基金。混合资产基金主要投资于债券和股票。不同的混合资产基金的风险水平各异，主要视股票与债券的组合比例而定。风险水平一般介于债券基金与股票基金之间，投资于股票的比例越高，基金风险便越高。

（5）股票基金。股票基金主要投资于在核准股票交易所交易的股票，旨在通过股票的资本增值，赚取较高回报。风险一般较其他类型的基金为高，其回报或会受多种因素影响，例如股票市场的波动及汇率变化等。如果基金所投资的股票以外币作为计价货币，当该外币贬值时，基金价格亦可能随之下滑。

（6）指数基金。指数基金的唯一投资目标是追踪个别市场指数的表现，例如恒生指数等。该基金的成分股会根据所参照指数的成分股比例进行买卖，从而令基金的表现与所参照的市场指数的表现相近。指数基金的交易次数通常较主动式管理基金为少，因此其持有人所需支付的管理费亦较主动式管理的基金为少。

（三）职业退休计划（公积金）[①]

职业退休计划俗称公积金，与强积金计划都是为香港雇员设立的职业退休保障计划，但两者的运作方式并不相同。自强积金制度实施后，积金局豁免若干符合资格及符合相关规定的职业退休计划遵守强积金规定。

1. 主管部门

积金局履行职业退休计划注册处处长的职责，工作包括（但不限于）：

（1）处理各类与计划有关的更改及申请；

（2）确保所有获豁免计划及注册计划符合规定；

（3）与专业团体和业界组织保持紧密联系。

2. 登记参加

职业退休计划是雇主自愿设立的为雇员（不论是以前的或现在的）提供退休保障的计划。雇主应根据计划的管限规则安排雇员登记参加有关计划。由2020年1月1日起，职业退休注册计划须遵守及履行自动交换财务账户资料安排下的尽职审查规定及申报责任。计划须收集成员的税务居民身份资料，并向税务局申报属于香港特区以外地方任何税务管辖区的计划成员的账户资料。税务局会每年把有关资料传送至相关管辖区的税务当局。因此，在开立新的职业退休计划账户时，雇员必须就其税务居民身份提供自我证明以完成开户程序。

3. 安排供款

雇主须在供款到期日或之前为计划成员供款，细则（包括供款率及供款到期日）由雇主厘定。供款可由雇主单方面作出，或由雇主及计划成员共同作出，视计划条款（如计划属界定利益计划）及精算师证明书所载的建议而定（如有）。

4. 利益归属

界定供款计划成员的利益分配是按照管限规则的归属比例而定。归属比例订明雇员

[①] 此部分内容由香港特区政府强制性公积金计划管理局官方网站的职业退休计划现行制度介绍整理形成，检索时间为2022年4月11日。https://www.mpfa.org.hk/.

按服务年期，所取得由雇主供款产生的利益百分比。界定利益计划成员的利益，通常按成员的服务年期及离职时的薪金计算。成员如被解雇或裁员，其利益受限于管限规则的规定。

（1）合理解雇。部分职业退休计划的管限规则容许雇主在合理解雇成员的情况下，没收成员在职业退休计划之下雇主供款部分的利益，甚至雇主以及雇员的供款部分。如获强积金豁免的职业退休注册计划的成员被解雇，受托人不能没收其最低强积金利益。然而，受托人可根据该计划的管限规则，没收超过最低强积金利益的余额。

（2）裁员。如雇员在没有理由的情况下被解雇，或因裁员或遣散而被终止聘用，则可能有权提取职业退休计划下的利益，一般提取款额为成员供款部分的结余，加上按管限规则下归属比例计算所得的雇主供款部分的结余。

（3）成员破产。职业退休计划的成员一旦破产，其既有利益的处理方法将视管限规则的条款及有关个案情况而定。职业退休计划的管理人必须遵守以下规定：如将破产成员在某个职业退休计划内的利益转移至另一个计划，即使不拟向成员支付利益，亦须预先通知破产管理署；如拟以任何方式支付破产成员的利益，包括作出长期服务金/遣散费的抵消安排，须事先获破产管理署同意。

5. 税项宽减

雇员向职业退休计划作出的供款可以扣税，最高扣税款额为每年18 000港元。雇主就若干职业退休计划作出的供款可以扣税，上限为雇员薪酬总额的15%。

6. 受托人

如属受信托管限的计划，须委任最少一名由雇主本人、其雇员或有关联人士以外担任的独立受托人，除非该有关联人士是根据《受托人条例》注册的信托公司。受托人必须履行以下责任：

（1）以合理水平审慎、有技巧、努力行事；

（2）运用合理预期的知识，管理及维持计划；

（3）确保资产投资于不同项目，减低损失风险；

（4）以成员的利益而非以受托人本身的利益为先；

（5）按照计划的条款行事；

（6）转移利益。

有责任或有权辞退或委任受托人的人士，必须事先取得积金局的书面核准才可更改受托人相关事宜。

7. 获豁免的法定要求

香港特区在 2000 年推行强积金制度之前,符合资格及符合相关规定的职业退休计划的雇主准许申请获豁免,雇主如提供受《职业退休计划条例》规定的职业退休计划,必须在与雇员拟定设立退休计划的合约后 3 个月内,向积金局提出申请注册或豁免,否则即属违规。获强积金豁免的职业退休计划的雇主必须让符合资格雇员自由选择参加强积金计划或获强积金豁免的职业退休计划,须在新雇员符合资格后 10 天内,让他们选择参加职业退休计划或强积金计划;雇员必须于符合资格后 30 天内将选择以书面方式通知雇主,否则将被视作选择参加强积金计划。当雇主决定削减任何成员在获强积金豁免的职业退休注册计划下的日后利益或权益时,须让该成员有机会选择是否参加强积金计划,如图 13-2 所示。

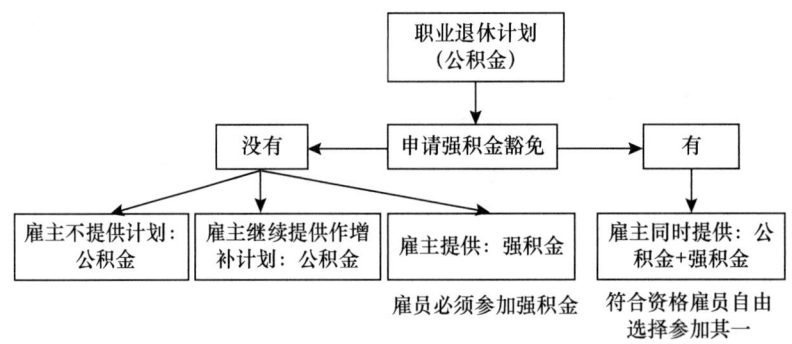

图 13-2　职业退休计划的豁免

二、香港特别行政区社会保险的改革与发展

(一) 社会保险的萌芽时期①

20 世纪 90 年代以前,受英国"福利思想"的影响,香港社会保障制度的萌芽源于"济贫"理念,侧重于紧急援助措施和各类民间福利,基本上不存在任何退休保障规定。雇主提供公积金、退休金等社会保障的安排完全是出于自愿,只是在劳工运动、工伤事故等推动下,建立了工伤保险制度。

1966 年和 1967 年的两次社会运动,让当时的港英政府逐渐意识到劳动者福利的重要性,并于 1969 年对"劳工赔偿条例"进行修订,主要内容:把雇主需支付工人的工

---

① 杨伟国,雷珂,张慧云. 中国香港社会保障政策的变迁及启示 [J]. 北京航空航天大学学报 (社会科学版),2016 (7):1-7.

伤病假的期限定为 24 个月，工伤病假补贴数额规定为本人工资的三分之二；将月薪 1 500 港元以下的白领工人纳为受保对象。这在某种程度上，承认了强制雇主为雇员购买劳工保险的可行性，但由于认为"无必要在当时推行"，因此，没有发文实施。20 世纪 70 年代末期，香港地区工伤问题严重，在工会、宗教组织和劳动者团体的要求下，工伤赔偿发生重大变化。1981 年，当时的港英政府制定了"雇员补偿条例"，以代替之前的"劳工赔偿条例"，劳工工伤和职业病的保障取得较大突破。本次制定的"雇员补偿条例"扩大了保障对象范围，突出了无过失原则，但是雇主责任保险仍然采取自愿保险形式。1984 年 1 月修订了"雇员补偿条例"，规定雇主必须为雇员向私营保险公司购买工伤保险，实现工伤保险强制性推行；1984—2000 年，港英政府及香港特区政府又出台了多个文件对"雇员补偿条例"进行修订，对雇员工伤风险的保障更为成熟。

（二）社会保险的完善时期

20 世纪 90 年代以后，随着人口老龄化问题日益严重，香港地区开始意识到建立退休金制度的重要性，先后建立了职业退休计划、强积金制度等养老保险制度。在工伤问题的催发下，也进一步完善了工伤保险制度。

1. 养老保障制度的建立与发展

1992 年 12 月，当时的港英政府通过了"职业退休计划条例"，通过系列规定来督促雇主自愿为雇员成立职业退休计划，并且运用政府的力量保证这些计划能够顺利实施，保障雇员退休计划利益。该文件规定由雇主和雇员共同缴费，独立于雇主的资产之外，交给专业基金投资公司进行运作，待雇员退休后以单独方式或收入关联方式发放养老金。由于当时职业退休计划采取自愿原则，对香港地区养老保障的作用有限。

1995 年 8 月，香港制定了"强制性公积金计划条例"，有关附属规定文件则于 1998 年、1999 年和 2000 年通过，而强积金制度在 2000 年 12 月开始实施。根据世界银行倡议的多支柱退休保障制度：零支柱为无须供款、由政府资助和管理的制度；第一支柱为由政府管理的强制性供款制度；第二支柱为由私营机构管理及具备足额资金的强制性供款制度；第三支柱为自愿性储蓄；第四支柱为非正规支持、其他正规社会及个人资产。目前，强积金制度作为香港特区退休保障制度的第二支柱，为劳动者提供基本的退休保障，与其他支柱相辅相成。由于历史原因，香港长期受"福利主义""市场化"影响，第一支柱不适用，因此第一支柱除外。

在实施强积金制度前，香港地区只有约 1/3 的工作人口享有退休保障。随着强积金制度的实施，现香港特区已有约 85% 的就业人口享有退休保障，他们分别参与强积金计划、职业退休计划、法定退休金或公积金计划（例如为公务员或补助及津贴学校教师而设的计划）。

1998年9月17日，香港特区政府成立积金局，具体负责强积金管理实施。2004年6月30日，发出《强积金投资基金披露守则》，以改善强积金基金收费及表现的数据披露。2005年7月28日，发出《强积金核准受托人合规标准》，协助强积金核准受托人建立严格的框架，以便自行监察在强积金制度下所须履行的法定职责。2007年7月13日，推出收费比较平台，有助于比较强积金基金收费。2012年9月28日，推出受托人服务比较平台，提供不同强积金计划的服务数据；同年11月1日，实施规管强积金中介人的法定制度，加强保障计划成员，减低违规销售的风险，并实施雇员自选安排，为雇员带来更大的自主权，转移雇员强制性供款所产生的强积金至自选的强积金计划。2015年8月1日，新增罹患末期疾病为提早提取强积金的理由，方便有需要的计划成员提早提取强积金。2016年2月1日，推出新计划，成员可于退休或提早退休时以"一笔过"或分期的方式提取强积金，让计划成员选择有更大的灵活性。2017年4月1日，推出预设投资策略，为未作出强积金基金选择的计划成员提供投资方案。2018年2月8日，推出基金表现平台，有助于比较强积金基金表现；同年7月10日，积金局获特区政府委托构建和营运积金易平台，将强积金的行政程序标准化、简化及自动化，以令强积金的运作更具效率。2019年4月1日，推出可扣税自愿性供款，鼓励市民及早为退休生活做储蓄；同年4月29日，推出一站式强积金基金平台，让计划成员掌握更多有关基金管理费及强积金基金表现的信息。①

2. 雇主责任保险制度的发展与完善

进入21世纪之后，香港特区政府对《雇员补偿条例》进行了修订和完善。其中，该条例的2000年修订版于2000年7月发布，进一步明确规定了雇主对雇员进行工伤补偿的条件和具体金额，并且该次修订对违法不为工人购买劳保的雇主的法定最高罚款额由25 000港元调高至100 000港元。2003年4月3日通过分别根据《雇员补偿条例》及《肺尘埃沉着病（补偿）条例》提出的两项决议，提高该两个条例下的医疗费水平。2003年《职业性失聪（补偿）条例》修订版于2003年5月16日实施，借着该修订条例，一系列改善职业性失聪补偿计划（以下简称"补偿计划"）的措施得以推行。②

---

① 该部分内容由香港特区政府强制性公积金计划管理局官网发布的资料整理形成，检索时间为2022年4月11日。https://www.mpfa.org.hk/。
② 杨伟国，雷珂，张慧云. 中国香港社会保障政策的变迁及启示[J]. 北京航空航天大学学报（社会科学版），2016（7）：1-7.

2004年、2006年、2012年、2018年，就《雇员补偿条例》中过时和缺少的内容进行了修订，形成了目前实施中的工伤保险制度，具体内容详见本节第一部分。

（三）社会保险的改革时期[①]

根据香港特区政府统计处数据，香港正面对人口急剧老化的挑战。随着整体人口不断老化，未来的就业人士须供养更多退休人士。2019年，香港65岁以上的人口（不包含外籍家庭佣工）比例为18%，每名退休人士由3.77名适龄工作的成人供养。预计到2069年，香港65岁以上的人口（不包含外籍家庭佣工）比例将达到38%，每名退休人士由1.4名适龄工作的成人供养。积极应对人口老龄化成为香港特区社会保险制度未来长期的工作重点。

截至2021年12月底，强积金制度的总资产按年轻微增长约4%（约11 800亿港元）。过去10年间，强积金总资产增加232%。每名计划成员平均持有的强积金资产约258 000港元，对比10年前的约97 000港元，累积增幅约164%。受投资市场波动影响，强积金制度在2021年录得负0.3%回报。虽然去年录得轻微负回报，但强积金制度自2000年实施以来的年率化净回报达4.3%，高于同期的年率化通胀1.8%（见表13-5）。

表13-5　2020—2021财政年度强积金投资收益情况统计　　　　%

基金种类	自2000年12月1日	过去一年	过去三年	过去五年
股票基金	5.1	-2.0	9.6	9.0
混合资产基金	4.6	2.5	10.0	7.9
货币市场基金（强积金保守基金）	0.7	0.0	0.6	0.5
保证基金	1.2	-0.9	1.6	1.3
债券基金	2.5	-3.8	2.6	2.3
货币市场基金（不包括强积金保守基金）	0.7	0.9	1.6	1.5
制度年率化回报	4.3	-0.3	7.5	6.5
同期年率化回报	1.8	2.4	1.4	1.7

这主要得益于积金局始终强力推行的五大方向提升强积金保障功能。

一是投资回报。基金投资回报直接影响劳动者手上累积的强积金资产，积金局始终坚持研究不同措施扩大强积金投资范围，协助劳动者把握投资机遇及作有效的资产配置，并透过多元化投资分散风险。

二是基金收费。收费水平亦与净投资回报挂钩，公众一直希望强积金收费有下调空

[①] 该部分内容由香港特区政府强制性公积金计划管理局官网发布的资料整理形成，检索时间为2022年4月11日。https://www.mpfa.org.hk/.

间，积金局过往通过不同途径，令收费逐步下降，包括提升基金收费透明、提供比较价格工具，以及推出"雇员自选安排"及"预设投资策略"促进竞争。

三是供款额。因应入息水平变动，最低及最高有关入息水平须适时调整，以确保强积金的充足程度。随着积金易平台全面运作后，特区政府会为低收入雇员代供强积金，让基层雇员都可以有每月 10% 的供款。

四是取消对冲。至于市民关注的强积金对冲事宜，特区政府已表明下个立法年度将会修例落实取消对冲安排，长远而言将有助于增加劳动者累积强积金的金额。

五是自愿性供款。除了从第二支柱着手提升充足度外，增加第三支柱的保障（如自愿性供款）亦是有效方法。积金局一直鼓励计划成员作自愿性供款，在 2020—2021 财政年度，可扣税自愿性供款共 22 亿港元，按年增加三成。

强积金制度稳健发展为改革奠定坚实基础，未来将主要从以下三个方向进一步巩固制度的持续发展：

1. 加强与持份者交流

若要完善强积金制度，通过不同渠道接触各持份者，了解他们对强积金制度的意见是必不可少的。一直以来，积金局团队在各方面已经做了非常大量的工作，向市民大众推广和宣传强积金制度和相关优化措施。在未来，将努力让更多持份者，特别是前线工友、基层劳工、即将步入社会的职场新鲜人、少数族裔社区及从事散工的雇员都更了解强积金，协助他们善用强积金为自己的退休做好准备。

2. 推动积金易平台构建工作

积金易平台项目是强积金制度成立以来最重大的改革，2021 在 10 月通过的《2021 年强制性公积金计划（修订）条例草案》，为积金易平台依法运作提供基础，进一步利便项目的推展和实施。2022 年之后，项目的构建可谓"进入直路"之关键时刻。积金局、积金易平台公司和承办商会把握每一刻做好项目内各项细节，务求打造一个简单易用、切合大众所需、一站式以及全新而高效的公共电子平台。

3. 优化强积金投资

在计划成员利益为先的前提下，探讨改善空间，进一步提升基金回报及收费的透明度，帮助计划成员选择物有所值的强积金基金，以及促进强积金投资更多元化，协助成员按个人的退休需要做更好部署。针对在不同人生阶段有不同的投资目标及风险承受能力，积金局会继续鼓励业界开发相关的基金，以满足计划成员在不同阶段的投资需要。

第三节 澳门特别行政区社会保险

一、澳门特别行政区社会保险的主要内容

（一）社会保障基金①

社会保障制度旨在为澳门特区居民提供基本的社会保障，尤其是第一支柱的养老保障，以改善居民的生活质量，包括强制性制度与任意性制度。

1. 对象范围

（1）强制性制度。根据劳动关系的一般制度，通过合同在雇主的支配及领导下工作并收取报酬的澳门特区居民，包括受聘为在澳门特区登记的企业在外地分支或代理机构工作的特区居民；属任何任用方式的公共行政工作人员。

（2）任意性制度。配偶或具有事实婚姻关系的人之间的劳动关系、同膳宿且属第二亲等内的亲属关系的人之间的劳动关系，以及根据学徒培训合同或融入就业市场的职业培训制度建立关系的雇员；在公共行政工作人员一般法范围内的退休及抚恤制度登记的在职公共行政工作人员；其他成年的澳门特区居民。

2. 供款

社会保障制度的财政来源共有三个方面，即特区政府、雇主及雇员的供款。

（1）强制性制度的供款。属强制性制度者，受益人及相关的雇主有义务向社会保障制度进行供款。供款义务在劳动关系开始的月份开始，在劳动关系终止的次月终结。如受益人在劳动关系开始或终止的月份提供工作少于15日，则该月无须进行供款。如按规定仍存在供款义务，则养老金的发放并不妨碍受益人继续进行供款。任何涉及由受益人全部或部分缴付应由相关雇主承担供款的合同条款均无效。受益人及相关雇主各自承担的供款比例，由澳门特区行政长官在经听取社会协调常设委员会的意见后，以公布于《澳门特别行政区公报》的批示订定。

（2）任意性制度的供款。属任意性制度者，受益人可自作出登录或制度转换的月份开始向社会保障制度进行供款，并最长可供款至360个月。受益人如有收取特区社会工

---

① 此部分内容由澳门特区社会保障基金官方网站发布的最新法律制度整理形成，检索时间为2022年4月11日。https://www.fss.gov.mo/zh-hans/.

作局的一般援助金，其收取该援助金期间所承担的供款金额可由特区社会工作局补助，为此受益人须向特区社会工作局作出申请。

（3）供款金额。供款按月以定额作出，且不论是强制性或任意性制度，供款金额均相同。供款的金额，由澳门特区行政长官经听取社会协调常设委员会的意见后，以公布于《澳门特别行政区公报》的批示订定。以具体期限劳动合同提供工作者，如当月提供工作少于15日，则该月供款金额减半。

3. 给付

社会保障制度给付形式包括养老金、失业津贴、疾病津贴、残疾金、出生津贴、结婚津贴、丧葬津贴、呼吸系统职业病津贴。社会保障制度亦可包括经澳门特区行政长官核准的特定援助计划内的其他社会保障措施。养老金、失业津贴及疾病津贴、残疾金的给付不得互相重叠。

（1）养老金。给付条件：年满65岁，在澳门特区通常居住至少7年、已向社会保障制度供款至少60个月。受益人领取的养老金金额以实际供款月数为基础按公式计算，公式为：受益人实际领取养老金的金额＝（养老金金额上限×实际供款月数）/360。其中，实际供款月数是指在养老金开始发放的前一季度最后月份所累计的总供款月数，最多为360个月，养老金金额上限为3 740澳门元。如属在开始发放养老金后供款月数发生变化的情况，则此后每年4月份对养老金的金额进行调整，并按截止前一年的12月所累计的总供款月数做计算。如按规定计算的养老金金额的尾数不足1澳门元，则按1澳门元计。

（2）提前获发养老金。申请资格：年满60岁、在澳门居住最少7年、已供款至少60个月。受益人领取的提前获发养老金每月发放金额计算公式为：提前获发养老金金额＝[养老金金额上限（3 740澳门元）×实际供款月数×年龄百分比]/360（见表13-6）。实际供款月数指在养老金开始发放的前一季度最后月份所累计的总供款月数，发放养老金的百分比在受益人年龄满80岁前维持不变。

表13-6　　　　　　　　　　提前发放养老金的百分比计算表　　　　　　　　　　%

已届满的月数	已届满的年岁				
	60	61	62	63	64
0	75.0	78.9	83.3	88.2	93.8
1	75.3	79.3	83.7	88.7	94.2
2	75.6	79.6	84.1	89.1	94.7

续表

已届满的月数	已届满的年岁				
	60	61	62	63	64
3	75.9	80.0	84.5	89.6	95.2
4	76.3	80.4	84.9	90.0	95.7
5	76.6	80.7	85.3	90.5	96.3
6	76.9	81.1	85.7	90.9	96.8
7	77.3	81.4	86.1	91.4	97.3
8	77.6	81.8	86.5	91.8	97.8
9	77.9	82.2	87.0	92.3	98.4
10	78.3	82.6	87.4	92.8	98.9
11	78.6	82.9	87.8	93.3	99.4

（3）失业津贴。申请资格：处于非自愿失业状况；自于特区劳工事务局作出登记之日起至少15日内仍处于失业状况；在作出就业登记的季度前12个月中，至少有9个月以属强制性制度受益人身份向社会保障制度供款；并无拒绝接受与其专业能力相符合的工作。津贴金额：每日150澳门元。发放期限：自就业登记日起计，每12个月为一期，发放失业津贴的时段是根据特区劳工事务局发出的申领失业津贴确认书上所载有关受益人非自愿失业状况之期间而定，发放日数最长为90日；倘于12个月内已收取90日津贴，则自最后给付津贴日起计12个月后，重新符合有关条件才可再次申请。自特区劳工事务局作出登记之日起至失业状况终止后30日内申请办理，如受益人的失业状况超越有权收取津贴的最长发放日数（90日），则最迟于该期间终止后30日内。

（4）疾病津贴。申请资格：在患病期开始的季度前的12个月中，向社会保障制度供款至少9个月；在患病期间并无从事任何有报酬的工作。津贴金额及发放期限：津贴自患病之翌日起计算；住院津贴每日150澳门元，每年发放最多180日；非住院津贴每日114澳门元，每年发放最多30日。因工作意外或职业病造成的损害、由第三人的行为所引致且应由其负责赔偿的疾病以及由受益人本身故意造成的疾病，不予发放疾病津贴。办理时间为患病翌日起至有权收取最后疾病津贴日起30日内。

（5）残疾金。申请资格：在澳门居住至少7年；已供款至少36个月；如因一般疾病、意外伤害、职业病或职业伤害，经特区社会保障基金会诊委员会证明暂时或长期绝对丧失全部工作能力或谋生能力的受益人，视为处于残疾状况。由递交申请表及所需文件的翌日起计，40个工作日内获安排接受本基金会诊委员会健康评估。残疾金采取按月发放形式。

（6）出生津贴。申请资格：在子女出生或收养事实所在的季度前12个月中最少已向社会保障制度供款9个月；或正在领取养老金或残疾金。津贴金额为5 418澳门元。倘父母双方皆符合条件，可同时申请出生津贴，办理时间为子女出生或被收养日起计60日内。

（7）结婚津贴。申请资格：在结婚日所在季度前12个月中最少已向社会保障制度供款9个月；或正在领取养老金或残疾金。津贴金额为2 122澳门元。倘配偶双方皆符合条件，可同时申请结婚津贴，办理时间为结婚日起计60日内。

（8）丧葬津贴。申请资格：死者须为登录于本基金的受益人；申请人须为承担受益人丧葬费用者，须在受益人死亡日起计1年内提出。津贴金额为2 750澳门元。

（9）呼吸系统职业病津贴。申请资格：社会保障基金承担因呼吸系统职业病致受益人丧失工作能力或致死亡所作出的补偿，包括支付殓葬费用，而该疾病系适用于职业伤害及职业病相关规定。补偿金金额由适用于对职业伤害及职业病所致的损害补偿确定。

4. 不适当收取社会保障给付的偿还

受益人因不符合条例要求而不适当收取的社会保障给付，应自接获通知日起90日内退还给本基金。倘受益人在指定期限内不退还或不申请分期偿还该款项，或在已许可分期偿还但在任一期到期日后逾60日仍不自愿缴清所欠款项，将通过特区财政局税务执行处进行强制征收。

（二）非强制性中央公积金制度[①]

非强制性中央公积金（简称央积金）制度是澳门居民第二支柱的退休保障。年满18周岁的居民以及未满18周岁但是社会保障制度的登录者，可自愿开设央积金个人账户。

1. 供款

（1）公积金共同计划。本计划是指由雇主根据规定，于某一基金管理实体设立的藉开放式退休基金获取资金的退休供款计划，且供拥有央积金个人账户的雇员参与。供款规定见表13-7，雇主应通过修改公积金共同计划的方式进行调整；雇员应通过雇主向基金管理实体提出申请，但每年只可调整一次。

---

① 此部分内容由澳门特区社会保障基金官方网站发布的最新法律制度整理形成，检索时间为2022年4月11日。https://www.fss.gov.mo/zh-hans/.

第十三章 中国台港澳地区社会保险

表 13-7　　　　　　　　　　　公积金共同计划供款规定

	基本标准	制度允许雇主设定对雇员更有利的条款（备注）
计算基础	以雇员每月的基本工资作为计算基础	若雇主愿意，雇主与雇员可共同在计算基础外增加其他项目（如底薪加其他津贴）
供款比率	雇主 5%，雇员 5%	由雇主和雇员共同或分别作出高于 5% 的供款
基础上限	计算基础上限为 33 280 澳门元，雇主及雇员可豁免超出的部分供款	由雇主和雇员共同或分别就超出部分供款
基础下限	计算基础下限为 7 007 澳门元，雇员可豁免供款，但雇主仍须供款	若雇员愿意，也可同样进行供款
权益归属比率	根据雇员的供款时间，厘定雇员在劳动关系终止时所获得雇主供款结余的百分比 供款时间　　　　　权益比率/% 未满 3 年　　　　　　0 3 年至未满 4 年　　　30 4 年至未满 5 年　　　40 5 年至未满 6 年　　　50 6 年至未满 7 年　　　60 7 年至未满 8 年　　　70 8 年至未满 9 年　　　80 9 年至未满 10 年　　 90 10 年或 10 年以上　　100	雇主可设立更有利于雇员的条款，例如：雇员供款满 10 年可开始获取 10% 雇主的供款，或供款未满 10 年便可取得雇主全部供款等

（2）公积金个人计划。本计划是指由一名拥有央积金个人账户的自然人根据规定，于某一基金管理实体设立的籍开放式退休基金获取资金的退休供款计划，且相关参与人是该个人账户的拥有人；已参与公积金共同计划的雇员，可同时参与公积金个人计划，公共部门的工作人员只可参与公积金个人计划。公积金个人计划与共同计划的对比见表 13-8。公积金个人计划的每月最低供款金额为 500 澳门元，也可按个人意愿提高供款金额，但须以百元为单位，且以 3 300 澳门元为上限。

表 13-8　　　　　　　　　公积金个人计划与共同计划的对比

分类与维度		基金管理实体	退休基金	供款的投放分配
公积金个人计划	个人计划供款人	√	√	√
公积金共同计划	雇主	√	√*	√*
	雇员	×	√	√

注：* 为当雇员的供款时间符合雇员取得雇主的全部供款权益时，转由该雇员决定雇主供款部分的基金投放及分配比例。雇主亦可由设立公积金共同计划起便将其供款的投放权转予相关雇员。

(3) 私人退休金计划。本计划是指以提前退休、因年老退休、长期无工作能力、死亡为领取退休金给付条件的计划。退休基金由获许可在澳门特区经营人寿保险的保险公司管理,或由专门为管理退休基金而设立的公司管理。根据所定保障种类,退休金计划分为:确定利益计划——受益人所领取之退休金给付已预先确定,而所缴纳之供款额则以能保证作出退休金给付的方式计算;确定供款计划——所缴纳供款额已预先确定,而受益人所领取的款项给付则按该供款额而定;综合计划——结合以上两项所指计划的特征者。根据提供资金的方式,退休金计划分为:参与人有缴纳供款的计划;仅由参与法人提供资金的计划。

2. 账户管理

央积金由政府管理子账户、供款子账户、保留子账户组成,三类子账户内的款项可根据法规补充文件的规定互相转移,如图13-3所示。

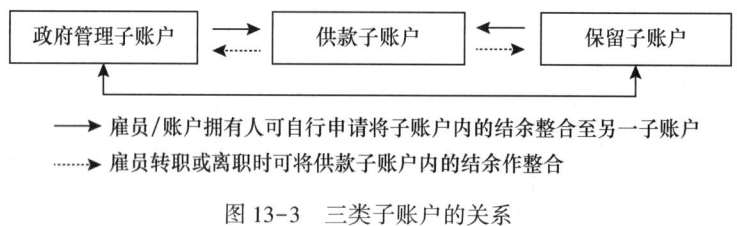

图13-3 三类子账户的关系

政府管理子账户用作记录特区政府所发放的款项,尤指鼓励性基本款项和预算盈余特别分配,所包含信息有:已记录的金额及相关记录日期;倘获得的收益;倘有从私人退休金计划转入的权益;款项于子账户之间的转移;款项的提取;总结余。

供款子账户用作记录公积金计划的供款,在缴纳首次供款前,由基金管理实体开立,包含信息有:参与公积金计划的日期;倘属衔接者,衔接日期;倘有从私人退休金计划转入的权益;属公积金共同计划者,雇员当月的基本工资、雇员及雇主各自的供款比率,以及雇员所获得的雇主供款权益百分比;每月供款金额;供款投放项目的分配;退休基金出资单位的认购及结算;投放的损益;款项于子账户之间的转移;基金管理实体收取的管理及行政费用;款项的提取;总结余。公积金共同计划者经雇主通知已终止相关劳动关系或公积金个人计划者,经账户拥有人通知终止其供款可取消供款子账户。

保留子账户用作记录因取消供款子账户而转入的结余,在取消供款子账户时,由基金管理实体予以开立,包含信息有:供款子账户的款项及雇员获得雇主供款权益的转入;倘有从私人退休金计划转入的权益;供款投放项目的分配;退休基金出资单位的认购及结算；投放的损益；款项于子账户之间的转移；基金管理实体收取的管理及行政费用；款项的提取；总结余。每家基金管理实体仅可为每一账户拥有人开立一个保留子账户。如保留子账户无结余，基金管理实体须取消该子账户。

3. 分配制度

(1) 政府管理子账户分配款项。

1) 预算盈余特别分配。如历年财政年度预算执行情况允许，于特别分配金额批示公布的前一年的 1 月 1 日仍在世，且于前一年内同时符合下列要件的账户拥有人，可获发放预算盈余特别分配款项至其政府管理子账户：澳门特区永久性居民；年满 22 岁；至少有 183 日身处澳门特区。

2) 鼓励性基本款项。鼓励性基本款项为一项单一的资金给付，金额为 10 000 澳门元。在发放款项当年的 1 月 1 日仍在世，并在前一历年内同时符合下列要件的账户拥有人，享有一次性获发放鼓励性基本款项至其特区政府管理子账户：澳门特区永久性居民；年满 22 岁；至少有 183 日身处澳门特区。公积金个人账户鼓励性基本款项的发放，视为向央积金个人账户作出的发放。

(2) 政府管理子账户收益分配。于收益结算日央积金个人账户仍生效的账户拥有人皆有权获得分配收益。政府管理子账户收益结算日为每年 12 月 31 日；收益计算期为每年 1 月至 12 月（于 2017 年 9 月 1 日至 2017 年 12 月 31 日经计算后的有关收益于 2018 年 1 月转入账户拥有人的政府管理子账户内）；收益将于结算日的次月内转入央积金个人账户拥有人的政府管理子账户内。2021 年 1 月至 2021 年 12 月政府管理子账户收益率为 0.004 468%（转化成利率即为 1.630 820%）。收益计算公式（自 2018 年 1 月 1 日起生效）如下：

$$分配收益 = \sum_{t=1}^{n} S \cdot t \cdot R$$

其中，$\sum_{t=1}^{n} S \cdot t$ 为账户拥有人的政府管理子账户于收益计算期内的每日结余总和；S 为账户拥有人的政府管理子账户于收益计算期内每日的结余；t 为日数（1 = 收益计算期的第一日；2 = 收益计算期的第二日……第 n 日 = 收益计算期的最后一日）；R 为收益率。

按上述公式计算得出的收益金额须往下凑整至 1 元的整倍数。如账户拥有人死亡，其个人账户结余已由相关继承人全数提取时方予取消。因此，于结算日前已被取消的个人账户不获分配收益。

4. 款项的提取

具有表13-9中资格的账户拥有人可申请提取款项，基于不同的原因，可提取金额的上限亦有所不同。供款子账户内雇主的供款结余需在劳动关系终止后方可申请提取，每年只可提取个人账户内全部或部分款项一次。

表13-9　　　　　　　　　款项提取的资格与额度规定

申请提款的原因	个人账户内的全部或部分结余	以分配制度累计金额为上限***
已年满65岁*	√	
未满65岁，但属以下情况：		
因本人的严重伤病而需负担巨额的医疗开支	√	
年满60岁且没有从事有报酬活动**	√	
基于人道或其他适当说明的理由	√	
因配偶、任一直系血亲或姻亲的严重伤病而需负担庞大的医疗开支		√
正收取社会保障基金残疾金且已收取超过一年		√
正收取特区社会工作局的特别残疾津贴		√

注：＊年满65岁且正收取社会保障养老金或残疾金的账户拥有人可办理自动提款登记；

＊＊申请经批准后，其后不得再以相同理由提取款项；

＊＊＊上限为上一年获政府注入账户的鼓励性基本款项及预算盈余特别分配的款项减去累计提取的款项。

（三）劳工强制性责任保险①

劳工强制性责任保险是用于弥补因工作意外及职业病所致损害的制度。由澳门特区劳工事务局和社会保障基金共同管理，其中，社会保障基金主要负责"呼吸系统职业病"和"肺尘埃沉着病"的补偿。

1. 涵盖范围

（1）在任何行业提供服务的劳工，享有工作意外及职业病所致损害的弥补权，但根据专有法规的规定，在职时意外的公职人员不在此限。

（2）在澳门招聘的为在本地区合法从事业务的雇主提供服务的劳工，如在外地发生工作意外，该受害人有权收取本制度规定的给付，但发生意外地点的法律赋予劳工及其家人享有弥补权情况除外。

（3）如上款所指的弥补低于本制度所规定者，雇主应负担有关差额。

---

① 此部分内容由澳门特区劳工事务局官网发布的最新信息整理形成，检索时间为2022年4月11日。https://www.dsal.gov.mo/zh_tw/standard/index.html。

2. 保障范围

（1）工作意外。工作意外是指在工作地点及工作时间内发生且直接或间接造成身体侵害、机能失调或疾病，并由此而引致死亡、暂时或长期无工作能力或谋生能力的意外。在下列情况下发生的意外亦视为工作意外。

1）因执行劳务活动或提供雇主指定或经其同意的服务，而非在工作地点或工作时间内发生者。

2）执行自发提供而可为雇主带来经济收益的服务时发生者。

3）当劳工为收取回报而处于支付回报的地点时发生者，但通过在银行账户入账方式作支付者除外。

4）劳工在往返因上述意外原因而需接受疗理或治疗的地点途中，或为此而处于该地点时发生者。

5）劳工在其雇主明示或默示许可下，以乘客身份搭乘任一交通工具往返居所与工作地点的途中发生者，且意外发生时该交通工具由雇主或他人以雇主名义或依据与雇主达成的协议所驾驶，不属公共交通网络的一部分。

6）劳工基于下列情况驾驶由雇主或他人以雇主名义或依据与雇主达成的协议所提供或安排的任一交通工具，往返居所与工作地点的途中发生者：为进行职业活动并就有关活动前往工作地点；在工作时间结束后返回居所。

7）劳工于特区地球物理暨气象局悬挂相等于 8 号或以上的热带气旋信号期间，在工作时间开始前或结束后 3 小时内直接往返居所与工作地点的途中发生者。

8）劳工经雇主同意或按其指示参加由雇主、雇主代表或雇主指定的机构所提供的急救、支持救护服务或救援工作的培训活动或职业培训活动时，在工作地点或以外地方发生者。

9）劳工参与任何急救工作、支持救护服务或救援工作时，在工作地点发生者。

（2）职业病。职业病是指劳工完全因在一段时间内处于曾提供或现提供服务中存有工业危险、职业活动危险或环境危险而患上的疾病，"呼吸系统职业病"或"肺尘埃沉着病"视为特别情况。

3. 给付规定

劳工强制性责任保险的弥补包括特定给付和金钱给付两种形式。

特定给付旨在使受害人的健康、工作能力或谋生能力得以恢复，包括：一般或专门医疗及外科疗理，必要的诊断及治疗；药物疗理；护士护理；入住医院；提供、更新或维修假体及矫形器具；机能康复；所规定的交通费用。

特定给付不得超过的最高款额有：第一项为每名工作意外或职业病损害的劳工，共315万澳门元；第二项为在卫生场所以外接受诊疗，每日300澳门元，此款额包括诊疗中诊断及治疗上开支。如特定给付的开支超过第一项所定最高限额，则受害人应根据有关求助卫生护理规定，接受医疗、外科、药物及住院方面的治疗。最高限额应每年作出分析，且在考虑社会发展状况及通货膨胀率，以及听取特区劳工事务局及金融管理局的意见后，得以行政命令调整。责任实体须自取得受害人有关特定给付的证明文件之日起，每15日向受害人支付一次特定给付。

金钱给付包括：对绝对或部分暂时无工作能力的损害赔偿；属长期无能力的情况，对相应工作能力或谋生能力下降程度的损害赔偿；属死亡情况，损害赔偿及丧葬费。

（1）因无能力的给付。如工作意外或职业病导致受害人之工作能力或谋生能力下降，受害人有权享有以下给付：

1）暂时绝对无能力——等于基本回报的2/3损害赔偿。

2）暂时部分无能力——等于工作能力或谋生能力下降的2/3损害赔偿。

3）长期绝对无能力——损害赔偿金额等于：如劳工年龄小于25岁，每月基本回报的132倍；如劳工年龄为25岁或大于25岁而小于35岁，每月基本回报的120倍；如劳工年龄为35岁或大于35岁而小于45岁，每月基本回报的108倍；如劳工年龄为45岁或大于45岁而小于56岁，每月基本回报的96倍；如劳工年龄为56岁或大于56岁，每月基本回报的84倍。损害赔偿以40.5万澳门元为下限及135万澳门元为上限。

4）长期部分无能力——损害赔偿的金额相应受害人如为长期绝对无能力而根据第三项规定应将款额乘以减值的百分率。损害赔偿以135万澳门元为上限。

为上述第三项及第四项规定的受害人年龄按以下方法计算：属工作意外情况的，受害人于发生工作意外之日的年龄；属职业病情况，受害人于获确定及明确诊断有关疾病之日的年龄。发生工作意外当日工资由雇主负责。获确定为长期无能力的受害人，如因侵害或疾病，而必须由第三者长期照顾，有权收取根据上述规定应得金额50%的补充给付。

（2）因死亡的给付。如工作意外或职业病导致受害人死亡，受害人的家人可共同享有相应于以下数额的损害赔偿：

1）如受害人未满25岁，每月基本回报的120倍；

2）如受害人年满25岁但未满35岁，每月基本回报的108倍；

3）如受害人年满35岁但未满40岁，每月基本回报的96倍；

4) 如受害人年满 45 岁但未满 56 岁，每月基本回报的 84 倍；

5) 如受害人年满 56 岁，每月基本回报的 72 倍。

损害赔偿以 32.4 万澳门元为下限及 108 万澳门元为上限，其款额按以下方式分配。

1) 60% 给予配偶或有权享有抚养金之前配偶。如两者仍生存，则有关款额应由两者均分。

2) 25% 给予子女。如受害人有超过一名子女，则有关款额由子女均分。

3) 15% 给予直系血亲。如无根据规定享有损害赔偿权的子女及直系血亲，有关款额归其配偶。如受害人属单身、丧偶者，并遗下有损害赔偿权的子女及直系血亲，损害赔偿全部金额由子女及直系血亲均分。如受害人属单身、丧偶者，并无具损害赔偿权的子女及直系血亲，损害赔偿将全部归社会保障基金。

(3) 丧葬费。受害人丧葬费款额相等于 30 日基本回报，且最低限额为 4 600 澳门元，最高限额为 1.78 万澳门元，而该款额将交予能证实已支付有关费用者。如属移送尸体到外地的情况，上规定的款额将提高至其两倍。

(4) 对暂时无能力的损害赔偿的支付。受害人在接受医院治疗、门诊治疗或恢复机能治疗期间，有权享有绝对或部分暂时无能力的损害赔偿。责任实体须自取得无工作能力证明文件之日起，每 15 日计算一次上款所述损害赔偿的给付并支付给受害人。

4. 基本回报（即收入补偿）

基本回报包括雇主实体因劳动法律关系的效力，向劳工支付的未被法规排除在外的任何金钱给付；雇主实体因劳动法律关系的效力，向劳工给予的能以金钱衡量且未被法规排除的特定给付，其中尤其包括食品、燃油或住宿。

如受害人于意外发生当日获取的基本回报为其通常收取的基本回报，则以该回报为基础。属于对职业病的弥补，则以劳工终止处于风险前一年内所获取的平均报酬为基础；如确定及明确诊断职业病之日早于终止处于风险之日，则以确定及明确诊断疾病之日前一年内所获取的平均报酬为基础。对于收取周薪、月薪或年薪的劳工，其每日基本回报分别为周薪的 1/7、月薪的 1/30 或年薪的 1/360。对于以实际提供劳务的时间、以工作效益或以生产量厘定工资的劳工，其每日基本回报是以最近 3 个月内所获取的全部款额除以该时间内工作日数计算；属劳动关系时间短于 3 个月的情况，上述时间则相应缩短。

5. 补足规定

应补足款项的情形包括：暂时无能力期间的工作安排及解雇；由其他劳工或第三人

引起的意外；由雇主实体或其受托人引起的意外；交通事故及工作意外中雇主、雇员以及第三方的权责规定。

(四) 公务员保障

澳门特区的公务员保障主要包括公务员津贴、抚恤制度、退休保障，其中退休保障为公务员保障中最重要的组成部分。

1. 适用范围

澳门特区政府设立公务员编制，对编制外公职人员（合约工和散工）的退休金不承担责任，因此能参加公务员退休制度的人员不到公职人员总数的一半。具体而言，参加公务员保障的人员可分为以下六类：

一是特区政府各机关的领导和主管人员；

二是各类技术人员，包括高级技术员如医生、翻译员、顾问、司法警察、探员等，专业技术员如绘图员、护士、法院文员、统计员等，以及一般技术员；

三是教学人员；

四是行政人员，其中包括邮务员及记录打字员；

五是杂务人员，如市政警察、海员、卫生司医疗助理等；

六是保安人员，如消防员、狱警、警察总队以及澳门特区保安部队中非文职人员等。

据统计，享受公务员退休待遇的人员约占澳门人口总数的2%。

2. 退休规定

退休可以分自愿性或强制性两种。凡加入退休制度后工作满30年者可申请自愿性退休，若具备前述条件且年满55岁者，则仅需声明愿意退休。而强制性退休包括：到达退休年龄限制60岁（有年资奖励者）或65岁，但年届60岁者可申请延长至65岁；加入退休制度后工作至少15年且被特区卫生部门宣布为长期绝对无能力担任公职；因工伤或职业病以及见义勇为或为社会尽责而造成长期绝对无能力担任职务；加入退休制度后工作至少15年且被处分强迫退休。

3. 管理机构

澳门特区退休基金会负责公务员退休金的管理。公务员只有符合至少还须工作15年才到法定退休年龄的条件，才有资格在退休基金会注册。在退休基金会注册的公务员，每月需通过所属部门向退休基金会供款，而一旦供款人确定终止担任公职，其供款义务也即告解除，如其再进入公职则需重新在退休基金会注册。

4. 养老保险基金的来源

养老保险基金来源于公务员的月薪和年资奖励，其中年资奖励为公职人员服务满一定年限后所获的奖励。自 1986 年 1 月 1 日起，文职人员年资被取消，军事化人员仍获 20%的年资奖励，由公务员和行政部门共同承担供款责任，其中文职人员在月薪中按 9%的比例直接扣除，行政部门则按该职员月薪的 18%通过所属部门支付。对于军事化人员，其本人和公共机关的扣除分别为月薪与年资之和的 10%和 20%。自 1995 年 1 月 1 日起，凡供款满 36 年便无须再扣薪。

5. 养老金支付

对加入退休制度后工作满 36 年和因工伤或职业病以及见义勇为导致长期绝对无工作能力而退休的公务员，退休金以退休时的基本薪酬为基础值来计算；其他公务员退休金的计算则以退休前 36 个月薪酬平均数的 90%为基础值。另外，除非在特殊情况下，退休者不得再担任公职。退休者去世后，其在世的配偶和胎儿、符合领取家庭津贴和其他继承人、长期完全无工作能力的子女以及与死者结婚 1 年以上且经司法裁定有权收取赡养费的离婚或分居的分财产原配偶，可以申请抚恤金，金额相当于退休金的 50%。

2005 年 4 月 7 日，特区立法会根据《澳门特别行政区基本法》第七十一条，制定了《调整公共行政工作人员的薪俸、退休金、抚恤金及修改第 1/2000 号法律》，对退休金及抚恤金的增加做了相对比例的调整。

二、澳门特别行政区社会保险的改革与发展

（一）澳门双层式社会保障制度的建立与发展①

20 世纪 80 年代，澳门持续的经济飞速发展唤起了社会对于保障本地劳工、建立社会保障制度的诉愿。在广泛地听取社会各界的意见后，于 1989 年 12 月 18 日颁布了第 84/89/M 号"法令"，制定出社会保障制度，并设立社会保障基金作为执行制度的机构。为应对社会老龄化的加剧和居民对全民受保的诉求，2008 年 11 月，澳门特区政府公布《社会保障和养老保障体系改革方案》，核心内容是构建双层式社会保障制度，即透过第一层社会保障制度让所有特区居民都能够获得基本的社会保障，尤其是养老保障，以改善居民的生活质量。而退休后较宽裕的生活保障则由第二层央积金制度支持。2011 年 1

---

① 此部分内容由澳门特区社会保障基金官方网站发布的最新法律制度整理形成，检索时间为 2022 年 4 月 11 日。https://www.fss.gov.mo/zh-hans/.

月 1 日，随着第 4/2010 号法律《社会保障制度》正式生效，落实了第一层社会保障制度。而《公积金个人账户法案》于 2012 年 10 月 15 日的生效，为建立包含雇员和雇主供款的央积金制度奠定了基础，逐步向实施双层式社会保障制度推进。

1. 第一阶段：1990—2007 年

1990 年 3 月 23 日，澳门社会保障基金正式运作，隶属当时的澳葡政府"卫生暨社会事务政务司"，为行政、财政和财产自治的公务法人，并设"行政管理委员会"为管理机关，委员包括澳葡政府及劳资团体的代表。社会保障基金成立的目的，是通过执行社会保障制度，使澳门居民在因年老、残疾、失业及患病等原因而不能工作时能得到生活保障。

当时的社会保障制度保障对象主要是为他人工作的本地长工，给付项目包括养老金、失业救济金、丧失工作能力金、疾病津贴及肺尘埃沉着病的赔偿等。

1993 年 10 月 18 日，澳门将临时工纳入社会保障的范围及增加自愿供款，扩展了供款层面；改善已有福利，包括增添新的福利项目（如出生津贴、结婚津贴和丧葬津贴等）及额外给付；制定领取养老金须供款最少 60 个月的规定和引入对没有履行供款义务的雇主的处罚制度等，逐步完善社会保障制度。之后，为使自雇人士同样得到保障，尤其是养老保障，社会保障基金以循序渐进的方式，自 2001—2007 年逐步将 30 类不同行业的自雇劳工，如保险从业员、导游、医生、治疗师、按摩师、针灸师、的士司机等劳工纳入社会保障制度。

1999 年对澳门恢复行使主权之后，社会保障基金由澳门特区政府经济财政司管辖。2007 年，为配合特区政府社会工作局向处于经济贫乏状况的个人或家庭发放援助金的制度，在第 6/2007 号行政法规推出后，将过往通过社会保障基金发放的救助金个案，改为由社会工作局发放，使"社会保障"与"社会救助"两个概念得到更清晰的界定。

2. 第二阶段：2009—2012 年

2009 年 1 月 1 日，根据《澳门特别行政区基本法》制定并生效的《劳动关系法》，将家务工作者纳入其适用范围，雇主有责任为本地及非本地家务工作者缴纳社会保障供款，而本地家务工作者与一般本地雇员一样被纳入制度并享有同等福利。2010 年 4 月 26 日生效的《聘用外地雇员法》则规定，雇主须就每名实际受聘的外地雇员缴纳聘用费。另外，为满足澳门特区居民对下调养老金领取年龄的诉求，特区政府在 2008 年起允许年满 60 岁至满 65 岁的受益人，按百分比收取养老金。为使澳门特区居民在退休后生活得到保障，特区政府于 2008 年提出了包括第一层的社会保障制度及第二层的央积金制度的双层式社会保障制度的构想。

2011年,社会保障基金转由社会文化司管辖,同时第4/2010号法律《社会保障制度》正式生效,将供款制度进行革新,推出强制性及任意性供款制度,使保障覆盖范围扩展至全民;而第二层央积金制度,依据2009年通过第31/2009号行政法规《开立及管理中央储蓄制度个人账户的一般规则》,首先展开规范政府拨款的工作,并于2010年首次向符合资格参与人个人账户注入拨款。2012年10月15日,《公积金个人账户》法案生效,为建立包含雇主及雇员供款的央积金制度构建了基础,逐步推进双层式社会保障制度的实现。

3. 第三阶段：2013—2020年

社会保障基金编制央积金制度建议方案的初稿,并在2014年进行广泛征求意见,经总结各界意见后向特区立法会呈交法律草案,并在2017年5月31日获得细则性通过。第7/2017号法律《非强制性中央公积金制度》于2018年1月1日起实施,澳门的双层式社会保障制度自此迈入新阶段。

随着《非强制性中央公积金制度》的实施,标志着社会保障基金的核心职能将由单一执行《社会保障制度》扩展至同时执行《社会保障制度》及《非强制性中央公积金制度》。

2017年7月18日生效的《社会保障基金的组织及运作》增设一名副主席和一厅四处(包括公积金制度厅、公积金综合事务处、公积金账户管理处、投资事务处、公共关系及技术支援处),以有效落实施政目标及履行新增职能。

2018年1月,特区政府正式推出"鼓励残疾金受益人就业计划",为有意再就业的受益人提供试工机会,提升他们重投劳动市场的动机和信心,助其融入社会。同年10月,特区政府通过修改相关法律,使残疾金能普遍地适用于所有残障人士。

为确保社会保障制度的可持续运作,2019年8月13日生效的第14/2019号法律《巩固社会保障基金的财政资源》,规定将每一财政年度结束后的澳门特区预算执行结余的3%拨给社会保障基金。

2020年,社会保障基金运行30周年,服务网络经过多年的完善,已从过去望德堂区办事处的单一服务点,扩展并在皇朝、黑沙环及离岛区均设有办事处或服务专区,特区居民可通过各种电子方式查询及办理大部分社会保障业务。

4. 未来

经过多年发展,澳门已建成双层式社会保障制度,时至今日,全澳居民皆可受惠于第一层社会保障制度，并通过参与第二层非强制性中央公积金制度，为自身积累更充裕的退休资金。社会保障基金一直以保障居民的养老生活为己任，与时并进，精益求精。

截至2020年年底，全澳登录在社会保障制度的受益人约有498 000人，领取养老金约有123 000人。2021年1月各项社会保险金给付的金额再度调升，升幅约3%，养老金及残疾金调升至每月3 740澳门元。

至于由2018年1月起实施的非强制央积金，截至2020年年底，共有247名雇主加入制度，超过22 900名雇员参与公积金共同计划，另有61 500多人参与公积金个人计划。社会保障基金于2021年内完成并公布有关制度实施情况的审视报告，相关推广及拜访活动持续进行，以鼓励更多人参与。

为配合电子政务发展的趋势，澳门特区社会保障基金于2020年推出更多便民及电子化服务，包括设置在世人口数据三方互联机制，使老年人可一次办妥社会保障基金、特区社会工作局及退休基金会的在世证明；优化与广东省的在世证明协查机制，便利居民跨境养老。此外，实施任意性制度供款无纸化措施，让受益人可凭澳门特区居民身份证编号通过电子方式进行供款；增设以"一户通"网上或手机应用程序办理社会保障津贴申请、任意性制度供款启动及央积金政府管理子账户款项转出申请的电子渠道，以及受理移动支付缴款等，从多方面优化社会保障服务，进一步提升便民程度。

此外，社会保障基金在2020年中以"社保同行三十载，双层保障建未来"为主题举办了简单的周年庆典及邮品发行等活动，借以与社会共同见证澳门社会保障制度的发展进程，鼓励大众加深认识社会保障政策及服务。

2020年，面对新冠肺炎疫情带来的挑战，社会保障基金调整服务安排，包括延长供款缴纳期限、实施人员分流及推动使用电子社会保障服务等，积极配合澳门特区政府的防疫工作，致力保障居民及员工的健康和安全。

展望未来，社会保障基金将继续致力完善双层式社会保障制度，确保社会保障长效机制的可持续发展，同时积极推动更多澳门居民参与非强制性中央公积金制度，并有序促使制度迈向强制实施，进一步加强居民的退休生活保障，使居民可退而无忧、安享晚年。

（二）澳门雇工责任保险制度的建立与发展[①]

在澳门地区回归祖国之前，澳葡政府在1985年8月10日颁布第75/85/M号法令

---

① 此部分内容由澳门特区劳工事务局官网发布的最新信息整理形成，检索时间为2022年4月11日。https://www.dsal.gov.mo/zh_tw/standard/index.html。

《核准工作意外及职业病之损害赔偿权法令》，又称为《劳工强制保险法例》，主要针对的风险内容为劳工意外导致的和职业病引起的伤亡的风险。法例全文11章共73条，另有两个附表。

该项法例中的两个附表，其中一个是列明因工伤导致伤残，按专科医生评定失去工作能力程度的规定。例如，失去两肢、两手或全部手指，则评定丧失谋生能力的百分率为100%。法例中附表二则详述了法例中所指述的职业病的范围、从事的行业或生产过程的性质等。

首次颁行的《劳工强制保险法例》于1986年1月1日起生效，及至1995年8月14日，澳葡政府颁布了第40/905/M号法令，对《劳工强制保险法例》作了重大修订，于1995年9月1日开始生效。

这次对《劳工强制保险法例》的大幅修订，具体反映在以下几个方面：

(1) 对因工作意外或因患职业病而受害，受害人或其家属可获得的赔偿金额作了较大幅度的提高；

(2) 对界定因意外而获赔偿的受害人年龄组别作了新的规定；

(3) 提高了其他形式赔偿的金额限制；

(4) 各类因伤导致残障程度或丧失工作能力的特别条文更详尽细致和规范；

(5) 规定了保险公司给予每名受害人最高的医疗赔偿金额为300万澳门元，以及在本地区卫生场所以外接受诊疗每日之最高赔偿金额为250澳门元；

(6) 对上一点最高限额规定每两年必须作出适当调整，并对倘若超过300万澳门元的医疗费用赔偿作了有关的处理规定。

上述法例所做的重大修订，既对原法例中的不清晰条文作了修改，同时，又更明确和科学地对有关的判别工作给予了足够和适时的补充，使日后在判定赔损时可减少保险公司与受害人或其家属的争议。可以肯定，这套新的法例对更好地保障澳门地区劳工阶层的合法权益是有着积极意义的。

对澳门恢复行使主权之后，2001年8月6日，特区政府立法会根据《澳门特别行政区基本法》第七十一条，修改工作意外及职业病法律制度，增加了一些补充条款。比如："因第三人做出的行为，经考虑受害人在有关行为做出前或做出时的行为，以及受害人与行为人之关系或受害人与行为人的活动圈子之关系，尤其是与有组织犯罪的关系后，证实纯属因受害人之个人原因而非工作原因所引致者，即使是在受害人从事职业活动时发生者亦然。"

2001年8月7日，澳门特区行政长官行使《澳门特别行政区基本法》第五十条第（四）项规定的职权，修改工作意外及职业病之统一保险单，规定了工作意外及职业病统一保险单的一些特定除外事项。比如："对于因罢工、暴动、公共秩序之变更及其他类似行为，恐怖或破坏行为，……及敌对行为所引致之工作意外，以及因直接或间接由以上事件而引致之战争行为造成之工作意外，保险人亦概不负责该等工作意外之弥补。"

自1995年当时的澳葡政府颁布了第40/905/M号法令，对第78/85/M号法令作了重大修订后，澳门特区政府就给付条件、给付金额等进行了多次调整（见表13-10）。总体趋势表现为根据经济水平的提升，调升给付限额；适当放宽给付条件限制，扩大保障范围；详细化制度规定，减少纠纷和误差。

表13-10　　　　　　　　　澳门劳工强制性责任保险制度的完善历程

部分被废止	第6/2015号法律——修改工作意外及职业病损害的弥补制度
更改	第94/99/M号训令——调整8月14日第40/95/M号法令规定对工作意外及职业病所致的损害作出的弥补限额 第12/2001号法律——修改《工作意外及职业病法律制度》 第48/2006号行政命令——调整8月14日第40/95/M号法令第二十八条第二款b项、第四十一条第五款a及b项、第四十七条第二款、第五十条第四款及第五十一条第一款所规定的限额 第6/2007号法律——修改工作意外及职业病保险法律制度 第130/2009号行政命令——调整8月14日第40/95/M号法令第四十七条第二款及第五十条第四款所规定的限额 第89/2010号行政命令——调整8月14日第40/95/M号法令第四十七条第二款、第五十条第四款及第五十一条第一款所规定的限额 第20/2015号行政命令——调整第40/95/M号法令第二十八条第二款b项所规定的限额 第6/2015号法律——修改工作意外及职业病损害的弥补制度 第27/2020号行政命令——调整8月14日第40/95/M号法令第二十八条第二款a项、第四十一条第五款a项及b项、第四十七条第二款、第五十条第四款及第五十一条第一款所规定的限额
废止	第78/85/M号法令——规定因工作意外及职业病而引致伤害应获补偿的权利

资料来源：第40/905/M号法令《劳工强制保险法例》。

（三）未来改革与发展重点

1. 实现社会保障基金可持续发展

长期以来，澳门地区社会保障基金备受批评的原因在于：一是统一供款和给付金额带来纵向不公平，因为安排没有考虑高收入和低收入人士（特别是弱势人士）的差别；二是保障范围不包括先天残障人士缺乏横向公平角度；三是社会保障基金的增值能力偏低，对政府注资依赖大。为此，不少澳门居民和学者提出：将供款水平调高至合适水平，以扩大保障范围；采用与薪金挂钩的供款制度，以增加供款收入，且以此提升个人责任及营造收入再分配的氛围；鼓励个人的额外供款及投资，为自己的户口积累资产；通过建立自主基金、全球化投资、工业投资等方式，实现基金增值。随着失能人口的增加，也有学者提出社会保障基金要加强跨部门合作，将保障范围扩大至老年人长期服务。①

2. 社会保险管理与服务需进一步社会化

澳门地区的社会保障事务很长时间都带有慈善性的传统色彩，受当地"上层人士"的影响极大，这一特点使社会保障的社会化在澳门这个经济富裕的地区发展缓慢。同时，澳门地区的民间社团机构在社会保障中一直发挥着十分重要的作用，许多新的民间社团机构的出现取代了过去天主教会作为支柱的时代。在社会保险制度的实施中，政府与民间机构及社团之间，以及民间机构及社团相互之间还缺乏沟通合作，民间机构最了解需求的优势亦未被政府充分利用。另外，民间机构及社团众多，从而有碍于社会保险向深层发展。今后澳门特区社会保险体系还需进一步完整化，加强政府与民间在社会保险事务方面的沟通与合作。

3. 发展相关配套服务

自2008年起，澳门特区政府建立现金分享计划，让居民分享经济发展成果。目前，澳门特区社会保险水平在不断提升，但部分社会保险项目及服务还有缺失。在澳门的社会服务中，精神病患者的家居照顾、释囚人员如何适应新的环境、智障人员的就业等服务均显缺乏；在老年人服务中，多以安老院及老人中心方式集中提供服务，对于行动不便且单独居住的老年人，缺乏相应的家居福利服务。这都需要特区政府在关注社会保险制度建设的同时，发展配套服务。

> **深度阅读**

1. 向运华. 台港澳地区社会福利体系研究 [M]. 北京：社会科学文献出版社，2010.
2. 王卓祺. 东亚国家和地区福利制度 [M]. 北京：中国社会出版社，2011.
3. 黎宗剑，王治超，朱铭来. 台湾地区"全民健康保险"制度研究与借鉴 [M]. 北京：中国金融出版社，2007.
4. 陈建新，陈慧丹，伍芷蕾. 澳门社会保障基金：现状与发展 [M]. 北京：社会科学文献出版社，2014.

---

① 陈建新，陈慧丹，伍芷蕾. 澳门社会保障基金：现状与发展 [M] //吴志良，娄胜华，郝雨凡，等. 澳门蓝皮书：澳门经济社会发展报告（2013—2014）[M]. 北京：社会科学文献出版社，2014：233-243.

5. 杨伟国，雷珂，张慧云. 中国香港社会保障政策的变迁及启示［J］. 北京航空航天大学学报（社会科学版），2016（7）：1-7.

本章小结

中国台湾地区的社会保险是其社会安全制度的核心，包括了劳工保险、公务人员保险、军人保险、农民保险和"全民健康保险"。为适应人口老龄化形势，应对就业问题，台湾地区近年来社会保险制度改革的重点在于建立一套"国民年金"制度，并改革"全民健康保险"制度，建立失业保险制度。

香港特区社会保险主要建于20世纪90年代，在此之前，香港地区主要以社会福利和社会救助项目为主，唯一的社会保险制度是雇主责任保险。随着人口老龄化形势日益严峻，香港地区开始建立基金积累制退休保障制度，形成雇主责任保险、强积金制度、职业退休计划（公积金）组成的社会保险体系。近年来，为保障强积金制度的可持续发展，提供更便民的服务，香港特区强积金计划管理局在基金投资、电子化服务等方面成就突出，未来将持续努力，致力于为特区居民提供更好的保障和服务。

澳门特区的社会保险事业于20世纪80年代获得长足发展，1989年当时的澳葡政府颁布《社会保险基金法》后，基本形成正式的社会保险制度体系。随着央积金制度的建立与完善，澳门地区双层式社会保障体系建设基本成熟。

重要概念

台湾地区：劳工保险　公教人员保险　"国民年金"保险　"全民健康保险"

香港特区：强积金　职业退休计划（公积金）

澳门特区：社会保障基金　央积金

复习思考题

1. 台湾地区的社会保险体系主要包括哪些内容？
2. 香港特区的社会保险制度主要包括哪些内容？
3. 澳门特区的社会保险体系主要包括哪些内容？
4. 比较台湾地区"国民年金"制度与香港特区强积金计划的异同。
5. 比较台港澳地区社会保险制度各项目之间的差别。

第十四章
中国社会主义社会保险制度的建立与发展

社会保险是中国共产党和中国政府历来都十分关心和重视的工作之一。新中国成立前，由中国共产党主持召开的六次全国劳动大会，有五次提出了社会保险问题，并在根据地和解放区进行了实践。新中国成立后，社会保险问题受到了国家根本大法宪法的保障。1949年中国人民政治协商会议通过的《共同纲领》第三十二条明确规定，在我国"要逐步实行劳动保险制度"。随后，在宪法及其历次修改中，对社会保险都有明文规定。1954年9月20日，第一届全国人民代表大会第一次会议通过的《中华人民共和国宪法》（以下简称《宪法》）第九十三条规定："中华人民共和国劳动者在年老、疾病或者丧失劳动能力的时候，有获得物质帮助的权利。国家举办社会保险、社会救济和群众卫生事业，并且逐步扩大这些设施，以保证劳动者享受这种权利。"职工的物质文化生活在发展生产的基础上，不断地获得改善和提高。1975年1月17日，四届全国人大一次会议通过的《宪法》第五十条，1982年12月4日五届全国人大五次会议通过的《宪法》第四十四条、第四十五条，也作了类似1954年《宪法》有关社会保险的规定。①2003年10月14日，党的十六届三中全会通过的《中共中央关于完善社会主义市场经济体制若干问题的决定》明确强调"加快建设与经济发展水平相适应的社会保障体系"。2004年3月14日，十届全国人大二次会议通过《中华人民共和国宪法修正案》，《宪法》第十四条增加了一款，作为第四款："国家建立健全同经济发展水平相适应的社会保障制度。"将社会保障制度写进宪法，适应了我国政治、经济和社会全面发展的需要，启动了我国社会保障法治建设，为建立健全社会保障制度提供了宪法依据，有着重要意义。2010年10月28日，十一届全国人大常务委员会第十七次会议通过了《中华人民共

---

① 1982年《宪法》第四十四条规定："国家依照法律规定实行企业事业组织的职工和国家机关工作人员的退休制度。退休人员的生活受到国家和社会的保障。"第四十五条规定："中华人民共和国公民在年老、疾病或者丧失劳动能力的情况下，有从国家和社会获得物质帮助的权利。国家发展为公民享受这些权利所需要的社会保险、社会救济和医疗卫生事业。"

和国社会保险法》，自2011年7月1日起实施。从此我国社会保险制度的发展全面进入了法治化轨道，为推动整个社会保障事业的发展进一步提供了法律保障。

第一节 革命战争时期的社会保险

一、社会保险立法及其主要内容

在中国共产党的历史上，举办社会保险的历史远比建立新中国的历史长。自1921年中国共产党成立之初，就领导着中国工人阶级不断进行劳动立法的斗争，大致情况如下。

1922年，在第一次全国劳动大会上，经过积极工作，争取并通过了8小时工作制案。

1925年5月，在广州召开第二次全国劳动大会，通过了《经济斗争决议案》，其中除了8小时工作制和对女工、童工的生活改善方面作了具体规定外，一致提出了"应实行社会保险制度，使工人于工作伤亡时，能得到赔偿；于疾病、失业、老年时，能得到救济"。

1926年，在广州召开第三次全国劳动大会，进一步提出了前两次劳动大会通过的各种议案，并在第二次劳动大会提出的关于为童工设立免费的平民学校的基础上，增补了女工、童工免费教育等条文。

1927年6月，在汉口召开第四次全国劳动大会，会议提出："为了保障工人的生活条件，对不可避免的疾病、死伤、失业、衰老等，实行社会保险。"

1929年，正当中国革命根据地的形势不断向前发展之际，于11月在上海召开第五次全国劳动大会。在这次大会上，有关社会保险待遇的要求在通过的决议案中（即《中华全国工人斗争纲领》和《铁路工作决议案》）又有所扩大。

在中央苏区，闽西区地方工农民主政府制定了三个劳动法，即1929年10月2日颁布的《上杭县劳动法》、1930年2月颁布的《永定县劳动法》和1930年3月25日颁布的《闽西劳动法》。三个劳动法在保证根据地人民的基本生活条件、维护工人的利益、减轻老板剥削和鼓舞工人斗志等方面，发挥了重要的作用，但劳动法的某些条文要求过高、政策过急，脱离了当时中国的实际情况。

1930年5月，工农民主政府制定和颁布了《劳动保护法》。该法规定工人享受社会保险待遇的内容有：第一，疾病时的医药津贴；第二，暂时丧失劳动能力津贴；第三，失业津贴；第四，残废、衰老津贴；第五，死亡、失踪工人家属津贴；第六，生育、结婚、丧葬及意外灾难津贴（见表14-1）。

表14-1　　　　　　　　1930年《劳动保护法》中的社会保险内容

保险种类	保险对象	给付标准	保费来源	管理机构
疾病时的医药津贴	受雇劳动者及其家属	全部医药护理费用	按工资成数由雇主出资征付	由工会负责
暂时丧失劳动能力津贴	疾病受伤时不能工作者和怀孕及服侍病人的人员	相当于劳动者原工资，产假12周时间	按工资成数由雇主出资征付	由工会负责
失业津贴	受雇劳动者	无具体标准	按工资成数由雇主出资征付	由工会负责
残废、衰老津贴	受雇劳动者	无具体标准	按工资成数由雇主出资征付	由工会负责
死亡、失踪工人家属津贴	受雇劳动者	无具体标准	按工资成数由雇主出资征付	由工会负责
生育、结婚、丧葬及意外灾难津贴	受雇劳动者	无具体标准	按工资成数由雇主出资征付	由工会负责

1931年12月，在中央苏区颁布了《中华苏维埃共和国劳动法》。该法中有关社会保险的内容主要包括：

（1）社会保险对象。第六十八条规定，社会保险对于一切受雇劳动者，不论他在国家企业、合作社或私人企业，不论工作时间多久及付给工资的形式如何都得施行。

（2）保费来源。由雇主于应付的工资之外支付全部工资额10%~15%的数目作为社会保险基金。绝对不得向被保险人征收保费，也不得从工资中克扣。

（3）社会保险基金的管理与分配。第七十一条规定，由职工工会的代表大会选举的社会保险机关管理委员会负责。

（4）关于社会保险的种类、给付条件与给付标准（见表14-2）。

表14-2　　　　　　　　《中华苏维埃共和国劳动法》（1931年）
中有关社会保险的种类、给付条件和标准的规定

保险种类	给付条件	给付标准
失业津贴	职工工会会员做工在1年以上，非职工工会会员做工在2年以上；失业工人必须在失业劳动介绍所或在当地工会注册或由机关证明曾被雇用过或有职工工会会员证作证	无具体给付标准，关于给付失业津贴的时间长短，可按当地的情形和社会保险基金的状况加以限制

续表

保险种类	给付条件	给付标准
暂时丧失劳动能力津贴	因疾病、受伤、被隔离、怀孕、生育,以及服侍家中病人的劳动者	相当于劳动者原中等工资。产假:工资照发,体力劳动者8周时间,脑力劳动者6周时间
免费医疗帮助	受雇工人及其家属,不论是普通病或因工致病、遇险受伤、职业病等均可享受	无具体给付标准
残废及老弱抚恤金	工人因一般原因或遇险或患职业病而遭受部分的或全部的残废或老年不能工作,经过特别专门委员会的检查而确定此种残废程度与性质及其家庭状况后,才可给付	无具体给付标准
婴儿补助金	工人生育	补助金能保证购买婴儿10个月所需的物品和奶粉,但补助金总数不得超过2个月的工资
丧葬津贴费	工人及其家属死亡	无具体给付标准
工人家庭贫困补助金	受雇6个月以上的工人死亡或失踪,经专门委员会审定后给付	无具体给付标准,补助金数目大小、支付时间长短,视工人家庭大小等条件而定

说明:①疾病抚恤金,从患病第一天算起,可达工资同样的数目,但不能超过规定的最高限度。因职业病而残疾者,同样可领疾病抚恤金,直到规定领残疾抚恤金期限为止。
②未成年人的失业津贴,不论其工作时间长短和做何种工作,都可领取。

1933年10月15日重新公布了经过修改了的《中华苏维埃共和国劳动法》,新劳动法对社会保险的对象、种类、给付条件和标准,都作了较为详细的规定。其具体内容包括:

(1) 保险对象。对于受雇的劳动者,不论他在国家企业、合作社企业或私人企业以及在商店、家庭内服务,不论他的工作性质及工作时间多久与付给工资的形式如何均应施及。

(2) 保费来源。由各企业、机关、商店及私人雇主,按全部工资总数的5%~20%的比率缴纳给社会保险局,作为社会保险基金。保险费不得向被保险人征收,也不得从被保险人的工资内扣除。并规定社会保险基金不得使用于其他与社会保险无关的事项。

(3) 社会保险的种类、给付条件与给付标准(见表14-3)。

表14-3 《中华苏维埃共和国劳动法》（1933年）
关于社会保险种类、给付条件和标准的规定

保险种类	给付条件	给付标准
失业津贴	①被保险人如系职工工会会员做工在半年以上并由雇主缴纳他的保险费者，非职工工会会员做工在1年以上并由雇主缴纳他的保险费者，可领取失业津贴 ②领取失业津贴，须先到介绍所登记失业证书，如系职工工会会员，须有职工工会会员证为凭据	无具体标准，支付失业津贴期间长短，可按照当地情形和社会保险基金的状况加以限制
暂时丧失劳动能力者津贴	疾病、受伤、受隔离、怀孕及生育，以及服侍家中病人，暂时不能工作的劳动者	从丧失劳动力之日起，至恢复原状或确定残疾时止，按该被保险人在企业机关内所得工资数额付给津贴。产假：工资照发，体力劳动者8周时间，脑力劳动者6周时间
生育补助津贴	被保险人及被保险人的妻子	如生育小孩缺乏抚育能力者，须付给一次补助津贴和小孩在10个月内的必需物品与养育费；但此项补助津贴的总数不得超过被保险人2个月工资
残废、衰老抚恤金	被保险人因疾病或遇险，而致部分或全部残疾，或因年老而丧失劳动能力，经过专门委员会审核确定后，可付给该项抚恤金	无具体标准，抚恤金数额以残疾程度及性质与被保险人的家庭状况来决定
丧葬津贴费	被保险人及被保险人负担生活费的家属死亡	由当地社会保险机关决定，但不得超过被保险人1个月工资
家属补助金	被保险人死亡或失踪，其家属因此而无从取得生活资助者，经过专门委员会审查确定后支付。但只有被保险人家属的下列人员，才能领取家属补助金：①未满16岁的子女、兄弟姊妹；②无劳动能力的父母及妻子；③上述家属虽然有劳动能力，而被保险人有未满8岁的子女者	无具体标准。付给补助金的数额及方式由当地社会保险机关视受津贴之人的年龄及财产状况决定

在抗日战争时期，陕甘宁地区、晋察冀边区、晋冀鲁豫边区和苏皖边区也曾先后规定了一些社会保险的原则和内容。

1948年1月，在哈尔滨召开了第六次全国劳动大会，在大会形成的决议中提出：在工厂集中的城市，或条件具备的地方，可以创办劳动保险。根据会议精神，1948年12月27日公布了《东北公营企业战时暂行劳动保险条例》，并首先在国营的铁路、矿山、军工、军需、邮电、电气、纺织7个行业试行，1949年7月1日被推广到东北地区所有公营企业。此后，随着解放战争胜利向南推进，在解放了的城市和地区也都先后仿照此条例制定了本地区的社会保险条例。该条例规定的社会保险的主要内容包括：

(1) 保险对象。条例第二条将保险对象规定为一切公营企业（铁路、矿山、军工、军需、邮电、电气、纺织事业）中的工人与职员。

（2）保险费来源。各公营企业管理机关按月缴纳，其数额等于本企业工资支出总额的 3%。

（3）社会保险的种类、给付条件与给付标准（见表 14-4）。

表 14-4　　　　《东北公营企业战时暂行劳动保险条例》
中有关社会保险种类、给付条件和标准的规定

保险种类	给付条件	给付标准
疾病	职工疾病连续在 3 个月以内	按职工在该企业工作的年限付给相当于本人工资 50%~100%的工资补助金；全部医疗费用由企业负担
	职工疾病连续在 3 个月以上	由保险基金支付疾病救助金，其数额为因公残废金的半数，企业负担全部医疗费用
生育	被保险人生育	产假：产前、产后共放假 45 天。工资：由企业支付全部工资。补助：由保险基金支付相当于 5 尺白布的市价作为生育补助金
负伤	因工负伤，非因工负伤	企业付给治疗时期的全部工资并负担的全部医疗费与疾病待遇相同
残废	因工残废或因工积劳成疾	按残废程度，由劳动保险基金每月付给相当于本人工资的 50%~60%的残废抚恤，至本人老死为止
	非因工残废	残废救济金相当于上述残废抚恤金的半数，由保险基金支付至能工作时为止
退休	男年满 60 岁、工龄 25 年；女年满 50 岁、工龄 20 年。但下井矿工、有害身体健康的化学工人，年满 55 岁、工龄满 20 年即可	按本企业工龄长短，由保险基金每月支付本人工资 30%~60%
死亡	职工因工死亡	丧葬费：由本企业支付，数额不得超过本人 2 个月工资。抚恤金：按在本企业工作时间，由保险基金支付本人工资的 15%~50%，以 10 年为限
	病殁	丧葬费：由保险基金支付相当于本人 1 个月工资的丧葬补助金。抚恤金：按在本企业工作时间，由保险基金支付相当于本人 3 个月至 1 年工资的救济金

说明：①因工负伤治疗时期的全部工资、因工死亡职工的丧葬费、患病或因工负伤 3 个月以内的工资以及女职工产假期间的工资，由企业直接支付，不由保险基金支付。这些规定，与后来的 1951 年和 1953 年《劳动保险条例》的规定完全相同。

②因工残废抚恤金按残废程度，由保险基金中支付工人工资的 50%~60%，至本人老死为止。它的半数是相当于本人工资的 25%~30%。1949 年 3 月公布的"试行细则"中规定，非因工疾病或非因工负伤残废的，按照在本企业工作时间的长短，发给本人工资的 10%~30%，救济金发至本人能工作时为止。

③供养直系亲属待遇。医疗：可在本企业所办的医疗所（室）免费治疗，酌减药费。丧葬费：由保险基金支付职工本人 1 个月工资的 1/3 作为丧葬补助金。遗属抚恤：与"死亡"中的抚恤金相同。

④非工会会员的待遇：疾病、养老、死亡丧葬费以及生育儿女等补助金，只能领取相当于会员领取的半数。

二、对革命战争时期社会保险的评价

革命战争时期，根据地和解放区的社会保险，既是当时为夺取政权的重要工作和中心任务，也是中国共产党领导和从事的社会保障事业不可分割的组成部分。因此，对革命战争时期的社会保险工作应该作出实事求是的评价。

（一）六次全国劳动大会具有不同的意义

1922—1948年，中国共产党先后召开了六次全国劳动大会，其中1925年、1926年、1927年召开的全国劳动大会只是提出了社会保险的要求（1922年第一次大会时未提出），并未完全付诸实施，因为当时还不具备实行社会保险的条件。只有第五次和第六次全国劳动大会提出的社会保险要求才有了实践的意义，因为那时候，有了试行社会保险的空间条件——根据地和解放区。需要指出的是，尽管前三次劳动大会提出社会保险的要求未能完全付诸实施，但它为以后社会保险的试行提供了较为充分的理论依据，并在一定程度上为试行社会保险做了组织上的准备。

（二）在革命根据地和解放区颁布的各劳动法，对于保护劳动者的利益，巩固工农政权，以致最后夺取全国胜利发挥了重大作用

但是，由于部分劳动法照抄照搬当时苏联的有关条款，加之中国共产党当时还没有举办社会保险的经验，使这些劳动法中有关社会保险的内容和规定，严重脱离了根据地的实际，妨碍了苏区经济发展。这主要表现在以下两个方面。

1. 机械地推行8小时工作制

8小时工作制是1884年美国芝加哥工会倡议以后，全世界工人阶级长期为之奋斗的目标之一。一般来说，大中城市中的工业生产多为机器作业，劳动复杂，劳动者的体力和脑力消耗较大。然而，在地处经济落后的偏僻山区的革命根据地，基本上没有现代工业和商业，只有规模不大的手工业、家庭工业和中小商业，加上面临游击战争的环境，根本难以普遍地推行8小时工作制。况且，有许多部门（如手工业、农业、航运等部门）还要求加班加点，延长工作时间。各劳动法不顾根据地的地理条件和战争环境，一律硬性规定所有劳动者每天工作不能超过8小时，这显然是不切实际的。

2. 社会保险待遇过高

首先，工人工资待遇和物质福利水平过高。如《中华苏维埃共和国劳动法》（1931年）第二十七条规定，所有劳动检查机关和工会所特许的额外工作，工人须得双薪。童工、青工应缩短工作时间，但工资仍按照该职业的工资等级以全日计算。该劳动法第四

十六条规定："无论何种企业,必须发给工人工作专门衣服。工作专门衣服的种类及穿着的期间,由中央劳动部特别规定之。"所有这些,都大大超过了当时的经济条件,无法实现。其次,节假日休息时间过多。该劳动法第二十条规定:"在危害工人身体健康之工业中工作的工人,每年至少须有4个星期日例假,工资照发。"

由于劳动法的某些规定严重地脱离根据地的实际,结果给根据地的发展和经济建设带来了一定的损失。

(1) 许多企业和作坊因实行不了劳动法而纷纷破产倒闭,造成大量工人失业。

(2) 由于劳动法把正常的师徒关系,视为资本家同工人之间的剥削关系,造成师徒之间严重对立,使得师父不愿带徒学艺,学徒不肯虚心向师父学艺,最终阻碍了根据地的手工业发展。

(3) 阻碍了合作社事业的发展。合作社与私人企业一样,要执行劳动法,使得合作社无法赢利。社员们也感到加入合作社还要亏本,不如散伙摆小摊好,合作社也因此纷纷倒闭。

(4) 增加了工农矛盾,在一定程度上妨碍了工农联盟。例如,农业工人的工资福利规定过高,结果,农民可以无条件雇人从事农业生产,影响了苏区农业生产的发展,这不仅使苏区农业遭受打击,而且严重地影响了工农联盟。

劳动法实施后造成的后果表明,其中有某些规定完全不适用于根据地。于是,临时中央政府人民委员会在1933年3月28日第三十八次例会上,提出并通过了修改劳动法的决定,并组织修改劳动法起草委员会。经过5个多月的紧张工作,于1933年10月15日重新公布了经过修改的《中华苏维埃共和国劳动法》。

修改后的劳动法从根据地的实际出发,规定了一些比较具体而又灵活的条文。例如,在工作时间方面,虽然仍以8小时工作制为限制,但规定,如有特别紧急的事情发生和在农业及其他季节性很强的工作中,可以增加额外的工作时间。新劳动法比较符合根据地的实际,它的实施,对于发展苏区经济,巩固工农联盟和红色政权,起到了很大的作用。

(三)《东北公营企业战时暂行劳动保险条例》是中国共产党在较大范围内实施统一的社会保险的第一次尝试

1948年12月27日公布实行的《东北公营企业战时暂行劳动保险条例》,是党在取得解放战争全面胜利前夕较为完整的一个社会保险条例。尽管该条例主要参照苏联的社会保险条例拟定,结合我国的实际不够,以及有些规定也不够合理,但它毕竟以国家法令形式,保障了广大职工群众在生、老、病、死、伤、残时的生活来源和必要的费用支出,解决了前线将士的后顾之忧。当时,解放战争正在持续进行,东北企业职工首先实行社会保险制度,对于密切党群关系、增强职工群众主人翁责任感、集中全力恢复和发展生产、支援全国解放战争等方面发挥了巨大作用。同时,该条例对于全国各解放区实施社会保险以及新中国成立后全国的社会保险制度的建立与发展,具有指导意义。

(四)根据地和解放区的社会保险是在特殊的经济和政治环境下实行的,其根本目的是从战时的要求出发,为党在全国夺取政权服务

这一时期的社会保险,在保险对象、范围、给付条件与标准等方面,难免有很大的局限性。但是,它作为社会主义社会保险发展的一个特定历史时期,为今后社会保险事业的更大发展积累了经验、创造了条件。

第二节 经济建设时期的社会保险

1949年10月1日,中华人民共和国成立,为社会主义社会保险的建立和发展提供了良好的政治和经济环境。自中华人民共和国成立至现在,我国社会主义社会保险经历了三个发展阶段。

一、创建试行阶段(1949—1955年)

新中国成立后,全国社会保险工作同其他工作一样,得到了党和政府的高度重视和大力支持。根据中国人民政治协商会议通过的《共同纲领》关于在我国"要逐步实行劳动保险制度"的决定,1950年5月19日,政务院第37次政务会议通过了《救济失业工人暂行办法》,并于同年6月17日发布实行。当时正是我国恢复国民经济最困难的时期,虽然人民政府通过对财政经济等方面采取若干重大措施,扭转了数年来使广大人民群众遭受莫大损害和痛苦的通货膨胀的局面,但是,由于旧中国遗留下来的千疮百孔、濒临崩溃的经济短时难以复兴,在一些大中城市,市场停滞,工商业凋敝,甚至关厂、停业,造成大批工人失业。在这种情况下,它对于减轻失业工人生活困难,保护劳动力,帮助失业者逐渐就业、转业,特别是为恢复各国营、私营企业的生产,扩大经营范围以及创办新企业,起了重大作用。

1950年12月11日,中央人民政府公布了《民兵、民工伤亡抚恤暂行条例》和《内务部革命工作人员伤亡褒恤暂行条例》。此外,在1950年这一年内,全国有些行政区、省、市、直辖市和少数产业部门自行制定了本地区、本系统的社会保险暂行办法。因缺乏经验和对社会保险认识上的差别，各地区社会保险范围不一样，保险待遇的标准高低不一，组织管理也不健全，结果使社会保险工作未能达到预期目标。1951年2月26日，由政务院公布实行的《中华人民共和国劳动保险条例》（以下简称《劳动保险条例》），就是在这种背景下产生的。它的制定基本以《东北公营企业战时暂行劳动保险条例》为蓝本，在实施方法上，采取先选点试行、取得经验再行推广的办法。

《劳动保险条例》的公布与实施，在一定程度上纠正了以前社会保险工作上的"各行其是"现象，使保险费的征集、保险待遇的项目和标准，以及社会保险的组织管理工作有了统一的规定和比较明确的制度。但是，该条例是在国家财政经济还没有全面恢复和极其困难的条件下制定的，某些保险待遇规定较低，在实施范围上也只能采取重点试行的办法。随着国家财政经济状况逐步好转和大规模的经济建设全面展开，需要适当扩大社会保险的范围并酌量提高待遇标准。于是，1953年1月2日，政务院公布了修正的《劳动保险条例》。这次修正内容主要有如下两点。

（1）扩大了社会保险的范围。除了在原来规定的铁路、邮电、航运及有职工100人以上的工厂、矿场施行外，又扩大到一般工厂、矿场和交通事业的基本建设单位以及国营建筑公司。

（2）某些社会保险待遇标准有所提高。如退休费由原来的35%~60%（即占本人工资的比率，下同）改为50%~70%，职工退休的一般工龄条件仍为25年，但本企业工龄条件由原来的10年降为5年；享受优异待遇的职工[①]退休费由原来按本人工资50%~80%发给，改为按本人工资60%~80%发给；废除了病假救济费的发放和以连续停工医疗6个月为期限的规定，并适当提高了待遇标准。

1954年6月21日，内务部和劳动部发布了《关于经济建设工程民工伤亡抚恤问题的暂行规定》，对民工因工负伤、致残乃至死亡者的医疗、保险费、生活补助费、抚恤金和丧葬费等作了详细规定。

1955年4月26日，国务院公布了《关于国家机关女工作人员生产假期的规定》。

总之，从1951年《劳动保险条例》的制定试行，到1953年修正后的《劳动保险条例》公布，以及国家机关工作人员退休、退职和病假期间生活待遇有关的三个暂行办法的颁布实施，标志着我国社会主义社会保险体系基本建立。从此以后，我国社会主义社

---

① 《劳动保险条例》规定，凡对本企业有特殊贡献的劳动模范及转入本企业工作的战斗英雄，经工会基层委员会提出，并经各省、市工会组织或产业工会全国委员会的批准，可以享受较优异的劳动保险待遇。

会保险进入了一个新的发展时期。

二、完善发展阶段（1956—1983年）

1956—1983年，是中国社会主义社会保险的完善发展阶段。几十年来，社会保险实施的一般原则，虽然基本上以1955年前颁布的《劳动保险条例》为依据，没有实质上的大变动，但是，社会保险体系和保险业务，在实践中得到不断完善和发展。

（一）修改、补充了干部和工人退休、退职的规定，使退休、退职制度更为健全

1956年11月12日，国务院发布《关于国家机关工作人员退休和工作年限计算等几个问题的补充通知》。该补充通知的下发，在很大程度上解决了国家机关工作人员退休后的实际问题，消除了退休人员的后顾之忧，从而保证了国家机关工作人员退休工作的顺利进行。

1958年2月，国务院公布施行了《关于工人、职员退休处理的暂行规定》。该规定重申和强调了1953年《劳动保险条例》及有关文件确立的原则，同时，根据几年来社会保险的经验和教训，在原有的基础上进行了修改和增补。

1958年3月7日，在全国人民代表大会常务委员会第九十四次会议上，原则批准了《国务院关于工人、职员退职处理的暂行规定（草案）》。本规定在全国工人、职员中统一了退职条件和退职待遇标准，放宽了退职条件，适当提高了退职待遇标准，使工人、职员的退职问题得到了比较妥善的解决。

1978年6月2日，国务院颁布了《关于安置老弱病残干部的暂行办法》和《关于工人退休、退职的暂行办法》，并要求各地先行试点、总结经验，然后普遍实行。国务院发布上述两个暂行办法，主要基于1958年发布的干部和工人退休、退职的两个暂行规定已20年，随着形势的发展，有些条文已经不适应新的情况，需要做进一步的修改和补充。

1980年10月7日，国务院公布了《关于老干部离职休养的暂行规定》；1982年1月4日，国务院和中央军委颁发了《关于军队干部离职休养的暂行规定》。这两个规定同1978年颁布的两个暂行办法相比，除了在生活待遇上给予优惠和照顾外，其他方面并无多大改变。

此外，1983年6月28日，劳动人事部和财政部下发了《关于提高职工退休费、退职生活费的最低保证数的通知》。

（二）加强了对女工的保护

保护妇女和儿童的利益，是中国共产党一贯的政策，在革命战争年代的各劳动法和《中华人民共和国宪法》中都明确规定，妇女在政治、经济、文化、社会和家庭生活各方面享有同男子平等的权利，婚姻、家庭、母亲和儿童应受国家的保护。为了贯彻这一政策，1956 年发布了《中华人民共和国女工保护条例（草案）》。该条例共分 14 条，条文除了重申并强调了女工应有的权利和地位外，主要对女工的健康保护、怀孕期、流产、生育和哺乳期的保险待遇等问题作了较为具体的规定。贯彻这一条例，不仅能使妇女积极参加社会主义经济和文化建设事业，减少她们在工作和生活中的困难，增进其健康，提高其工作效率，而且使我国生育保险的内容进一步丰富了。

（三）在医疗保险中增加了对职业病的保障

1957 年，卫生部颁发了《关于职业病范围和职业病患者处理办法的规定》，将危害职工健康、严重影响生产和职业性比较明显的 14 种疾病列入职业病范围，并规定了疗养期间以及医疗终结确定为残废乃至治疗无效而死亡时的保险待遇。这一规定，改善了劳动条件，促进了职业病防治工作，使我国的医疗保险在结构体系上进一步完善。

（四）适当提高了某些险种的给付标准

根据生产发展和人民生活不断改善，我国社会保险给付的标准逐步提高，主要表现为：

第一，工人、职员退休、退职的待遇标准逐步增加；

第二，国家机关工作人员病假在 6 个月以内的生活待遇，20 世纪 50 年代中后期规定，工作年限不满 10 年的，发给本人工资的 80%，1981 年则规定发给 90%；

第三，女工产假 20 世纪 50—70 年代，一般为 56 天，1980 年以后，部分单位将产假延长到 3~6 个月；

第四，革命烈士抚恤金标准也有所提高。

（五）社会保险的范围进一步扩大

20 世纪 50 年代初，我国社会保险的范围只局限在有条件的国营企业和事业单位，1956 年以后，保险的实施范围逐步扩大到商业、外贸、粮食、供给合作社、金融、民航、石油、地质、水产、国营农场、造林等 13 个产业和部门。1977 年 12 月 14 日，轻工业部、财政部和国家劳动总局下发了《关于手工业合作工厂劳动保险福利待遇标准和劳保费用列支问题的通知》，正式将手工业合作工厂纳入社会保险的范围。1978 年 9 月

29 日，国务院批转商业部、财政部、供销合作总社、国家劳动总局关于合作商店实行退休办法的报告，将社会保险的对象进一步扩大到合作商店的职工。随着保险范围的扩大，受保人数迅速增加。

然而，我国社会保险事业在完善发展阶段并不是一帆风顺的，由于各方面的原因，它屡受挫折，甚至还经历过相当长的倒退时期。1958 年，正当我国社会保险事业蓬勃发展之时，各种"左"的思想也泛滥起来：一方面，把社会保险仅仅看作"按需分配"的一种方式，盲目扩大保险项目，一时"共产主义免费食堂"遍及全国，造成了严重的浪费；另一方面，片面追求经济发展速度，重积累、轻消费，将大量的职工生活及文化设施改为生产场所，使社会保险工作难以正常进行。随之而来的是三年经济困难时期，面对全国普遍存在的生活困难状况，社会保险工作只能让位于全国性的对困难家庭的救济工作，不可能按照社会保险的原则和方式开展活动。直至 1962 年，随着经济调整的进行，经济状况逐步好转，社会保险工作才正常开展起来。

1966 年，一场持续 10 年的"文化大革命"，使我国的政治、经济、文化都遭受到严重破坏，刚刚复苏发展的社会保险事业也难免受创。这一时期，社会保险被当作"资本主义""修正主义"的东西加以批判，结果，各种保险项目、管理机构被取消，基金制度被废除①，职工正常的退休、退职工作被迫停止，社会保险的组织基础和财政基础被破坏殆尽，整体工作陷入瘫痪。1976 年，结束了"10 年动乱"，在党的十一届三中全会上，根据新中国成立以来，特别是"文化大革命"时期的经验教训，重新确立了党和国家的工作重点是社会主义经济建设，并强调社会主义基本经济规律及其在经济建设中的实际意义。从此以后，我国社会保险事业又恢复了活力。

三、改革阶段（1984 年至今）

进入 20 世纪 80 年代后，随着经济体制改革深入发展，尤其是确立了在中国建设社会主义市场经济目标之后，现实对社会保险事业的发展提出了挑战。实行企业破产制度和新的劳动制度后，国家、企业的"大锅饭"和劳动者的"铁饭碗"被打破，必然带来一些社会问题。例如，劳动者伤残疾病、女工在生育期间、劳动者被辞退、劳动者年老退休或丧失工作能力等造成收入中断；又如，一旦企业破产，破产企业职工不能马上就业，劳动者本人及依赖其为生的家属便失去生活来源等。

---

① 从 1969 年开始，企业的一切保险福利开支均由其营业外开支，这就使社会保险给付失去了可靠的资金来源。

在向社会主义市场经济转轨过程中,原有的社会保险制度也日益暴露出一些弊端。

第一,社会保险立法滞后。国家陆续出台了多部社会保险法规,但社会保险法一直没有出台。

第二,保障实施范围窄,社会保险对象主要局限于国有企业、事业单位和部分大集体企业,且项目不全,绝大多数劳动者被排除在保障之外。

第三,管理体制不统一。从全国来看,中共中央组织部,国务院劳动社会保障部、人事部、民政部、财政部等多家党政机关以及保险公司,都参与社会保险的管理工作。庞大的政府管理部门所安置的大量工作人员,客观上导致了社会保险工作成本的上升,最终导致资金耗费量巨大,但行政办事效率十分低下。

第四,社会保险权利与义务脱节。按原有的《劳动保险条例》规定,被保险人不直接缴纳社会保险费,所有社会保险开支均由单位和国家承担。这种做法,一方面淡化了公民的保险意识,降低了参保积极性;另一方面又加重了国家和单位的经济负担。

第五,社会保险服务未能社会化。原有社会保险服务完全由企业承担,形成企业办社会现象,影响企业集中精力从事生产经营活动,从一定程度上抑制了现代企业制度的发育和健全。

第六,社会保险基金运营效率低下。社会保险基金的社会化涉及收、支、管、监、服务等多方面的内容,建立健全社会保险基金管理社会化机制面临十分艰巨的任务,社会保险基金的保值增值面临困难。

第七,尚未建立城乡统筹的社会保险体系。我国的社会保险工作,因地区间经济发展水平的差异而有所不同,尤其是城乡二元经济体制造成了农村地区社会保险体系的落后。

为了弥补上述社会保险的弊端,使其适应不断变化当中的社会经济情况,党和政府发起并推动了社会保险制度的改革,大体上可以分为1984—1992年改革探索,1993—2004年制度框架形成,2005年以后城乡社会保险统筹。

1984年,国家在全民和集体所有制企业开始了退休费用社会统筹试点。1992年,党的十四大首次提出建立社会主义市场经济体制,也第一次明确把社会保障制度改革作为经济体制改革的四个环节之一。1993年党的十四届三中全会通过的《关于建立社会主义市场经济体制若干问题的决定》,进一步明确了社会保障制度改革的目标、原则。按照党的十四届三中全会的精神,社会保障制度改革的目标,是以建立社会保险制度为重点,到20世纪末基本建立起资金来源多渠道、保障方式多层次、权利和义务相对应、管理和服务社会化的社会保障体系。改革的基本原则定为：一是社会保障水平与经济发展水平相适应；二是社会公平与市场效率相结合；三是权利与义务相对应；四是行政管理职能与业务经办相分离。

2003年10月，党的十六届三中全会通过《中共中央关于完善社会主义市场经济体制若干问题的决定》。按照十六届三中全会的精神，加快建设与经济发展水平相适应的社会保障体系。在历年政府工作报告中，也多次提到加强社会保障体系建设。

21世纪以来，加快完善社会保障体系的工作取得较大进展。以贯彻落实国务院发布的《关于完善企业职工基本养老保险制度的决定》为重点，确保各项社会保险待遇支付，继续做好扩面征缴工作，强化社会保险基金管理和监督，加强社会保险管理服务工作，进一步完善各项社会保险制度。具体体现为：扩大基本养老保险覆盖范围；改革基本养老金计发办法；扩大做实个人账户试点，研究制定养老保险个人账户基金投资管理运营办法；研究机关事业单位养老保险制度改革；加快提高统筹层次；进一步发展企业年金。研究探索完善城镇医疗保障体系的意见，将医疗保险覆盖面逐步扩大到城镇居民。在东部地区开展扩大失业保险基金支出范围用于促进就业的试点工作。继续贯彻《工伤保险条例》，进一步完善工伤保险政策标准体系，加快扩大工伤保险覆盖面，同时推进工伤预防和工伤康复试点。进一步加快生育保险制度建设，完善生育保险医疗服务等项办法。研究制定进城务工人员社会保障政策，积极推进农村新型合作医疗制度全覆盖，继续指导有条件的地区开展农村社会养老保险工作。同时，抓住国民经济较快发展的良好机遇，进一步加大社会保险费征缴力度，努力做到应收尽收，保持社会保险基金持续增长。

除此之外，我国社会保险立法取得了历史性的进展，2010年10月28日，《中华人民共和国社会保险法》（以下简称《社会保险法》）正式通过，并于2011年7月1日开始正式实施。《社会保险法》的通过进一步从法律上明确了国家建立基本养老、基本医疗和工伤、失业、生育等社会保险制度，并对确立基本养老保险转移接续制度，提高基本养老保险基金统筹层次，建立新型农村社会养老保险制度和新型农村合作医疗制度等作出了原则性规定，进一步完善了用人单位和参保单位对社会保险的监督，同时强化了各级人大常委会对社会保险基金收支、管理和投资运营情况的监督职权，大大推动了我国社会保障事业的发展。

（一）建立城镇职工养老保险制度，发展企业年金

1984年起，广东、江苏、辽宁、四川等省的少数市县开始试行退休费用社会统筹，

从而拉开了我国社会保险制度改革的序幕。随后，在国有企业和大部分城镇集体企业中推行了养老金社会统筹，确定实行职工个人缴费制度。另外，1986—1993 年，经国家有关部门批准，先后有 11 个行业实行了养老保险行业统筹。

1986 年，我国实行劳动合同制度，建立了劳动合同制工人的养老保险制度，规定劳动合同制工人按本人标准工资的 3%缴纳养老保险费，改变了过去完全由国家和企业负担的办法。这也是我国社会主义社会保险史上第一次建立个人缴费制度。

1991 年 6 月，国务院发布了《关于企业职工养老保险制度改革的决定》，明确规定养老保险实行社会统筹，费用由国家、企业和职工三方负担，职工个人按本人工资的 3%缴纳养老保险费，基金实行部分积累，并开始探索建立国家基本养老保险、企业补充养老保险和个人储蓄性养老保险相结合的多层次养老保险体系。

1993 年，党的十四届三中全会明确提出，养老、医疗保险制度改革实行"社会统筹与个人账户相结合"的模式。这是我国社会保险制度改革具有里程碑意义的重大突破。

1995 年 3 月，国务院发布了《关于深化企业职工养老保险制度改革的通知》，进一步明确了"统账结合"是我国城镇企业职工基本养老保险制度改革的方向。文件规定，养老保险制度改革的目标是：到 20 世纪末，基本建立适应社会主义市场经济体制要求，适用城镇各类企业职工和个体劳动者，资本来源多渠道、保障方式多层次、社会统筹与个人账户相结合、权利与义务相对应、管理服务社会化的养老保险体系。但实际上几乎是一个地区一个办法，这种状况导致地区之间养老金水平相互攀比，中央难以管理、调控，职工跨地区流动困难。

针对这种情况，1997 年 7 月 16 日，国务院颁布了《关于建立统一的企业职工基本养老保险制度的决定》。统一制度的要点是：按职工工资的 11%建立养老保险个人账户，其中个人缴费 8%（4%起步，每 2 年提高 1 个百分点，逐步到位），企业缴费划入 3%。企业缴费（含划入个人账户部分）的费率不得超过 20%。养老金支付分为两部分：一是基础养老金，其标准为职工退休时当地社会平均工资的 20%；二是个人账户养老金，其标准为个人账户储存额除以退休职工平均余命月数（120）。此外，根据经济发展水平和在职职工工资的增长情况，建立养老金的调节机制。

到 1997 年年底，全国参加基本养老保险的企业职工达到 8 671 万人，企业离退休人员 2 533 万人，已分别占企业职工总数的 90%和企业离退休人员总数的 98%以上。全年企业职工基本养老保险基金收入为 1 337.9 亿元，支出 1 251.3 亿元，当年结余 86.6 亿元，历年滚存结余 682.9 亿元。此外，企业补充养老保险、个人储蓄性养老保险和商业养老保险都有了一定的发展，基金积累各有几十亿元。

1998年，党中央、国务院对养老保险工作给予了高度的重视，先后于5月、7月召开"国有企业下岗职工基本生活保障和再就业工作会议"和"全国养老保险和再就业服务中心建设工作会议"，下发了《中共中央 国务院关于切实做好国有企业下岗职工基本生活保障和再就业工作的通知》。同年8月，又下发了《国务院关于实行企业职工基本养老保险省级统筹和行业统筹移交地方管理有关问题的通知》。这一系列重大会议的召开和重要政策措施的出台，有力地推动了养老保险事业的发展，使养老保险工作取得了突破性进展。

《国务院关于建立统一的企业职工基本养老保险制度的决定》实施以来，全国城镇企业职工基本养老保险制度已实现了基本统一，养老保险覆盖范围进一步扩大，企业离退休人员基本养老金社会化发放率逐步提高。

2007年1月18日，劳动和社会保障部与财政部颁布了《关于推进企业职工基本养老保险省级统筹有关问题的通知》，明确了企业职工基本养老保险省级统筹标准。

2011年9月23日，为应对老龄人口增长高峰，国务院颁布了《中国老龄事业发展"十二五"规划》，强调要完善实施城镇职工基本养老保险制度，全面落实城镇职工基本养老保险省级统筹，实现基础养老金全国统筹，做好城镇职工基本养老保险关系转移接续工作；要逐步推进城乡养老保障制度有效衔接，推动机关、事业单位养老保险制度改革；建立随工资增长、物价上涨等因素调整退休人员基本养老金待遇的正常机制；发展企业年金和职业年金，同时发挥商业保险补充性作用。

随着我国经济结构调整和国有企业改革深化，养老保险工作出现了一些新情况、新问题。根据完善城镇职工社会保障体系建设的要求，2001年12月22日，劳动和社会保障部颁布实施《关于完善城镇职工基本养老保险政策有关问题的通知》，对城镇个体工商户等自谋职业者及采取灵活方式再就业人员、国有企业下岗职工、参加养老保险的农民合同制职工等人群的养老保险的管理办法和养老金发放作出相关规定。同时，随着我国社会保障的不断发展，城镇职工养老保险的转移接续问题也被提上了日程。2009年12月28日，国务院办公厅印发了《城镇企业职工基本养老保险关系转移接续暂行办法》，于2010年1月1日起实施。该暂行办法明确了跨省流动就业的养老保险关系转移接续政策，进一步打破了地区分割、城乡分割的壁垒，有利于实现城乡统筹，保障流动就业人群的权益，建立健全全国统一的社会保险制度。2011年7月开始实施的《社会保险法》中也明确规定个人跨统筹地区就业的，其基本养老保险关系随本人转移，缴费年限累计计算。个人达到法定退休年龄时，基本养老金分段计算、统一支付。

根据党的十六届三中、五中全会精神和国务院关于完善企业职工基本养老保险制度的工作部署，在总结东北三省做实企业职工基本养老保险个人账户试点经验基础上，国务院决定进一步扩大做实个人账户试点。2005年11月15日，劳动和社会保障部、财政部颁布实施《关于扩大做实企业职工基本养老保险个人账户试点有关问题的通知》。在东北三省试点的基础上，2006年选择6~8个有积极性且有一定实力的省、自治区、直辖市进行扩大做实个人账户试点。做实个人账户的近期目标是5%，起步比例最低不低于3%，以后视情况逐年提高，鼓励有条件的地方做到8%。经批准作为扩大做实个人账户试点的省、自治区、直辖市，从2006年1月1日启动做实个人账户工作。

2005年12月3日，国务院颁布《关于完善企业职工基本养老保险制度的决定》，即日开始实施。2005年年底的这次改革具有以下几个特点：

第一，《关于完善企业职工基本养老保险制度的决定》把扩大覆盖范围作为今后一个时期的重点任务，明确规定城镇个体工商户和灵活就业人员都要参加养老保险。"城镇个体工商户和灵活就业人员参加基本养老保险的缴费基数为当地上年度在岗职工平均工资，缴费比例为20%，其中8%记入个人账户，退休后按企业职工基本养老金计发办法计发基本养老金"，对这些企业和职工的缴费基数、缴费比例进行了适当调整，以更好地符合他们的实际情况和需要。

第二，改革基本养老金计发办法。个人账户养老金的计发办法更加灵活，综合考虑了平均预期寿命、本人退休年龄、利息等因素。

第三，从2006年1月1日起，个人账户的规模统一由本人缴费工资的11%调整为8%，全部由个人缴费形成，建立了有效的激励约束机制，强调了多缴费多受益的原则，能够有效地避免"搭便车"行为；单位缴费不再划入个人账户，扩大社会统筹账户规模以增强统筹账户的基金实力。

第四，调整企业退休人员基本养老金水平，调整幅度为省、自治区、直辖市当地企业在岗职工平均工资年增长率的一定比例。这是我国社会养老保险制度具有里程碑意义的重大突破。2005年年底，全国参加养老保险的人数已经达到1.74亿人，比"九五"期末增加了3 800万人。

2007年2月15日，劳动和社会保障部、财政部又颁布实施了《关于进一步扩大做实企业职工基本养老保险个人账户试点工作有关问题的通知》，积极推动做实个人账户试点工作全面深入地开展，在确保基本养老金发放的前提下，提高做实个人账户比例，经济发达省份可依靠自身能力开展做实个人账户试点。在东北三省试点的基础上，企业职工基本养老保险做实个人账户试点范围又扩大了8个省份。2008年4月8日，人力资源和社会保障部、财政部颁布了《关于上报做实企业职工基本养老保险个人账户试点实施方案的通知》，同意江苏省为做实企业职工基本养老保险个人账户试点省份，企业职工基本养老保险做实个人账户试点范围继续扩大。2008年7月11日，人力资源和社会保障部办公厅颁布了《关于建立企业职工基本养老保险个人账户记账利率专项报告制度的通知》，决定建立企业职工基本养老保险个人账户记账利率专项报告制度，有利于进一步加强企业职工基本养老保险个人账户基础管理，维护广大参保人员的合法权益，推动了我国的个人账户制度的规范化发展。

与此同时，国家也加快了养老金社会化发放的进程。2000年4月18日，劳动和社会保障部颁布实施《关于加快实行养老金社会化发放的通知》，积极推进养老保险社会化管理和服务，逐步做到退休人员与企业事业单位相脱离，认真贯彻落实《社会保险费征缴暂行条例》和《国务院办公厅关于继续做好确保国有企业下岗职工基本生活和企业离退休人员养老金发放工作的通知》精神，停止实行差额缴拨的结算方式，改为全额征缴养老保险费，努力提高基金征缴率。2001年12月21日，为巩固和发展《关于加快实行养老金社会化发放的通知》颁布后的工作成果，同时解决工作中存在的业务流程不够规范、工作标准不尽统一等问题，劳动和社会保障部办公厅又颁布实施了《关于进一步规范基本养老金社会化发放工作的通知》，进一步规范了基本养老金社会化发放工作。2005年继上年之后再次实现企业离退休人员基本养老金当期发放无拖欠，全年共发放基本养老金4 079亿元，养老保险基金收入5 040亿元，且全国已有17个省、自治区、直辖市全部补发了历史拖欠。接下来的工作重点将是改革基本养老金计发办法，扩大做实个人账户的试点工作，继续扩大养老保险覆盖范围，实现"十一五"期间全国每年新增养老保险参保人数1 000万人以上的计划。

在养老金发放金额方面，党中央、国务院也高度重视，调整养老金水平以抵消物价上涨压力，并让老年人分享社会发展成果。为缩小收入差距，自2005年起国家连续提高企业退休人员基本养老金，至2015年已连续11次较大幅度提高企业退休人员基本养老金水平，全国近8 000万企业退休人员因此受益。例如，2005年调整前月人均700元，2013年调整后企业退休人员月人均养老金达到1 893元，2014年、2015年继续上调10%。

我国正在完善的城镇职工养老保险体系包含"三大支柱"，即基本养老保险、企业年金等企业补充养老保险和个人储蓄性养老保险。早在2000年，国务院就决定在辽宁省进行完善城镇社会保障体系试点工作，并下发了《关于印发完善城镇社会保障体系试点方案的通知》，辽宁省成为全国率先开展企业年金工作的省份。2004年1月6日，劳动和社会保障部颁布了《企业年金试行办法》，自2004年5月1日开始实施。2004年2月23日，劳动和社会保障部、银行业监督管理委员会、证券监督管理委员会、保险监督管理委员会共同颁布了《企业年金基金管理试行办法》，自2004年5月1日开始实施。为贯彻落实《国务院关于推进资本市场改革开放和稳定发展的若干意见》，保障企业年金基金财产安全，维护企业年金管理当事人合法权益，促进企业年金健康发展，2004年9月29日，劳动和社会保障部、中国证监会发布了《关于企业年金基金证券投资有关问题的通知》和《企业年金基金证券投资登记结算业务指南》。我国企业年金制度采取信托型管理模式，政府的角色是"导演"和"警察"，不直接管理企业年金计划，但要依法治理企业年金市场并在企业年金基金运营管理的全过程承担监督监管的关键职能，以确保受益人的利益。修订后的《企业年金基金管理办法》于2011年2月12日公布，自2011年5月1日起开始施行，同时2004年2月23日发布的《企业年金基金管理试行办法》废止。

为减轻企业负担、优化营商环境、完善社会保险制度，2015年到2020年年底，国家共6次下调了企业社会保险费率，总费率由41%下调到33.95%，这6次下调共减免企业缴费近万亿元。2019年，《国务院办公厅关于印发降低社会保险费率综合方案的通知》发布。自2019年5月1日起，降低城镇职工基本养老保险（包括企业和机关事业单位基本养老保险，以下简称养老保险）单位缴费比例。各省、自治区、直辖市及新疆生产建设兵团（以下统称省份）养老保险单位缴费比例高于16%的，可降至16%；目前低于16%的，要研究提出过渡办法。各省份应以本省份的城镇非私营单位就业人员平均工资和城镇私营单位就业人员平均工资加权计算的全口径城镇单位就业人员平均工资，核定社会保险个人缴费基数上下限，合理降低部分参保人员和企业的社会保险缴费基数。个体工商户和灵活就业人员参加企业职工基本养老保险，可以在本省全口径城镇单位就业人员平均工资的60%~300%选择适当的缴费基数。

同时，加快推进养老保险省级统筹。各省份要结合降低养老保险单位缴费比例、调整社会保险缴费基数政策等措施，加快推进企业职工基本养老保险省级统筹，逐步统一养老保险参保缴费、单位及个人缴费基数核定办法等政策，2020年年底前实现企业职工基本养老保险基金省级统收统支。加大企业职工基本养老保险基金中央调剂力度，2019

年基金中央调剂比例提高至 3.5%，进一步均衡各省份之间养老保险基金负担，确保企业离退休人员基本养老金按时足额发放。

（二）建立了城镇职工医疗保险制度，进一步扩大医疗保险覆盖面

1984—1993 年，公费、劳保医疗制度主要进行了两项改革：一是引入个人分担医疗保险费用的机制，全国普遍实行公费、劳保医疗费用和个人挂钩的办法，就医时个人适当负担部分医疗费用，即实行医疗费定额包干的办法；二是引入社会统筹机制，部分省市开展了离退休人员医疗费用社会统筹和职工大病医疗费用社会统筹的试点。1987 年，北京东城、西城两区蔬菜公司率先试行大病医疗费用统筹，取得良好效果。1989 年，国家批准吉林四平、辽宁丹东、湖北黄石、湖南株洲作为医疗保险制度改革试点城市。

1994 年 3 月起，国家体改委和财政部、劳动部、卫生部共同制定了《关于职工医疗制度改革的试点意见》。经国务院批准，率先在江苏省镇江市、江西省九江市进行试点（"两江"试点），首次将社会统筹和个人账户相结合的模式引入医疗保险制度，对劳保医疗和公费医疗同步进行改革。经过两年多的试点，改革取得了一定的成效，较好地解决了原有制度缺乏制约机制、医疗经费筹措机制、个人积累机制，以及覆盖面过窄、管理和服务社会化程度低等弊端。除"两江"模式外，一些地方也进行了其他形式的探索，如北京、武汉的"大病统筹"模式等。

在"两江"试点的基础上，1996 年 4 月，国务院又选择了 58 个城市，扩大医疗保险制度改革试点。通过试点，证明建立社会统筹和个人账户相结合的职工基本医疗保险制度是符合中国国情的，改革的思路和基本原则是正确的。同时，通过试点也暴露出了一些矛盾和问题：一是一些试点城市筹资水平偏高，财政和企业负担比较重，基金征缴困难；二是覆盖面窄，企业参保率低，推动试点工作的难度大；三是在一些试点城市中，社会统筹基金超支较多。因此，必须通过加快改革步伐，实现制度创新和机制转换。

党中央、国务院对医疗保险制度改革工作十分重视。1998 年 11 月，全国医疗保险制度改革工作会议的召开和 12 月《国务院关于建立城镇职工基本医疗保险制度的决定》的出台，标志着我国职工医疗保险制度改革进入了一个新的历史阶段。这次医疗保险制度改革的主要目的：一是建立由用人单位和职工共同缴费的机制，切实保障职工的基本医疗；二是建立基本医疗保险统筹基金和个人账户，发挥互助互济和个人自我保障的作用，形成医、患、保三方激励与制约相统一的内在机制，控制医疗费用过快增长。

这次改革的思路：低水平、广覆盖、双方负担、统账结合。低水平，是指我国目前

只能根据财政和企业的实际承受能力确定合理的医疗保障水平,而不能超越生产力水平确定过高的保障水平。广覆盖,是指基本医疗保险要覆盖城镇所有单位及其职工。社会保险遵循大数法则,没有一定的覆盖面,就不能有效地分散风险。双方负担,是指基本医疗保险费由用人单位和职工个人共同缴纳。用人单位缴费率应控制在职工工资总额的6%左右,职工缴费率一般为本人工资收入的2%,随着经济发展,缴费率可作相应调整。统账结合,是指基本医疗保险基金实行社会统筹和个人账户相结合,这是中国特色的医疗保险制度的基本特征,是在总结改革经验并结合中国国情,借鉴国外医疗保险制度的经验教训的基础上提出来的。基本医疗保险基金包括统筹基金和个人账户两个部分:个人缴费全部划入个人账户;用人单位缴纳的保险费一部分用于建立统筹基金,另一部分按用人单位缴费的30%左右划入职工个人账户。个人账户的本金和利息归个人所有。

为保证医疗保险制度改革的顺利实施,还需要配套推进医药卫生体制改革,强化医疗服务管理。为此,提出以下措施:一是要明确基本医疗保险服务的范围、标准和医疗费用结算办法。二是要对提供基本医疗保险服务的医疗机构和零售药店实行定点管理,引入竞争机制,规范医疗行为,提高医疗卫生资源的利用效率,职工可选择若干定点医疗机构就医、购药,也可持处方在定点零售药店购药。三是要进一步推进医药卫生体制改革,建立医药分开核算、分别管理的制度,合理控制医疗费用。加强医疗机构和药店的内部管理,规范医药服务行为,降低医药成本;理顺医疗服务价格,合理提高医疗技术劳务价格;加强业务技术培训和职业道德教育,提高医药服务人员的素质和服务质量;合理调整医疗机构布局,积极发展社区卫生服务,将社区卫生服务中的基本医疗服务项目纳入基本医疗保险范围。

1999年上半年,国家相继出台了《定点医疗机构管理暂行办法》等6个配套文件。到1999年年底,全国按要求制定医疗保险制度改革总体规划的28个省份(北京、天津、上海除外),除浙江、吉林、西藏和青海外,24个省份出台了总体规划;349个地级以上统筹地区中有200个出台了实施方案,其中,86个城市、36个县市级统筹地区已组织实施了新制度。

《国务院关于建立城镇职工基本医疗保险制度的决定》公布以来,全国绝大部分地区已启动职工基本医疗保险制度,医疗保险覆盖面逐步扩大,新制度运行平稳,保障了参保职工的基本医疗需求。同时,在改革不断深入的过程中,也遇到一些新情况和新问题。为了妥善解决医疗保险制度改革过程中出现的新问题,需要进一步完善医疗保险政策，强化医疗保险管理，提高医疗保险服务水平。2002年9月16日，劳动和社会保障部办公厅发布了《关于妥善解决医疗保险制度改革有关问题的指导意见》，即日开始实施。该指导意见是为了积极探索困难企业职工医疗保障办法，完善和加强医疗保险服务管理，妥善处理医疗费用个人负担问题，提高医疗保险管理服务水平。2009年3月17日，《中共中央 国务院关于深化医药卫生体制改革的意见》颁布，提出要充分认识深化医药卫生体制改革的重要性、紧迫性和艰巨性，指出医药卫生体制改革必须立足国情，一切从实际出发，坚持正确的改革原则，建设覆盖城乡居民的公共卫生服务体系、医疗服务体系、医疗保障体系、药品供应保障体系，形成"四位一体"的基本医疗卫生制度。同时，完善医药卫生的管理、运行、投入、价格、监管体制机制，加强科技与人才、信息、法治建设，保障医药卫生体系有效规范运转。在意见中同时指出要重点抓好五项改革：一是加快推进基本医疗保障制度建设；二是初步建立国家基本药物制度；三是健全基层医疗卫生服务体系；四是促进基本公共卫生服务逐步均等化；五是推进公立医院改革试点。

随着我国经济体制改革的进一步深化和产业结构的调整，以非全日制、临时性和弹性工作等灵活形式就业的人员（以下简称灵活就业人员）逐步增加，这部分人的医疗保障问题日益突出。为解决灵活就业人员的医疗保障问题，落实《中共中央 国务院关于进一步做好下岗失业人员再就业工作的通知》中关于抓紧制定以灵活形式就业的下岗失业人员社会保障配套办法的要求，2003年5月26日，劳动和社会保障部办公厅发布实施《关于城镇灵活就业人员参加基本医疗保险的指导意见》。该指导意见明确政策，规范灵活就业人员参保方式、激励措施和待遇水平，坚持"权利和义务相对应、缴费水平与待遇水平相挂钩"的两项原则，在参保政策和管理办法上既要与城镇职工基本医疗保险制度相衔接，又要适应灵活就业人员的特点。2006年2月，《国务院关于进一步加强就业再就业工作的通知》的综合配套文件由劳动和社会保障部牵头起草完成，文件明确了灵活就业人员社会保险补贴的程序。综合配套文件还明确了对就业困难对象开展就业援助的有关工作要求。2007年，全国城镇灵活就业人员已达到5 000万人左右，其中不乏拥有一技之长且能够独当一面的专业人士。建设部、劳动和社会保障部分别发布政策，允许自由职业者个人缴存住房公积金和加入医疗保险，而在以前这些必须由单位代办。针对流动就业人员基本医疗保障关系转移接续问题，根据《关于城镇灵活就业人员参加基本医疗保险的指导意见》的要求，2009年12月，人力资源和社会保障部、卫生部、财政部制定了《流动就业人员基本医疗保障关系转移接续暂行办法》，以保证城镇职工基本医疗保险、城镇居民基本医疗保险和新型农村合作医疗参保（合）人员流动就业时能够连续参保，基本医疗保障关系能够顺畅接续，保障参保（合）人员的合法权益。

2007年7月10日，国务院颁布实施《关于开展城镇居民基本医疗保险试点的指导意见》，不属于城镇职工基本医疗保险制度覆盖范围的中小学阶段的学生（包括职业高中、中专、技校学生）、少年儿童和其他非从业城镇居民都可自愿参加城镇居民基本医疗保险。对试点城市的参保居民，政府每年按不低于人均40元给予补助，其中，中央财政从2007年起每年通过专项转移支付，对中西部地区按人均20元给予补助。2007年在有条件的省份选择2~3个城市启动试点，2008年扩大试点，争取2009年试点城市达到80%以上，2010年在全国全面推开，逐步覆盖全体城镇非从业居民。指导意见还指出，试点工作要坚持低水平起步，根据经济发展水平和各方面承受能力，合理确定筹资水平和保障标准，重点保障城镇非从业居民的大病医疗需求，逐步提高保障水平；坚持自愿原则，充分尊重群众意愿；明确中央和地方政府的责任，中央确定基本原则和主要政策，地方制定具体办法，对参保居民实行属地管理；坚持统筹协调，做好各类医疗保障制度之间基本政策、标准和管理措施等的衔接。2009年，城镇居民基本医疗保险制度在全国所有城市全面建立，参保人数继续快速增加，待遇水平进一步提高，城镇居民基本医疗保险工作取得良好成效。2010年6月1日，人力资源和社会保障部发出了《关于做好2010年城镇居民基本医疗保险工作的通知》，指出要完善参保政策，进一步巩固扩大覆盖面，并且提高财政补助标准，健全筹资机制，提高待遇水平，逐步减轻参保人员个人负担，同时加强医疗保险管理，提升经办能力和水平。2011年7月施行的《社会保险法》也明确规定国家应建立和完善城镇居民基本医疗保险制度，享受最低生活保障的人、丧失劳动能力的残疾人、低收入家庭60周岁以上的老年人和未成年人等所需个人缴费部分，由政府给予补贴。

（三）举办城镇职工失业保险

我国城镇企业职工失业保险制度，是1986年开始建立并逐步发展起来的。1986年，为配合劳动合同制度和企业破产制度的推行，国务院颁布实施了《国营企业职工待业保险暂行规定》，规定以下四类人失业后，可以享受失业保险：

（1）宣告破产企业的职工；

（2）濒临破产的企业在法定整顿期间被精减的职工；

（3）企业终止、解除劳动合同的工人；

（4）企业辞退的工人。

随着改革的进一步深化，特别是1992年国务院发布了《全民所有制工业企业转换经营机制条例》以后，《国营企业职工待业保险暂行规定》覆盖面较窄的问题日益突出，为此，国务院在1993年颁布实施了《国有企业职工待业保险规定》，对《国营企业职工待业保险暂行规定》进行了补充和完善，主要的政策变化体现在如下四个方面：

一是适用范围扩大，由过去的国营企业拓展到了城镇国有企业。

二是扩大了享受失业保险的对象范围，将原来只适用四种人扩大到了适用七种人：

（1）依法宣告破产企业的职工；

（2）濒临破产的企业在法定整顿期间被精减的职工；

（3）按照国家有关规定被撤销、解散企业的职工；

（4）按照国家有关规定停产整顿企业被精减的职工；

（5）终止或者解除劳动合同的职工；

（6）企业辞退、除名或者开除的职工；

（7）依照法律法规规定或者按照省、自治区、直辖市人民政府规定，享受待业保险的其他职工。

三是调整了待遇标准，将待业救济金由过去按本人标准工资的50%~75%计发，改为按当地民政部门规定的社会救济金额的120%~150%计发。

四是增加了救济内容，对特殊困难的失业人员提供了特殊保护。一些地方在执行《国有企业职工待业保险规定》过程中，还结合当地的改革需要和实际情况扩大了实施范围，除国有企业外，还将城镇集体企业、外商投资企业、私营企业和个体工商户，以及部分机关、事业单位和社会团体也纳入了失业保险范围。

1994年以后，国家正式提出实施再就业工程，突出了失业保险基金促进失业人员再就业的作用，在失业救济与促进就业的有机结合上取得了明显进展。这与国际上失业保险的发展潮流是一致的。据劳动部门统计，1986—1996年，共帮助500多万人实现再就业，其中享受失业保险待遇人员的再就业率为54%。

同时，在总结一些地方解决下岗职工问题经验的基础上，国家决定建立下岗职工基本生活保障制度。1997年全年下岗职工1 200多万人。

1999年1月22日，国务院颁布实施了《失业保险条例》，为完善失业保险制度提供了根本的法律规范。《失业保险条例》的发布实施，是社会保障法律体系建设的一个重要成果，对完善失业保险制度、切实保护失业人员合法权益、维护社会稳定提供了重要的法律依据。

《失业保险条例》对失业保险的覆盖范围、缴费比例、个人缴费、待遇标准、享受条件、基金支出、管理监督等方面进行了重大调整：

一是在失业保险的覆盖范围上，把所有城镇企业、事业单位及其职工纳入了失业保险，同时规定省、自治区、直辖市人民政府可以决定是否将《失业保险条例》适用于社会团体及其专职人员、民办非企业单位及其职工、有雇工的个体工商户及其雇工，从而使现行的失业保险制度基本实现了"广覆盖"，即除公务员以外的所有城镇从业人员，几乎都被纳入了失业保险范围，真正体现出了普遍性。

二是在失业保险费筹集上，提高了失业保险费率，并明确规定实行国家、用人单位和职工个人三方共同合理负担，强化了各方面的社会保险责任，增强了用人单位和职工的失业保险意识，拓宽了资金渠道，对壮大基金实力具有重要作用。

三是在基金支出结构上，突出了对失业人员基本生活保障的支出，同时也明确了基本生活保障和促进再就业工作紧密结合的宗旨。失业保险基金在首先用于保障失业人员基本生活的基础上，可部分用于对失业人员的职业培训和职业介绍费用的补贴。

此外，《失业保险条例》还对统筹基金层次、加强基金管理、建立财政专户、实行收支两条线和财政监督、建立省级调剂金、适当扩大失业保险待遇享受范围等方面作了明确的规定，使失业保险制度得到进一步完善。

在1999年国务院颁布实施的《失业保险条例》基础上，随后各省相继出台了实施办法。

为充分发挥失业保险制度促进再就业的功能，根据《国务院关于进一步加强就业再就业工作的通知》的要求，自2006年1月起在北京、上海、江苏、浙江、福建、山东、广东开展适当扩大失业保险基金支出范围试点工作。2006年1月11日，劳动和社会保障部、财政部发布实施《关于适当扩大失业保险基金支出范围试点有关问题的通知》，按照保障失业人员基本生活与促进再就业统筹兼顾、失业保险基金收支平衡、权利与义务相统一、合理安排失业保险基金与促进就业财政资金的原则，在保障失业人员基本生活的前提下，根据本地区促进再就业工作的需要，积极稳妥地开展试点工作。2011年7月施行的《社会保险法》对跨区域就业职工的失业保险作出了规定，规定职工跨统筹地区就业的，其失业保险关系随本人转移，缴费年限累计计算。2015年2月，国务院确定将失业保险费率由3%统一降至2%。

为减轻企业负担、优化营商环境、完善社会保险制度，2019年《国务院办公厅关于印发降低社会保险费率综合方案的通知》发布。自2019年5月1日起，实施失业保险总费率1%的省,延长阶段性降低失业保险费率的期限至2020年4月30日。各省应以本省城镇非私营单位就业人员平均工资和城镇私营单位就业人员平均工资加权计算的全口径城镇单位就业人员平均工资,核定社会保险个人缴费基数上下限,合理降低部分参保人员和企业的社会保险缴费基数。

(四) 推进工伤保险

在我国,工伤保险很长时间都没有全国统一的政策和法律法规,地方政府出台了各自的文件,直到2003年4月27日国务院颁布《工伤保险条例》。2004年11月1日,劳动和社会保障部又出台《关于实施〈工伤保险条例〉若干问题的意见》,就《工伤保险条例》实施中的有关问题提出了具体解答和意见。

《工伤保险条例》颁布后,全国工伤保险扩面工作明显加快,至2005年净增参保人数3 815万人。此后的工伤保险工作,突出重点、全面推进,继续扩大工伤保险覆盖面。具体而言就是,切实做好农民工参加工伤保险的工作,特别是重点抓好农民工相对集中、工伤风险程度较高的建筑、煤炭等高风险企业的参保工作;做好事业单位和民间非营利组织参加工伤保险工作;大力推进非公经济单位参保,有条件的地区积极推动有雇工的个体工商户参加工伤保险。[①]

2007年2月27日,劳动和社会保障部、卫生部、国家中医药管理局发布实施《关于加强工伤保险医疗服务协议管理工作的通知》,明确指出做好工伤保险医疗服务协议管理工作,有利于保障工伤职工依法享有医疗服务的权益,有利于加强工伤保险基金管理,有利于规范医疗行为、促进我国卫生事业发展。

2010年12月8日,国务院第136次常务会议通过《国务院关于修改〈工伤保险条例〉的决定》,自2011年1月1日起施行,明确和扩大了参保的范围,简化了参保程序,明确了各部门责任,同时明确了工伤保险基金的省级统筹层次目标,也提高了工伤保险的待遇。

(五) 健全生育保险,保障合法权益

建立生育保险制度,是我国社会主义市场经济发展和全面建设小康社会的必然要求,对促进经济和社会协调发展、保障妇女平等就业、促进企业公平竞争、维护妇女合法权益等方面具有重要作用。1994年12月,劳动部颁布《企业职工生育保险试行办法》,先后颁布了面向职工、城镇从业人员、城镇居民的生育保险办法,生育保险工作

---

① 2006年2月,全国社会保险局长会议。

取得了积极进展。

2004年9月8日，劳动和社会保障部办公厅发布了《关于进一步加强生育保险工作的指导意见》，高度重视生育保险工作，协同推进生育保险与医疗保险工作，切实保障生育职工的医疗需求和基本生活待遇，加强生育保险的医疗服务管理，提高经办机构管理和服务水平。

2011年7月开始实施的《社会保险法》针对生育保险中出现的新情况、新问题作出了改革，明确了参保职工未就业配偶也能按照国家规定享受生育医疗费用的待遇；扩大了生育医疗费用的范围；在生育津贴中增加了"享受计划生育手术产假"的条款。

鉴于我国生育保险基金充足、医疗保险基金日趋紧张的现实情况，为强化基金共济能力，2019年《国务院办公厅关于全面推进生育保险和职工基本医疗保险合并实施的意见》提出，在遵循保留险种、保障待遇、统一管理、降低成本的总体思路下，推进两项保险合并实施，实现参保同步登记、基金合并运行、征缴管理一致、监督管理统一、经办服务一体化。通过整合两项保险基金及管理资源，强化基金共济能力，提升管理综合效能，降低管理运行成本，建立适应我国经济发展水平、优化保险管理资源、实现两项保险长期稳定可持续发展的制度体系和运行机制。

（六）恢复并强调建立和完善社会保险基金制度，加强社会保险基金监管，确保基金保值增值

我国的社会保险基金筹集实行由单位、个人和国家共同负担的办法。在《城镇集体所有制企业、事业单位职工养老保险暂行条例》《国营企业职工待业保险暂行规定》和《国营企业实行劳动合同制暂行规定》三个文件中明确规定，要建立社会保险的基金制度，改变"文化大革命"以来因事先未提取必要的基金，只是"一面收一面付，当年管当年，对付着办"，导致财政和企业的包袱越背越重的局面。同时，在《城镇集体所有制企业、事业单位职工养老保险暂行条例》和《国营企业实行劳动合同制暂行规定》两个文件中，规定保险费的筹集采取以单位负担为主、个人负担一小部分、最后不足部分由国家补贴的三方合理分担原则。这一改革，不仅有利于保证养老保险费用的可靠性，适当减轻财政和企业负担，而且还能减少医疗服务和医药品的浪费，改变职工完全"躺在国家和企业身上"的观念。

国家对基本养老保险基金的支持，一方面体现在允许用人单位缴纳的养老保险费在税前列支。我国税法规定对企业收入按30%征收所得税，税前列支养老保险费，体现了国家财政对基本养老保险基金的补贴。另一方面，当养老保险基金出现支付困难时，政

府财政直接给予补贴。2000年国家财政对增加企业离退休人员养老金和补发历年拖欠的离退休人员养老金直接进行补助的金额有120多亿元。国家对养老保险基金的支持对保持基金的收支平衡起着重要的作用。

养老、医疗、失业等各项社会保险基金，其征收无一不是与相应的支付相联系的。实现征收与支付的财务平衡是各项社会保险基金征收的原则。在这个原则下，才能根据社会生产的发展水平和征缴对象的承受能力，科学合理地确定社会保险基金的征收比例和基数。因此，要对社会保险基金实行收支两条线管理，过去由社会保险经办机构按照政府的规定负责征缴社会保险基金，同时按相关政策负责（通过企业）向受保人发放社会保险待遇，是社会保险改革以来形成的基本管理模式。

只有实行社会保险基金的收支两条线管理，将社会保险基金的收入和支出分别开来，才能及时准确地反映基金实际收入和支出情况，有利于开展基金的预算、决算管理，为我国建立社会保险预算决算制度打好基础。1998年1月，财政部、劳动和社会保障部、中国人民银行、国家税务总局联合下发了《关于印发〈企业职工基本养老保险基金实行收支两条线管理暂行规定〉的通知》。企业职工基本养老保险基金收支两条线管理主要包含以下内容。

1. 基本养老保险基金逐步纳入社会保险预算管理

在国家社会保险预算制度建立以前，基本养老保险基金纳入单独的社会保险基金财政专户，实行收支两条线管理。

2. 基本养老保险基金征收机构和财政部门在国有商业银行分别开设基金专户

社会保险经办机构开设"基本养老保险基金收入户"（简称收入户），该账户的主要用途是暂存征集的基本养老保险费、暂存下级社会保险经办机构上解的基金收入或上级下拨的基金收入、暂存账户基金的利息收入、暂存财政补贴收入等。财政部门开设"社会保险基金财政专户"，该账户的主要用途是：接受社会保险经办机构收入户划入基本养老保险基金，接受国债到期本息及该账户资金的利息，划拨购买国家债券资金，根据社会保险经办机构的用款计划向社会保险经办机构支出账户拨付基本养老保险基金。社会保险经办机构开设"基本养老保险基金支出账户"，主要用途是：接受社会保障基金财政专户拨入的基本养老保险基金，暂存1~2个月的基本养老保险支付费用，暂存银行支付该账户资金的利息，支付离退休人员的基本养老保险金、上解或下拨养老保险基金等。

3. 养老保险基金征收、支付程序

在基金征收方面，由社会保险经办机构负责征收的，其具体程序是：银行根据社会保险经办机构开出的托收凭证，将企业和职工个人缴纳的基本养老保险费从企业基本账户中划入基本养老保险基金收入户；社会保险经办机构按月将收入户资金全部划入社会保险财政专户。而由税务机关负责征收的部分，其具体工作程序是：社会保险经办机构向税务部门提供有关企业和职工个人缴费的基本数据，税务部门根据上述基本数据向企业开出基本养老保险费征收凭证，银行根据税务部门开出的凭证将企业和职工个人的缴费从企业基本账户中划入养老基金收入户，社会保险经办机构按月将收入户中资金全部划入财政专户。

在基金支出方面，具体工作程序是社会保险经办机构按月向同级财政部门提出用款计划，经财政部门审核后，财政部门及时将基金从财政专户拨到基金支出户。

4. 有关部门的职责

明确和规范有关部门的职责是落实养老保险基金收支两条线管理的重要保证。通知中对社会保险经办机构，社会保障行政部门，财政、银行、审计部门的职责做出了相应规定。

社会保险经办机构负责编制基本养老保险基金收支计划和决算，负责基本养老保险基金筹集和养老金的发放工作，负责养老保险基金收支会计核算工作，负责养老保险基金结余额存期和购买国债的安排，负责个人账户记录、管理等。

社会保险行政部门负责审核社会保险经办机构编制的养老保险基金收支计划和决算草案，加强对养老保险基金管理情况的监督检查。

财政部门负责有关财务会计制度的制定、贯彻落实及监督检查，负责财政专户核算工作，负责审核养老保险基金支出用款计划和结余额的安排，负责审核、汇总养老保险基金收支计划和决算，负责拨付社会保险经办机构的经费。

银行负责按照社会保险经办机构或税务部门开出的托收凭证以及经财政部门审核同意的社会保险经办机构用款计划及时拨款，并加强对养老保险基金收支的监督。

审计部门依法对基本养老保险收入户、支出户和财政专户的收支结余情况进行审计，行使审计监督的职责。

为了继续完善社会保险基金制度，加强社会保险基金监管，确保基金保值增值，国家出台了一系列配套的政策文件。

为规范社会保险经办机构经办社会保险基金的财务行为，加强社会保险基金管理，

维护保险对象的合法权益，1999年6月15日，财政部、劳动和社会保障部制定了《社会保险基金财务制度》，自1999年7月1日开始实施。2001年5月18日，劳动和社会保障部颁布了《社会保险基金行政监督办法》。2002年7月15日，劳动和社会保障部、财政部、信息产业部、中国人民银行、审计署、国家税务总局、国家邮政局发布了《关于加强社会保障基金监督管理工作的通知》。

为加强社会保险基金管理，规范社会保险基金收支行为，明确政府责任，促进经济社会协调发展，国务院在2010年1月2日颁布了《关于试行社会保险基金预算的意见》，决定试行社会保险基金预算制度，明确规定了社会保险基金预算编制方法和社会保险基金预算编报要求。

为积极应对人口老龄化问题，实现基本养老保险基金的可持续发展，全国各界普遍认识到必须改变基金投资收益低的问题。2015年国务院颁布的《基本养老保险基金投资管理办法》不仅明确了基本养老保险投资管理各方的权利与责任，细化了投资监管规定，更适度放开了基本养老保险基金的投资范围。目前，我国基本养老保险基金的投资限于境内投资，包括：银行存款、中央银行票据、同业存单；国债、政策性、开发性银行债券，信用等级在投资级以上的金融债、企业（公司）债、地方政府债券、可转换债（含分离交易可转换债）、短期融资券、中期票据、资产支持证券，债券回购；养老金产品，上市流通的证券投资基金、股票、股权、股指期货、国债期货。各类产品的投资比例限制如下：

（1）银行活期存款、一年期以内（含一年）的定期存款、中央银行票据、剩余期限在一年期以内（含一年）的国债、债券回购、货币型养老金产品以及货币市场基金的投资比例，合计不得低于养老保险基金资产净值的5%。

（2）一年期以上的银行定期存款、协议存款、同业存单，剩余期限在一年期以上的国债，政策性、开发性银行债券，金融债，企业（公司）债，地方政府债券，可转换债（含分离交易可转换债），短期融资券，中期票据，资产支持证券，固定收益型养老金产品，混合型养老金产品，债券型基金的投资比例，合计不得高于养老保险基金资产净值的135%。其中，债券正回购的资金余额在每个交易日均不得高于养老保险基金资产净值的40%。

（3）股票、股票型基金、混合型基金、股票型养老金产品的投资比例，合计不得高于养老基金资产净值的30%。

（4）国家重大项目和重点企业股权的投资比例，合计不得高于养老保险基金资产净值的20%。由于市场涨跌、资金划拨等原因出现被动投资比例超标的，养老保险基金投资比例调整应当在合同规定的交易日内完成。

在企业职工基本养老保险制度逐步完善过程中，受多种因素影响，形成了一定的企业职工基本养老保险基金缺口。2017年国务院发布了《划转部分国有资本充实社保基金实施方案》，决定划转部分国有资本以充实社会保险基金。

（1）划转范围。将中央和地方国有及国有控股大中型企业、金融机构纳入划转范围。公益类企业、文化企业、政策性和开发性金融机构以及国务院另有规定的除外。

（2）划转对象。中央和地方企业集团已完成公司制改革的，直接划转企业集团股权；中央和地方企业集团未完成公司制改革的，抓紧推进改革，改制后按要求划转企业集团股权；同时，探索划转未完成公司制改革的企业集团所属一级子公司股权。全国社会保障基金因国有股权划转、投资等各种原因形成的上市企业和非上市企业股权除外。

（3）划转比例。首先以弥补企业职工基本养老保险制度转轨时期因企业职工享受视同缴费年限政策形成的企业职工基本养老保险基金缺口为基本目标，划转比例统一为企业国有股权的10%。今后，结合基本养老保险制度改革及可持续发展要求，若需进一步划转，再作研究。

（4）承接主体。划转的国有股权是基本养老保险基金的重要组成部分。划转的中央企业国有股权，由国务院委托社会保险基金会负责集中持有、单独核算、接受考核和监督。条件成熟时，经批准，社会保险基金会可组建养老金管理公司，独立运营划转的中央企业国有股权。

（七）在广大农村推广举办养老保险，并发展新型农村合作医疗

我国有14亿多人口，其中9亿在农村，农业、农村和农民问题是关系改革开放和现代化建设全局的重大问题，没有农民的小康就没有全国人民的富裕生活，没有农村社会保险制度，我国的社会保障体系就不可能完善。1987年年初，党中央根据日益富裕的农民面对商品经济风险必然产生的迫切要求，指出要发展农村社会保险事业，随后国务院批准以民政部为主，就建立农村基层社会保险制度进行试点。

当时主管农村社会保障工作的民政部早在1986年就开始进行农村社会养老保险制度的探索。经过几年的试点，在总结试点经验的基础上，1992年民政部正式出台《县级农村社会养老保险基本方案（试行）》。从1993年开始，农村社会养老保险的覆盖范围不断扩大。

随着中国农村人口老龄化加剧、农村青壮年人口大规模向城镇流动，以及随着城镇

化推进失地农民增加，传统农村家庭养老功能和土地养老功能逐渐减弱。在此背景下，于20世纪90年代初我国开始探索农村养老保险工作，劳动和社会保障部于2002年开展了部分地区的改革试点工作，取得了一定成效。随着农村工业化、城镇化、现代化，如果依然坚持"就业靠土地，保障靠家庭"，将阻碍农村剩余劳动力的转移和农村生产力的发展，因此迫切需要建立健全适合农村特点的养老保险制度，解除农民的后顾之忧。

党的十六大报告提出："有条件的地方，探索建立农村养老、医疗保险和最低生活保障制度。"党的十六届三中全会通过的《关于完善社会主义市场经济体制若干问题的决定》提出："农村养老保障以家庭为主，同社区保障、国家救济相结合。"2003年11月10日，劳动和社会保障部发布了《关于认真做好当前农村养老保险工作的通知》，规定："随着我国工业化、城镇化的快速发展，大批农民转入非农就业，大量农民进城务工经商。他们绝大多数人就业灵活，流动于城乡之间，收入较低且不稳定，与土地有着千丝万缕的联系。特别是目前相当一部分被征地农民处于无地、无业、无保障的状态，成为影响社会稳定的突出问题。维护进城务工经商农民和乡镇企业职工的社会保障等合法权益还面临许多新情况、新问题。各地要认真研究农保工作中的这些突出问题，提高认识，统一部署，促进城乡养老保险协调发展。"

2006年2月15日，中国农村社会养老保险制度创新与管理规范中日合作项目在北京正式启动。这是我国在农村社会养老保险领域进行的第一个国际合作项目，由中日两国政府相关部门批准，为期3年。项目执行单位将在北京、山东和安徽等7个省份的8个县（市、区）开展实地调查和政策研究，提出试点模式，进行试点建设，最终提出在中国普及农村社会养老保险制度的建议，以便促成可行性政策出台。2006年党的十六届六中全会通过了《中共中央关于构建社会主义和谐社会若干重大问题的决定》，明确提出到2020年要基本建立覆盖城乡居民的社会保障体系，并提出在"有条件的地方探索建立多种形式的农村养老保险制度"。2007年，党的十七大报告中提出"探索建立农村养老保险制度"。2008年党的十七届三中全会通过的《中共中央关于推进农村改革发展若干重大问题的决定》，进一步明确提出了"建立新型农村养老保险制度"。2009年6月24日，国务院决定新型农村社会养老保险（简称新农保）制度从2009年开始在全国10%的县（市、区）试点；2009年9月1日，国务院发布了《关于开展新型农村社会养老保险试点的指导意见》，新农保试点在全国范围内展开。2010年3月政府工作报告中进一步提出2010年将新农保试点范围扩大到23%的县（市、区、旗）。按照中央的统一部署，2011年新农保试点范围扩大到40%的县（市、区、旗），2011年年末全国有27

个省、自治区的 1 914 个县（市、区、旗）和 4 个直辖市部分区县开展了国家新农保试点。①

农村卫生工作是我国卫生工作的重点，关系保护农村生产力、振兴农村经济、维护农村社会发展和稳定的大局，对提高全民族素质具有重大意义。改革开放以后，以集体经济为基础的农村医疗制度受到削弱，绝大部分农村合作医疗纷纷解散。到了 1993 年，党的十四届三中全会通过的《关于建立社会主义市场经济体制若干问题的决定》和八届全国人大二次会议都明确提出，按照社会主义市场经济体制的要求，发展和完善农村合作医疗制度，农村合作医疗制度又重新得到重视。1995 年，河南开封县实施县级规模的农村合作医疗制度的试点。1996 年，卫生部在河南召开全国农村合作医疗经验交流会，要求随着农村经济的发展和农民群众对合作医疗制度认识的提高，合作医疗覆盖率争取扩大到 80% 以上的农村。1997 年，国务院批复了卫生部等五部委《关于发展和完善农村合作医疗的若干意见》，提出了建立和完善农村合作医疗的若干具体措施。

2002 年 10 月 29 日，中共中央、国务院发布了《关于进一步加强农村卫生工作的决定》，提出农村卫生工作的目标是："根据全面建设小康社会和社会主义现代化建设第三步战略目标的总体要求，到 2010 年，在全国农村基本建立起适应社会主义市场经济体制要求和农村经济社会发展水平的农村卫生服务体系和农村合作医疗制度。"明确提出建立新型农村合作医疗制度有赖于"农民个人缴费、集体扶持、政府资助相结合的筹资机制"的建立。并就筹资具体规定："从 2003 年起，中央财政对中西部地区除市区以外的新型合作医疗的农民每年人均 10 元安排合作医疗补助资金，地方财政对参加新型合作医疗的农民补助每年不低于人均 10 元，具体标准由省级人民政府确定。经济较发达的东部地区，地方各级财政可适当增加投入。"

2003 年 1 月，卫生部等三部委在《关于建立新型农村合作医疗制度的意见》中规定："新型合作医疗制度是由政府组织、引导、支持，农民自愿参加，个人、集体和政府多方筹集，以大病统筹为主的农民医疗互助共济制度。"新型农村合作医疗自 2003 年在全国试点以来，农村卫生事业呈现良好的发展局面，农民健康有了基本保障，农村缺医少药的问题有所缓解。

2006 年，卫生部、国家发展改革委等七部委联合印发的《关于加快推进新型农村合作医疗试点工作的通知》中规定："从 2006 年起，中央财政对中西部地区除市区以外的

---

① 人力资源和社会保障部. 2011 年度人力资源和社会保障事业发展统计公报.

参加新型农村合作医疗的农民由每人每年补助 10 元提高到 20 元，地方财政也要相应增加 10 元。财政确实有困难的省（区、市），可 2006 年、2007 年分别增加 5 元，在两年内落实到位。"

2006 年 12 月，财政部表示，2007 年中国将加快新型农村合作医疗制度改革试点，试点范围将扩大到全国 80% 的县（市、区），地方财政补助标准要全部提高到每人 20 元。这样筹资标准就达到每人每年 50 元，其中中央和地方政府补助 40 元。按照"十一五"规划的要求，新型农村合作医疗到 2010 年的覆盖面应达到农村的 80% 以上。2011 年 2 月 13 日，国务院办公厅同意并转发了《医药卫生体制五项重点改革 2011 年度主要工作安排》，文件中明确了 2011 年政府对新型农村合作医疗和城镇居民医疗保险补助标准均由上一年每人每年 120 元提高到 200 元；城镇居民医疗保险、新型农村合作医疗政策范围内住院费用支付比例力争达到 70% 左右。2012 年 5 月 17 日，卫生部、财政部和民政部三部门联合印发《关于做好 2012 年新型农村合作医疗工作的通知》指出，2012 年起，各级财政对新型农村合作医疗的补助标准从每人每年 200 元提高到每人每年 240 元。其中，原有 200 元部分，中央财政继续按照原有补助标准给予补助，新增 40 元部分，中央财政对西部地区补助 80%，对中部地区补助 60%，对东部地区按一定比例补助。农民个人缴费原则上提高到每人每年 60 元，有困难的地区，个人缴费部分可分两年到位。个人筹资水平提高后，各地要加大医疗救助工作力度，资助符合条件的困难群众参加新型农村合作医疗。新生儿出生当年，随父母自动获取参加新型农村合作医疗资格并享受新型农村合作医疗待遇，自第二年起按规定缴纳参加新型农村合作医疗费用。

"十二五"期间，新型农村合作医疗国家基本标准为住院费用支付比例达到 75% 左右，最高支付限额达到当地农村居民年人均纯收入的 8 倍左右；支出责任为个人和政府共同负担，各级财政的补助标准提高到年人均不低于 360 元，基金出现支付不足时由县级以上政府给予补贴，同时要提高覆盖水平，使参加新型农村合作医疗率稳定在 90% 以上。

（八）农民工社会保险得到重视

为贯彻落实国务院《关于解决农民工问题的若干意见》和《关于贯彻落实〈国务院关于解决农民工问题的若干意见〉的实施意见》的精神，进一步做好农民工医疗保险工作，2006 年 5 月 16 日，劳动和社会保障部办公厅发布了《关于开展农民工参加医疗保险专项扩面行动的通知》，提出的工作重点和主要目标是："以省会城市和大中城市为重点，以农民工比较集中的加工制造业、建筑业、采掘业和服务业等行业为重点，以与城镇用人单位建立劳动关系的农民工为重点，统筹规划、分类指导、分步实施，全面推进农民工参加医疗保险工作，争取 2006 年年底农民工参加医疗保险的人数突破 2 000 万人。今后部里将逐年下达农民工参加医疗保险的专项扩面指标，争取 2008 年年底将与城镇用人单位建立劳动关系的农民工基本纳入医疗保险。"通知还规定："以解决农民工大病医疗保障为重点，积极将农民工纳入医疗保险制度范围。各统筹地区要根据农民工的特点，进一步完善参保缴费登记办法，方便农民工参加医疗保险。要加强农民工医疗保险基金管理，确保足额征缴，并纳入医疗保险基金统一管理。要结合社区卫生服务事业发展，积极探索切实有效的农民工就医管理方式，以方便参保农民工就医。要根据农民工流动就业的特点，探索农民工异地就医的医疗费用结算方式，为患病后自愿返回原籍治疗的参保农民工提供方便快捷的医疗费用结算服务。"

为维护广大农民工的养老保险权益，根据《劳动法》《社会保险费征缴暂行条例》和《国务院关于解决农民工问题的若干意见》的规定，针对农民工的劳动就业特点，按照低费率、广覆盖、可转移和能衔接的要求，2009 年 2 月 5 日人力资源和社会保障部制定了《农民工参加基本养老保险办法》，明确了农民工参保的适用范围、缴费比例、待遇计发和经办服务等相关内容，并针对农民工流动性强的特点明确了农民工养老保险的转移接续问题，规定"农民工离开就业地时，原则上不'退保'，由当地社会保险经办机构（以下简称社保机构）为其开具参保缴费凭证。农民工跨统筹地区就业并继续参保的，向新就业地社保机构出示参保缴费凭证，由两地社保机构负责为其办理基本养老保险关系转移接续手续，其养老保险权益累计计算；未能继续参保的，由原就业地社保机构保留基本养老保险关系，暂时封存其权益记录和个人账户，封存期间其个人账户继续按国家规定计息"，在一定程度上保证了农民工的养老保险权益。

2010 年 12 月，新修订的《工伤保险条例》规定，用人单位未为农民工上工伤保险，受伤农民工包括医疗费在内的全部保险待遇都由用人单位承担。2011 年 7 月开始实施的《社会保险法》中进一步规定职工所在用人单位未依法缴纳工伤保险费，发生工伤事故的，由用人单位支付工伤保险待遇。用人单位不支付的，从工伤保险基金中先行支付，以后由用人单位偿还。用人单位不偿还的，社会保险经办机构可以追偿。由于第三人的原因造成工伤，第三人不支付工伤医疗费用或者无法确定第三人的，由工伤保险基金先行支付。工伤保险基金先行支付后，有权向第三人追偿。切实保证了农民工的工伤保险权益。

（九）城镇居民养老保险建立，随后为适应城乡一体化的发展，将新型农村社会养老保险和城镇居民社会养老保险合并

在城镇职工养老保险制度不断完善的同时，城镇居民的养老保险也被逐步提上了日程。

2011年全国人民代表大会通过的"十二五"规划纲要也要求"完善实施城镇职工和居民养老保险制度"，同年，国务院决定从2011年7月1日起开展城镇居民社会养老保险试点，并印发了《国务院关于开展城镇居民社会养老保险试点的指导意见》，从颁布之日起启动试点工作，实施范围与新型农村社会养老保险试点基本一致，任务目标是建立个人缴费、政府补贴相结合的城镇居民养老保险制度，实行社会统筹和个人账户相结合，与家庭养老、社会救助、社会福利等其他社会保障政策相配套，保障城镇居民老年基本生活。2011年7月开始实施的《社会保险法》也明确提出国家要建立和完善城镇居民社会养老保险制度。同时提出各省、自治区、直辖市人民政府根据实际情况，可以将城镇居民社会养老保险和新型农村社会养老保险合并实施，大大扩大了我国社会保险的覆盖范围。到2012年，养老保险已实现制度全覆盖。

根据2014年2月21日国务院发布的《关于建立统一的城乡居民基本养老保险制度的意见》，人力资源和社会保障部、财政部印发《城乡养老保险制度衔接暂行办法》，在总结新型农村社会养老保险（简称新农保）和城镇居民社会养老保险（简称城居保）试点经验的基础上，国务院决定将新农保和城居保两项制度合并实施，在全国范围内建立统一的城乡居民基本养老保险制度。

（十）建立全国统一的城乡居民基本医疗保险制度

城镇居民医疗保险是以没有参加城镇职工医疗保险的城镇未成年人和没有工作的居民为主要参保对象的医疗保险制度。它是继城镇职工基本医疗保险制度和新型农村合作医疗制度推行后，党中央、国务院进一步解决广大人民群众医疗保障问题，不断完善医疗保障制度的重大举措。它主要是对城镇非从业居民医疗保险做了制度安排。这一制度的出现在中国社会保险制度改革的历程中具有重大意义，指明了中国社会保险制度改革的方向。

为适应城乡一体化的发展，将新型农村合作医疗和城镇居民医疗保险合并，建立全国统一的城乡居民基本医疗保险制度已经成为重要工作内容。按照全覆盖、保基本、有弹性、可持续的方针，以增强公平性、适应流动性、保证可持续性为重点，全面推进和不断完善覆盖全体城乡居民的基本医疗保险制度，充分发挥社会保险对保障人民基本生

活、调节社会收入分配、促进城乡经济社会协调发展的重要作用。

1998年我国开始建立城镇职工基本医疗保险制度，为实现基本建立覆盖城乡全体居民的医疗保障体系的目标，国务院决定，从2007年起开展城镇居民基本医疗保险试点。

为实现城乡居民医疗保险制度的整合，城镇居民医疗保险制度在管理模式、账户模式、缴费以及待遇给付等制度安排参照农村居民合作医疗保险，但具体筹资政策、经办机构、待遇给付等方面存在差异。

2012年8月30日，国家发展改革委、卫生部、财政部、人力资源社会保障部、民政部、保险监督管理委员会六部委联合发布《关于开展城乡居民大病保险工作的指导意见》，明确针对城镇居民医疗保险、新农合参保（合）人大病负担重的情况，引入市场机制，建立大病保险制度，减轻城乡居民的大病负担，大病医疗保险报销比例不低于50%。

2016年1月12日，国务院印发《关于整合城乡居民基本医疗保险制度的意见》，提出推进城镇居民医疗保险和新农合制度整合，做到统一覆盖范围、统一筹资政策、统一保障待遇、统一医保目录、统一定点管理、统一基金管理，按照全覆盖、保基本、多层次、可持续的方针，加强统筹协调与顶层设计，遵循先易后难、循序渐进的原则，从完善政策入手，推进城镇居民医疗保险和新农合制度整合，逐步在全国范围内建立起统一的城乡居民医疗保障制度，推动保障更加公平、管理服务更加规范、医疗资源利用更加有效，促进全民医疗保障体系持续健康发展。

（十一）探索机关事业单位社会保险改革

机关事业单位与企业职工养老金替代率差距较大，除了调高企业退休人员养老金之外，"并轨"的呼声很早就有。为减轻财政负担，2008年国务院通过了《事业单位工作人员养老保险制度改革试点方案》，确定在山西、上海、浙江、广东、重庆5省市先期开展试点，与事业单位分类改革配套推进。试点的主要内容包括养老保险费用由单位和个人共同负担、退休待遇与缴费相联系、基金逐步实行省级统筹、建立职业年金制度、实行社会化管理服务等，但是试点进展不大。2014年7月1日起施行的《事业单位人事管理条例》规定"事业单位及其工作人员依法参加社会保险"，2015年1月国务院《关于机关事业单位工作人员养老保险制度改革的决定》发布。

（十二）城镇职工社会保险费交由税务部门统一征缴

为减轻企业负担，保障社会保险费按时足额征缴，在2018年7月，中共中央办公厅、国务院办公厅印发《国税地税征管体制改革方案》，明确从 2019 年 1 月 1 日起，将基本养老保险费、基本医疗保险费、失业保险费、工伤保险费、生育保险费等各项社会保险费交由税务部门统一征缴。

一是采取全责征缴模式。比如，湖南明确，企业、灵活就业人员自行向税务部门申报缴纳社会保险费。企业应于每年 3 月 31 日前，向税务部门自行申报职工各参保险种的年度缴费工资。

二是采取代收模式，也就是"社保（医保）核定、税务征收"模式，由人力资源社会保障、医疗保障部门核定缴费金额，税务部门按照核定金额进行征缴。

（十三）积极开展长期护理保险的试点

在老龄化、空巢化、高龄化社会背景下，我国失能老人长期照护问题日益突出。长期护理保险制度以长期处于失能状态的参保人群为保障对象，重点解决重度失能人员基本生活照料和与基本生活密切相关的医疗护理等所需费用。2016 年，《人力资源社会保障部办公厅关于开展长期护理保险制度试点的指导意见》发布，我国开始在河北、吉林、黑龙江、上海、江苏、浙江、安徽、江西、山东、湖北、广东、重庆、四川、新疆生产建设兵团等地的部分城市开展长期护理保险试点工作，探索建立以社会互助共济方式筹集资金、为长期失能人员的基本生活照料和与基本生活密切相关的医疗护理提供资金或服务保障的社会保险制度。2020 年 9 月，国家医疗保障局印发《关于扩大长期护理保险制度试点的指导意见》，正式启动为期两年的扩大试点阶段，继续鼓励社会力量积极参与。在已开展的试点项目中，以商业保险机构为主的社会力量在政策落地、组织实施、资金安全等方面发挥了重要作用。2021 年，银保监会办公厅印发《关于规范保险公司参与长期护理保险制度试点服务的通知》，全面规范保险公司参与长期护理保险制度试点的经营服务行为，切实维护参保群众合法权益。

目前，长期护理保险制度仍处于试点阶段，在制度设计、服务体系、评定标准、管理流程等方面都在探索中。有学者提出"制度碎片化""缺乏独立缴费制度"将成为我国长期护理保险可持续发展的重大问题，需要国家建立全国统一的长期护理保险制度。

深度阅读

1. 邓大松，等. 改革开放 30 年：中国社会保障制度改革回顾、评估与展望 [M]. 北京：中国社会科学出版社，2009.

2. 郑秉文. 中国养老金发展报告（2011）[M]. 北京：经济管理出版社，2011.

本章小结

新中国成立前,中国共产党先后主持召开了六次全国劳动大会,其中五次提出了社会保险问题,制定了相应的法规,并在根据地和解放区进行了实践。

1955 年,我国社会主义社会保险体系基本建立。此后,不断对退休制度、医疗制度、女工保护及其他险种进行多方面的调整,使社会保险范围不断扩大。在经历了"文化大革命"10 年的衰退期后,社会保险又开始恢复了活力。

经济体制改革对中国社会保险体系提出了挑战,为了弥补社会保险的缺陷,使其不断适应社会经济情况的变化,党和政府发起并大力推动了养老、失业、医疗、工伤、生育保险和社会保险基金等制度的改革,同时也建立了城乡居民基本养老保险和基本医疗保险。

重要概念

养老保险三大支柱　城乡居民基本养老保险　公费医疗　劳保医疗　城乡居民基本医疗保险　长期护理保险

复习思考题

1. 如何评价革命战争时期根据地和解放区实施的社会保险政策?
2. 试述新中国成立以后社会保险制度的建立、完善发展和改革过程。

第十五章
中国社会保险的内容（上）

中国的社会保险，包括养老保险、医疗保险与生育保险、失业保险、工伤保险、长期护理保险。养老保险与医疗保险是社会保险体系中的主体险种，本章分别阐述了中国养老保险、医疗保险与生育保险的保险对象、基金来源、给付标准及管理体制。学习本章，可了解中国养老保险、医疗保险与生育保险的内容与本质特征，了解社会保险改革动态、操作程序与运作过程。

第一节　养　老　保　险

一、养老保险的内涵、对象和实施范围

养老保险是国家根据劳动者的体质和劳动资源情况，规定一个年龄界限，允许劳动者在达到这一年龄时，作为因年老而丧失劳动能力的人而解除劳动义务，由国家和社会提供一定的物质帮助和服务，保障其晚年基本生活的一种社会保险形式。

改革开放多年来，扩大养老保险覆盖面的工作进展较为顺利，城乡居民基本养老保险实现了制度全覆盖，织就了全世界最大的养老保障网。截至 2021 年年末，我国基本养老保险参保人数为 102 871 万人，比 2020 年增加 3 007 万人，超过 1 亿名城乡老年居民领到了养老金[①]，成为全世界基本养老保险覆盖人口总量最多的国家。目前我国已经完成城镇居民基本养老保险与新型农村社会养老保险两项制度合并实施，在全国范围内建立了统一的城乡居民基本养老保险制度。同时，中央政府有序推进了机关事业单位和企业职工基本养老保险制度并轨，启动实施企业职工基本养老保险全国统筹，并推动企业年金、职业年金和个人养老金发展，覆盖全体国民的养老保险三支

---

① 数据来源：2021 年度人力资源和社会保障事业发展统计公报。

柱体系已初步建成。

我国现行的基本养老保险制度包括企业职工基本养老保险、城乡居民基本养老保险和机关事业单位基本养老保险。企业职工基本养老保险实行企业职工退休费用社会统筹与个人账户相结合，不仅缓解了企业职工退休费用负担畸轻畸重的矛盾，也解决了广大退休职工老有所养的问题。许多地区还采取社会管理与企业管理相结合的方式，建立退休职工活动中心，开展有益于退休职工身心健康的文体活动，保证了退休职工老有所乐、老有所学、老有所为、老有所用，初步建立起适应社会主义市场经济与人口老龄化发展需要的养老保险机制。城乡居民基本养老保险通过整合新型农村社会养老保险和城镇居民社会养老保险两项制度，覆盖非国家机关和事业单位工作人员以及不属于企业职工基本养老保险制度覆盖范围的城乡居民，实现了制度名称、政策标准、管理服务和信息系统的统一，迈出了破除城乡二元养老保障结构的重要一步①，更好地保障了城乡居民的老年基本生活。目前，为进一步统筹城乡社会保障体系建设，建立更加公平、可持续的养老保险制度，机关事业单位基本养老保险制度也逐步建立了独立于机关事业单位之外、资金来源多渠道、保障方式多层次、管理服务社会化的养老保险体系。

二、养老保险基金来源与筹集模式

（一）养老保险的基金来源

我国养老保险基金主要来自财政补贴、用人单位缴费与个人缴费三个方面。

1. 财政补贴

财政补贴是指国家和地方财政从财政预算中拨付一部分资金对养老保险收不抵支的部分进行补贴。近年来随着我国人口老龄化程度的不断加深，财政补贴额度越来越大（见表15-1）。各级财政拨付形成的社会保障基金，是作为应对未来人口老龄化高峰期的应急基金，至2017年年底，已积累8 004多亿元人民币②。2018年，中央调剂金制度的建立，通过对各省份养老保险基金进行适度调剂，更加有效地确保基本养老金按时足额发放，进一步在全国范围发挥了养老保险互助共济作用。

---

① 邓大松，仙蜜花. 新的城乡居民基本养老保险制度实施面临的问题及对策 [J]. 经济纵横，2015（9）：8-12.
② 数据来源：2017年度人力资源和社会保障事业发展统计公报。

表 15-1　　2012—2021 年全国企业职工基本养老保险基金收支情况　　单位：亿元

年份	2012	2013	2014	2015	2016	2017	2018	2019	2020	2021
全年基本养老保险基金收入	20 001	22 680	25 310	29 341	35 058	43 310	51 168	52 919	44 376	60 455
养老保险基金支出	15 562	18 470	21 755	25 813	31 854	38 052	44 645	49 228	51 301	56 481
调剂基金总规模①	—	—	—	—	—	—	2 422（3%）	6 303（3.5%）	7 400（4%）	9 327（4.5%）
养老金征缴收入	16 467	18 634	20 434	23 016	26 768	33 403	—	—	—	—
中央与地方财政补贴合计	2 648	3 019	3 548	4 716	6 511	8 004	—	—	—	—

资料来源：根据《2012—2021 年度人力资源和社会保障事业发展统计公报》整理。

注："—"表示该年统计公报未公示此数据。

2. 用人单位缴费

我国企业职工养老保险实施社会统筹与个人账户相结合模式，划分为社会统筹账户和个人账户，用人单位缴费各地参差不齐。2019 年国务院颁布《降低社会保险费率综合方案》，要求自 2019 年 5 月 1 日起，降低城镇职工基本养老保险（包括企业和机关事业单位基本养老保险，以下简称养老保险）单位缴费比例。各省、自治区、直辖市及新疆生产建设兵团养老保险单位缴费比例高于 16% 的，可降至 16%；目前低于 16% 的，要研究提出过渡办法，单位缴费部分完全进入社会统筹账户，用于基础养老金的发放。

3. 个人缴费

为了与做实个人账户相衔接，《国务院关于完善企业职工基本养老保险制度的决定》规定从 2006 年 1 月 1 日起，个人账户的规模统一由本人缴费工资的 11% 调整为 8%，全部由个人缴费形成，单位缴费不再划入个人账户。国务院《降低社会保险费率综合方案》对社会保险缴费基数进行了调整，规定各省应以本省城镇非私营单位就业人员平均工资和城镇私营单位就业人员平均工资加权计算的全口径城镇单位就业人员平均工资，核定社会保险个人缴费基数上下限，合理降低部分参保人员和企业的社会保险缴费基数。个体工商户和灵活就业人员参加企业职工基本养老保险，可以在本省全口径城镇单位就业人员平均工资的 60%～300% 选择适当的缴费基数。

（二）养老保险基金的筹集模式

养老保险基金的筹集模式的选择与各国国情相联系，一般采取现收现付制、完全积

---

① 2018 年 6 月 13 日，国务院印发《关于建立企业职工基本养老保险基金中央调剂制度的通知》，决定建立养老保险基金中央调剂制度，自 2018 年 7 月 1 日起实施。

累制和部分积累制三种，我国养老保险基金的筹集模式采取的是部分积累制。

部分积累制筹资模式是将近期横向收支平衡与远期纵向收支平衡相结合，兼顾现收现付制和完全积累制特点的一种筹资模式，在满足一定时期支出需要的前提下，留有一定的储备基金，据此确定收费率，既避免了没有长远储备的缺点，也缓解了基金贬值风险。部分积累制要求一部分基金采取现收现付制，以保证当前开支需要；另一部分基金采取完全积累制，以满足未来不断增长的开支需要，基金积累额度随着经济状况的好坏作出调整。

在考虑采用什么养老保险基金筹集模式时，必须综合考虑人口老龄化、养老保险隐性负债、个人账户"空账"运行、养老保险基金再分配及养老保险基金长期支付等几个主要因素。在我国人口老龄化问题日益严峻、人口赡养率提高的背景下，之前的现收现付制受到较大冲击，1997年国务院印发了《关于建立统一的企业职工基本养老保险制度的决定》，在全国建立统一的企业职工基本养老保险制度，实现"现收现付制"向"统账结合制"的转变。目前，我国的养老保险基金采取现收现付制基础上的部分积累制筹资模式，企业职工的养老金分为个人账户和基础养老金账户，个人账户采取完全积累制模式，在劳动者就职期间采取储蓄积累方式筹集；基础养老金账户则是现收现付制模式，用人单位按照统一的比例为参保者提缴社会保险基金。通过统筹和个人账户两者的结合，有效平衡公平与效率目标。但是，"现收现付制"向"统账结合制"转轨后，养老保险隐性债务的显性化形成高额的养老保险转制成本，给养老保险基金收支平衡带来巨大压力，也给之后的社会保险改革带来了进一步的挑战。

三、养老保险金的计发办法与享受条件

（一）养老保险金的计发办法

1. 企业职工基本养老保险

2005年12月，《国务院关于完善企业职工基本养老保险制度的决定》对企业职工基本养老保险的计发办法进行了改革，以参保缴费年限为基础，以计发基数、计发比例和计发月数调整为重点，以建立参保缴费的激励约束机制为出发点，以保障参保人员的养老保险权益为目标，采取"新人新制度、老人老办法、中人逐步过渡"的方式进行养老金计发。按照基本养老金计发办法，参保人员每多缴一年基础养老金增发一个百分点，上不封顶，这有利于形成"多工作、多缴费、多得养老金"的激励约束机制。

（1）"新人"① 计发办法：缴费年限累计满 15 年，退休后将按月发给基本养老金，基本养老金待遇水平与缴费年限的长短、缴费基数的高低、退休时间的早晚直接挂钩。他们的基本养老金由基础养老金和个人账户养老金组成。退休时的基础养老金月标准以当地上年度在岗职工月平均工资和本人指数化月平均缴费工资的平均值为基数，缴费每满 1 年发给 1%。个人账户养老金月标准为个人账户储存额除以计发月数，计发月数根据职工退休时城镇人口平均预期寿命、本人退休年龄、利息等因素确定。

（2）"中人"② 计发办法：由于"中人"以前个人账户的积累很少，缴费年限累计满 15 年的，退休后在发给基础养老金和个人账户养老金的基础上，再发给过渡性养老金。鉴于基本养老金计发办法改革的关键是解决好"中人"的过渡问题，为保证改革的顺利推进，《国务院关于完善企业职工基本养老保险制度的决定》要求各省、自治区、直辖市人民政府按照待遇水平合理衔接、新老政策平稳过渡等原则，在认真测算的基础上，制定具体的过渡办法。

（3）"老人"③ 计发办法：仍然按照国家原来的规定发给基本养老金，同时随国家基本养老金调整政策规定而增加养老保险待遇。

2. 机关事业单位基本养老保险

2015 年 1 月，《国务院关于机关事业单位工作人员养老保险制度改革的决定》对按照公务员法管理的机关单位、参照公务员法管理的机关事业单位及其编制内的工作人员的基本养老保险进行了改革，建立与企业职工统一的社会统筹与个人账户相结合的基本养老保险制度，养老金计发办法同样采取"新人新制度、老人老办法、中人逐步过渡"的方式进行。此外，机关事业单位离休人员仍按照国家统一规定发给离休费，并调整相关待遇。

3. 城乡居民基本养老保险

2014 年 2 月，《国务院关于建立统一的城乡居民基本养老保险制度的意见》出台，决定将新农保和城居保两项制度合并实施，在全国范围内建立统一的城乡居民基本养老保险，规定城乡居民养老保险待遇由基础养老金和个人账户养老金构成，支付终身。2018 年 3 月，《人力资源社会保障部 财政部关于建立城乡居民基本养老保险待遇确定和基础养老金正常调整机制的指导意见》对城乡居民基本养老保险待遇确定和基础养老

---

① 《国务院关于建立统一的企业职工基本养老保险制度的决定》实施后参加工作的参保人员属于"新人"。
② 《国务院关于建立统一的企业职工基本养老保险制度的决定》实施前参加工作、实施后退休的参保人员属于"中人"。
③ 《国务院关于建立统一的企业职工基本养老保险制度的决定》实施前已经离退休的参保人员属于"老人"。

金正常调整机制进行进一步完善。

（1）基础养老金：中央确定基础养老金最低标准，建立基础养老金最低标准正常调整机制，根据经济发展和物价变动等情况，适时调整全国基础养老金最低标准；地方人民政府可以根据实际情况适当提高基础养老金标准；对长期缴费的，可适当加发基础养老金。

（2）个人账户养老金：国家为每个参保人员建立终身记录的养老保险个人账户，个人缴费、地方人民政府对参保人的缴费补贴、集体补助及其他社会经济组织、公益慈善组织、个人对参保人的缴费资助，全部记入个人账户。个人账户储存额按国家规定计息。个人账户养老金的月计发标准，目前为个人账户全部储存额除以139（与现行职工基本养老保险个人账户养老金计发系数相同）。地方人民政府应当对参保人缴费给予补贴，对选择最低档次标准缴费的，补贴标准不低于每人每年30元；对选择较高档次标准缴费的，适当增加补贴金额；对选择500元及以上档次标准缴费的，补贴标准不低于每人每年60元，具体标准和办法由省（自治区、直辖市）人民政府确定。

（二）享受养老金的条件

享受养老金的条件通常有3个，即年龄、工龄及缴费年限。

1. 企业职工基本养老保险

我国现行制度规定，男工人、男干部年满60周岁，女工人年满50周岁、女干部年满55周岁，可以退休养老；井下矿工或在低温、高温、高空从事特别繁重体力劳动，以及从事其他有害身体健康工作的，男工人和男职员年满55周岁、女工人和女职员年满45周岁，连续工龄满10年，均可以退休养老。同时规定：个人缴费不满15年，不能享受基础养老金，只能以个人账户储存一次支付；个人缴费满15年，则可以享受终身养老金。

2. 机关事业单位基本养老保险

机关事业单位参保人员缴费年限（含视同缴费年限）累计满15年，达到法定退休年龄（含经批准适当延迟退休的人员）条件，经主管部门批准退休的，即可由所在单位到中央国家机关养老保险管理中心办理申请核定和领取养老保险待遇手续，从申领的次月起领取基本养老金。

3. 城乡居民基本养老保险

参加城乡居民基本养老保险的个人，年满60周岁、累计缴费满15年，且未领取国家规定的基本养老保障待遇的，可以按月领取城乡居民基本养老保险待遇。新农保或城居保制度实施时已年满 60 周岁,在《国务院关于建立统一的城乡居民基本养老保险制度的意见》印发之日前未领取国家规定的基本养老保障待遇的,不用缴费,自该意见实施之月起,可以按月领取城乡居民养老保险基础养老金;距规定领取年龄不足 15 年的,应逐年缴费,也允许补缴,累计缴费不超过 15 年;距规定领取年龄超过 15 年的,应按年缴费,累计缴费不少于 15 年。

随着我国人口老龄化形势日趋严峻,由此引发的劳动力供求失衡、老年人抚养比攀升等一系列社会经济问题也愈发突出。为妥善化解人口老龄化危机,结合国内实际情况和国际经验,延迟退休计划逐步得到国家与政府的重视。2021 年 3 月 11 日,十三届全国人大四次会议批准的《中华人民共和国国民经济和社会发展第十四个五年规划和 2035 年远景目标纲要》第四十五章第三节中明确提出,"按照小步调整、弹性实施、分类推进、统筹兼顾等原则,逐步延迟法定退休年龄"。

四、社会统筹账户与个人账户分开核算

养老保险隐性债务的构成既有历史因素的影响,也有制度因素与管理因素的影响,这种转制成本直接构成了养老保险的潜在风险,除了历史负债以外,养老金替代率难以降低到规定水平、个人账户储存额记账利率与养老金正常调整机制的不确定性、养老保险基金征缴困难、人口老龄化问题日趋严重、地方财政困难及中小企业整体经济状况不佳等因素,对我国养老保险制度提出了严峻的挑战。这种转制成本一方面使现有的"统账结合"养老保险制度代际矛盾日益突出,"空账显性化";另一方面迫使政府不得不加大对养老保险基金的确保性支出,财政风险进一步加大。

早在 2012 年我国养老保险的"空账"规模大约为 2 万亿元,而基金总结余为 1 万亿元,个人账户要做实,必然要逐步消除社会统筹账户对个人账户的代际拆借。具有现收现付性质的社会统筹账户由社会保险管理机构统一管理,要保证社会统筹部分基金的及时、足额发放。而完全属于基金积累制的个人账户基金则应由完全独立的机构进行管理,实行保值增值,实现其特定的安全性、收益性和流动性的目标。现在的任务是尽量减少社会统筹账户对个人账户的透支,采取两种账户分开管理模式,从制度上保证和防止个人账户基金被挤占挪用。

在条件成熟的情况下,基本养老保险的个人账户与企业年金保险的个人账户可以归并,对其投资收益进行免税,归并后的个人账户做实后,才能真正使退休者在退休后过上体面的生活。

我国政府集中管理个人账户基金，具有太大的增值压力，也没有合适的政府机构来承担这一跨世纪的重任。个人账户基金交由私人分散管理，也难以在尚不完善的市场体制下实现充分的效率最大化，而且我国的资本市场依然不成熟、投机成分较浓、市场波动较大，难以控制市场风险。基于政府集中管理个人账户基金的低效率与市场不发达国家私人分散管理的高风险经验，一些学者提出在我国个人账户养老基金由公共性质的养老保险公司管理的模式，避免各级政府及任何机构对养老保险个人账户基金的影响及干预。

公共养老保险公司属于公共性质，一方面要独立于政府，但必须接受政府的法律监督与政策管制；另一方面又不能完全以营利为目的。公司承担无限责任，对政府负责，实行法人治理结构，政府承担有限责任，在公司破产清偿时，弥补个人账户清偿不足部分，以保证缴费者的利益。公司具有独立性，且应设立多家类似的公共养老公司，借鉴许多国家养老金竞争性管理办法，让一些资信程度高、经营业绩好、财务状况稳定的公共养老保险公司参与养老金的竞争性管理，并制定政府与这些公共养老保险公司之间严格的养老金管理的规章制度，有利于改变单一的政府养老基金管理状况，较大幅度地提高养老保险基金保值增值的能力。

对公共养老保险公司的监管有三个要素：一是对公司的资格审查及经营管理活动的监管，其财务会计制度、信息披露、财务报表、投资去向等都要纳入监管范围；二是风险防范机制的监管，对公司的自有资金应有一定量的规定，建立基金储备金制度与基金转移制度，进行事前与事中控制，为便于竞争体制的建立，可以允许投保人根据资金收益率转移个人账户基金到收益率更高的公司落户；三是设立个人账户管理基金协会，进行行业自律规制，接受专门机构的集中监管。

五、养老保险的管理

（一）制度管理

1. 养老金正常调整制度

养老金调整是指养老金按上年度职工平均工资增长率或生活费用价格指数的一定比例进行调整，其目的是保证离退休人员的实际生活水平不因物价的上涨而下降，并适当让离退休人员享受社会发展成果。我国养老金调整主要是政府每年按物价或工资增长幅度的一定比例调整离退休人员养老金，并兼顾政府根据养老保险政策或为了某种社会目的而安排的养老金调整。我国企业离退休职工与行政事业单位离退休职工养老待遇存在较大差距,调整提高企业离退休职工养老保险待遇,已历经多年,但两者还是存在很大的待遇差别。

2. 养老金社会发放制度

我国的养老金发放已经逐步实现由企业走向社会,发放的矛盾由分散走向集中。养老金社会化发放是一项社会系统工程,要构建养老金社会化发放协作网络,借助银行、邮电等网络系统,利用各种金融工具"通存通兑"的优势,为养老金社会化发放服务,同时完善养老金计发、调整、造册、离退休人员生存状况等情况的数据信息化管理。1998年以来,各地认真落实关于"两个确保"的重大决策,经过不懈努力,确保了企业离退休人员基本养老金按时足额发放,较好地保障了广大离退休人员的基本生活。

3. 完善退休制度

我国的平均退休年龄为53岁,提前退休(在企业被称为"内退",企业自养)是特殊时期为缓和就业矛盾的一种临时措施,但造成了对养老金的严重侵蚀。而适当延长退休年龄是一种国际化的趋势,也符合我国未来社会经济发展的需要,既可以增加养老保险费收入,又可以减少养老金发放的压力,也适合调整老年人口的生理年龄和心理年龄。因此,完善退休制度,适当延长退休年龄应当成为我国发展养老保险事业的一种战略举措。

4. 加快降低目标替代率的步伐

根据养老保险制度改革规划,养老金目标替代率要降低到59.2%的水平。由于降低养老金替代率水平只是降低了养老金支出的增长幅度而不是绝对水平,因此,要保持养老金长期的收支平衡,必须尽量缩短降低养老金替代率的时间。同时,应大力发展企业年金、职业年金与商业性养老年金保险,建立多支柱的养老保险构架。

(二) 基金管理

1. 增加筹资渠道

一是要在现有的养老保险体制内强化筹资功能,提高养老保险征缴率,扩大养老保险覆盖范围;二是要增加财政预算中对养老保险基金投入的比重,扩大彩票发行,强化中央财政对困难地区养老金转移支付的改革;三是划拨部分国有资产补充养老基金的不足,规范资本市场,在操作上应周全缜密。

2. 开征社会保险税和建立社会保障预算制度

开征社会保险税,有利于及时稳定地筹集养老保险基金,缓解当前养老保险基金征缴的困难。建立社会保障预算制度,将养老保险基金纳入整个国家的预算体系,有利于加强财政监管与人大、社会的监督，有利于全面反映养老保险基金的收支情况与强化养老保险基金的中长期预测。在具体操作上，先行进行税务部门代征社会保险税的试点，然后在全国范围内铺开，如广东等省市已实行地税部门全责征收制，形成了"税务部门征收养老基金，财政部门预算管理养老基金，社会保险部门使用养老基金，三个部门相互制约、相互协调"的养老基金管理体制。

3. 拓宽养老保险基金的保值增值领域

养老保险基金能否保值增值，直接关系整个养老保险制度的运行质量。政府应该制定统一的、富有成效的和稳健的投资政策，通过投资运营实现保值增值，必须做到资金投资渠道逐步多样化、资金监控体系逐步规范化。

第二节 医疗保险与生育保险

一、医疗保险的对象

我国改革前的医疗保险，分为劳保医疗和公费医疗两种制度，1951年政务院颁布的《中华人民共和国劳动保险条例》和1952年颁布的《关于全国各级人民政府、党派、团体及所属事业单位的国家工作人员公费医疗预防的指示》，明确规定了企业和机关事业单位职工的劳保医疗和公费医疗制度。

20世纪80年代后期，各地先后对医疗费用进行了不同程度的改革，事业单位实行医疗费用包干，企业医疗福利的多寡与经济效益挂钩。不同单位由于财政供给状况、职工年龄构成和企业效益不同，医疗福利水平存在较大的差异，一些企业和事业单位为此陷入了医疗费用危机。

1998年11月，国务院召开了全国医疗保险制度改革工作会议，12月14日发布了《国务院关于建立城镇职工基本医疗保险制度的决定》，要求在全国范围内建立覆盖全体城镇职工的基本医疗保险制度，明确制度的保障对象为：城镇所有用人单位包括企业（国有企业、集体企业、外商投资企业、私营企业等，不含乡镇企业）、机关、事业单位、社会团体、民办非企业单位及其职工。城镇个体经济组织业主及其从业人员也可参加基本医疗保险。

2001年开始至今，全国各地陆续建立城镇职工社会医疗保险制度、重大疾病医疗补助制度、城镇灵活就业人员医疗保险制度、补充医疗保险制度、城镇居民社会医疗保制度、非户籍从业人员社会医疗保险制度、城乡医疗救助制度、新型农村合作医疗保险制度等。随着经济社会的快速发展,城镇居民基本医疗保险制度与新型农村合作医疗制度城乡分割带来的重复参保、重复投入、待遇不均衡等问题逐渐凸显。2016年1月,党中央、国务院明确提出将两项制度进行整合,建立统一的城乡居民基本医疗保险制度①。目前,中国医疗保险已基本实现了制度内全覆盖,成为全球覆盖面最广的国家。

二、医疗保险基金的来源与收入决定的依据

1. 医疗保险基金的来源

《国务院关于建立城镇职工基本医疗保险制度的决定》确立了全国医疗保险水平的宏观控制标准为:用人单位缴费率控制在工资总额的6%左右,个人缴费工资比例从本人工资的2%起步。用人单位6%左右的缴费水平是以1996年全国职工医疗费用占工资总额的7.86%为依据,扣除不在基本医疗保险范围开支的离休人员和企业工伤、生育医疗等项目后确定的。医疗保险基金来自不同所有制企业单位、事业单位及个人,实行相应的财政补贴。医疗保险基金收入公式为:

医疗保险基金收入=企事业单位缴费+个人缴费+财政补贴+利息收入+其他收入(含滞纳金收入)

企事业单位缴费按照工资总额乘以统筹费率决定;个人缴费按个人工资的2%起步,根据需要,将调整个人缴费比率;财政补贴是指国家和地方政府为了保证医疗保险改革正常运转,通过国家预算从财政收入中对医疗保险基金给了的补贴,如城市居民医疗保险补贴和新农合补贴。按照基本医疗保险"以收定支、收支平衡、略有结余"的原则,利息收入一般以银行活期存款利率决定,但国家作为社会保险的执行主体,要重视较少动用个人账户的年轻职工的积累账户的增值计息问题。截至2021年年底,职工基本医疗保险个人账户累计结存11 753.98亿元②。

2. 影响医疗保险基金收入的主要指标

(1) 工资水平。医疗保险统筹费率以工资为征缴基数,工资水平的高低直接决定了医疗保险基金的收入总量,任何少报瞒报工资总额的行为都不利于医疗基金的征缴。依据薪资制缴费,要重视参保单位少报瞒报工资总额的问题。这一现象的发生将减少缴费总收入,影响收支平衡,政府应规范工资管理体制,尽快实现"收入工资化、工资货币

---

① 《国务院关于整合城乡居民基本医疗保险制度的意见》就整合建立城乡居民医保制度提出指导意见。
② 数据来源:2021年全国医疗保障事业发展统计公报。

化"制度的改革到位。

（2）参保率。按照医学统计规律，真正动用社会统筹医疗基金的大病患者仅占参保人数的较小比例。随着老龄人口结构比例的增加，这种或然率有可能呈上升趋势。但从总体而言，依据大数法则，参保单位和人数越多，医疗保险基金收入越高，释散风险的基金保障越充足。

（3）基金征缴率。保证参保单位与个人充足的征缴率，就能充分保障医疗基金的足额到位。而基金征缴率会受到各种因素的影响，在一定程度上难以保证全部到位，则不可避免地影响医疗基金的收入与支出水平。

（4）统筹费率。统筹费率应按照社会保障精算原则与多种因素决定。出于管理的需要，统筹费率要保持相对的稳定，一般保持若干年不变。统筹费率可以通过以下公式计算：

$$统筹费率（C_R） = \frac{医疗保险费用支出+管理费用+必要的储备金}{参保人工资总额}$$

（5）退休人员比率及生命期望值。退休人员参加基本医疗保险，个人不缴纳医疗保险费，而对记入其个人医疗账户的比例和个人负担医疗费的比例还要给予照顾。显然，退休人员越多、预期寿命越长，医疗保险的负担成本越沉重。

简单生命期望值计算公式为：

$$e_x = \sum_{k=1}^{\infty} kP_x$$

其中，P_x 为一个 x 岁的人在 $x+1$ 岁时仍然生存的概率，k 为一个离散的随机变量，取值为 1，2，3，…。

从上述指标分析中不难看出，工资水平、参保率、基金征缴率、统筹费率均与医疗保险基金收入成正比，退休人员比率及生命期望值与医疗保险基金收入成反比；在确定一定的医疗水平的情况下，工资水平、参保率、基金征缴率与统筹费率也成反比。

三、医疗保险给付的条件与标准

对于参加医疗保险的投保者来说，只要依法参加医疗保险，履行一定的缴费义务，便可得到基本的医疗保障。它不仅增强了个人抵御疾病风险的能力，提高了参保人患病就诊率，使困难企业职工、离退休人员、大病患者、城乡居民的基本医疗得到保障，而且使投保人在人才市场上获得平等竞争与择业的均等机会，免除了就业的后顾之忧。

由于实施社会统筹与个人医疗账户相结合的医疗保险体制，严格遵循"低水平、广覆盖"的原则,职工基本医疗保险水平取决于社会生产力发展水平。我国尚处于社会主义初级阶段,从绝大多数人的利益出发,充分考虑财政与企事业单位的实际承受能力,职工基本医疗保险既不能沿袭过去公费医疗、劳保医疗已经包下来的实际医疗消费水平,也不能无限度地满足日益增长的医疗消费需求,更不能与发达国家的医疗保障水平相攀比,这就决定了我国职工基本医疗保险水平不可能过高。我国医疗保险给付的条件与标准,大致用以下方式进行操作:

(1) 明确基本医疗保险的服务范围和标准,制定国家基本医疗保险药品目录、诊疗项目和医疗服务设施标准及相应的管理办法。

(2) 建立社会统筹基金账户与个人医疗账户,明确划定各自的支付范围,职工一般的小病医疗费用主要从个人医疗账户中支付,不足部分由个人自付。大病医疗费用主要由社会统筹基金支付,起付标准原则上控制在当地职工平均工资的10%左右,最高支付限额原则上控制在当地职工平均工资的4倍左右。起付标准以下的医疗费用,从个人账户中支付或由个人自付;起付标准以上、最高支付限额以下的医疗费用,从社会统筹基金中支付,同时个人也要负担一定的比例;超过最高限额的部分,通过商业医疗保险等其他途径解决。

(3) 离休人员、老红军的医疗待遇不变,医疗费用由原资金渠道解决,支付确有困难的,由同级人民政府解决;二等乙级以上革命伤残军人的医疗待遇不变,医疗费用由原资金渠道解决,由社会保险机构单独列账管理,相应建立统计台账制度,以控制医疗费用的过快增长。

(4) 对退休人员个人账户的记账比例与个人负担医疗费用的比例给予适当照顾。

(5) 国家公务员在参加基本医疗保险的基础上享受医疗补助。

(6) 为了不降低一些特定行业的现有医疗消费水平,在参加基本医疗保险的基础上,鼓励建立补充医疗保险制度。

四、医疗保险的管理模式

(一) 社会统筹与个人医疗账户相结合

基本医疗保险实行社会统筹与个人账户相结合的基金管理模式,地方补充医疗保险和生育医疗保险实行社会统筹。基本医疗保险基金、地方补充医疗保险基金和生育医疗保险基金纳入社会保障财政专户,实行收支两条线管理,专款专用,严禁挤占挪用。

在各地医疗保险改革实践中,由于各地经济发展情况的差异与边界选择,曾经采取了不同的医改模式。归纳起来，大致划分为四大类：一是"统账结合"类，包括以"两江"为代表的"三段通道式"，以海南为代表的"双轨并行式"，以青岛、烟台、平顶山为代表的"三块结构式"；二是"大病统筹"类，包括以上海为代表的大额住院费用及特殊门诊费用、家庭费用社会统筹，以北京为代表的大额医疗费用社会统筹；三是以深圳为代表的"混合"类，即对有当地户籍的职工实行"统账结合"，对进城务工的农民工实行住院统筹，对离休人员实行全面保障；四是"特定人群"类，在部分地区仅对退休人员实行医疗费用社会统筹。

四类改革均以"统账结合"为主基调，每种模式各有利弊。大体上说，"统账结合"制度运行较为平稳，社会反映良好，为我国医疗保险制度确立了"统账结合"医疗保险改革的基本框架。首先，由用人单位和职工按一定比例共同缴纳医疗保险费，实行定点医院与医疗保险机构统一结算的办法，建立了新的筹资机制和经费运行机制；其次，既要按比例支付个人医疗费用，又要采取总量控制与定额结算的办法，对定点医院的医疗费用进行结算，通过对医患双方的制约机制，遏制了医疗费用的过快增长；最后，实行属地原则，改变公费、劳保医疗分开管理的体制，按统一制度和政策同步改革，实行收支两条线管理办法，保证了基金的安全和合理使用，增强了基金的透明度与民众对医疗基金管理的信任感。

"三段通道式"又称统账通道式，即设置为个人账户阶段、完全自负阶段、累进支付阶段，相互贯通、互为前提。在实践运行中，由于后一阶段医疗费的支付，是以前一阶段医疗费使用完毕为前提，前一阶段医疗费使用完毕，也就具备了使用后一阶段医疗费的资格和条件，设置个人账户阶段、完全自负阶段，同时规定进入社会统筹后个人仍要支付少量医疗费。统账通道式由于职工个人缴费少，不珍惜自己的个人账户基金，过多的职工进入社会统筹，导致社会统筹基金不同程度地透支。

"双轨并行式"又称统账分道式，即采用个人账户与社会统筹分块运作，门诊费用由个人账户支付，超支不补，只有住院才动用社会统筹医疗基金，有效地控制了门诊的医疗费用支出，但在一定程度上增加了慢性病患者与常患病者的个人负担。

"大病统筹，小病分流"模式："大病统筹"即为社会统筹，"小病分流"即为个人储蓄自保，可实行由社会保险机构管理的个人储蓄账户或个人自行管理。"大病统筹，小病分流"明确了国家、企业、个人在医疗保险中各自的责任边界，较好地克服了医疗保险"大包大揽"带来的弊端，减少了社会保险管理机构的工作难度，降低了管理成本，同时调动了企业与个人管理医疗费用的积极性。从各地改革情况看，由于各地的经济条件不同，难以从纯经济学或是纯医学的角度来统一确定"大病"标准及报销标准，一旦实行使用大病统筹医疗基金划分边界，这一问题就变得更为复杂化了。

"三块结构式"在个人账户与社会统筹基金之间增设了单位调剂基金，职工首先使用个人账户，不足以支付时，按上年度本人工资的5%自负，超出部分由单位调剂基金和职工按比例分担，达到社会统筹基金起付线以上的部分，由社会统筹基金和职工个人按比例分担。其优点是有利于用人单位参与医疗费用管理，缺点是增加了用人单位管理成本，有悖于社会化原则。

在各地医改试点的基础上，建立社会统筹与个人医疗账户相结合的医疗体制。用人单位缴纳的基本医疗保险费的一部分（约30%）记入统筹基金；另一部分以职工本人工资或退休金为基数，按照年龄段确定不同比例记入个人账户，职工缴纳的基本医疗保险费全部记入个人账户。社会统筹医疗基金可以实现医疗保险基金的互助共济、统筹调剂，较好地分散风险、均衡负担，但仅有这种统筹调剂的医疗保险，缺乏基金的纵向积累，并不能解决医疗费代际转移带来的问题。特别是中国面临人口老龄化，又没有医疗基金的预筹积累，将来医疗保险基金会发生支付困难。个人医疗账户归个人所有，可建立自我保障与储蓄积累机制，促使职工个人节约医疗费用，年轻健康时为年老多病时积累医疗保险基金。但单纯搞个人账户，缺乏互助共济和统筹调剂，个人和家庭难以承受高额医疗费用的风险。实行社会统筹与个人账户相结合，既可以发挥社会统筹医疗基金的互助共济作用，又可以发挥个人医疗账户的积累作用，增强个人节约医疗费用的意识和自我保障的能力。试点的实践说明，社会统筹基金和个人医疗账户无论采取何种结合方式，都必须明确各自的支付范围，发挥社会统筹基金与个人账户各自的作用，避免统筹基金透支个人账户，并且便于管理。

按照具体的管理方式划分，各地差异化更大。如上海城镇居民医疗保险中，基本医疗与2%的补充医疗保险由医疗保险管理部门管理，企业可自主选择、决定向商业保险机构购买另外2%列税外开支的补充医疗保险。厦门则将医疗保险费用单独划出一部分资金，作为补充医疗保险基金交给商业保险公司运作。一些地区则由企业自主决定缴纳补充医疗保险，或由政府代管，或由政府转交商业保险机构，或由企业直接交给保险公司。

（二）医疗费用过快增长的宏观微观管理

1. 建立一支医疗保险的精算师队伍

精算师能够根据人们各年龄段的发病率、死亡率，以及各种疾病的发病率、所需医疗费等统计数据，制定缴费标准和缴费范围；对大病统筹标准、使用范围、通胀影响、统筹基金的保值与增值、个人医疗账户等系列指标，联系风险概率、利率变动、费率变动进行科学的测算、运筹、预测和论证；在坚持以收定支、收支平衡的基础上，适度扩大医疗保险基金的积累，以应付未来社会的不测事件与人口老龄化带来的沉重的医疗费负担。

2. 实行行之有效的医疗剖析与仲裁制度

由社会保险管理机构组织专业技术小组，对患者定点医院就医或是否转院诊治、是否需要使用高新医疗设备、用药种类和数量、以器质性病变和费用结合的大病界定等引起的争议，根据出台的药品目录和医疗诊治规范，进行严格的剖析和仲裁，做到因病施治、合理检查、合理用药、防止浪费。医院、患者、社会保险管理机构三方应严格按照仲裁条款或仲裁协议，行使自己的权利、义务和责任。

3. 理顺医药价格与医药收费管理体制

政府对药价的管理，必须从简单的以行政手段为主的管理方式，过渡到用法律的经济的手段合理调节生产经营部门的利益，鼓励企业多生产优质价廉的治疗性药品，保证基本药品的正常生产和供应，使药品价格总水平基本稳定。对药品作价原则、办法进行改革和修订，适当减少国家定价的品种范围，加强对垄断性、供不应求药品的价格管理，必要时制定最高限价。加强整顿药品流通渠道与流通市场，加强对药品生产许可证的管理，规范企业价格行为。对一些药品实行差率、利润率水平控制，制止暴利行为。

2015年6月，国家发展改革委等部门《关于印发推进药品价格改革意见》要求，推进药品价格改革必须发挥政府、市场"两只手"作用，建立科学合理的价格形成机制。在取消药品政府定价后，要充分借鉴国际经验，做好与药品采购、医疗保险支付等改革政策的衔接，强化医药费用和价格行为综合监管。按照"统筹考虑、稳步推进"的要求，重点从四个方面加强监管：一是要完善药品采购机制；二是要强化医疗保险控费作用；三是要强化医疗行为监管；四是要强化价格行为监管。

4. 实行动态总额预算控制

扩大社会医疗保险覆盖网，这是实现世界卫生组织"人人享有卫生保健"目标的必然要求，而医药品、医疗设备及医疗价格上升是一个不可逆转的事实。为此，政府应根据社会经济的动态发展状况和以支定收的方针，进行年度动态总额预算控制，由获得医疗保险任务的医院和医生组成相应机构进行自我控制，合理配置有限的卫生资源，政府不予干预，不合理的超支部分由医院自己负责。非预期而又必须发生的合理开支，由社会医疗保险统筹积累基金追加补偿。

5. 加大国家投资力度，实行药品与医疗服务的分业管理

世界卫生组织提出各国医疗卫生事业投入应占国民生产总值（GNP）的5%，许多发达国家则有10%~15%，我国对医疗卫生的投入占财政总支出的7%左右[①]。在经济发展与财政收入增长的基础上，增强对医疗卫生的投入，才能在更大程度上消除"以药养医"体制的弊端，实现药品服务与医疗服务的分业管理。

6. 加强保健预防与巡回医疗

实行社会统筹医疗账户与个人医疗账户相结合的医疗制度，医疗保险管理部门应考虑拨付部分医疗基金作为保健预防基金，用于职工健身和疾病预防，"防患于未然"，这对于降低参保人发病率、减少医疗费用开支有事半功倍之效。同时，利用医疗体制改革后门诊人次下降的特点，建立优质服务的巡回医疗体系，以价格较低的家庭护理，代替传统的价格较高的住院治疗。

7. 建设国家卫生信息网

例如：国家卫生健康委员会所属的科研机构与专业企业联合，以"金桥工程"为依托建设了国家卫生信息网，该系统提供大范围、高质量、即时的医学电视教学、专家远程会诊及召集电视会议，全面发挥医学专家的知识技能，统一设计同步发行使用的医疗卫生卡，大大改善医院内部管理、提高效率、降低成本，简化患者就医和治疗手续。

8. 建立医疗机构相应的补偿制度

我国医疗机构的补偿是一个复合式的补偿机制，即国家投入加上自身业务收入，后者包括医疗服务收入和药品进销差价收入。由于财政补助在收入结构中的下降，加之医疗机构职工工资福利的增加、医用材料的价格和管理成本的上升，促使医疗机构不断追求增加业务收入，对其自身加以补偿。在不合理的医疗服务价格体系下，由于技术服务收入过低，不抵医院的支出，这样不可避免地刺激了医疗机构利用新项目高定价和药品加成留用的政策，极力增加大型医疗设备检查收入和药品进销差价收入来达到补偿的目的。

社会医疗保险实行社会统筹与个人医疗账户相结合，明确了公办医疗机构属非营利性公益单位。这样，医疗体制的改革尤其是医疗保险定点医院，在加大财政投资力度的同时，要合理调整医疗机构的业务收入结构，减少不必要的设备检查与非合理用药，矫

[①] 2021年财政收支情况。http://gks.mof.gov.cn/tongjishuju/202201/t20220128_3785692.htm.

正"吃回扣""索红包"的陋习，制定诊疗规范，明确特殊检查与特殊治疗项目，严格控制医院牟取高额利润的行为。在搞好区域卫生规划、合理配置卫生资源的基础上，进行总量控制。医疗机构处于改革的交汇点，必然触及医疗机构的既得利益和经济收入。因此，社会医疗保险的改革，应相应建立对医院的补偿机制，调整医疗劳务技术价格，调动医疗卫生机构的积极性，提高医务人员的收入，谋求最大的合作与支持，共同推进医疗改革，探索既有利于社会效益又有利于提高医护人员自身经济效益的发展之路。

9. 建立完善国家医保谈判药品"双通道"管理机制

国家医疗保障局成立以来，大力推进国家基本医疗保险、工伤保险和生育保险药品目录（简称医保目录）管理改革，建立健全目录动态调整机制。医保目录调整周期从原来的最长8年大幅缩短至每年1次，准入频率大幅加快，而医疗机构药品准入的模式尚未明显变化。改革前，大部分药品上市后都是"先进医院，后进医保"，药品有足够的时间经历市场推广、临床使用经验积累、临床专家认可、广泛使用这一过程。改革后，变成了"先进医保，再进医院"，对医疗机构快速准入和临床医生短期内广泛使用提出了更高的要求。为破解部分谈判药品"进院难"现象，要将定点零售药店纳入谈判药品供应保障范围，与定点医疗机构一起，形成谈判药品报销的"双通道"，努力提升药品可及性。具体方法为：一是分类管理，提升供应保障水平；二是明确药店遴选程序，动态调整；三是规范使用，确保安全；四是完善支付政策，确保适宜的保障水平；五是优化经办管理服务，提升群众获得感；六是强化监管，防范风险；七是加强领导，扎实推进。①

（三）医疗保险基金收支平衡的管理

如何实现医疗保险基金既要增收又要节支，一般采取被动调整与主动管理的措施，以维系医疗保险基金的收支平衡。

1. 提高统筹费率或个人缴费率

我国面临医疗保险基金紧张、严重入不敷出的情况，如果频繁地提高统筹费率或个人缴费率，以弥补医疗保险基金赤字，非常不利于医疗保险制度的建立，容易引起参保单位或个人的不满与道德风险的进一步升级。随着人口老龄化程度加深、疾病谱系变化加快，要谨防统筹费率调整与个人缴费率的随意性。在确定医疗保险费率标准时，一定

---

① 内容来源：国家医保局和国家卫生健康委发布的《关于建立完善国家医保谈判药品"双通道"管理机制的指导意见》。

要考虑以往医疗费用的实际支出，以及医疗费用上涨的可允许程度及空间，在一定时期内医疗保险费标准确定下来之后，一定要坚持量入为出的原则。

2. 以社会保险精算原则科学地确定统筹费率与个人缴费率

依据医疗保险的统计规律，综合考虑历史资料各相关指标与前瞻预期指标，如门诊率、病种发病率、统筹基金使用率、个人账户使用率、人口老龄化程度、基金征缴率、疾病风险概率、平均赔付率等指标进行科学测算、预测与论证，在坚持"以收定支、收支平衡、略有结余"的基础上，确定相对稳定的统筹费率，个人缴费率也应按照精算原则有计划地进行。

3. 依据大数法则收支平衡原理努力扩大医疗保险的覆盖面

一般来说，相对年龄结构偏轻的非公有制企业，医疗费用负担不高，由于权利与义务的暂时不对等，从而造成这些非公有制企业对医疗保险制度改革带有一定的抵触情绪。因此，扩大覆盖面工作中，要解决年龄结构偏轻的非公有制企业对医疗保险的认同问题：一是要做好政策的解释与宣传工作；二是不能造成因为个人账户积累额越多，离使用社会统筹医疗基金的门槛越高的"权利相对剥夺感"，个人账户积累额越高，个人账户使用完毕后进入个人自付段的比例与使用统筹基金的自付比例相应调低；三是可以借鉴商业医疗保险的做法，在可能的条件下，按照非公有制企业的年龄结构及生产条件的风险等级确定缴费率，或是参考养老保险扩大覆盖面工作中采取的"低进低出法"考虑非公有制企业的医疗保险参保问题。

4. 实施医疗保险与医药体制双重改革，降低医疗费用

这一问题在上述医疗保险基金支出与降低医疗费用分析中已作了详细论述。医疗保险制度改革与医药体制改革均涉及重大的宏观体制转换问题，两大改革必须同步进行、不可偏颇。围绕收支平衡这一命题，医疗保险制度运行中要进一步降低改革成本与制度成本，加快费改税的改革步伐，完善各项制度。医药体制改革需要从反对腐败与"促进作风建设"这一政治高度切实采取措施，铲除权力寻租的毒瘤，真正优化医疗保险的外围空间，支持医疗保险制度改革的健康发展，还老百姓一个明明白白的医疗消费。

5. 建立多支柱医疗保险体系，实现收支平衡

在参加基本医疗保险的群体中，相当部分退休人员、收入低下的城镇贫困群体，一旦遭遇大病，难以支付自费的医疗费用，更难以支付"封顶"以外的医疗支出。对个体而言，医疗保险基金的积累与支出不能实现平衡，迫切需要建立多支柱医疗保险体系分散支付风险。2020年2月，中共中央、国务院颁布的《关于深化医疗保障制度改革的意见》

指出，要强化基本医疗保险、大病保险与医疗救助三重保障功能，促进各类医疗保障互补衔接，提高重特大疾病和多元医疗需求保障水平。完善和规范居民大病保险、职工大额医疗费用补助、公务员医疗补助及企业补充医疗保险，加快发展商业健康保险，丰富健康保险产品供给，用足用好商业健康保险个人所得税政策，研究扩大保险产品范围。加强市场行为监管，突出健康保险产品设计、销售、赔付等关键环节监管，提高健康保障服务能力。应鼓励社会慈善捐赠，统筹调动慈善医疗救助力量，支持医疗互助有序发展，同时做好罕见病用药保障机制。

6. 加强基本医疗费用结算管理

在总额预付制或总量控制下，由于将医疗消费和费用控制的主动权交给了医疗服务供方，故应在总结各地医疗保险收支变化的情况下，探索医疗费用合理的增长率，研究科学确定基本医疗费用总额预付制方法，制定基本医疗保险病种费用支付参考标准及结算规范。主管部门应科学选择医疗费用支出监测指标与个人负担监测指标，为决策提供科学依据，防止基本医疗保险基金支付压力向参保人员过多转移。通过建立区域性医疗保险信息协作网，制定城镇职工基本医疗保险异地就医管理办法。研究经办机构对医院、社区卫生服务站、营利性医疗机构的定点管理办法与费用结算办法，防止因定点管理不善而形成新的费用增长点。对于大城市而言，要根据定点医疗机构的区域性分布，尽量实行属地化结算管理，以便减轻医疗机构的申报与结算工作量。

五、生育保险的内涵与对象

生育保险是妇女劳动者因妊娠、生育期间中断劳动或工作时，社会给予其医疗保障、产假工资或生活补贴待遇的一项社会保险制度。我国的生育保险，限于达到法定结婚年龄、符合生育政策而生育的女职工。生育保险期限一般以一年或一年以下为限，属于短期补助性质，其支付的频率和平均期限，具有较强的规律性和预见性。

随着社会的发展与工业化社会的到来，女性参与就业的人数越来越多，成为生产资料与人类自身繁衍的双重生产者。女职工的生育行为不是个人行为，而是社会行为，女职工因为生育，身心付出了极大的代价，同时她们还面临着市场经济强烈的功利性价值取向带来的一系列新的挑战，女性的就业现状和发展趋势已面临着前所未有的危机。

生育保险制度是社会对于女性表示关注的专门措施，也是推行现代企业制度，落实劳动法，保障女职工合法权益，改善女性就业和工作、生活条件，保护母婴健康，缓解因生育行为而强化的职业风险的客观要求，成为当今职业女性的共同心愿与呼声，社会保险不可推卸地担当了这一社会使命。《中国妇女发展纲要（2021—2030年）》提出"完善生育保障制度，提高生育保险参保率"的目标，并提出：巩固提高生育保险覆盖率，完善生育保险生育医疗费用支付及生育津贴政策；提高生育保险与职工基本医疗保险合并实施成效；加强城乡居民生育医疗费用保障的策略措施。按照政策要求，各地要制定发展规划，积极推动生育保险制度发展，切实发挥生育保险对女性的保障作用。

六、生育保险制度改革

（一）中国生育保险制度的建立

中国生育保险制度是1951年由国家颁布《劳动保险条例》而建立的。1988年，国务院统一了机关、企事业单位的生育保险制度，并将覆盖面扩大到私营企业、"三资"企业和乡镇企业。多年来，生育保险制度在维护女职工合法权益、保障女职工基本生活、促进企业发展方面发挥了重要的作用。但是，女职工生育保险制度带有明显的企业劳动保护的色彩，女性生育补偿代价完全由女职工所在单位负担，生育行为企业化，这种模式与转型中的企业经营机制产生了尖锐的矛盾，其直接的后果是造成就业中的性别歧视日趋严重。这种企业"自倚性"的生育保险制度，弊端日渐暴露，具体表现为如下五个方面：

一是没有随着医药费的增长而调整生育保险待遇。

二是没有形成完善的基金制度，社会调剂职能差，难以体现女职工生育的社会性与社会价值。

三是女职工的合法权益在一些企业受到侵害，国家规定的产假期与哺乳时间得不到充足的保证。

四是企业之间生育费用不均，女职工较多的企业负担较重，不利于企业竞争。

五是农村妇女、城镇失业妇女、无业妇女、女性个体户等仍无法纳入生育保险的覆盖范围。受传统体制的城乡分治政策影响，占生育妇女80%以上的农村妇女劳动者还未纳入生育保险范围。

上述问题的出现造成了女性就业难、女大学生分配难、女职工调动难、女职工下岗增多的社会综合问题。

（二）女职工生育费用社会统筹的试点

随着改革开放的深入，社会各界要求改革现行生育保险制度的呼声愈加强烈。1988

年江苏省南通市率先提出并试行女职工生育费用与社会补偿，此后，全国许多省市纷纷进行了试点。

1. 生育保险统筹范围

生育保险统筹范围包括独立核算的全民所有制企业和县以上集体企业，含部属、省属、部队系统在内，均按全部职工包括固定工、合同工、计划内临时工，实行生育保险社会统筹。

2. 生育保险基金的提取

生育保险基金的提取按照以支定收原则，根据女职工生育期间企业应负担费用和参加统筹的职工总数进行测算，确定生育保险基金统筹率。一些试点单位采用的统筹率计算公式为：

生育保险基金统筹率＝上年生育数×（产假、待产假3个月人均工资＋哺乳期6个月20%人均基本工资＋生育医药费）÷全部职工人数

每个职工每年若干费用，由企业每年三月份一次性向社会保险机构缴纳，统筹基金的10%在企业福利费中列支，90%记入成本。

3. 生育保险基金的管理

生育保险基金的管理由社会保险机构委托银行采取委托收款的结算办法托收，优先扣缴、专户专储、专款专用、不得挪用，并按城乡居民个人储蓄存款利率计息，所得利息转入生育保险基金，统筹机构不从生育保险基金中提取管理费。

4. 待遇支付

待遇支付按统筹单位实际生育的女职工，在生育产假和哺乳期间的工资及生育保险费用，每人一次性补偿给单位，各参保单位指派专人凭女职工准生证、单位报告和工资花名册、职工身份证逐月支付给个人，女职工怀孕7个月以上、胎儿死亡于母体或出生后夭折，仍按正常生育支付保险补偿，企业收到生育保险补偿的10%记入职工福利，90%冲减成本。参加生育保险的职工生育或流产时，享受待遇的标准如下：

（1）生育津贴。女职工按规定享受产假期间的生育津贴，按照本单位上年度职工月人平缴费工资除以30天再乘以产假天数计算，由社会保险经办机构拨付到用人单位，用人单位应按职工的实际工资收入发放生育津贴。计算生育津贴的产假天数按自然天数计算。生育津贴即为产假期间的工资，女职工（含原领取非全额工资者）实际工资收入低于本市最低工资标准的，按本市最低工资标准计发。

（2）男配偶看护假期工资，按生育津贴的规定执行。

(3) 生育医疗费。生育医疗费包括女职工因怀孕、生育、流产发生的医疗检查费、接生费、手术费、住院费、药费及生育出院后产假期内因生育引起疾病的医疗费。相关的医疗费符合本地生育保险药品目录、诊疗目录和医疗服务设施目录范围的，由生育保险基金支付。

(4) 一次性分娩营养补助费。女职工生育顺产按本市上年度在岗职工月平均工资25%计发，难产或多胞胎按50%计发。一次性分娩营养补助费，用人单位要按社会保险经办机构拨付的标准支付给女职工。女职工怀孕满7个月，发生死胎、死产和早产不成活，按顺产待遇享受一次性分娩营养补助费。

(5) 计划生育手术费用。计划生育手术所发生的医疗费用具体支付办法按各地出台的政策支付报销。

（三）生育保险和职工基本医疗保险的合并实施

党的十八届五中全会通过的《中共中央关于制定国民经济和社会发展第十三个五年规划的建议》提出"建立更加公平更可持续的社会保障制度"，并在《中华人民共和国国民经济和社会发展第十三个五年规划纲要》中部署"将生育保险与基本医疗保险合并实施"的任务。2017年2月4日，国务院办公厅印发了《生育保险和职工基本医疗保险合并实施试点方案》，在河北省邯郸市、山西省晋中市、辽宁省沈阳市、江苏省泰州市、安徽省合肥市、山东省威海市、河南省郑州市、湖南省岳阳市、广东省珠海市、重庆市、四川省内江市、云南省昆明市开展两项保险合并实施试点。经过一年的试点，2018年12月23日，国务院向十三届全国人大常委会第七次会议提交了两险合并实施的总结报告，提出生育保险和职工基本医疗保险合并实施试点取得了阶段性的成功，已经具备在全国范围内全面展开的条件。2019年3月25日，国务院办公厅印发《关于全面推进生育保险和职工基本医疗保险合并实施的意见》，提出两险合并实施要遵循"保留险种、保障待遇、统一管理、降低成本"的总体思路。

"保留险种、保障待遇"，是指生育保险作为一项社会保险险种仍然保留，两项保险合并实施不增加单位和个人缴费负担，职工生育期间的生育保险待遇不变。两项保险合并实施不是完全"合并"，并非取消生育保险。生育保险与医疗保险相比具有不同的功能和保障政策：一是生育保险具有促进妇女公平就业、防止和纠正就业中的性别和身份歧视、维护职工生育保障权益、保障妇女生育期间基本生活和身体健康的独特功能；二是体现雇主责任，职工个人不缴纳生育保险费；三是能够保障参保人符合规定的生育医疗费用和生育津贴，均衡用人单位负担。这些政策都在《社会保险法》和《妇女权益保障法》里有明确规定。

"统一管理、降低成本",是指通过实现两项保险参保同步登记、基金合并运行、征缴管理一致、监督管理统一、经办服务一体化,提高行政效率,降低管理运行成本。强调两项保险合并实施不涉及生育保险待遇政策的调整,而是在管理运行层面的一体化。生育保险和职工基本医疗保险在运行操作层面本身就具有合并实施的条件:一是覆盖范围都包括用人单位和职工;二是医疗服务项目上有共同之处,特别是在医疗待遇支付上有很大共性;三是管理服务基本一致,都严格执行社会保险基金财务制度,都执行统一的定点医疗机构管理,统一的药品、诊疗项目和服务设施范围。

《关于全面推进生育保险和职工基本医疗保险合并实施的意见》中的主要政策可以概括为"四统一,两确保",具体如下。

1. 统一参保登记

参加职工基本医疗保险的在职职工同步参加生育保险。实施过程中要完善参保范围,结合全民参保登记计划来摸清底数,促进实现应保尽保。

2. 统一基金征缴和管理

生育保险基金并入职工基本医疗保险基金,统一征缴,统筹层次一致。按照用人单位参加生育保险和职工基本医疗保险的缴费比例之和确定新的用人单位职工基本医疗保险费率,个人不缴纳生育保险费。同时,根据职工基本医疗保险基金支出情况和生育待遇的需求,按照收支平衡的原则,建立费率确定和调整机制。

职工基本医疗保险基金严格执行社会保险基金财务制度,不再单列生育保险基金收入,在职工基本医疗保险统筹基金待遇支出中设置生育待遇支出项目。探索建立健全基金风险预警机制,坚持基金运行情况公开,加强内部控制,强化基金行政监督和社会监督,确保基金安全运行。

3. 统一医疗服务管理

(1) 两项保险合并实施后实行统一定点医疗服务管理。医疗保险经办机构与定点医疗机构签订相关医疗服务协议时,要将生育医疗服务有关要求和指标增加到协议内容中,并充分利用协议管理,强化对生育医疗服务的监控。执行基本医疗保险、工伤保险、生育保险药品目录以及基本医疗保险诊疗项目和医疗服务设施范围。

(2) 促进生育医疗服务行为规范。将生育医疗费用纳入医疗保险支付方式改革范围,推动住院分娩等医疗费用按病种、产前检查按人头等方式付费。生育医疗费用原则上实行医疗保险经办机构与定点医疗机构直接结算。充分利用医疗保险智能监控系统,强化监控和审核,控制生育医疗费用不合理增长。

4. 统一经办和信息服务

两项保险合并实施后,要统一经办管理,规范经办流程。经办管理统一由基本医疗保险经办机构负责,经费列入同级财政预算。充分利用医疗保险信息系统平台,实行信息系统一体化运行。原有生育保险医疗费用结算平台可暂时保留,待条件成熟后并入医疗保险结算平台。完善统计信息系统,确保及时全面准确反映生育保险基金运行、待遇享受人员、待遇支付等方面情况。

5. 确保职工生育期间的生育保险待遇不变

生育保险待遇包括《社会保险法》规定的生育医疗费用和生育津贴,所需资金从职工基本医疗保险基金中支付。生育津贴支付期限按照《劳动法》《女职工劳动保护特别规定》等法律法规规定的产假期限执行。

6. 确保制度可持续

各地要通过整合两项保险基金增强基金统筹共济能力,研判当前和今后人口形势对生育保险支出的影响,增强风险防范意识和制度保障能力。按照"尽力而为、量力而行"的原则,坚持从实际出发,从保障基本权益做起,合理引导预期。跟踪分析合并实施后基金运行情况和支出结构,完善生育保险监测指标。根据生育保险支出需求,建立费率动态调整机制,防范风险转嫁,实现制度可持续发展。

七、生育保险的管理

1995年世界妇女大会在北京召开,大会对世界范围内的女工生育保险改革作出了充分的肯定,也促进了我国生育保险制度改革的进程。国务院发布的《中国妇女发展纲要(1995—2000年)》提出了明确的时间表,即20世纪末普遍实行生育保险制度。这就要求各地把生育保险制度改革摆上议事日程,抓紧制定和改革生育保险推进计划。国务院随后又发布了《中国妇女发展纲要(2001—2010年)》,提出2010年城镇职工生育保险覆盖面达到90%的目标要求。但截至2011年年末,全国参加生育保险人数仅有13 892万人[1]。2010年和2012年国家分别颁布了《社会保险法》《女职工劳动保护特别规定》,进一步规范了生育保险政策。随着人口老龄化问题的加重和国家新的生育政策的实施,人们对生育保险的需求逐渐加大,各地完善生育保险政策,针对各地改革发展不平衡的

---

[1] 2011年全国社会保险情况。http://www.mohrss.gov.cn/SYrlzyhshbzb/zwgk/szrs/tjsj/201208/t20120802_66206.html。

现状，对滞后地区采取"大险"带"小险""小险互带"等共同方式推动生育保险。2019年，我国全面推进生育保险和职工基本医疗保险合并实施。《中国妇女发展纲要（2021—2030年）》提出"完善生育保障制度，提高生育保险参保率"的目标要求。到2021年年末，全国参加生育保险23 752万人[①]，参保率逐步提高。多年实践证明，生育保险制度为维护女性平等就业权益、均衡企业负担、保障女性职工生育期间的基本生活和身体健康起到了积极作用。

生育保险实行医疗机构协议管理，签订协议的医疗机构范围要考虑基本医疗保险定点医疗机构和妇产医院、妇幼保健院等医疗机构。社会保险经办机构在对这些医疗机构的保险管理、服务质量、信息管理等服务能力评价的基础上，选择适合生育保险要求的医疗机构签订生育保险医疗服务协议，明确双方的权利和义务。参保职工在生育保险协议的医疗机构因生育所发生符合规定的医疗费用，由生育保险基金支付。生育保险医疗费用支付的范围，原则上按照基本医疗保险药品目录、诊疗项目和医疗服务设施标准执行，充分利用医疗保险的医疗服务管理措施和手段。特别是在2019年生育保险与职工基本医疗保险合并运行之后，积极探索与医疗保险统一管理的生育保险医疗服务管理模式，应是未来改革的重点。

补充阅读一

企业职工基本养老保险全国统筹1月起启动实施
——养老金及时足额发放有保障

养老保险基金与我们每个人息息相关。截至2021年年底，全国基本养老保险参保人数达10.3亿人，其中企业职工基本养老保险参保人数为4.2亿人。

2022年2月22日，人力资源社会保障部宣布，自2022年1月起企业职工基本养老保险启动全国统筹。为什么要实施养老保险全国统筹？制度实施后，对退休人员养老金有何影响？

实施全国统筹有利于解决基金结构性矛盾。据介绍，企业职工基本养老保险的基金收入由单位和职工个人缴纳的基本养老保险费、基本养老保险基金利息收入、委托投资收益、财政补贴和其他收入等构成。2021年，企业职工基本养老保险基金收入约4.4万

[①] 2021年全国医疗保障事业发展统计公报。http://www.nhsa.gov.cn:8000/art/2022/6/8/art_7_8276.html。

亿元，基金支出约 4.1 万亿元，基金运行总体平稳。"初步统计显示，目前企业职工养老保险基金滚存结余 4.8 万亿元，可支付月数在 14 个月以上，养老金按时足额发放有保障。"财政部负责人指出。截至 2020 年年底，我国各省份都实现了企业职工基本养老保险基金省级统收统支，解决了省内地区间基金负担不均衡的问题。但是，由于我国区域之间发展不平衡，经济发展水平、人口年龄结构等存在差异，各省份之间养老保险基金结构性矛盾日益突出。一些省份基金结余比较多，但是一些人口老龄化程度比较重的省份，养老保险基金的支出压力比较大。"在此背景下，需要尽快实现全国统筹，在全国范围内调剂使用基金。"人力资源社会保障部有关负责人说，全国统筹制度实施后，将在全国范围内对地区间养老保险基金当期余缺进行调剂，从制度上解决了基金的结构性矛盾问题，困难地区的养老金发放更有保障。

与此同时，经过前期的工作努力，当前，实施养老保险全国统筹已具备较好的基础。一是中央调剂制度已经建立。作为实现全国统筹的第一步，我国于 2018 年启动实施了基金中央调剂制度。2018—2021 年，中央调剂制度实施 4 年间，共跨省调剂资金 6 000 多亿元，其中 2021 年跨省调剂的规模达到 2 100 多亿元，有力支持了困难省份确保养老金按时足额发放。二是各省份养老保险政策已逐步统一。目前，除个别省份外，其他省份的养老保险单位缴费比例已统一为 16%，为实施全国统筹奠定基础。三是全国统一的社会保险公共服务平台已经建成。社会保险公共服务平台已于 2019 年正式上线，为参保人员提供社保查询、参保登记、转移接续、申领失业金等服务，办理社保业务更加方便快捷。

实施全国统筹后仍要压实地方政府支出责任。全国统筹制度实施后，有人担心中央财政对养老保险的补助力度将会减小；也有人有疑问，地方政府是否不用再为养老保险负责？人力资源社会保障部相关负责人明确表示，全国统筹制度实施以后，将建立中央和地方政府的支出责任分担机制，中央财政对养老保险的补助力度不会减小。自 1998 年实行统一的养老保险制度以来，中央财政持续加大对企业职工基本养老保险基金的补助力度，2021 年安排补助资金超过 6 000 亿元。未来，中央财政对养老保险的补助力度将保持稳定性和连续性。同时，还将继续划转国有资本充实社保基金，进一步做大做强战略储备基金。截至目前，中央层面共划转 93 家中央企业和中央金融机构国有资本总额 1.68 万亿元充实社保基金。在此基础上，地方政府的支出责任将更加明确，各级政府的责任都将进一步压实。

不仅如此，为进一步扩大养老保险基金"蓄水池"，基金投资运营和监管稳步开展。

日前，人力资源社会保障部出台了《社会保险基金行政监督办法》，自 2022 年 3 月 18 日起施行。该办法为健全社保基金监督体系，以零容忍态度严厉打击欺诈骗保、套保或挪用贪占各类社保基金违法行为提供了法治遵循。同时，社保基金委托投资进展顺利，截至 2021 年年底，基金委托资金权益达 1.46 万亿元。

实施全国统筹并不意味着到手的养老金一样多。或许很多人会问，全国统筹是否意味着大家的到手养老金一样多？并非如此。清华大学社会科学学院专家介绍，现行的基本养老保险采取社会统筹与个人账户相结合的方式。基本养老金高低与缴费年限、缴费水平等相关，遵循的是"多缴多得、长缴多得"的原则，因此到手养老金是因人而异的。

资料来源：人民日报，2022-02-25。

补充阅读二

全面建成小康社会，贫困人口基本医疗有保障

通过实施医疗保障脱贫攻坚行动、健康扶贫工程，目前我国已基本实现基本医疗保险、大病保险、医疗救助三重保障制度贫困群众全覆盖，健康扶贫攻坚任务全面完成。贫困人口基本医疗有保障全面实现，群众因病致贫返贫问题得到有效缓解。

一、守好医疗保障托底防线

构建中国特色全民医疗保障制度体系，关键就是突出全民覆盖。国家医疗保障局等部门聚焦"贫困人口基本医疗有保障"，建成了世界上规模最大的基本医疗保障网，通过定额和全额资助。同时，与有关部门信息共享，动态调整参保人员，将贫困人口尽可能"一个不落"纳入制度保障，最大限度减轻其疾病负担。目前，贫困人口参保率稳定在 99.9% 以上。

在提升参保率同时，三重保障制度中大病保险和医疗救助均对贫困人口实施了倾斜性补偿政策。以大病保险为例，目前我国全面取消建档立卡贫困人口大病保险封顶线，贫困人口大病保险起付线较普通居民降低 50%，报销比例提高 5 个百分点。有了三重制度综合保障后，贫困人口住院和门诊慢特病医疗费用实际报销比例稳定在 80% 左右。

国家还不断加大深度贫困地区资金倾斜投入。2020 年，居民医疗保险人均财政补助标准超 550 元，较 2012 年增加了 310 元。中央财政下达医疗救助的补助资金达 275 亿元，90% 投向中西部地区。2018 年起，连续 3 年中央财政累计投入 120 亿元，有力解决

深度贫困地区贫困人口的医疗保障问题。

二、提升基层诊疗水平

在我国建档立卡贫困户中，因病致贫、返贫户占42%以上，是农村人口贫困的主要成因。为此，相关部门联合推动健康扶贫工程。2017年《健康扶贫工程"三个一批"行动计划》印发，针对重点地区、重点人群、重点病种，进一步加强统筹协调和资源整合，提升贫困地区县域医疗卫生服务能力。

"十三五"期间，健康扶贫向医疗服务"神经末梢"不断延伸。全国1 007家城市三级医院累计选派医务人员超过8万人次，在832个贫困县县级医院蹲点帮扶，贫困地区市县级医疗机构累计选派近10万人支援乡镇卫生院和村卫生室，超过100万基层医务人员奋战在扶贫一线。在健康扶贫行动中，我国积极推动疾病预防关口前移，加大贫困地区重点传染病、地方病综合防控力度。中央财政累计投入12亿元，支持开展贫困地区地方病防治措施落实、患者救治救助、健康教育以及能力建设等工作。目前，贫困地区结核病、包虫病危害得到全面控制并逐步消除。农村妇女"两癌"检查、贫困地区儿童营养改善、贫困地区新生儿疾病筛查等妇幼公共卫生项目，在贫困地区实现全覆盖，累计惠及超过2亿人次。

三、不让"病根"变"穷根"

国家医疗保障局统计数据显示，2018年以来，医疗保障扶贫政策累计惠及贫困人口超过5亿人次，帮助贫困人口减负近3 500亿元。目前，我国已构建起参保缴费有资助、待遇保障有倾斜、基本保障有边界、管理服务更高效、就医结算更便捷的政策体系，初步建立起"及时发现、精准救治、有效保障、跟踪预警"防止因病致贫返贫工作机制，累计使近1 000万因病致贫返贫贫困户成功摆脱了贫困。

新冠肺炎疫情发生后，我国统筹推进疫情防控和健康扶贫。相关部门明确提出"确保患者不因费用问题影响就医、确保收治医院不因支付政策影响救治"的"两个确保"要求。在基本医疗保险、大病保险、医疗救助等按规定支付后，个人负担部分由财政给予补助。这些政策的实施，使得我国在较短时间内全面控制了疫情扩散蔓延，实现了确诊病例和疑似病例快速清零，推动将贫困地区疫情影响降到最低，为快速复工复产、推进脱贫攻坚创造了有利条件。

伴随全面建成小康社会，绝对贫困消除后，解决相对贫困问题将是医疗保障扶贫常态化、机制化的重要课题。医疗保障部门将聚焦常态化防范因病致贫，精准明确保障对象，加大因病致贫风险研判和监测预警，加快健全重特大疾病医疗保障和救助制度，将医疗保障扶贫和抗击疫情的政策实践成果转化运用到顶层设计中。

资料来源：经济日报，2021-02-25。

深度阅读

1. 董克用，王燕. 养老保险［M］. 北京：中国人民大学出版社，2000.

本书从理论到制度、从历史到现实、从国内到国外，全面分析了养老保险问题，对我国养老保险制度的改革提出了相应的政策建议。

2. 杨立雄. 养老保险案例［M］. 北京：中国劳动社会保障出版社，2009.

本书对养老保险的各种案例作了深入的分析。

3. 谭中和，张兴. 基本养老保险个人账户基金投资运营与监管［M］. 北京：知识产权出版社，2013.

养老保险基金投资运营，目标是增值，底线是保值。但如何实现这一目标，却有着极其复杂的内涵。可以说，其复杂性一点也不比20多年前探索建立职工养老保险的制度差。因为养老保险制度有其自身的运行规律，制度的建立与其社会经济背景和企业、职工、居民的需求相联系。而积累资金的保值增值，置身于变幻莫测的资本市场，无疑显得"水更深""水更浑"。本书对养老保险基金的投资运营作了深刻的阐述。

4. 余桔云. 养老保险：理论与政策［M］. 2版. 上海：复旦大学出版社，2021.

本书系统介绍了养老保险的基本理论与政策实践。全书共分为理论篇、国际篇、制度篇和拓展篇四个部分，清晰完整介绍了养老保险问题的由来和变化、养老保险理论的发展过程、养老保险基本模式及其运行机制、养老保险体系的构成以及国内外现行养老保险制度的基本内容和改革趋势。

本章小结

根据党的二十大报告要求，在全面建设社会主义现代化国家新征程、向第二个百年奋斗目标进军的关键时期，我们要继续完善基本养老保险全国统筹制度，发展多层次、多支柱养老保险体系。根据养老保险发展规划，要基本建立起适用城镇各类企事业单位和个体劳动者、资金来源多渠道、保障方式多层次、社会统筹与个人账户相结合、权利与义务相对应、管理服务社会化、养老保险多支柱的养老保险体系。其中，基本养老保险制度是最重要的环节，随着时代进步，基本养老保险的覆盖范围逐步扩大到城乡全体居民。

目前，我国进入社会发展的新时期，社会主要矛盾已经转化为人民日益增长的美好生活需要和不平衡不充分的发展之间的矛盾，体现在养老保险体系上，我们需要积极稳妥推进养老保险制度改革，加快发展企业年金，鼓励发展个人储蓄性养老保险、商业保险，满足人民群众日益多样化多层次的保障需求。要大力扩大对非公有制企业养老保险的覆盖范围，可适当降低统筹费率，采取"低进低出"办法。对事业单位如何参与地方养老保险要出台系列法规与政策。为解决因统筹层次低带来的制度不够规范统一、各地的养老负担畸轻畸重、基金规模效应低、养老保险关系转移接续不够顺畅等突出问题，需要尽快实现养老保险全国统筹，从省级养老保险统筹过渡到全国统筹还有许多亟待研究的课题。

政府提出了"两个确保"问题，承诺了政府最后出台者的角色，充分体现了政府在社会保障方面所发挥的职能作用，财政为履行政府职能提供服务，一旦养老保险基金出现缺口，财政义不容辞地予以弥补。因此，对养老保险基金的筹措、设立专户、保值、增值、转移支付等方面进行管理与监督，是财政管理的重要职责之一。随着企业年金和个人养老金制度的发展，养老保险基金规模和监管要求进一步提高，要把握好政府监管边界和职责，让养老保险基金在健全的市场环境下充分运营增值。同时为了更好地抵御人口老龄化风险，提升养老保险基金的可持续性，有必要加快研究落实延迟退休政策，按照小步调整、弹性实施、分类推进、统筹兼顾等原则，逐步延迟法定退休年龄。

城镇职工医疗保险制度改革，涉及国家、企业和职工个人之间利益关系的调整，涉及企业和职工眼前利益和长远利益的调整，涉及医疗机构和整个医疗卫生体制的改革，不断扩大医疗保险的覆盖面，将使城镇各类所有制单位职工整体医疗水平有所提高。

在进行城镇职工医疗保险制度改革的同时，必须进行相应医药卫生体制的改革，打破医药不分的垄断体制，实行医药分开核算、分别管理的制度，合理控制医药费用水平。要深化医疗机构改革引进竞争机制，促进医院加强管理、减负增效、降低成本，提高医疗质量和效率。同时，要理顺医疗服务价格，设立公立医院与非公立医院，体现医疗技术劳务价值，并合理调整医疗机构布局，优化医疗卫生资源，发展社区医疗服务。

新型农村合作医疗保险与城镇居民基本医疗保险合并为城乡居民基本医疗保险，生育保险并入城镇职工基本医疗保险，这些改革措施进一步理顺了我国的医疗保险体系，有利于减少制度运行成本和促进公平。

重要概念

养老保险　部分积累制筹资模式　社会统筹账户　个人账户　目标替代率　医疗保险　医疗保险基金　医改模式　三段通道式　医疗剖析与仲裁制度　医疗费用结算　生育保险　生育保险基金统筹率

复习思考题

1. 我国施行部分积累制筹资模式的养老保险基金筹集模式的优势有哪些？
2. 如何逐步化解我国社会保险的转制成本？
3. 如何解决我国人口老龄化加快给养老保险带来的冲击？
4. 如何理解社会统筹医疗账户与个人医疗账户相结合及分开核算的问题？
5. 如何理解生育保险和职工医疗保险合并实施并非取消生育保险？

第十六章
中国社会保险的内容（下）

中国社会保险，包括养老保险、医疗保险与生育保险、失业保险、工伤保险、长期护理保险。本章分别阐述了我国失业保险、工伤保险和长期护理保险的保险对象、基金来源、给付标准及管理体制。学习本章，可了解中国失业保险、工伤保险和长期护理保险的内容与本质特征，了解这三种保险的改革动态、操作程序与运作过程。

第一节　失　业　保　险

一、失业保险的对象

失业是指一部分有劳动能力和就业要求的劳动者暂时处于等待就业状态的一种社会现象。失业保险主要以劳动年龄之内的劳动者为保障对象，是对有劳动能力但暂无劳动机会的人员提供物质帮助的一种社会保险制度。建立失业保险制度的目的，是通过建立失业保险基金，使劳动者在职业中断期间从国家和社会得到必要的经济帮助，通过转业培训、生产自救、职业介绍等手段为他们重新实现就业创造条件。

我国的失业类型表现为：

（1）类似于刘易斯所描述的二元结构性失业，城市接纳农村劳动力有限、农村人口本身土地不足，游离出来的农民工作不稳定，暂时找不到工作便成了失业人口；

（2）经济转轨过程中国有企业的隐性失业转化为公开失业（判别隐性失业的理论根据是一个企业中那些劳动力的边际成本已经超过其边际生产率的在职职工应该被定义为隐性失业人口）；

（3）经济发展过程中结构性调整带来的失业；

（4）城市中的自愿失业与农村劳动力转移暂时还未就业的人员；

(5) 在民营企业和外商投资企业等非国有企业进逼下所导致的城市工人失业;

(6) 宏观经济的周期性波动所带来的失业。

1999年我国颁布实施《失业保险条例》,其失业范围包括城镇企业事业单位的职工,因此,失业保险的对象是指国有企业、城镇集体企业、外商投资企业、城镇私营企业和其他企业的劳动者,以及事业单位的劳动者,只要按规定缴纳一定的失业保险费,就可享受失业保险待遇。国家公务员、个体工商户、自由职业者、灵活就业人员等群体未纳入失业保险覆盖范围以内。

二、失业保险的基金来源

失业保险基金的来源在国际社会存在七种模式:

(1) 由政府单方负担;

(2) 完全由雇主负担;

(3) 由雇员自己负担;

(4) 由劳资双方共同负担;

(5) 由雇主负担,政府相应补贴;

(6) 由雇主、雇员、政府三方负担;

(7) 劳资双方平均分担、政府补贴。

1986年,我国颁布的《国营企业职工待业保险暂行规定》中规定,待业保险基金按照企业全部职工标准工资总额的1%缴纳。1993年颁布的《国有企业职工待业保险规定》规定,待业保险基金按企业职工工资总额的0.6%~1%缴纳,但最多不超过1%。按照国家财政规定,待业保险基金在企业管理费中开支。

1999年颁布的《失业保险条例》规定,失业保险基金由下列四项组成:

(1) 城镇企业事业单位、城镇企业事业单位职工缴纳的失业保险费;

(2) 失业保险基金的利息;

(3) 财政补贴;

(4) 依法纳入失业保险基金的其他资金。

《失业保险条例》规定,城镇企事业单位按照本单位工资总额的2%缴纳失业保险费,职工按本人工资的1%缴纳失业保险费,招用的农民合同工本人不缴费。城镇企事业单位的缴费基数为本单位工资总额,个人缴费基数为本人工资额。单位工资总额按照国家有关工资政策予以认定其构成和计算方式,是指单位在一定时期内直接支付给本单位全部职工的劳动报酬总额,包括计时工资、计件工资、奖金、津贴和补贴、加班加点工资以及特殊情况下支付的工资。本人工资是指由单位支付的劳动报酬,包括计时工资或计件工资、奖金、津贴和补贴、加班加点工资等,不包括其他来源的收入。

《社会保险法》第五章共九条,明确了失业保险参保范围、失业保险基金适用范围、领取失业保险金的期限、失业保险金的标准、失业人员在领取失业保险金期间享受的基本医疗保险待遇、失业人员在领取失业保险金期间死亡的待遇、办理领取失业保险金的手续、停止领取失业保险金的情形、失业保险关系转移等相关问题,在立法原则上与《失业保险条例》基本保持一致。

为降低企业成本,增强企业活力,自2015年起,国家连续出台了持续阶段性降低社会保险费率的相关政策。《人力资源社会保障部 财政部关于调整失业保险费率有关问题的通知》规定:"从2015年3月1日起,失业保险费率暂由现行条例规定的3%降至2%,单位和个人缴费的具体比例由各省、自治区、直辖市人民政府确定。"《人力资源社会保障部 财政部关于阶段性降低社会保险费率的通知》规定:"从2016年5月1日起,失业保险总费率在2015年已降低1个百分点基础上可以阶段性降至1%~1.5%,其中个人费率不超过0.5%。"《人力资源社会保障部 财政部关于阶段性降低失业保险费率有关问题的通知》提出:"从2017年1月1日起,失业保险总费率为1.5%的省(区、市),可以将总费率降至1%。"《国务院办公厅关于印发降低社会保险费率综合方案的通知》规定:"自2019年5月1日起,实施失业保险总费率1%的省,延长阶段性降低失业保险费率的期限至2020年4月30日。"目前,失业保险综合费率为1%。

三、失业保险费的给付条件

我国失业保险的实施对象是那些在市场竞争中处于困难境地的企业或破产、停产企业职工,在竞争上岗中下岗的职工,被企业辞退或解除和终止劳动合同的职工。失业保险的给付对象是那些能够工作、愿意工作并正在积极寻找工作而暂时找不到工作的人。这样,失业保险费的给付须符合以下三个条件:

(1) 按照规定参加失业保险,所在单位和本人已按照规定履行缴费义务满1年的;

(2) 非本人意愿中断就业的;

(3) 已办理失业登记,并有求职要求的。

由此可见,那些进入劳动年龄而从未就业的劳动者尚不具备享受社会化失业保险的条件,这也是失业保险中的失业人数统计指标与一般统计中失业人数的统计指标口径不一致的原因之一。

《失业保险条例》规定，符合下列情况者，可以取消或停发失业保险金：

(1) 重新就业的；

(2) 应征服兵役的；

(3) 移居境外的；

(4) 享受基本养老保险待遇的；

(5) 被判刑收监执行或者被劳动教养的；

(6) 无正当理由，拒不接受当地人民政府指定的部门或者机构介绍的工作的；

(7) 有法律、行政法规规定的其他情形的。

失业者不接受劳动服务机构介绍就业，若出自以下五个方面原因不能视为"拒绝接受再就业"，失业保险机构仍应发给失业保险金：

(1) 涉及改行，而未考虑失业者本人的能力、专长、业务经验或重新培训可能性的职业；

(2) 搬迁到无合适住房地点的职业或距新工作单位太远，很不方便；

(3) 工作条件、工作报酬标准大都不如失业前所在的工作单位；

(4) 介绍的新的岗位，是劳动纠纷空缺出来的，若接受下来，容易引起不必要的误会；

(5) 对劳动者家庭有不利影响的职业。

失业社会保险金的给付，许多国家都规定了等待期，即在失业较短的一段时间不发给失业保险金，这一规定减少了因处理小额申请而带来的管理负担。1952年第35届国际劳工大会第102号公约规定："在每次收入中断的情况下，头7天等待期的救助金不必支付。"失业保险等待期各国规定不同，一般为3~7天，我国暂未设置等待期。

四、失业保险金的给付标准

失业保险金给付期限与给付标准，通常与缴费期限、工作年限挂钩。我国失业保险金的享受期限是根据失业职工失业前在单位累计工作时间确定的，具体见表16-1。

表16-1　　　　　　　　失业保险金享受期限对照表

累计工作时间/年	享受失业保险待遇期限/月
1年以下	0
1~5年（不含）	12

续表

累计工作时间/年	享受失业保险待遇期限/月
5~10年（不含）	18
10年以上	24

重新就业后再次失业的，领取失业保险金的期限可与前次失业应领取而未领取的失业保险金的期限合并计算，但最长不得超过24个月。失业保险金的标准，按照低于当地最低工资标准、高于城市居民最低生活保障标准的水平来确定。

五、失业保险的管理

我国失业保险制度自1986年初步建立，已经取得了较大进展，对经济体制改革起了积极的作用，但仍然难以适应改革的发展需求，日益暴露出其不足，主要表现为：失业保险覆盖空间有限；统筹层次低、互济性差；基金支出结构不尽合理，失业预防和促进就业方面的支出偏少；基金结余规模过大，造成资金的闲置和低效率；将企业富余人员推向社会难，难以体现失业保险的社会功能；失业保险基金管理乏力，缺少投资运营机制。在失业人员受益资格把关方面，失业保险经办机构及监督机构对失业保险金冒领、骗保等情况没有建立相应的行之有效的核查制度，失业保险经办机构与个人之间存在信息不对称和个人道德风险等问题，监督成本较高，容易造成失业登记人员中有相当一部分是自愿性失业，甚至还有很大一部分已经隐性就业，但仍对其支付失业保险金，造成失业保险基金的流失。

世界各国的失业保险都经历了一个从发展到逐步完善的过程，早期的失业保险也只是保障有职业而又失去职业的人，失业保险工作也只是征缴、发放、管理失业保险基金。为了解决经济迅速发展与失业者贫困加剧的矛盾，不少发达国家采取不断提高失业保险待遇的方法，此举不仅未能解决失业贫困问题，反而由于支付过高的失业津贴减弱了失业后再就业的内在动力。为此，西方学者对失业保险改革提出了两项原则：一是失业保险待遇应保障失业者及其家庭享有基本生活需要原则；二是促进再就业原则。

对我国而言，失业保险改革坚持基金筹集与使用对等原则，失业保险基金规模应与经济体制改革的承受力相适应，保持适度的积累率。结合《失业保险条例》，失业保险改革可借鉴世界其他国家在这一制度中的成功经验，围绕国家宏观政策与建立现代企业制度展开。系统改革思路可以从以下四个方面考虑。

（一）进一步完善失业保险立法

近年来，中小企业经营状况不佳，就业与再就业问题凸显。失业保险不仅要保证失业人员在失业期间获得必要的基本生活保障,而且要发挥预防失业以及培养和增强失业人员的再就业能力。因此,应进一步完善失业保险国家立法,实行强制性失业保险,对失业保险的实施范围、资金来源、待遇标准、享受条件、管理机构及职责作出明确的规定,以保障失业保险制度的实施。只有这样,才能保障失业保险基金按期足额征缴,保障失业者在失业期间享受失业保险待遇的权利,使权利和义务更好地结合起来,促使失业保险制度步入法治化的轨道。

(二)进一步拓展失业保险实施的空间和范围

《国有企业职工待业保险规定》将国有企业职工失业保险范围由原来的4种人扩大到7种人,《失业保险条例》将实施范围由国有企业扩大到与《劳动法》规定的范围相一致。这意味着城镇集体所有制企业、外商投资企业、城镇私营企业等非国有企业以及事业单位均纳入了失业保险的覆盖范围。但是,从全社会而言,失业不仅是企业现象,也是一种广泛的社会现象,如毕业后找不到工作的大学生、政府部门裁减的人员、农村潜在的失业大军,都将使社会"无业游民"的队伍迅速扩大。因此,为了拓展失业保险的范围和空间,与养老保险改革相配套,目前至少应把社会团体、民办非企业单位、基金会、律师事务所、会计师事务所、有雇工的个体工商户等组织,以及进城务工的农村劳动力、个体工商户、自由职业者、灵活就业人员纳入失业保险的覆盖范围,以实现全覆盖的目标。

(三)提高统筹层次,扩大失业保险的调剂能力

2019年,人力资源社会保障部、财政部、国家税务总局发布了《关于失业保险基金省级统筹的指导意见》,但截至2022年年底,失业保险基金尚未全面实现省级统筹。失业保险基金统筹层次低,则风险分散能力低、调剂能力差,制约了现代企业制度的建立与失业保险制度改革的深化。遵从大数法则,提高失业保险统筹层次,一方面可以弥补地区性劳动力短缺或相对过剩的矛盾,另一方面可以为建立正常的企业破产机制解除后顾之忧,增强对风险的抵御能力。在失业率攀升的情况下,通过提高失业保险统筹层次,积聚数额更为庞大的统筹基金,可以抵补低层次统筹基金的地区性缺口和阶段性缺口。随着"十四五"期间失业保险全面实现省级统筹,全国统筹将是未来的发展方向。

(四)调整基金支出结构,提高基金使用效益

2000—2018年,我国失业保险基金累计结余呈逐年上升趋势,2019年才出现首次下降。到2021年年末,全国失业保险基金累计结存3 313亿元,失业保险基金累计结余闲

置问题严重。今后,失业现象仍是我国经济社会发展中存在的常态性问题,因此,应相应增加失业保险基金支出项目。例如:增加具有预防失业功能的技能提升补贴和稳定岗位补贴;增加具有促进就业功能的职业技能鉴定补贴和创业补贴;领取失业保险金的失业人员参加职工基本养老保险,所需缴费从失业保险基金中支付,个人不缴费等。

第二节 工伤保险

一、工伤保险的对象与发展

工伤保险是劳动者在生产过程中发生不测意外事故,如负伤、致残、致死或患职业病,本人以及家庭丧失经济收入,生活难以为继,从国家和社会获得物质保障的社会保险制度。其中负伤是指劳动者在工作中,遭遇不测致使身体器官或正常功能受到损伤,因此造成暂时、部分丧失劳动能力的后果;致残是指劳动者在工作中遭遇意外伤害,虽经治疗、保养,仍不能完全康复,致使身体或智力功能部分或全部丧失、永久地部分或全部丧失劳动能力;职业病是指职工在生产或工作环境中,由于工业毒害、不良气候条件、生物因素以及由于恶劣的卫生条件等职业性原因而引起的疾病,其特征是形成时间较长,大多数情况表现为身体器官生理功能性损伤,很少有痊愈的可能,属于不可逆性损伤。

早在1964国际劳工大会上通过的《工伤事故津贴公约》中,就明确提出了工伤保险的目的,是为受雇人员发生不测事故时,提供医疗护理、现金津贴和职业康复,为残疾者安排适当的职业,采取措施防止工伤事故与职业病伤害。

在工业化过程中,工伤纠纷属于纠纷最多、矛盾最集中、处理难度最大、诉讼时间最长的劳动保险纠纷。判案从过错责任原则发展到无过错责任原则,职业伤害从雇主赔偿发展到雇主责任保险直到政府举办社会工伤保险,从私法跨越到社会法,其中不乏进入法律诉讼的漫长程序。工伤保险在历史发展过程中,使用过不同的概念,如工伤津贴、工人的补偿、职业伤害等,经历了自发互助、有组织互助、国家立法三个阶段。工伤预防、工伤补偿、工伤康复成为工伤保险的三个主要内容。

在西方国家中,工伤保险前的雇主责任制,是在危险的机械化大生产情况下,工伤事故层出不穷,迫于压力,由国家立法强制实施的,雇主协会成立后,改由雇主协会负责补偿。商业保险公司的介入,成为雇主责任制的另一种保险形式。

雇主责任制被工伤保险所取代，是由于雇主责任制难以从全社会的角度解决工业化大生产的社会问题：一是雇主与雇员之间的立场与利益摩擦，造成工伤责任事故不清，争议增多、难以协调；二是在雇主与雇员之间争议无果的情况下，雇主承受不起悬而未决的高额诉讼费用；三是小型企业雇主承受不起影响面大、赔偿费用高的工伤事故，最终导致企业的破产与工人的失业；四是雇主责任制大都采用低标准的一次性补偿待遇制，不足以抵补雇员及其家庭的长期需要；五是劳动者在企业流动，发现职业病或职业病复发难以确定应由哪家企业负责；六是保险公司出于经济利益的需要，有条件地选择和限制保险项目与对象，将风险大、易于发生事故的危险企业排除在外。

随着社会的发展，工伤事故的雇主责任制逐渐被社会工伤保险项目所取代。这要求通过国家立法，由政府组织，组成公共权力机构，按照统一标准收取保险费，实行社会统筹，分担社会风险。

二、工伤保险的工伤认定与等级鉴定

工伤保险的对象范围及其认定，是一项复杂的工作。我国工伤保险制度是根据20世纪50年代政务院颁布的《劳动保险条例》建立起来的。由于社会生产与经济生活日趋复杂化，2003年颁布、2010年修订的《工伤保险条例》对认定工伤和视同工伤作了详细规定。

职工有下列情形之一的，应当认定为工伤：

（1）在工作时间和工作场所内，因工作原因受到事故伤害的；

（2）工作时间前后在工作场所内，从事与工作有关的预备性或者收尾性工作受到事故伤害的；

（3）在工作时间和工作场所内，因履行工作职责受到暴力等意外伤害的；

（4）患职业病的；

（5）因工外出期间，由于工作原因受到伤害或者发生事故下落不明的；

（6）在上下班途中，受到非本人主要责任的交通事故或者城市轨道交通、客运轮渡、火车事故伤害的；

（7）法律、行政法规规定应当认定为工伤的其他情形。

职工有下列情形之一的，视同工伤：

（1）在工作时间和工作岗位，突发疾病死亡或者在48小时之内经抢救无效死亡的；

（2）在抢险救灾等维护国家利益、公共利益活动中受到伤害的；

(3) 职工原在军队服役，因战、因公负伤致残，已取得革命伤残军人证，到用人单位后旧伤复发的。

职工有下列情形之一的，不得认定为工伤或者视同工伤：

(1) 故意犯罪的；

(2) 醉酒或者吸毒的；

(3) 自残或者自杀的。

人力资源和社会保障行政部门应当自受理工伤认定申请之日起 60 日内作出工伤认定的决定，并书面通知申请工伤认定的职工或者其近亲属和该职工所在单位。人力资源和社会保障行政部门对受理的事实清楚、权利义务明确的工伤认定申请，应当在 15 日内作出工伤认定的决定。劳动功能障碍分为十个伤残等级，最重的为一级，最轻的为十级。生活自理障碍分为三个等级，即生活完全不能自理、生活大部分不能自理和生活部分不能自理。劳动能力鉴定标准由国务院人力资源和社会保障行政部门会同国务院卫生健康行政部门等部门制定。

发生工伤事故后，职工在工伤医疗期间治愈或者伤情处于相对稳定状态，或是医疗期满仍不能工作，应当进行劳动能力鉴定，评定伤残等级，并定期复查伤残情况。丧失劳动能力的程度鉴别，分为全部丧失劳动能力、大部分丧失劳动能力、部分丧失劳动能力。鉴别丧失劳动能力的程度，主要的鉴别为：

第一，在规定的最大医疗康复期内，是否恢复了劳动能力、伤情是否能够恢复劳动能力，如果不能恢复劳动能力，就是永久丧失劳动能力。

第二，剩余的劳动能力荡然无存，不能再从事任何劳动，就是全部丧失劳动能力。然而，具体到每个人的残疾程度，由于存在无法估计的心理因素与不断变化的就业市场环境，难以评定，通常借助于事先规定好的残疾等级表加以界定。2006 年，国家发布了《劳动能力鉴定　职工工伤与职业病致残等级》（GB/T 16180—2014），这是新修订的工伤鉴定的国家标准，对原标准《劳动能力鉴定　职工工伤与职业病致残等级》（GB/T 16180—2006）作了修改和完善。新标准将工伤致残共分十级，其中符合标准一级至四级的为全部丧失劳动能力，五级至六级的为大部分丧失劳动能力，七级至十级的为部分丧失劳动能力。

三、工伤保险基金的征缴和待遇

(一) 工伤保险基金的征缴

工伤保险基金，按照"以支定收、收支基本平衡"的原则统一筹集，由用人单位按照工资总额的一定比例缴纳，需要在细致测算的基础上确定工伤保险费率，并根据各行业的伤亡事故风险和职业危害程度的类别实行差别费率制。为了减轻企业负担，平均工伤保险费率一般不超过 0.75%，职工个人不缴纳工伤保险费。2019 年国务院办公厅印发的《降低社会保险费率综合方案》规定："工伤保险基金累计结余可支付月数在 18 至 23 个月的统筹地区可以现行费率为基础下调 20%，累计结余可支付月数在 24 个月以上的统筹地区可以现行费率为基础下调 50%。"工伤保险基金按照国家规定渠道列支，由用人单位开户银行代为扣缴，存入银行开设的基金专户，专款专用，任何单位和个人不得挪用和挤占，工伤保险基金留有一定的风险储备金，不足时由同级政府临时垫支。工伤保险基金的来源以下式表示：

工伤保险基金 = 用人单位缴纳的工伤保险费 + 工伤保险费滞纳金 + 基金储蓄利息 + 法律法规规定的其他资金 + 政府临时垫支

（二）工伤保险待遇

工伤保险待遇项目包括工伤医疗费、一次性工残补助金、伤残津贴、护理费、一次性工亡补助金、供养亲属抚恤金、一次性工伤医疗补助金、职工住院治疗工伤的伙食补助费、工伤职工到统筹地区以外就医所需的交通和食宿费用。根据《工伤保险条例》第三十条规定，职工因工作遭受事故伤害或者患职业病进行治疗，享受工伤医疗待遇。

工伤保险基金的使用包括工伤保险待遇支出、劳动能力鉴定费等几个方面，其计算公式为：

工伤保险基金支出 = 工伤保险待遇支出 + 劳动能力鉴定费 + 工伤康复费用 + 配置辅助器具费用 + 工伤预防费 + 工伤保险储备金 + 其他法律法规规定应由工伤保险基金支付的费用

职工因工负伤或患职业病，享受工伤医疗待遇，挂号费、住院费、医疗费、医药费、就医路费全部报销。当地住院治疗，按当地因公出差伙食费标准的 2/3 补贴个人伙食费；异地住院治疗，交通费与食宿费用按用人单位职工因公出差标准报销。

工伤职工已经评定伤残等级并经劳动能力鉴定委员会确认需要生活护理的，从工伤保险基金按月支付生活护理费。生活护理费按照生活完全不能自理、生活大部分不能自理或者生活部分不能自理 3 个不同等级支付，其标准分别为统筹地区上年度职工月平均工资的 50%、40% 和 30%，工伤职工评定伤残等级后，停发原待遇，按照有关规定享受伤残待遇。工伤职工在停工留薪期满后仍需治疗的，继续享受工伤医疗待遇。根据 2010 年修订的《工伤保险条例》，职工因工致残，享受不同待遇，详见表 16-2。

表 16-2　　　　　　　　　　　　　职工因工致残待遇表

伤残等级	1	2	3	4	5	6	7	8	9	10
一次性伤残补助金（本人月工资）	27月	25月	23月	21月	18月	16月	13月	11月	9月	7月
按月支付伤残津贴（本人月工资的%）	90	85	80	75	70	60	—	—	—	—

四、工伤预防和工伤康复

工伤保险直接服务于工业化大生产，对于保障职工合法权益，给予伤残者实物（医疗）和现金补偿，是完全必要的，但这仅是一种善后的工作。工伤保险的另一重大职能是工伤预防，防患于未然，才能真正地减少工伤保险基金支出，对于促进安全生产和维护社会稳定，均具有深远意义和现实影响。大宗工伤纠纷可以采取听证制度，使预防工业伤害与职业危险的发生成为广义社会保障的特殊内容。工伤预防、工伤补偿与工伤康复一起构成了工伤保险这一复杂的系统工程。工伤保险补偿应当更加社会化，更加富有人文精神，使受到职业伤害的劳动者能够获得经济补偿、得到积极的工伤康复，最大限度地恢复和提高工伤职工身体功能和生活自理能力、劳动能力，让他们回归社会，重返工作岗位。

为此，工伤保险的管理机构应配合应急管理部门督促企业落实国家的职业安全健康法律法规和标准，采取宣传、教育检查和奖惩等措施，支持安全生产和职业病预防的科学研究工作；促进用人单位改善劳动条件，加强安全生产管理，遵守劳动的安全卫生操作规程，减少工伤事故和职业病发生率。

为了增强激励机制，对于当年未发生工伤事故和职业病，或者其发生率低于本行业平均水平的企业，工伤保险的管理机构可以从该用人单位当年缴纳的工伤保险费用中返还5%~20%，用于工伤预防宣传和职工工伤预防培训工作。

工伤康复是工伤残疾人在国家和社会的帮助下，经过特殊医疗训练，或加以辅助用具后，不同程度地改进或增强身体器官的功能，从而部分或全部恢复，以正常人的方式从事某项活动的能力。

随着医学科技的发展，许多工伤残疾人非常渴求重返工作岗位，解除精神空虚，参加力所能及的劳动，以增加收入、改善生活。国际劳工大会多次提出，应提供适当的充足的财政援助，提供康复生活津贴、交通费，以及工具、装备、特殊器具，支持康复工作，尽量把工伤残疾人恢复到原有的工作能力，使之有合适的工作、自食其力，减轻国家负担。

在国际劳工大会的呼吁下，许多国家在支持工伤保险的同时，积极开展了工伤康复工作。中国有条件的地区通过工伤保险基金提留、民间赞助等方式筹集资金，逐步兴办工伤职业康复中心，开办为工伤残疾人生产辅助用具的工厂，资助工伤残疾人购买、修理辅助用具，给工伤残疾人以治理、护理训练等工作，帮助他们恢复或补偿器官功能。同时，对具有一定劳动能力并需通过专门训练恢复或提高劳动能力的工伤残疾人，人力资源和社会保障行政部门及用人单位积极组织他们的转业培训工作。

五、工伤保险的管理

通过全国广泛的试点，全社会对工伤保险的必要性、迫切性有了充分的认识。同时，全国大多数地区已普遍建立了劳动能力鉴定委员会，依据工伤评残试行标准开展了伤残鉴定工作。有了实行工伤保险的思想基础、组织基础和实践经验，在全国范围内全面开展工伤保险改革的条件已趋成熟。通过全面依法推进事业单位参保，事业单位参保人数和参保率逐年上升。为了解决公务员和参公事业单位人员的工伤保障问题，目前全国已有多个省份结合本地实际，先行出台文件，将公务员和参公事业单位人员纳入了工伤保险制度。有的地方开展了以促进中小微企业参加工伤保险为重点的专项行动，有的地方还探索开展了家庭服务企业、网络企业、农村地区企业参加工伤保险工作。

尽管我国的工伤保险改革取得了一定的成效，但还存在一些问题亟待解决。

1. 工伤保险覆盖范围有待扩大

2021年年末，全国参加工伤保险人数为28 287万人，比上年末增加1 523万人。其中，参加工伤保险的农民工人数为9 086万人，比上年末增加152万人。中国农民工总量29 251万人，而农民工参加工伤保险的人数仅占31.06%，可见，相当多的中小企业中，劳动关系不稳定的农民工未能纳入工伤保险范围。截至2022年6月底，全国工伤保险参保人数达到2.86亿人，工伤保险制度覆盖人群进一步扩大，工伤保险事业发展迈上新台阶，但整体来看，上升势头有所减缓。

2. 工伤保险基金提取比例偏低，行业费率与浮动费率存在问题

《工伤保险条例》规定，国家根据不同行业的工伤风险程度确定行业的差别费率，并根据工伤保险费使用、工伤发生率等情况在每个行业内确定若干费率档次。行业差别费率及行业内费率档次由国务院人力资源和社会保障行政部门制定，报国务院批准后公布施行。统筹地区经办机构根据用人单位工伤保险费使用、工伤发生率等情况，适用所属行业内相应的费率档次确定单位缴费费率。我国工伤事故频发，以2021年为例，尽管2021年年末全国工伤保险基金累计结存1 411亿元（含储备金164亿元），但工伤保险待遇水平依然偏低；费率水平偏低，造成统筹水平不高。其中，行业差别费率档次未能拉开，仅有8个行业费率（费率为0.2%~1.9%）。在浮动费率上，未能建立综合量化指标与浮动间的科学系数关系。

3. 工伤保险统筹层次偏低

2017年6月，人力资源和社会保障部、财政部发布了《关于工伤保险基金省级统筹的指导意见》，提出在2020年年底全面实现省级统筹的目标。但目前各地实现的工伤保险省级统筹大多属于省级调剂金模式，尚未全面实现工伤保险基金在省一级的统收统支管理，距离真正意义上的省级统筹还有差距。

4. 新业态从业人员工伤保险缺失

随着互联网经济、平台经济、共享经济的发展，以快递员、外卖员、网约车司机、代驾等为代表的新型就业形态异军突起，解决了数以亿计的人就业，而随之而来的是其劳动保障问题，尤其是职业伤害保障问题。关于新业态从业人员的职业伤害保障，到底应采用工伤保险模式、商业保险模式，还是单独建立一种职业伤害保障制度，学界、政界、业界尚存在争议，现实试点中三种模式均有存在。探索一种适合新业态从业人员的职业伤害保障制度，是政府未来的重要工作之一。

六、重视农民工的工伤保险管理

截至2021年年底，全国累计报告尘肺病达91.5万例[1]，病人广泛分布于煤炭、冶金、坑道建设等与粉尘相关的行业。尘肺病是以肺脏为主的全身性职业病，目前医学水平尚无法治愈，病人肺脏纤维化，导致呼吸功能衰竭、心功能衰竭，最后，肺脏会像石头一样坚硬。公开报道显示，这种病每年导致近万名在粉尘中工作过的劳动者死亡，其中主要是农民工。正视农民工的生存权利、健康权利与劳动权益，建立农民工社会保障与社会保护机制，是摆在我们面前一项重要任务。

重大生产事故、重大的交通事故、环境污染事故等，可能造成大量的人员伤亡，都可能给工伤保险制度带来重大影响。有关数据显示：在我国较大事故当中，由于"非法违法"造成的较大以上事故占总量的71.6%。如果加上违规违章，比率高达

---

[1] 数据来源：2022年4月5日国家卫生健康委"一切为了人民健康——我们这十年"主题新闻发布会。

95%以上。

在职业伤害中，许多农民工没有得到应有的职业医学检查，职业病患者未能得到及时的诊断与治疗。一些个体业主甚至让工人从事没有任何保护措施的有毒有害作业，又在发病前辞退他们或在发病后补贴一点钱财打发他们，致使这些打工者的健康受到严重伤害。农民工工作的流动性、不稳定性以及接触职业危害的多样性、复杂性，造成职业危害的不可预见性明显增多，对农民工健康的影响难以估计且难以控制。不少企业为了追求经济指标而忽视卫生条件与劳动保护，造成恶性工伤事故或是职业病伤害频繁发生。在地方政府追求 GDP 增长与经济效益的背后，传统职业危害形势依然严峻，新的职业危害相继出现，职业病危害迅速从沿海地区向内地、中小城市及农村扩散，有害作业范围迅速扩大，农民工职业病患病人数攀升已经成为我国一个重大的公共卫生和社会问题。据媒体报道，有四成农民工带病坚持工作，农民工已成为城市中独特的边缘人群，他们对城市发展做出了巨大贡献，同时也带来了不可回避的社会经济和卫生问题。他们劳动强度高、收入较低，工作环境、职业安全、居住条件、饮食卫生差，健康知识相对缺乏，是传染性疾病的高发人群。

在相当多的劳动密集型企业和制造企业，导致工伤事故大量发生的原因主要包括：一是在受调查的企业中有 90%以上岗前培训过于简单、流于形式；二是企业对机器设备没有制定完善的操作规程，缺少严格的监督机制；三是企业加班时间过长，造成工人过度疲倦；四是机器设备发生故障、维护不够，造成工伤事故。

出于对人格的尊重和以人民为中心思想，城镇社会保障制度应率先将农民工纳入城镇工伤保险的范围。2004 年 1 月 1 日施行的《工伤保险条例》的目的是保障因工作遭受事故伤害或者患职业病的职工获得医疗救治和经济补偿，促进工伤预防和工伤康复，分散用人单位的工伤风险。由于《工伤保险条例》将覆盖范围扩大到各类企业和有雇工的个体工商户，这对于一部分在劳动条件差、机器设备陈旧、缺乏必要的安全防护设施，又未进行操作培训和安全教育、安全生产意识薄弱的非公有企业的农民工而言，是一种最有利的社会政策。对农民工的保护列入职业卫生服务和职业健康管理的重点，将农民工纳入工伤保险及大病医疗救助，对于维护农民工基本权益具有重大的现实价值。当然，发生工伤事故得到工伤补偿只是被动措施，由于工伤保险涉及一系列的劳动权益、协商谈判、法律诉讼、薪酬管理、后续事务等问题，这些问题的解决与工伤保险制度相结合才能真正从根本上维护农民工的合法权益。

第三节 长期护理保险

一、长期护理保险的内涵与对象

长期护理保险是为了防范居民失能失智的风险、解决失能失智人员长期护理保障问题而设立的社会保险制度。当参保人生活不能自理需要专人陪护，经评定达到一定护理需求等级时，长期护理保险通过对护理费用的经济补偿，保障参保人的基本生活。失能是指因年老、疾病、伤残等原因，导致人体的某些功能部分或全部丧失，从而正常的活动能力受到限制或缺失。按照国际通行标准，吃饭、穿衣、上下床、上厕所、室内走动、洗澡六项指标中，一到两项不能完成的定义为"轻度失能"，三到四项不能完成的为"中度失能"，五到六项不能完成的为"重度失能"。失智是指因脑部伤害或疾病所导致的渐进性认知功能退化，常见的失智症有阿尔茨海默病、阿基米德病、路易氏体型失智症等。值得注意的是，"长期"并非时间概念，而是表示失能失智状态的不可逆。长期护理保险制度以长期处于失能状态的参保人群为保障对象，重点解决重度失能人员基本生活照料和与基本生活密切相关的医疗护理等所需费用，优先保障符合条件的失能老年人、重度残疾人，经医疗机构或康复机构规范诊疗、失能状态持续规定时间以上，经申请通过评估认定的失能参保人员，可按规定享受相关待遇。长期护理保险在我国起步与发展较晚，但由于其对民生的重要作用，也被称为社会保险"第六险"。探索建立长期护理保险制度，是应对人口老龄化问题、促进社会经济发展的战略举措，是实现共享发展改革成果的重大民生工程，是健全社会保障体系的重要制度安排。

二、长期护理保险改革试点与改革中的问题

自20世纪末以来，伴随着我国人口老龄化问题日益严重，与年龄相关疾病的患病率、发病率及失能风险急剧增长。根据国家卫生健康委公布的数据，2020年，我国部分和完全失能老龄人口达4 000万[1]，占60岁及以上老龄人口的15.2%。预计到2050年，我国将有1.29亿失能老年人，60岁及以上的失能老人将占老龄人口的28.8%。[2] 长期护

---

[1] 马晓伟. 国务院关于加强和推进老龄工作进展情况的报告——2022年8月30日在第十三届全国人民代表大会常务委员会第三十六次会议上 [EB/OL]. 中国人大网.
[2] 李晓鹤，刁力. 人口老龄化背景下老年失能人口动态预测 [J]. 统计与决策，2019，35（10）：75-78.

理保险的实施有利于保障失能人员基本生活权益，维持其正常的生活质量。我国长期护理保险起步晚但发展迅速：2016 年，《人力资源社会保障部办公厅关于开展长期护理保险制度试点的指导意见》对长期护理保险的试点工作进行了部署，并列出 35 个城市作为第一批长期护理保险试点城市，将吉林和山东两省作为国家试点的重点联系省份，随后，吉林省和山东省陆续增加了 20 个试点城市；2020 年 9 月，经国务院同意，国家医疗保障局会同财政部印发《关于扩大长期护理保险制度试点的指导意见》，新增加了 14 个试点城市；2021 年 11 月，《中共中央 国务院关于加强新时代老龄工作的意见》提出稳妥推进长期护理保险制度试点，积极探索建立适合我国国情的长期护理保险制度。截至 2022 年 6 月底，长期护理保险制度试点已覆盖 49 个城市（见表 16-3）、1.45 亿人，累计有 178 万人享受待遇。

表 16-3　　　　　　　　　　长期护理保险试点城市

省份	试点城市	省份	试点城市
一、第一批试点城市（35 个，2016 年）		二、第二批试点城市（14 个，2020 年）	
河北省	承德市	北京市	石景山区
吉林省	长春市、吉林市、通化市、松原市、梅河口市、珲春市	天津市	天津市
黑龙江省	齐齐哈尔市	山西省	晋城市
上海市	上海市	内蒙古自治区	呼和浩特市
江苏省	苏州市、南通市	辽宁省	盘锦市
浙江省	宁波市	福建省	福州市
安徽省	安庆市	河南省	开封市
江西省	上饶市	湖南省	湘潭市
山东省	济南市、青岛市、淄博市、枣庄市、东营市、烟台市、潍坊市、济宁市、泰安市、威海市、日照市、临沂市、德州市、聊城市、滨州市、菏泽市	广西壮族自治区	南宁市
湖北省	荆门市	贵州省	黔西南布依族苗族自治州
广东省	广州市	云南省	昆明市
重庆市	重庆市	陕西省	汉中市
四川省	成都市	甘肃省	甘南藏族自治州
新疆生产建设兵团	石河子市	新疆维吾尔自治区	乌鲁木齐市

我国长期护理保险试点工作进展顺利，已取得阶段性成效，切实减轻了失能人员家庭经济和事务负担，促进了养老产业和健康服务业发展。但是在制度实施过程中，仍然存在以下问题。

1. 险种缺乏独立性

相关政策文件提出以医疗保险为依托建立长期护理保险，国家医疗保障局是长期护理保险试点设计和运行主导机构，严格而言，长期护理保险更像是医疗保险的子项目而非独立险种。虽然长期护理保险属于"健康保险"范畴，但是其根本目的在于防范老年人失能时的护理风险，与国家医疗保障局的功能定位存在较大差异，将国家医疗保障局作为长期护理保险制度顶层设计者是否合适仍有待商榷。长期护理保险作为社会保险"第六险"，在制度设计上应该具备专门的筹资渠道，像其他险种一样"专款专用"。虽然试点城市在探索建立长期护理保险多渠道筹资机制，但从实际情况来看，医疗保险基金出资占比均在30%以上，一些地方甚至达到100%，缺乏专门的管理机构、过分依赖医疗保险基金影响了长期护理保险的独立性。

2. 筹资渠道单一，筹资责任失衡

按照社会保险基本原则，长期护理保险资金筹集应该由国家、用人单位和个人共同负担，职工人群以单位和个人缴费为主。然而在实际中，长期护理保险基金主要来源于当地基本医疗保险统筹基金，部分城市的医疗保险基金划转费用达总筹资额的60%，广州市、宁波市甚至完全依靠医疗保险基金，筹资渠道单一很大程度上弱化了长期护理保险的稳定性。此外，试点城市的保费来源除了医疗保险基金外，主要来自居民缴费，只有江西省上饶市和上海市等极少数城市要求用人单位承担独立的筹资责任，近一半的试点城市未对财政补助作出规定。总体来说，筹资主体中未强调政府财政和单位缴费的责任，这两者的缺位将影响长期护理保险基金运转的可持续性。

3. 受益主体不全面，保障范围不明晰

我国长期护理保险制度以重度失能老人为重点保障对象，考虑到基金的支出压力，只有很少一部分试点城市在此基础上纳入中度、轻度失能和失智人员。中度、轻度失能和失智人员较少从中受益，部分有护理需求的参保人员被排除在保障范围之外，无法获得合适的照料，导致失能程度的加剧。此外，失能人员接受的护理服务项目报销范围并不明确。根据政策，长期护理保险的保障范围为"主要解决基本护理服务所需的费用"，而"生活费""医药费"和"护理费"在实践中并不好界定，医疗护理服务和生活照护服务间的责任划分不明确，容易导致费用的不合理转嫁。

4. 参保范围较小，待遇水平较低

虽然政策文件中强调长期护理保险的受益群体为"失能状态持续6个月以上"的人群，但从两批试点城市的参保范围来看，多数城市仅将职工医疗保险参保人群纳入长期护理保险的保障范围内，这意味着参加居民医疗保险的人无法享受，在农村老年人的失能率与失能规模高于城市的现实背景下，长期护理保险普惠性、共济原则并未达到。由于长期护理保险基金在设立之初并无"存量"，基金主要来源为医疗保险基金、财政补贴和参保人缴费，且统筹层次多为市级，可调动资源有限，部分城市存在待遇水平低于参保人正常需求的情况，导致符合待遇领取条件的失能失智老人的护理费用实际报销比例并不高。

三、长期护理保险的管理

（一）参保主体和保障范围

参保主体是指依法负有缴纳长期护理保险费义务，并据此享受在出现长期护理支出需求时获得保险赔付权利的个人。相关文件均提出，长期护理保险在试点阶段原则上覆盖城镇职工基本医疗保险参保人群，有条件的试点城市可根据自身情况扩大参保范围。由于老年群体失能失智的风险更高，因此在试点地区一般将参保主体限定为45岁以上的参加城镇职工医疗保险的人。

保障范围指保险所承担的失能人员接受的护理服务项目费用范围。长期护理保险制度以长期处于失能状态的参保人群为保障对象，重点解决重度失能人员基本生活照料和与基本生活密切相关的医疗护理等所需费用，优先保障符合条件的失能老年人、重度残疾人。长期护理的形式包括医护人员看护、社区护理、家中看护等，保险基金通过日额津贴、费用补偿等形式对失能老人进行保障。

（二）给付条件和待遇标准

给付条件是指领取长期护理保险待遇的条件资格。长期护理保险基金主要用于支付符合规定的机构和人员提供基本护理服务所发生的费用，经医疗机构或康复机构规范诊疗、失能状态持续6个月以上，经申请通过评估认定的失能参保人员，可按规定享受相关待遇。2021年7月，国家医疗保障局会同民政部制定了《长期护理失能等级评估标准（试行）》，要求统一规范长期护理失能等级评估工作，为享受长期护理保险待遇的人群划定了统一、明确的准入标准，2022年1月印发配套的《长期护理保险失能等级评估操

作指南》明确了实施规范要求。根据政策，长期护理失能等级评估标准指标分3个一级指标和17个二级指标，一级指标为日常生活活动能力、认知能力、感知觉与沟通能力，二级指标包含进食、穿衣、时间定向、沟通能力等17项。失能等级划分为0~5级。通过参保人申请、自评、评估人员评级等流程综合判定长期护理失能等级，符合条件的参保人可获得补贴或报销。

长期护理保险坚持"保基本"的原则，根据当地经济发展水平和承受能力，合理确定基本保障范围和待遇标准。《关于扩大长期护理保险制度试点的指导意见》明确提出，长期护理保险根据护理等级、服务提供方式等不同实行差别化待遇保障政策，鼓励使用居家和社区护理服务。对符合规定的护理服务费用，基金支付水平总体控制在70%左右。此外，也要做好长期护理保险与经济困难的高龄、失能老年人补贴以及重度残疾人护理补贴等政策的衔接。

（三）筹资机制和基金管理

《关于扩大长期护理保险制度试点的指导意见》指出，要探索建立互助共济、责任共担的多渠道筹资机制。科学测算基本护理服务相应的资金需求，合理确定本统筹地区年度筹资总额。筹资以单位和个人缴费为主，单位和个人缴费原则上按同比例分担，其中单位缴费基数为职工工资总额，起步阶段可从其缴纳的职工基本医疗保险费中划出，不增加单位负担；个人缴费基数为本人工资收入，可由其职工基本医疗保险个人账户代扣代缴。有条件的地方可探索通过财政等其他筹资渠道，对特殊困难退休职工缴费给予适当资助。建立与经济社会发展和保障水平相适应的筹资动态调整机制。长期护理保险资金来源为：个人缴费（基本医疗保险个人账户）+单位缴费（基本医疗保险统筹基金）+财政补贴。

长期护理保险基金管理参照现行社会保险基金有关制度执行，单独建账，单独核算。要建立健全基金监管机制，创新基金监管手段，完善举报投诉、信息披露、内部控制、欺诈防范等风险管理制度，以确保基金安全有效。此外，要探索引入第三方监管机制，加强对护理服务行为和护理费用使用情况的监管。还要加强费用控制，实行预算管理，探索相适应的付费方式。

（四）未来的改革方向

长期护理保险的实施有利于保障失能人员基本生活权益，提升他们的生活质量。我国长期护理保险制度从设计到试点，已取得阶段性成效，但由于起步晚、需求量大等原因,仍然存在制度设计不完善、政策实施不规范等不足之处,未来有以下改革方向。

1. 全面推开制度,拓宽参保范围

长期护理保险作为我国社会保障体系的重要组成部分,未来要总结第一批、第二批试点城市可复制、可推广的经验,合理设计长期护理保险的参保主体、领取条件和待遇水平,在考虑各地经济发展水平、医疗保险支出压力的基础上,在全国全面实施长期护理保险制度,形成适应中国经济发展水平和老龄化发展趋势的长期护理保险制度框架。此外,试点城市一般只将45岁以上的职工医疗保险参保者作为长期护理保险的参保对象,未来可以基于大数法则逐步拓宽参保范围,将城乡居民基本医疗保险的参保人纳入长期护理保险,尽快探索农村照护服务方案,有序建立农村疗养院,促进基本公共服务均等化,缩小城乡差距,满足更多群众的长期护理需求,实现社会保险"第六险"的普惠性。

2. 扩大受益主体,明确保障项目

由于基金支出压力,我国长期护理保险以重度失能老人为重点保障对象,中度、轻度失能和失智人员很少从中受益,未来应适度扩大保障对象范围,关注各年龄段不同等级的失能失智人员保障问题,防止个体失能程度加剧。此外,要明确符合报销条件的护理服务项目费用范围,做好医疗护理服务和生活照护服务的责任划分,参考基本医疗保险"三个目录"的形式制定长期护理保险的保障范围,建立"养、医、康、护、临终关怀"五位一体的长期照护服务体系。

3. 完善筹集机制,加强基金管理

针对筹资来源单一的问题,未来应建立长期护理保险多渠道筹资机制,切实落实个人缴费、单位缴费和财政补贴的责任,合理制定各主体的缴费比例,尤其是明确财政兜底的责任,避免长期护理保险过于依赖医疗保险基金而缺乏独立性。此外,要加强长期护理保险的基金收支管理,建立专门的长期护理保险账户,实行"专款专用",与医疗保险基金分离;加强对疗养院、护理院等机构的管理,采用"总额预算制""预付制"等形式提高基金使用效率。

> **补充阅读一**

"降、缓、返、补、扩",人力资源和社会保障部门打出助企纾困"组合拳"

2019年年底,新冠肺炎疫情暴发,并迅速蔓延至全国。受新冠肺炎疫情影响,我国经济发展遭到暂时性阻滞，大量企业受到疫情冲击，经营状况恶化，并且失业问题凸显。失业保险兼具社会保险和就业双重属性，也具有保生活、防失业、促就业三重功能。近年来，失业保险继续实施一系列阶段性、组合式稳就业保民生政策，进一步加大援企稳岗、技能提升、兜底保障力度，积极助力"六稳""六保"。支持举措具体为"降、缓、返、补、扩"五个方面：

一是"降"，即延续降低费率。阶段性降低失业保险、工伤保险费率政策再延续实施一年，政策执行到2023年4月30日。

二是"缓"，即加大缓缴社会保险费力度。在前期对餐饮、零售、旅游3个特困行业企业，阶段性实施缓缴失业保险、工伤保险费政策的基础上，将行业实施范围扩展至民航、公路水路、铁路运输行业，将缓缴险种范围扩展至养老保险。其中，养老保险费缓缴期限为3个月，失业保险和工伤保险费缓缴期限不超过1年，缓缴期间免收滞纳金。

三是"返"，即提高稳岗返还标准。继续实施失业保险稳岗返还政策，对不裁员少裁员的参保企业，返还一定比例失业保险费。倾斜支持中小微企业，明确返还比例从60%最高提至90%；对没有对公账户的小微企业，可将资金直接返还至当地税务部门提供的其缴纳社会保险费的账户。

四是"补"，即加大职业技能培训补助力度。在继续实施对领取失业保险金人员发放职业培训补贴、继续放宽参保职工技能提升补贴申领条件的基础上，将技能提升补贴受益范围拓展至领取失业保险金人员。同时，新增两项阶段性政策，向受疫情影响暂时无法正常生产经营的中小微企业发放一次性留工培训补助，允许基金结余较多的统筹地区提取4%左右的失业保险基金结余用于职业技能培训。

五是"扩"，即延续实施扩围政策。在持续做好失业保险金、代缴基本医疗保险费和失业农民工一次性生活补助等常规性保生活待遇发放工作的基础上，延续执行失业保险保障阶段性扩围政策，继续向参保失业人员发放失业补助金，向参保失业农民工发放临时生活补助。

随着《关于扩大失业保险保障范围的通知》《关于实施企业稳岗扩岗专项支持计划的通知》《关于扎实做好失业保险待遇发放工作的通知》等政策落地，人力资源和社会保障部将深入贯彻落实党中央、国务院决策部署，指导各地加大工作力度，畅通申领渠道，能简尽简、能快尽快，最大限度释放政策红利，助力高效统筹疫情防控和经济社会发展。

资料来源：人力资源社会保障部2022年第一季度新闻发布会文字实录。

补充阅读二

新业态劳动者工伤如何认定

据 2022 年 11 月 17 日《工人日报》报道，一位外卖小哥在深夜的北京送餐，接了 4 单的他在送完第一单后突发疾病倒在路边死亡。家属认为小哥服务的外卖平台应承担赔偿责任，该平台表示很"委屈"，认为自己的配送业务外包给了一家信息公司。信息公司也不承认自己对小哥有责任，认为双方签了合作协议，只是"合作关系"。

近年来，包括快递员、外卖员、网约车司机等在内的新就业形态劳动者遭遇工伤认定难、工伤待遇索赔难的情况频现。一个重要的原因在于，新技术带来这些领域工作任务由员工自主决定、工作时间更具弹性、工作地点更加开放的变化，让工伤认定三要素中的"工作时间、工作场所和工作原因"变得难以确定。

我国《工伤保险条例》规定，职工在工作时间和工作场所内，因工作原因受到事故伤害的，属于工伤。被认定为工伤的，职工将获得相应的待遇保障。这意味着，如果劳动者遭遇的伤害，缺少了三要素中的任何一项，都无法被认定为工伤。

同时，《工伤保险条例》规定，工伤认定申请应当提交工伤认定申请表、与用人单位存在劳动关系（包括事实劳动关系）的证明材料以及医疗诊断证明或者职业病诊断证明书等。由此可知，即使工伤认定三要素齐全，但如果没有一个可以证明的劳动关系，依然难以获得工伤认定。而这一点，恰恰是不少新就业形态劳动者遭遇工作伤害却难以获得工伤认定的"拦路虎"。

越来越多的现象表明，平台经济的用工灵活，呈现去劳动关系化特点。而错综复杂的用工结构和用工关系让新就业形态劳动者在发生争议时，不知道自己的相对方是谁。对此，一些学者及专业人士不断给出破题方案，比如，修改《工伤保险条例》，将新业态从业者纳入其中；修改《劳动合同法》，在法律中增加一类合同形式即平台雇佣关系的劳动合同等。

用工就会有风险，这是工伤保险制度产生的一个重要原因——保障受伤、患病职工获得医疗救治、经济补偿，同时分散用人单位的工伤风险。而近年来，诸如业务外包、层层转包以及强迫从业者注册个体工商户等做法，实际上是某些平台、企业试图淡化、模糊劳动关系进而免于承担工伤风险的"歪招儿"。

正如相关学者的分析，劳动形式变了，但劳动的本质没变。而完善劳动保护和保障,通过参加社会保险、商业保险的方式分散用工风险,才是用工方的理性选择。在制度、法律层面,让法律跟上现实快速变化的脚步,也是相关方的当务之急。

期待相关工伤认定能尽快拨开现实中的重重迷雾,防止用工主体把风险和责任"甩锅",回归工伤认定的本质,让用工者担起必要的责任,让从业者享受应有的权益。

资料来源:张伟杰. 防止用工方"甩锅",回归工伤认定的本质[N]. 工人日报,2022-11-23(005).

深度阅读

1. 信长星,左春文. 失业保险[M]. 北京:中国劳动社会保障出版社,2012.

各国失业保险制度都有不同的特点,但通常具有以下七个方面共同的基本特征:一是普遍性,它是为保障工资收入的劳动者失业后的基本生活而建立的,其覆盖范围应十分广泛;二是强制性,制度范围内的用人单位及其劳动者必须按照法律法规规定参加失业保险,并履行缴费义务;三是互济性,征缴的失业保险费在统筹地区内统一安排使用,不记个人账户,不需要偿还;四是社会化,基金来源要多渠道,由用人单位、劳动者和国家分担;五是水平适度,失业保险待遇需与经济发展水平相适应,并保障失业人员的基本生活,同时尽可能减轻用人单位和政府的负担;六是适度积累,在采取现收现付办法的同时,保留一定数量的基金以备应急之用;七是专款专用,基金只能用于法律法规规定的与失业保险有关的支出项目,不得用于平衡财政收支和其他不相关支出。

2. 胡晓义.《工伤保险条例》学习培训教材[M]. 北京:中国劳动社会保障出版社,2010.

教材包括三个部分的内容:第一部分是导读,收录了人力资源和社会保障部宣传贯彻新《工伤保险条例》的相关文件材料;第二部分是释义,对2010年修订后的《工伤保险条例》逐条解读;第三部分是现行有效的工伤保险相关法律法规和文件。

本章小结

失业率和通货膨胀率两大指标在西方经济学中被称为"痛苦指数"。20世纪90年代末,随着国有企业改革的深化,我国下岗、失业人数居高不下,为此,我国建立了国有企业下岗职工基本生活保障制度、失业保险制度、城镇居民最低生活保障制度"三条保障线"。可以说,失业保险制度的建立,是国有企业改革的重要配套措施。失业保险主要有保障生活、预防失业和促进就业的功能。我国的失业保险,适用范围为城镇企事业单位及其职工；缴费比例已降至 1%；基金支出包含失业保险金、医疗补助金、死亡的丧葬补助金和其供养的配偶、直系亲属的抚恤金，以及职业培训和职业介绍补贴；失业保险金的标准，低于当地最低工资标准、高于城市低保标准；领取失业保险金需要满足 3 个条件，即缴费满 1 年、非因本人意愿中断就业、已办理失业登记并有求职要求。

工伤保险与工伤预防工伤康复相结合，构成了一个复杂的系统，涉及许多方面和众多部门，工伤预防、医疗救治、工伤认定、伤残鉴定、工伤保险基金征缴、费率厘定、经济补偿、工伤康复和管理服务等方面必须相辅相成、改革到位。

建立健全长期护理保险制度，是积极主动应对人口老龄化问题、加强新时代老龄工作、促进社会经济发展的战略举措。推进城市试点、探索建立适合我国国情的长期护理保险制度，有利于切实减轻失能失智老年人的家庭经济和事务负担，助力实现共享发展改革成果的重大民生工程，进一步健全社会保障体系。

重要概念

失业　失业保险　工伤保险　工伤补偿　工伤康复　工伤预防　评残标准　长期护理保险　失能

复习思考题

1. 我国失业保险的建立与实施应注意哪些问题？
2. 工伤保险制度改革的难点何在？
3. 为何要建立健全长期护理保险制度？

第十七章
建立中国特色社会保险制度

改革开放以来，我国的社会保险制度在借鉴国外社会保险理论与社会保险制度实践经验的基础上，结合自身的国情，制定了一系列具有中国特色的社会保险政策与制度，运行状况良好，受到国际社会高度肯定，2016年11月国际社会保障协会授予中国政府"社会保障杰出成就奖"。下一阶段，在中国全面建成社会主义现代化的新背景下，如何继续完善、提升具有中国特色的社会保险制度，使其既能与国际社会保险规范接轨，又符合中国国情，显得尤为重要。

第一节 完善中央与地方政府社会保险的责任机制

社会保险作为最贴近于公众的民生问题，地方政府具有相当的知情权与处置权，同时中央政府的调控不可替代。完成这个任务，需要一个有高度权威的中央政府和政令统一、令行禁止的行政体系。地方政府搞"上有政策，下有对策"，既阻碍了科学发展观的落实，也破坏了中央与地方政府关系的和谐。因此，坚持中央与地方政府在社会保险职能分工上的权责对称原则、集中与分散管理相协调原则、法律规范原则，才能克服地方本位主义，发挥中央与地方政府两方积极性。

在我国社会保险制度改革前，曾经在相当长一段时间，中央政府与地方政府的社会保险责任处于模糊状态，政府在社会保险中扮演的角色和政府的内部责任划分不清，影响到社会保险制度的运行与完善。以养老保险全国统筹为例，由于长期"财政分灶"的体制，养老负担轻、结余多的地区不想打破原有的利益格局，不愿意牺牲自己的地方利益，不愿将养老金结余上交中央去补贴有缺口省份的养老金，形成了中央与地方政府的博弈，也造成了严重的地区失衡问题。① 2021年3月通过的《中华人民共和国国民经济和社会发展第十四个五年规划和2035年远景目标纲要》提出，要"实现基本养老保险全国统筹"，并对全国统筹工作提出了明确的时间要求。中央与地方政府间责任划分是基本养老保险全国统筹的前提，基本养老保险全国统筹的完全中央政府责任模式、完全地方政府责任模式都违背了基本养老保险全国统筹的基本规律。② 因此，根据实际情况，科学划分中央与地方政府的社会保险责任是非常必要的。

在社会保险责任分工问题上，中央与地方政府的关系问题亟待调整的是财权和事务的关系。实行分税制后，从财权来看，地方政府的财政收入占整个财政收入的比重逐年下降。在处置社会保险财政补贴问题上，中央财政起着关键的作用，而地方政府的补贴则较为有限，由于财源紧张或缺乏，这样势必会削弱地方政府对社会保险的责任意识，形成对中央政府的依赖。市场经济国家养老保险大都属于中央事务，而我国却由地方政府管理，但实际执行中，中央政府又承担了大部分支出责任。财权与事权不统一，势必会造成养老保险统筹外项目进入社会统筹的问题。例如前些年出现的"农民工异地转移个人账户遭遇地方保护政策阻挠"的问题，随着统筹层次的提高，在一定程度上将得到缓解。但失业保险、工伤保险等缴费比率的全国不一致，导致东部地区企业社会保险缴费标准比西部低，进而加剧区域经济发展的"马太效应"等问题依然存在。因此，急需通过调整政策，使得"财权与事权适配"，发挥中央与地方政府两个积极性，避免出现"企业依赖政府，地方依赖中央"的局面。

根据财政部统计数据，截至2021年12月末，全国地方政府债务余额304 700亿元。全国社会保障基金理事会有关专家曾指出：养老保险基金面临着昨天的欠缴、今天的结存、今天的补贴及明天来势凶猛的养老需求之间的重组。2021年，全国全年城乡居民基本养老保险基金收入5 339亿元、支出3 715亿元，年末城乡居民基本养老保险基金累计结存仅为11 396亿元。③ 当年，仅中央财政安排基本养老保险基金补贴资金的规模已经达到了约9 000亿元，按照规定，省、市、县各级地方政府必须对参保人缴费进行补贴，对建档立卡贫困人员、低保对象、特困人员和重度残疾人等特殊困难群体的补贴比例更高。随着补贴金额的逐年提高以及参保人员数量的增加，县、市两级地方政府财政

---

① 邓大松，薛惠元. 城镇职工基础养老金全国统筹的阻碍因素与对策建议［J］. 河北大学学报（哲学社会科学版），2018（4）.
② 曹信邦，阚梦香. 基本养老保险全国统筹的系统性整合研究［J］. 中国行政管理，2021（4）.
③ 人力资源社会保障部. 2021年度人力资源和社会保障事业发展统计公报［EB/OL］. http://www.gov.cn/xinwen/2022-06/08/content_5694537.htm.

支出也逐年递增，这种情况进一步加剧了地方政府债务尤其是隐性债务的不断增长，不断挤压各级政府其他公共支出和基础设施建设的支出。基于此，国务院办公厅2019年发布的《基本公共服务领域中央与地方共同财政事权和支出责任划分改革方案》，明确九项基本公共服务保障的国家基础标准，其中城乡居民基本养老保险补贴和城乡居民基本医疗保险补贴均由中央与地方政府按比例分担。对内蒙古、广西、重庆等地的城乡居民基本养老保险补贴，中央全部承担支出。

社会保险的事权与财权若不统一，涉及中央政府与地方政府对于社会保险的责任划分问题。从转移支付而言，中央对地方的转移支付力度一直在不断加大，如2021年，中央对地方转移支付（含税收返还）82 215.94亿元，相当于2005年的11.2倍；一般性转移支付74 862.9亿元，相当于是2005年的19.6倍。① 转移支付中包括一部分中央对地方社会保险的补贴支出，从近几年中央与地方政府对社会保险补贴的统计资料看，中央财政在社会保险补贴上担负着主体责任。由于我国人口老龄化程度、社会保险财力的提供、社会保险分配结构、社会保险基金征缴、劳动人口流动等均存在不对称的问题，需要中央对地方财政社会保险的承受能力不足及缺口予以弥补。根据《基本公共服务领域中央与地方共同财政事权和支出责任划分改革方案》，将全国性或跨区域的重大传染病防控等重大公共卫生服务上划为中央财政事权，由中央财政承担支出责任。而基本公共卫生服务、医疗保障、医疗卫生能力建设等方面，则根据相关事权，由中央和地方政府共同承担支出责任，但对于不同地区，中央财政给予从80%到10%不同的分档分担。该方案还明确：坚持财政事权划分由中央决定，坚持保障标准合理适度，坚持差别化分担，坚持积极稳妥推进，逐步建立起权责清晰、财力协调、标准合理、保障有力的基本公共服务制度体系和保障机制。该方案提出的这种中央财政的主角地位、地方财政的配角地位以维系社会保险的相对均衡发展，符合我国的现有国情。

社会保险的快速发展，人民群众利益诉求的明朗化，要求社会保险行政管理体制改革尽快推进。发挥地方在社会保险事务中的责任，实施社会保险的事权与财权的相对统一十分必要。这就需要按照责任范围等原则对政府间的职能划分做出界定，对地方受保障人员界定进行相应的调整，相应的保障机制也要调整和完善。

第一，中央与地方政府的责任划分，应体现各级政府的任务要求，要把握政府内部的关系，政府行为目标的分解、相应的政府社会保险职能及效率问题等。要在中央与地

---

① 数据来源：2021年中央和地方预算执行情况与2022年中央和地方预算草案。

方政府应担负的责任中加以明确划分，以增强地方政府社会保险责任的内生动力。要谨防中央财政把本应由自己履行的责任交由地方政府履行，形成"中央请客、地方买单"模式，也要防止地方政府将矛盾上交、千方百计逃避社会保险责任的依赖症。

第二，我国从1994年后实施的是划分事权、财权的分税分级财政体制，分税制改革后社会保险的供款责任理应由中央与地方政府按事权与财权相统一的原则共同分担。但由于目前政府预算支出科目中，主要是按经费性质进行分类的，把各项支出划分为行政费、事业费等，这种分类方法混淆了政府所经办的具体事务，包括社会保险支出等重点支出都分散在各类科目之中，不能形成一个完整的概念，不透明、不清晰。由于中央与地方政府之间的财政责任不明确、责权与事权不对称，导致中央对社会保险的供款负担过重、地方政府负担较轻甚至没有负担，且随意性较强。进一步深化财政管理体制改革的原则包括：一是要按照中央统一领导、充分发挥地方主动性和积极性的原则，进一步明确各级政府的支出责任；二是要合理调整和完善省以下财政管理体制，切实缓解地方财政困难。

第三，中央政府和地方政府对于社会保险的责权不清，主要表现在以下两个方面：一是具有公共产品性质的社会统筹部分没有形成一个合理的层级分布，全国统筹和省级统筹的目标结构不明确，除养老保险项目之外，其他四个社会保险项目的社会统筹长期停滞在较低的市县级层次上；二是中央财政和地方财政的资金支持与事务管理责任划分没有完全相称，未能很好地体现出公共事务管理谁负责、谁出资的效率原则。① 按经济效益最大化原则确定中央与地方政府社会保险的责任，提高社会保险统筹层次，由省级统筹向全国统筹过渡，可以在全省或全国范围内调剂基金余缺，分散基金风险。在这种情况下，仍旧要完善中央与地方政府在社会保险层级管理上的责任分工。按照优势互补原则确定中央与地方承担的责任种类，通过中央与地方财政供给，维系基本的社会公平底线。

第二节 合理处置社会保险领域中政府与市场的关系

政府与市场是两种基本的制度安排，也是社会保险制度中两个重要的主体。随着社会保险制度改革的不断深化，势必导致社会保险中政府与市场作用的不断调整，政府与

---

① 李绍光. 中央政府和地方政府的责权划分 [J]. 经济社会体制比较，2006 (3).

市场的组合关系如何，会直接影响到社会保险的运行效率。"全面建成多层次社会保障体系"是党的十九大、二十大对社会保障体系建设作出的重大部署。如何构建政府与市场二者之间的均衡机制，进一步明确政府的责任、发挥市场的作用，是实现新时代社会保障权责更加合理配置、发展更可持续的基本条件，是新时期社会保险制度建设的重要使命。

一、政府与市场选择的决定因素

制度安排是约束经济行为主体的一种交易规则，从社会保险领域的交易对象看，政府提供社会保险这一公共产品，具有外在性、共享性、垄断性。一些社会组织也参与社会保险公共产品的生产或管理，如私营机构利用它们的基础设施和经验，用更低的成本管理社会保险基金，参与人口老龄化产业投资等。前者由政府组织形式来进行，而后者由市场组织形式来进行。从交易方式看，政府通过强制性方式实现社会保险资源配置，市场则通过当事人之间进行的自愿交易进行资源配置；从交易目标看，政府是一种基于社会福利目标的公共选择的制度安排，而市场则是一种基于私人利益目标进行的自主选择的制度安排。以科斯为首的新制度经济学派，以"交易费用"为基本分析工具，把政府与市场看作两种可以相互替代的资源配置方和具体的制度安排，从而在理论上很好地回答了两者的性质、规模、优劣和边界及其动态演进规律。[1]

由于社会保险特殊的社会功能，各国政府都不同程度地介入社会保险领域。对全社会而言，社会保险可以促进公共安全，并为经济的发展提供良好的外部环境。但是，公共选择学派以市场经济条件下政府行为的限度或局限性以及政府失败问题为研究重点，运用经济学分析工具证明了市场的缺陷并不是把问题交给政府处理的充分理由[2]，从而证实政府的社会保险职能不是无度的。如果完全由政府来经营和管理社会保险，通过行政命令分配和调节社会保险资源，则必然排斥市场主体进行生产和交易的灵活性，带来交易成本的增加和效率的低下。理智的选择不是追求完全的政府包办或是全部由市场机制起作用。要在认识到两者都不可能尽善尽美，都存在缺陷和问题的前提下，理性构建一种有效的协调机制，在不断试错的选择中，寻求政府与市场的最佳结合点，以保证社会保险有条不紊地向前发展。

---

[1] 陈振明. 公共管理学 [M]. 北京：中国人民大学出版社，2000：229.
[2] 詹姆斯·布坎南. 自由、市场和国家 [M]. 北京：北京经济学院出版社，1988：3.

二、社会保险领域中影响政府与市场选择的相关因素

(一) 经济增长与经济发展水平的影响

对经济增长与经济发展两个概念,雷诺兹、赫立克、金德尔伯格、波金斯、哈根等知名学者均有描述。经济增长与经济发展有所区别:经济增长仅指一国或一地区在一定时期内,包括产品和劳务在内产出的增长;经济发展则意味着,随着产出的增长而出现的经济、社会和政治结构的变化。这些变化包括投入结构、产出结构、产业比重、分配状态、消费模式、社会福利、文教卫生、群众参与等内在的变化。① 经济增长是社会保险发展的基础要件,没有经济增长就不可能有社会保险的发展。经济发展包含社会保险在内,如果一味追求 GDP 的增长,而不顾所付出的社会成本增加与人民福利的减少,就会出现"无发展的增长"。经济增长会带来国民收入的提高,但在注重经济发展的同时,注意其中心意义是社会和个人福利的增长。根据马斯洛的需求层次理论,个人对社会保险的需求层次也在不断地提高。我国在建设小康社会与实现共同富裕的进程中,社会保险的内涵也在不断发展,从保障公民基本生存权利发展到维系公民基本生存权利的同时维护个人的全面发展权。这种变化,一方面要求政府加大社会保险的投入,提供社会福利增量;另一方面在国民收入分配不平等程度加剧的同时,必须利用政府在社会保险调控中的再分配职能,注重社会公平,调整社会保险支出结构与社会保险资源配置,发挥政府在社会保险可持续发展中更大的效用。有学者对我国 1989—2015 年社会保障支出政策的收入调节功能和效果进行测算和分析时发现,我国的社会保障支出政策,对全国城乡居民收入差距一直具有显著的正向调节作用,并在 2000 年后效果快速提升,在 2015 年居民基尼系数降低幅度达到 0.102;但是社会保障支出规模的不平衡导致收入调节效果存在着极大的城乡差异,并且差异一直在加剧,2015 年城镇地区的调节效果是农村地区的 5 倍多,以致加大了城乡之间的收入差距;养老金在居民转移性收入中的占比,以及对收入调节的贡献率均在 90% 以上。② 党的二十大报告指出,在未来五年要"加大税收、社会保障、转移支付等的调节力度"。如果各级政府财政支出向农村养老等薄弱的民生领域倾斜,不断增加农村居民获得养老金的数额,城乡收入差距将会有效缩小。

(二) 市场发育水平与市场主体能力的影响

在社会保险的某些市场化改革进程中,政府与市场的有机结合,避免了单方行为,

---

① 谭崇台. 发展经济学 [M]. 太原:山西经济出版社,2000:6.
② 耿晋梅. 中国的社会保障支出政策调节了居民收入差距吗? [J]. 经济问题,2020 (7).

政府通过代理、作业外包等方式，使政府的一些社会保险职能通过市场加以实施。但这样一来，市场的发育水平与基础构件会影响政府社会保险职能的发挥。社会保险体系对劳动力供给、储蓄行为以及资本积累会造成影响和负面激励效应，其前提条件是要建立完善的市场体系和市场经营主体。在西方国家，市场发育较为成熟，私营企业创造了比公营社会保险机构更高的运营效率，市场能承受社会保险更多的社会职能。而在发展中国家，由于市场体制不完善，私营企业的经营水平有限，市场在社会保险中的作用受到限制。资本市场是社会保险基金保值增值的重要载体，西方国家资本市场高度发达，并有众多的适合社会保险基金投资的金融创新工具，保证了社会保险基金、企业年金、商业保险基金较高的收益率。而在发展中国家，资本市场的广度与深度、投资规模与投资工具都不能完全满足社会保险基金投资的需要。因此，在社会保险基金投资选择上，发展中国家采取了更谨慎的政策。

三、政府与市场在社会保险领域的有机结合

世界各国在社会保险领域实践中，都或多或少采取了政府与市场相结合的方式。一方面要避免市场万能论倾向。我国在探索发展多层次社会保障体系的过程中也曾陷入过分夸大市场作用的误区，如将社会保险性质的大病保险交由商业保险公司经办，实际效果只是基本医疗保险之后的第二次报销，同时还成为影响真正意义上的商业健康保险发展的重大制约因素。[①] 另一方面要提防走国家万能论与政府高明论的极端。在实践中存在过度强调政府责任而不注重激发市场主体的自主性与积极性的倾向，结果造成补充保障作用不足，影响市场化的保障项目发育成长。例如，我国保险业位列世界保险市场前位，却在商业性养老金供给方面几乎可以忽略不计。[②] 可见，不存在万能的政府，也不存在万能的市场，最科学的做法是在不完善的政府与不完善的市场之间进行权衡，单纯的政府行为与市场行为都不能取得良好的效果。社会保险管理要求根据经济合理化与成本最小化的原则，建立一种稳定与协调机制、多种资源组合方式：一是在社会保险领域建立健康的市场培育机制，真正发挥市场在社会保险领域的基础性配置功能；二是转换政府职能，培育并提高社会保险的行政效率与制度创新能力，矫正政府在社会保险领域中的错位、缺位与越位问题。

在西方国家治理"福利病"的过程中，最引人注目的是"福利多元主义"思潮的兴

---

① 郑功成. 加快建成多层次社会保障体系［N］. 光明日报，2018-06-02.
② 郑功成. 多层次社会保障体系建设：现状评估与政策思路［J］. 社会保障评论，2019（1）.

起。福利多元主义一方面强调福利服务可由公共部门、营利性组织、非营利性组织、家庭与社区4个部门共同来负担，政府角色逐渐转变为福利服务的规范者、福利服务的购买者、物品管理的仲裁者，以及促使其他部门从事服务供给的角色；另一方面强调非营利性组织的参与，以填补政府从福利领域后撤所遗留下的真空，抵挡市场势力的过度膨胀。同时，通过非营利性组织来达到整合福利服务，促进福利的供给效率，迅速满足福利需求的变化等功能。福利多元主义的两个主要理念是分权与参与，所谓分权不只是政府将福利服务的行政权由中央政府转移给地方政府，同时也要从地方政府转移至社区，由公共部门转给私人部门。参与的实质是非政府组织可以参与福利服务的提供或规划，福利消费者也可以和福利提供者共同参与决策。[①] 可见，以政府为主体，多管齐下的社会动员，可以最大限度地整合社会资源，引入市场机制的目的是实施有效竞争，努力避免政府行为对市场本身正常运行的损害。

第三节 动态把握政府在社会保险职能中的角色定位

在2021年中共中央政治局第28次集体学习时，习近平总书记强调："要完善从中央到省、市、县、乡镇（街道）的五级社会保障管理体系和服务网络，在提高管理精细化程度和服务水平上下更大功夫，提升社会保障治理效能。"党的二十大报告提出："加快完善全国统一的社会保险公共服务平台。健全社保基金保值增值和安全监管体系。"这给政府履行社会保险职能提出了新的要求。在实现这一目标的过程中，政府同时要遵循社会经济的发展规律，合理地把握政府社会保险职能角色定位的切入点。

一、政府社会保险职能角色转换之一：强化政府社会保险职能

社会保障的市场经济有两大重要支柱：一是社会保险体系；二是信用体系。我国实行的是中国特色社会主义市场经济的发展道路，在理论上和实践上要求把建立与完善社会保险体系作为市场经济一个重要的配套工程。数十年的计划经济，我国实施的是企业保险而不是社会保险，转型过程中政府介入社会保险就要把握好一个"度"的问题。这里存在一个适度社会保险水平问题，即以某一国家或地区某一特定时期社会保险支出占该国或该地区GDP的百分比来衡量。适度社会保险水平要与社会保险的基本功能相适

[①] 林闽钢，等. 走向全球化的中国社会保险制度改革[M]. 北京：中国商业出版社，2001：120.

应，政府介入社会保险的深度则要服从于政府财政收入状况，财政收入增量一般与GDP增量成正比关系，扩大政府财政预算中社会保险支出的比重就是一个从财务上对政府介入社会保险的供给量的度量。适度社会保险水平的约束条件服从于社会保险需求水平与社会保险供给水平两大条件的制约。

党的二十大报告指出："高质量发展是全面建设社会主义现代化国家的首要任务。"目前我国的社会保险制度正处于从高速度发展转向高质量发展的转型期，这一特殊的背景对于政府介入社会保险也提出了特殊的要求。政府介入社会保险并实现社会保障高质量发展的原则及任务主要如下。

（一）建立更加公平的社会保障制度

党的十八大以来，中国的社会保险制度改革进入了快车道，公平统一的社会保障体系逐步形成，通过合并新型农村社会养老保险和城镇居民社会养老保险，实现了城乡居民养老保险制度的统一；通过实施机关事业单位养老保险制度改革，实现与企业养老保险制度并轨；通过形成城镇职工和城乡居民两大基本养老保险制度平台，填补了部分群体缺乏保障的制度空白。① 但是，社会保险领域发展的不平衡性、不公平问题突出，存在"碎片化"现象仍然较为普遍，统筹层次低，社会保障的城乡差异、地区差异突出等问题。② 要解决这些问题，政府需要从以下几个方面推动。

一是需要整合碎片化的社会保险制度。面向不同人群的社会保险制度亟须整合，如加强针对职工、居民和机关事业单位工作人员的社会保险安排的整合力度；利用可衔接、可相互转移的政策安排解决社会保险制度城乡差距和多轨并行的"区隔化"问题。③

二是破除社会保险的城乡壁垒。进一步增加农村地区生育保险、就业帮扶和与职业伤害相关的保障项目或保障措施，以弥补农村地区社会保障不足的问题；进一步提高农村地区社会保险待遇水平，缩小城乡社会保险待遇水平差距；进一步提升农村地区社会保险经办服务能力和信息化水平，逐步实现社会保险城乡一体化发展；减少进城务工人员参加和享受社会保险的阻碍因素，"松绑"依赖于户籍制度之上的社会保险制度。④

三是推进社会保险全国统筹。重中之重是界定各方利益主体的权利义务。在夯实地

---

① 王红茹. 公平的城乡居民养老金体系如何建［N］. 中国经济周刊，2022-11-30.
② 郑秉文. 多点试错与顶层设计：中国社保改革的基本取向和原则［J］. 中国经济报告，2019（2）：69-74.
③④ 邓大松，张怡. 社会保障高质量发展：理论内涵、评价指标、困境分析与路径选择［J］. 华中科技大学学报（社会科学版），2020（4）.

方政府主体责任的同时,强化中央事权和财权,理顺中央和地方之间的关系;通过合理设定政策参数,实现社会保险收入正向再分配,缓解地区之间的矛盾;通过联席会议制度等措施增强部门之间协作配合。①

(二) 增强社会保险制度的可持续性

社会保险是风险管理的一种制度选择,社会保险基金是防范短期和长期财务风险的价值储备,其对于政府兑现待遇给付承诺、保障群众的基本生活需要、提高人们的生活水平至关重要。因此,保持社会保险基金收支平衡和可持续发展事关重大。然而,我国社会保险基金现状不容乐观,社会保险基金支出增长速度大于收入增长速度,部分省份已经出现社会保险财政赤字,加之在经济新常态、人口老龄化、缴费基数不实、逃费欠费行为、社会保险费率下调等众多因素共同作用下,社会保险基金收不抵支风险等级高,终将导致社会保险制度的可持续发展面临威胁。政府需要从提高社会保险实缴收入、坚持社会保险精算平衡原则、健全社会保险筹资机制、优化社会保险待遇调整机制等方面介入,增强社会保险制度的可持续性。

(三) 实现社会保险高覆盖率目标

全面建成小康社会,实现共同富裕是中国共产党的庄严承诺和中国政府的执政目标,而实现这一伟大目标的最重要的基础目标是实现全面覆盖的社会保险制度。政府要围绕着这一基础目标,充分发挥政府的各种职能,以充分就业为支撑、以社会生产能力和生产社会化高度发达为条件,在实现社会保险高覆盖率的基础上实现社会保险递进战略。在从高速度发展转向高质量发展的转型期,应从简单追求扩面速度转向重视风险较高和最需要覆盖的法定参保人群。目前我国社会保险最需要覆盖的法定人群是流动人口、灵活就业人员和农民工,针对这部分人员,要加强制度衔接,打通参加社会保险的渠道,简化参保流程,并通过积极引导和政策宣传提升人群覆盖率。

二、政府社会保险职能角色转换之二:政府社会保险职能的减负

市场经济体制下的政府不可能是全能政府,也不可能在社会保障体系中充当无所不包的角色。政府弱化部分社会保险职能不等于政府在社会保险某些方面全盘退出,而是指通过制度变革与市场化的手段来消减政府在社会保险某些方面的压力,使得政府在社

---

① 邓大松,张怡. 社会保障高质量发展:理论内涵、评价指标、困境分析与路径选择 [J]. 华中科技大学学报 (社会科学版),2020 (4).

会保险的某些方面的职能从主角地位向配角地位转换。政府社会保险职能的市场化主要包括养老保险私有化管理、社会保险事业的民营化管理、大力发展非政府组织等方面。

西方国家在弱化政府部分社会保险职能方面走在了前列。在它们看来,"福利国家"已经变成高成本和日益恶化的经济运作的代名词,国家或行业要想适应更为严峻的经济状况,改革"福利国家"已成为当务之急。① 英国早在撒切尔夫人执政期间就大力减少政府的福利支出,实行有选择的社会保险制度改革,国家只照顾那些无力抚养的儿童和无法自理的老人,而企业、家庭应承担起原先由国家承担的大部分社会保险费用。英国社会保险市场化、私有化的路径主要为:

(1) 将一部分国有资产如住房、医院、学校出售给私人,以减少政府的福利补贴;

(2) 将一些社会福利项目的出资和管理责任交由私人或社会营利组织,推动养老、保健与社会服务的发展;

(3) 在削减国家福利的同时促使居民转向私人福利。

美国社会保险具有典型的内在市场化与社会化倾向,政府社会保险组织权力下移,公司、社团及私人发挥了积极的作用。多种带有私字号的社会保险组织如各类社会福利保障的慈善机构、非营利性社会福利组织、各类基金会及宗教教会组织、工会组织、社区保障组织、家庭各类服务等均发挥了一定的作用。美国社会保险基金多渠道筹集,私营企业社会福利开支超过了政府的社会福利开支,私营养老金种类与养老金储备不断增加。

德国对社会保险制度进行适度改革和调整,采取的具体措施有:开辟就业领域,如社区服务等,使领取失业和社会救济金的人尽快就业;扩大投保人员范围,先是让所有就业人员承担保险义务,再逐步过渡到全体公民;建立有期限的老年预备金,以解决2015—2030年的人口老龄化问题;进行医疗改革,争取做到节约,提高医疗质量和降低费用。这些措施的目的就是减轻国家财政负担。

从西方国家社会保险改革的趋势看,政府责任随着市场化程度的提高而干预程度有所减弱,政府偿付责任也随之减弱,政府将主要精力放在社会保险中属于公共产品的服务领域,更加注重提高公共产品的效率。

我国养老保险领域财政补贴近些年在不断提高,政府的责任被逐步加强。以2018年为例,我国社会保险基金收入中财政补贴达到17 655亿元,占全国社会保险基金收入的22.35%,其中,体量最大的是养老保险和医疗保险,尤其是居民养老保险和居民医疗保

---

① [英]保罗·皮尔逊. 福利制度的新政治学[M]. 汪淳波,苗正民,译. 北京:商务印书馆,2004:480.

险对财政补贴依赖程度较高,居民基本医疗保险基金收入 70% 左右来源于财政资金。这不仅给国家财政造成压力,还将经济新常态背景下的社会保障置于风口浪尖。① 医疗保险改革由于体制上的综合配套不足而仍陷深水区,市场化与商品化步伐迈得太快而使改革陷入困境。由市场主导的医疗与健康保险虽经 20 多年的发展,但发展乏力,在 2016 年全国卫生支出中,健康险赔付仅 1 000 亿元,只占当年总卫生支出的 2.16%。② 由此可见,政府在社会保险领域的制度变革,还需要更加注重经济效率与社会效率,更加注重社会公平,在社会保险相关领域的角色转换需要择机而动。

(1) 政府在社会保险某些领域的职能弱化要充分考虑市场与市场化的条件,充分考虑民众的诉求,在社会保险领域准确定位政府与市场的均衡机制,尤其是社会保险制度自身基金相对供求均衡机制与保障政府财政供给能力均衡机制的协调,从而明确政府不同时期与不同条件下的政府责任。

(2) 市场在社会保险领域中有效发挥作用的前提条件是要有完善的市场体系和市场经营主体,我国还不是成熟的市场经济国家,市场在社会保险中的作用有限。因此,确定政府在社会保险某些领域的退位问题时要进行小范围的改革试点,如在当前社区福利资源供应短缺的情况下,政府财政体制不能过早退出。社区公共事务与公共利益,还不能过多地采用市场机制来解决,政府有责任增进社区的经济资本,增进社会投资,承担社会福利补贴责任,有效干预福利服务市场,逐步实现社会福利社会化、私营化,以社区为平台,使社区发育成为一个内在自组织机制的区域社会,成为推动社会政策的重要的行为主体。

(3) 在社会保险领域要努力实现政府与市场的有机结合。一方面,政府在基础保障领域要充分发挥主导作用,同时要承担制度设计、财政支持、管理监督的责任。另一方面,积极引导社会资本参与社会保险建设,支持商业保险市场发展,满足基本需求以上的保障需求;委托社会组织作为第三方机构参与社会保险管理。顺利实现政府职能转换,政府介入或退出社会保险某些领域要确定合理的边界条件,避免政府不当行为对社会保险参与者利益的损害。

(4) 市场可以有效率也可以无效率,政府也是一样。在政府与市场同时失灵的情况下,政府部分社会保险职能的弱化要借助非政府组织(NGO)的作用。NGO 可以发挥其独特的社会化功能:一是有效地提供公共物品,表现出很强的公益色彩与效率优势;二

---

① 邓大松,张怡. 社会保障高质量发展:理论内涵、评价指标、困境分析与路径选择 [J]. 华中科技大学学报(社会科学版),2020 (4).
② 郑功成. 多层次社会保障体系建设:现状评估与政策思路 [J]. 社会保障评论,2019 (1).

是 NGO 具有较强的社会参与性，通过广泛的社会动员，可以反映社会各方面的信息及代表广大民众的诉求，有利于政府政策设计的合理性；三是 NGO 以社会弱势群体或边缘性的社会群体为服务对象，整合民间社会资源，恰能在政府无暇顾及的方面发挥作用，增进社会福利与公共利益，促进社会公平。只有实现社会保险主体的多元化，才能达到政府、市场及社会公民共同治理社会保险的局面。

第四节　政府介入社会保险的管理服务思想与理念

一、努力将扩大就业与推进就业服务放在政府工作的首位

充分就业是实现社会保障最重要的基础性要件，我国一度实施积极的财政政策，对治理通货紧缩与失业产生了明显的效应。《中华人民共和国国民经济和社会发展第十四个五年规划和2035年远景目标纲要》提出，增进民生福祉，提升共建共治共享水平，要实施就业优先战略。这是我国连续第三次在国民经济和社会发展五年规划纲要中设专章部署"实施就业优先战略"。党的十九大报告提出"提高就业质量和人民收入水平"，党的二十大报告再次强调"实施就业优先战略"。不仅如此，"十四五"规划和2035年远景目标纲要还提出了"强化就业优先政策"，并从具体措施层面提出了许多细化要求，这再次凸显了实施就业优先战略的重大现实意义。作为经济与社会协调发展的重大任务，实现最大限度的就业，解除失业者的心腹之痛，是责任政府的第一要务。进入新发展阶段，我国就业领域不确定、不稳定的因素仍然较多，就业形势依然比较复杂，政府通过介入失业保险的管理服务，推进就业服务以实现扩大就业。例如，及时进行失业登记，免费提供就业信息，全面开展就业指导和职业介绍，帮助失业人员在技能、心理方面提高就业竞争的能力；增加失业保险基金对职业介绍、职业培训的投入；通过直接组织培训和政府购买成果的形式，广泛开展技能培训，增强失业人员的再就业能力；加强失业保险服务和就业服务的有机衔接，大部分城市均采取了政策和税收等优惠手段，鼓励下岗职工和失业人员自谋职业或再就业，并在金融支持、技术支持及信息支持上加大政策倾斜力度，扶持这些人员及相关产业的发展，维护了社会稳定。

二、在关注弱势群体利益方面贯穿人性化管理思想理念

弱势群体是指那些由于某些障碍而缺乏经济、政治与社会机会而在社会上处于不利

地位的人群。我国的弱势群体约在 8 000 万至 1 亿人之间，主要包括未能就业的下岗职工、体制外的靠打零工与摆小摊养家糊口的人员、农民工、较早退休的集体企业职工。从 1993 年开始，全国大中小城市及农村相继建立了城乡居民最低生活保障制度，农民工社会参与及子女入学问题得到了改善，农民工工资拖欠与追讨问题被列入政府的议事日程，劳资对抗程度有所缓解；失地农民的养老保障与就业得到了政府的关注，并通过一些立法手段加以实施；对在城市生活无着的流浪乞讨人员给予关爱性的救助管理，根据受助人员的不同情况和需求，给予食宿、医疗、通信、返乡及接送等方面的救助服务有了一定的改进。政府同时加大了财政投入，逐步完善对落后地区基础教育和卫生保健最重要的公共服务，通过提高人民的生活品质和劳动力素质，使这些地区尽快进入经济增长的主流。

三、推进养老保险管理服务社会化与信息化建设

党的十八大以来，社会保险管理服务水平不断提升，管理服务标准化、规范化、信息化建设进一步加强，群众可办理的社会保险事务内容越来越丰富，还能就近办、线上办、快速办。社保卡越来越多的功能方便着人民群众衣食住行的方方面面。新生儿社保卡申领与出生医学证明、户口登记等可以"一键办理"，求职者可以在社保卡上登记参保、领用职业培训券，失业人员足不出户即可申领失业保险金或失业补助金，老年人通过电子社保卡"刷脸"方式就能进行社会保险待遇资格认证……城乡居民在"卡来卡往"中切实感受到更便捷、更充分的民生服务。① 人力资源社会保障部从 2020 年年初启动了养老保险全国统筹信息化建设方案研究工作，总体设计、原型验证，信息化建设总体框架基本定型，全国各省份都完成基金财务系统部省对接，全国"一本账"基本形成。党的二十大报告提出"加快完善全国统一的社会保险公共服务平台"，随着政府主导下的国家社会保险公共服务平台持续完善，能够实现社会保险信息查询更加全面、个人权益得到更好保护、待遇领取地判断更加精准、养老保险关系转移更为便利，社会保险的可及性、获得感不断增强。②

四、加强医疗保障与工伤保险管理服务

医疗保障公共管理服务关系亿万群众切身利益，政府作为医疗保障服务的提供者，

---

① 敖蓉. 社会保障体系建设进入快车道［N］. 经济日报，2022-09-09.
② 洪祥. 全国统筹的信息化"宝典"［J］. 中国社会保障，2022（4）.

要加强组织保障。2020年中共中央、国务院颁布的《关于深化医疗保障制度改革的意见》提出，在制度层面需要"完善公平适度的待遇保障机制"，稳步提高医疗保障水平；"健全稳健可持续的筹资运行机制"，坚决守住不发生系统性风险底线，保证医疗保障制度可持续；"建立管用高效的医保支付机制"，保障群众获得优质医药服务、提高基金使用效率；"健全严密有力的基金监管机制"，维护基金安全；"协同推进医药服务供给侧改革"，保障群众获得优质实惠的医药服务。在管理服务层面要"完善经办管理和公共服务体系，更好提供精准化、精细化服务，提高信息化服务水平，推进医保治理创新，为人民群众提供便捷高效的医疗保障服务"。

在工伤保险制度方面，除了按照党的二十大部署推进"工伤保险省级统筹"以外，还应在服务方面积极探索开展工伤康复工作，对工伤职工进行工伤康复、心理康复、职业培训、就业指导，并在一些地区建立工伤康复中心和康复医院，帮助工伤职工克服或减轻由工伤带来的生理和心理障碍，恢复健康和工作能力，重返工作岗位。

第五节　明晰社会保险产权与建立社会保险的责任政府

实施市场经济同时要求政府在履行社会保险职能过程中，由原来的行政式管理转向服务型管理，更加要求用信用规范政府的行为。政府信用最为根本，因为它对社会、对公民信用的影响最大，在一切社会保险活动中要诚实守信，打造诚信政府，兑现所有承诺，树立起高效廉洁、讲求信用的政府形象。我国社会保险产权结构并不复杂，产权归属已是一个相对明晰的概念，以多元化投资为主体的社会资本型的社会保险产业化建设，也可以建立一个归属清晰、权责明确、保护严格、流转顺畅的现代产权制度，不存在太多的产权幻觉问题。而维系社会保险财产权益，则需要形成良好的信用基础规则和制度秩序。社会保险制度也是一种契约制度，社会保险的产权安排要通过契约方式加以落实，社会保险中的养老保险关系、医疗保险关系、工资关系、劳动关系等，均需要花费一定的交易成本，达成一种政府、企业与个人之间的共同契约，政府是这种社会契约的组织者和监督者。

社会保险中的政府信用是政府介入社会保险的一个重要职能，在目前西方发达国家中，青年一代对社会保险的政治预期与经济预期均在降低，发展中国家也面临同样的问题，主要是由于政府信用的二元化及社会保险待遇中个人财产权益的丧失、通货膨胀及不可预计因素对个人未来养老保险问题现值与终值的不对应，加之社会保险基金投资亏损严重及一些地方政府在社会保险基金管理中滥用、挤占社会保险基金等行为导致政府形象受损造成的。

一、克服政府社会保险信用的失效

社会保险要可持续发展，面临着许多发展困境，其关键是要建立一个可持续的信用政府，以实现社会保险中的信用承诺作为重要的政策目标。综观世界一些国家社会保险发展状况，由于社会保险是一种长效性的社会制度，社会保险政府失信问题较为突出，因为政府信用是一种代理者信用，其代理行为可能与代理后果相分离，代理者任期内可以不承担社会保险最终责任，践约守信的动力也就可能消失。政府信用是一种建立在信用方与被信用方权力非对称基础上的特殊信用，当被信用方即政府拥有国家赋予的行政强制力时，一旦发生失信行为，信用方即公众由于其权力支配上处于明显劣势而显得孤立无助，这种不平等性客观上为政府的失信创造了条件。

社会保险工作是一项十分复杂的工作，建立社会保险的信用政府，关键是要维系产权结构或产权安排的各项权能。又由于政府职能转换，需要通过各种契约外包、委托代理、政府规制等方式提高管理效率，由于行政管理事务中的一些不可抗力，会直接影响政府的信用，政府委托管理等都是实现政府职能的新管理方式。如在养老金的委托代理管理过程中，当基金管理人和资产经理的利益与养老金受益人的利益不一致时，代理风险就会产生。在长期投资相关的复杂的投资组合战略中，基金经理与养老金受益人之间的信息不对称，养老金受益人不了解有关的法律法规，为失职、低效和滥用权力创造了条件。最直接的道德风险是欺骗、不履行、错误履行或公开盗窃养老金资产，使养老金受益的私有产权遭受损失，也使政府信用受到损失。

政府信用的衡量标准，与企业信用不能同一标准，社会保险政策的一些调整，客观上也可能损害一部分人的利益，造成政府失信的社会印象。作为决策者，我国政府于2021年打赢了脱贫攻坚战，提前10年实现《联合国2030年可持续发展议程》减贫目标，这是中华民族发展史上具有里程碑意义的大事件，是人类减贫史乃至人类发展史上的大事件[①]，也是中国政府最大、最成功的信用。但是在社会保险领域，我国也发生过公共基金管理方面的漏洞案例，不仅给社会保险基金带来了负面影响，也使政府信用受到损失。在社会保险方面，政府的信用要体现在社会保险的绩效上，尽力实现帕累托最

---

① 中华人民共和国国务院新闻办公室. 人类减贫的中国实践［N］. 人民日报，2021-04-07.

优,同时还要防范社会保险基金的风险,减少政府信用的不稳定性。

二、优化政府形象与实现社会保险可持续发展

政府形象是政府行为的直接展示,是取得民众支持的重要因素,而政府形象的获得,无信用无以立。从一定意义上讲,政府信用最为根本,因为它对社会、对公民信用的影响最大。社会保险是政府亲民形象的一个窗口,也是政府关注民生的一项重要的社会渠道。在当前中国建立以人民为中心的执政理念和价值取向下,政府在社会保险中的形象更注重实效化、市民化。关注民生,需要将社会保险具体政策的可操作性落到实处。

社会保险是一个长效工程,政府责任是政府职能的具体化,社会保险责任政府的基本要义为:政府运用公共权力管理社会保险公共事务,政府必须对公民的社会保险承担法定的责任和义务,政府的失职行为必须得到追究,实行依法行政、政务公开、信用到位。

(一)坚持政府社会保险的可持续发展思想观

我国现行社会保险资源禀赋不足,且面临人口老龄化与高龄化、转制成本高、社会保险发展层次极不平衡等众多因素的影响。各级、各地政府对社会保险的价值判断、发展定位等也不尽相同。社会保险可持续发展建立在社会保险资源可长期有效供给、社会公正和人民积极参与的基础之上,其基本取向是要结合社会与经济发展的变迁,使当代人与后代人的基本生存权长期得到有效满足,社会保险制度设计的延伸功能不断强化,社会保险内涵不断扩充。研究社会保险可持续发展问题,要具备一定的前瞻性,以保证制度设计的连续性与长期有效性,降低管理成本,增强民众对政府社会保险的公信力与政府社会保险绩效。公共财政的重要职能之一,是为社会购买教育、医疗、安全等公共产品。在财政收入总量固定的情况下,畸形膨胀的行政成本必然对公共产品的购买产生严重的挤出效应,严重影响社会保险公共物品供给的可持续性。坚持社会保险的可持续发展:一是社会保险制度设计的可持续性,政府要始终以提高人民福利为宗旨;二是社会保险责任政府的可持续性,在政府官员的政治视野中"责任重于泰山"。两者的结合使社会保险资源配置始终处于一个较佳的结构与运行状态。

(二)提高政府社会保险信息的透明度与政策的可操作性

对于社会保险参与者而言,他们需要了解更多的与自身生存相关的养老保险费缴纳

与养老金发放、医疗费个人负担、低保政策调整、经济适用房政策、基金增值与劳动就业信息，需要把握对他们未来社会保障水平与其自身期望值之间的匹配度。政府如实地向公民报告重要的社会保险信息包括正面信息与负面信息，强化政府回应机制，应成为政府履行社会保险职能的正式责任。政府社会保险政策的可操作性直接关系社会保险的可持续发展问题，如在养老问题上，退休年龄偏低与人口寿命延长成为养老保险基金紧张的一个突出矛盾，《中国养老金精算报告2019—2050》指出，从2035年城镇企业职工基本养老保险基金枯竭开始到2050年，各年当期收支缺口简单加总后高达86.8万亿元。党的十九届五中全会明确"实施渐进式延迟法定退休年龄"，党的二十大报告再次强调了这一要求。实施渐进式延迟法定退休年龄，有利于增强社会保险制度的可持续性，更好地保障人民群众基本生活，也体现了我国政府越来越重视社会保险可持续性发展问题。

（三）依法行政，扩大公民对社会保险的参与度

社会保险依法行政的内涵：一是要对政府自身建立防止滥用权力挪用社会保险基金的严格规制，防止越位、越权与侵权行为，防止社会保险政策朝令夕改引起的社会震荡；二是为依法行政提供法律保障，使行政权力更具权威性与约束力，尤其在努力扩大社会保险的缴费能力、科学处置劳动纠纷与劳资关系、保护农民工利益方面，要完善社会保险税费改革，加强劳动行政监察、强化对农民工的社会保护机制。在行政立法、行政执法、行政程序、行政复议、行政监察、行政诉讼、行政处罚、行政调解等方面建立社会保险依法行政的系统工程。

不断扩大社会保险的覆盖面，是全面建成小康社会与实现共同富裕的重要内容，但在我国社会保险的宏观层面与微观基础上总是存在不相协调的音符。由于关联性参保、强制性参保等措施，部分参保人（流动人口、灵活就业人员、农民工）的主动性不强、积极性不高，已参保人员中实际缴纳社会保险费的人数少于应缴费人数，社会保险覆盖人口面临退保风险[1]。扩大企业与公民的知情权、参与权、话语权与决策权，减少消极参与，建立民情民意制度、听证制度、决策回应与反馈制度、协商谈判制度，可以在较大程度上提高政府社会保险的行政效率与政治及经济绩效。

---

[1] 邓大松，张怡. 社会保障高质量发展：理论内涵、评价指标、困境分析与路径选择[J]. 华中科技大学学报（社会科学版），2020（4）.

第六节 建立社会保险的应急机制

一、社会保险的应急功能

在公共危机治理过程中,社会保险制度作为"社会稳定器""风险消弭机""兜底安全网",能够在社会、经济、政治等领域中发挥重要功能和作用。结合本书第二章阐述的社会保险制度作用,社会保险制度在应对公共危机事件时的功能概括起来有以下三个方面。

(一) 社会功能

社会保险在应对公共危机事件时的社会功能体现在以下两个方面。

1. 抵御、化解、防范风险公共危机产生的社会整体风险

公共危机的产生一方面会造成社会整体性、结构性的不稳定,另一方面会对个体的生命健康和正常生产生活产生影响。社会保险能够通过国家力量保障基本民生需求,通过社会成员的互助共济增强个体抵御失业、疾病等风险的能力,从而维护社会稳定和保障国家安全,这种稳定、持久的制度功能在应对重大突发公共危机事件中显得尤为重要。

2. 维持全体人民生产生活基本需求

2020年突如其来的新冠肺炎疫情,使得武汉"封城"76天。这一公共危机事件不仅打乱了人们的生产生活秩序,还使正常的市场化机制和生活物资供应机制面临失灵,造成失业人员增多、经济发展受阻、特殊困难群体快速增多等问题。作为经济社会的"压舱石"和保障民生的"定心丸",社会保险的"保护劳动力队伍"等作用,通过失业保险、医疗保险、工伤保险甚至是养老保险,在"维持了全体人民的基本生活"中发挥了重要的作用。

(二) 经济功能

社会保险的经济功能体现在,科学有效的社会保险制度可以成为经济发展的助推器。中国特色社会保险的实践表明,社会保险变革能够与经济发展改革相辅相成,在释放经济活力的同时使人民福利水平不断提升。[1] 社会保险在应对公共危机事件时的经济功

---

[1] 郑功成. 中国社会保障改革与经济发展:回顾与展望 [J]. 中国人民大学学报, 2018 (1).

能体现在以下两个方面。

1. 保障劳动力再生产

2003年"非典"、2008年汶川大地震、2009年H1N1流感以及2020年年初暴发的新冠肺炎疫情，这些公共危机事件给我国乃至全球的经济发展带来了重创，不少企业停工停产，劳动者收入减少甚至失去工作。社会保险的功能之一就是在劳动力再生产遇到障碍时给予劳动者及其家属以基本生活、生命的必要保障，以维系劳动力再生产的需要，从而保证社会再生产的正常进行。

2. 推动经济恢复与发展

社会保险对经济发展的调节作用主要体现在对社会总需求的自动调节作用。当重大公共危机事件发生时，会对经济带来重创，一方面由于失业增加、收入减少，用于社会保险的货币积累相应减少；另一方面，因失业或收入减少而需要社会救助的人数增加，社会用于失业救助和其他社会福利方面的社会保险支出也相应增加。虽然社会保险的同期支出大于收入，但刺激了消费需求和社会总需求，总体而言促进了经济的复苏。

（三）政治功能

社会保险的作用之一是"稳定社会秩序，巩固社会制度"，也被称为"社会秩序稳定器"和"社会公平调节器"。社会保险制度产生的逻辑起点就是通过国家力量保障基本民生需要，从而维护社会稳定和保障国家安全，这种稳定、持久的制度功能在应对重大突发公共危机事件中显得尤为重要。维护社会稳定方面，在应对重大突发公共危机事件中，政府通过社会保险制度既保障了全体人民的生命生活安全，也让个人感受到国家抵御公共危机的坚定决心、强大力量和对人民的关爱，从而在政府的引导下采取应对公共危机的正确行动。调节社会公平方面，社会保险制度通过国家对社会关系的调整构建"利益共同体"，促进社会整体的安全、公平和正义。中国特色社会保险制度更是贯彻以人民为中心发展理念和共享发展理念的重要制度工具。[①]

二、社会保险应对公共危机事件的做法——以我国抗击新冠肺炎疫情为例

2020年新冠肺炎疫情在全球暴发，疫情发生后，党和政府迅速作出反应。此后，习近平总书记时刻关注疫情防控工作，多次作出重要指示和批示，主持召开多次疫情防

---

① 王立剑，代秀亮. 重大突发公共危机事件中的社会保障应急机制 [J]. 西安交通大学学报（社会科学版），2020（7）.

控会议。人力资源社会保障部、国家医疗保障局、民政部、财政部等社会保障主管部门及时发布一系列新的政策性文件，采取多项新的措施。在党中央的统一领导下，形成了全面动员、全面部署、全面加强疫情防控工作的良好局面。中国特色社会主义制度的优越性在快速、及时、科学、高效的大动员、大集结、大作战中得到了充分展现。①

在新冠肺炎疫情医疗保障方面，医疗保险与财政资金共同发力，及时免除了患者、疑似患者对医疗费用的后顾之忧。以医疗费用为例，新冠肺炎疫情防控期间就没有发生让患者或疑似患者担忧的现象，这是我国医疗保障制度建设与发展的巨大成就。在工伤保险方面，启动简易程序，将感染病毒的医护人员认定为工伤，保护其基本权益。在失业保险方面，延续保障扩围政策，充分发挥稳就业、保民生作用。为稳市场主体稳就业，党中央先后7次部署阶段性减免企业基本养老保险、失业保险和工伤保险费率，社会保险费率从41%降至33.95%，单位费率由30%降至23.45%，企业社会保险成本大幅降低，为企业复工复产提供了极大的助力。2020年实施的这些力度空前的阶段性减免企业社会保险费等政策，共为企业减负1.54万亿元。2022年，为扎实稳住经济、保就业保民生，"降缓返补"一揽子政策出台：延续实施阶段性降低失业、工伤保险费率政策，1—7月为企业减负超过1 000亿元；5个特困行业、17个困难行业企业，以及受疫情影响严重地区的中小微企业、个体工商户，阶段性缓缴养老、失业、工伤保险费，60多万户企业受益，缓缴494亿元。

三、建立健全社会保险的应急机制

2018年4月16日，中华人民共和国应急管理部挂牌成立，标志着我国应急管理体系的巨大进步，但应急管理体系的复杂性和各类突发公共危机事件的关联性仍然给国家应急管理带来巨大挑战。② 在新冠肺炎疫情防控过程中，各主管部门密集出台了数十件应急性社会保障政策文件，可以说反应是积极、主动的，应急性政策有效地弥补了现行制度的不足，及时化解了抗击疫情期间的民生困难，也证明社会保险制度在应对突发重大公共卫生事件和恢复经济发展中的不可替代的重要地位。然而，在面对突发重大公共卫生事件时，许多问题的解决还依赖各部门发布如此多的应急性政策文件，说明现行制度还不成熟，需要临时打许多"补丁"，才能全面有效地解决疫情防控期间的民生问

---

① 王立剑，代秀亮. 重大突发公共危机事件中的社会保障应急机制 [J]. 西安交通大学学报（社会科学版），2020（7）.
② 薛澜. 学习四中全会《决定》精神，推进国家应急管理体系和能力现代化 [J]. 公共管理评论，2019（3）.

题。① 因此,公共危机事件的社会保险管理机制仍然需要完善,可以从体制建设、组织保障、物质保障三个方面着手。

(一) 体制建设

公共危机治理的过程体现为预防与准备、预警与监测、救援与处置、善后与恢复②,基于这一理论社会保险的应急体制完善需从以下四个阶段入手。

1. 预防与准备阶段

构建清晰化、系统性的社会保险应急管理政策。2020年抗击新冠肺炎疫情的经历表明,社会保险不仅要有应对平时普遍性风险的能力,而且要有应对重大突发性风险的功能。为避免临时应急可能出现的政策供给不足或失当,应当建立专门的社会保险应急机制,即将突发重大灾难中可能出现的情形纳入社会保险政策体系框架,以便急时有章可循,更可以为未来应对同类风险提供相对清晰的路径与安全预期。如果有一套完整的应急机制,不仅各部门能够及时从容应对,而且地方各级主管部门也会心中有数而无须等待观望,进而避免应急性政策的缺漏和留下后遗症。③

2. 预警与监测阶段

增强社会保险应急政策内容的预测性。社会保险应急政策预警项目安排缺失,使政府部门忽视了危机防范性措施的制定,在政策评价结果中呈现的弱点为政策的预测性较差。因此,增强政策的预测性是优化社会保险应急政策的必要环节。首先,应加强人力资源和社会保障部门与应急管理部门的信息沟通与共享,全面、动态掌握社会经济运行风险。其次,应识别不同类型不同等级公共危机可能诱发的社会保险风险,及时发现社会保险薄弱环节。再次,要构建风险评价预警指标体系,评估社会保险风险的发生概率、可能强度、损害程度和负面影响。最后,应分类型、分级别建立社会保障应急政策与预案,包括应急方案的适用情境、适用对象、保障方式与启动程序等。④

3. 救援与处置阶段

应不断提升社会保险应急响应政策内容的科学性。应急响应是应对风险的处置方案与过程,是社会保险应急政策的核心内容。良好的应急响应机制能够有效控制风险,降低损害。在新冠肺炎疫情防控中,人力资源和社会保障相关部门及时有效出台了一系列

---

①③ 胡明山,郑功成. 疫情大考,社会保障效果如何?[N]. 南方都市报,2020-04-19.
② 张海波,童星. 中国应急管理结构变化及理论概化[J]. 中国社会科学,2015 (3).
④ 封铁英,南妍. 公共危机治理中社会保障应急政策评价与优化——基于PMC指数模型[J]. 北京理工大学学报(社会科学版),2021 (9).

保障民生与恢复经济社会秩序的政策，但仍存在应急合作性差、社会保险应急资源配置效率低与政策工具有效性不足等问题①。提升社会保险应急响应政策的科学性包括：一是建立科学的社会保险应急需求识别机制，精准、快速识别重大突发事件导致的社会保险对象和社会保险内容是制定社会救助政策、提高救助效率、保证救助公平的基础②；二是科学的应急标准调整机制，公共危机的产生影响了社会正常的生产生活秩序，对个人收入和家庭支出都有直接的影响，因此需要对社会保险的水平和制度参数进行调整③；三是在明确社会保险应急供给内容的基础上，保障充分的社会保险应急物资储备，及时有效地进行物资、服务递送④。

4. 善后与恢复阶段

应不断完善应对危机后社会保险应急政策的评估机制。首先，应完善社会保险应急政策评估指标体系，在结合政策分析理论与公共危机特征对单项政策进行分析的基础上，将应急政策体系与现有社会保险制度的衔接和适应状况纳入考量。其次，依据政策评估结果，对各项政策的走向进行判断，包括修正政策效果与政策目标偏离的社会保险应急政策；将成熟的、具有普遍危机预防、处置效果的政策纳入现行社会保险制度安排，完善社会保险应急制度。⑤

（二）组织保障

公共危机治理是一个系统且复杂的过程，这一过程首先需要厘清各治理主体的关系、完善治理体制，才能实现治理目标，这是应对重大突发公共危机事件的社会保险应急制度的组织保障。完善应对重大突发公共危机事件的社会保险管理制度需要从以下两个方面着手。

一是健全人力资源和社会保障部门参与的国家应急管理体系，明确人力资源和社会保障部门参与的方式方法。应对重大突发公共危机事件需要多个部门协同合作，其中社会保险作为"社会稳定器"，是重要的公共危机治理工具，人力资源和社会保障部门有必要参与到应急管理当中。因此，建议构建合理、高效的协同合作的应急管理机制，明确不同部门在公共危机治理中的职能，使人力资源和社会保障部门参与应急管理制度化，以避免因为制度造成的主体责任不清晰、风险成本分摊机制缺失、政策干预滞后等问题。

---

①⑤ 封铁英，南妍. 公共危机治理中社会保障应急政策评价与优化——基于PMC指数模型 [J]. 北京理工大学学报（社会科学版），2021（9）.

②③④ 王立剑，代秀亮. 重大突发公共危机事件中的社会保障应急机制 [J]. 西安交通大学学报（社会科学版），2020（7）.

二是优化社会保障制度体系内部的职能衔接。我国的机构设置，社会救助、社会保险和社会福利等社会保障内容隶属不同的职能部门，但最终目标都是保障人民群众的基本生活需要，为提升重大突发公共危机事件中的社会保险应急效能，需要优化社会保障制度体系内部的协同衔接。

（三）物质保障

由于受经济实力的制约，在危机发生时调集资源的能力和应对危机的机制不健全，资源的有限性和对资源需求的无限性之间的矛盾更加突出。政府介入社会保险的应急机制属于国家应急反应机制的一个重要组成部分：从公共财政而言，要求为及时化解社会保险的公共风险提供财力保障，并辅之以相应的政策和具体措施；从社会保险制度自身财政平衡机制而言，也需要自身的财力系统提供一定的风险预防基金。这两者可以使用的财政或政策工具有：

（1）公共财政应急拨款。包括划拨部分国有资产和土地转让。

（2）动用全国社会保障基金理事会所拥有的基金或国家财政为社会保险长期预算安排的积累基金。

（3）动用统筹账户的积累基金。我国社会保险各个项目都有不同程度的滚存结余。

（4）依据不同性质的危机实行紧急减税（费）或增税。如在2020年新冠肺炎疫情时期，对部分行业和企业给予一定时间的税费减免。

（5）转移支付。社会保险支出是财政转移支付的一部分，社会保险支出在财政转移支出中的份额将越来越大。在许多国家，社会保险资金占财政支出的比重是不断上升的，在发达的市场经济国家，这个比重一般在40%左右。

（6）实行政治动员，包括第三次分配。在一些国家，慈善事业等三次分配的总量大概要占到GDP的3%~5%，而我国现在只是占到GDP的0.1%，鼓励高收入人群捐资建立各种社会基金，资助公益性事业或慈善事业是实现社会收入转移支付的有效途径。在我国，急切需要动员企业、高收入人群，高效地为社会进行第三次分配，为社会保险提供"最后一道防线"，弥补财政转移支付的不足。

（7）发行社会保险公债。在应急状态下，为了弥补社会保险应急基金的不足，可以发行社会保险公债。

上述应急状态下社会保险资源配置工具可以根据不同的风险状况单独使用或组合使用，是社会保险应对公共危机事件的物质保障。国际社会对重大自然灾害的人道性捐赠，也是必不可少的资源配置工具。

第十七章 建立中国特色社会保险制度

补充阅读

新冠肺炎疫情中的德国社会保障

一、德国疫情概览

2020年伊始，新冠肺炎疫情暴发，德国亦未能幸免。1月27日，巴伐利亚州出现了德国首例新冠肺炎确诊病例，也是欧洲第一例人传人案例。此后，疫情进入了全面暴发阶段，并在3月末4月初达到了高峰，一度日新增确诊病例超过6 000人。在多管齐下的政策举措和诸多有利因素的作用下，5月中下旬后，疫情逐步得到了控制。

针对来势凶猛的新冠肺炎疫情，德国联邦政府迅速采取和落实了一系列抗疫措施。

首先，充分依托德国权威疾病研究及防控机构——罗伯特科赫研究所（RKI）的信息和专业判断，制定了符合实际的抗疫策略，于3月4日在COVID-19的补充文件中延长了流感大流行防备计划，针对疫情可能的传播、发展情况，将抗疫措施分为依据疫情进展，逐级应对的遏制、保护和缓解3个阶段。初期，尝试打断传染链，遏制病毒传播；中期，当疫情已经大规模蔓延和传播时，尽可能保护高危人群；后期当疫情传播到达高峰时，则全力避免医疗系统和社会秩序崩溃。

其次，在国家层面迅速建立起了高效的行政应急体系，由国防部长、财政部长、内政部长、外交部长、卫生部长和德国总理府部长组成了"新冠肺炎疫情（应对）内阁"。并在德国卫生部以及内政、建设和家园部的领导下建立了危机管理机制。

同时，在保障常规经济、社会体制运行的同时，德国联邦政府接连推出了一系列特别财经刺激政策和社会保险举措，以减轻疫情对经济、民生的冲击。诸如6月3日，德国政府宣布了一项1 300亿欧元的经济刺激方案，旨在应对疫情对经济造成的影响，帮助国家重启经济。方案中的具体措施包括：将增值税税率从19%下降到16%；斥资25亿欧元增设电动汽车充电站，并且增加对新能源汽车购买者的补贴；为疫情防控期间遭受重创的酒店等服务业企业设立250亿欧元的专项基金；向人工智能领域研究和绿色经济转型方向增加500亿欧元的投资；此外还推出了总额为80亿欧元的多项企业税收救济政策。

德国作为联邦制国家，卫生防疫属于州政府职责和权能范围，而不同州的抗疫举措和执行力度也不尽相同、效果各异。作为首例确诊报告地，巴伐利亚州的疫情防控措施执行得非常坚决，州总理马库斯·泽德积极推动学校停课，将疫情应对提高到"灾难"级别，在全州推行居家隔离，并且严格禁止游客在当地过夜。当地61%的居民都对该州政府在新冠肺炎疫情中的行动表示满意。而在北莱茵-威斯特法伦州，州政府只是希望居民自觉遵守社交隔离，并未进行强制性要求，抗疫措施的不到位使得该州一度成为德国疫情最严重的联邦州，自然其执政者的声誉也大跌。

二、社会保障立下汗马功劳

在新冠肺炎疫情的抗击中，始于1883年、以全球第一个工业化时代的社会保险体制而闻名于世的德国社会保障制度，发挥了定海神针般的关键作用，为德国成为欧洲抗击新冠肺炎疫情的优等生立下了汗马功劳。

1. 医疗保障

在已经实现了全民医保的德国，医疗保险承担了新冠病毒检测和治疗的费用，解除了患者的后顾之忧。在德国，从2020年2月28日开始，法定医疗保险基金就已承担了核酸检测的费用，当然前提是该被检测者应达到医生认定需要检测的标准，如出现明显症状等。没有明显症状的检测者就无法通过医疗保障体系进行结算，必须自费检测。2020年5月14日，联邦议会通过有关《保护国民免受重大流行病伤害第二法案》，这一法案扩大了检测的覆盖面，对符合条件的无症状检测者的费用给予补贴，同时对在德国进行救治的欧盟其他国家患者也给予医疗费用减免。从7月1日开始，巴伐利亚州迈出了全民检测的关键一步，州政府建立了一项200亿欧元的"新冠肺炎特别基金"，并宣布无论检测者是否出现症状，其检测费用都将由政府承担，也使其成为德国第一个宣布进行全民检测的州。

在德国，一旦被确诊感染了新冠病毒，包括AOK、TK在内的大型公立医疗保险机构负责承担100%的医疗费用。

2020年3月25日，德国联邦议会通过了《COVID-19医院救济法案》，这一法案承诺向医疗机构提供充足资金以保证其流动性，而所需资金将由医疗保险基金和联邦税收共同承担。根据该法案，从4月1日开始，医院每新增一张配备呼吸辅助系统的重症监护（ICU）床位，就可以得到5万欧元的补贴；医院每收治一名病人，可得到额外追加50欧元的补贴，以支付各种杂费；给予医院护士的津贴水平从每人每天146欧元提高到185欧元。对于因为新冠肺炎疫情而产生收入损失超过同期10%的内科医师和精神治疗师们，医疗保险基金也给予收入补偿。这一系列措施有效扩大了医疗机构的接治容量，增强了医疗体系的运转能力。

2. 失业保障

新冠肺炎疫情防控期间，德国联邦政府为降低疫情对劳动力市场的冲击，维持就业、减少失业,借鉴以往经验,大力实施和推广短时工作津贴并放宽申领条件,取得了显著效果,并为欧盟借鉴和采用。所谓短时工作津贴,是指劳动部门对由于工作量的显著减少、暂时缩减工作时间而导致的工作报酬损失进行补偿的一种形式。联邦政府于2020年3月25日颁布《放宽短时工作津贴规制条例》。该条例规定,2020年3月1日到12月31日,其间企业只需证明其10%的员工面临失业风险即可满足津贴申领条件,而在过去这一比例需达到三分之一;企业按员工实际工作时间支付相应比例的工资,不足部分由政府补贴;同时政府返还企业缴纳的社会保险费比例从50%提高到了100%(限短时工作制法案范围内的企业)。根据德国联邦劳工局统计,截至2020年6月全德已有1 200万人接受了短时工作制,超过所有上班族人数的三分之一。联邦政府就业局估计在年底前将对此支付高达300亿欧元的津贴。

同时政府也加大了对失业人群的救济力度,对于因疫情而临时失业的员工给予其原工资60%的工资补贴,对于有子女的临时失业员工则给予其原工资67%的工资补贴,且保证原企业仍与这些临时失业的员工维持劳动关系,在2020年全年有215万雇员受益于这项措施。对于因为遵守社交隔离措施而不能工作的人们,政府也将对其收入损失进行补偿,那些减少了一半以上工作时间的雇员,政府将给予原工资水平70%的工资补贴,如果该雇员有子女则给予原工资水平77%的补贴,为期4个月。另外,联邦政府延长了失业救济金的发放时间,2020年5月1日至2020年12月31日,其间的申请者将在原来的基础上获得额外的3个月失业救济金。

3. 社会福利

德国政府结合新冠肺炎疫情流行的现状,对原有社会福利保障措施进行了应急补充。比如,为保证儿童及儿童所在家庭更便捷地获得儿童保障,政府决定针对疫情防控期间因短时工作、失业和收入降低等产生收入问题的家庭,重新设计儿童补贴,以满足这些家庭疫情防控期间新的需求。从2020年3月30日开始,如果家长因疫情防控期间学校和托儿所关闭而需看护12岁以下的儿童,导致其无法工作的,政府将会提供上限为6个星期的工资补贴。2020年5月20日联邦政府加大了这项育儿津贴的力度,为上述情况的双亲家庭提供上限为10个星期的工资补贴,为单亲家庭提供上限为20个星期的工资补贴,金额按照税前收入的67%确定,上限为每月2 016欧元。

4. 社会救济

德国在社会救济方面也做出了许多努力。联邦政府劳动部放松了对维持最基本生活保障的"哈茨法IV"社会救济金的领取条件,截至2020年9月,新的申请者不再需要提交个人资产信息或者每月住房租金信息。联邦劳工局的数据显示，2020年6月领取德国政府发放的社会救济金的人数为408万人，比去年同期多了15.2万人，占全国工作年龄人口的7.5%。2020年3月25日德国修改了与住房租赁相关的法规，在疫情防控期间不得以不支付房租为由驱逐租户，保障因收入受损而无法支付房租的低收入者的居住权益。

资料来源：中国社会保障，2020年第9期。

深度阅读

1. 邓大松，刘昌平. 中国社会保障改革与发展报告2019 [M]. 北京：人民出版社，2020.

该书紧扣新中国成立70周年这一时代背景，邀请实务部门和高校的知名社会保障学者围绕"中国社会保障制度""社会养老保险""医疗保险""工伤保险""劳动就业与失业保险""军人社会保障""补充保险""妇女权益保障""基本养老保险基金投资运营""社会救助""社会福利""社会保险经办服务体系""慈善事业""流动人口社会保障"等社会保障重点领域进行了系统的回顾、分析与展望。该报告既对新中国成立以来社会保障事业各方面发展进行了回顾和总结，也对我国社会保障事业下一步的改革与发展提出了思考和建议。

2. 林毓铭. 社会保障与公共危机管理研究 [M]. 北京：人民出版社，2016.

进入21世纪以来，研究社会转型期各类重大的突发公共事件和社会经济风险与自然条件状态下的各种自然灾害及次生灾害所带来的应急管理问题，提高突发公共事件应急管理能力，成为政府不可回避且具有刻不容缓的意义的现实课题。中国改革发展进入关键阶段，各种利益关系错综复杂，国家安全面临的形势更加复杂严峻，维护社会稳定的任务更加艰巨。目前庞大的公共安全经费支出与社会保障支出，成为维护中国社会稳定与公共安全的"双刃剑"，对当前国际金融危机造成的重大影响和可能引发的各类突发公共事件，我们要有充分的准备。中国的社会保障已基本实现了制度内全覆盖，也可谓皆大欢喜的改革，但是，中国社会保障制度设计同样带来了不少制度隐患与利益摩擦，做好顶层设计的困扰因素众多，需要决策者具有高度的政治智慧与社会理性。

第十七章 建立中国特色社会保险制度

> **本章小结**

我国社会保险制度改革之前,中央政府与地方政府的社会保险责任处于模糊状态,政府在社会保险中扮演的角色和目前政府的内部责任划分不清,影响到社会保险制度的运行与完善。在社会保险责任分工问题上,中央与地方政府的关系问题最需要调整的是中央与地方政府的财权和事务的关系。

市场的发育水平与基础构件会影响政府社会保险职能的发挥,政府与市场是两种基本的制度安排,也是社会保险制度中两个重要的主体。随着社会保险制度改革的不断深化,势必导致社会保险中政府与市场作用的不断调整,政府与市场的组合关系如何,会直接影响社会保险的运行效率,寻求政府与市场的均衡机制,明确政府的责任体现,是新时期社会保险建设的重要使命。

政府介入社会保险就是一个"度"的把握问题,适度社会保险水平的约束条件服从于社会保险需求水平与社会保险供给水平两大条件的制约。市场经济体制下的政府不可能是全能政府,也不可能在社会保险体系中充当无所不包的角色。政府弱化部分社会保险职能不等于其在社会保险某些方面全盘退出,转换政府社会保险职能也包括政府在社会保险的某些方面从主角地位向配角地位的转换。政府的一些社会保险职能通过制度变革与市场化的手段来消减政府社会保险方面的压力。

政府信用最为根本,因为它对社会、对公民信用的影响最大。社会保险要可持续发展,其关键是要建立一个可持续的信用政府,以实现社会保险中的信用承诺作为重要的政策目标。

一般认为,产权是整个社会信用体系的体制基础。在社会保险体系构建过程中,明晰私人产权、共有产权与国有产权的安排,才能营造社会保险交易主体之间的一种特定的经济关系,使与市场经济信用关系发展紧密相连的"社会保险信用"的作用机制也发挥基础性作用,有助于各种社会保险政治资源、经济资源与社会资源的优化配置。规范社会保险秩序,自发调节和内生地抑制各种"搭便车"和失信行为,使企业和个人依法缴纳社会保险费、承兑政府作为社会保险责任主体为社会保险担负终极责任的信用承诺成为社会保险可持续发展最基础的信用。

政府介入社会保险的应急机制属于国家应急反应机制的一个重要组成部分。实践证明,在面对新冠肺炎疫情等突发重大公共卫生事件时,社会保险能够在社会、经济、政治等领域中发挥重要功能和作用,有效地解决疫情防控期间的民生问题。但是我国的公共危机事件的社会保险管理机制仍然需要完善，可以从体制建设、组织保障、物质保障三个方面着手。

重要概念

事权　高质量发展　可持续发展　福利多元主义　就业优先战略　社会保险产权　社会保险政府信用　社会保险应急机制

复习思考题

1. 为什么要调整中央与地方财政对于社会保险的责任与义务？如何调整？
2. 怎样实施政府与市场在社会保险领域的有机结合？
3. 如何把握政府在社会保险职能中的角色定位？
4. 政府如何加强社会保险的管理服务？
5. 社会保险的应急功能有哪些？
6. 如何建立健全社会保险的应急机制？

主要参考文献

1. 邓大松. 社会保险比较论 [M]. 北京：中国金融出版社，1992.

2. 邓大松. 社会保险 [M]. 北京：中国劳动社会保障出版社，2002.

3. 邓大松. 中国特色社会主义社会建设研究 [M]. 武汉：武汉大学出版社，2008.

4. 邓大松. 保险经营与管理 [M]. 北京：中国金融出版社，1999.

5. 邓大松，等. 中国社会保障若干重大问题研究 [M]. 深圳：海天出版社，1998.

6. 邓大松，林毓铭，谢圣远，等. 社会保障理论与实践发展研究 [M]. 北京：人民出版社，2007.

7. 邓大松. 中国社会保障改革与发展报告（2005—2006年）[M]. 北京：人民出版社，2007.

8. 邓大松. 新农村社会保障体系研究 [M]. 北京：人民出版社，2007.

9. 邓大松. 中国社会保障改革与发展报告（2006—2007年）[M]. 北京：人民出版社，2008.

10. 邓大松. 中国社会保障改革与发展报告（2007—2008年）[M]. 北京：人民出版社，2008.

11. 邓大松，杨红燕. 医疗保险与生育保险 [M]. 北京：人民出版社，2013.

12. 李珍. 社会保障理论 [M]. 2版. 北京：中国劳动社会保障出版社，2007.

13. 赵曼，杨海文，等. 21世纪中国劳动就业与社会保障制度研究 [M]. 北京：人民出版社，2007.

14. 王东进. 回顾与前瞻：中国医疗保险制度改革 [M]. 北京：中国社会科学出版社，2008.

15. 成思危. 中国社会保障体系的改革与完善 [M]. 北京：民主与建设出版社，2000.

16. 穆怀中，等. 发展中国家社会保障制度的建立和完善 [M]. 北京：人民出版社，2008.

17. 罗元文. 国际社会保障制度比较 [M]. 北京：中国经济出版社，2001.

18. 葛寿昌. 社会保障经济学 [M]. 上海：上海财经大学出版社，1999.

19. 康士勇. 社会保障管理运作实务 [M]. 北京：首都经济贸易大学出版社，2008.

20. 熊必俊. 老龄经济学 [M]. 北京：中国社会出版社，2009.

21. 林毓铭. 社会保障管理体制 [M]. 北京：社会科学文献出版社，2006.

22. 罗格，等. 养老金计划管理 [M]. 林义，等译. 北京：中国劳动社会保障出版社，2004.

23. 丛树海. 建立健全社会保障管理体系问题研究 [M]. 北京：经济科学出版社，2004.

24. 赵立人. 各国社会保险与福利 [M]. 成都：四川人民出版社，1992.

25. 邓云特. 中国救荒史 [M]. 北京：商务印书馆，1993.

26. 康国瑞. 社会保险 [M]. 台北：台湾黎明文化事业公司，1983.

27. 王雁昇. 香港劳工与社会保障 [M]. 北京：中国经济出版社，1995.

28. 易宪容，等. 香港强积金 [M]. 北京：社会科学文献出版社，2004.

29. 李非. 台湾经济发展通论 [M]. 北京：九州出版社，2004.

30. 金双秋. 中国社会保险实务 [M]. 北京：北京大学出版社，2008.

31. 张洪涛. 社会保险案例分析：制度改革 [M]. 北京：中国人民大学出版社，2008.

32. 宋世斌，申曙光. 社会保险精算 [M]. 北京：中国劳动社会保障出版社，2007.

33. 郭士征. 社会保险基金管理 [M]. 上海：上海财经大学出版社，2006.

34. 侯文若. 社会保险 [M]. 北京：中国劳动社会保障出版社，2005.

35. 劳动和社会保障部. 社会保险经办管理 [M]. 北京：中国劳动社会保障出版社，2005.

36. 邹海林. 社会保险改革与法制发展 [M]. 北京：社会科学文献出版社，2005.

37. 贝弗里奇，等. 贝弗里奇报告：社会保障和相关服务 [M]. 华迎放，等译. 北京：中国劳动社会保障出版社，2004．

38．王飞跃．城乡社会保险制度并轨研究［M］．北京：经济科学出版社，2004．

39．孙祁祥，郑伟，等．中国社会保障制度研究：社会保险改革与商业保险发展［M］．北京：中国金融出版社，2005．

40．杨方方．从缺位到归位：中国转型期社会保险中的政府责任［M］．北京：商务印书馆，2006．

41．杨红燕．中国农村合作医疗制度可持续发展研究［M］．北京：中国社会科学出版社，2009．

42．王晓军．社会保险精算原理与实务［M］．北京：中国人民大学出版社，2009．

43．黄建明．民族地区社会保险发展论［M］．北京：民族出版社，2007．

44．约翰·法比安·维特．事故共和国（残废的工人、贫穷的寡妇与美国法的重构）［M］．上海：上海三联书店，2008．